中国轻工业"十四五"规划教材

国家级一流本科课程配套教材

高等学校食品科学与工程类专业教材

园艺产品贮藏运销学

秦 文 主编

中国轻工业出版社

图书在版编目（CIP）数据

园艺产品贮藏运销学 / 秦文主编. --北京：中国轻工业出版社，2025. 4. -- ISBN 978-7-5184-4723-7

Ⅰ. F762.3

中国国家版本馆CIP数据核字第2024TG5897号

责任编辑：马　妍　　　责任终审：劳国强
文字编辑：黄小艳　　　责任校对：晋　洁　　　封面设计：锋尚设计
策划编辑：马　妍　　　版式设计：砚祥志远　　　责任监印：张　可

出版发行：中国轻工业出版社（北京鲁谷东街5号，邮编：100040）

印　　刷：北京君升印刷有限公司

经　　销：各地新华书店

版　　次：2025年4月第1版第1次印刷

开　　本：787×1092　1/16　印张：21.25

字　　数：530千字

书　　号：ISBN 978-7-5184-4723-7　　定价：55.00元

邮购电话：010-85119873

发行电话：010-85119832　010-85119912

网　　址：http://www.chlip.com.cn

Email：club@chlip.com.cn

版权所有　侵权必究

如发现图书残缺请与我社邮购联系调换

231171J1X101ZBW

本书编写人员

主　编　秦　文　四川农业大学

副主编　丁　捷　四川旅游学院
　　　　　李素清　四川农业大学
　　　　　郭东起　塔里木大学

参　编（按姓氏拼音排序）
　　　　　陈安均　四川农业大学
　　　　　丁筑红　贵州大学
　　　　　林　上　四川农业大学
　　　　　罗自生　浙江大学
　　　　　庞　杰　福建农林大学
　　　　　王文华　塔里木大学
　　　　　向延菊　塔里木大学
　　　　　谢国芳　贵州大学
　　　　　张有林　陕西师范大学

PREFACE | 前言

我国地域辽阔，果蔬花卉资源丰富，是世界上许多果蔬的发源中心之一。目前我国水果约占世界总产量的14%，蔬菜占世界蔬菜总产量的49%，已成为世界果蔬第一生产大国，但采后处理技术和能力不足，损失严重，已成为产业健康发展的瓶颈问题。党的二十大报告指出，我国"推进高质量发展还有许多卡点瓶颈，科技创新能力还不强；确保粮食、能源、产业链供应链可靠安全和防范金融风险还须解决许多重大问题"。因此，重视园艺产品产前、产中和产后的管理技术和相应的设备，加强采后生理病理学的基础研究，不仅对保持收获后新鲜原料的品质，延长贮藏期，从而获得应有的经济效益具有重要意义，也能推动相关产业更高质量、更可持续的发展。

"园艺产品贮藏运销学"为高等学校食品科学与工程专业和园艺专业的必修课程，是建立在多学科基础上的应用科学，是以研究采收以后的园艺产品食用器官的生命活动过程及其与环境条件关系的采后生理学为基础，以园艺产品在产后贮、运、销过程中的保鲜技术为重点，以市场为导向，以提高园艺产品的竞争力为突破口，以少投入、高效益为目标，系统研究园艺产品采后商品化处理理论与技术的一门综合性交叉学科。

本教材由"园艺产品贮藏运销学"国家级一流本科课程负责人四川农业大学秦文担任主编，负责绪论和第一章的编写以及统稿工作；参与编写工作的有浙江大学罗自生（绪论），贵州大学丁筑红、谢国芳（第二章），塔里木大学郭东起（第三章）、向延菊（第七章）、王文华（第八章），陕西师范大学张有林（第四章），福建农林大学庞杰（第五章），四川农业大学李素清（第六章）、陈安均、林上（第十章），四川旅游学院丁捷（第九章）。

编写人员有多年的教学和实践经验，编写过程中倾注了大量心血，但由于本书涉及的学科多、内容广、产业发展快，书中难免存在疏漏、错误和不妥之处，恳请使用本教材的师生及同行专家批评指正。

编者
2025.1

CONTENTS 目录

绪 论 1
    一、园艺产品贮藏运销的意义 1
    二、园艺产品贮运业存在的问题 3
    三、园艺产品贮运业未来发展趋势 4

第一章　园艺产品品质特性 7
第一节　风味物质 8
    一、香味物质 8
    二、甜味物质 8
    三、酸味物质 10
    四、涩味物质 11
    五、苦味物质 12
    六、辛辣味物质 12
    七、鲜味物质 13

第二节　营养物质 13
    一、维生素 13
    二、矿物质 15
    三、淀粉 15
    四、含氮物质 16
    五、脂质 16

第三节　色素类物质 17
    一、叶绿素 17
    二、类胡萝卜素 18
    三、花青苷 18
    四、黄酮类色素 20

第四节　果蔬质地 20
    一、水分 20
    二、果胶物质 20
    三、纤维素和半纤维素 22

第二章 园艺产品采后生理 ... 25

第一节 园艺产品采后呼吸生理 ... 25
一、呼吸作用及呼吸生理相关概念 ... 26
二、影响呼吸作用的因素 ... 28
三、呼吸代谢途径 ... 31
四、呼吸生理相关酶 ... 34
五、呼吸代谢途径的调控 ... 37
六、园艺产品采后呼吸作用的生理意义 ... 38

第二节 园艺产品采后蒸腾生理 ... 38
一、蒸腾作用及失重相关概念 ... 39
二、影响蒸腾作用的因素 ... 40
三、蒸腾失水对园艺产品采后品质的影响 ... 42

第三节 园艺产品成熟与衰老生理 ... 43
一、成熟及衰老相关概念 ... 43
二、园艺产品成熟及衰老的生理生化变化 ... 44
三、成熟及衰老相关酶 ... 47
四、成熟及衰老基因及其表达 ... 50
五、成熟及衰老调控技术 ... 54
六、生物技术在园艺产品成熟衰老调控中的应用 ... 56

第四节 乙烯生物合成及其对园艺产品的影响 ... 57
一、乙烯的发现 ... 57
二、乙烯结构特点 ... 57
三、乙烯生理作用及机制 ... 57
四、乙烯生物合成及其调控 ... 60
五、乙烯受体与信号转导途径 ... 62
六、贮运中乙烯对成熟和衰老的控制 ... 63

第三章 园艺产品采后病虫害 ... 65

第一节 园艺产品采后侵染性病害 ... 65
一、病原菌侵染特点 ... 65
二、影响发病的因素 ... 72
三、侵染性病害综合防治措施 ... 74

　　　　四、果品蔬菜主要侵染性病害实例 …… 78
　第二节　园艺产品生理性病害 …… 83
　　　　一、致病因素 …… 83
　　　　二、控制病害措施 …… 88
　　　　三、果蔬主要生理性病害实例 …… 88
　第三节　园艺产品虫害 …… 90
　　　　一、害虫的种类及危害 …… 91
　　　　二、防治害虫的措施 …… 93

第四章　园艺产品贮藏技术与管理 …… 95

　第一节　简易贮藏 …… 96
　　　　一、堆藏 …… 96
　　　　二、沟藏 …… 96
　　　　三、窖藏 …… 97
　　　　四、土窑洞贮藏 …… 99
　　　　五、冻藏 …… 101
　　　　六、假植贮藏 …… 101
　　　　七、简易贮藏的温度特征与管理 …… 102
　第二节　机械冷藏 …… 104
　　　　一、冷库的制冷系统 …… 105
　　　　二、冷库的分类与结构 …… 107
　　　　三、冷库的设计与建设 …… 109
　　　　四、冷库的使用与管理 …… 110
　第三节　气调贮藏 …… 113
　　　　一、气调贮藏原理 …… 113
　　　　二、气调贮藏条件 …… 114
　　　　三、气调库的构成与类型 …… 116
　　　　四、气调库运行管理 …… 118
　　　　五、塑料薄膜封闭气调贮藏 …… 120
　　　　六、超低氧气调贮藏 …… 121
　第四节　减压贮藏 …… 122
　　　　一、减压贮藏的兴起 …… 122
　　　　二、减压贮藏理论和技术特点 …… 123

　　　　三、减压贮藏设施、方式和技术 …………………………………………… 124
　　　　四、减压贮藏现状 …………………………………………………………… 126
　第五节　物理保藏 ……………………………………………………………………… 126
　　　　一、臭氧保藏 ………………………………………………………………… 127
　　　　二、辐射保藏 ………………………………………………………………… 128
　　　　三、电磁保藏 ………………………………………………………………… 130
　第六节　化学保藏 ……………………………………………………………………… 131
　　　　一、涂膜剂保藏 ……………………………………………………………… 131
　　　　二、烟熏剂保藏 ……………………………………………………………… 132
　　　　三、灭菌剂保藏 ……………………………………………………………… 133
　　　　四、其他化学保藏 …………………………………………………………… 134
　第七节　生物保藏 ……………………………………………………………………… 135
　　　　一、生物防治保藏 …………………………………………………………… 135
　　　　二、基因工程保藏 …………………………………………………………… 136

第五章　园艺产品商品化处理 …………………………………………………………… 139

　第一节　园艺产品采收 ………………………………………………………………… 139
　　　　一、采前准备 ………………………………………………………………… 139
　　　　二、采收时间和方法 ………………………………………………………… 139
　第二节　园艺产品分级 ………………………………………………………………… 144
　　　　一、分级标准 ………………………………………………………………… 144
　　　　二、分级方法 ………………………………………………………………… 145
　第三节　清洗、防腐、灭虫与打蜡 …………………………………………………… 146
　　　　一、清洗 ……………………………………………………………………… 146
　　　　二、防腐 ……………………………………………………………………… 146
　　　　三、灭虫 ……………………………………………………………………… 148
　　　　四、打蜡 ……………………………………………………………………… 148
　第四节　包装 …………………………………………………………………………… 150
　　　　一、包装作用 ………………………………………………………………… 150
　　　　二、包装容器 ………………………………………………………………… 150
　　　　三、包装技术 ………………………………………………………………… 151
　　　　四、包装堆码 ………………………………………………………………… 152
　第五节　催熟和脱涩 …………………………………………………………………… 152

　　　　一、催熟 ·· 152
　　　　二、脱绿 ·· 153
　　　　三、脱涩 ·· 153
　　第六节　预冷 ·· 154
　　　　一、预冷相关概念 ································ 155
　　　　二、预冷方法 ···································· 155
　　　　三、预冷技术参数和原则 ·························· 157

第六章　园艺产品运输 ································ 159
第一节　水果蔬菜运输流通基本原则 ·················· 159
第二节　新鲜果蔬对运输的要求 ······················ 160
第三节　运输方式与工具 ···························· 163
　　　　一、各种运输方式及其特点 ························ 163
　　　　二、运输工具 ···································· 164
　　　　三、低温运输技术 ································ 169
第四节　冷链流通 ·································· 172
　　　　一、冷链物流 ···································· 172
　　　　二、园艺产品冷链系统 ···························· 173
　　　　三、冷藏链分类 ·································· 174
第五节　我国园艺产品冷藏链发展状况 ················ 175

第七章　果品贮藏 ···································· 177
第一节　仁果类水果的贮藏 ·························· 177
　　　　一、苹果贮藏 ···································· 177
　　　　二、梨贮藏 ······································ 180
　　　　三、山楂贮藏 ···································· 182
第二节　柑橘贮藏 ·································· 185
　　　　一、种类、品种与贮藏特性 ························ 185
　　　　二、柑橘采收与贮前处理 ·························· 186
　　　　三、贮藏条件 ···································· 187
　　　　四、贮藏方式 ···································· 188
　　　　五、贮藏病害及防治措施 ·························· 188
第三节　香蕉贮藏 ·································· 189

　　　　一、品种及其贮藏特性 189
　　　　二、贮藏技术要点 189
　　　　三、贮运病害 191
　　第四节　荔枝、芒果、龙眼贮藏 191
　　　　一、荔枝贮藏 191
　　　　二、芒果贮藏 193
　　　　三、龙眼贮藏 196
　　第五节　浆果类水果的贮藏 198
　　　　一、葡萄贮藏 198
　　　　二、猕猴桃贮藏 201
　　　　三、柿贮藏 203
　　　　四、石榴贮藏 204
　　　　五、无花果贮藏 205
　　　　六、草莓贮藏 207
　　　　七、桑葚贮藏 208
　　第六节　核果类水果的贮藏 210
　　　　一、桃贮藏 210
　　　　二、李贮藏 212
　　　　三、杏贮藏 214
　　　　四、樱桃贮藏 216
　　第七节　坚果的贮藏 217
　　　　一、板栗贮藏 217
　　　　二、核桃贮藏 220

第八章　蔬菜贮藏 223
　　第一节　叶菜类及花菜类蔬菜贮藏 223
　　　　一、大白菜贮藏 223
　　　　二、甘蓝贮藏 227
　　　　三、菠菜贮藏 229
　　　　四、花椰菜贮藏 231
　　第二节　果菜类蔬菜贮藏 233
　　　　一、番茄贮藏 234
　　　　二、辣椒贮藏 237

　　　　　三、黄瓜贮藏 ………………………………………………………… 239
　　　　　四、茄子贮藏 ………………………………………………………… 242
　　第三节　茎菜类蔬菜贮藏 …………………………………………………… 244
　　　　　一、蒜薹贮藏 ………………………………………………………… 244
　　　　　二、洋葱贮藏 ………………………………………………………… 247
　　　　　三、大蒜贮藏 ………………………………………………………… 249
　　　　　四、芹菜贮藏 ………………………………………………………… 250
　　第四节　根菜类蔬菜贮藏 …………………………………………………… 252
　　　　　一、萝卜、胡萝卜贮藏 ……………………………………………… 252
　　　　　二、生姜贮藏 ………………………………………………………… 254
　　　　　三、马铃薯贮藏 ……………………………………………………… 255
　　　　　四、莲藕贮藏 ………………………………………………………… 258
　　第五节　食用菌贮藏 ………………………………………………………… 259

第九章　园艺产品营销 ……………………………………………………… 263
　　第一节　园艺产品营销原理 ………………………………………………… 263
　　　　　一、市场和市场营销概述 …………………………………………… 263
　　　　　二、园艺产品市场 …………………………………………………… 266
　　　　　三、园艺产品市场营销 ……………………………………………… 269
　　第二节　园艺产品营销调查 ………………………………………………… 270
　　　　　一、园艺产品市场营销环境 ………………………………………… 270
　　　　　二、园艺产品市场调查与预测 ……………………………………… 275
　　　　　三、园艺产品消费者行为分析 ……………………………………… 279
　　第三节　园艺产品营销策略 ………………………………………………… 281
　　　　　一、园艺产品市场营销分析 ………………………………………… 281
　　　　　二、园艺产品策略 …………………………………………………… 286
　　　　　三、园艺产品定价策略 ……………………………………………… 288
　　　　　四、园艺产品促销策略 ……………………………………………… 299
　　　　　五、园艺产品网络营销策略 ………………………………………… 304

第十章　园艺产品质量与贸易 ……………………………………………… 311
　　第一节　园艺产品质量安全及质量评价 …………………………………… 311
　　　　　一、园艺产品质量概念 ……………………………………………… 311

二、园艺产品基本质量要求 ……………………………………………………… 312

　　三、园艺产品质量评价及标准 …………………………………………………… 314

　　四、园艺产品质量保证体系 ……………………………………………………… 315

第二节　园艺产品可追溯制度 ………………………………………………………… 316

　　一、产品可追溯系统概念及建立意义 …………………………………………… 316

　　二、产品可追溯制度内容 ………………………………………………………… 317

第三节　园艺产品贸易 ………………………………………………………………… 319

　　一、国际园艺产品贸易环节 ……………………………………………………… 319

　　二、园艺产品贸易方式 …………………………………………………………… 320

参考文献 ……………………………………………………………………………… 323

本书数字资源索引

数字资源名称	二维码	章节	页码	数字资源名称	二维码	章节	页码
呼吸作用		第二章第一节	26	机械冷藏		第四章第二节	104
呼吸漂移		第二章第一节	26	冷藏标准		第四章第二节	104
影响呼吸的因素		第二章第一节	28	机械冷藏管理		第四章第二节	110
成熟衰老的概念		第二章第三节	43	气调贮藏		第四章第三节	113
成熟衰老的物质变化		第二章第三节	44	气调贮藏标准		第四章第三节	113
成熟衰老的结构变化		第二章第三节	47	气调贮藏管理		第四章第三节	118
防腐保鲜处理		第三章第一节	74	物理技术贮藏		第四章第五节	126
贮藏工艺流程		第四章第一节	95	辐照标准		第四章第五节	128
常温贮藏		第四章第一节	96	商品化处理的概念		第五章第一节	139

续表

数字资源名称	二维码	章节	页码	数字资源名称	二维码	章节	页码
采收		第五章 第一节	139	冷链标准		第六章 第四节	172
分级		第五章 第二节	144	苹果贮藏（1）		第七章 第一节	177
商品化处理其他环节		第五章 第三节	146	苹果贮藏（2）		第七章 第一节	177
包装		第五章 第四节	150	大白菜贮藏		第八章 第一节	223
运输对环境条件的要求		第六章 第二节	160	质量等级标准		第十章 第一节	314

绪 论

园艺产品（Horticultural Products）包括果品（即新鲜水果）、蔬菜和花卉等，它们在人们的日常生活中扮演着非常重要的角色。其中果蔬是人类食物的重要组成部分，含有人体需要的碳水化合物、维生素、矿物质、蛋白质和膳食纤维等，有很高的营养价值，而且对于丰富食物种类，满足各种食物喜好，增加食物的美学价值都有非常重要的意义。花卉在美化环境、美化生活方面有着举足轻重的作用。随着人们生活水平的不断提高和对身体健康的日益重视，果品、蔬菜和花卉的生产量和消费量也在逐年增加。

园艺产品贮藏运销学研究园艺产品流通领域各有关部门的经济活动规律，既具有很强的理论性与实践性，又具有一定的技术性与艺术性，并且还涉及社会学、政治学、公共关系学和美学等领域。实际上园艺产品贮藏运销学是从自然科学、技术科学、社会科学、经济学等方面研究园艺产品的使用价值和观赏价值，既为发展园艺产品生产服务，又为市场经济发展服务。

园艺产品贮藏运销学是一门应用科学，知识面涉及很广，它是以植物学、采后生理学、微生物学、化学、物理、食品化学、食品工程原理、食品工厂设计、制冷学、建筑工程学及食品机械设备等学科为基础。要做好园艺产品的贮藏运输，并使之不断提高与发展，就必须具备这些学科的基本知识，关注它们的发展动态，重视最新研究成果的应用。尤其近些年，随着科学技术的不断进步，各学科的相互渗透，新技术、新方法不断出现和应用，园艺产品贮藏学的深度和广度也在不断发展。因此，这门学科不仅要学习基本理论、基本技术，还应掌握相关学科的发展，以及这门学科的新技术、新产品等知识，并能与生产实践相联系，应用所学知识解决生产中的实际问题，真正为实现我国园艺产品贮藏技术赶上和超过世界先进水平打下扎实基础。

一、园艺产品贮藏运销的意义

1. 园艺产品在农业食品产业中的地位

我国地域辽阔，果蔬花卉资源丰富，是世界上许多果蔬的发源中心之一。和 1949 年我国水果总产量 120 万 t 相比，2009 年我国栽培面积为 1067 万 hm^2，产量 1.2 亿 t，增长 99 倍。根据联合国粮食及农业组织（FAO）的数据，2019 年全球果蔬产量约 24 亿 t，2010—2019 年，全球果蔬供应量增长了 11%。同时，果蔬贸易量也呈上升趋势，2019 年全球果蔬贸易量达到了 2870 万 t。2021 年中国水果产量 2.99 亿 t，蔬菜产量 7.75 亿 t，成为仅次于粮食产量的第二大农作物。

园艺产品在农业食品产业中占据重要地位，在市场经济的推动下，我国园艺产业将朝着区域化、集约化、规模化的方向快速发展。

2. 园艺产品品质保障的核心要点

园艺产品的贮藏和运销是保证其品质的关键环节。在果蔬从田间到餐桌的过程中，贮藏运销技术对果蔬外观、口感、营养价值等方面具有重要影响。贮藏技术主要包括低温贮藏、气调贮藏、保鲜剂处理等，运销技术则涉及冷链物流、包装设计、智能监控等方面。

园艺产品的贮藏运销技术在促进市场流通和提高产品价值方面具有重要作用。优化贮运技术可以延长果蔬的保质期，降低损耗，提高产品品质，从而提高产品的竞争力和附加值。在现代市场环境下，跨境贸易和电商平台等都对贮运技术提出了更高的要求。跨境贸易中，果蔬产品需要经历长时间的运输，因此保持其品质和新鲜度至关重要。通过采用恰当的贮藏技术，如气调储藏（Controlled Atmosphere Storage，CA）和气调包装（Modified Atmosphere Packaging，MAP），可以维持果蔬品质，延长保质期，降低运输过程中的损耗。此外，采用冷链物流系统可以确保果蔬在整个运输过程中处于适宜的温度和湿度环境，减少腐烂和品质下降的风险。

近年来，电商平台的崛起为园艺产品提供了新的销售渠道，使生产者和消费者之间的交流变得更加便捷。优化的贮运技术可保证果蔬在快速配送过程中的品质。此外，利用数据分析和追溯系统，可以对园艺的贮藏和运输过程进行实时监控，确保贮运条件稳定。这些技术的应用使得园艺产品在运输过程中的损耗减少，销售范围扩大，为生产者带来更大的经济效益。跨境贸易和电商平台等现代市场环境为贮运技术提供了新的挑战和机遇。通过采用先进的贮藏技术和物流系统，可以有效地提高园艺产品的竞争力和附加值。在促进园艺产品市场流通和提高产品价值方面，优化的贮运技术具有重要意义。

3. 贮藏保鲜技术对延长保质期及降低损耗的作用

延长园艺产品保质期对于保障食品安全、提高食品品质以及减少食品浪费具有重要意义。降低损耗则有助于提高园艺产品的经济效益，减轻生产者和消费者的经济负担。园艺产品在采摘后会经历呼吸作用、水分散失、病害侵袭等生理变化，引起品质下降。中国农业科学院的研究显示，水果和蔬菜在采摘后的7d内，可溶性固形物、矿物质和维生素C含量会显著下降。例如，切割韭菜在10℃贮藏7d后，其干物质、可溶性固形物、维生素C及总可溶性酚含量分别下降了13.8%、19.1%、38.5%、29.5%，感官品质也急剧下降。根据世界卫生组织（WHO）的数据，全球每年有约6亿人因食用受污染的食品而患病。果蔬在采摘后的贮藏过程中，容易受到微生物的污染，导致食品安全问题。延长果蔬保质期，不仅能使果蔬保持较高的营养价值和口感品质，还能有效降低这些风险，保障消费者的身体健康。

延长园艺产品保质期也有助于减少食品资源浪费。据FAO报告，全球每年约有16亿t食物被浪费。在中国，有25%~45%的果蔬在贮运过程中损耗。在果蔬产业链中，贮运损耗成本比重大，每年2亿t以上，价值数千亿元。贮运技术的恰当使用，不仅可延长果蔬保质期、降低损耗、减少其浪费，提高经济效益，有利于环境保护和资源利用；还有利于减轻生产者的经济压力，提高产业竞争力，稳定市场价格，提高消费者的购买力，从而推动整个果蔬产业的健康发展。延长保质期及降低损耗在园艺产品贮藏运销中具有重要意义。通过延长果蔬保质期，可以保障食品安全，提高食品品质，减少食品浪费；通过降低损耗，可以提高果蔬的经济效益，减轻生产者和消费者的经济负担。在未来的研究与实践中，有必要关注这些问题，以促进园艺产品贮藏运销领域的可持续发展。

4. 果蔬保鲜技术对多元化食物供给体系的作用

党的二十大报告提出："树立大食物观，发展设施农业，构建多元化食物供给体系。"构建多元化食物供给体系,是破解资源环境瓶颈、保障粮食和各类食物有效供给的必然选择,也是深化农业供给侧结构性改革、加快建设农业强国的内涵要义。

优质的贮藏运销技术可以延长果蔬的货架期,实现季节性农产品全年供应。目前,我国的某些农产品,如苹果、橙子等,已借助先进的贮藏技术实现在收获季节后的数月内持续供应,满足了消费者对多元化食物的需求。此外,贮藏运销技术也有助于减少运输途中的损耗,提升果蔬的运输效率。一项数据显示,业界领先企业的生鲜农产品借助冷链物流技术,将腐损率控制在 3.3% 以内,有效地减少了果蔬在运输过程中的损耗。总的来讲,通过贮藏运销技术的优化,果蔬的供应量和供应周期均得到了有效保障,为多元化食物供给体系的构建提供了实质性技术支持。

二、园艺产品贮运业存在的问题

我国果蔬物流保鲜产业面临诸多挑战,主要表现在生产区域化、集约化和组织化程度低、物流保鲜企业规模小,材料、装备和技术落后以及冷链物流应用程度低等方面。为改善这一现状,需各方共同努力,加大政策扶持力度,引导企业提高生产技术和管理水平,推动果蔬物流保鲜产业的发展。

1. 生产区域化、集约化和组织化程度有待提升

我国果蔬生产的区域化、集约化和组织化程度有待提升。为提高企业的市场竞争力,应加大先进果蔬物流保鲜装备与技术的投入和应用,促进果蔬物流保鲜产业的发展。我国果蔬生产技术水平在不同地区、不同企业间差距较大。例如,山东寿光市采用了现代农业技术进行果蔬种植,提高了产量和品质,而一些偏远地区和个体农户还在使用传统的种植技术,难以实现园艺产品的产出稳定和品质控制。

2. 企业规模小、经济基础薄弱

我国果蔬物流保鲜企业总体规模小、经济基础薄弱,不利于标准化、信息化及先进装备和生物技术的利用与应用。尽管近年来出现了部分大型农企和城市企业转入农企进行经营的情况,但果蔬物流企业的发展仍有很长的路要走。据统计,我国果蔬物流保鲜企业数量多达数万家,但大部分企业规模小、资金实力有限,难以承担大规模投资,使得这些企业在提高生产效率、降低成本方面处于劣势,影响了产业整体竞争力。以浙江某果蔬批发市场为例,虽然市场规模不小,但多数果蔬供应商仍然采用传统的手工包装和保鲜方式,与现代化的冷链物流保鲜技术存在差距。因此,广大园艺贮运研究人员要坚持面向世界科技前沿、面向经济主战场、面向国家重大需求、面向人民生命健康,加快实现高水平科技自立自强。以国家战略需求为导向,积聚力量进行原创性、引领性科技攻关,坚决打赢关键核心技术攻坚战。持续解决困扰我国园艺贮运产业的一系列"卡脖子"技术难题,提高我国园艺贮运产业的核心竞争力。

3. 装备、材料和技术种类有待增加

我国果蔬物流保鲜装备、材料和技术种类有待增加,科技含量有待提升。由于缺乏适宜的物流保鲜新设备、新材料和新技术,超过一半的果蔬产品难以实现有效、安全的流通,导致损耗和运输成本大幅增加。在装备方面,我国果蔬物流保鲜装备种类有限,且性能水平较低。例如,目前国内常见的果蔬保鲜设备主要为机械冷库、速冻库等,与产业水平先进的国家相比,还存在着一定的差距。在材料方面,国内果蔬保鲜包装材料多为传统塑料袋、泡沫箱等,而新型保鲜材料,如生物降解包装、智能保鲜膜等应用较少。在技术方面,我国在果蔬冷链物流领

域的技术研发相对滞后,国外市场上的果蔬保鲜新技术,如气调保藏、低温脱水等在我国尚未得到广泛应用。

4. 应用程度低,流通损耗大

我国果蔬冷链物流装备与技术应用程度低,流通损失严重。在我国产出的水果和蔬菜中,仅有5%的果蔬实现了冷链流通,而果蔬总体流通损耗高达25%~45%。相比之下,欧美日等国家和地区70%以上的果蔬实现了冷链流通,损耗仅为5%~20%。美国农业部数据显示,美国果蔬冷链物流运输损耗率为3%~18%,远低于我国。我国冷链物流设施不足,导致果蔬在贮运过程中易受气候和自然条件影响,从而加大了流通损失。

三、园艺产品贮运业未来发展趋势

(一)新技术的应用

近年来,为了更好地坚持全面依法治国,推进法治中国建设,同时促进果蔬贮运产业的发展,制定了一系列政策和法规来促进保鲜技术的进步。

从生物保鲜技术到新型保鲜包装材料的开发,再到物理保藏新技术和气调保鲜新技术,旨在探索和研究如何更有效地保持果蔬品质,延长果蔬保质期。在这个过程中,新的技术和工具不断涌现,为果蔬的贮运产业带来了新的可能性。

1. 生物保鲜技术

生物保鲜技术是指结合了生物学、材料学、微生物学等多学科的理论,通过生物技术的方法,提高果蔬的品质,延长保鲜期。这些技术在实践中得到了广泛的应用,对于提高果蔬的贮运效率,减少损失,具有非常重要的意义。

生物保鲜剂主要通过利用微生物、酶、生物活性物质等生物资源,阻止果蔬的呼吸、老化和微生物感染,延长保鲜期。例如,某生物保鲜剂利用过氧化氢的强氧化性,杀灭侵染果蔬的微生物,减慢果蔬的新鲜度损失。此外,生物保鲜剂相较于化学保鲜剂,更安全、环保,更符合现代消费者的健康需求。生物防治主要是通过引入天敌或使用生物农药,控制果蔬病虫害的发生,降低果蔬在贮运过程中的损失。例如某生物农药,利用植物提取物刺激果蔬的自身防御系统,增强其抵抗病虫害的能力,同时其对人体和环境无害,是一种很有发展潜力的生物防治技术。基因工程技术是通过对果蔬的基因进行编辑,改变其生理特性,提高保鲜性。例如,美国科学家通过基因编辑技术,关闭了导致番茄过快成熟的基因,使得基因编辑后的番茄能在常温下保持长达一个月的新鲜度。基因工程技术为果蔬保鲜提供了全新的解决方案,但由于涉及基因修改,还需要严格的科学评估和合规的政策支持。

除了上述技术,还有一些其他的生物保鲜技术在实践中得到了应用。如生物防腐膜技术,通过将抗菌肽、抗菌蛋白等生物活性物质添加到包装膜中,赋予包装膜抗菌保鲜功能。

2. 新型保鲜包装材料的开发

新型保鲜包装材料主要包括常见薄膜包装材料、多功能聚烯烃基保鲜膜、多功能可食性涂膜保鲜剂、环保型生理保鲜剂等。这些材料在质量、功能和环保方面有着不同的特点,能够满足不同种类、不同保鲜需求的果蔬。

常见的薄膜包装材料,如聚乙烯(PE)、聚丙烯(PP)、聚氯乙烯(PVC)等,具有良好的保鲜效果和较低的成本。其中,PE薄膜因其优异的阻隔性能,能有效阻止水分和O_2的穿透，从而保持果蔬的新鲜度，延长保鲜期。此外，这些薄膜材料还具有良好的透明性，便于消费者对果蔬进行视觉检查。

①多功能聚烯烃基保鲜膜：相比于常规的薄膜材料，多功能聚烯烃基保鲜膜在保鲜性能上具有更大的优势，如微孔、防霉、去乙烯等新功能。这类材料除了具有优异的阻隔性、机械性能和加工性能，还能够根据果蔬的呼吸特性进行调控，保持果蔬内部的气氛平衡，减缓果蔬的呼吸和成熟过程，从而实现更长时间的保鲜。德国某公司开发的多功能聚烯烃基保鲜膜，利用其独特的微孔结构，实现了对果蔬内部气体的精确控制，有效延长了果蔬的保鲜期，同时保持了良好的阻隔性和机械性能。

②多功能可食性涂膜保鲜剂：脂质、多糖等能形成一层可食用薄膜覆盖在果蔬表面，对果蔬进行物理隔离，防止水分蒸发和微生物侵入，延长保鲜期。同时，可食性涂膜保鲜剂还可以添加抗氧化剂、防腐剂等添加剂，增强其保鲜效果（达到防腐、防褐、护绿、增亮等效果）。美国某公司开发的可食性涂膜保鲜剂，利用天然材料如果胶、淀粉等作为基础，添加天然抗氧化剂和防腐剂，既保证了果蔬的新鲜度，又提供了更安全、更环保的保鲜解决方案。

③环保型生理保鲜剂：1-甲基环丙烷（1-MCP）等能有效阻止果蔬的呼吸和老化过程，延长保鲜期。1-MCP能够与果蔬内部的乙烯受体结合，抑制乙烯的生物活性，从而抑制果蔬的成熟和衰老过程。1-MCP产品已在全球多个国家和地区获得注册，广泛用于苹果、梨、瓜类等多种果蔬的保鲜。由于1-MCP是气体保鲜剂，使用过程中不会在果蔬表面留下残留，是一种安全、环保的保鲜技术。

3. **物理保藏新技术**

物理保藏新技术具有操作简便、无污染、无残留等优点，有着广阔的应用前景。随着科技的发展，辐照保鲜技术和静电保鲜技术有望在保鲜领域发挥更大的作用。

辐照保鲜技术是采用超声、γ射线、X射线或电子束等离子辐照对食品进行杀菌、抑菌，从而达到保鲜、延长保质期的目的。该技术已经在美国、日本、欧洲等地得到广泛应用，被称为"冷杀菌技术"，对食品的营养成分损失小，对环境无污染。

静电保鲜技术是近年来新兴的一种物理保鲜技术，通过建立稳定的静电场，对贮存环境中的空气进行离子化，生成大量的负氧离子，能够抑制微生物的生长，减慢果蔬的新鲜度下降速度。"静电保鲜箱"产品，就是利用这种技术抑制微生物的生长，可以有效地延长水果和蔬菜的保鲜期。

（二）现代化智能贮运

现代化的智能贮运主要包括冷链物流、冷藏库以及冷链物流的运输过程的管理与监控。完善冷链物流体系对于提高我国果蔬贮运产业的效益以及推动我国高质量发展具有重要意义。通过冷链物流，可以有效地延长果蔬的保质期，降低腐败损失，并保持产品的新鲜度和营养成分。冷藏库的建设和优化是冷链物流的关键环节，需要遵循一定的设计原则和技术要求，并实施节能环保措施。建设现代化产业体系是推动高质量发展的必然要求，运用物联网和大数据技术，可以实现冷链物流过程的实时监控和追溯，建设高效顺畅的流通体系，降低物流成本，提高冷链物流的透明度和管理水平。在政府和企业共同努力下，完善冷链物流体系将为中国果蔬储运产业带来更加广阔的发展空间，在推动我国高质量发展上展现更大作为。

第一章
园艺产品品质特性

内容提要

本章阐述园艺产品采后品质特性构成，包括色、香、味、形、质地和营养。

学习目标

掌握园艺产品品质特性的内涵；掌握构成品质特性的各类化学物质在贮藏过程中的变化；学习和了解构成园艺产品品质特性的物质基本特性。

重要概念及名词

感官指标、叶绿素、苦味物质、味感阈值、风味物质、相对甜度。

  园艺产品种类和品种繁多，其品质也千差万别。园艺产品的品质就是园艺产品满足某种使用价值全部有利特征的总和，主要指其外观、风味和营养价值。园艺产品品质评价包括感官指标和理化指标两个方面，前者主要指色、香、味、形和质地等，后者主要包括碳水化合物、脂肪、蛋白质、维生素、矿物质等营养成分的质和量。

  园艺产品的品质特性和其所含化学成分的种类和多少有着密切的关系。尽管水果和蔬菜千姿百态，经化学分析，其主要成分还是由碳、氢、氧和氮等几种元素组成，这几种元素在水果和蔬菜中以不同比例、不同结构相互结合形成复杂的具有不同化学性质的化合物。水果和蔬菜的物理、化学性质是由这些化合物存在的状态和含量决定的。果蔬中所含的化学成分较为复杂，一般可用两种方法分类：一种是按其元素组成状况分为六大类，即碳水化合物，含氮化合物，有机酸，苷和多酚类，脂肪、挥发油和树脂物，矿质元素；另一种是按各种化合物的功能进行区分，可分为营养素，色、香、味感物质，以及与工艺、制品质量相关的物质三类。

  园艺产品的品质特性在其加工过程中起着至关重要的作用，从根本上来讲是果蔬化学成分在加工过程中的变化直接影响着果蔬加工制品的品质。根据化学成分功能的不同，通常将其分成四类，即风味物质（包括糖、酸、单宁、糖苷、氨基酸和辣味物质）、营养物质（包括维生素、矿物质、水分、糖类、脂肪、蛋白质和氨基酸等）、色素类物质（包括叶绿素、类胡萝卜素、花色苷和类黄酮等）、质地因子（包括果胶类物质、纤维素和水分等）。此外，果蔬中还含有许多性质各异的酶，这些酶对果蔬加工制品也起着重要的作用。

第一节 风味物质

果蔬的风味是构成果蔬品质的主要因素之一，果蔬因其独特的风味而备受人们的青睐。不同果蔬所含有的风味物质的种类和数量各不相同，因此风味各异，但构成果蔬的基本风味只有香、甜、酸、苦、辣、涩、鲜等几种。

一、香味物质

水果、蔬菜中普遍含有挥发性芳香油。水果、蔬菜的香味全靠芳香油。芳香油在水果、蔬菜中含量很少，主要存在于水果、蔬菜的皮中，它的化学结构很复杂。由于不同的水果、蔬菜中含的成分不同，所以各种水果、蔬菜表现出特有的不同香味。

醇、酯、醛、酮和萜等化合物是构成果蔬香味的主要物质，它们大多是挥发性物质，且多具有芳香气味，故又称为挥发性物质或芳香物质，也称为精油。正是这些物质的存在赋予了果蔬特定的香气和味感，它们的分子中都含有一定的基团，如羟基、羧基、醛基、羰基、醚基、酯基、苯基、酰胺基等。这些基团称为"发香团"，它们的存在与香气的形成有关，但是与香气种类无关。

果品的香味物质多在成熟时开始合成，进入完熟阶段时大量形成，产品风味也达到了最佳状态。但这些香味物质大多不稳定，且在加工过程中很容易受热氧化或在酶的作用下挥发或分解。

果蔬的香味物质多种多样（表1-1），据分析，苹果含有100多种芳香物质，香蕉含有200多种，草莓中已经分离出150多种，葡萄中现已检测出78种。但与其他成分相比，果蔬中的香味物质含量甚微，除了柑橘类果实外，其他的含量通常在百万分之几。水果的香味物质以酯类、醇类和酸类物质等为主，而蔬菜中主要是一些含硫化合物和高级醇、醛和萜等。

表1-1　　　　　　　　　　　几种果蔬的主要香味物质

种类	香味主要成分	种类	香味主要成分
苹果	乙酸异戊酯	叶菜类	叶醇
香蕉	乙酸异戊酯、异戊酸异戊酯	萝卜	甲硫醇、异硫氰酸烯丙酯
梨	甲酸异戊酯	花椒	天竺葵醇、香茅醇
桃	乙酸乙酯、γ-葵酸内酯	蘑菇	辛烯醇
柑橘	乙酸、蚁酸、乙醇、甲酯、乙酯丙酮和苯乙醇	蒜	二烯丙基二硫化物、甲烯丙基二硫化物、烯丙基

二、甜味物质

糖及其衍生物糖醇类物质是构成果蔬甜味的主要物质，一些氨基酸、胺等非糖物质也具有甜味。蔗糖、果糖、葡萄糖是果蔬中主要的糖类物质，此外还含有甘露糖、半乳糖、木糖、核糖以及山梨醇、甘露醇和木糖醇等。

果蔬的含糖量差异很大，其中水果含糖量较高，而蔬菜中除番茄、胡萝卜等含糖量较高外，大多数都很低。大多水果的含糖量在7%~15%，而蔬菜含糖量大多在5%以下。常见果蔬中糖的种类及含量见表1-2。

表1-2　　　　　　　　　　常见果蔬中糖的种类及含量　　　　　　　　　　单位：g/100g 鲜重

名称	蔗糖	转化糖	总糖
苹果	1.29~2.99	7.35~11.61	8.62~14.61
梨	1.29~2.99	6.52~8.00	8.37~10.00
香蕉	1.29~2.99	10.00	17.00
草莓	1.85~2.00	5.56~7.11	7.41~8.59
桃	7.0	1.77~3.67	10.38~12.41
杏	1.48~1.76	3.00~3.45	8.45~11.90
白菜	—	—	5.00~17.00
胡萝卜	—	—	3.30~12.00
番茄	—	—	1.50~4.20
南瓜	—	—	2.5~9.00
甘蓝	—	—	1.50~4.20
西瓜	—	—	5.50~11.00

果蔬的甜度不仅与糖的含量有关，还与所含糖的种类相关。各种糖的相对甜度差异很大（表1-3），若以蔗糖的甜度为100，果糖则为173，葡萄糖为74。不同果蔬所含糖的种类及各种糖之间的比例各不相同，甜度与味感也各不相同，仁果类果实果糖含量占优势，核果类、柑橘类果实蔗糖含量较多，而成熟浆果类如葡萄、柿果以葡萄糖为主。

果蔬甜味的强弱除了与食糖种类与含量有关外，还受含糖量与含酸量之比（糖酸比）的影响，糖酸比越高，甜味越浓，反之酸味增强。如红星、红玉苹果的含糖量基本相同，红玉苹果含酸量约为0.9%，而红星苹果的含酸量在0.3%左右，故红玉苹果食用时有较强的酸味。

表1-3　　　　　　　　　　几种糖的相对甜度

名称	相对甜度	名称	相对甜度
果糖	173	木糖	40
蔗糖	100	半乳糖	32
葡萄糖	74	麦芽糖	32

在较高的pH或温度下，蔗糖会生成羟甲基糠醛、焦糖等物质；还原糖易与氨基酸及蛋白质发生美拉德反应，对产品的颜色和风味有影响。

在加工过程中，当糖的含量大于70%时，黏度较高，生产过程中的过滤和管道运输都会有较大阻力，在温度低时容易产生结晶析出。但在浓度较低时，由于渗透压较小，在暂存或保存时容易遭受微生物的污染，故在生产过程中，配料之前的糖液含量一般控制在 55%~65%。

三、酸味物质

果蔬的酸味主要来自有机酸，包括柠檬酸、苹果酸和酒石酸等，它们统称为果酸。除此之外，果蔬中还含有少量的草酸、琥珀酸、苯甲酸和水杨酸。蔬菜的含酸量相对较少，除番茄外，大多感觉不到酸味存在。但有些蔬菜如菠菜、茭白、苋菜、竹笋含有较多的草酸，由于草酸会刺激腐蚀人体消化道内的黏膜蛋白，还可与人体内的钙盐结合形成不溶性的草酸钙，降低人体对钙的吸收利用，故不宜多食。不同种类和品种的果蔬，有机酸种类和含量不同。例如，苹果含酸量为 0.2%~1.6%，梨为 0.1%~0.5%，葡萄为 0.3%~2.1%。常见果蔬中的主要有机酸含量如表 1-4 所示。

表 1-4　　　　　　　　　　　常见果蔬中主要有机酸含量　　　　　　　　　　　单位:%

种类	柠檬酸	苹果酸	种类	柠檬酸	苹果酸
草莓	0.91	0.10	菠萝	0.84	0.12
苹果	0.03	0.02	桃	0.37	0.37
葡萄	—	0.65	梨	0.24	0.12
橙	0.98	痕量	杏（干）	0.35	0.81
柠檬	3.84	痕量	洋李	0.03	0.92
香蕉	0.32	0.37	荚豌豆	0.03	0.13
甘蓝	0.14	0.10	南瓜	—	0.15
胡萝卜	0.09	0.24	菠菜	0.08	0.09
洋葱	0.02	0.17	花椰菜	0.21	0.39
马铃薯	0.51	—	番茄	0.47	0.05
甘薯	0.07	—			

仁果类和大多数核果类水果主要是苹果酸，浆果类和柑橘类水果主要是柠檬酸，但葡萄中主要含有酒石酸。蔬菜中的总酸量较低，有些蔬菜中的有机酸主要是草酸，但大多数蔬菜是以苹果酸和柠檬酸为主。分析果蔬中酸含量时，多以果蔬中所含的主要有机酸为计算标准，如柠檬酸表示柑橘类酸含量；仁果类、核果类则以苹果酸表示；多数蔬菜以草酸表示。

1. 苹果酸

苹果酸广布于自然界中，而且存在于许多果实的酸汁液中，特别是在酸苹果中含量较高，并因此而得名。果蔬中含有左旋苹果酸，且易溶于水。

花楸、刺梨和山茱萸中仅含有苹果酸，而柑橘果实和蔓越橘中则不含苹果酸。苹果酸与柠檬酸并存于大部分果实中。仁果类果实（苹果、梨）和核果类果实（桃、梅、李和杏等）以苹果酸含量为多，而浆果中则以柠檬酸为多；番茄中既含有苹果酸，又含有柠檬酸。

2. 柠檬酸

柠檬酸同样广泛地分布在自然界中，在柠檬中含量特别高（6%~7%）。其为三羧酸，与苹果酸并存于大部分果实中。柑橘果实和蔓越橘中仅含有柠檬酸，其容易失去一分子水而变为不饱和酸，由此所构成的不饱和酸称为乌头酸。柠檬酸含于石榴、树莓、草莓、菠萝和番茄等果蔬中。

有机酸的酸感也不完全一样。在有机酸中，酒石酸的酸性最强，并有涩味，其次是苹果酸和柠檬酸。酸感的产生除了与酸的种类和浓度有关外，还与体系的温度、缓冲效应和其他物质的含量，主要是糖和蛋白质的含量有关。体系缓冲效应增大，可以增大酸的柔和性。在饮料及某些产品的加工过程中，使用有机酸的同时加入该酸的盐类，其目的就是为了形成具有一定缓冲能力的体系，以改善酸感。

酸与加工工艺的选择和确定有十分密切的关系。酸含量的高低对褐变和非褐变有很大的影响；酸还能影响花色素、叶绿素及单宁色泽的变化；酸能与铁、锡反应，对设备和容器产生腐蚀作用；在加热时，酸能促进蔗糖和果胶等物质的水解。酸是确定罐头杀菌条件的主要依据之一，低酸性食品一般要采用高压杀菌，酸性食品则可以采用常压杀菌。另外，果蔬中有机酸存在，对微生物的活动非常不利，它可降低微生物的致死温度，这也是水果和蔬菜罐头杀菌温度有区别的主要原因。在某些加工过程，如长时间的漂洗等加工过程中，为了防止微生物繁殖和色泽变化，往往也要进行适当的调酸处理。因此，掌握酸的加工特性非常重要。

四、涩味物质

果蔬的涩味主要来自单宁和其他多酚类物质。单宁是一种多酚类化合物，易溶于水，有涩味，大多数水果、蔬菜中都含有单宁。由于水果、蔬菜的种类不同，其含量差异很大。同一品种的果蔬未成熟时单宁物质含量比不成熟时高。某些水果、蔬菜在贮藏过程中经过后熟，苦涩味有所减少，称为脱涩。单宁物质的存在与果蔬的抗病性有关。当单宁含量（如涩柿）达0.25%左右时就可感到明显的涩味。未熟果蔬的单宁含量较高，食之酸涩，难以下咽，但一般成熟果中可食部分的单宁含量通常在0.03%~0.1%，食之具有清凉的口感。

单宁又称鞣质，为高分子聚合物，组成它的单体主要有邻苯二酚、邻苯三酚。根据单体间的连接方式与其化学性质的不同，可将单宁物质分为两大类，即水解型单宁与缩合型单宁。水解型单宁，又称为焦性没食子酸类单宁或可溶性单宁，组成单体间通过酯键连接。它们在酸、酶、煮沸等温和条件下水解为单体。

缩合型单宁，又称为儿茶酚类单宁或不溶性单宁。它们是通过单体芳香环上C—C键连接而形成的高分子聚合物，但与稀酸共热时，进一步缩合成高分子无定形物质。它们在自然界中的分布很广，果蔬中的单宁就属于此类。

涩味的产生是由于可溶性的单宁使口腔黏膜蛋白质凝固，使之发生收敛性作用而产生的一种味感。单宁含量高时会给人带来很不舒服的收敛性涩感，但适量的单宁可以给产品清凉的感觉，也可起到强化酸味的作用。随着果蔬的成熟，可溶性单宁的含量降低。当人为采取措施使可溶性单宁转变为不溶性单宁时，涩味减弱，甚至完全消失。无氧呼吸产物乙醛可与单宁发生聚合反应，使可溶性单宁转变为不溶性酚醛树脂类物质，涩味消失。所以，生产上人们往往通过温水浸泡、乙醇或高浓度的CO_2处理等，诱导柿果产生无氧呼吸而达到脱涩的目的。

单宁与水果加工品的色泽有着密切的关系，在有氧的条件下极易氧化发生酶促性褐变，尤其在遇到铁等金属离子后，会加剧色变。此外，单宁遇碱很快变黑色，因此在果蔬碱液去皮处理后，一定要尽快洗去碱液。在果汁加工过程中常利用单宁与蛋白质的反应，产生凝絮类物质来对果汁进行澄清。

除了单宁类物质外，儿茶素、无色花青素以及一些羟基酚酸等也具涩味。

五、苦味物质

果蔬中的苦味主要来自一些糖苷类物质,由糖基与苷配基通过糖苷键连接而成。当苦味物质与甜、酸或其他味感恰当组合时,就会赋予果蔬特定的风味。果蔬中的苦味物质组成不同,性质也各异。下面简单介绍几种常见的糖苷类物质。

1. 苦杏仁苷

苦杏仁苷是苦杏仁素(氰苯甲醇)与龙胆二糖形成的苷,具有强烈苦味,在医学上具有镇咳作用,普遍存在于桃、李、樱桃、苦扁桃和苹果等果实的果核及种仁中。苦杏仁苷本身无毒,但生食桃仁、杏仁过多,会引起中毒,这是因为同时摄入的苦杏仁苷酶使苦杏仁苷水解为 2 分子葡萄糖、1 分子苯甲醛和 1 分子剧毒的氢氰酸。因此,加工时要先进行脱毒去苦处理,以防中毒;而苯甲醛是重要的食品香料之一,工业上常用苦杏仁来提取苯甲醛。

$$C_{20}H_{27}NO_{11} + 2H_2O \longrightarrow 2C_6H_{12}O_6 + C_6H_5CHO + HCN$$
苦杏仁苷　　　　　　葡萄糖　　苯甲醛　　氢氰酸

2. 黑芥子苷

黑芥子苷本身呈苦味,普遍存在于十字花科蔬菜中。在芥子酶作用下水解生成具有特殊辣味和香气的芥子油、葡萄糖及其他化合物,使苦味消失。这种变化在蔬菜的腌制中很重要。

$$C_{10}H_{16}NS_2KO_9 + H_2O \longrightarrow C_4H_5NS + C_6H_{12}O_6 + KHSO_4$$
黑芥子苷　　　　　　芥子油　　葡萄糖

3. 茄碱苷

茄碱苷又称龙葵苷。主要存在于茄科植物中,以马铃薯块茎中含量较多。含量超过 0.01% 时就会感觉到明显的苦味,因为茄碱苷分解后产生的茄碱是一种有毒物质,超过 0.02% 时即可使人食用后中毒。马铃薯所含的茄碱苷集中在薯皮及萌发的芽眼部位,当马铃薯块茎受日光照射表皮呈淡绿色时,茄碱含量显著增加,根据科学分析,可由 0.006% 增加到 0.024%。所以,发芽和发绿的马铃薯应将皮部和芽眼削去后方可食用。在未熟的绿色茄子中,茄碱苷的含量也较多,成熟后含量减少。

$$C_{45}H_{73}O_{15}N + 3H_2O \longrightarrow C_{27}H_{43}ON + C_6H_{12}O_6 + C_6H_{12}O_6 + C_6H_{12}O_5$$
茄碱苷　　　　　茄碱　　葡萄糖　　半乳糖　　鼠李糖

4. 柚皮苷和新橙皮苷

柚皮苷和新橙皮苷存在于柑橘类果实中,尤其是白皮层、种子、囊衣和轴心部分为多,具有强烈的苦味。在柚皮苷酶的作用下,可水解成糖基和苷配基,使苦味消失,这就是果实在成熟过程中苦味逐渐变淡的原因。据此,在柑橘加工业中常利用酶制剂来使柚皮苷和新橙皮苷水解,降低橙汁的苦味。

六、辛辣味物质

适度的辛辣味具有增进食欲、促进消化液分泌的功效。辣椒、生姜、葱、蒜等蔬菜含有大量的辛辣味物质,它们的存在与这些蔬菜的食用品质密切相关。

生姜中辛辣味的主要成分为姜酮、姜酚和姜醇,是由 C、H、O 所组成的芳香物质,其辛辣味有快感。辣椒中的辣椒素是由 C、H、O、N 组成,属于无臭性的辣味物质。

葱、蒜等蔬菜中辛辣味物质的分子中含有 S,有强烈的刺鼻辣味和催泪作用,其辛辣成分是硫化物和异硫氰酸酯类，它们在完整的蔬菜器官中以母体的形式存在，气味不明显，只有当组织受到挤压破碎时，母体才在酶的作用下转化成具有强烈刺激性气味的物质。大蒜中的蒜氨酸，它本身并无辣味，只有在蒜组织受到挤压破坏后，蒜氨酸才在蒜酶的作用下分解生成具有强烈辛辣气味的蒜素。

芥菜中的刺激性辛辣味成分是芥子油，为异硫氰酸酯类物质。它们在完整组织中是以芥子苷的形式存在，本身并不具辛辣味，只有当组织破碎后，才在酶的作用下分解为葡萄糖和芥子油，芥子油具有强烈的刺激性辛辣味。

七、鲜味物质

果蔬中的鲜味物质主要来自一些具有鲜味的氨基酸、酰胺和肽，其中以 L-天冬氨酸、L-谷氨酰胺和 L-天门冬酰胺最多，它们广泛存在于果蔬中。在梨、桃、葡萄、柿子、番茄中含量较为丰富。此外，竹笋中含有的天冬氨酸钠也具有天冬氨酸的鲜味。另一种鲜味物质谷氨酸钠是人们熟知的味精，其水溶液有浓烈的鲜味。谷氨酸钠或谷氨酸的水溶液加热到 120℃ 以上或长时间加热时，则发生分子内失水，缩合成有毒的、无鲜味的焦性谷氨酸。

第二节　营养物质

果蔬是人体所需维生素、矿物质与膳食纤维的重要来源，此外，有些果蔬还含有大量淀粉、糖、蛋白质等维持人体正常生命活动必需的营养物质。随着人们健康意识的不断增强，果蔬在人们膳食营养中所占的比例也在日益增加。

一、维生素

维生素是一类人体不能合成，但又是机体正常生理代谢所必需，且功能各异的微量低分子有机化合物，是维持人体正常生命活动不可缺少的营养物质，它们大多是以辅酶或辅因子的形式参与生理代谢。维生素的种类很多，化学结构差异很大，通常按照其溶解性质将其分为脂溶性和水溶性两大类。脂溶性维生素包括维生素 A、维生素 D、维生素 E、维生素 K；水溶性维生素包括 B 族维生素和维生素 C。维生素缺乏会引起生理代谢的失调，诱发生理病变。果蔬中含有多种多样的维生素（表 1-5），但与人体关系最为密切的主要有维生素 C 和胡萝卜素（维生素 A 原）。据相关报道，人体所需维生素的 98%、维生素 A 的 57% 左右来自果蔬。

表 1-5　　　　　　　　　　果蔬中的主要维生素含量　　　　　　　　　单位：mg/kg

种类	胡萝卜素	硫胺素	维生素 C	种类	胡萝卜素	硫胺素	维生素 C
苹果	0.8	0.1	50	番茄	3.1	0.3	110
葡萄	0.4	0.4	40	冬笋	0.8	0.8	10
菠萝	0.9	0.9	70	青椒	15.6	0.4	1050
柑橘	5.5	0.8	300	西瓜	1.7	0.2	80

1. 维生素 C

所有绿色植物都能合成维生素 C，它是植物体自身代谢过程中必不可少的物质，在植物体的抗氧化系统中起着重要的作用。由于人类自身不能合成所需的维生素 C，人类所需的维生素 C 主要来源于新鲜水果和蔬菜（表 1-6）。以刺梨中含量最多，为 2088mg/100g，有"维生素 C 王"之称；其次是猕猴桃 420mg/100g、鲜枣 280mg/100g，草莓、柑橘也较多；蔬菜中以辣椒含量较多，为 185mg/100g，青菜、韭菜、菠菜、柿子椒等深色蔬菜和花菜中含量也较多；蔬菜的叶部比茎部含量高，新叶比老叶高，光合能力强的叶部含量高，露地蔬菜比温室大棚蔬菜含量高。

表 1-6　　主要鲜果、蔬菜和粮食可食部分的维生素 C 含量　　单位：mg/100g

名称	维生素 C 含量	名称	维生素 C 含量
刺梨	2088	番茄	40
猕猴桃	420	草莓	35
鲜枣	280	柑橘	34
花椰菜	240	西瓜	25
辣椒	185	香蕉	15
香瓜	90	玉米，谷物	10
荠菜	80	葡萄	9
菠菜	59	胡萝卜	8
马铃薯	50	苹果	6
柠檬	45	梨	4

维生素 C 有还原型和氧化型两种形态，氧化型维生素 C 的生理活性仅为还原型维生素 C 的 1/2，两者之间可以相互转化。还原型的维生素 C 在抗坏血酸氧化酶的作用下，氧化成氧化型的维生素 C；而氧化型的维生素 C 在低 pH 条件下和还原剂存在时，能可逆地转变为还原型维生素 C。维生素 C 在 pH 小于 5 的溶液中比较稳定，当 pH 增大时，氧化型的维生素 C 可继续氧化，生成无生理活性的 2,3-二酮古洛糖酸，此反应为不可逆反应。

维生素 C 为水溶维生素，在人体内无积累作用，因此人们需要每天从膳食中摄取大量的维生素 C，而果蔬是人体所需维生素 C 的主要来源。不同果蔬维生素 C 含量差异较大，含量较高的果品有鲜枣、山楂、猕猴桃、草莓及柑橘类。在蔬菜中，辣椒、绿叶蔬菜、花椰菜、西蓝花等含有较高的维生素 C。柑橘中的维生素 C 大部分是还原型的，而在苹果、柿中氧化型占优势，所以在比较不同果蔬维生素 C 营养时，仅以含量为标准是不准确的。

维生素 C 极易氧化，尤其与铁等金属离子接触会加剧氧化作用，在光照和碱性条件下也易遭破坏，低温、低氧可有效防止果蔬贮藏中维生素 C 的损耗。在加工过程中，切分、漂烫、蒸煮和烘烤是造成维生素 C 损耗的重要原因，应采取适当措施尽可能减少维生素 C 的损耗。此外，在果蔬加工中，维生素 C 还常用作抗氧化剂，防止加工产品的褐变。

2. 维生素 A

新鲜果蔬中含有大量的胡萝卜素，它本身不具有维生素 A 的生理活性，但在人和动物的肠壁以及肝脏中能转变为具有生物活性的维生素 A，因此胡萝卜素又被称为维生素 A 原。胡萝卜素是一类含己烯环的异戊二烯聚合物，含有 2 个维生素 A 的结构部分，理论上可生成 2 分子的维生素 A，但胡萝卜素在体内的吸收率、转化率都很低，实际上 6μg β-胡萝卜素只相当于 1μg

维生素 A 的生物活性。除 β-胡萝卜素外，α-胡萝卜素、γ-胡萝卜素和羟基 β-胡萝卜素在体内也能转化为维生素 A，但它们分子中只含有 1 个维生素 A 的结构，功效也只有 β-胡萝卜素的一半。

维生素 A 和胡萝卜素比较稳定，但由于其分子的高度不饱和性，在果蔬加工中容易被氧化，加入抗氧化剂可以使其得到保护；维生素 A 对高温和碱性条件相当稳定。在果蔬贮运时，冷藏、避免日光照射有利于减少胡萝卜素的损失。绿叶蔬菜、胡萝卜、南瓜、杏、柑橘、黄桃、芒果等黄色、绿色的果蔬含有较高的胡萝卜素。

果蔬中的维生素无论是含量还是种类都是十分丰富的，除了上述几种外，尚有少量的维生素 B_1、维生素 B_2 和烟酸等。

二、矿物质

矿物质是人体结构的重要组成部分，同时是维持体液渗透压和 pH 不可缺少的物质。许多矿物质离子还直接或间接地参与体内的生化反应。当人体缺乏某些矿物质元素时，就会产生营养缺乏症，因此矿物质是人体不可缺少的营养物质。

矿物质在果蔬中分布极广，占果蔬干重的 1%~5%，是人体摄取矿物质的重要来源。常见果蔬中主要矿物质含量如表 1-7 所示。

表 1-7　　　　　　　　　常见果蔬中主要矿物质含量　　　　　　　　单位：mg/kg

种类	钙	磷	铁	种类	钙	磷	铁
苹果	110	90	30	番茄	80	370	4.7
葡萄	40	150	6.0	甘蓝	620	280	7.0
香蕉	100	350	8.0	芹菜（茎）	1600	610	85.0
草莓	320	410	11.0	豌豆	130	900	8.0

果蔬中矿物质的 80% 是钾、钠、钙等金属元素，其中钾元素占其总量的 50% 以上。它们进入人体内后，与呼吸释放的 HCO_3^- 结合，可中和血液 pH，使血浆的 pH 增大。因此，果蔬食品在营养学中又被称为"成碱性食品"。相反，谷物、肉类、鱼、蛋等食品中，磷、硫、氮等非金属成分含量很高，它们的存在会提高体内的酸性物质含量。同时，这些食品富含淀粉、蛋白质与脂肪，它们经消化吸收，最终氧化产物为 CO_2，CO_2 进入血液会使血液 pH 降低，所以它们在营养学中又称为"成酸性食品"。因此，为了保持人体血液、体液的酸碱平衡，在鱼、肉等动物性食品消费量不断增加的同时，更需要增加果蔬的摄入量。

在食品矿物质中，钙、磷、铁与身体健康的关系最为密切，人们通常以这三种元素的含量来衡量食品的矿物质营养价值。果蔬含有较多量的钙、磷、铁，是人体所需钙、磷、铁的重要来源之一。

三、淀粉

淀粉是植物体贮藏物质的一种形式，属多糖类。水果、蔬菜在未成熟时含有较多的淀粉，但随着果实的成熟，淀粉水解成糖，其含量逐渐减少。贮藏过程中淀粉常转化为糖类，以供应采后生理活动能量的需要，随着淀粉水解速度的加快，水果、蔬菜的耐贮性也减弱。果蔬不是人体所需淀粉的主要来源，但某些未熟的果实，如香蕉、苹果以及地下根茎菜类如红薯、马铃薯均含有大量淀粉。成熟香蕉的淀粉几乎全部转化为糖，在非洲及亚洲的一些国家与地区，香蕉常常作为主食来消费，是人获取膳食能量的重要渠道；马铃薯在欧洲一些国家与地区也是不可缺少的食品，更是当地居民膳食淀粉的重要来源之一。

淀粉不仅是人类膳食的重要营养物质，其含量及其采后变化还直接关系到果蔬自身的品质与贮运性能的强弱。富含淀粉的果蔬，淀粉含量越高，耐贮性越强；而对于地下根茎菜，淀粉含量越高，品质与加工性能也越好。而对于青豌豆、菜豆、甜玉米这些以幼嫩的豆荚或籽粒供鲜食的蔬菜，淀粉含量的增加意味着品质的下降。又如加工用马铃薯则不希望淀粉过多转化，否则过多的转化糖会引起马铃薯制品的色变。

一些富含淀粉的水果如香蕉、苹果，在后熟期间淀粉不断地水解为低聚糖和单糖，食用品质得到提高。但是采后的果蔬光合作用停止，淀粉等大分子贮藏性物质不断地消耗，最终会导致果蔬品质与贮藏、加工性能的下降。

淀粉的上述性质和代谢特征与加工及原料的品质有关，如豌豆、甜玉米、青刀豆等必须在淀粉含量较低时采收，否则品质低下。而洋梨、香蕉等则需先采后熟，降低淀粉的含量。

四、含氮物质

果蔬中的含氮物质主要是蛋白质和氨基酸，蛋白质是同生命及各种形式的生命活动联系在一起的物质，是一切生命的物质基础。蛋白质的功能概括起来主要有三个方面：①人体组织的构成成分；②构成体内各种重要物质；③供给热能。此外，果蔬中还含有少量的酰胺、肽、铵盐及亚硝酸盐等。同其他食品相比较，果蔬中含氮物质的含量较少。

蛋白质和氨基酸的存在是美拉德反应的基础，是果蔬加工过程中非酶促褐变的主要反应。酪氨酸不参与美拉德反应，是酶促褐变的重要底物。蛋白质在加工过程中易发生变性而凝固、沉淀，尤其是在饮料和清汁类罐头加工中通常加入适当的稳定剂、乳化剂等。

含氮物质在果蔬贮藏加工过程中对产品品质的影响如下。

（1）马铃薯、甜菜去皮后容易变黑，这是因为含有酪氨酸，在酶的作用下进行氧化生成黑素的结果。若去皮切块后放在一定量的食盐水中，即可防止黑色物质产生。

（2）在罐头生产中，含氮物质的食品经高温长时间的杀菌后，蛋白质分解为硫化氢，硫化氢和罐头中的金属发生作用，产生硫化物，使罐头的内容物变色，马口铁上出现黑斑，称为硫化斑。

（3）蛋白质和单宁结合生成沉淀，有助于果汁澄清。

（4）氨基酸产生香味，谷氨酸、天冬氨酸有鲜味。谷氨酸钠常被加入番茄汁以及一些果汁饮料中作调味剂。

五、脂质

脂质是人体需要的产热营养素，也是体内主要的储能物质，脂肪中还含有必需脂肪酸。类脂则是一类在某些理化性质上与脂肪类似的物质，包括磷脂、胆固醇、脂蛋白等，它们是构成细胞膜的重要成分，也是合成人体类胆固醇激素的原料。

果蔬中脂质含量一般不高，脂质包括脂肪、蜡脂、磷脂、萜类化合物等，其中与果蔬加工关系密切的有脂肪和蜡脂。油脂主要存在于含油的果实和果蔬种子中。果蔬的蜡质和角质存在于果蔬表面，是一种保护组织，利于贮藏保鲜。

第三节 色素类物质

果蔬的色泽是构成产品品质的重要因素,是检验果蔬成熟衰老的依据,色泽不仅反映果蔬的新鲜度,还可促进人们的食欲,美丽天然的食品颜色是优质果蔬的一个重要特征。果蔬的色泽是其在生长过程中由各种色素变化而成的,随着果蔬成熟度的增加其色素也不断变化。因此,色素的种类和特性成为果蔬新鲜度和成熟度的感官鉴定指标。色素的种类很多,按照其溶解性及在植物体内存在状态可大致分为两类:一类是脂溶性色素,如叶绿素和类胡萝卜素;另一类是水溶性色素,如花青素和黄酮类物质。

一、叶绿素

果蔬的绿色主要来源于叶绿素(Chlorophyll),它决定了产品的品质特征,同时还具有改善便秘、降低胆固醇、抗突变等生理功能。而叶绿素在果蔬贮藏、加工和货架期极易褪色或者变色,严重影响产品质量,同时也大大降低了商品价值。因此,叶绿素稳定性研究对果蔬产业化应用越来越重要,同时也是食品科学、医药保健领域的重要研究方向。

叶绿素是高等植物进行光合作用的重要物质,同时也是绿色植物的主要色素,主要有叶绿素 a 和叶绿素 b 两种,在一些藻类中还有叶绿素 c 和叶绿素 d。叶绿素是脂溶性色素,不溶于水,可溶于丙酮、乙醇和石油醚等有机溶剂,在颜色上,叶绿素 a 呈蓝绿色,叶绿素 b 呈黄绿色,它们的含量之比约为 3:1。在分子结构上(图 1-1),叶绿素由脱镁叶绿素母环、叶绿酸、叶绿醇、甲醇、二价镁离子等部分构成,叶绿素 a 和叶绿素 b 在结构上的差别仅在于第 Ⅱ 吡咯环上的一个 —CH_3 被 —CHO 所取代,叶绿素分子的卟啉环是由四个吡咯环通过四个甲烯基连接成的大环,环中心的镁离子偏于正电荷,相邻的氮原子偏于负电荷,因而具有极性与亲水性,而另一端的叶醇基是由四个异戊二烯基单位所组成的长链状的碳氢化合物,具有亲脂性。在食品加工和贮藏中,叶绿素变化会产生几种重要的衍生物,其中脱镁叶绿素是叶绿素中心的镁离子被两个质子取代,变成橄榄绿,但仍然是脂溶性。脱植叶绿素是叶绿素中的植醇被羟基取代,但仍然为绿色,但转化为水溶性。焦脱镁叶绿素是脱镁叶绿素中甲酯基脱去,同时该环上的酮基也转换为烯醇式,颜色较暗,脱镁脱植叶绿素即是无镁无植醇的叶绿素,颜色为橄榄绿,水溶性。焦脱镁脱植叶绿素是比焦脱镁叶绿素颜色更暗的水溶性色素。叶绿素分子中的镁离子被铜、铁、钴等离子取代而成为叶绿素衍生物,这些衍生物对光、热、酸的稳定性大大提高,性质也更加为稳定。

叶绿素在酸性介质中形成脱镁叶绿素,绿色消失,呈现褐色;在碱性介质中叶绿素分解生成叶绿酸、甲醇和叶绿醇,叶绿酸呈鲜绿色,较稳定。如果其与碱进一步结合可生成绿色的叶绿酸钠(或钾)盐,更稳定,绿色保持会更好,这也是加工绿色蔬菜时,加小苏打护绿的依据。此外,在绿色蔬菜加工时,为了保持加工品的绿色,人们还常用一些盐类,如 $ZnCl_2$、$MgSO_4$ 及 $CaCl_2$ 等进行护绿。叶绿素不稳定,在有氧或见光的条件下,极易遭受破坏而失绿。

在正常生长发育的果蔬中,叶绿素的合成作用大于分解作用,而果蔬进入成熟期和采收以后,叶绿素的合成停止,原有的叶绿素逐渐减少或消失,从而导致绿色消退,表现出果蔬的特

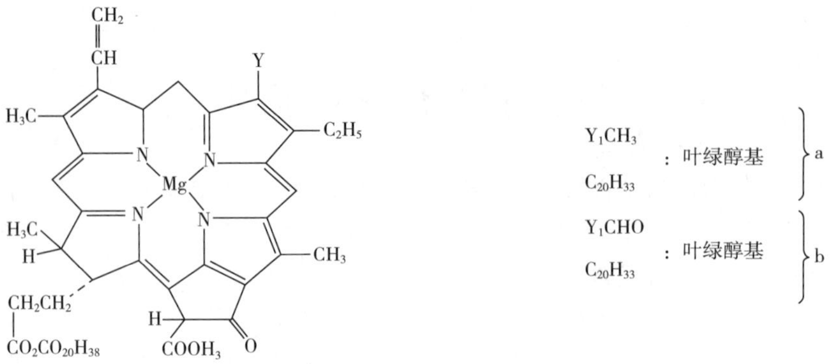

图 1-1　叶绿素的分子结构

有色泽。而对绿色果蔬来讲，尤其是绿叶蔬菜，绿色的消退意味其品质的下降，在低温、气调贮藏的条件下可有效抑制叶绿素的降解。

二、类胡萝卜素

类胡萝卜素广泛地存在于果蔬中，其颜色主要表现为黄、橙、红。果蔬中类胡萝卜素有300多种，但主要有胡萝卜素、番茄红素、番茄黄素、辣椒红素、辣椒黄素和叶黄素等。胡萝卜素在胡萝卜、南瓜、番茄、绿色蔬菜等含量较多，果品中的杏、黄色桃等黄色的果实也含有。番茄红素是胡萝卜素的同分异构体，呈橙红色，是番茄中的主要色素，西瓜、柿子、柑橘、辣椒、南瓜等果蔬中也含有，但无维生素 A 的功效。

类胡萝卜素分子中都含有一条由异戊二烯组成的共轭多烯链，β-胡萝卜素在多烯链的两端分别连有一个 α-紫罗酮环和 β-紫罗酮环。从理论上讲，在人或动物肝脏和肠壁细胞中可转化为 2 分子的维生素 A，而 α-胡萝卜素、γ-胡萝卜素的分子结构中只有一个紫罗酮环，故只能转化为 1 分子的维生素 A，但实际上胡萝卜素在人体内利用率很低。除胡萝卜素外，其他色素分子结构中由于没有紫罗酮环，故不具维生素 A 的生物活性。类胡萝卜素的耐热性强，即使与锌、铜、铁等金属离子共存时也不易破坏，遇碱稳定；但在有氧条件下，易被脂肪氧化酶、过氧化物酶等氧化脱色，尤其是紫外线会促进其氧化；但完整的果蔬细胞中的类胡萝卜素比较稳定。

胡萝卜素常与叶黄素、叶绿素同时存在，果蔬中胡萝卜素的 85% 为 β-胡萝卜素，是人体膳食维生素 A 的主要来源。由于胡萝卜素分子的高度不饱和性，有报道称胡萝卜素具有抗癌、防癌等营养保健功能。番茄红素的最适合成温度为 16~24℃，29.4℃ 以上的高温会抑制番茄红素的合成，这也是炎夏季节番茄着色不好的原因，但高温对其他果蔬番茄红素的合成没有抑制作用。

各种果蔬中均含有叶黄素，它与胡萝卜素、叶绿素共同存在于果蔬的绿色部分，当叶绿素分解后，才表现出黄色。

三、花青苷

花青苷是植物体花、叶、果实和蔬菜呈现一系列颜色特别是红、紫、蓝等的物质基础，同时也是用有色植物基料制作产品如红酒颜色的体现者，是自然界中广泛存在的一种天然水溶性色素。此外，花青苷的另一个重要的性质是抗氧化活性，在预防神经元、心血管类疾病和糖尿病中起着重要作用，同时，花青苷的研究也在癌症治疗及人类营养学、生物活性方面开展。花青苷是花青素的糖苷，为一类水溶性色素，存在于植物细胞液中，呈现红、蓝、紫色。花青素的基本结构是一个2-苯基苯并吡喃环，随着苯环上取代基的种类与数目的变化，颜色也随之发生变化。当苯环上羟基数目增加时，颜色向蓝紫方向移动，而当甲氧基数目增加时，颜色向着红色方向改变。

由于花青苷在不同pH条件下其分子构型不同，颜色随pH不同而改变；通常情况下，pH<7.0时显红色，pH为8.5时显紫色，pH>8.5时显蓝色。因此，同一种色素在不同果蔬中可以表现出不同的颜色，而不同的色素在不同的果蔬中，也可以表现出相同的颜色。

花青苷的结构中有多个酚羟基，属于羟基供体，它在植物组织中的主要作用是保护植物中易氧化的成分。有学者发现矢车菊素-3-O-葡萄糖苷对细胞膜具抗脂质过氧化作用。研究表明，花青苷类色素对羟自由基、超氧自由基、DPPH、ABTS等均有很好的清除作用，可防止大分子物质的氧化损伤，同时能激活抗氧化防御体系，对超氧化物歧化酶、谷胱甘肽酶等的活性有明显的促进作用。蓝莓提取物中的花青苷成分可促进视紫红质在暗处的再合成，而视紫红质受到光线对视网膜的刺激时可瞬间分解并将该化学变化传送脑部，因而产生"可见物"，提高视网膜对光的感受性。同时花青苷对健康人眼睛疲劳也有良好的改善作用，这可能与花青苷对毛细血管的保护作用有关。

花青素是一种感光色素，充足的光照有利于花青素的形成。因此，山地、高原地带果品的着色一般都好于平原地带。此外，花青素的形成和累积还受植物体内营养状况的影响，营养状况越好，着色也就越好，同时着色好的水果风味品质也往往越佳。所以，着色状况也是判断果蔬品质和营养状况的重要参考指标之一。

花青素很不稳定，加热对它有破坏作用，遇铁、铜、锡金属离子结合则呈现蓝色、蓝紫色或黑色，并能发生色素盐的沉淀，在加热时又能分解而褪色，从而使制品色泽暗淡。日晒也能促使其色素沉淀。但花青素可与钙、镁、锰、铁、铝等金属离子结合生成蓝色或紫色的络合物，色泽变得稳定而不受pH的影响。所以果蔬在加工时应避免与锰、铁、铝等金属离子结合生成蓝色或紫色的络合物。花青素是一类重要的功能性物质，果蔬是其重要来源（表1-8）。

表1-8　　　　　　　　　　几种果蔬的花青素含量　　　　　　　　　单位：mg/kg

名称	矢车菊素	飞燕草素	锦葵素	天竺葵素	芍药素	牵牛色素
香蕉	0.0	7.4	0.0	0.0	0.0	0.0
冷冻蓝莓	4.4	21.6	49.6	0.0	0.5	18.2
越橘	39.8	9.5	16.6	3.9	0.0	0.0
红色葡萄	0.4	2.6	48.6	0.0	1.6	2.3
草莓	1.3	0.0	—	19.3	—	—
红色杨梅	60.0~130.0	—	—	—	—	—
粉红杨梅	30.4	—	—	—	—	—
白杨梅	0.0	—	—	—	—	—
甘蓝	8.2	0.1	—	0.0	—	—
豇豆	94.7	94.6	34.3	—	11.1	27.8

四、黄酮类色素

黄酮类色素又称花黄素，多呈白色至浅黄色，是广泛存在于果蔬中的另一种水溶性色素，也是一种糖苷，化合物的基本结构是苯及苯吡咯酮，主要包括有黄酮、黄酮醇、黄烷酮和黄烷酮醇。黄酮、黄酮醇为黄色，黄烷酮和黄烷酮醇为无色，最重要的是黄酮和黄酮醇的衍生物，它们具有芦丁的生理功效，是目前开发食品资源的研究热点之一。由于结构不同，黄酮类色素遇铁离子可呈现蓝、蓝黑、紫、棕等颜色。在碱性介质中可呈深黄色、橙色或褐色，在酸性条件下无色。当用碱处理如洋葱、马铃薯等含黄酮类色素的果蔬时，会发生黄变现象，影响产品质量。加入少量酒石酸氢钾即可消除黄变现象，是利用黄酮类的这一变色特性。黄酮类色素对氧敏感，在空气中长时间放置会产生褐色沉淀，因此，一些富含黄酮类色素的果蔬加工制品过久贮藏会产生褐色沉淀。此外，黄酮类色素的水溶液呈涩味或苦味。

第四节　果蔬质地

果蔬是比较典型的鲜活易腐产品，它们含水量高，细胞膨胀压大。对于此类产品，消费者总是希望它们新鲜饱满、脆嫩可口。而对于叶菜、花菜等除脆嫩饱满外，组织致密、紧实也是其重要品质指标。因此，果蔬的质地主要体现为脆、绵、硬、软、细嫩、粗糙、致密、疏松等，它们与品质密切相关，是评价品质的重要指标。在生长发育不同阶段，果蔬质地会有很大变化，因此质地是判断果蔬成熟度，确定加工适性的重要参考依据。

果蔬质地的好坏取决于组织的结构，而组织结构与其化学组成密切相关。因此，化学成分是影响果蔬质地的最基本因素。

一、水分

水分是影响果蔬新鲜度、脆度和口感的重要成分，与果蔬的风味有着密切关系。新鲜果品、蔬菜的含水量很大，大多在75%~95%，少数果蔬，如黄瓜、番茄、西瓜等含水量可高达96%，甚至98%。含水量高的果蔬，细胞膨压大、组织饱满脆嫩、食用品质好、商品价值高。但采后由于水分的蒸发而导致果蔬大量失水，失水后的果蔬会变得疲软、萎蔫，品质下降。另外，很多果蔬采后一旦失水，就难以再恢复新鲜状态。因此，为了有利于更好地加工，一定要控制好采后果蔬进厂的失水率。

果蔬产品因为含水量高，所以其生理代谢非常旺盛，物质消耗很快，极易衰老败坏；同时，微生物也因为含水量高而极易生长繁殖，导致果蔬产品腐烂变质。

二、果胶物质

果胶物质在果蔬中以原果胶、果胶及果胶酸三种形态存在。原果胶存在于未成熟果蔬的细胞壁内的中胶层中，不溶于水，常和纤维素结合是细胞黏结，所以未成熟的果蔬组织坚硬。随着果蔬的成熟，原果胶在原果胶酶和有机酸的作用下水解为纤维素和果胶。果胶可溶于水，使细胞结合松弛，且具有一定黏性，所以成熟后的果蔬质地变软。成熟的果蔬向过熟转化时，果胶在果胶酶的作用下水解为果胶酸，果胶酸无黏性，在水中溶解度很小，因而过熟果蔬呈软烂状态（图1-2）。

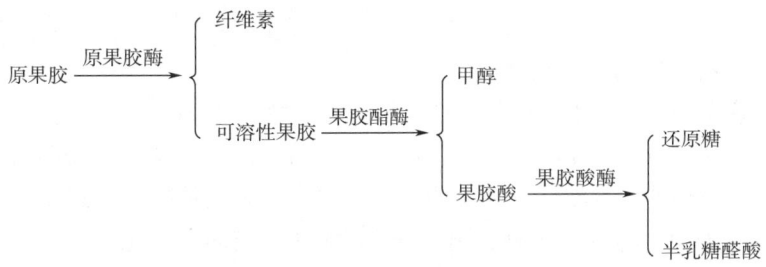

图1-2 果胶的酶解过程

果胶物质（果胶酸）可与钙盐、铝盐生成不溶性盐，所以在果蔬的生产贮藏过程中常用钙盐和铝盐来对果蔬进行硬化保脆。

果胶物质形态的变化是导致果蔬组织硬度下降的主要原因，在生产中，硬度是影响果蔬贮运性能的重要因素。人们常借助硬度来判断某些果蔬如苹果、梨、桃、杏、柿果、番茄等的成熟度，从而来确定采收期，同时硬度也是评价贮藏效果的重要参考指标之一。

不同果蔬及它们的皮、渣等下脚料均含有较多的果胶（表1-9）。一般水果的果胶含量在0.2%~6.4%，山楂的果胶含量最高，可达6.4%，并富含甲氧基，具有很强的凝胶能力。人们常利用山楂的这一特性来制作山楂糕。有些蔬菜果胶含量很高，但由于甲氧基含量低，或其结构为乙氧基，导致凝胶能力很弱，故不能形成胶冻，当其他果蔬与山楂混合后，可利用山楂果胶中甲氧基的凝胶能力，制成混合山楂糕如胡萝卜山楂糕。

表1-9　　　　　　　　　　　　常见果蔬的果胶含量　　　　　　　　　　　　单位：%

种类	果胶含量	种类	果胶含量
山楂	3.0~6.4	橘皮	20~25
柚皮	6.0	苹果芯	0.45
梨	0.5~1.2	苹果渣	1.5~2.5
桃	0.6~1.3	苹果皮	1.2~2.0
李	0.6~1.5	柠檬皮	4.0~5.0
杏	0.5~1.2	鲜向日葵托盘	1.6

果胶在果汁及果酱类制品加工中具有重要意义，可作为胶凝剂、增稠剂和稳定剂使用。果酱类产品的制造是利用果胶的胶凝作用制取的。生产混浊果汁时，则利用果胶作为稳定剂防止果肉微粒沉淀，保持果汁混浊稳定。在生产澄清果汁时，则需要去除果胶，使果汁澄清。

近年来，关于果胶的结构研究有了很大的进展，形成几种不同的结构模型，一种较公认的结构模型为均一的半乳糖醛酸长链（HG）和鼠李半乳糖醛酸组成的长链是果胶大分子的主要骨架。在这一模型中结构为均一的半乳糖醛酸呈线性，以1,4-D-半乳糖醛酸连接，在柑橘、甜菜和苹果中，这种长链的长度为70~100个半乳糖醛酸残基。而鼠李半乳糖醛酸（RGⅠ）呈重复的二糖以［→4)-α-D-半乳糖醛酸-(1→2)-α-L-鼠李糖（1→］连接，同时此结构上还有大量的聚糖侧链，主要是阿拉伯聚糖、半乳聚糖连接在鼠李糖残基上。另一个鼠李半乳糖醛酸链（RGⅡ）则是在半乳糖醛酸长链上以许多侧链的方式存在。另外，还有木糖半乳糖侧链，在西瓜中其量为25%，苹果中则可高达75%。

关于结构，还有另一种推荐的结构模型则是HG是RGⅠ的一个长侧链，在这种结构中，主链为RG，HG则有不同的残基和结构。

公认的结构模型认为果胶的结构很复杂，不同的植物、组织甚至单一的细胞壁内均有不同的结构，链长也不同，RGⅠ中糖的组分也不同，主要的糖除鼠李糖外，还可能有芹菜糖、岩藻糖、半乳糖、阿拉伯糖、木糖等。主要的糖醛酸和酸有半乳糖醛酸、槭汁酸、葡萄糖醛酸等。相反，RGⅡ有高度保守的结构，另外，半乳糖醛酸和HG上的甲酯化程度（DE）和乙酯化程度（AE）不同对其功能有很大的影响，传统的果胶按甲氧基含量分成高酯（>50%）和低酯（<50%），其凝胶方式和作用原理各不相同。

酯化结构本身对果胶也有很大的影响，甲氧基结构的果胶有较好的凝胶能力，而乙氧基则较差，在一些蔬菜中有大量的乙氧基果胶存在。

由于果胶结构的研究进展，使得果胶的用途和功能性得到很大的拓展，在酸奶及酸奶饮料中，果胶为很好的稳定剂，水解的低分子质量果胶可能具有一定的抗癌作用。

新的发现还不断地证实在果胶物质的降解中，除了传统的果胶酶系列外，还有大量的新的果胶酶参与，如鼠李半乳糖醛酸水解酶（Rhamnogalacturonan Hydrolase，RGH）、鼠李半乳糖醛酸裂解酶（Rhamnogalacturonan Lyase，RGL）、鼠李半乳糖醛酸鼠李糖水解酶（Rhamnogalacturonan Rhamnohydrolyse，RGRH）、鼠李半乳糖醛酸半乳糖醛酸水解酶（Rhamnogalacturonan Galacturono Hydrolase，RGGH）、外切木半乳糖醛酸水解酶（Eddo Xylogalacturonan Hydrolase，XGH）。

三、纤维素和半纤维素

纤维素和半纤维素在植物界分布极广，数量众多。果实中纤维素含量在0.5%~2%，半纤维素含量在0.3%~2.7%。它们都是植物的骨架物质，是细胞壁和皮层的主要成分，对果蔬形态起支持作用。其含量与存在状态，决定着细胞壁的弹性、伸缩强度和可塑性。幼嫩果蔬中的纤维素多为水合纤维素，组织质地柔韧、脆嫩，老熟时纤维素会与半纤维素、木质素、角质、栓质等形成复合纤维素，组织变得粗糙坚硬，食用品质下降。角质纤维素具有耐酸、耐氧化、不易透水等特性，主要存在于果蔬表皮细胞内，可保护果蔬，减轻机械损伤，抑制微生物侵染，增加果蔬耐贮藏性。

纤维素是由葡萄糖分子通过β-1,4-糖苷键连接而成的长链分子，主要存在于细胞壁中，有保持细胞形状、维持组织形态的作用，并具有制成功能。它们在植物体内一旦形成，就很少再参与代谢，但对于某些果实如番茄、荔枝、香蕉、菠萝等在其成熟过程中，需要有纤维素酶、果胶酶及多聚半乳糖醛酸酶等共同作用才能软化。半纤维素是由木糖、阿拉伯糖、甘露糖、葡萄糖等多种五碳糖和六碳糖组成的大分子物质，它们很不稳定，在果蔬体内可分解为单体。刚采收的香蕉中，半纤维素含量为8%~10%，随着果实的成熟，其含量逐渐降至1%左右，因此，半纤维素既具有纤维素的支持功能，又有淀粉的贮藏功能。半纤维素具有很大韧性，不溶于水、稀酸、稀碱，但能溶于浓硫酸。

纤维素和半纤维素是影响果蔬质地与食用品质的重要物质，同时也是维持人体健康不可缺少的成分。纤维素、半纤维素和木质素统称为粗纤维，虽然它们不具有营养功能，但可刺激肠胃蠕动，促进消化液的分泌，提高蛋白质等营养物质的消化吸收率，同时还可防止或在一定程度上减轻如肥胖、便秘等的发生，是维持人体健康必不可少的物质，所以有人又将膳食纤维与水、碳水化合物、蛋白质、脂肪、维生素、矿物质一起，统称为维持生命健康的七大营养素。

营养学中膳食纤维不仅指纤维素和半纤维素，膳食纤维主要由植物细胞壁中不能被消化的复合碳水化合物（纤维素、半纤维素、果胶）以及各种树胶、胶浆和海藻多糖组成。木质素是一种植物细胞壁中非碳水化合物组成的膳食纤维。在某种程度上，膳食纤维可被肠道中的微生物转化为可吸收的脂肪酸。由于富含膳食纤维的食品吸收水分后膨胀同时产生少量能量，从而使人有饱腹感并降低能量的摄入。有的纤维素还能延迟胃排空使人有长时间的饱腹感。纤维素作为食物中大量能量浓缩物（脂肪和糖类）的替代物，有助于控制体重，同时可减少胆石酸的再吸收量，改变食物消化速度和消化道分泌物的分泌量，从而达到预防胆结石的目的。此外，膳食纤维还具有诸如减少结肠癌的发病率，通过降低血液中胆固醇的含量以减少心血管疾病的风险，提高机体对葡萄糖的控制等功效。人体所需的膳食纤维主要来源于果蔬，随着生活水平的不断提高，动物性产品食用量的增大，果蔬类食品在人们日常膳食中的作用也变得越来越重要。

复习思考题

1. 简述叶绿素的稳定条件。
2. 哪些物质能构成园艺产品的苦味？
3. 碳水化合物在贮藏过程中会发生哪些变化？
4. 如何保持园艺产品的质地？

第二章 园艺产品采后生理

内容提要

本章主要阐述园艺产品采后生理的相关概念、基本理论以及生理变化的相关过程。系统解释园艺产品采后呼吸速率、蒸腾作用、成熟与衰老过程、乙烯生物合成、脱落酸生物合成等因素与园艺产品贮藏保鲜的相关性,以延长其采后贮藏保鲜期,提高园艺产品的商品性,减少采后园艺产品贮运损耗。

学习目标

掌握园艺产品采后生理的相关概念;理解园艺产品采后生理的相关基本理论;学习和了解园艺产品采后生理变化的相关过程;了解园艺产品采后贮藏保鲜的相关技术。

重要概念及名词

跃变型果实、非跃变型果实、呼吸作用、蒸腾作用、衰老、后熟、呼吸强度、呼吸高峰、细胞色素氧化酶、抗坏血酸氧化酶、酚氧化酶。

第一节 园艺产品采后呼吸生理

园艺产品采收后,母体水分、矿物质及有机物的输入均已停止;随着园艺产品成熟褪绿或采后贮运条件下缺乏光照等原因,其光合作用基本停止;然而,园艺产品采收后仍是一个生命有机体,直至食用或腐烂之前生命活动仍在进行。呼吸(Respiration)是生命的基本特征,也是园艺产品采后基本的生理过程,为其正常的生命活动提供能量。同时,呼吸作用也是影响采后园艺产品营养价值和商品价值的重要因素。一方面,呼吸停止意味着园艺产品采后生命的终止。另一方面,呼吸作用过强则快速消耗其有机物,加速衰老,产品品质下降,缩短贮藏寿命。因此,呼吸伴随着生命代谢活动的整个过程,它与园艺产品采后品质变化、成熟衰老进程、贮藏、生理性病害等都有着密切关系，制约和影响其他生理生化过程。

一、呼吸作用及呼吸生理相关概念

呼吸作用是指在酶的参与下，活细胞内的有机物经过某些代谢途径逐渐氧化分解成为简单的物质，并释放出能量的过程。园艺产品采后具有生理活动的重要标志是进行呼吸作用。呼吸作用是其采收后最主要的代谢过程，它制约与影响其他生理生化过程。

呼吸作用根据呼吸过程中是否有 O_2 的参与，将其分为有氧呼吸（Aerobic Respiration）和无氧呼吸（Anaerobic Respiration）两种类型。园艺产品在采后贮藏过程中，通过有氧呼吸维持其正常的生命代谢活动，无氧呼吸则会产生一些乙醇等不利的产物，影响产品贮藏品质。

有氧呼吸是指在 O_2 参与下，活细胞内的某些有机物质被彻底氧化分解，生成 CO_2 和 H_2O，并释放能量的过程。如以葡萄糖作为呼吸底物为例，可以用下式表示。

$$C_6H_{12}O_6 + 6O_2 \longrightarrow 6H_2O + 6CO_2 + \Delta G'$$

式中，$\Delta G'$ 为 pH 7 时的标准自由能的变化，其值为 $2870 kJ \cdot mol^{-1}$。

园艺产品采后贮藏过程中，随着有氧呼吸的进行，一部分能量以热的形式释放到环境中，导致贮藏环境的温度不断提高，影响园艺产品采后贮藏品质，因此在贮藏过程中应注意散热。

无氧呼吸是指在无氧条件下，活细胞内的某些有机物分解为不彻底的氧化产物，并释放能量的过程。如以葡萄糖作为呼吸底物为例，可以用下式表示。

$$C_6H_{12}O_6 \longrightarrow 2C_2H_5OH + 2CO_2 + 24kcal$$

$$C_6H_{12}O_6 \longrightarrow 2CH_3CHOHCOOH + 18kcal$$

园艺产品采后贮藏过程中，如苹果、木瓜、香蕉等进行无氧呼吸会产生乙醇，散发出一股酒味，对园艺产品起到毒害作用，影响其贮藏品质和贮藏时间，故在应用各种保鲜技术时，应采取适当措施避免无氧呼吸的发生。

呼吸强度（Respiratory Rate）即呼吸速率，是常用的代表呼吸强弱的生理指标，以单位时间、单位质量的植物组织 O_2 的消耗量和 CO_2 的释放量来表示。呼吸强度受到贮藏温度影响，温度越高呼吸越强。呼吸强度大的园艺产品，成熟衰老较快；园艺产品采后贮藏寿命与呼吸强度成反比，呼吸强度越大表明呼吸代谢越旺盛，营养物质消耗越快，贮藏寿命也越短。例如，苹果分别贮藏在 2.5℃，10℃，22.5℃，呼吸高峰时的呼吸强度在 22.5℃ 是 2.5℃ 的 6.4 倍，是 10℃ 3.6 倍，2.5℃ 贮藏寿命比 22.5℃ 和 10℃ 长。一般情况下，不同园艺产品在不同温度下的呼吸强度如表 2-1 所示，如在 25~27℃，橘子、黄瓜的呼吸强度分别为 25~40 $mgCO_2/(kg \cdot h)$、19~55 $mgCO_2/(kg \cdot h)$。

表 2-1　　　　　　　　　不同温度下园艺产品的呼吸强度　　　　　　单位：$mgCO_2/(kg \cdot h)$

产品	呼吸强度					
	0℃	4~5℃	10℃	15~16℃	20~21℃	25~27℃
夏苹果	3~6	5~11	14~20	18~31	20~41	—
秋苹果	2~4	5~7	7~10	9~20	15~25	—
杏	5~6	6~9	11~19	21~34	29~52	—
香蕉（青）	—	—	—	21~23	33~35	—

续表

产品	呼吸强度					
	0℃	4~5℃	10℃	15~16℃	20~21℃	25~27℃
成熟香蕉	—	—	21~39	25~75	33~142	50~245
草莓	12~18	16~23	49~95	71~62	102~196	169~211
甘蓝	4~6	9~12	17~19	20~32	28~49	49~63
花椰菜	16~19	19~22	32~36	43~49	75~86	84~140
柠檬	—	—	11	10~23	19~25	20~28
橘子	2~5	4~7	6~9	13~24	22~34	25~40
黄瓜	—	—	23~29	24~33	14~48	19~55
芒果	—	10~22	—	45	75~151	120
甜椒	—	10	14	23	44	55
绿熟番茄	—	5~8	12~18	16~28	28~41	35~51
成熟番茄	—	—	13~16	24~29	24~44	30~52

呼吸商（Respiratory Quotient，RQ）指植物组织在一定时间内放出 CO_2 量与吸收 O_2 量的比值，即 $V(CO_2)/V(O_2)$。通常，植物组织的呼吸底物是碳水化合物、脂肪、蛋白质及有机酸等，呼吸底物种类不同，呼吸商也不同。当以葡萄糖作为呼吸底物时，呼吸商为1；以柠檬酸为呼吸底物时，呼吸商为1.33；以苹果酸为呼吸底物时，呼吸商为2.3；以棕榈酸作为呼吸底物时，呼吸商小于1。

呼吸热（Respiratory Heat）指在呼吸作用的过程中以热量的形式释放出的一部分能量。园艺产品采后冷藏时，需要注意这部分呼吸热，并将其计入制冷量里，以便取得更好的保鲜效果。不同种类的园艺产品，最适贮藏温度不同，其释放的呼吸热不同，实际生产中应结合园艺产品种类及温度来计算。

根据园艺产品成熟过程中是否存在呼吸高峰和伴随乙烯（ET）释放量的增加，采后呼吸强度是否存在呼吸峰，将其分为呼吸跃变型（Climacteric）和非呼吸跃变型（Non-Climacteric）两类。呼吸跃变型的典型特征是在采后初期，其呼吸强度渐趋下降，而后骤然上升并出现高峰，随后迅速下降，呈明显的峰型变化，称该峰为呼吸高峰（Respiratory Peak）。在稳定的贮藏温度下，呼吸跃变的进程可划分为如下阶段：呼吸上升前，呼吸强度最低的时期称为跃变前期；呼吸强度上升时为跃变期或呼吸上升期，达到最大值时为高峰期；最后呼吸下降为跃变后期。通常达到呼吸跃变高峰时果蔬产品的鲜食品质最佳，呼吸高峰过后，园艺产品进入衰老期，食用品质迅速下降。因此，在对采后呼吸跃变型园艺产品贮藏保鲜时应尽量延迟呼吸高峰出现时间，以延长贮藏保鲜时间，取得较好的贮藏保鲜效果。另外，这类产品呼吸跃变过程伴随有乙烯跃变的出现。不同种类或品种的果蔬出现呼吸跃变的时间和呼吸峰值的大小差异甚大，但在呼吸上升的同时，与成熟作用有关的生理生化变化积极活跃，合成反应旺盛进行，有新的核酸、蛋白质（酶）形成。呼吸高峰以后，分解反应逐渐占主导，组织结构逐渐解体、崩溃，最后死亡。一般而言，呼吸跃变峰值出现的早晚及大小与耐贮性密切相关。常见呼吸跃变型的园艺产品有苹果、梨、杏、李、柿、桃、荔枝、番木瓜、无花果、芒果、番茄、甜瓜、西瓜、香石竹、满天星、香豌豆、月季、唐菖蒲、风铃草、金鱼草、蝴蝶兰、紫罗兰等，其中部分产品的呼吸强度变化规律如图2-1所示。园艺产品的鲜切处理应在呼吸跃变发生之前，一旦跃变发生，对鲜切园艺产品在加工、贮运以及流通过程中的品质保持会产生很大影响。

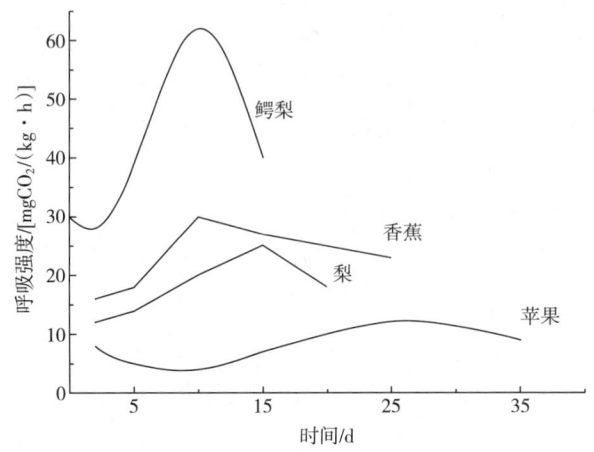

图 2-1　呼吸跃变型果实呼吸强度变化规律

非呼吸跃变型园艺产品则在采后成熟衰老过程中的呼吸作用变化平缓，不形成呼吸高峰，也不太敏感于乙烯的影响，因此能够保持较长时间的新鲜度，但在一定条件下（如用乙烯处理）也可能出现呼吸跃变现象。常见非呼吸跃变型园艺产品有柠檬、柑橘、葡萄、菠萝、草莓、黄瓜、菊花、石刁柏、千日红等，其中部分产品的呼吸强度变化规律如图2-2所示。

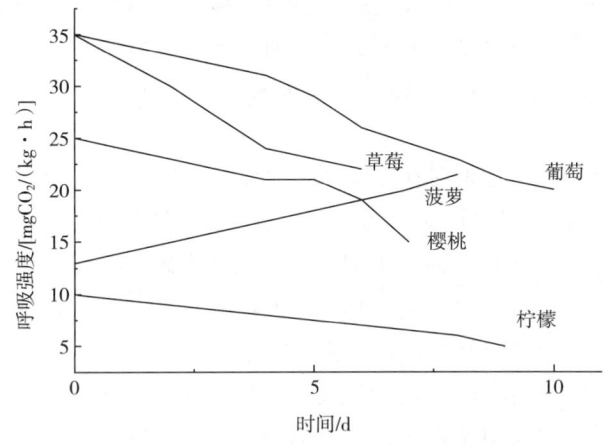

图 2-2　非呼吸跃变型果实呼吸强度变化规律

二、影响呼吸作用的因素

园艺产品采后的呼吸作用，除受品种、种类、器官、组织、代谢、发育特性、成熟度等内部因素影响外，还受到外界如温度、湿度、环境气体、机械损伤、化学物质等其他因素的影响，外界因素通过影响其内部生理代谢的变化而产生作用。

1. **影响园艺产品呼吸作用的内在因素**

不同种类和品种的园艺产品的代谢类型、生育特性、生理状况不同，其呼吸强度有很大的差异。浆果的呼吸强度较大，柑橘类和仁果类果实的呼吸强度较小；蔬菜中叶菜类呼吸强度最大，果菜类次之，以根和块茎为贮藏器官的蔬菜如马铃薯、胡萝卜等的呼吸强度相对最小，也较耐贮藏。花卉中，月季、香石竹、菊花的呼吸强度从大到小，贮藏寿命依次增大。一般而言，凡是生长快的园艺产品呼吸强度就高，生长慢的园艺产品呼吸强度就低。例如，食用菌繁殖较快，其呼吸强度高于其他园艺产品。在高等植物中蚕豆比仙人掌呼吸强度高得多，通常喜温植物（柑橘等）的呼吸强度高于耐寒植物（苹果等），草本植物的呼吸强度高于木本植物。高温季节采收的园艺产品的呼吸强度比低温季节采收的大。同一器官的不同部位，其呼吸强度的大小也不同，例如蕉柑的果皮和果肉的呼吸强度差异较大。这主要是由其遗传特性所决定的，也是最根本的影响因素。

在园艺产品个体发育整个过程中，幼龄时期的呼吸强度最大，这是因为其正处于生长最旺盛的阶段，各种代谢活动十分活跃，且表皮保护组织尚未发育完全，组织内细胞间隙较大，便于气体的交换，内层组织也能获得较充足的 O_2，随着发育的不断进行，其呼吸强度逐渐下降。老熟的瓜果和其他蔬菜，新陈代谢强度降低，表皮组织和蜡质、角质层加厚并变得完整。因此，其呼吸强度较低，耐贮藏性加强。此外，块茎、鳞茎类蔬菜在田间生长期间呼吸作用不断下降，进入休眠期，呼吸强度降至最低点，休眠结束，呼吸强度再次升高。

园艺产品适宜的采收期和成熟度也是影响呼吸作用的重要因素。不同成熟度的园艺产品采后的呼吸强度差异很大，为延长园艺产品采后的贮藏期，通常会在产品未达到完熟前采收，以延长园艺产品的贮藏保鲜时间。例如，梨在青色时采收，其呼吸强度大，但贮藏时间长，而在黄色时再采收，虽呼吸强度小，但可能已经过了呼吸高峰，其贮藏时间短。一般而言，呼吸跃变型果实的贮藏性与成熟度关系极为密切，如番茄、香蕉、菠萝、苹果、梨、甜瓜、西瓜等果实充分成熟时已处于呼吸跃变后期，进入衰老阶段，这时已不耐贮藏。因此，需要长期贮藏或长途运输的呼吸跃变型果实应在跃变前适当时候采收。而非跃变型果实对成熟度的要求相对不严格，如柑橘、葡萄、冬瓜、南瓜等果实，可在老熟时采收，此时在生理上尚未进入明显的衰老阶段，在较高成熟度时，保护组织发达，有利于贮藏。

2. **影响园艺产品呼吸作用的外在因素**

温度是影响采后园艺产品呼吸作用的主要环境因素。园艺产品采后呼吸强度越小，物质消耗也就越慢，贮藏寿命便延长。温度的变化与园艺产品呼吸作用有一定的关系。环境温度每增加10℃，园艺产品所加速的呼吸强度称为呼吸温度系数（Respiratory Temperature Coefficient）。不同种类、品种的呼吸温度系数不同，如在0~10℃时，草莓（哈瓦多17）的呼吸温度系数为3.45，而桃（加尔曼）的呼吸温度系数为3.05，柠檬（尤力克）的呼吸温度系数为3.95。同一园艺产品，在不同温度范围内，呼吸温度系数也不相同，如桃（阿尔巴特）在0~10℃和11~21℃时，呼吸温度系数分别为4.10和3.15，葡萄柚（佛罗里达实生种）在0~10℃和11~21℃时，呼吸温度系数分别为3.35和2.00。

当贮藏温度为0~35℃，随着贮藏温度的不断升高，酶活性逐渐增强，呼吸强度也会逐渐增大。当贮藏温度高于35℃时，呼吸强度在短时间内可能会急剧增加，但很快呼吸强度就会急剧下降，这是因为一方面温度过高导致酶的钝化或失活，另一方面过高温度条件下，在小环境内 O_2 的供应量不能满足组织对 O_2 消耗的需求，且 CO_2 量的过度积累同时抑制了呼吸作用的进行，导致呼吸强度的急剧的下降。适宜的低温，可以显著降低产品的呼吸强度，并推迟呼吸跃变型园艺产品的呼吸跃变高峰的出现，甚至不表现呼吸跃变。但温度低于适宜的园艺产品的贮藏温度时会造成产品的冷害（Chilling Injury），也不利于园艺产品的贮藏保鲜。因此，园艺产品的贮藏应在一定温度范围，尽可能维持较低的温度，将其呼吸作用抑制到最低限度。

相对湿度是影响呼吸作用的又一重要外在因素。由于不同种类园艺产品对相对湿度的反应不同，无法得出两者之间的确切关系，但相对湿度对呼吸强度仍具有一定的影响。采后园艺产品贮藏环境的相对湿度对其失水有重要影响，贮藏环境相对湿度高，园艺产品失水较轻，相对湿度低，失水较重，这都会影响到产品内部的酶活性及其他代谢活动，从而影响到园艺产品的呼吸强度。一般来讲，园艺产品采收后经轻微干燥后比湿润条件下更有利于降低呼吸强度，这种现象在温度较高时表现得更为明显。例如，大白菜、菠菜等采后略微晾晒，使产品轻微失水，有利于降低呼吸强度。相反，较湿润的环境条件则促进柑橘类果实呼吸作用，主要是由于过湿的条件引起果肉部分生理活动旺盛，果汁很快消失，果肉的水分和其他成分向果皮转移，果实的外表表现为较饱满、鲜艳、有光泽，但果肉干缩，风味淡薄，食用品质较差，形成所谓"浮皮"果实，严重者可引起枯水病。此外，相对湿度过低对香蕉果实的呼吸作用和完熟也有影响，如香蕉果实在相对湿度低于80%时果实无呼吸跃变现象，不能正常后熟；若相对湿度大于90%，呼吸作用表现为正常的跃变模式，果实正常后熟（图2-3）。

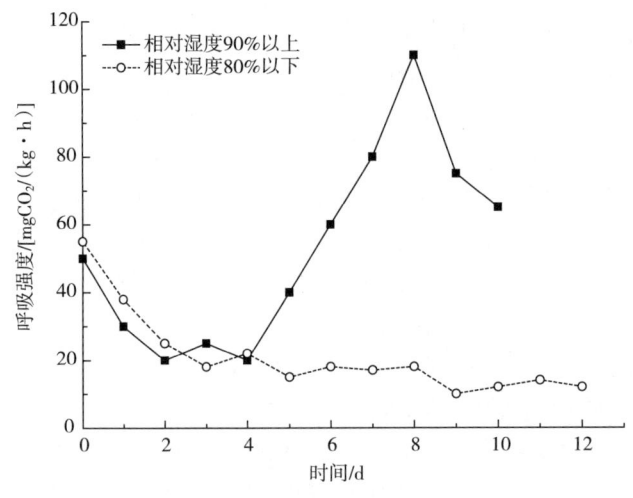

图2-3　相对湿度对香蕉果实后熟进程中呼吸强度的影响（24℃）

贮藏环境中影响园艺产品采后呼吸的气体主要有O_2、CO_2和乙烯（C_2H_4）。环境中O_2和CO_2含量的变化，对呼吸作用有直接影响。O_2是进行有氧呼吸的必要条件，当O_2含量降到20%以下时，植物的呼吸强度便开始下降，当含量低于10%时，无氧呼吸就开始出现并逐步增强，有氧呼吸迅速下降。当O_2降至5%左右时，无氧呼吸也将停止，一般把无氧呼吸停止进行时所对应的O_2含量最低点称为无氧呼吸消失点。在一定范围内，虽然降低O_2含量可抑制呼吸作用，但O_2含量过低，无氧呼吸会增强，就会过多消耗体内养分，甚至产生酒精毒性和异味，缩短贮藏寿命。在O_2含量较低的情况下，呼吸强度（有氧呼吸）随O_2含量的增大而增强，但O_2含量增至一定程度时，对呼吸也会没有促进作用，一般把此时所对应的O_2含量最高点称为氧饱和点。此外，提高CO_2含量可抑制呼吸作用，但CO_2含量过高，可导致某些园艺产品出现异味，如苹果、黄瓜的苦味，番茄、蒜薹的异味等。因此，在不干扰组织正常呼吸代谢的前提下，适当降低贮藏环境 O_2 含量或适当增加 CO_2 含量，可有效地降低呼吸强度和延缓呼吸跃变的出现，减少呼吸消耗，并可抑制乙烯的生物合成，延长园艺产品的贮藏寿命，更好地维持产品的品质，这也是气调贮藏的基本原理和理论依据。乙烯作为一种园艺产品成熟衰老的关键植物激素，它促进呼吸强度。园艺产品采后贮运过程中自身代谢释放乙烯的积累，促进其呼吸强度的增加，从而加快其成熟和衰老。一般来讲，0.1g/L 是一个阈值，即果实内部气体中乙烯的质量浓度在 0.1g/L 以上才显现出其生理作用。果实的呼吸跃变伴随乙烯浓度的增加。因此，园艺产品贮藏库要做好通风换气或放入乙烯吸收剂，避免乙烯过量积累，从而延长园艺产品贮藏保鲜时间。

在采收、采后处理及贮运过程中，园艺产品受到挤压、碰撞、刺扎、划伤等机械损伤后，都会不同程度地促进其呼吸强度和乙烯的产生，主要是组织受到机械损伤，酶与底物的间隔被破坏，酶就会与底物直接接触，使氧化作用加强。组织因受伤而引起的呼吸强度不正常的增加称为"伤呼吸"。机械伤对产品呼吸强度的影响因种类、品种以及受伤的程度而不同，如人为机械伤害导致富士苹果伤害部位有机酸含量、维生素 C 含量和总糖含量等迅速下降，这说明受伤组织提高了代谢水平，伤害部位营养成分快速消耗，呼吸强度有了明显提高。机械损伤的园艺产品，还容易受病菌侵染而引起腐烂。因此，园艺产品在采收、分级、包装、运输和贮藏过程中应尽可能避免机械损伤。

园艺产品在采收前后和贮藏期间各种化学药剂处理均不同程度抑制其呼吸强度，如青鲜素（马来酰肼）、矮壮素、6-苄基腺嘌呤（6-BA）、赤霉素（GA）、2,4-二氯苯氧乙酸（2,4-D）、重氮化合物、脱氢醋酸钠、CO 等，其中一些也是化学药剂园艺产品保鲜剂的重要成分。

另外，园艺产品在采收前后，还有许多因素会影响呼吸作用，如呼吸底物的含量、矿物质元素的含量、环境中病原菌含量、人为因素等。

三、呼吸代谢途径

园艺产品是高等植物离体后的部分组织，采收后仍是鲜活的有生命的有机体，保持旺盛的生理代谢。呼吸代谢为园艺产品采后提供了大量的能量和前体物质，来维持机体组织必需的代谢反应。植物呼吸代谢途径主要包括糖酵解途径（Embden Meyerh of Parnas，EMP）、磷酸戊糖途径（Pentose Phosphate Pathway，PPP）、三羧酸循环（Tricarboxylic Acid Cycle，TCA）、发酵途径以及线粒体电子传递链中的细胞色素途径（CCP）和替代途径（AP）等。呼吸途径随外界环境和采后处理技术的变化而发生不同程度的变化，采后园艺产品的品质劣变与呼吸速率的高低以及呼吸途径的比例密切相关。采后园艺产品一般通过糖酵解及丙酮酸在缺氧条件下进行酒精发酵，而不进行乳酸发酵；其次是丙酮酸在有氧条件下进行降解的三羧酸循环和戊糖磷酸途径，还有一条脂肪酸氧化分解的乙醛酸循环和一条乙醇酸氧化途径（图 2-4）。它们在空间上、时间上相互连接、相互交错、相互交替，既分工又合作，构成不同代谢类型，执行不同的生理功能，相互调节，相互制约。

1. EMP 途径

EMP 途径作为呼吸代谢的首要环节，是植物体内蛋白质、脂质和糖类等有机物氧化分解的主要途径，较高的 EMP 途径会加速底物消耗和园艺产品衰老。EMP 途径发生在细胞质中，主要是将葡萄糖分解为丙酮酸或乙醇，并释放出一部分能量，同时合成 ATP 的代谢过程。

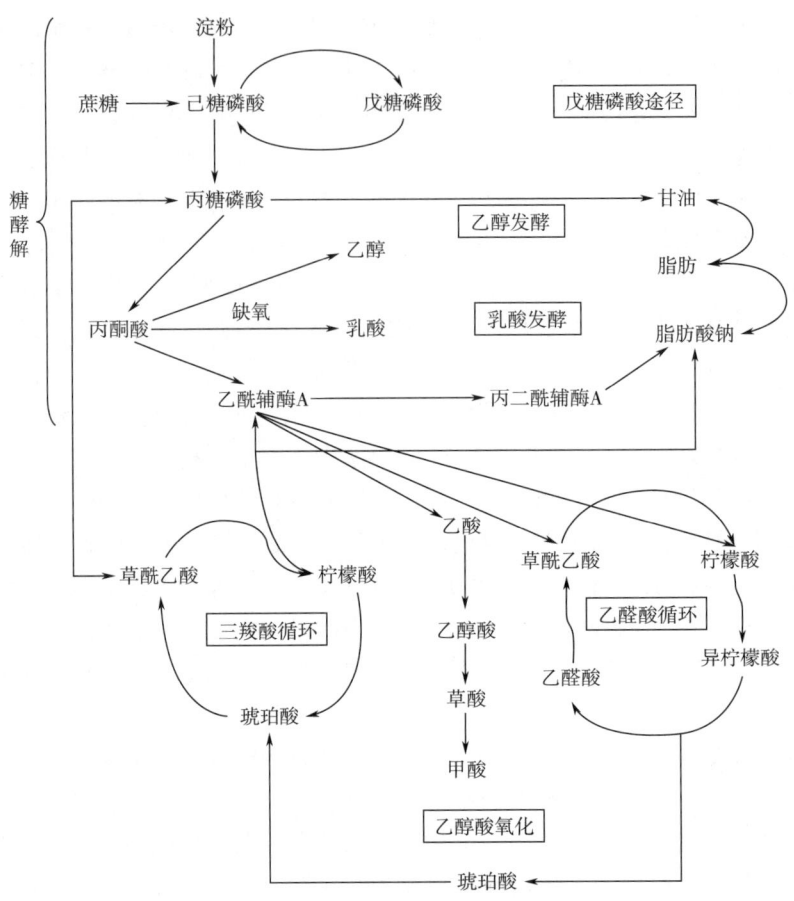

图 2-4　乙醛酸循环和乙醇酸氧化途径

EMP 途径产生的磷酸烯醇式丙酮酸（PEP）会作为 TCA 途径的反应底物参与 TCA 途径的进一步反应。EMP 的化学过程包括己糖活化；1,6-二磷酸果糖裂解成两分子的三碳糖；3-磷酸甘油醛氧化脱氢形成磷酸甘油酸，再经脱水脱磷酸形成丙酮酸，并伴随 ATP 和 NADH + H$^+$ 的生成，其反应程序如图 2-5 所示。

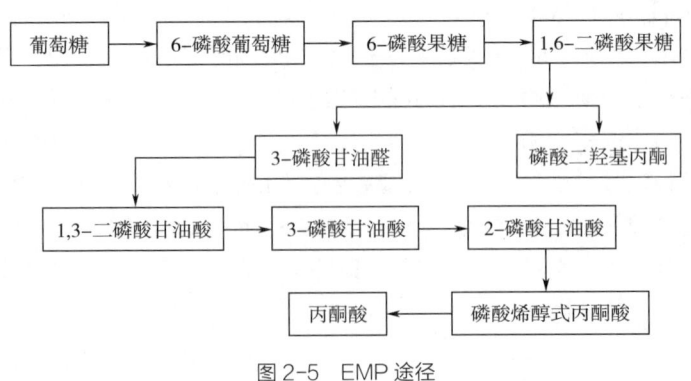

图 2-5　EMP 途径

EMP 的总反应式如下。

$$C_6H_{12}O_6 + 2NAD^+ + 2ADP + 2Pi \longrightarrow 2CH_3COCOOH + 2NADH + 2H^+ + 2ATP + 2H_2O$$

由于1mol NADH+H$^+$产生3mol ATP，通过上式计算可知1mol 的葡萄糖，糖酵解氧化为丙酮酸时，可以释放出8mol 的ATP 为各种代谢作用提供能量。糖酵解中的糖的氧化分解所需要的氧来自组织内的含氧物质（水分子和被氧化的糖分子）。因此，糖酵解途径也称分子内（Intramolecular）呼吸。

EMP 的生理意义在于：①糖酵解是有氧呼吸和无氧呼吸的共同途径；②糖酵解的产物丙酮酸的化学性质十分活跃，可通过各种代谢途径，生成不同的物质；③糖酵解释放的一些能量，供生物体尤其是厌氧生物生命活动所需；④糖酵解途径中，除了由己糖激酶、果糖磷酸激酶、丙酮酸激酶催化的反应是不可逆的，其余反应均可逆转，为糖异生提供基本途径。

2. TCA 途径

TCA 途径主要发生在线粒体中，在有氧条件下将 PEP 转化为细胞质中的苹果酸或丙酮酸，随后这些有机酸通过载体进入线粒体，经氧化脱羧形成乙酰辅酶 A（CoA），乙酰 CoA 再进入 TCA 彻底氧化成 CO_2，并释放能量。TCA 是英国生物化学家克雷布斯（Krebs）首先发现的，所以又名克雷布斯循环（Krebs Cycle）（图 2-6）。

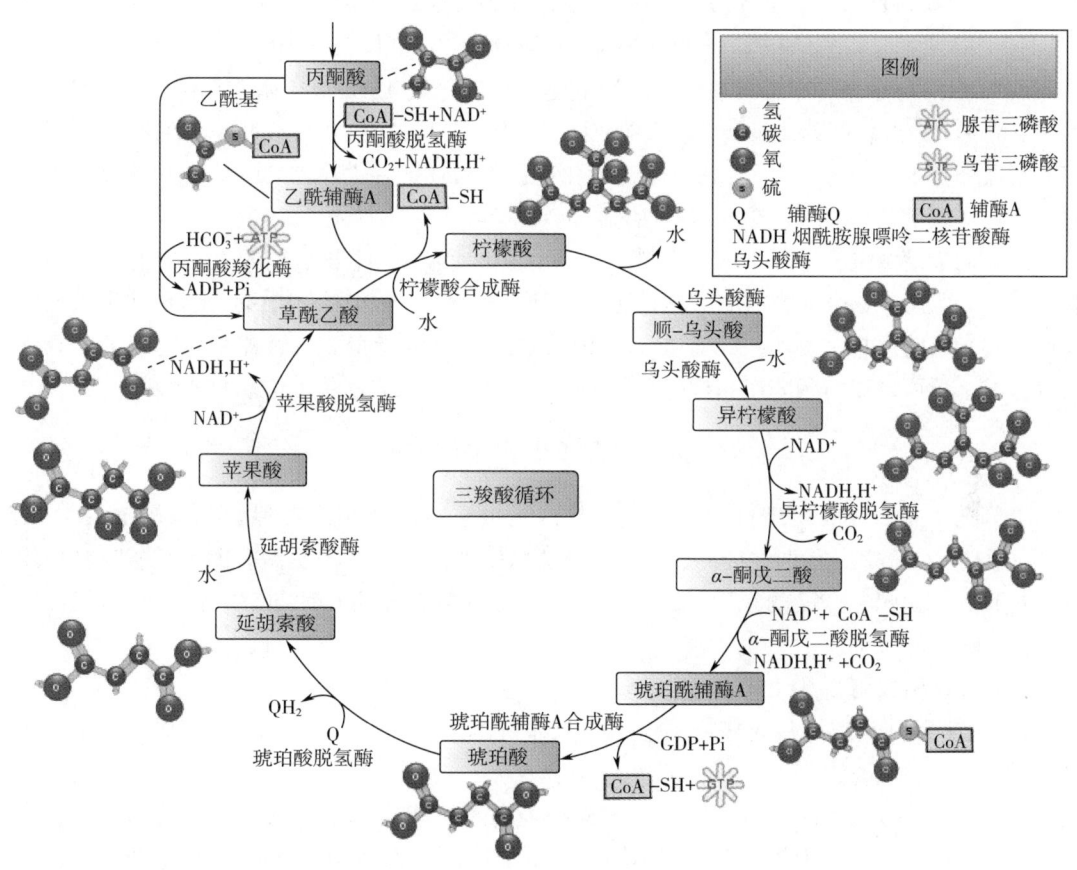

图 2-6 TCA 途径

TCA 是糖、脂肪和蛋白质三大类物质的共同氧化途径，是生物利用糖和其他物质氧化获得能量的主要途径。每氧化 1mol 分子丙酮酸可得到 15mol 的 ATP，氧化 2mol 的丙酮酸共得到 30mol 的 ATP，加上糖酵解途径得到的 8mol ATP，因此每分解 1mol 的葡萄糖总共可得到 38mol

的 ATP。完全氧化 1mol 葡萄糖可以释放 2815.83kJ 的热量，每 1mol 的 ATP 最少可以释放出 33.47kJ 的热量，由此 38mol ATP 最少可以将 1271.94kJ 的能量储存起来，占总释放能量的 45.2%，其余的 1543.90kJ 能量以热的形式释放出来，约占总释放能量的 54.8%，这部分热量称为呼吸热。总反应式如下。

$$2CH_3COCOOH+8NAD^++2ADP+2Pi+2UQ+4H_2O \longrightarrow 6CO_2+8NADH+8H^++2ATP+2UQH_2$$

TCA 循环中释放的能量为植物生命活动提供能量。

TCA 的生理意义在于：①该循环是利用糖或其他物质氧化提供生命活动所需能量的主要来源；②该循环释放的 CO_2 增加外界环境中 CO_2 浓度，抑制脱羧反应，降低呼吸速率；③该循环既是糖、脂肪、蛋白质彻底氧化分解的共同途径，其代谢中间产物又为糖、脂肪和氨基酸合成提供原料，具有物质代谢的枢纽作用。

3. PPP 途径

PPP 又称磷酸戊糖途径（Hexose Monophosphate Pathway，HMP）或己糖磷酸旁路（Hexose Monophosphate Shunt，HMS），是 6-磷酸葡萄糖（G6P）氧化分解的一种方式。由于此途径是由 6-磷酸葡萄糖开始，故也称为己糖磷酸旁路。此途径的总反应式如下。

$$G6P+12NADP^++7H_2O \longrightarrow 6CO_2+12NADPH+12H^++Pi$$

PPP 是 6-磷酸葡萄糖直接氧化分解的生化途径，每氧化 1mol 6-磷酸葡萄糖可产生 12mol 的 $NADP+H^+$，有较高的能量转化率。当 EMP-TCA 受阻时，PPP 可代替正常的有氧呼吸。在糖的有氧降解中，EMP-TCA 与 PPP 所占的比例，随植物的种类、器官、年龄和环境而发生变化，这也体现了植物呼吸代谢的多样性。

PPP 的生理意义在于：①PPP 大量产生 NADPH，为各种生物合成提供主要的还原力，如脂肪酸、固醇的生物合成，丙酮酸羧化还原为苹果酸等；②PPP 中的中间产物是许多重要有机物质生物合成的原料，例如，E4P 和 EMP 中的 PEP 可合成莽草酸，经莽草酸途径可合成芳香族氨基酸，还可合成与园艺产品抗病性有关的生长素、木质素、绿原酸、咖啡酸等。

四、呼吸生理相关酶

在园艺产品的呼吸生理过程中，酶类起着至关重要的作用。各种酶参与了 EMP、TCA、PPP、酒精发酵和其他代谢途径的调控，研究这些酶的活性和调控机制有助于解析呼吸作用的动态过程并优化园艺产品的采后处理和贮藏技术。本节将介绍几种与呼吸作用密切相关的关键酶。

1. EMP 相关酶

EMP 是果蔬呼吸过程中的第一阶段，涉及多种酶的参与。以下是 EMP 过程中的主要酶及其作用与机制。

(1) 己糖激酶（Hexokinase，HK）　HK 一般位于植物细胞中的线粒体、高尔基体、细胞质和液泡等细胞器上，少数会定位于细胞核。植物体内己糖激酶均含有 ATP 结合位点、保守的己糖结合域和腺苷反应区。HK 催化葡萄糖与 ATP 的反应生成 6-磷酸葡萄糖和 ADP，是 EMP 过程的第一步。HK 在植物中普遍存在，其活性主要受其产物 6-磷酸葡萄糖影响，且己糖转化为其他有机物之前必须先进行磷酸化，其活性还受基因表达、翻译后修饰和底物/产物浓度等多种因素调控。依据其底物亲和性和功能的不同可分为 HK、葡萄糖激酶（Glucokinase）和果糖激酶（Fructokinase），果糖激酶属于己糖激酶，但在植物体内的功能更专一化，即参与果糖的磷酸化，广义的己糖激酶包括这3种酶。高等植物中的HK具有多种酶活性调控机制和基因表达模式，且其分子量在不同种植物中的差异很大，而且多以二聚体形式存在。已经进化出一个较大的功能基因家族以满足植物体内不同的组织在各种代谢途径上的需求，在不同植物及同种植物的各个组织中己糖激酶间其氨基酸序列有较高的一致性。研究发现，HK的活性与园艺产品的呼吸速率和品质变化密切相关，因此可作为一个潜在的调控目标。

（2）果糖激酶（Phosphofructokinase，PFK） PFK作为一种四聚体酶，有R和T2种异构体，并且每个亚基上都有2个ATP结合位点：底物结合位点和抑制剂结合位点，且仅当其处于T状态时，抑制位点才会与ATP结合。PFK催化6-磷酸果糖与ATP的反应生成1,6-二磷酸果糖和ADP，是EMP途径的关键步骤，调节糖酸含量之间的平衡。ATP为PFK的反应底物，同时ATP也是PFK的别构抑制剂。PFK受到基因表达、翻译后修饰和底物/产物浓度等因素的影响，在不同生理阶段和贮藏条件下呈现出特定的变化规律。在EMP途径中，PFK通过增加或减少抑制剂和激活剂来调控反应速度，催化6-磷酸果糖生成1,6-二磷酸果糖，这是EMP途径的第二次磷酸化反应，需要ATP与Mg^{2+}参与。该酶受到高浓度ATP的抑制，高的ATP浓度会使该酶与底物6-磷酸果糖的结合曲线变成S形。而柠檬酸通过加强ATP的抑制效应来抑制磷酸果糖激酶的活性，从而减慢糖酵解的速度。因此，PFK活性的调控对园艺产品呼吸过程具有重要意义。

（3）丙酮酸激酶（Pyruvate Kinase，PK） PK以细胞质和质体同工型存在，该酶催化PEP不可逆转的磷酸化反应以及腺苷二磷酸（ADP）向丙酮酸和ATP的转化，PK作用于EMP的最后一步，将磷酸烯醇式丙酮酸（PEP）的磷酸基团转移给ADP，生成少量ATP，同时生成丙酮酸参与其他反应，是糖酵解过程中的主要限速酶之一。植物的PK参与不同活性调控机制，如谷氨酸、天冬氨酸、ATP、柠檬酸和草酸等多种别构调控和特异调控反应过程，还包括磷酸化和泛素化（Ubiquitination）过程。

2. TCA相关酶

TCA是呼吸代谢过程中的第二阶段，涉及多种酶的参与。以下是TCA过程中的主要酶及其作用与机制。

（1）异柠檬酸脱氢酶（Isocitric Dehydrogenase，IDH） IDH是一种能催化氧化脱羧将异柠檬酸还原成α-酮戊二酸，同时产生NADPH的酶。α-酮戊二酸是谷氨酰胺合成酶/谷氨酸合成酶途径中氨同化的关键化合物，NADPH是细胞氧化还原稳态的关键辅助因子，是众多酶反应、生物合成途径和解毒过程中不可或缺的电子供体。根据其辅酶的类型可将异柠檬酸脱氢酶分为NAD^+依赖的NAD-IDH和$NADP^+$依赖的NADP-ICDH。其中NAD-ICDH存在于线粒体中，参与TCA循环，NADP-ICDH不仅存在于线粒体，还存在于细胞质、叶绿体以及过氧化物酶体中。IDH活性受ADP、柠檬酸合酶（CS）、ADP、NAD^+等的激活，在TCA这个错综复杂的调控网络中扮演着重要的角色。通过对NAD-IDH在体外催化活性研究表明，NAD-IDH由3个亚基构成，其中亚基0缺失将导致该酶活性完全丧失，而亚基2和亚基3的缺失严重影响该酶活性。IDH不仅是TCA中的一个重要限速酶，而且在乙醛酸循环、氮的代谢、调控发育以及作物抗逆性方面均有一定作用。

（2）琥珀酸脱氢酶（Succinate Dehydrogenase，SDH） SDH是TCA循环中唯一一个整合于线粒体内膜电子传递链复合物Ⅱ上的关键酶，该酶参与多种生化途径，包括TCA、能量生产、氨基酸生物合成前体的形成以及调节植物对环境的适应，其中丙二酸可作为竞争性抑制剂通过抑制该酶的活性来阻断 TCA 的进行，该酶的活性可作为评价 TCA 运行程度的指标之一。另外，SDH 也是植物线粒体活性氧（ROS）产生的一个位点，有助于调节植物应对胁迫和反应局部的线粒体 ROS，即 SDH 释放的 ROS 可以激活相关应激基因的表达，从而诱导抗氧化反应和胁迫耐受。

（3）α-酮戊二酸脱氢酶（α-Ketoglutarate Dehydrogenase，KGDH） α-酮戊二酸作为 TCA 的中间产物，处于通路中异柠檬酸下游、琥珀酰辅酶 A 上游，回补反应可通过自谷氨酸的转氨基作用产生 α-酮戊二酸来补充此中间代谢产物，也可通过谷氨酸脱氢酶作用于谷氨酸实现。α-酮戊二酸是氨同化进程中起到重要的有机物，并且与 GA 的生物合成相关。α-酮戊二酸有效地联结了 EMP 过程和氨基酸向有机酸的转化过程，处于碳氮代谢的关键节点。在 α-酮戊二酸途径中，谷氨酰胺、精氨酸、脯氨酸等多种氨基酸均可先转化为谷氨酸，再生成 α-酮戊二酸流入到 TCA。α-酮戊二酸代谢受到 KGDH 的影响，也是硝态氮同化进程中的必不可少的信号分子。琥珀酰磷酸（SP）能抑制 KGDH，而阻碍了 α-酮戊二酸代谢合成为琥珀酰 CoA 的过程。而 α-酮戊二酸脱氢酶复合体（α-Ketoglutarate Dehydrogenase Complex，KGDHC）是存在于线粒体内负责 TCA 中 α-酮戊二酸向琥珀酰 CoA 转换的作用酶，伴随着 KGDHC 的作用也可以驱使 NAD^+ 还原、伴随能量的释放。

3. PPP 相关酶

（1）6-磷酸葡萄糖脱氢酶（Glucose-6-Phophate Dehydrogenase，G6PDH） G6PDH 是一种以 NAD^+ 或 $NADP^+$ 为受体，作用于供体 CH—OH 基团上的氧化还原酶，是 PPP 氧化阶段中催化第一步反应的酶和 PPP 代谢途径调控中的一个关键调控酶，可催化 6-磷酸葡萄糖生成 6-磷酸葡萄糖酸内酯和 NADPH。G6PDH 广泛存在于各种生物细胞中，通过催化反应产生大量的还原型辅酶 NADPH，NADPH 可以作为负氢离子供体，提供还原力。G6PDH 和 6PGDH 都能生成 NADPH，G6PDH 参与植物对病菌感染、离子毒害、冷冻、高温、干旱、盐胁迫等逆境胁迫的响应，而 6PGDH 生成的 NADPH 在抗病过程中的作用未见报道。PPP 间接地为桃果实花色苷的合成提供原料，在桃果实成熟的转色期，胞质 G6PDH 和质体 G6PDH 活性均增强，质体 G6PDH 活性增加更为显著，花色苷也随之大量生成，采用 G6PDH 抑制剂 DHEA 处理时，桃果实中 G6PDH 的活性增强和花色苷的积累的现象明显受到抑制。

（2）6-磷酸葡萄糖酸脱氢酶（6-Phosphogluconate Dehydrogenase，6PGDH） 6PGDH 是高度保守的酶，在植物胞质和叶绿体中的同工酶与蓝藻同源物的相似性最高，高于来自其他原核生物或非光合真核生物胞质的同源物。6PGDH 催化 PPP 第三步反应 6-磷酸葡萄糖酸（Gluconate-6-Phosphate，Glc-6-P）氧化脱酸生成 5-磷酸核酮糖（Ribulose-5-Phosphate，Ru-5-P），以及具有高还原力的 NADPH。5-磷酸核酮糖不仅是核苷酸合成的原料，而且还是 ATP、CoA 等物质的组成部分。细胞内存在许多还原性生物合成过程，如长链脂肪酸、类固醇和四氢叶酸的合成等都需要 NADPH 作为还原剂，参与无机氮的同化，和莽草酸途径相联系，并保持必要的氧化还原电位，以防止氧化应激。在硝酸盐同化过程中，植物组织中磷酸戊糖途径代谢增加，增强对硝酸盐和亚硝酸盐还原的能力。

4. 交替抗氧化酶（Alternative Oxidase/Cyanide Resistant Oxidase，AOX）

AOX 是抗氰呼吸途径的末端氧化酶，具有清除活性氧和增强抵御能力等功能，其活性中心能够直接捕捉电子将氧气还原为水。植物 AOX 由一个小核多基因家族编码，包括 AOX1 和 AOX2 亚家族。AOX1 参与植物对各种胁迫的响应过程，包括低温在内的逆境信号刺激可以诱使 AOX 的基因表达量上升并使蛋白质改变为活性构象，从而激活抗氰呼吸途径。AOX 参与冷锻炼诱导甘薯抗冷性增加；伽师瓜、青椒、番茄等 AOX 基因表达上调与果实抗性的增加同时出现。此外，呼吸跃变型果实成熟期间的呼吸跃变伴随着呼吸途径从细胞色素途径向抗氰呼吸途径的转移，与此同时果实低温耐受性也相应增加，抗氰呼吸对果实低温耐受性的增强作用已经在许多果蔬中得到证实。

五、呼吸代谢途径的调控

植物呼吸代谢的调节通路是一个复杂的生物过程，涉及信号分子、基因调控、酶活性调控、能量状态调控等多个层面，受到多种生理、生化、环境因素的影响。

1. 信号分子

一些激素（如赤霉素、吲哚乙酸、脱落酸）以及信号分子如 Ca^{2+}、一氧化氮（NO）、ROS 和丝裂原活化蛋白激酶（MAPK）等在调控呼吸代谢过程中起到关键作用，这些信号分子通过信号传导途径与其受体或效应器相互作用，调控呼吸代谢相关基因的表达和蛋白质的活性。

（1）激素信号通路　植物激素在呼吸代谢调控中发挥作用，如 GA 和 IAA 可促进呼吸代谢，而 ABA 和 ETH 则起到抑制作用。激素通过结合其受体，激活下游信号通路，如蛋白激酶、转录因子等，最终影响呼吸代谢相关基因的表达。

（2）钙信号通路　Ca^{2+} 是一种普遍的信号分子，在呼吸代谢调控中具有重要作用。Ca^{2+} 通过钙依赖蛋白激酶（CDPK）和钙调蛋白（CaM）等，调控呼吸代谢相关基因的表达，影响呼吸代谢过程。

（3）NO 信号通路　NO 是一种具有生物活性的信号分子，在呼吸代谢调控中起到重要作用。NO 通过作用于线粒体、过氧化物酶体等细胞器，影响呼吸代谢过程。同时，NO 还通过磷酸化蛋白激酶等信号分子，调控呼吸代谢相关基因的表达。

（4）ROS 信号通路　ROS 是一类具有生物活性的信号分子，在呼吸代谢调控中发挥关键作用。ROS 通过影响线粒体、过氧化物酶体等细胞器的功能，调控呼吸代谢过程。同时，ROS 还通过调控抗氧化酶、转录因子等信号分子，影响呼吸代谢相关基因的表达。

（5）相互作用　呼吸代谢调节通路之间存在相互作用。例如，激素信号通路可以影响钙信号通路，进而影响呼吸代谢过程。同时，NO 信号通路与 ROS 信号通路之间也存在相互作用，共同调控呼吸代谢过程。此外，这些信号通路之间还存在相互作用，共同参与调控呼吸代谢过程。

2. 能量状态

园艺产品采后仍保持旺盛的生理代谢和细胞活性，采后果实在收获后能量电荷（能荷）逐渐减少，能量状态是影响其采后成熟和衰老的重要因素，其呼吸代谢强弱主要受到细胞能荷状态的调控。当园艺产品遭遇逆境胁迫或衰老时，组织细胞可通过调控 ATP 的合成来维持能荷的稳定和线粒体电子传递链的正常运行。过低的能量水平会加速 ROS 的产生和细胞膜的氧化损伤，尤其是当 ATP 水平降至阈值浓度（0.01mol/L）以下时，细胞代谢和线粒体功能发生紊乱，导致膜完整性逐渐丧失，从而加速采后品质劣变。细胞整体能量状态通常用细胞能量电荷来反映，能荷水平越高，则细胞能量水平越高，更有利于园艺产品采后品质的维持。ATP/ADP 及 AMP/ADP 含量比值被指出与线粒体的功能和组织衰老密切相关。高 ATP/ADP 含量比值可通过抑制 EMP 途径来减少采后果实的底物消耗和避免生理代谢紊乱的发生。能量需求可通过 ATP、ADP 和 AMP 之间的比例来控制呼吸速率，从而引发糖酵解酶的变构调节和线粒体电子转运的反馈调节。高水平的 ATP 可通过降低呼吸代谢来抑制 ATP 的合成，低水平的 ATP 可通过增强呼吸代谢来激发 ATP 合成途径，为机体提供能量，以维持细胞正常生理代谢活动。此外，低水平的 ATP 被指出可能阻断 ETC 末端的电子转移，从而抑制呼吸代谢和能量供应。

3. 活性氧代谢

采后果实衰老是一种氧化现象，ROS 是植物氧化损伤的主要介质，过量 ROS 积累会引发氧化胁迫作用，导致采后园艺产品呼吸代谢紊乱、能量供应不足和生物膜功能丧失，进一步加速采后果蔬衰老、冷害、褐变、软化等品质劣变的发生。适度的 ROS 积累可作为信号分子激活抗氧化防御系统，从而维持细胞稳态和减少细胞膜氧化损伤。当果蔬遭受逆境胁迫或衰老时，过量 ROS 积累会加速脂质过氧化和细胞膜通透性的增加，使细胞膜完整性受损，而线粒体功能主要依赖于线粒体膜的完整性。因此，活性氧代谢对于呼吸速率、呼吸途径关键酶活性和吡啶核苷酸含量具有重要影响。采用合适的贮藏保鲜技术来减少 ROS 产生，以维持细胞内 ROS 稳态，对于减轻细胞氧化损伤和降低品质劣变具有重要意义。

4. 酶活性调控

呼吸代谢过程中的关键酶活性受到多种因素的调控，包括酶的翻译后修饰、底物浓度以及代谢产物的反馈调控等。例如，丙酮酸脱氢酶（PDH）活性受到磷酸化和去磷酸化的调控，柠檬酸酶活性受到底物柠檬酸和产物 α-酮戊二酸的反馈调控。

六、园艺产品采后呼吸作用的生理意义

呼吸作用对园艺产品采后生命活动具有十分重要的意义，主要表现在以下几个方面。

1. 为园艺产品采后生命活动提供能量

采后园艺产品仍是一个有机的生命体，它的生命活动所需的能量都依赖于呼吸作用。呼吸作用将有机物质生物氧化，使其中的化学能以 ATP 形式贮藏起来。当 ATP 在 ATP 酶作用下分解时，再把贮存的能量释放出来，以满足采后园艺产品体内各种生理过程对能量的需要，未被利用的能量转变为热能散失掉。

2. 为园艺产品采后有机物合成提供原料

呼吸作用在分解有机物质过程中产生许多中间产物，其中一些中间产物化学性质十分活跃，如丙酮酸、苹果酸等，它们是进一步合成产品体内新的有机物的物质基础。呼吸作用在园艺产品体内的碳、氮和脂肪等代谢活动中起着枢纽作用。

3. 为园艺产品采后抗病免疫提供保障

在园艺产品遭到病原微生物侵染或机械损伤时，短时间内呼吸速率增强，PPP 途径增强，一些中间产物是园艺产品防御反应相关物质的原料或前体，用于合成酚类物质、木质素、植物保护素等化合物，加速伤口的木质化和栓质化，以阻止病菌的继续侵染，从而诱导园艺产品的主动抗病性。

第二节 园艺产品采后蒸腾生理

新鲜园艺产品含有高达 85%~95% 的水分，使得细胞汁液充足，细胞膨压大，组织器官呈

现坚挺、饱满的状态和弹性，且具有光泽，显现出新鲜饱满和脆嫩的状态，表现出新鲜健壮的优良品质。同时，这些水分是诸多可溶性物质的溶剂，也是采后园艺产品各项生命活动的基础。当园艺产品组织失水严重，细胞膨压降低，组织萎蔫、疲软、皱缩、光泽消退，表观失去新鲜状态，商品价值降低甚至丢失。

园艺产品采收后失去母体和土壤供给的营养和水分补充，而其蒸腾作用却在继续进行，这也是采后园艺产品失水的重要原因，蒸腾失水通常不能得到补充，是一个单向失水的过程，若贮藏环境不适宜，园艺产品采后蒸腾旺盛，不断失水，逐渐失去新鲜度，并产生一系列不良反应，影响其贮藏保鲜寿命。因此，园艺产品采后蒸腾作用也是其典型的生理特征。

一、蒸腾作用及失重相关概念

蒸腾作用（Transpiration）是指植物体内的水分以气体状态，通过植物体的表面气孔，从体内散发到大气中的现象。与物理学的蒸发过程不同，蒸腾作用不仅受自身特性的调节和控制，而且还受外界环境条件的影响。因此，它是一种复杂的生理过程。

蒸腾作用的方式有三种。一是通过叶片和茎的角质层蒸腾，称为角质层蒸腾（Cuticular Transpiration）。幼嫩叶子的角质蒸腾可达总蒸腾量的1/3~1/2。一般植物成熟叶片的角质蒸腾，仅占总蒸腾量的3%~5%。二是通过气孔蒸腾，称为气孔蒸腾（Stomatal Transpiration）。气孔是植物叶片表皮组织的小孔，一般由成对的保卫细胞（Guard Cell）组成，保卫细胞四周环绕着表皮细胞，毗连的表皮细胞如在形态上和其他表皮细胞相同，就称之为邻近细胞（Neighbouring Cell），如有明显区别，则称之为副卫细胞（Subsidiary Cell）。保卫细胞与邻近细胞或副卫细胞构成气孔复合体。气孔是植物进行体内外气体交换的重要门户，水蒸气、CO_2、O_2都要共用气孔这个通道，气孔的开闭会影响植物的蒸腾、呼吸等生理过程。因此，气孔蒸腾是园艺产品采后蒸腾作用的主要方式。蒸腾作用的强弱，根据园艺产品种类、品种有所不同，同时也受到环境温度等多种因素的影响。三是通过皮孔和木栓组织的裂缝蒸腾，称为皮孔蒸腾（Lenticular Transpiration）。许多园艺产品和贮藏器官只有皮孔而无气孔，皮孔是一些老化、排列紧凑的木栓化表皮细胞形成的狭长开口，不能关闭，皮孔使内层组织的细胞间隙直接与外界接触连通，从而加速水分蒸发。皮孔通常存在于根、茎和果实上，不能自由开闭，而是经常开放，因此它们水分蒸发的速度取决于皮孔的数量、大小和蜡层的性质。苹果、梨的表面也有皮孔，使内层组织的胞间隙直接与外界相通，从而有利于各种气体的交换。但是，皮孔蒸腾量极微，约占总蒸腾量的0.1%。叶菜极易萎蔫主要是因为叶面上气孔多，保护组织差，成长的叶片中90%的水分都是通过气孔蒸腾的。

失重（Weight Loss），又称自然损耗，是指贮藏器官的蒸腾失水和干物质损耗所造成的重量减少。干物质消耗是呼吸作用所导致的细胞内贮藏物质的消耗，而蒸腾失水是蒸腾作用所导致的组织水分散失。因此，园艺产品采后失重是由蒸腾作用和呼吸作用共同引起的，且失水是园艺产品采后失重的主要原因。例如，贮藏过程中柑橘失重，3/4是由蒸腾作用所导致的，1/4是由呼吸作用所消耗的。一般而言，当贮藏失重占园艺产品总重量的5%时，就呈现出明显的萎蔫和皱缩现象，新鲜度下降。通常在温暖、干燥的环境中几小时，大部分果蔬都会出现萎蔫。有些果蔬虽未达到萎蔫的程度，但失水会影响其脆度、硬度、颜色和风味，营养物质含量减少，食用品质和商品价值大大降低。

蒸腾速率（Transpiration Rate）又称蒸腾率或蒸腾强度，指植物在单位时间内、单位面积上通过蒸腾作用散失的水量。常用单位：g/(m²·h)、mg/(dm²·h)。大多数植物白天的蒸腾速率是15~250g/(m²·h)，夜晚是1~20g/(m²·h)。常用的蒸腾速率的测定方法有：快速称量法、测量重量法、稳态气孔计法、蒸腾仪法、红外线分析仪测定法。

蒸腾效率（Transpiration Ratio）指植物每蒸腾1kg水时所形成的干物质的质量（g）。常用的单位：g/kg，一般植物的蒸腾效率为1~8g/kg。

蒸腾系数（Transpiration Coefficient）又称需水量（Water Requirement），指植物每制造1g干物质所消耗水分的质量（g），它是蒸腾效率的倒数。大多数园艺产品的蒸腾系数在125~1000（表2-2）。

表2-2　几种园艺产品的蒸腾系数

园艺产品	蒸腾系数
玉米	174~406
甘薯	248~264
油菜	277
大豆	307~368
马铃薯	167~659
甘蔗	125~350

二、影响蒸腾作用的因素

1. 内在因素

（1）种类、品种和成熟度　不同种类、品种和成熟度的园艺产品，由于其气孔、皮孔和表皮层的结构、厚薄、数量等差异，导致其蒸腾失水速率不同。不同园艺产品采后的水分蒸腾的主要通道也不同，如叶菜极易萎蔫，因为叶片是同化器官，叶片上气孔多，保护组织差。

（2）表面组织结构　一般情况下，园艺产品蒸腾作用是通过自然孔道蒸腾和角质层蒸腾两种方式进行的，只有极少量水分是通过表皮直接扩散蒸腾。角质层蒸腾与角质层的结构和化学成分有关。角质（Cutin）由羟基脂肪酸聚合物组成，并含有少量的酚类物质。蜡质常附于角质层表面或埋在角质层内，它是由脂肪酸和相应的醇构成的酯或它们的混合物组成，其中还可能混有碳原子数相同的石蜡等物质。角质层本身不易让水通过，但角质层中间夹杂有吸水能力较强的果胶质，同时角质层还有细微的孔隙，可使水分自由透过。角质层蒸腾在蒸腾中所占的比重，与角质层中有无蜡质及其结构、厚薄有关。通常蜡的结构比蜡的厚度对防止失水更为重要。复杂的、重叠片层结构组成的蜡层，要比厚但扁平且无结构的蜡层有更好的防透水性能，主要是由于水蒸气在复杂、重叠的蜡层中经过比较曲折的路径才能散发到空气中去。果品的角质层较厚，一般有3~8μm，果菜类多在幼嫩时采收，角质层尚未完全发育，一般为1~3μm。幼嫩器官表皮层尚未发育完全，主要成分为纤维素，容易透水，随着器官的成熟，角质层加厚，失水速度减慢。气孔和皮孔是植物水分散失和气体交换的主要通道，气孔的自动启闭可以对此进行调节，它是一个自动反馈系统。气孔频度、气孔大小、气孔下腔、气孔开度、气孔构造对气孔的蒸腾速率有影响。当气孔频度大时，有利于蒸腾的进行；当气孔孔径大、气孔下腔容积大、气孔开度大时，内部阻力小，叶内外蒸气压差大，故蒸腾较强；气孔下陷时，扩散层相对加厚，阻力大，蒸腾较慢。光和CO_2等环境因子对气孔的关闭也有影响。当温度过低或CO_2增多时，气孔不易开放，光照可刺激气孔开放，处于缺水条件时，气孔关闭。

（3）比表面积　比表面积一般是指单位重量的器官所具有的表面积，单位是cm^2/g。园艺产品蒸腾作用中的水分蒸发是物理过程，它在植物表面进行。比表面积越大，相同重量的园艺产品所具有的蒸腾面积就越大，失水就越多。不同园艺产品的比表面积差异较大，如叶片的比表面积要比其他器官大很多,因此,叶菜类在贮运过程中更容易失水萎蔫,而贮藏器官(块根、地下茎、球根和成熟果实)表面积比较小,蒸腾较缓慢。此外,同一器官个体越小,比表面积越大,蒸腾失水越快,而同一器官个体大的比个体小的比表面积大,蒸腾失水越快。

(4)细胞的保水力 园艺产品细胞的保水力与细胞中可溶性物质及亲水性胶体的含量有关。原生质中亲水性强的胶体含量越多,可溶性物质含量越高,则细胞具有越高的渗透压,越有利于细胞保水,阻止水分向外渗透到细胞壁和细胞间隙。洋葱的含水量一般比马铃薯高,但在相同的贮藏条件下失水反而比马铃薯少,主要是与其原生质胶体的保水力和表面保护层的性质有很大的关系。此外,园艺产品胞间隙的大小也是影响水分移动的重要因素,胞间隙小,水分移动时阻力大,移动速度慢,有利于细胞的保水。

2. 外在因素

(1)环境相对湿度 湿度分为绝对湿度和相对湿度。绝对湿度指水蒸气在空气中所占比例的百分数;相对湿度指的是空气中实际所含的水蒸气量(绝对湿度)与当时温度下空气所含饱和水蒸气量(饱和湿度)之比。园艺产品贮藏上,常用空气相对湿度(Relative Humidity,RH)来表示环境空气的干湿程度(式2-1)。

$$RH = \frac{A(绝对湿度)}{E(饱和湿度)} \times 100\% \tag{2-1}$$

园艺产品采后水分蒸发是以水蒸气的状态从体内移动到体外,水蒸气像其他气体一样,从高密度处向低密度处移动。采后新鲜园艺产品组织内相对湿度在99%以上,当贮藏在一个相对湿度低于99%的环境中,水蒸气便从组织内向贮藏环境移动。在相同的贮藏温度下,贮藏环境越干燥,即相对湿度越低,水蒸气的流动速度越快,其失水也越快。可见,园艺产品的蒸腾失水率与贮藏环境相对湿度呈显著的负相关。贮藏环境中的空气相对湿度还可以用水蒸气压表示,水蒸气压为单位体积中的水蒸气密度。在一定温度下,组织中蒸气压大于空气实际蒸气压时,水分便从植物体内蒸发。在相同相对湿度条件下,水蒸气压随温度的升高而增大。园艺产品含水量越高,组织内蒸气压也就越大,其水分向环境扩散就越快(表2-3)。

表2-3　　　　　　　　　　温度和相对湿度对水蒸气压力的关系　　　　　　　　单位:Pa

温度/℃	相对湿度/%			
	100	90	70	50
0	610.61	549.29	427.96	305.31
2.2	715.94	643.95	501.29	357.30
3	758.60	682.61	530.62	378.63
4.4	835.93	751.94	585.28	417.30
5	871.93	785.27	610.61	435.96
10	1227.90	1105.24	859.93	613.28
20	2338.47	2105.16	1637.19	1169.23
21	2501.12	2250.48	1750.52	1250.56

(2)环境温度 温度与空气的饱和湿度成正比,即温度越高,空气的饱和湿度越大。当环境中的绝对湿度不变而温度升高时,空气的饱和水蒸气压增大,可容纳更多的水蒸气,导致

园艺产品更多地失水。相反，温度下降，饱和水蒸气压减小，当饱和蒸气压等于绝对蒸气压时，园艺产品上出现凝结水，即发生结露现象。例如，果温为21.1℃和果温降低至0℃的甜橙置于0℃的冷库中，假设冷库的相对湿度和甜橙组织内的相对湿度均为100%，此时，果温为21.1℃和果温降低至0℃的甜橙的水蒸气压差分别为1890.19Pa（14.18mmHg）和305.26Pa（2.29mmHg），前者蒸腾失水远大于后者，这也是贮藏前通过预冷降低园艺产品采后温度维持其新鲜度的主要理论依据。温度高，水分子移动快，细胞液的黏度下降，使水分子所受的束缚力减小容易自由移动，有利于水分的蒸发。

一般园艺产品采后贮藏的冷库中，空气相对湿度较高，库内温度波动易造成结露，这种现象又称为"出汗"现象，是由于当空气温度下降至露点以下时，过多的水汽从空气中析出而在产品表面上凝结成水珠。例如，1℃时空气相对湿度为94.2%，温度降低到0℃时空气湿度达饱和，0℃就是露点；温度继续下降至-1℃，则空气中就要析出水分，此时的相对湿度仍为100%。园艺产品贮藏过程中，有很多情况会产生结露现象，比如，当园艺产品直接从冷库中出库，产品表面很快就会有水珠出现，这是由于外界高温空气接触到低温的产品表面时，产品周围空气的温度达到露点以下，空气中的水蒸气就在产品表面凝结成水滴。又如，当农产品用塑料薄膜袋密封贮藏时，袋内因产品的呼吸和蒸腾，温度和相对湿度均高于外界，薄膜正好是冷热的交界面，从而使薄膜的内壁有水珠凝结。简易气调用薄膜帐封闭贮藏，帐内温度、相对湿度均高于帐外，薄膜本身处于冷热的界面上，因此薄膜内侧总要凝结一些水珠。块茎、鳞茎、直根类蔬菜堆藏，由于呼吸等代谢活动仍进行，在通风散热不好时，堆内温湿度均高于堆表面的温湿度，此时堆内湿热空气运动至堆表面时，与冷面接触，温度下降，部分水汽就在冷面上凝成水珠，也会出现结露现象。以上这些情况所产生的凝结水本身是微酸性的，附着或滴落到产品表面上，极有利于病原菌孢子的传播、萌发和侵染，促进贮藏产品腐烂损失。因此，在贮藏中，要尽可能防止结露现象的出现，主要原则是设法消除或尽量减小温差。

（3）光照　光照对园艺产品采后的蒸腾作用也有一定影响。光照可引起气孔的开放，减少气孔阻力，从而增强蒸腾作用。其次，光照可以提高贮藏环境的温度和产品的体温，增加产品内外蒸气压差，加快蒸腾速率。

（4）空气流动　贮藏环境中的空气流速是影响采后园艺产品蒸腾、失重的主要原因之一。空气流速对相对湿度的影响主要是改变空气的绝对湿度，将潮湿的空气带走，换之以吸湿力强的空气，使产品始终处于一个相对湿度较低的环境中。在一定的时间内，空气流速越快，产品水分损失越大。

（5）机械损伤　机械损伤会加速园艺产品失水，导致萎缩、腐烂。当产品组织擦伤后，破坏了表面的保护层，使皮下组织暴露在空气中，更容易失水。园艺产品伤口处可形成木栓化细胞愈合伤口，愈伤能力随着产品的成熟而减弱。因此，在园艺产品采收和采后过程中，应尽可能避免机械损伤。此外，表面组织在遭到虫害和病害时造成伤口，也会增加水分的损失。

（6）其他因素　在园艺产品采后贮藏过程中，还有一些因素会直接或间接地影响到产品的蒸腾作用，如环境气压、环境中的微生物含量等。

三、蒸腾失水对园艺产品采后品质的影响

1. 失重和萎蔫

水分散失造成失重和失鲜，蒸腾失水是失重的重要原因。失鲜是园艺产品质量的损失，包

括表面色泽消失、形态萎蔫、失去外观饱满、新鲜和脆嫩的质地，甚至失去商品价值。不同园艺产品失鲜的表现有所不同，如叶菜失水很容易萎蔫、变色、失去光泽；萝卜失水，外观变化不大，内部糠心；苹果失鲜不十分严重时外观也不明显，果肉变沙。

2. 影响园艺产品正常的代谢过程

水是园艺产品的重要组成成分，是许多生化反应和物质吸收、运输的良好介质，直接参与植物体内重要的代谢过程，它是各种生理生化反应的底物之一，它与呼吸作用、有机物合成和分解有关，水分的缺失直接会影响到植物的各项代谢过程。作为原生质的主要组分，如果原生质失水过多，干扰正常代谢，产生有毒物质，加速细胞死亡。失水导致细胞液浓缩，某些物质和离子浓度增加，使细胞中毒。过度缺水引起脱落酸含量的剧增，刺激乙烯的合成，促进其衰老。水对采后园艺产品的体温也会起到一定的调节作用。因此，在采后贮藏过程中需采用各种保鲜技术，尽量减少水分的散失，以达到延长贮藏保鲜时间的目的。

3. 降低耐贮性和抗病性

蒸腾失水引起园艺产品破坏正常代谢，水解加强，促进呼吸作用，加速营养物质损耗，细胞膨压降低造成其结构改变，从而影响其耐贮性和抗病性。

第三节　园艺产品成熟与衰老生理

果实发育过程分为生长、成熟和衰老三个阶段。一般而言，生长包括细胞分裂和细胞膨大，到园艺产品达到大小稳定这一时期，果实内部物质发生极明显的变化，从而使其达到食用标准。果实从开花受精后的发育过程中，完成细胞、组织、器官分化发育的最后阶段，充分长成时，达到生理成熟（也称"绿熟"或"初熟"），此时不一定是最佳食用阶段。当果实表现出特有的风味、香气、质地和色泽，达到最佳食用的阶段称为完熟。通常将果实达到生理成熟到完熟过程称为成熟（包括生理成熟和完熟）。成熟过程是发生在果实停止生长之后进行的一系列的生物化学变化。达到食用标准的完熟可以发生在植株上，也可以在采后。供食用的园艺产品有些是生理成熟的产品，采后也可以自然后熟，达到食用品质；而有些是未成熟或幼嫩的产品，采后则不能成熟。由合成代谢（同化）的生化过程转入分解代谢（异化）的过程，导致组织老化、细胞崩溃及整个细胞死亡的过程，称为衰老。生产上把园艺产品最佳食用阶段以后的品质劣变或组织崩溃阶段称为衰老。食用的植物根、茎、叶、花及其变态器官没有成熟问题，但有组织衰老问题。

一、成熟及衰老相关概念

成熟（Maturation）是指果实生长到最后阶段，此阶段果实充分长大，养分充分积累，完成发育并达到生理成熟。对于非呼吸跃变型园艺产品如柑橘、荔枝、葡萄等，生理成熟已达到可采收和可食用阶段；对于呼吸跃变型园艺产品如香蕉、猕猴桃、芒果、番茄等，尽管已达到生理成熟阶段，但未达到食用最佳时期。

完熟（Ripening）是指园艺产品达到成熟以后，即果实成熟的后期，果实内发生一系列急剧的生理生化变化，果实表现出特有的色泽、风味、质地，达到最适宜食用阶段。呼吸跃变型园艺产品如香蕉、菠萝、番茄等通常不能在完熟时才采收，因为完熟阶段的耐贮性明显降低。

园艺产品成熟阶段是在树上或植株上进行的,而完熟可以在树上,也可以在采后。

后熟(Postharvest Ripening)是指把园艺产品采后呈现特有的色、香、味等品质的完熟过程。呼吸跃变型园艺产品如猕猴桃、香蕉等具有明显的后熟特性,经过后熟食用品质才最佳。

衰老(Senescence)是指园艺产品在充分成熟之后,合成代谢转向分解代谢,进一步发生一系列的劣变,导致老化且组织衰亡的过程。因此,完熟可视为衰老的开始。

二、园艺产品成熟及衰老的生理生化变化

(一)成熟衰老过程中物质变化

1. 碳水化合物

园艺产品中的碳水化合物主要包括葡萄糖、果糖、蔗糖、淀粉、纤维素及果胶物质。不同种类、品种的园艺产品成熟时含糖的种类和数量不同,如仁果类成熟时,果糖含量最高,葡萄糖和蔗糖次之;浆果类成熟时,葡萄糖和果糖含量最高,蔗糖略少;葡萄糖是切花体内的重要物质,如唐菖蒲。切花的含糖量与其观赏性和耐插性呈正相关关系,即切花的观赏性、耐插性越高,则含糖量越高,反之,切花的观赏性、耐插性越低,则含糖量越低。糖的种类与甜度也有关系,如以蔗糖甜度为1,则果糖为1.03~1.50,葡萄糖为0.49,其中以果糖最甜,但葡萄糖口感较好。在成熟过程中,各种碳水化合物间相互转化,以不同的形式存在而导致产品风味及质地变化。未成熟果实贮存许多淀粉,所以早期果实无甜味,到成熟末期,不溶性淀粉转化为可溶性葡萄糖、果糖、蔗糖等并积累在细胞液中,使果实变甜。例如,香蕉果实成熟过程中,淀粉由占鲜重的20%~25%降低到1%,而可溶性糖则由10%以内上升至15%~20%,这一变化过程约10d。采收时不含淀粉或含淀粉较少的品种,在贮藏期间含糖量逐渐减少,如番茄和甜瓜;采收时含淀粉较高(1%~2%)的果实,如苹果贮藏期间淀粉水解,含糖量短暂增加,但达到最佳食用阶段以后,含糖量因呼吸消耗而下降。苹果贮藏过程中淀粉水解,蔗糖也有水解趋势。不同的贮藏条件下淀粉和糖类会互相转化,如马铃薯长期0℃下贮藏,淀粉会转化为糖,在3~5℃中糖又会转化为淀粉。甜玉米和青豌豆在成熟后含糖量较高,若贮藏温度较高,糖很快就会合成淀粉和纤维素,而使产品从甜而柔嫩变得粗糙而无味。在贮藏期间还可观察到某些园艺产品组织的糖分转移和再分配情况,如西瓜瓜瓤含糖量高于皮层,贮藏初期瓜瓤、皮层总糖量分别为6.64%、2.92%,经50d贮藏的瓜瓤含糖下降至3.98%,皮层含糖量增至5.68%;晚熟结球甘蓝在冬季贮藏前含糖量内层叶片少,而外层叶片高,贮藏期间外层叶片糖分不断向内层叶片及顶芽转移,到第二年春季糖量以中心顶芽最高,内层叶次之,外层叶片最少。

果实变软是果实成熟的一个重要标志,细胞壁物质的降解是引起果实软化的主要原因,淀粉转变为可溶性糖,也是使果实变软的部分原因。未成熟的果实因其初生细胞壁中沉积不溶于水的原果胶,尤其是苹果、梨中的原果胶含量很高,果实很硬。随着果实的成熟,果胶酶和原果胶酶活性增强,把原果胶水解为可溶性果胶、果胶酸和半乳糖醛酸,果肉细胞彼此分离,引起果肉变软。

2. 有机酸

果实含酸量一般为0.5%~1.2%,花卉大都低于1%,这些有机酸主要贮存于液泡中。不同种类和品种园艺产品中有机酸含量及种类存在较大差异,如柑橘、菠萝柠檬酸含量较多,仁

果类和核果类苹果酸含量较多,葡萄中酒石酸含量最多,番茄中柠檬酸、苹果酸较多。果实一般在发育早期便开始形成有机酸,随着果实的不断成长,有机酸的含量逐渐增加。果实的酸味是有机酸的积累的结果,通常果实发育完成后含酸量最高,随着成熟或贮藏期的延长而逐渐下降。但辣椒例外,随着贮藏期延长,色泽由青转红,含酸量反而增加。

有机酸中大多是呼吸代谢的产物,同时也是代谢的底物被消耗,因此,有机酸的含量逐渐下降,特别是在氧气不足的情况下,消耗的数量更多。果实贮藏期间,大多是利用有机酸作为呼吸基质,有机酸的消耗较可溶性糖降低更快。经长期贮藏的果实糖酸比升高,贮藏温度越高有机酸消耗越多,糖酸比也越高。园艺产品的贮藏条件不同,有机酸含量也不同。一般情况下,贮藏温度较高,果实中有机酸的含量下降较快;反之,低温贮藏有机酸的分解减慢。另外,若将果蔬放在暗处,果实中的酸度便会增加;放在日光下,酸度就会减少。有机酸对水果和蔬菜类的风味及产品质量影响较大。仅有甜味的水果,并不受消费者欢迎,受欢迎的一般是酸甜适口的品种,一定的酸味往往也能体现一种果实的特色。因此,在果蔬的贮藏中应尽量减少有机酸的损失。

3. 挥发性物质

成熟的果实及月季、紫罗兰、马蹄莲等许多切花种类都具有特有的香味,这是因为在成熟过程中它们能产生一系列足够含量的挥发性芳香物质。这些挥发性物质的化学成分组成复杂,有 200 多种,主要是酯、醇、酸、醛和萜烯类等一些低分子化合物,但含量很少,常温下多呈现油状,是成熟或衰老过程的产物,它们对成熟和衰老生理有一定影响,如乙烯、丙烯、乙醇可加速果实的成熟和衰老。苹果中含有乙酸丁酯、乙酸己酯、辛醇等挥发性物质;橘子的香味主要来源于柠檬醛;香蕉的特色香味是乙酸戊酯。高峰型果实在高峰后其挥发性物质才明显积累,例如,甜瓜在高峰后 3~4d 才有大量挥发性物质的积累。贮藏条件对挥发性物质的形成也有较大的影响,如把香蕉长期放在 10℃ 以下,低于最适的贮藏温度(15~20℃),香蕉的香气成分受到外界不适宜温度的制约,再放到高温下香气成分也不会完全释放出来。

4. 涩味

通常在未成熟的水果中有涩味,如香蕉、李子等,这是因为细胞液中含有单宁等物质。单宁是一种不溶性的多元酚类物质,可以保护果实免于脱水及病虫侵染。单宁与人口腔黏膜上的蛋白质作用时,使人产生强烈的麻木感和苦涩感。通常情况下,在果实成熟过程中,单宁可被过氧化物酶氧化成过氧化物或凝结成不溶性物质,还有一部分可以水解转化成葡萄糖,从而使涩味消失。

5. 色泽

色泽的变化是园艺产品成熟与衰老过程中最重要的外观特征之一。对大多数园艺产品来讲,未成熟的果实呈现绿色,而最先的成熟特征是绿色的消失。叶绿素降解导致绿色的消失可以在果实成熟之前(如橙)、之后(如梨)或与成熟同时进行(如香蕉)。在香蕉和梨等果实中叶绿素的消失与叶绿体的解体相联系,而在番茄和柑橘等果实中则主要是叶绿体转变成有色体,使其中的叶绿素失去了光合能力。有的园艺产品在褪绿后又呈现红色、黄色、橙色、紫色等,这是由于类胡萝卜素及类黄酮素等色素物质增加,从而呈现出本品种所固有的色泽特征,也是由遗传基因决定的。香蕉成熟过程中果皮所含叶绿素几乎全部消失,但叶黄素和胡萝卜素维持不变。桃、番茄、红辣椒、柑橘等则经叶绿体转变为有色体而合成新的类胡萝卜素。

色素物质的含量及其采后变化对切花的品质也有重要影响,例如,菊花随着成熟开放时类胡萝卜素和花青苷的增加而显色，随着衰老这些物质含量下降而色泽变淡。另外，一些切花花瓣衰老时变褐、变黑，是由于黄酮类色素与酚类的氧化作用以及单宁的积聚所致，叶片发黄标志着叶片内核酸、蛋白质、叶绿素的分解和破坏。切花置于高温、黑暗处，加快变黄，满天星型菊花、微型唐菖蒲、百合等易出现此问题。细胞分裂素（CTK）能推迟叶片衰老，贮运前用BA喷布补血草、菊花的叶片，可明显使叶片变黄，有助于维持叶片膨压，用低浓度BA浸渍片比喷布更为有效。番茄果实含有叶绿素、番茄红素和 β-胡萝卜素。从绿色期到全红期，叶绿素全部消失，而番茄红素由80mg/L增加到412mg/L，β-胡萝卜素在粉红期比番茄红素多近1倍，但到全红期时全部消失（表2-4）。

表2-4　　番茄果实不同成熟期色素的变化　　单位：mg/100g

色素种类	发育成熟阶段				
	绿色期	破色期	粉红期	红色期	全红期
叶绿素	45.0	25.0	9.0	0.0	0.0
番茄红素	80.0	124.0	230.0	374.0	412.0
β-胡萝卜素	50.0	242.0	443.0	10.0	0.0

6. 内源激素

园艺产品的种类、品种及部位差异，各种内源激素在成熟和衰老过程中呈明显变化，但有所不同，内源激素对园艺产品采后成熟及衰老的影响也不同。一般在幼果生长期，生长素、赤霉素、细胞分裂素的含量增高，到了果实成熟时，都下降至最低点，而乙烯、脱落酸含量则升高，如苹果果实各生育时期的激素变化（图2-7）。

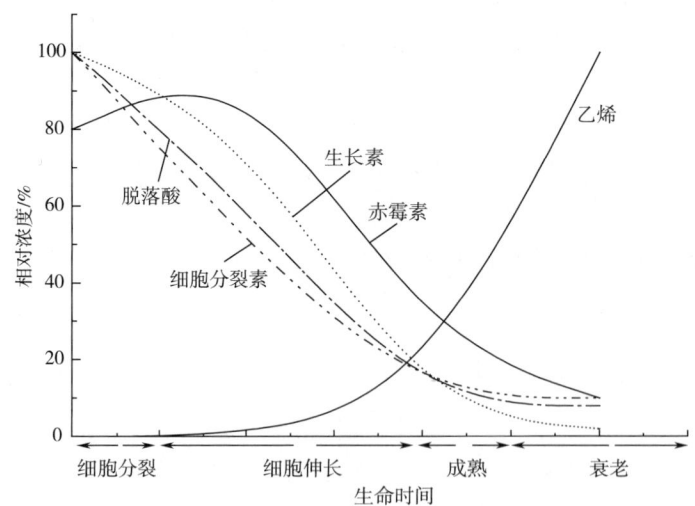

图2-7　苹果果实各生育时期激素的动态变化

7. 蛋白质和氨基酸

蛋白质和氨基酸是园艺产品的重要营养物质。不同园艺产品在后熟过程中会大量积累某种氨基酸，蛋白质也有一定的增加，如洋梨积累脯氨酸，番茄积累谷氨酸，香石竹和月季花花瓣衰老中的游离氨基酸含量上升。大多数切花的蛋白质主要是催化各种代谢反应的酶类，其中相当一部分酶类是维持切花的生命活动所必需的，也有一些酶类（如蛋白酶、过氧化物酶等）在切花采后活性提高，并引起切花品质的降低。切花在衰老过程中，伴随着可溶性蛋白质的大量降解，如香石竹和月季切花衰老时伴随着花瓣中总蛋白质含量逐渐降低，其中膜蛋白特别明显，主要与体内蛋白质生物合成减少，降解加强有关。因此，蛋白质含量下降被认为是衰老的一个重要指标。

（二）成熟衰老过程中细胞组织结构的变化

园艺产品进入成熟衰老时，其细胞和组织结构都将发生许多的变化。有学者在研究观察了多种植物组织后，提出了植物衰老期超微结构变化的一般性概念，认为植物细胞衰老的第一个可见征象是核糖体数目减少以及叶绿体开始崩溃，此后依次发生内质网和高尔基体消失，液泡膜在细胞器彻底解体之前崩溃，线粒体可抗崩溃，可以保持到衰老晚期。细胞核和质膜最后被破坏，细胞发生质膜的崩溃宣告死亡。他们认为，这种变化顺序在许多园艺植物种类和组织中带有普遍性。

有研究对番茄成熟各阶段果皮细胞进行了电镜观察，发现在即将达到绿熟期的果实中，叶绿体具有发育良好的片层系统，含有大量的淀粉和少量的嗜锇球（Osmiophilic Globule）。当果实成熟时，淀粉粒消失而嗜锇球增多并变大。到了绿熟阶段后期，一些基粒不再表现为分离的膜，可能是进入了溶胞作用阶段。在转色期，基粒数目减少，在基质中大类囊体的膜仍然可见，结构很像类囊体丛。到了坚熟期，正值呼吸高峰期，有色体形成，其内膜的"电子致密区"可能是类胡萝卜素的沉积处。在显微镜下观察新鲜材料中转变的质体，常见到基粒与色素晶体共同存在。在质体近周缘的部位出现大量由质体内膜的内褶作用而形成的泡囊，在未熟绿果和绿熟果的叶绿体内泡囊较少。番茄有色体中这些泡囊的作用还不十分清楚，可能与膜的重组和生长有关。从坚熟期到软熟期的一周内，番茄红素大量增加，同时伴随着基质中膜的减少，与胡萝卜素晶体相联系的"电子致密区"的缩小以及嗜锇球变大和增多，都表明基质在崩溃和溶解。在番茄、辣椒、甜橙、梨等果实中，叶绿体的衰老与有色体的出现相一致，因此，似乎可以肯定果实的颜色因有色体发育而发生变化，表明衰老的开始。但有些果实的衰老可以发生在果实变色之前。

成熟与衰老是极为复杂的生理生化过程，在此过程中，细胞内各细胞器也先后不同程度地发生解体或破坏。但可以肯定的是，细胞超微结构的变化并不是启动衰老的原因，而是衰老的结果，成熟和衰老必定是由细胞质发生的生命过程所诱导和启动。成熟的园艺产品的细胞壁由三部分组成，即胞间层、初生壁及次生壁。园艺产品成长和成熟中，微纤丝结构随着其间的果胶和半纤维素物质的溶解变得松弛而软化，不同发育阶段的农产品，细胞壁的结构不同，所形成的细胞和构成的组织也不同。幼嫩的蔬菜柔软多汁，大多为薄壁细胞。随着园艺产品的成熟，厚角细胞和厚壁细胞分化增多，使组织坚韧，从而质地发生改变。如芹菜多纤维，菜豆荚老化多筋，都是硬化细胞增多所导致的。

三、成熟及衰老相关酶

果实的成熟衰老是一个十分复杂的发育调控过程，包括在化学、物理和代谢方面的变化，从而导致园艺产品在颜色、质地、风味等方面发生变化，这些变化涉及细胞壁、淀粉降解等一系列作用。例如，苹果、香蕉、芒果、菠萝等在成熟中变软，是由于果胶酯酶和多聚半乳糖醛酸酶活动。下文将介绍一些与果实成熟和其他变化有关的酶。

1. 细胞壁降解相关酶

在园艺产品成熟软化的过程中，果实细胞壁中果胶和纤维素等物质在 β-半乳糖苷酶、多聚半乳糖醛酸酶、果胶甲酯酶等酶的作用下逐渐被水解，细胞壁结构完整性丧失而变薄，使细胞分离膨胀、胞壁变得松弛、软化，导致硬度下降。

（1）多聚半乳糖醛酸酶（Polygalacturonase，PG） 果胶类物质是存在于高等植物初生细胞壁和细胞间隙的一组多糖类化合物，在细胞与细胞间起着一种黏合联结作用，是细胞壁的主要组成物质。果胶类物质的主要成分是多聚半乳糖醛酸，由 α-1,4-糖苷键连接的 D-半乳糖醛酸组成的线状链，其中有些半乳糖醛酸的羧基发生了甲基化，并在这种半乳糖醛酸聚糖主链上插入一些鼠李糖和阿拉伯糖单位。PG 的适宜底物是多聚半乳糖醛酸，按作用方式可将 PG 分为内切 PG（Endo-PG）、外切 PG（Exo-PG）以及寡聚 PG（Oligo-PG）。前者是以内切方式水解断裂多聚半乳糖醛酸链，后两者是以外切方式作用。人们通常说的 PG 即为 Endo-PG，且 Endo-PG 在果实后熟软化进程中也起作用。对番茄、芒果、梨、香蕉、桃等果实，PG 与果实成熟软化密切相关，在猕猴桃果实软化启动阶段，果实细胞间的黏合力下降，引起细胞从中胶层处相互分离，而果实快速软化阶段则与细胞间的黏合力进一步下降以及细胞壁的伸缩性或可塑性增加有关。采后果实 PG 活性的增加与果实硬度下降呈显著的相关性，随着 PG 活性的增加，果胶物质组分发生了明显变化，总果胶和原果胶含量明显下降，而可溶性果胶含量增加。

（2）果胶甲酯酶（Pectinesterase，PE） PE 的功能是脱去半乳糖醛酸（Galacturonic Acid）羧基上的甲醇基，也是一种细胞壁降解酶，有利于 PG 分解多聚半乳糖醛酸链，使组织对 PG 更为敏感。PE 是 PG 发生作用的前提，在成熟果实的许多组织和器官中都检测到 PE 的酶活性。猕猴桃果实的软化启动与 PE 有关，由于 PE 的诱导，引起细胞壁果胶物质的甲酯化作用，并降解成可溶性果胶，但 PE 与果实的后熟软化可能没有重要的联系。在桃果实的成熟软化过程中，原果胶不断减少，可溶性果胶的甲酯化程度基本保持在 75% 左右。

（3）木葡聚糖内糖基转移酶（Xyloglucan Endo Transglycosylase，XET） XET 是一种能引起细胞壁膨胀松软，并与果实软化相关的酶。木葡聚糖是一种细胞壁的结构多糖，为双子叶植物细胞初生壁中的主要半纤维素，它紧密地结合到纤维素的微纤维上，并通过束缚相邻的微纤维，对细胞壁的膨胀性起限制作用。木葡聚糖链的酶切断裂，可使细胞壁膨胀松软，促进细胞生长。XET 具有内切和连接的双重效应，在切开木葡聚糖链后，可将断链转移到另一个受体链上去，即把切口新形成的还原末端与另一个木葡聚糖分子的非还原末端相连接起来，这一过程是可逆的。外源乙烯处理诱导的果实软化过程，增加 XET 活性，促进细胞壁膨胀松软，该过程果胶物质的溶解与细胞壁的膨胀呈平行变化，认为细胞壁的松动是其他与成熟有关的细胞壁水解活动的必需条件，XET 活性变化与果实软化密切相关，多聚糖和低聚糖间内糖基转移作用，可使细胞壁的固定结构丧失。XET 催化的解聚作用有两种机制：①作为水解酶解聚木葡聚糖；②催化多聚糖和低聚糖间的木葡聚糖内糖基转移作用和木葡聚糖的水解作用促使木葡聚糖的解聚。但 XET 作为最新发现的一种细胞壁松软酶，其对果实后熟衰老过程的作用尚不清楚。

（4）β-半乳糖苷酶（β-Galactosidase） β-半乳糖苷酶通过降解具有支链的多聚醛酸促使果胶降解和溶解使细胞壁的一些组分变得不稳定。不同种类果实的成熟衰老进程中，β-半乳糖苷酶的功能可能有所差异。目前已经从苹果、鳄梨、咖啡、日本梨、猕猴桃、柿、甜樱桃、番茄等果实中分离纯化出 β-半乳糖苷酶,这些从果实中纯化得到的 β-半乳糖苷酶蛋白一般含有分子质量在 29~34ku 和 41~46ku（1u≈1.660540×10^{-27}kg）的两个亚基,有时还观察到一个分子质量在 57~80ku 的亚基（表2-5）。因此,β-半乳糖苷酶蛋白是一个由两三个亚基组成的复合体。许多果实的后熟过程伴随有半乳糖残基从细胞壁上的大量解离,这种半乳糖的水解与 β-半乳糖苷酶活性的变化密切相关,即 β-半乳糖苷酶与果实的后熟软化有关,如苹果果实的硬度下降与 β-半乳糖苷酶活性增加和细胞壁中半乳糖组分的减少有关。在苹果果实中存在有 β-半乳糖苷酶抑制剂,被鉴别为多酚物质,用含有该抑制剂的苹果组织提取物处理采后苹果,可阻止果实软化,这也说明 β-半乳糖苷酶参与了果实的成熟软化进程。

表2-5　　　　　　　从不同果实中纯化得到的 β-半乳糖苷酶蛋白多肽分子质量　　　　　单位:ku

果实种类	多肽带分子质量
苹果	44, 33
鳄梨	54, 49, 41
日本梨	80
猕猴桃	67, 46, 33
甜樱桃	57
番茄	75, 41, 30.5, 29
咖啡	29
柿子	44, 34

（5）纤维素酶（Cellulolytic Enzyme）　纤维素是细胞壁的骨架物质。纤维素水解导致的超微结构改变,并不完全是由于细胞壁纤维素分子的溶解,而与非纤维素组分的降解引起微纤丝组分损失有关。在鳄梨和草莓果实软化进程中,纤维素酶活性增加,导致细胞壁的膨胀松软。在猕猴桃果实采后后熟软化的启动阶段,纤维素酶活性上升较慢,进入快速软化阶段后,其活性迅速上升并达到高峰,伴随着果实后熟软化,纤维素含量逐渐减少。

2. 淀粉代谢相关酶

淀粉是果实重要的贮藏碳水化合物,由直链淀粉（10%~25%）和支链淀粉（75%~90%）两类葡萄糖聚合物组成。某些跃变型果实在成熟前含有大量的贮藏淀粉,如香蕉、猕猴桃、芒果、鳄梨等,在采后成熟过程中淀粉降解作为果实提供呼吸代谢的底物并形成风味影响果实的食用品质。淀粉通过 α-淀粉酶（α-Amylase,AMY）、β-淀粉酶（β-Amylase,BAM）催化水解为葡萄糖,葡萄糖在异构酶催化下转化成果糖,通过蔗糖磷酸酯酶（SPP）将生成的果糖和葡萄糖合成蔗糖,蔗糖在转化酶（Invertase,INv）催化分解为果糖和葡萄糖。果实淀粉代谢还涉及淀粉磷酸化酶（Starch Phosphorylase,SP）、异淀粉酶（Isoamylase,ISA）、淀粉合酶（Starch Synthase,SS）、淀粉分支酶（Starch Branchingenzyme,SBE）、蔗糖合成酶（Sucrose Synthase,SUS）和蔗糖磷酸合成酶（Sucrose-Phosphate Synthase,SPS）。淀粉水解成可溶性糖也会导致果实硬度下降。淀粉及淀粉酶活力的变化均与硬度变化显著相关,与果实的软化进程关系密切,且蔗糖磷酸合成酶活力与果实硬度有显著相关性。

（1）淀粉酶　淀粉降解的过程需要众多酶的调控,其中,α、β-淀粉酶是调控果实淀粉降解过程中重要的水解酶。α-淀粉酶是内切型液化酶,它可以随机作用于淀粉链内部的 α-1,4-

糖苷键，释放糊精。在果实发育过程中，α-淀粉酶活力随着淀粉浓度的降低而逐渐增加。β-淀粉酶是一种外切型糖化酶，它可以从作用于淀粉链非还原性末端的 α-1,4-糖苷键，水解成麦芽糖和 β-极限糊精，主要与果实晚期发育和成熟过程有关。

（2）淀粉磷酸化酶　淀粉磷酸化酶是淀粉代谢过程中的重要酶。植物体内含有 SP 的同工酶：一种为质体形式，又称 Pho-L 型；另一种是胞质形式，又称 Pho-H 型。Pho-L 型对葡聚糖表现为低亲和，对支链淀粉表现为高亲和；Pho-L 型对葡聚糖表现为高亲和，对支链淀粉亲和度很小。

（3）淀粉分支酶　淀粉分支酶是植物器官中淀粉结构和数量的关键决定因素，SBE 是调节果实支链淀粉与直链淀粉比例的关键参与者。随着果实成熟过程，SBE 通过对淀粉结构进行重排，使支链淀粉含量相对于直链淀粉的比值上升，以增加淀粉对糖的消化率。

（4）蔗糖合成酶　蔗糖合成酶是植物体内与蔗糖合成和分解相关的一种糖基转移酶，可以从蔗糖合成方向催化尿苷二磷酸葡萄糖（Uridine Diphosphate Glucose，UDPG）和果糖生成尿苷二磷酸（Uridine Diphosphate，UDP）和蔗糖，也可以从蔗糖分解方向催化 UDP 和蔗糖生成果糖和 UDPG。SUS 的分解反应方向最适 pH 为 5.5~7.5，合成方向的最适 pH 为 7.5~9.5，通常认为其主要作用向分解方向进行。*SUS* 基因的表达的增强有助于维持桃果实蔗糖含量，可以抑制果实冷害的发生。

（5）蔗糖磷酸合成酶　蔗糖磷酸合成酶是催化生成蔗糖过程中最为关键的限速酶，其催化果糖-6-磷酸（Fructose-6-Phosphate，F6P）与 UDPG 生成蔗糖-6-磷酸（Sucrose-6-Phosphate，Su6P），然后在 SPP 作用下降解生成蔗糖和磷酸根。SPS 的表达量和活力上调会促进蔗糖的合成，增加果实的甜度。在番茄果实最后成熟时期，SPS 表达量大幅度上升。在杨梅果实贮藏过程中，伴随着 SPS 的缓慢上升和蔗糖的缓慢积累。

（6）转化酶　转化酶，即 β-呋喃果糖苷酶，主要包括酸性转化酶（Acid Invertase，AI）和中性转化酶（Neutral Invertase，NI），催化 Su6P 生成 G6P 和果糖。AI 的最适 pH 在 4.5~5.0，NI 的最适 pH 在 7.5~8.0。西瓜果实发育过程中，Suc 的积累主要受 AI、NI、SS、SPS 的综合调控。苹果果实的贮藏过程中，葡萄糖和果糖的积累与 AI 和 NI 有显著相关性。

3. 脂氧合酶（Lipoxygenase，LOX）

LOX 在植物中普遍存在，主要位于原生质体、液泡和细胞质中，它与园艺产品的成熟衰老密切相关。脂肪酸氧化有四种途径，即 α 氧化、β 氧化、γ 氧化和 LOX 的途径。LOX 是 LOX 途径中的关键酶，是一种含非血红素铁的酶，是催化细胞膜脂脂肪酸氧化的主要酶，也是启动细胞膜脂过氧化的主要因子。植物膜脂组分中的亚油酸和亚麻酸是 LOX 的主要反应底物。LOX 在植物的生长、发育、成熟衰老以及机械伤害、病虫侵染等过程中起调节作用，但该酶的生理功能和果实成熟衰老的调控至今仍未完全清楚。番茄果实从绿熟期到转红期的进程，伴随有 LOX 活性增加，外源 LOX 处理可增加果实组织的电导率，加速成熟衰老，番茄果实微粒体 LOX 活性从绿熟期到转红期增加了 48%，到红熟期其活性又降至绿熟期水平。由此认为，番茄采后初期 LOX 活性的增加与果实成熟的启动和成熟衰老伴随的膜功能丧失有关。

四、成熟及衰老基因及其表达

园艺产品成熟包含着复杂的生理生化变化，是基因表达的结果，园艺产品的成熟衰老过程受基因的调控。成熟过程中 mRNA 和蛋白质合成发生变化。例如，番茄在成熟期有一组编码 6

种主要蛋白质的 mRNA 含量下降,而另一组编码 4~8 种蛋白质的 mRNA 含量增加。1978 年,从番茄果实中分离提取到 poly (A) RNA,证明果实成熟过程中 mRNA 发生变化。随后,学者从成熟果实中提取 mRNA 反转录得到相应的 cDNA,转入细菌质粒 pAT153 然后转化 E. coli C600 建立了基因库,并利用分子杂交技术筛选、分类鉴定了 146 个与果实成熟有关的克隆。

(一) 细胞壁代谢相关基因及其表达

细胞壁是园艺产品细胞结构的重要组成部分,与园艺产品的硬度、果实软化和贮藏性密切相关。

1. 多聚半乳糖醛酸酶基因

PG 有三种同工酶,PG1、PG2a 和 PG2b,是由一个单拷贝基因编码,经翻译后产生的。对其蛋白质部分水解产物,三种同工酶具有形式上的相似性,并且都含有一个 46ku 的多肽。PG 与果实成熟、细胞分离过程(如叶和花的脱落、豆荚开裂、花粉成熟、病原物防御、植物寄主互作)有关,还与细胞伸展、发育和木质化有关。因此,PG 一直是研究植物发育和果实成熟衰老的热点。目前,已经从桃、猕猴桃、苹果、西洋梨、砂梨、鳄梨、番茄、黄瓜、甜瓜、马铃薯、爪米、水稻、大豆、烟草、甜菜、油菜、拟南芥等植物中克隆得到 PG 的编码基因。

在番茄中,PG 的积累与果实的软化之间有密切的关系,三种成熟突变株 Nr (Never-Ripe,果实成熟时暗橙色,纯合情况下存活)、Rin (Ripening-Inhibitor,为果实成熟抑制型,果实成熟时绿色转为黄色)和 Nor (Non-Ripening,不成熟型,果实成熟过程十分迟缓)中的 PG 活性很低,果实软化很慢或根本不软化。用纯化 PG 处理可使未成熟果实的细胞壁溶解或从分离细胞壁中释放出溶解的果胶来。PG 是一个受发育调控的具有组织特异性的酶,在果实成熟过程中合成,在转录水平上进行调控,但在叶子、根和未成熟的果实中检测不到它的存在。PG 基因随着果实成熟开始、乙烯生物合成的增加而大幅度增加,并且后续成熟过程中继续积累。在成熟的番茄果实中,PG mRNA 的含量达到总 mRNA 含量的 2%,比成熟前增加了 1000 倍。

有研究采用差示杂交(Differential Hybridization)方法从成熟番茄果实的 cDNA 文库中筛选出了 146 个成熟相关的 cDNA 克隆,其中一个被鉴定为 PG cDNA,包含一个长 1371bp 的阅读框架和富含 A、T 的非编码区,编码一个 457 个氨基酸的蛋白质。利用反义基因技术将 PG cDNA 反向接在 CaMV35S 启动子之后转入番茄,得到的转基因植株的 PG mRNA 水平和酶活性比对照下降 90%,其中 1 株纯合子后代的 PG 活性仅为正常番茄的 1%,果实中果胶的降解受到抑制,而乙烯的生物合成、番茄红素积累以及果胶酯酶的活性没有受到影响(图 2-8),果实仍然正常成熟,并没有像预期的那样推迟软化,这就引起了人们对 PG 在果胶软化中所起作用的怀疑。将 PG 基因链接在一个可被乙烯或丙烯诱导的启动子之后转入番茄成熟突变株 Rin 中,在诱导了 PG 表达之后(PG 活性可达正常番茄的 60%),果胶的溶解性增加,但果实仍然没有变软。

PG 在果实软化中起到的作用根据推测,可能存在四种情况:①果实的软化是一个复杂的过程,并非单基因所能调控;②由于外源基因插入基因组是一个随机过程,位置效应影响了基因的表达程度;③果实软化过程所需的 PG 活性不一定要求达到正常果实软化所需活性;④PG 在其他果实软化中的作用可能有别于番茄。利用转基因技术达到的反义 PG 番茄,果实抗裂、抗机械伤、延长果实采后贮藏期,便于运输,抗真菌感染,减少因过熟和腐烂所造成的损失,具有许多明显的经济价值。

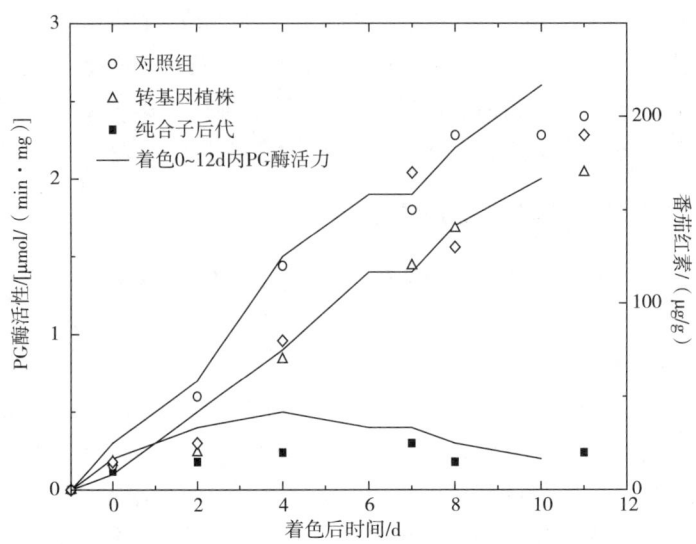

图 2-8 转反义 PG 基因番茄果实的 PG 活性和番茄红素含量的变化

2. 果胶甲酯酶基因

已在桃、番木瓜、番茄、辣椒、西瓜、甜菜、棉花、水稻、拟南芥等植物中得到 PE 编码基因，采用得到 PE cDNA 克隆构建了 35S 启动子控制下的反义基因，此基因的转基因番茄果实中，PE 的活性大大降低，仅为对照的 10% 或更低，检测不到 PE 蛋白和 *PE* mRNA，但对于叶子或根部的酶活性没有影响。转基因果实与普通番茄果实相比，果胶分子质量较大，甲酯化程度较高，可溶性固形物含量也较高，有效地改善了番茄果实的品质，该基因对果实的番茄红素的积累没有影响，成熟时果实仍然变红。

3. β-半乳糖苷酶基因

在苹果果实成熟过程，β-半乳糖苷酶 mRNA 的积累与乙烯的自我催化相一致，在芦笋和康乃馨上也得到相似的结果。但在猕猴桃果实采收时，组织中的 β-半乳糖苷酶 mRNA 最为丰富，随后下降，同时 β-半乳糖苷酶 mRNA 可为外源乙烯诱导积累，但在果实乙烯跃变期间 β-半乳糖苷酶基因的表达信号无显著变化，这不同于苹果果实成熟过程的表达模式。现已从苹果、番茄、猕猴桃、芦笋、西蓝花、康乃馨等植物组织中克隆得到 β-半乳糖苷酶基因。

4. 纤维素酶基因

目前已先后克隆得到草莓、鳄梨、桃、番茄、菜豆、大豆、辣椒、甜菜、水稻、拟南芥等植物纤维素酶的编码基因。在草莓果实成熟过程中，纤维素酶基因 *Cel 1* 和 *Cel 2* 有着不同的表达模式，从绿熟到果实转白过程中 *Cel 2* mRNA 表达不断积累，并在果实后熟过程维持稳定增加；相反，在绿熟果实中未检测 *Cel 1* 转录本，即使在转白果实中，其表达水平也很低，进入果实后熟期间，*Cel 1* mRNA 逐渐增加，并在果实完全成熟时达到最高。*Cel 1* 和 *Cel 2* 的表达模式在果实后熟软化过程起着重要作用。在鳄梨果实中也发现，在未成熟果实中 *Cel 1* mRNA 很低，到果实成熟期间，增加了 37 倍；还发现乙烯处理可以促使桃果实中 *Cel 1* mRNA 的积累。但有研究报道，将纤维素酶基因（*Cel 2*）反义导入番茄植株，在成熟转基因果实中，*Cel 2* mRNA 水平减少了 95% 以上，但其乙烯生成与对照相比无差异，通过抑制纤维素酶基因表达，也没有表现出对后熟过程果实软化和质地变化的影响。

5. 淀粉酶基因

淀粉降解过程受诸多基因调控，AMY 与 BAM 均是多基因编码的不同淀粉酶亚型，由于物种、组织等的差异表现出不同的功能性。芒果、猕猴桃、樱桃、番茄等果实中，*BAM* 基因的转录水平在果实发育后期显著增加；香蕉果实中 *BAM* 基因转录高水平与呼吸跃变高峰期间的乙烯释放量呈显著正相关。*AMY3*、*BAM3.2* 在猕猴桃果实软化前期表达水平表达量较高；而 *AMY1*、*BAM3.1*、*BAM3L* 在软熟期表达显著上调。猕猴桃果实淀粉含量与 *BAM3.2* 表达量变化呈极显著正相关、与 *AMY3* 呈显著正相关、与 *AMY1* 呈显著负相关。外源乙烯和 1-MCP 能分别促进和抑制 *BAM* 基因的表达，且 *BAM1* 和 *BAM3* 在果实成熟期间的表达与果实中淀粉降解具有良好的相关性，说明 *AcBAM1* 和 *AcBAM3* 在猕猴桃果实淀粉降解过程中可能起关键作用。

6. 蔗糖合成酶基因

科学家已从桃子、梨、苹果、葡萄、猕猴桃等果树中成功克隆得到了 *SUS* 基因。*PavSUS1* 基因在甜樱桃果实膨大与成熟过程中持续表达且稳定，在甜樱桃果实中沉默 *PavSUS1* 基因，使蔗糖含量降低，导致甜樱桃果实成熟延迟，表明 *PavSUS1* 基因在果实着色和果实成熟软化过程中起重要作用。*AcSUS1* 在调控猕猴桃果实蔗糖含量方面起着重要的作用，在果实发育的早期主要是通过分解蔗糖为果实的膨大提供物质和能量基础；而在采摘后主要是通过合成蔗糖来帮助果实软化成熟。猕猴桃果实中 *SUS1* 在软化前期表达量较高，淀粉含量与 *SUS1* 表达呈显著正相关，10℃下猕猴桃软化前期蔗糖在 *SUS* 催化作用下生成果糖与 UDP-葡萄糖，接近软熟期则是通过胞质中性转化酶催化生成果糖和葡萄糖，两个途径共同促进果实糖的积累。

7. 蔗糖磷酸合成酶基因

番茄、葡萄、猕猴桃、柠檬、柑橘、梨等果实中克隆得到蔗糖磷酸合成酶 *SPS* 基因，*SPS* 基因在含糖量高的器官中表达较高，如菠萝、温州蜜橘和苹果果实。在不同品种中表达差异较大，如 *AchSPS1*、*AchSPS2* 和 *AchSPS5* 在"华特"中间显著高表达，*AchSPS3* 和 *AchSPS4* 在"红阳"中极显著高表达，而且 *AchSPS4* 的表达 FPKM 值（每千个碱基对每百万对应基因的读取数）是其他基因成员的上百倍。桃果实中 *SPS3* 的表达量最高，与蔗糖和总糖含量呈正相关。猕猴桃果实中 *SPP1*、*SPP2*、*SPS1* 在软熟期表达水平显著上调。

（二）脂氧合酶基因

目前已从猕猴桃、番茄、兵豆、黄瓜、豌豆、马铃薯、水稻、大豆、小麦、玉米、烟草、大麦、拟南芥等作物中克隆得到了 *LOX* 基因。反义 *LOX* 基因在原生质体中的表达，抑制了 70% *LOX* 活性，而基因的正义表达则增加了 20% *LOX* 活性；在拟南芥中，转反义 *LOX-2* 基因植株的 *LOX* 基因表达受到抑制，但一部分表达正义基因植株的 *LOX* 基因表达信号得到加强，而另一部分转正义基因植株的 *LOX* 基因表达被抑制。不同 *LOX* 基因在不同种类、品种和部位组织中差异表达，如从番茄果实中得到的 *tomloxA* 和 *tomloxB*，从叶片中得到的 *tomloxC* 和 *tomloxD*，在不同的组织或同一组织的不同发育阶段，有不同的表达类型。*tomloxA* 在种子和成熟果实中表达，而 *tomloxB* 只在果实中表达；*tomloxC* 在成熟果实的转色期和红熟期有表达信号，而在绿熟果中无表达信号；*tomloxD* 主要在叶片、萼片、花瓣和花的雌性器官中表达，同时其表达可被伤害所诱导，在绿熟果和转色果中也有微弱的信号。*tomloxB* 和 *tomloxC* 为两种不同的番茄果实成熟特异基因。

（三）色素合成相关基因

从成熟番茄 cDNA 文库中筛选得到克隆 *pTOM5*，其核苷酸序列与细菌来源的八氢番茄红素焦磷酸合成酶基因具有同源性。该酶催化八氢番茄红素的合成，而八氢番茄红素是类胡萝卜素合成途径中的一个中间产物。在转反义 *pTOM5* 的番茄中，基因代谢产物参与了果实成熟时类胡萝卜素的合成，但果实中检测不到番茄红素的合成，成熟果实的颜色发黄，花色也变为淡黄色。转基因番茄的这一特点恰好是黄肉番茄突变体的特征。研究还发现，番茄的黄肉基因位于第 3 条染色体上而 *pTOM5* 位于第 2 或第 3 条染色体上。在黄肉番茄突变体过量表达 *pTOM5* 基因，胡萝卜素和番茄红素的合成能力得到恢复，从而证明黄肉突变体中缺少八氢番茄红素合成酶。

花冠的颜色是由花冠中的色素组成决定的，其中大多数是黄酮类物质，苯基苯乙烯酮合成酶（CHS）是黄酮类色素物质合成途径中的关键酶。在矮牵牛属（*Petunia*）植物中，已经成功地利用反义基因技术抑制 CHS 基因的表达，使花卉的颜色从野生型的紫色转变为白色，因对 CHS 基因表达的抑制程度的差异而出现了一系列的中间类型花色。

五、成熟及衰老调控技术

园艺产品采后贮运期间仍然是活着的有机体。虽然从植物个体发育的角度上看，有的已基本完成生命周期，达到成熟阶段；有的是幼龄的植株或器官，有能力进行旺盛的同化作用，但在采后的环境中，园艺产品已基本上不能从外界获得营养和能量来源，同化作用已基本停止。生理成熟后，就是不可逆转的衰老与劣变。在园艺产品采后成熟、衰老阶段，采用适当的调控技术可以有效延长其贮藏寿命，保持品质，降低损失。以下介绍几种园艺产品采后应用较为广泛的调控技术。

1. 贮藏温度与相对湿度的调控

温度对园艺产品贮藏的影响表现在对呼吸作用、蒸腾作用、成熟衰老以及休眠与发芽等生理作用上。一定范围内的温度升高，各种生理代谢会随之加快，对贮藏产生不利影响，因此适当降低温度可延缓园艺产品呼吸作用和蒸腾作用的速度，减缓成熟与衰老过程。园艺产品不断通过气孔、皮孔及果皮表面蒸腾失水，采后因得不到水分补充，造成明显的失水萎蔫、失重失鲜，对其他生理也带来了不利影响，促使其衰老变质加快，贮藏期大大缩短。因此，在贮藏中应保持较高的环境湿度，尽量减少果蔬的蒸腾失水是贮藏中不可缺少的措施。在 0~4℃ 下贮藏苹果，其呼吸速率降低约 50%，从而有效延长贮藏寿命。此外，低温加以适当的相对湿度（如 85%~95%）有助于减少果蔬失水，降低果蔬质量损失。不同的园艺产品所需的温度和湿度条件不同，如在常温库贮藏或者贮藏室温较高的果蔬，为了降低贮藏中的腐烂损失，相对湿度保持在 85%~90% 较好；而少数果蔬要求湿度较低，如洋葱、大蒜、西瓜和南瓜等，其相对湿度保持在 65%~85% 较适宜；大多数果蔬的相对湿度一般在 90%~95%。

2. 气体成分调控

贮藏环境中的气体组成显著影响园艺产品的基础代谢、生理过程和贮藏寿命。通过调整气体成分（如降低 O_2 浓度，提高 CO_2 浓度），可抑制果蔬呼吸作用，延缓其耐贮性，提高抗病性，延缓成熟与衰老过程，从而得到更好的贮藏保鲜效果。在一定的温度条件下，通过调节贮藏环境气体成分可达到比单纯降温更有效的贮藏效果。例如，通过将 O_2 含量降至 2%~5%，可显著降低苹果和梨等果实的呼吸强度。冷藏期间贮藏环境中 O_2 含量升高 60%可促进采后枣果实的抗氧化能力并抑制细胞壁代谢，从而减少采后软化。另一方面，高 CO_2 有助于维持细胞完整性，减少细胞壁降解，以及纤维素和原果胶含量的增加。适量提高 CO_2 含量（如 10%~15%）可以抑制 ET 产生和感应，从而延缓成熟和衰老。然而，过高的 CO_2 浓度可能会导致产品的质量下降和病害发生。除调整 O_2 含量和 CO_2 含量以外，SO_2 熏蒸是采后果实保鲜中最常用的商业方法之一。SO_2 能够通过增加大多数蜡分数水平和相应基因表达改变角质蜡成分，延缓鲜食葡萄冷藏运输过程中发生的振动损坏引起的质量下降。将 SO_2 额外熏蒸与高 CO_2 储存相结合应用于采后草莓果实，能够通过激活有氧呼吸和限制厌氧来改变丙酮酸的方向，通过消耗更少的糖来维持更高的能量水平。由此认为，SO_2 适用于减轻采后 CO_2 升高引起的不利存储影响。

3. 植物激素调控

植物激素是植物产生的一组信号分子，即使浓度极低，但它们对调节新陈代谢也有显著作用，可用于调节或控制植物生长发育的某些过程，如细胞分裂与伸长、种子休眠与萌发、成熟与衰老等。植物激素可通过激活防御基因的翻译和表达，抑制衰老相关植物激素的生物合成和代谢，提高抗氧化酶活性，维持高 ROS 清除水平，维持细胞质膜的完整性，从而延长果蔬的贮藏期。园艺产品在收获后都会发生自然衰老，植物激素对其衰老的调控既有促进因素，也有抑制因素。乙烯（ET）和脱落酸（ABA）是加速衰老的促进因子，细胞分裂素（CTK）和赤霉素（GA）是抑制因子。GA 具有抗衰老作用，可降低园艺产品软化速度，能通过抑制衰老相关植物激素的生物合成和敏感性来延缓衰老，维持果实质量。因此，CTK 或 GA 可用于延长采后园艺产品的贮藏期。CTK 或 GA 已被证实对 ET 和 ABA 等物质的生物合成和表达有抑制作用，被广泛用于柑橘、油橄榄、甘蓝等园艺产品的采后贮藏保鲜。此外，外源植物磺肽素 α 通过调节多胺、脯氨酸、γ-氨基丁酸代谢延缓香蕉的寒冷损伤并保持香蕉的品质。褪黑激素在多种植物生理过程中表现出多效性作用，应用于葡萄采后时，能够延缓浆果脱落、腐烂，促进细胞对氧化应激的耐受性。

4. 抗氧化剂的使用

抗氧化剂如抗坏血酸、二丁基羟基甲苯（BHT）等可以减缓园艺产品采后氧化过程，延长贮藏期。如抗坏血酸处理维持苹果果实贮藏过程中较高的抗氧化能力，抑制其褐变。类似地，BHT 可有效减缓园艺产品脂质氧化和抑制酶活性的降低，从而延长贮藏寿命。

5. 光照调控

光照条件显著影响园艺产品采后的成熟与衰老过程。例如，暗处贮藏可以减缓光合产物消耗，延缓果蔬的成熟与衰老。而在某些情况下，适当的光照处理（如蓝光、红光等）可促进抗氧化物质的积累，提高果蔬的抗衰老能力。红光和蓝光处理提高了鲜食葡萄总可溶性固形物（TSS）和总酸度（TA）含量。此外，红光照射较好地保留了酚类化合物，而蓝光则增强蔗糖合酶裂解。

6. 食品包装与膜技术

采用适当的食品包装材料和膜技术，如聚乙烯膜、聚丙烯膜等，可以降低果蔬水分损失，减缓氧气和乙烯进入产品内部，从而延缓成熟和衰老过程。例如，采用微孔膜包装的草莓在贮藏过程中具有较低的重量损失，并保持较高的品质。

在园艺产品采后成熟与衰老阶段，通过综合运用上述理化调控技术，可以有效延缓成熟与衰老过程，降低损失，提高产品品质。在实际应用中，需要根据园艺产品的种类、品种、成熟度、贮藏条件和消费需求，灵活选择和组合各种调控手段。例如，针对成熟和衰老过程中乙烯敏感的园艺产品，可以采用 1-MCP 和 ABA 等方法，抑制乙烯的生物合成和发挥作用，从而延缓成熟与衰老过程；针对氧气和 ET 调控的园艺产品，可通过控制气体成分来降低乙烯含量、抑制氧气损伤；针对光照敏感的园艺产品，可通过调控光照条件、使用抗氧化剂等手段来保持品质。此外，还可根据具体情况，使用恰当的食品包装、膜技术等手段，进一步延长果蔬的贮藏寿命和保持品质。通过科学合理地运用这些调控技术，为消费者提供更优质、营养的园艺产品。

六、生物技术在园艺产品成熟衰老调控中的应用

生物技术在调控果实成熟和衰老方面的应用逐渐成为研究热点，主要包括转基因技术、基因编辑技术、RNA 干扰技术等方法来影响果实的成熟和衰老过程。

1. 转基因技术

转基因技术是一种将外源基因导入植物基因组的方法，使植物获得新的遗传特性。通过将特定基因导入园艺产品的基因组，可以改变果实的成熟、衰老速度和品质。例如，抗衰老基因（如抗氧化酶基因、抗氧化剂合成相关基因等）的过表达可以延缓果实的衰老过程，提高果实的抗氧化能力。研究发现，通过将抗氧化酶基因 *SOD* 和 *CAT* 引入苹果，转基因苹果果实在贮藏期间的褪色速度降低了 50%，果实的货架期延长了 10~12d。将抗病基因 *RPM1* 引入草莓中，成功提高了草莓对灰霉病的抗性；在贮藏期间，转基因草莓果实灰霉病发生率降低了 40%，从而延长草莓的货架期。紫外线抗性位点 8（*UVR8*）编码光受体蛋白，负责 UV-B 感知和信号转导，被认为参与调控其他的生理反应。对 *UVR8* 过表达和基因沉默转基因番茄，*UVR8* 过表达转基因番茄果实有着更长的贮藏期，其果实硬度显著高于野生型。

2. 基因编辑技术

到目前为止，由 CRISPR/Cas9 介导的成功基因组编辑在许多植物物种中得到证实，包括拟南芥、烟草、番茄、水稻、玉米等，为作物基因的功能解析和直接性状改善提供了前所未有的机会。利用 CRISPR/Cas9 等基因编辑技术，可以针对性地修饰果实成熟衰老相关基因，从而调控果实成熟和衰老过程。例如，通过敲除或降低乙烯生物合成相关基因的表达，可以减缓果实的成熟速度，延长果实的保鲜期。lncRNA1459 是在番茄中发现的与成熟相关的 lncRNA。用 CRISPR/Cas9 产生小的插入缺失突变，由此产生的 lncRNA1459 纯合突变体表现出延迟成熟过程。

3. RNA 干扰技术

通过表达特异性的小干扰 RNA（siRNA）来降低特定基因表达水平，从而影响果实的成熟和衰老过程。例如，通过 RNA 干扰技术降低乙烯信号传导相关基因的表达，抑制果实成熟，延缓果实衰老。

果实成熟的过程中，由乙烯诱发的信号级联和相关基因参与共同调控其成熟衰老，以致其腐烂变质，1-氨基环丙烷-1-羧酸（ACC）氧化酶可使 ACC 氧化为乙烯，乙烯在促进园艺产品成熟衰老过程中起到非常重要的调节作用，可以利用 RNA 干扰技术对 ACC 氧化酶基因进行调节，继而调控园艺产品的成熟期和贮藏时间。例如，利用 RNA 干扰技术将番茄中的 *LE-ACC2* 基因导进番茄，降低了 99% 乙烯合成量，推迟成熟 30~90d，由于无呼吸跃变期出现致使果实

在空气中不能自然成熟、番茄红素积累受阻，果实不能正常软化，但是外源 ET 处理可恢复果实正常的色泽和风味。利用 RNA 干扰技术将草莓果胶裂解酶（PL）382nt 的一段保守序列构建了 RNAi 表达载体并成功地转入草莓中，为提高草莓果实的硬度、延长草莓的储存时间提供可靠的依据和基础。通过构建 FvWRKY48-RNAi 植株研究发现，FvWRKY48 可能会增加 FvPLA 的表达，参与草莓果实软化和成熟。由此来看，RNA 干扰技术在植物果实保鲜中具有非常广阔的应用前景。

这些技术为提高果蔬贮藏期、改善品质和提高抗病性提供了新的思路。然而，在推广应用转基因技术前，仍需全面评估其对环境、食品安全的影响和消费者接受度。

第四节　乙烯生物合成及其对园艺产品的影响

一、乙烯的发现

我国古书记载，青而涩的果实最好放在密封的米缸里促进成熟；烟熏、焚香和灶房薪烟气体也能促进果实成熟和显色。在西方，于 1864 年首次报告渗漏的燃气使法国某城市的树叶变黄。1990 年，人们发现用加热器燃烧煤油可以使绿色的加利福尼亚柠檬（California Lemon）变黄。1901 年，俄国学者首次研究发现，乙烯是燃气中的活跃成分。1924 年，学者发现，在一定的温度下使柠檬褪绿的最终原因是煤油炉产生的乙烯，而不是温度的升高。后来陆续发现和证明多种果实本身具有产生乙烯的能力，乙烯有加快果实后熟和衰老的作用。

1935—1952 年，对于乙烯的作用争论非常激烈，直到 1952 年，有研究人员发明了气相色谱（Gas Chromatographic）并检测出微量乙烯，利用这种仪器证明了乙烯的确是促进果实成熟衰老的一种植物激素。1964 年，有研究提出乙烯来源于甲硫氨酸（Methionine，Met），1979 年，发现 ACC 是乙烯的直接合成前体，并确定了乙烯生物合成的途径为：Met→S-腺苷甲硫氨酸（SAM）→ACC→ET，成为乙烯研究的一个里程碑。自 1989 年以来，随着分子生物学的发展和应用，有关乙烯生物合成关键酶的生物化学和分子生物学研究取得了很大进展，利用转基因技术得到了多种乙烯生物合成受抑制的转基因植株，并在生产中得到了应用。种子植物、蕨类、苔藓、真菌和细菌都可产生乙烯。

二、乙烯结构特点

乙烯（Ethylene，ET，Eth）是一种不饱和烃，其化学结构为 $CH_2=CH_2$，是各种植物激素中分子结构最简单的一种。乙烯在常温下是气体，相对分子质量为 28，轻于空气。

三、乙烯生理作用及机制

（一）乙烯生理作用

1. 促进果实成熟衰老

乙烯是一种成熟衰老激素，在果实成熟和衰老过程中起着重要的调控作用。要启动完熟或呼吸对乙烯产生反应，植物组织中必须积累一定浓度的乙烯，即阈值。不同果实对应乙烯的阈值不同（表2-6），乙烯的浓度一旦达到阈值就启动果实成熟，随着果实成熟的进程，内源乙烯迅速增加，而且果实在不同的发育期和成熟期对乙烯的敏感度也不同。一般来讲，随着果龄的增大和成熟度的提高，果实对乙烯的敏感性提高，而诱导果实成熟所需乙烯的浓度也随之降低。幼果对乙烯的敏感度很低，即使使用较高浓度的外源乙烯也难以催熟。但对于即将进入呼吸跃变期的果实，只需很低浓度的乙烯处理，就可诱导呼吸跃变的出现。用质量浓度300mg/L的乙烯分别催熟不同成熟度的温州蜜柑，在相同的温度条件下，采后时已经开始转黄的果实，处理后4~5d完全变黄，而完全青绿的果实，处理后8~10d仍未正常变黄。人为促进或抑制园艺产品采后内源乙烯生成，可加速或延缓果实的后熟衰老进程。外源乙烯促进内源乙烯的产生，在受体的水平上实现调节作用，从而加速成熟衰老。外源乙烯参与桃、杏、猕猴桃、苹果、草莓等果实采后生理代谢，通过影响果实多酚氧化酶（PPO）和脂氧合酶（LOX）的活性来促进果实的后熟。

表2-6　　　　　　　　　　　促进园艺产品成熟的乙烯阈值　　　　　　　　　单位：mg/m^3

品种	乙烯阈值	品种	乙烯阈值
香蕉	0.1~0.2	梨	0.46
油梨	0.1	甜瓜	0.1~1.0
柠檬	0.1	甜橙	0.1
芒果	0.04~0.4	番茄	0.5

2. 促进园艺产品采后软化

乙烯具有明显的催熟作用，可以与果实的乙烯受体发生作用。乙烯在果实成熟过程的作用主要是加速了快速软化阶段的果实软化，而与软化启动阶段的果实软化启动无明显关系。外源乙烯促进猕猴桃果实后熟软化的机理，并不是通过促进果实内源乙烯的合成而实现的，它对果实成熟进程的调控，可能只是一种间接效应。乙烯在枇杷果实生长发育过程中，具有激发呼吸高峰和促进果实成熟的作用。用乙烯利处理番木瓜、葡萄、猕猴桃等会刺激果肉软化，增加乙烯产生量，加速其软化进程。当苹果与猕猴桃混合贮藏时，由于苹果释放外源乙烯导致猕猴桃很容易软化。单独的外源乙烯处理也会加速猕猴桃果实的后熟软化进程，但对处理初期乙烯的生成无明显促进作用，只在果实快速软化阶段起作用，增加乙烯跃变上升期的乙烯生成量。

（二）乙烯与呼吸作用

果实在成熟过程中随着内源乙烯的释放，通过提高果实过氧化物酶活性和膜脂过氧化产物丙二醛的含量，促进膜脂过氧化作用，增加细胞膜的透性，增加呼吸强度。对跃变型和非跃变型两类不同的果实，乙烯对呼吸作用的促进存在着差异。

1. 合成系统的差异

跃变型与非跃变型园艺产品组织内存在两种不同的乙烯生物合成系统。一种是所有植物组织在生长发育过程中都能合成并释放出微量乙烯，这种乙烯的合成系统称为系统Ⅰ（SystemⅠ）。非跃变型果实或未成熟的跃变型果实所产生的乙烯，都是来自乙烯合成系统Ⅰ。但跃变型果实在完熟期前期合成并释放的大量乙烯，则是由另一个系统产生的，称为乙烯合成系统Ⅱ（SystemⅡ），它既可以随果实的自然完熟而产生，也可被外源乙烯所诱导。

2. 对外源乙烯刺激反应的差异

跃变型与非跃变型园艺产品对外源乙烯的刺激反应不同。对跃变型园艺产品来说，外源乙烯仅在呼吸跃变前期施用才有效果，它可引起呼吸作用加强、内源乙烯的自动催化作用以及相应成熟变化的出现，这种反应是不可逆的，一旦反应发生即可自动进行下去，而且在呼吸高峰出现以后，果实达到完全成熟阶段。非跃变型园艺产品任何时候都可与外源乙烯发生反应，出现呼吸跃变，但将外源乙烯除去，由外源乙烯所诱导的各种生理生化反应便停止，呼吸作用又恢复到原来的水平，与跃变型果实所不同的是，呼吸跃变的出现并不意味着果实已完全成熟。

3. 内源乙烯含量的差异

跃变型与非跃变型园艺产品内源乙烯含量不同。跃变型和非跃变型果实在生长到完熟期间内源乙烯的含量差异很大，一般跃变型园艺产品内源乙烯的含量要比非跃变型园艺产品高得多，而且在此期间内源乙烯浓度的变化幅度比非跃变型果实大得多。

4. 对外源乙烯浓度反应的差异

跃变型与非跃变型园艺产品对外源乙烯浓度的反应不同。不同浓度的外源乙烯对两种不同类型的园艺产品呼吸作用的影响具有差异。提高外源乙烯浓度跃变型园艺产品促使其呼吸跃变提前到来，但跃变峰值的高度不变。乙烯浓度的改变与跃变期提前的时间大致呈对数关系。对非跃变型园艺产品来说，外源乙烯提高呼吸跃变峰值的高度，但不改变呼吸跃变出现的时间。

（三）乙烯作用机制

乙烯是一种小分子气体，具有流动性。在香蕉的顶端施用乙烯 3h 后，发现茎端释放出大量乙烯，这说明乙烯在园艺产品内的流动快和作用大。目前，乙烯促进园艺产品成熟衰老的机理尚不清楚，主要有以下几种观点。

1. 改变组织细胞膜的透性

乙烯是脂溶性物质，在类脂中的溶解度比水中大 14 倍，而细胞膜是由蛋白质、脂类、糖类等组成，是磷脂双分子层结构，因此其中的脂质可能是乙烯的作用位点。从细胞水平看，乙烯的生物合成与细胞原生质膜结构完整性相关，同时乙烯又增进细胞膜和亚细胞膜的透性，加强了底物与相应酶的接触，使生化反应容易进行。因此认为，乙烯是通过影响膜的透性而发挥生理作用。

2. 促进 RNA 和蛋白质的合成

有研究报道乙烯促进番茄 RNA 的合成，另有研究发现乙烯在呼吸跃变前有增加 RNA 合成的作用，在无花果和苹果中都曾观察到此现象，说明乙烯可能诱导 RNA 的合成，在蛋白质合成系统的转录阶段起调节作用，导致与成熟有关的特殊酶的合成，促进果实的成熟和衰老。

3. 促进生理代谢和酶活性

乙烯诱导园艺产品各种生理反应。从理论上说，呼吸上升和其他生理代谢加强，是由于新酶合成或活化，或两者兼而有之。已证实呼吸上升与糖酵解加强相关，糖酵解又依赖于磷酸果糖激酶（PFK）和丙酮酸激酶（PK）两个关键酶的活性。乙烯作用还涉及其他酶活性的影响。乙烯显著诱发苯丙氨酸解氨酶（PLA）活性，促进酚类物质积累。甘薯块根的切片置于乙烯中，过氧化物酶、多酚氧化酶、绿原酸酶及苯丙氨酸解氨酶的活性均有所提高。乙烯也刺激各种水解酶活性的增加，如淀粉酶、叶绿素分解酶、纤维素酶等与果实成熟有关的酶都可被乙烯活化。

四、乙烯生物合成及其调控

1. 乙烯生物合成途径

乙烯是一种重要的植物激素，乙烯的生成与作用密切相关，可通过调节园艺产品内部乙烯的合成与分解，影响其采后生理过程。在高等植物中存在着两种乙烯合成系统：系统 I 乙烯和系统 II 乙烯。系统 I 乙烯只合成少量的乙烯，而且具有自我抑制的特性。系统 I 乙烯产生于非呼吸跃变型果实生长和成熟过程，同时存在于呼吸跃变型果实的幼果期。系统 II 乙烯的合成具有明显的自我催化特性，主要存在于呼吸跃变型果实成熟期及花器官的衰老期。跃变型果实成熟过程中乙烯合成存在两种不同的调节系统，即跃变前低浓度的系统 I 乙烯和跃变时乙烯自我催化并产生大量的系统 II 乙烯。非跃变型果实如草莓、葡萄、柑橘等成熟过程中只有低浓度的系统 I 乙烯。

乙烯生物合成的主要途径可以概括如下。

$$Met \rightarrow SAM \rightarrow ACC \rightarrow ET$$

在乙烯的生物合成过程中，S-腺苷甲硫氨酸合成酶首先催化甲硫氨酸合成 S-腺苷甲硫氨酸。S-腺苷甲硫氨酸是生物体内主要的甲基供体，参与植物体内多种生物合成途径，以及脂肪、蛋白质和核酸甲基化作用。ACC 是乙烯合成的关键前体物质。S-腺苷甲硫氨酸经过 ACC 合成酶（ACS）的催化作用，首先转化为 ACC，ACC 经 ACC 氧化酶（ACO）催化转化为乙烯。ACS 是乙烯生物合成途径中的限速酶，其活性受多种因素调节，如基因表达调控、翻译后修饰和蛋白降解等；ACO 活性受基因表达调控、翻译后修饰和亚硫酸盐诱导的氧化还原调控。与 ACS 类似，ACO 受多基因家族编码，受到不同机制的调控。除转变为乙烯外，ACC 还能与丙二酸结合生成 1-丙二酰基环丙烷-1-羧酸（MACC），即结合态的 ACC，这一代谢支路可调节游离 ACC 的水平。图 2-9 详细地展示了乙烯生物合成途径及各阶段所需的环境因子及控制因子。

随着遗传学、生物化学、分子生物学方法的广泛运用，已从园艺植物体内克隆了多个与乙烯合成相关的基因。目前，从番茄中克隆了 9 个 ACC 合成酶基因，从甜瓜中克隆了 5 个 ACC 合成酶基因，苹果、黄瓜、香蕉、绿豆、康乃馨、矮牵牛、水稻等植物的 ACC 合成酶基因克隆也有报道。我国科研人员分别在哈密瓜、桃、番茄、猕猴桃中克隆了 ACC 氧化酶基因。在基因克隆的基础上，利用反义 RNA 技术控制果实成熟成为可能。1990 年，Hamilto 等采用反义 RNA 技术获得了通过降低 ACC 氧化酶活性控制果实成熟的第一个耐贮藏的转基因番茄品种。此后，1991 年，Oller 等获得转基因番茄；1995 年，获得转基因康乃馨；1996 年，Peeh 等获得转基因甜瓜；1995 年，中国农业大学培育的转基因"丽春"番茄品种获得成功；1999 年，叶志彪等培育得到华番 1 号转基因番茄。

2. 乙烯生物合成的调节

乙烯生物合成途径受到多层次的调控，包括基因表达调控、翻译后调控以及代谢水平的调控。

（1）基因表达调控　乙烯生物合成途径中关键酶 ACS 和 ACO 的基因表达受到多种转录因子的调控。例如，ERF 转录因子能直接结合到 ACS 和 ACO 基因的启动子上，调控其表达。另外，某些 MADS-BOX 转录因子也参与乙烯生物合成途径的调控。乙烯抑制基因的表达是通过转入与乙烯生物合成有关的反义基因来实现的。目前，已成功从南瓜、番茄、拟南芥等植物中

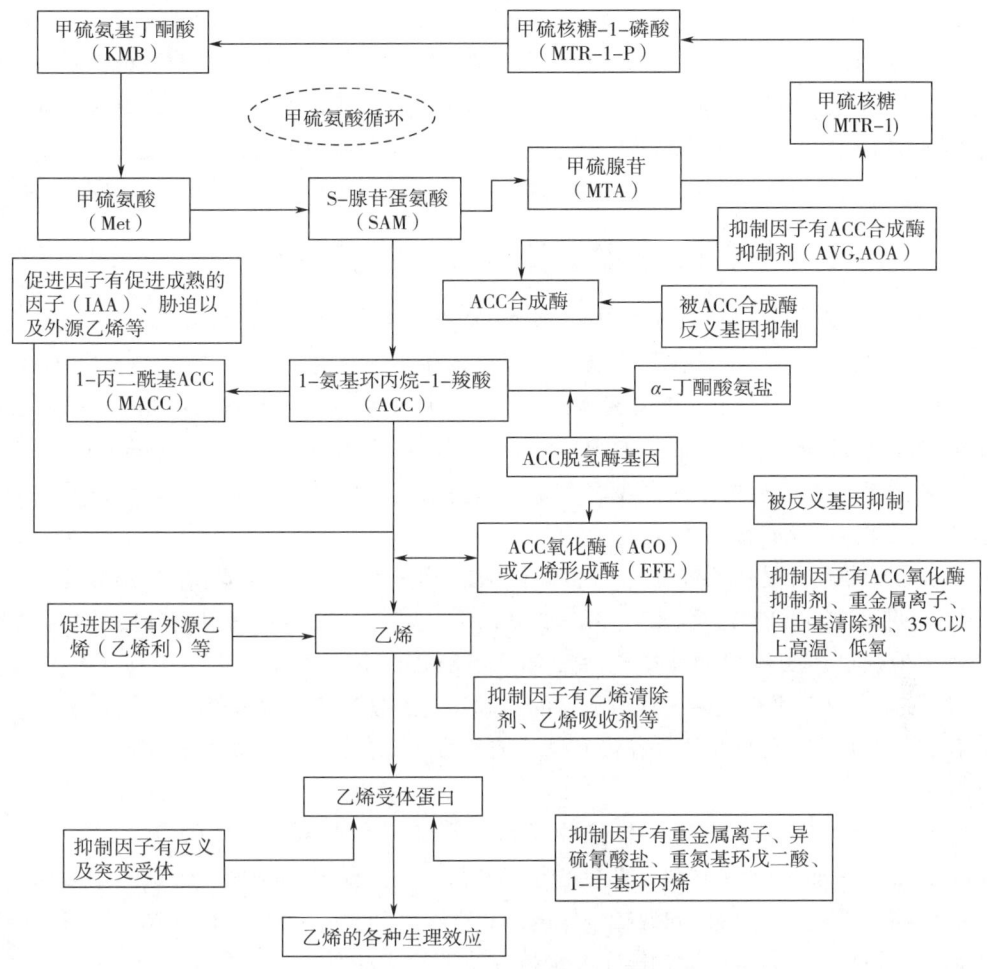

图 2-9 乙烯生物合成途径及其调控

分离出乙烯合成的关键酶——ACC 合成酶的基因，将该基因反向插入载体后并转化番茄，改变了果实的成熟。乙烯合成降低 99.5%，没有呼吸高峰出现，使番茄在空气中放置而不能正常成熟；番茄红素的合成和叶绿素的降解受阻，使果实不能变红变软，保鲜期延长。此时，只有通过外源乙烯处理，反义抑制才会改变，才能使果实正常成熟，成熟后的番茄质地、颜色、气味、耐压性均与天然番茄没有明显差异。这样既延长了园艺产品的保鲜期，又不改变其自然品质。因此，用反义 RNA 技术控制 ACS 基因表达，抑制乙烯合成是一条确实可行而且能快速地培育耐贮藏园艺产品的有效途径。

（2）翻译后调控　乙烯生物合成途径中的关键酶 ACS 和 ACO 在翻译后也受到调控。例如，ACS 蛋白稳定性受到泛素连接酶（UBC）介导的泛素化降解调控。此外，miRNAs，如 miR159 和 miR396，通过结合到 *ACS* 基因的 3′UTR 上，影响其 mRNA 的稳定。

（3）代谢水平的调控　乙烯生物合成途径中的代谢物水平也受到调控。例如，ACC 在某些情况下可以通过 ACC 脱羧酶转化为无生物活性的丙酸和氨，从而降低乙烯的合成速率。此外，ACC 在细胞间的转运也受到调控，如植物激素 ABA 可以促进 ACC 在细胞间的转运。

乙烯生物合成的调控方法不仅局限于果实成熟和衰老过程，还广泛应用于植物生长发育、抗逆应答和病害防治等方面。例如，在植物生长发育阶段，通过调控乙烯生物合成，可以改变植物的形态和发育进程。在抗逆应答方面，乙烯合成受到逆境胁迫（如干旱、高盐、低温等）的诱导，进而调控植物的逆境应答和抗逆性。在病害防治方面，乙烯可以调控植物对病原菌侵染的抗性。总之，乙烯的生物合成是一个复杂的过程，受多种内源和外源因素调控。通过深入研究乙烯生物合成的分子机制和调控手段，可以为农业生产提供有力的技术支持，提高果实品质和经济价值。

五、乙烯受体与信号转导途径

近年来，园艺产品成熟衰老进程中的乙烯受体和信号转导，成为继乙烯生物合成与调控之后，采后研究领域中的又一个前沿热点。已根据乙烯的"三重反应"在拟南芥（*Arabidopsis Thaliana*）中分离出几类乙烯反应突变体，即乙烯不敏感突变体（Ethylene-Insensitive，EIN）、抗乙烯突变体（Ethylene-Resistant，ETR）和组成型"三重反应"突变体（Constitutive-Triple，CTR）。这些成果表明，植物体内存在着一条与这些反应相联系的乙烯信号转导途径，从而得到一些乙烯受体蛋白及其编码基因。

乙烯信号转导途径是从乙烯分子与其受体相互识别、结合、作用起始的。乙烯受体家族有5个成员，包括ETR1、ETR2、ERS1、ERS2和EIN4，其结构上与细菌双组分信号系统中的组氨酸激酶类似。单个受体的功能缺失突变体均没有乙烯相关表型，后来获得了三重突变体 *etr1*、*etr2*、*ein4*，该三重突变体表现组成型的乙烯反应，使得人们认识到乙烯受体负调控乙烯反应且存在功能冗余，可见受体是在没有乙烯或乙烯浓度较低时具有活性，与乙烯结合后其活性丧失。

从蛋白序列特点来看，乙烯受体家族类似于在细菌和真菌中发现的双元组分信号系统（Two-Component System）。乙烯受体包括3个结构域：乙烯结合结构域、组氨酸激酶结构域和反应调控结构域。ETR1蛋白以同源二聚体的形式存在，其 *N*-端疏水性区域结合乙烯，且需要一价铜离子作辅因子，负责转运铜离子并维持其浓度梯度的蛋白是1个具有P-Type ATP酶活性的蛋白——RAN1（Response to Antagonist 1）。此外，还有一类在进化上非常保守的膜结合蛋白RTE1（Reversionto-Ethylene Sensitivity 1），其转录活性受乙烯调控，通过与乙烯受体相互作用而调控乙烯反应。

根据序列相似性可将乙烯受体分成两类。第一类（ETR1和ERS1）在其 *N*-端有3个疏水的跨膜结构域，C-端有1个非常保守的组氨酸激酶结构域；第二类（ETR2、ERS2和EIN4）在氨基端有4个疏水的跨膜结构域，它们的组氨酸激酶结构域保守性不强，缺乏1个或多个激酶活性必需的保守氨基酸。在第一类受体的功能缺失突变体，即 *ers1*、*etr1* 双突变体中过表达任何一个，第二类受体都不能恢复其表型；而在第二类受体的功能缺失突变体 *etr2*、*ein4*、*ers2* 三重突变体中过量表达第一类受体也不能完全恢复第二类受体缺失的表型，说明两个类型的受体之间功能部分互补且分别具有特定的功能。另外，ERT1、ETR2和EIN4蛋白均在C-端有1个接受器结构域，而ERS1和ERS2蛋白则缺乏接受器。信号接受器缺失会增加乙烯敏感性，而替换信号接受器的磷酸化位点会延迟受乙烯抑制效应的恢复，说明信号接受器可以在某种程度上限定、修饰乙烯信号的强弱。

ETR1蛋白是最早发现的乙烯受体蛋白，它具有感受乙烯的功能，拟南芥ETR1基因突变体植株对乙烯不敏感，表明该基因产物在乙烯信号转导中起作用。遗传学研究显示，ETR1蛋白的作用位于乙烯信号转导途径的上游，在乙烯信号转导的初期起作用。ETR1是一种跨膜蛋白，N-端含有1个疏水结构域，3个跨膜节段，侧卧在膜的外侧，乙烯结合位点在N-端疏水结构域；C-端的序列与细菌双组分系统的组氨酸激酶及反应调节器高度同源，其结构域定位在膜的细胞质一侧。细菌双组分系统含有两个保守基元，通常称为传感蛋白和反应调节器，这两个组分配对起作用，控制细菌对专一信号反应。传感蛋白定位在细胞膜上，由1个细胞外输入端和1个细胞质组氨酸激酶结构域组成；反应调节器则由1个接受器结构域和1个输出结构域组成。当传感蛋白的氨基末端输入域受到环境信号刺激时，能使保守的组氨酸残基发生自身磷酸化作用，然后这个磷酸基因从组氨酸转移到反应调节器的接受结构域上的天冬氨酸残基，接受器的磷酸化状态控制输出结构域，后者又介导下游步骤。很多细菌的输出结构域都是转录调节物。根据ETR1结合乙烯的能力和它与细菌传感蛋白具同源性，所以也称ETR1为乙烯传感蛋白（Ethylene-Sensor Protein）。

ERS（Ethylene Response Sensor）基因是在拟南芥中克隆到的第二个乙烯受体基因，它是ETR1的同源物。ERS与ETR1一样在C-端区域含有1个推断的组氨酸蛋白激酶结构域，所以结构上也与双组分传感蛋白类似，但它缺乏接受器结构域。将ERS基因转入正常植株，表现为对乙烯不敏感。ERS与ETR1一样，也在CTR1的上游起作用。

NR蛋白是在番茄果实中发现的另一个乙烯受体蛋白，与ETRI高度相似，由 *Nr* 基因编码。*Nr* 基因在果实成熟阶段被大量诱导，说明该基因可能调控果实成熟阶段对乙烯的敏感性，也可能与呼吸跃变型果实系统Ⅱ乙烯的形成有关。最近又在番茄果实中发现了 *eTAE1* 基因，它也与ETR1同源。

乙烯受体定位于内质网膜，与乙烯抑制因子CTR1协同负调控乙烯反应。在没有乙烯存在时受体具有组氨酸激酶活性，能激活Raf类激酶CTR1功能，CTR1通过抑制EIN2使乙烯信号通路处于关闭状态，进而抑制了下游组分的活性，抑制了乙烯反应。当乙烯存在时，乙烯与受体结合并使受体和CTR1失活，CTR1对EIN2的磷酸化被抑制，通过抑制两个F-box蛋白EBF1/2对EIN3/EIL1蛋白的降解直接或间接地激活或稳定EIN3/EIL1蛋白，进而调控下游基因的表达。

目前，乙烯的生物合成途径及合成调控研究较为深入，但乙烯调控基因表达的机制尚不明确。现在的观点认为，乙烯在植物体内作为信号分子存在，通过信号传导途径间接调控基因表达，但相互作用的机理并不清楚。随着分子生物学、生物化学的飞速发展，乙烯信号转导途径的研究及阐明，将对园艺产品的采后成熟调控提供新的可供操作的基因，并具有广阔的应用前景。

六、贮运中乙烯对成熟和衰老的控制

乙烯对果实成熟和衰老的控制在实际应用中具有很高的价值。以下是一些在果实成熟和衰老调控中采用乙烯控制的应用方法。

1. 控制采收成熟度

一般果实乙烯生成量在生长前期很少，在接近完熟期时剧增。对于跃变型果实，内源乙烯的生成量在呼吸高峰时是跃变前的几十倍甚至几百倍。随着果实采摘时间的延迟和采收成熟度的提高，果实对乙烯变得越来越敏感，因此在适当的成熟度进行果实采收，可以减缓乙烯的产生，延长果实的货架期。对于需要长途运输的果实，应选择成熟度相对较低的果实进行采收。

2. 避免机械损伤

机械损伤可刺激乙烯的大量增加,当组织受到机械损伤、冻害、紫外线辐射或病菌感染时,内源乙烯含量可提高 3~10 倍。ET 可加速相关的生理代谢、消耗贮藏物质以及释放呼吸热,导致产品品质下降,促进产品成熟和衰老。避免果实在采收、包装和运输过程中受到机械损伤,可以减缓乙烯的产生,延长园艺产品的货架期。

3. 避免混放

不同果实间乙烯产生量和敏感程度不同。避免将高乙烯产生量的果实与对乙烯敏感的果实混放,可以减缓乙烯的作用,延长果实的货架期。否则,乙烯释出量较多的园艺产品所释出的乙烯可促进乙烯释出量较少园艺产品的成熟,缩短贮藏期。

4. 乙烯吸收及抑制剂

利用乙烯吸收剂吸收果实产生的乙烯,可以减少贮藏环境中的乙烯浓度,延长果实的货架期。常用的 ET 吸收剂有活性炭、$KMnO_4$ 和吸附剂。例如,使用活性炭吸附剂处理橙子,可将贮藏期延长至少 1 个月。ET 抑制剂如氨基乙烯酸和氧化钴可以抑制乙烯生物合成,从而延缓果实成熟和衰老。再如,使用氨基乙烯酸处理苹果,可以延长贮藏期并降低果实软化速度。1-MCP 作为一种乙烯作用抑制剂,可以与乙烯受体结合,抑制乙烯的作用。通过使用 1-MCP,可以延长果实的货架期,提高果实品质。此外,在果实成熟过程中,也可添加乙烯释放剂,如乙烯酮和 2-氯乙烯,可通过释放乙烯来加速果实成熟,适用于果实未能在树上完全成熟的情况。这种方法常用于某些果实的商业生产,以便提高果实品质和市场价值。例如,番茄在收获后使用乙烯释放剂处理,可使成熟时间缩短 50% 左右。

5. 控制贮藏环境条件

通过控制温度、相对湿度和气体成分,可降低园艺产品中乙烯的积累,从而延长果实的货架期。在调控气体贮藏条件下,苹果的乙烯生产速率降低 50%,果实软化速度减慢,贮藏期可延长 2~4 个月。

复习思考题

1. 简述园艺产品采后生理与贮藏保鲜的关系。
2. 简述园艺产品采后蒸腾失水与贮藏保鲜的关系。
3. 简述影响园艺产品采后贮藏保鲜的因素。
4. 从激素调控成熟与衰老角度,简述园艺产品采后贮藏保鲜的措施。
5. 试述园艺产品呼吸代谢的途径。
6. 简述跃变型果实与非跃变型果实在呼吸代谢的方面有何不同。
7. 简述园艺产品采后呼吸作用和蒸腾作用的生理意义。
8. 试述园艺产品采后乙烯生物合成的途径及其调控。
9. 试述乙烯对呼吸跃变和非呼吸跃变型果实的呼吸作用促进的差异。
10. 试述园艺产品采后相关酶及其作用。
11. 试述园艺产品采后成熟与衰老过程中相关基因及其对成熟衰老的调控作用。

第三章

园艺产品采后病虫害

内容提要

本章主要阐述园艺产品采后病虫害的相关概念。系统解释采后侵染性病害,生理性病害和虫害的影响因素和防治措施,介绍了部分园艺产品主要采后病害的防治方法,减少采后园艺产品的贮运损失。

学习目标

掌握园艺产品采后病虫害的相关概念;理解导致采后腐烂的病原微生物及其特征;掌握侵染性病害的影响因素和综合防治措施;了解主要果品蔬菜的侵染性病害及其防治方法;掌握生理性病害的发病原因;了解虫害及其防治措施。

重要概念及名词

侵染性病害、寄主、病原微生物、潜育期、化学防治、天然产物杀菌剂、物理防治、生物防治、拮抗菌、农业防治、商业防治、生理病害、高温伤害、冷害、冻害、气体成分伤害。

第一节 园艺产品采后侵染性病害

一、病原菌侵染特点

侵染性病害(Infectious Diseases)是由病原微生物侵染引起的病害,即通常所说的腐烂(Decay or Rots)。所有的园艺产品在采后过程中均可发生不同程度的腐烂,严重者几乎全部腐烂。被病原微生物侵染的产品定义为寄主(Host),主要包括各类水果、蔬菜和花卉。只有病原微生物、寄主和适宜环境共存的情况下,侵染性病害才会发生。侵染性病害是导致园艺产品采后损失的一个重要因素。因此,掌握侵染性病害的发生原因及其特点,通过有效的措施对其加以防治是园艺产品采后急需解决的问题。

（一）病原微生物

引起园艺产品采后腐烂的病原微生物包括病原真菌、细菌和病毒，但采后病害的病原微生物绝大多数是真菌和细菌。其中，水果采后的侵染性病害大多由真菌引起，一般认为这与水果组织多呈酸性不宜细菌生长有关；而大多数蔬菜的腐烂多由细菌引起。许多引起采后病害的真菌和细菌来源于田间。

病原微生物侵入园艺产品后有多种摄取营养的方式，只能从寄主组织或细胞中吸收营养的称为兼性寄生，只能从死亡的组织或细胞中汲取营养的称为专性腐生。危害采后园艺产品的病原菌中的兼性寄生菌与腐生菌居多。有些采后病害，开始是被一个或多个较专化的病原菌侵染，接着很容易被那些广谱性的腐败菌危害。这些腐败菌大多致病性很弱，但其所造成的危害可能超过第一次入侵的病原菌。例如，软腐细菌继细菌黑斑病后侵入花椰菜，危害性更大。许多第二次入侵的病原菌本身就是园艺产品正常微生物群落中的一员，条件适合时造成贮藏期间园艺产品的大量腐烂。

1. 真菌

真菌（Fungi）是生物中一类庞大的群体，它的主要特征是：营养体呈丝状分枝的菌丝结构，具有细胞壁和细胞核；生殖主要是以孢子进行的有性或无性繁殖；缺乏叶绿素，不能进行光合作用，属于异养；以分泌酶来分解基物的方式获取营养。园艺产品采后腐烂主要由病原真菌引起。真菌的生长发育过程可分为营养阶段（Vegetative Stage）和繁殖阶段（Propagative Stage），营养阶段为菌丝体（Mycelium），繁殖阶段产生各种类型的有性孢子（Sexual Spore）和无性孢子（Asexual Spore）。有性孢子通过性细胞或性器官结合而产生，主要有合子（Zygote）、卵孢子（Oospore）、结合孢子（Zygospore）、子囊孢子（Ascospore）和担子孢子（Sporidium）。大多数真菌的有性孢子一年产生一次，多发生在田间寄主生长后期，由于有性孢子对不良环境具有较强的适应能力，其通常是真菌越冬的器官和第二年病原菌的初次侵染源。无性孢子直接从营养体上产生，主要有芽孢子（Blastospore）、粉孢子（Oidium）、厚垣孢子（Chlamydospore）、游动孢子（Zoospore）、孢囊孢子（Sporangiospore）和分生孢子（Conidium）。无性孢子一年可产生多次，是真菌病害的主要传染源。引起园艺产品采后病害的病原真菌主要有以下几类。

（1）鞭毛菌亚门（Mastigomycotina） 鞭毛菌亚门的真菌绝大多数生于水中，少数具有两栖和陆生性。可以通过腐生或寄生获得养料。营养体是单细胞或无隔膜、多核的菌丝体，细胞壁由纤维素组成；无性繁殖形成孢子囊（Sporangium），产生有鞭毛的游动孢子，有性繁殖形成卵孢子。该亚门与果蔬产品采后病害有密切关系的病原真菌有以下几种。

①腐霉属（Pythium）：常见的采后腐霉属病害有西瓜、甜瓜和草莓的腐霉病，病原为瓜果腐霉（P. aphanidermatum）、巴特勒腐霉（P. butler）和终极腐霉（P. ultimum）。症状开始表现为水浸状，扩展迅速，病部出现变色和长出白色的霉状物。腐霉是典型的土壤传染病，可直接侵入瓜果，或通过果瓜茎端切口和伤口侵入，迅速发展，造成贮藏运输期间瓜果严重腐烂。

②疫霉属（Phytophthora）：园艺产品采后常见的疫霉属病菌为柑橘生疫霉（P. citricola）、柑橘疫霉（P. citrophthora）、恶疫霉（P. cactorum）和辣椒疫霉（P. capsici）。疫霉除了引起柑橘类果实褐腐病外，还侵染草莓、苹果、梨、番木瓜、甜瓜和马铃薯等果蔬，引起腐烂。症状为产品病部开始出现水浸状，局部变色，然后扩展至整个瓜果腐烂，长出白霉状物。疫霉病通

常是土壤传染病害，能直接与土壤接触的瓜果容易受侵染，在湿润的瓜果表面该菌可直接穿透果皮或通过自然开口侵入。高温、高湿是发病的必要条件，但温度低于4℃时几乎不发病。

③霜疫霉属（*Peronophythora*）：常见的霜疫霉菌有引起荔枝采后腐烂的霜疫霉病（*Peronophythora litchii*）。表现的症状为果蒂开始出现不规则、无明显边缘的褐色病斑，潮湿时长出白色霉层，病斑扩展迅速，全果变褐，果肉发酸成浆，溢出褐水。荔枝霜疫霉病主要以卵孢子在土壤或病残果皮上越冬，次年条件适宜时，卵孢子发芽，产生大量游动孢子侵染树枝和果实。

(2) 接合菌亚门（Zygomycotina）　接合菌亚门的真菌绝大多数为腐生菌，广泛分布于土壤和粪肥上，只有少数为弱寄生菌，引起水果和蔬菜贮藏期间的软腐病。接合菌的主要特征为菌丝体发达、无隔多核，细胞壁由甲壳质（几丁质）组成；无性繁殖形成孢子囊和产生孢囊孢子；有性繁殖产生结合孢子。本亚门与园艺采后病害有关的病原菌有两个属。

①根霉属（*Rhizopus*）：常见的根霉有匍枝根霉（*R. Stolonifer*）和米根霉（*R. oryzae*）两种。主要侵染苹果、梨、葡萄、桃、李、樱桃、油桃、香蕉、菠萝蜜、黄瓜、草莓、番木瓜、甜瓜、南瓜、番茄和甘蓝等果蔬，引起软腐。根霉不能直接穿透果蔬表皮，只能通过伤口入侵，或通过自然开孔进入成熟和衰老的组织，成熟果实对根霉极为敏感。症状开始表现为水渍状圆形小斑，逐渐变成褐色，病斑表面长出蓬松发达的灰白色菌丝体，有匍匐丝（Stolon）和假根（Rhizoid）。孢囊根丛生，从匍匐丝上长出，顶端形成肉眼可见的针头状子实体，即孢子囊（Sporangium），开始为白色，后转变成黑色。病部组织软化，易破，有酸味。贮藏温度对根霉属病原菌的生长影响很大，5℃以下的低温可明显地抑制该病害发生。

②毛霉属（*Mucor*）：毛霉没有假根，属孢囊梗单生。主要侵染苹果、梨、葡萄、草莓和猕猴桃，引起毛霉病（Mucor Rot）。常见的毛霉主要是梨形毛霉（*Mucor piriformis*），病果表皮变成深褐色，焦干状，病斑下的果肉变成灰白或褐色，逐渐变软和水化，但没有臭味。病菌分布在土壤中，通过伤口入侵，在湿润条件下产生大量黑色孢子囊，贮藏在0℃低温下的果实，也可发现毛霉引起的腐烂。

(3) 子囊菌亚门（Ascomycotina）　子囊菌亚门属于高等真菌，全部陆生，分为腐生菌和寄生菌。营养体除酵母菌是单细胞以外，子囊菌菌体结构复杂，形态和生活习性差异很大，其主要特征为菌丝体发达有分格和分枝；菌丝细胞通常为单核，也有多核的；无性繁殖主要产生分生孢子；有性繁殖产生子囊和子囊孢子。与果蔬采后病害有密切关系的子囊菌主要有以下2种。

①核盘菌属（*Sclerotinia*）：菌丝体可形成菌核，子囊盘产生在菌核上或有寄主组织的假菌核上。主要的核盘菌有菌核软腐菌（*S. sclerotiorum*）和小核盘菌（*S. minor*），引起柠檬、甘蓝、大白菜叶球腐烂。病部组织出现水渍状褐色病斑，上面长出棉絮状的白色菌丝，并出现黑色的菌核，病部组织变软，汁液外流，无臭味。同时，核盘菌属也是引起板栗采后黑腐病的病原菌，该菌在板栗采收前或落地后侵入栗果，潜伏在内果皮，不表现任何症状，待果实贮藏1~2个月后，病菌迅速蔓延，黑色斑块开始出现在栗果尖端或顶部，不断扩大，被侵染的果肉组织松散，由白变灰，最后全果腐烂，变成黑色。核盘菌属在-2℃低温下仍能生长和引起寄主致病，腐烂果实可通过接触传染。

②链核盘菌属（*Monilinia*）：该菌属是引起水果采后褐腐病（Brown Rot）的重要病原菌，又称褐腐病菌（Brown Rot Fungi），有果生链核盘菌（*M. fructicola*）、仁果链核盘菌（*M. fructigena*）和核果链核盘菌（*M. laxa*）三种病菌。褐腐病菌主要侵染油桃、樱桃、桃、李、苹果、梨等果

实，引起果实褐腐病。果实受害初期病部为浅褐色软腐状小斑，数日内迅速扩大至全果，果肉松软，病斑表面长出灰褐色绒状菌丝，上面产生褐色或灰白色孢子，呈同心圆的轮纹状排列。该菌在0℃低温下也生长较快，腐烂的果实可接触传染。

（4）半知菌亚门（Deuteromycotina） 半知菌亚门的真菌多为腐生，也有不少寄生菌。在它们的生活史中只发现无性阶段，故称为半知菌或不完全菌。当发现有性阶段时，大多数属于子囊菌，极少数是担子菌，因此子囊菌和担子菌的关系密切。主要特征是：菌丝体发达，分枝分格；无性繁殖产生各种类型的分生孢子；有性阶段尚未发现。由于半知菌是非专性寄生菌，与水果蔬菜采后病害关系最为密切，最常见的有以下几种。

①链格孢菌属（Alternaria）：常见的有链格孢（*A. alternaria*）、细极链格孢（*A. tenuissima*）、柑橘链格孢（*A. citri*）、苹果链格孢（*A. mali*）、瓜链格孢菌（*A. cucumis*）等，常引起梨、枣、桃、油桃、杏、李、樱桃、葡萄、草莓、番茄、甜椒、茄子、黄瓜等果蔬的黑腐病、柑橘黑心病、苹果心腐病和洋葱的紫斑病。链孢菌通过伤口、衰老组织的自然开孔、冷害损伤等入侵，在采前潜伏侵染，到果实成熟或组织衰老时发病。病斑可以出现在果实的任何部位，病组织的表面有一层橄榄绿孢子的覆盖物。桃、杏、李的病斑较硬，下陷。甜樱桃的褐色病斑上有大量的白色菌丝。柑橘果实的病斑在果蒂部呈圆形、褐色，病组织变黑，表现为黑腐、黑心，在橘子上表现为褐斑。葡萄被侵染的组织发白，呈水浸状，腐烂处产生黑褐色的孢子，孢子头肉眼可见，孢子成熟时易脱落，腐烂果有酸味。瓜果上病部呈褐色圆斑，稍凹陷，外有淡褐色晕环，逐渐扩大变黑，病斑上有黑褐色霉状物，果肉变黑、坏死、海绵状。

②葡萄孢霉属（*Botrytis*）：该菌属能侵染上百种植物，并引起果蔬产品的灰霉病（Gray Mould Rot）。在贮藏期间绝大多数新鲜水果和蔬菜都被灰霉病菌（*Botrytis* spp.）侵染。侵染组织呈浅褐色，病斑软化，迅速扩展，上面产生灰褐色的孢子，有时有黑色的菌核出现。主要病原菌有灰葡萄孢霉（*Botrytis cinerea*）和葡萄孢菌（*Botrytis alii*），病菌可通过伤口、裂口或自然开口侵入寄主，也可从果蔬表面直接侵染，该菌可以在田间入侵葡萄、草莓、苹果、番茄、洋葱和莴苣等果蔬产品，潜伏侵染，直到果实成熟或采收后在贮藏期间才发病。由于该菌对低温有较强的忍耐力，在-4℃下也能生长萌发，产生孢子和引起寄主致病，常常造成园艺产品采后严重的腐烂损失。

③刺盘孢菌属（*Colletotrichum*）和盘长孢菌属（*Gloeosporium*）：这两个属是引起水果炭疽病的主要病原菌，常合并为一个属。常见的主要有苹果炭疽病的病原菌为盘长孢刺盘孢（*Colletotrichum gloeosporioides*）又名果生盘孢菌（*Gloeosporium fructigerum*），和香蕉刺盘孢菌（*Gloeosporium musarum*），分别引起苹果、芒果炭疽病和香蕉斑点病。病原菌在田间侵入果实，最主要危害成熟或将成熟的果实，采后发病严重。发病初期果实表面出现浅褐色圆形小斑，迅速扩大，呈深褐色，稍凹陷皱褶，病斑呈同心轮纹状排列，相对湿度大时，溢出粉红色黏液。果实一旦出现炭疽病斑，迅速扩展腐烂，造成极大的经济损失。

④镰刀菌属（*Fusarium*）：该菌属生活在土壤中，分生孢子在空气中传播。主要侵染蔬菜和观赏植物，特别是块茎、鳞茎，或甜瓜、黄瓜和番茄等低位果实常常受害。镰刀菌属主要有木贼镰孢菌（*F. equiseti*）、尖孢镰孢菌（*F. oxysporum*）、黄色镰孢菌（*F. culmorum*）、腐皮镰孢菌（*F. solani*）等，是引起马铃薯干腐、洋葱和大蒜蒂腐、生姜和甜瓜白霉病的病原菌，这些病菌可在田间、采收前或采收后入侵寄主，但发病主要在贮藏期间。受害组织开始为淡褐色斑块，上面出现白色的霉菌丝，逐渐变成深褐色的菌丛，病部组织呈海绵软木质状。有粉红色菌

丝体和粉红色腐烂组织。生长最适温度为 25~30℃，5℃ 以下低温对镰刀菌的生长有明显的抑制作用。

⑤地霉属（*Geotrichum*）：常见的主要是白地霉（*G. candidum*），引起柑橘、番茄、胡萝卜等果蔬"酸腐"（Sour Rot）。地霉属菌广泛分布于土壤中，在采前或采收时沾染果蔬表面，从伤口、裂口和茎疤处侵入组织。症状开始为水浸状褐斑，组织软化，逐渐扩大至全果，果皮破裂，病斑表面有一层奶油色黏性菌层，上有灰白色孢子，果肉腐烂酸臭，溢出酸味水状物，产生白霉。在 25~30℃ 的高温、高湿条件下发病迅速，10℃ 以下低温对该菌的生长有抑制。

⑥青霉属（*Penicillium*）：该属是引起柑橘、苹果、梨、葡萄、枣、无花果、大蒜、甘薯等果蔬产品采后青霉病（Blue Mould Rot）和绿霉病（Green Mould Rot）的重要病原菌。青霉属的种类很多，对寄主有一定的专一性，如指状青霉（*P. digitatum*）和意大利青霉（*P. italicum*）是引起柑橘果实采后腐烂的病菌，扩展青霉（*P. expansum*）主要侵染苹果、梨、葡萄、枣等，多毛青霉（*P. hirsutum*）则入侵大蒜，鲜绿青霉（*P. viridicatum*）只侵染甜瓜。青霉属病菌主要从伤口入侵，也可通过果实衰老后的皮孔直接进入组织。侵染初期果皮组织呈水渍状，迅速发展，病部先有白色菌丝，上面长出青、绿色孢子。绿霉病菌的孢子层与菌丝体的边缘有较宽的白色菌丝带，边缘不规则，而青霉病菌的孢子层与菌丝体的边缘则只有 2mm 宽，边缘较清晰。病果是重要的传染源。

⑦拟茎点霉属（*Phomopsis*）：常见的有芒果拟茎点霉菌（*P. mangiferae*）和柑橘拟茎点霉菌（*P. cytosporella*），分别引起芒果和柑橘果实的褐色蒂腐病。病菌在田间从伤口或直接侵入果实蒂部和内果皮，潜伏到果实成熟或贮藏期间才发病。发病初期蒂部出现褐色病斑，水浸状，不规则，病斑迅速扩展至全果，变成暗褐色，果肉软腐，病部表面有许多小黑点，即病原菌的分生孢子器。采后的贮藏低温可延缓病害的发生。

2. 细菌

细菌属原核生物界的单细胞生物，为异养生物。植物病原细菌大多数有鞭毛，可游动。以裂殖方式繁殖，速度快，一般 1h 分裂一次，条件适宜，有的只需 20min 就能分裂一次。

大多数病原细菌都为好气性细菌，在中性或微碱性的基物上生长良好。一般 26~30℃ 为生长最适温度。同时又耐低温，但对高温敏感，一般致死温度为 50℃ 左右。

病原细菌大多数腐生，只有部分寄生于植物体内成为病原菌，为非专性寄生。果树上细菌性病害较少，较为重要的果树细菌病害有柑橘溃疡病、桃细菌性穿孔病、果树根癌病等。蔬菜中细菌性病害较多，尤以十字花科和茄科的蔬菜作物上发生的细菌病害较为严重。另外，姜软腐病、马铃薯环腐病、黄瓜细菌性角斑病也是较为严重的病害。

细菌病害症状主要表现为斑点、腐烂、畸形，病症为脓状物。果实上病斑一般呈圆形，柔软多汁的果实感病后，由于细菌分泌果胶酶分解寄主细胞的中胶层，使细胞组织崩溃，造成软腐，同时在腐烂过程中遭受腐败性细菌的侵染，分解蛋白胨产生吲哚类物质而伴有臭味。病组织常呈水渍状，病部透光和常有细菌溢脓等。简单辨别的方法是：切取新鲜受害组织在显微镜下观察有无大量细菌从组织中溢出（溢菌现象），以确定是否为细菌病害。

危害园艺产品的细菌主要有欧氏杆菌属、假单胞菌属和黄单胞菌属。

（1）欧氏杆菌属（*Erwinia*）　其中危害严重的有软腐病杆菌（*Erwinia Carotovora Subsp. Carotovora*），可直接引起多种新鲜蔬菜软腐，如白菜软腐病、萝卜软腐病、辣椒软腐病、生姜腐烂病、洋葱软腐病、莴苣腐烂病等。黑胫病杆菌（*Erwinia Carotovora Subsp. Atroseptica*），引起马铃薯黑胫病，还可使多种叶菜败坏，也可危害水果。园艺产品遭受侵染后，若温度、相对湿度适宜，迅速扩展使产品组织软化腐烂。病菌主要在采前侵染，采后也可侵染发病。

（2）假单胞菌属（*Pseudomonas*）　侵染芹菜、莴苣、甘蓝等引起腐败；枯草芽孢杆菌在30~40℃引起番茄软腐；多黏芽孢杆菌在37℃左右引起马铃薯、洋葱、黄瓜腐烂；一些低温的梭状芽孢杆菌可使马铃薯腐烂。

（3）黄单胞菌属（*Xanthomonas*）　危害萝卜、胡萝卜、甘蓝等，造成黑腐。病菌经伤口侵入，在维管束组织中扩展，发病组织先呈黄色，最后变成黑色。萝卜肉质根和甘蓝根颈部呈黑腐状，甘蓝叶片呈黑线状分布。感病的萝卜直根、甘蓝叶球腐烂前外表正常，不易发现。主要在生长期侵染，收获时造成的伤口也是重要传播侵染途径，所以要注意种子消毒和轮作。

（二）病原菌侵入途径及侵染过程

1. 侵入途径

真菌大都是以孢子萌发以后形成的芽管或以菌丝通过自然孔口或伤口侵入。有些真菌还能穿过表皮的角质层直接侵入；病原细菌可由自然孔口和伤口侵入。有的病原菌既可在采前侵入也可在采后侵入。栽培期间病源过多，病害防治不及时是采前病害侵染的主要原因。采收时造成的切割伤，采收粗放、采后处理中的碰撞、摩擦造成的机械损伤，采后不良环境造成的生理伤害，成熟衰老带来的组织细胞的变化，以及大量产品集中贮藏所产生的群体效应等，都是采后病害侵染的诱因。

（1）直接侵入　直接侵入是指病原物直接穿透寄主表皮细胞外缘的角质层和细胞壁侵入。病原物穿透尚未完全角质化的幼嫩组织比穿透已经完全角质化的老熟组织要容易得多。

（2）自然孔口侵入　园艺产品表面存在着多种自然孔口，如气孔、皮孔、萼孔、裂纹等，可成为病原物侵入的途径，如核果类、瓜类和叶菜类表面的气孔，仁果类表面的皮孔和萼孔。真菌性病原物可通过孢子萌发形成的芽管直接进入自然孔口，细菌性病原物可通过在自然掉落或在自然孔口周围的水膜中涌动的方式进入。

（3）伤口侵入　生长期间园艺产品表面形成的各类伤口，都可能是病原物侵入的途径。

（4）生理性伤害处侵入　园艺产品发生生理性病害，如冷害、CO_2伤害等造成的伤害，降低了蔬菜本身的抗病能力，也为病原菌的侵入提供了通道。

2. 侵染过程

病原菌从接触、侵入到引致寄主发病的过程称为侵染过程（简称病程）。病程一般分为四个阶段：侵入前期、侵入期、潜育期和发病期。

（1）侵入前期　从病原菌与寄主接触到病原菌向侵入部位生长或活动，并形成侵入前的某种侵入结构为止。病原菌通过各种途径（如振动、露珠等）进行传播，与寄主接触，并通过生长活动如真菌休眠结构或孢子的萌发、芽管或菌丝体的生长、细菌的分裂繁殖等进行侵入前的准备，并到达侵入部位，侵入前期即将完成。

侵入前期病原菌除了受寄主的影响外，还受到生物的、非生物的环境因素影响。生物因素如园艺产品表面存在的拮抗微生物、寄主分泌物、渗出物等可以明显抑制病原物的活动。非生物因素中以相对湿度、温度对侵入前期病原菌的影响最大。所以，侵入前期是病原菌侵染过程中的薄弱环节，也是防止病原菌侵染的关键阶段。

（2）侵入期　从病原菌开始侵入起，到病原菌与寄主建立寄生关系为止。侵入期相对湿度和温度对病原菌的影响最为关键。湿度可左右真菌孢子的萌发、细菌的繁殖,同时还可以影响园艺产品愈伤组织的形成、气孔的开张度及保护组织的功能;温度则影响孢子萌发和侵入的速度。所以,控制贮藏环境适宜的湿度和低温对于抑制病菌侵入起着至关重要的作用。

(3)潜育期 指从病原菌侵入与寄主建立寄生关系开始,直到表现明显症状为止。症状的出现就是潜育期的结束。在一定范围内,潜育期的长短受温度的影响最大,而相对湿度对其影响此时则显得次要,因为此时病原物已侵入寄主组织内部,可以从寄主获取充足的水分,所以不受外界湿度的干扰。在一定低温下,甚至可以完全抑制某些病原的繁殖扩展,使潜育期无限延长。

有些病原菌侵入寄主后,经过一定程度的发展,但由于寄主抗病性强或由于其生理条件不利病原菌的扩展,使病原物在寄主体内潜伏而不表现症状,但当寄主抗病性减弱时,它可继续扩展并出现症状,这种现象称为"潜伏侵染"。最典型的如苹果的炭疽病、霉心病、香蕉的炭疽病等均是潜伏性侵染病害。

病原菌在寄主体内的繁殖扩展与寄主体内的抗病机制的发挥,二者的平衡决定了潜育期的长短。因此,不同的病原菌和寄主,其潜育期不同。一般采前侵入的潜育期较长,而采后侵入的则较短。病原菌中,潜育期较长的有盘长孢(*Gloeosporium*)和刺盘孢(*Colletotrichum*),为30~90d,链格孢(*Alternaria*)为30~60d,葡萄孢霉(*Botrytis*)和镰刀菌(*Fusarium*)为15~30d,青霉(*Penicillium*)较短为7~10d,而根霉(*Rhizopus*)可短至36~48h。

(4)发病期 即显症期。从寄主开始表现症状到真菌性病害病部表面产生孢子、细菌性病害病部表面有脓状物溢出的一段时期即为发病期。当进入发病期后,病害的表现就会越来越严重,寄主的抗性也越来越微弱,直至完全被分解破坏。病部新产生的繁殖体又会导致更严重的"二次侵染"的发生。高温和高湿条件均对发病有利。

(三)侵染循环

病害从前一个贮藏周期开始发病到下一个贮藏周期再度发病的全过程称为病害的侵染循环。它包括两个周期:活动期和休止期;三个环节:病原菌的越冬(越夏)、初侵染和再侵染、传播。

1. 病原菌的越冬(越夏)

大多数的病原菌都来自田间已被侵染的园艺产品,其在越冬(越夏)场所与果园、菜地里的发病的病害相似。虽贮藏库有时也可能有烂果存在,成为下一贮藏的病害隐患,但一般贮藏库都经过清扫和消毒,所以病原菌在贮藏库内潜伏至下一个贮藏周期的可能性大大减小。

少数病原菌来自贮藏库本身,如引起果实腐烂的葡枝根霉、柑橘青绿霉等一些非专性寄生物。虽然这些寄生物的寄生性极弱,但一旦侵入,其造成危害往往更大。所以贮藏库的及时清扫和消毒(包括园艺产品完全出库后的清扫和消毒及入库前的清扫和消毒)对于减少菌源、降低菌群基数、防止大量腐烂显得尤为重要。

2. 病害的初侵染和再侵染

病原菌越夏或越冬后对寄主的初次侵染称为初侵染。初侵染发病后所产生的病原体通过传播引起的再次或多次侵染称为再侵染。病原物在寄主个体上通过侵染、扩展、症状出现,就能形成病害,但不一定造成严重危害。大多数病害只有群体中不断传播、蔓延发生多次侵染,使大量个体发病,才能在经济上造成严重损失。

一些来自田间的侵染病害,如苹果和梨的锈病、轮纹病、炭疽病,苹果霉心病,葡萄白腐病,柿角斑病等在贮藏期间一般无再侵染,贮藏期间发病的程度取决于栽培期间菌源的多少,所以防治的关键是注意在栽培期间加强病虫害防治;而梨黑星病,柑橘溃疡病、疮痂病,枣锈病,桃褐腐病,荔枝霜疫病,草莓灰霉病,葡萄炭疽病,十字花科蔬菜的软腐病,番茄炭疽病、轮纹病,茄子绵疫病等在贮藏期间有再侵染,其发病的程度则不仅取决于栽培期间菌源的多少,也取决于再侵染的次数,所以采前采后的防治同等重要。

许多来自贮藏库本身的弱寄生菌再侵染频繁,这类病原菌往往产孢量大,容易成熟,侵染过程短,适应范围广。再侵染的次数取决于病原菌侵染过程的长短、产孢量大小、产品的成熟度、贮运的环境条件及贮运时间等。其中,贮运条件及温度、相对湿度、气体成分等的控制是限制再侵染的关键因子。贮藏中无再侵染特性的病害发生时一般比较稳定,发病率不会继续增加。这类病害的流行,决定于初侵染源的多少和初侵染的效率。有再侵染特性的病害发病初期零星发生,后通过不断地再侵染,使发病面积逐渐扩大,病害数量急剧增加。

3. 传播途径

了解病原菌的传播途径可以为实施园艺产品采后病虫害防治技术提供重要依据。采后贮运期间病害的主要传播途径有接触传播、气流传播、水滴传播、土壤传播、昆虫传播等。

(1) 接触传播　大量的产品在堆积、装箱、运输、加工过程中互相接触,把病原菌从病产品传播到健康产品上。

(2) 气流传播　许多小囊菌或半知菌主要靠振动产生气流传播。产品在堆放、装卸、运输过程中不断受到振动,有振动造成的局部小气流使病原菌孢子得以飞散,到处传播。如草莓和葡萄的灰霉菌、许多蔬菜的白粉病菌和霜霉病菌等。

(3) 水滴传播　产品在贮运过程中,塑料包装袋内壁产品表面常产生许多水滴,水滴的流动和滴落常将病原菌传播到健康产品上,如炭疽病菌、荔枝霜疫病菌、苹果和黄瓜疫病菌等。

(4) 土壤传播　产品采收不净,特别是蔬菜的块茎、块根产品,表面局部附着病土,使病菌孢子传播到健康产品上。

(5) 昆虫传播　昆虫的口器和足部可黏附细菌和真菌,其活动可将病菌沾到健康产品上。如荔枝霜疫病与荔枝椿象危害、柑橘酸腐病与吸果夜蛾或果蝇危害都有着密切的关系。

二、影响发病的因素

1. 机械损伤

园艺产品贮运中的许多腐烂病害,均因组织遭受机械伤害而引起的病原菌侵染所致。园艺产品在采收时所用的工具的种类、人员素质的高低、操作的认真程度都直接关系到产品机械损伤的多少。果蔬采后贮运加工过程中的各个环节均可能因受到跌落、碰撞、振动、刺伤和鲜切等作用而引起果蔬变形或果皮、果肉破损等伤害。机械损伤加速了微生物对果蔬的侵害,导致果蔬发生霉变,使园艺产品的品质和经济效益大大降低。

2. 温度

温度对病原菌的侵染、萌发、侵入的速度均有明显的影响。适宜的低温环境可强烈抑制真菌孢子萌发和菌丝生长,减少侵染并抑制已形成的侵染组织的发展。例如,灰葡萄孢在5℃时到第7d旺盛生长,2℃时到第9d旺盛生长,0℃时到第12d旺盛生长,-2℃时到第17d旺盛生长。在0℃左右时，温度的微小变化对微生物的生长的影响比其他任何范围内温度波动的影响更明显。在0℃左右贮藏可在一定程度上控制病菌侵染，但并不能完全控制，而且低温贮藏的园艺产品在低温解除后往往腐烂加重，使常温下货期缩短。

低温范围内温度增高将使园艺产品呼吸强度比室温贮藏时成倍增加，园艺产品易衰老，本身抵抗能力下降，同时病原菌在较低温度范围内生长速度的增加要比在较高温度范围内增加快得多。

由于园艺产品的种类和品种不同，对低温适应能力也有所不同，如果温度过低，超过其的适应能力，会造成冷害或冻害，遭受低温伤害后的园艺产品组织抗性大大降低，造成大量腐烂。如蒜薹的灰霉菌、甜椒的灰霉病、番茄的酸腐病、苹果的青霉菌等发病更严重。

适当的高温可以杀灭病原菌，如38~43℃热风处理洋葱数小时，可杀灭洋葱颈腐病菌；38℃热空气处理（饱和温度下）草莓8h，可预防腐烂；44℃水蒸气处理草莓30~60s，可防治葡萄孢和根霉引起的腐烂病害；50~60℃热水浸蘸处理草莓30s，可有效杀灭有葡萄孢造成的腐烂。但高温处理堆产品的不良影响不能不考虑在内，如过度的热处理会导致草莓花萼受损、风味劣变。

3. 湿度

湿度影响真菌孢子的萌发和侵入。大多数新鲜园艺产品贮藏均要求高湿条件，而大多数真菌孢子的萌发也要求高湿度，尤其在有水滴存在时，萌发最快。此外，细菌的繁殖及游动孢子和细菌游动，都需要在水滴里进行。有时湿度相差不大而引起的效果却不同，如温度为-1.1℃时，灰葡萄孢的分生孢子在100%相对湿度下能够萌发，而在97%相对湿度下不能萌发。另外，高湿条件下，园艺产品的膨压加大，容易造成微小的机械伤，为病菌侵入打开方便之门。

但近年有研究表明，对有些蔬菜而言，当贮藏的相对湿度饱和时，反而比相对湿度腐烂少。因此认为，叶菜类蔬菜如甘蓝、大白菜、芹菜、韭菜等在高湿条件下，可推迟叶片的衰老，提高其对灰葡萄孢和其他病原菌的抗性。对水果贮藏也有类似的看法，例如，甜橙在30℃下，高相对湿度（90%~100%）与低相对湿度（75%）贮藏比较，几天后绿霉病腐烂明显减少，认为高相对湿度促使果实外皮细胞层中合成木质素及酚类的前体，对贮藏有轻微机械损伤的水果特别重要。

4. **气体成分**

一般认为，提高贮藏环境中CO_2含量对某些好氧性真菌，如链格孢菌、镰刀菌、灰霉菌和根霉菌等的发育及其菌丝生长有较强的抑制作用，当CO_2含量为10.4%时，葡萄孢、青霉、根霉的菌丝生长和孢子形成均受到抑制，意大利青霉菌丝干物质较对照减少32%，在CO_2达20%时菌丝干重降低到78%。但是，当CO_2含量超过10%时，大部分园艺产品即发生生理损伤，腐烂速度加快。通常高CO_2对真菌腐烂的抑制优于对细菌性腐烂的控制。

降低O_2含量可抑制真菌的生长，O_2含量低于2%时，葡萄孢、链核盘菌和青霉的生长减弱。随着O_2含量由21%降至零，由根霉造成的草莓腐烂率呈线性减少，但根霉并未死亡，一旦恢复正常气体组成又可继续生长。所以，仅仅靠增加CO_2含量或降低O_2含量达到抑制腐烂的目的是不可能的。另外，不同园艺产品要求氧气最低含量不同，一般在1%~5%时，大部分园艺产品发生低氧伤害，造成酒精中毒等病变。

5. **采收前田间病虫害防治状况**

田间栽培管理、病虫害防治状况直接影响到园艺产品带菌的种类及带菌量，尤其对于一些在采后无再侵染的病害如苹果炭疽病和霉心病、葡萄白腐病等，其发病的严重程度取决于田间侵染状况。一些典型的采后病害如青霉病等只能通过伤口侵入园艺产品体内，但如果田间有大量这类病菌存在的话，采收时产品表面便会有许多病原菌孢子附着，病菌就很容易通过采收及采后处理过程中形成的各种伤口侵入产品内部，进而增大引起腐烂的机会。所以，采前田间病害的防治，果园病枝、病果、病叶的有效清除，以及避免果实与土壤的接触均可有效减少果实带菌的数量。

6. 园艺产品的生物学特性

不同种类和品种的园艺产品抗性差异很大，如浆果类和核果类果实易感染腐烂病，而仁果类和柑橘类发病相对较少。苹果霉心病多发生在萼筒张大而且长的元帅系苹果；萼筒呈漏斗状，萼片长且翻卷的富士系苹果也易发病；而萼筒半张开的金冠苹果发病较轻，萼筒短且几乎闭合的祝光苹果则不发生霉心病。

大部分原产热带、亚热带的园艺产品对低温敏感，贮藏环境中不适宜的低温造成的冷害会使其失去对病原菌的抵抗力；而某些耐低温的园艺产品，如枣、蒜薹等则可以用接近冰点的低温来抑制病原菌。

不同种类的园艺产品在受到机械损伤时，愈伤的难易程度差别很大。仁果类、瓜类、根茎类蔬菜一般具有较强的愈伤能力，柑橘类、核果类、果菜类愈伤能力较差，浆果类、叶菜类受伤后一般不形成愈伤组织。愈伤能力强的园艺产品在适宜的温度、湿度和通风状况下，轻微受伤部位可形成新的保护组织，抵御病原菌侵入。而愈伤能力弱的园艺产品，受伤后不愈合，伤口易感染病菌而引起腐烂。

不同成熟度的园艺产品对病原菌的反应也有差异。一般来讲，幼果"不抗侵入抗扩展"，而成熟果则"抗侵入不抗扩展"。所以一些潜伏性侵染病害，常常是幼果期感病，成熟期显症。

三、侵染性病害综合防治措施

侵染性病害的防治是在充分掌握病害发生发展特点的基础上，抓住关键时期，以预防为主，综合防治，多种措施合理配合，以达到防病治病的目的。

（一）化学防治

使用化学杀菌剂杀死或抑制病原菌，对未发病产品进行保护或对已发病产品进行治疗，提高园艺产品抗病能力，防治或减轻病害造成损失的方法称为化学防治。迄今为止，化学防控仍是控制园艺产品采后侵染病害的主要手段，在果蔬生长期和采后贮藏时都可使用，化学防控成本低，使用方便，且可对已确定的和新的侵染性病害具有防控效果。低温贮运园艺产品并不能完全抑制某些病原菌的生存和发展，尤其在脱离低温环境后，曾被部分抑制的病原菌以更快的速度发展，化学防治可弥补这一不足，尤其对于应用简易方法贮藏的产品和对不耐低温的园艺产品的贮运更为重要。

化学防治要掌握病害侵入的关键时期。对于生长期侵入的病害，如苹果炭疽病、霉心病、心腐病、柑橘蒂腐病、褐腐病、香蕉和芒果的炭疽病等具有潜伏侵染特性，病原菌多于幼果期侵入，但由于果实本身的抗性而未发病，其防治关键时期是从花期或坐果一周开始到果实膨大结束时为止；有些果实病害如褐腐病、黑腐病、酸腐病都是近成熟期才侵染发病的，防治的关键时期是果实着色期；有些病害是生长期感病，但病斑不明显而混入贮藏场所，在采后继续扩展危害，如荔枝霜疫病、柑橘酸腐病，防治的关键时期也在生长期间；也有些病害是因为果面沾染病菌而进入贮藏场所，条件适宜便侵染发病，如青霉、灰霉、酸腐菌、镰刀菌及炭疽病菌等，其防治应采用采前喷药与采后浸药相结合，以降低带菌量，效果更好。对于采后贮藏期间侵染为主的病害，应注意贮藏环境的消毒。

在采后进行化学防治，可利用防腐剂抑制或杀灭病原菌、利用植物生长调节剂或其他化学物质提高产品的抗病性。利用防腐剂抑制或杀灭病原菌的关键是准确鉴定引发病害的病原菌，以指导科学用药。具体运用防腐剂时要注意：处理的时间越早效果越好，一般要求采后 2d 之内进行处理；处理的浓度应使其农药残留保持在许可范围内，另外，利用化学方法防治病害时，应注意病原菌的抗药性问题。如病原菌抗多菌灵，对其他苯并咪唑类药剂如硫菌灵（又称甲基托布津或托布津）、噻菌灵（又称涕心灵或特克多）、苯菌灵（又称苯来特）等也具有抗性，应选择作用机制不同的杀菌剂交替使用或采用混配的方法。

（二）物理防治

改善贮藏环境条件，尤其是控制温度、湿度和空气成分的含量，或应用热力处理，或利用射线辐照处理等方法来防治园艺产品贮运病害，均称为物理防治。物理防治无公害，不污染环境，是研究的重点。

1. 临界低温高湿贮藏

临界低温高湿贮藏又称低温冷冻保鲜技术，是通过控制冷藏系统的温度和湿度，使其保持在果蔬冷害点温度以上 0.5~1℃，相对湿度保持在 90%~98%，在这种特殊的低温环境中保证果蔬新鲜度和商品品质。低温保鲜技术在日常生活中较为常用，其工作原理是通过对果蔬冷藏室的低温条件进行不断优化，降低贮藏温度和提高环境相对湿度，既保证果蔬在贮藏期内不腐烂变质，同时又减少了果蔬的水分流失，控制了果蔬成熟度和含水量。但低温的环境也会使部分果蔬产生异色、冻伤，使其质地发生变化。另外，有些致病霉菌比较耐低温，在冷藏情况下仍能够在水果上生长，并造成水果腐烂。有些水果，特别是热带亚热带水果不能在低温下贮藏（低温下贮藏冷害严重），只能在亚低温下贮藏，此时致病霉菌繁殖仍然比较快，果蔬在贮藏期的腐烂比较严重。

2. 气调贮藏

气调贮藏（Controlled Atmosphere Storage，CA）是调节气体贮藏的简称，是指在一定的温度、湿度等贮藏环境条件下，通过调节 CO_2 等气体浓度，降低果蔬代谢水平从而延长贮藏保鲜期的方法。该方法可维持果蔬的营养成分与风味，与普通机械冷藏库相比可以延长约 1 倍的保鲜期。严格地讲，气调贮藏中 O_2 与 CO_2 都有一定的指标，并应控制在较小的变动范围之内。另外，所谓 MA 贮藏即限气贮藏（Modified Atmosphere Storage），也属于气调贮藏范畴，是采用薄膜包装贮藏。在 MA 贮藏中 O_2 和 CO_2 浓度变化大，没有一定的指标，多用于短期贮藏、运输以及零售时的临时性贮藏。气调贮藏是冷藏基础上进一步提高贮藏效果的措施，包含着冷藏和气调的双重作用，其同时控制了温度、湿度、气体成分等各环境因素，贮藏期显著延长，产品品质保持良好，是当代先进的贮藏技术。近年来，世界各国水果气调贮藏的数量日渐增加，CA 贮藏主要用于苹果、猕猴桃等大宗水果，而 MA 贮藏广泛应用于各类园艺产品的贮藏保鲜。

3. 真空预冷减压贮藏

真空预冷减压保鲜技术是利用真空条件下，果蔬组织中的自由水沸点随气压下降而降低，可以让贮藏室不需要电源制冷,通过果蔬中的水蒸发而达到制冷效果,其压力大小根据物品特性及贮温而定。这种方法较好地解决了贮藏园艺产品的失重与萎蔫等问题,不仅贮藏期比一般冷库延3倍,产品保鲜指数大大提高,而且出库后货架期也明显延长。由于果蔬保鲜真空预冷及减压低温保鲜对果蔬原料无任何化学污染及其他化学物质残留,是一种鲜切果蔬原材料的理想保鲜贮藏技术。

4. 辐射保鲜技术

辐照保鲜技术主要是通过利用波长极短的高能射线(如γ射线、红外线、紫外线、高能电子束、X射线等)对果蔬进行照射,以达到防腐保鲜目的的一种物理方法。目前以^{60}Co作为辐射源的γ射线因其获得相对容易、释放能量大、穿透力强、半衰期较适中而被广泛应用。电离辐射不仅能够有效控制园艺产品采后病害,而且还可杀灭检疫性虫害、延缓成熟及衰老并抑制发芽。辐射剂量根据园艺产品品种和辐射目的而定。用于园艺产品保鲜的剂量在0.03k~1.0kGy,用于杀虫和防虫的剂量在0.2k~4kGy,用于针对性和选择性杀菌的剂量在1k~10kGy,用于完全杀菌的剂量在20kGy以上。新鲜园艺产品的辐射处理要选用相对低的剂量,一般小于3kGy,否则容易出现果品变软和营养成分大量损失的现象。低剂量辐射预处理保鲜与其他技术(如冷冻、烫洗等)结合使用,可以减少辐射保鲜所需的辐射剂量。辐照杀菌属于"非热"加工技术,具有杀菌效果好、操作简单、无化学残留等特点。

5. 短波紫外线防腐

短波紫外线(Ultraviolet-Clight,UV-C,波长范围为200~280nm)作为绿色、安全的传统热力杀菌替代方法,近年来在园艺产品采后流通中的研究与应用日益增多。UV-C处理能够诱导新鲜农产品提高抗病性,产生功能成分,延缓成熟衰老,抑制病原微生物的生长繁殖,其在新鲜农产品采后保鲜和加工过程中,产业化应用的可行性逐渐成为讨论和研究的热点。例如,UV-C照射能够增加柑橘中的滨蒿内酯、胡萝卜中的6-甲氧基蜂蜜曲菌素、葡萄中的白藜芦醇、草莓中的类黄酮和花色素苷、洋葱中的槲皮黄素等抗病物质或者功能物质的含量。处理剂量因果实种类和成熟度而异,如葡萄柚为$1.6~6.4kJ/m^2$,番茄为$1.3~7.5kJ/m^2$,剂量过大将对果实造成伤害。处理番茄以绿熟果实效果最佳,因为成熟度较高,诱发抗性较低。

物理方法还包括热处理、间歇升温等多种,在商业上应用广泛。近年来报道的防治病害的方法不仅是简单的一种物理处理,更多的是联合防控,如物理方法与化学方法相结合。

(三)生物防治

"生物防治"作为一个名词在1919年提出。但是这个术语的含义一直到20世纪60~70年代才得以确定,学者综合前人的观点为生物防治提出定义:生物防治就是自然的或通过对环境、寄主或拮抗体的控制,通过大量引进拮抗体或利用有机体,最终达到降低处活跃状态或休眠状态的病原体或寄生物的接种体密度或致病活性的目的。生物防治对环境安全,无残留,无污染,不杀伤天敌,成为目前研究和开发的热点,其中利用病原菌的拮抗菌进行生物防治,控制病害的危害是值得深入研究的一条新途径。生物防治是选择对产品以及人体不造成危害的微生物,利用微生物之间的拮抗作用,抑制病原菌生长的一种有效防治采后病害的新途径。因为园艺产品贮藏环境小、条件容易控制;没有外界不可控因素,如紫外线、干燥等的破坏作用;产品相对集中,处理容易,成本低。所以,利用生物防治技术可对某些病害进行有效的控制。

应用微生物进行园艺产品采后病害是生物防治研究工作的一个新领域，利用的微生物主要有拮抗细菌和酵母菌两大类。在产后病害的生物防治中，微生物的应用有两种途径，一是通过产前、产后管理措施调节和利用园艺产品表面自然附生的有益微生物；二是通过人工引入大量的拮抗菌群体。目前，产后病害的微生物防治多是通过大量引入单一的拮抗菌来实现相比田间植物病害，产后病害对拮抗菌的要求特别是在防效和安全性方面要求更高。1989 年，研究者提出理想的拮抗菌应具备如下特征：遗传上稳定，在较低的接种浓度下也有效，在逆境中存活能力强，抗病谱广，能在廉价的培养基上生长，可制成便于贮存和使用的制剂，不产生对人体可能有害的次生代谢物质，可耐受化学农药及果实产品的各种物理与化学处理措施等。在已报道的拮抗菌中，酵母菌由于具有独特的生物学特点及作用方式而倍受人们关注。

1. 拮抗菌的利用

（1）拮抗酵母菌特点　已有的研究表明，应用于产后病害生防的拮抗酵母菌具有较强抗逆能力，可在高温与干旱条件下长期定殖于植物叶表；其产生的胞外多糖赋予其竞争存活的优势；能利用果实表面的养分迅速扩增；对化学农药具有较强耐性；酵母的遗传学基础研究比较清楚，其遗传转化系统比较完善，具有通过基因工程技术进行遗传改造提高防病效力的潜力；而且许多酵母菌广泛应用于食品加工及酿造工业，与人类生活息息相关，更易被人们所接受。

（2）拮抗酵母菌抑菌机制　拮抗菌的抑菌机制是相当复杂的，所以很难断定某一拮抗菌的抑菌机制到底是单一作用，还是综合作用，而且有些机制可能还没有被发现。随着科学家们对采后生物防治研究的不断深入，对拮抗菌的抑菌机制的认识也在逐步提高。目前人们发现拮抗菌的抑菌机制主要有以下几个方面：①依靠产生抗菌素抑制病原菌的生长；②与病原菌竞争营养和空间；③直接寄生于病原菌；④诱导寄主产生大量抗病性次生代谢物质，如诱导苯丙氨酸解氨酶（PAL）的活性，在莽草酸途径，该酶催化苯丙氨酸向肉桂酸转化，进一步合成与诱导抗病性有关的酚类物质如植保素和木质素，增强抗病性。

（3）影响拮抗菌防治效果的因素　利用拮抗菌控制园艺产品采后病害的效果很大程度上取决于拮抗菌和病原菌的相对浓度。拮抗菌的浓度一定时，病原菌的浓度越低，防病效果越好。许多研究证实，越早使用拮抗菌，其控制病害的效果越好；若拖延使用，则防治效果显著下降。因为延迟拮抗菌的使用时间，会使病原菌的基数增加。拮抗菌的最适生长温度，病原菌的最适生长温度及园艺产品贮藏的适温往往是不同的，所以选择适应园艺产品贮藏的最适温度的拮抗菌，才能充分发挥拮抗菌的作用。

2. 天然产物杀菌剂的应用

天然产物杀菌剂作为一种生防制剂不仅具有低毒、高效、易降解和对环境污染小的特点，而且研发成本相对较低，天然产物（尤其是植物源产物）作为替代化学合成杀菌剂的研究逐渐成为国内外研究热点，也将是果蔬贮藏技术的发展趋势。按照来源的不同，天然产物杀菌剂可以分为植物源、动物源及微生物源。植物提取物用作防腐剂已有几百年的历史，芳香植物提取物的杀菌活性尤为引人关注。不同溶剂的植物提取物对多种采后病害显示出了一定的防治作用。壳聚糖是一类可溶性甲壳素物质，具有高效抑制病原微生物繁殖和生长的作用，还可在较低浓度下诱导植物对病原菌的防御机制。另外，风味化合物、精油、生物碱、酚类、有机酸、抗毒素、茉莉酸类化合物、芥子油苷、蜂胶、壳聚糖及醋酸瓜类萎蔫醇等天然产物在园艺产品采后病害防治中的作用也逐渐显示出来，它们对于延缓园艺产品衰老、提高抗性、减少病原菌侵染起到了一定作用。

我国天然植物源果蔬保鲜剂的研发、应用和推广仍然任重而道远,但其低毒、高效、环境兼容性好等优点日益显现,是生产安全性食品的有效方法。因而,研究天然产物取代化学药剂进行园艺产品采后病害的防治,对减少食品中农药的残留、保护环境、确保人体健康和农产品的可持续发展具有重大的意义。

(四) 农业防治和商业防治

在园艺产品生产中,采用农业措施,创造有利于园艺产品生长发育的环境,增强产品本身的抗病能力,同时创造不利于病原菌活动、繁殖和侵染的环境条件,减轻病害的发生程度,这些方法称为农业防治。农业防治是最基本、最经济的病害防治方法。常用的措施有培育无病苗木、田园卫生、科学施肥、合理修剪、果实套袋与病虫害防治相结合、排灌等。

另外,适期、无伤采收,严格挑选果实入库,合理包装,文明装卸,贮运场所的卫生和消毒,贮藏场所的温度、气体成分的管理等,对防治贮运病害也能起到间接或直接的作用,这些工作可称之为商业防治。

(五) 果蔬侵染性病害防治新技术

1. 纳米保鲜技术

纳米科技进步带动了一种新型的纳米保鲜技术,通过将纳米级别的无机生物抗菌材料制成相关的包装物,从而具备长效的无机杀菌防腐性能。常用的纳米银、纳米氧化锌、纳米二氧化钛等具有抗菌杀毒、低透氧透水性、能阻隔 CO_2 等特性,可以作为抑菌剂进行涂膜或作为果蔬的包装材料,在果蔬保鲜中起着不可忽视的作用。纳米技术虽然是一种新型有效的保鲜技术,但安全性评价和纳米材料的开发,还有待于进一步研究和完善。

2. 结构化水保鲜技术

结构化水保鲜技术主要是利用一类非极性的分子(如惰性气体)在一定的温度和压力下,与游离水结合而形成笼形水合物结构的技术。这种技术能使果蔬细胞间的组织液水分参与反应形成结构化水,使果蔬组织内的细胞间溶液黏度升高,从而抑制体内的酶促反应速度,并使果蔬水分蒸发过程受到抑制。目前,这种结构化水保鲜技术作为一种新型食品保鲜技术手段,在科学技术应用方面和实际作用于机体各种生理功能方面仍然还需要进行更加深入的科学研究。

四、果品蔬菜主要侵染性病害实例

1. 苹果、梨褐腐病

褐腐病基本在所有核果类产区都存在,是核果类最具破坏性的病害之一,主要发生在果实生长后期和采后,我国苹果及梨产区均有发生,曾造成巨大经济损失。除危害苹果和梨外,还危害桃等果树。

(1) 症状　果实受害初期,产生浅褐色软腐状小斑,后迅速向四周扩展,经 5~7d 即可使整个果实腐烂。病果的果肉松软,海绵状,略有弹性,不堪食用。在病斑扩大腐烂过程中,其中央部分形成很多突起的、呈同心轮纹排列的、褐色或黄褐色绒球状分生孢子座。病果后期失水干缩成僵果,表面往往有蓝黑色斑块。

(2) 病原菌　病原菌 *Moniliniafructigena* 属于子囊菌亚门盘菌纲,链核盘菌属,果生链核盘菌。无性态 *Moniliafructigena* 为半知菌亚门丝孢纲,丛梗孢属,仁果褐腐丛梗孢。

（3）发病规律　病原菌主要通过各种伤口侵入，也可经过皮孔入侵果实，采后可接触传播或昆虫传播。病害扩展期长短受温度控制，最适发病温度为25℃。不同品种抗病程度不同，苹果中的大国光、小国光为感病品种；晚熟的粗皮梨、莱阳梨、二宫白、康德梨、雪花梨等是感病品种。

（4）防治措施　适期采收，避免早采，以保证果品的品质和贮藏性能。避免伤口，严格剔除各种伤果和虫果，并进行分级包装。最好用包装纸单果包装，做到快装快运，避免各种挤压伤和碰撞伤。贮藏库最好保持0.5~1℃，相对湿度90%，以控制病害的发生。或实行产地分散贮藏（地沟、窑洞贮藏）以减少运输过程中造成的伤口，贮藏期间要定期检查，发现病果及时处理。

2. 苹果、梨霉心病

苹果、梨霉心病又称"心腐病""霉腐病"，引起贮运期果实腐烂。危害严重者，果实采收时便大量发病。贮藏1个月，感病品种的病果率甚至可达60%以上。

（1）症状　病原菌初期以墨绿色霉状菌丝体在果实心室内存活，条件合适时，使果心变褐腐烂，后不规则地向果实外缘扩展。通常首先表现症状的部位是梗洼，整个梗洼从下往上变为褐色湿腐斑，其上部边缘呈放射状扩展；稍后，果实胴部也可见到褐色水渍状不规则病斑。此时剖开病果，即可看到从果心向外呈不整齐扩展腐烂的病状。病组织及其附近果肉味苦，最后全果腐烂，不堪食用。

（2）病原菌　主要为半知菌亚门丝孢纲链格孢属（*Alternaria* sp.）的真菌。此外，据报道红粉霉（*Trichothecium Roseum*），镰刀菌（*Fusarium* spp.）等也能导致霉心病。

（3）发病规律　一般认为花期为重点侵染时期，尤其是开花前期，病原菌侵染苹果稍多于果实期，要到果实生长后期或贮藏期才发病，继续霉烂。在贮库中无再侵染。苹果以红星、红冠最感病，金冠、元帅次之，小国光不感病。凡萼口开张率高、萼筒长与果心相连的品种发病重。

（4）防治措施　花期前后为防治关键时期，从萌芽开始，于蕾期、初花期、盛花期及花后各喷一次内吸性杀菌剂，防止病原菌侵入。喷药时加入2g/L硼砂，效果更好。贮藏时控制温度为0~1℃，可抑制病原菌蔓延。

3. 柑橘青霉病、绿霉病

柑橘青霉病、绿霉病是柑橘采后危害性很大的两种病害，一般低温下以青霉病为主，较高温度下以绿霉病为主。绿霉病发展较快，7d内便全果腐烂，青霉病14d可使全果腐烂。

（1）症状　两种病状相似，初期为水渍状淡褐色圆形病斑，软腐状。青霉病病部稍陷，表面稍皱缩，指压易破裂；绿霉病则较紧实，不皱缩。病部均先产生白色霉状物，很快转变为青色或绿色粉状霉层，此后病部不断扩大，很快全果腐烂。病果果肉发苦，干燥时可干缩成僵果。通常青霉病在贮藏前期发生，绿霉病在后期发生，青霉病烂果不黏附包果纸而绿霉病粘连。

（2）病原菌　青霉病由意大利青霉（*Penicillium italicum* Wehmer）引起，绿霉病由指状青霉（*P. digitatum* Sacc）引起，均属半知菌亚门。

（3）防治措施　病原菌通过各种伤口及果蒂剪口侵入，引起果腐。病部可产生大量分生孢子进行再侵染，病果和伤果接触也可传播病害。

①做好贮藏库和用具消毒，切断侵染循环：果实进库前按硫黄粉5~10g/m³进行熏蒸，或

用体积比1∶40倍福尔马林液喷洒30~50mL/m³，密闭熏蒸2~3d，然后打开窗通气2d，待药味充分散发后，方可入库贮藏。

②适期采收和防止果实受伤：下雨时、雨后或重雾、露水未干时不要采果，采收时要防止果实遭受机械伤，运输过程中要轻装轻卸。

采后可用500~1000mg/L多菌灵+200mg/L 2,4-D浸果1~2min，浸后稍晾干，再用塑料薄膜单果包装。若连年用此类药剂，药效明显降时，可用1000mg/L特克多或噻菌灵、500mg/L抑霉唑替代多菌灵。

③单果包或含药纸包：用塑料薄膜单果包要比纸单果包的防腐保鲜效果好。也可用含有挥发性的联苯药纸，或用联苯和聚乙烯为原料，经混合加工成的含药薄膜，防腐效果良好。应注意的是，果实内农药残留量不得超过110mg/L。

④控制贮藏环境条件：适宜贮藏温度甜橙1~3℃，蕉柑7~9℃，温州蜜柑、芦柑7~11℃，柠檬14℃。空气相对湿度控制在80%~85%，并注意适当通风换气。

4. 柑橘酸腐病

酸腐病是柑橘贮运中最常见、最难防治的病害之一，尤以柠檬、酸橙最易患酸腐病。

（1）症状　酸腐病只危害果实。果实受侵后，出现水渍状斑点，病斑扩展至2cm左右时便稍下陷，病部产生较致密的菌丝层，白色，有时皱褶呈轮纹状，后表现白霉状，果实腐败，流水，并发出酸味。

（2）病原菌　半知菌亚门丝孢纲的白地霉（*Geotrichum candidum*）。

（3）发病规律　病菌广泛分布于土壤内，通过结果部位低的果实与土壤接触，或雨水飞溅孢子、风吹起土粒接触下层果实而传播。病菌起初常聚果蒂萼片下，条件适宜时，侵入受伤果实，特别是伤口深达内果皮的最易发病。贮藏期间，继续接触、震动传播。病菌需要相对较高的温度。15℃以上才引起腐烂，10℃以下腐烂发展很慢。通常，未成熟果实具有抗性，成熟或过熟的果实则易感病。

（4）防治措施　采收时不用尖头剪刀，小心避免造成伤口。低温贮运，一般果温低于10℃几乎完全抑制酸腐病。缩短贮藏期。据资料，邻苯基酚钠（SOPP）对酸腐病有一定作用，通常以0.8%~1%含量浸果1~2min，该药可在伤口处聚集而阻止病原菌侵入。邻苯基酚钠易产生药害，使果皮变褐，浸果后要用清水冲洗干净才可包装贮藏。抑霉唑（又称戴唑霉）也是目前防治酸腐病效果相对较好的药剂，常用500~1000mg/kg浸果处理。

5. 桃、李、杏软腐病

软腐病对核果造成的危害极其严重，是造成核果类经济损失的第二大病害，仅次于褐腐病。软腐病是采后病害，危害颇大，尤以桃易感染。

（1）症状　危害成熟果实。病斑初淡褐色，不规则形，水渍状，迅速扩展，全果变褐软腐，表面长出大量白色至灰色的棉毛状物，其上密生点点黑霉，即病原菌的子实体。烂果常有酸味，后期淌水。

（2）病原菌　接合菌亚门根霉属中的匍枝根霉（*Rhizopus stolonifer*）。

（3）发病规律　病菌广泛生存于空气中、土壤内，或附在各种工具上，通过伤口侵入成熟果实。病果表面长出的孢子囊和孢囊孢子经各种振动和昆虫活动散布，或者直接接触传病，棉毛状的菌丝体也可伸展蔓延到邻近健果引起危害。果皮擦伤或磨破是最重要的诱因。其次是湿度，高湿使病害迅速发展。

（4）防治措施　小心采收，轻剪轻放，尽量减少伤口。采收后迅速预冷，24h 内使果温降低到 0℃。有报道用氯硝胺浸果，效果较好。预冷处理结合低温贮藏，可减少腐烂。单果包装可控制接触传病，若能再结合低温贮运，效果更佳。

6. 葡萄灰霉病

（1）症状　病果初期呈水渍状凹陷小斑，后迅速扩及全果腐烂，同时在病果上长出浓密的灰色霉状物。果梗受害后变黑，病斑形状不定，后期表面常生黑色块状菌核。

（2）病原菌　由半知菌亚门丝孢纲的灰葡萄孢（*Botrytis cinerea Pers.*）引起。

（3）防治措施　加强果园栽培管理，注意消灭病源。生长期药剂防治应以花前为主，花前 7d 喷 1 次药，临近开花时再喷 1 次，花期停止喷药，花后立刻喷药，以后每 10d 左右喷 1 次药，即可控制发病。药液主要用 450~500g/L 多菌灵 800~1000 倍液，或 500g/L 甲基托布津 500~600 倍液。

葡萄采后应迅速用 SO_2 熏蒸，第一次 SO_2 含量一般为 500μL/L 熏蒸 20min，贮藏期间每隔 7~10d 用 100~200μL/L SO_2 含量熏蒸 30~60min。近年来，使用亚硫酸盐或焦亚硫酸盐制成的药片投放到葡萄包装袋内，可抑制灰葡萄孢的生长。为控制 SO_2 释放速度过快可在熏蒸药物中添加适量缓释剂，如淀粉、硬脂酸、硬脂酸钙等，效果更佳。应注意的是，美国食品药品监督管理局（FDA）和美国国家环境保护局（EPA）联合规定，鲜食葡萄 SO_2 残留允许量为 10mg/kg。

也可用仲丁胺熏蒸，通常每 1kg 果实用 0.2~0.25mL 仲丁胺原液。若用克霉灵处理，药量要加倍。浸果用 300 倍仲丁胺药液浸 2min，或多菌灵 1000 倍液采后浸果 1min，晾干后贮运，效果较好。

贮藏中温度维持在 0~0.5℃。低温结合防腐剂处理，防治病害效果更好。

7. 香蕉炭疽病

香蕉炭疽病属潜伏性侵染病害，是香蕉贮运中的首要病害。

（1）症状　主要在近成熟的果实上显症，初为近圆形暗褐色、凹形圆斑，随果实的成熟衰老，病斑迅速扩展，常在 3~5d 全果变黑，果肉腐烂软化。相对湿度大时病斑上生出许多橙红色黏质粒。有些品种病斑初期细小，但数量较多，甚至布满全果，呈梅花点状，被称为"芝麻点香蕉"或"梅花点香蕉"；有些品种只发生油浸状斑点，其上形成分生孢子盘；有些品种病斑呈梭形，中央开裂。

（2）病原菌　香蕉刺盘孢 [*Colletorichum musae* (*Berk. et Curt.*) *v. Arx*]，为半知菌亚门腔孢纲真菌（*Gloeosporium musarum Cke. et Mass.*），为异名。

（3）防治措施　炭疽病属典型的潜伏性侵染病害，故应采取控制田间侵染为主，采后药剂处理为辅的防止原则。

清洁蕉园，集中病枯叶、花、果等烧毁，减少病源；从抽蕾开花起，喷施 4 次 1000mg/L 多菌灵、或噻菌灵、或苯菌灵、或抑霉唑，间隔时间 10d 左右，只喷果穗不喷叶片，可有效降低炭疽病危害；果实成熟度为七八成时采收为宜，采后 24h 内用防腐剂处理，以 1g/L 的多菌灵、噻菌灵或抑霉唑浸果，或用 0.5g/L 的异菌脲（又称扑海因）和 0.5g/L 的噻菌灵混合处理；包装袋内可加入乙烯吸收剂，以延缓衰老进程，抑制病害发生。

适宜的贮藏温度为（12±1）℃。若温度过低，会产生冷害；温度过高，则成熟加快和抗病性下降，炭疽病症会提前显现。

8. 菠萝黑腐病

黑腐病是常见的菠萝贮藏病害，田间也可发生。

（1）症状　未成熟或成熟的果实均可受害。感染先出现于果柄切端，靠切口的果面初产生暗色水渍状软斑，后扩大并互相连接，发展至整个果面，呈暗褐色，无明显边缘的大斑块，内部组织变软，水渍状部分与健康组织有明显的分界，果轴及其周围发黑，向上扩展，组织逐渐崩解，发出特殊的芳香味。后期病果大量渗出液体。

（2）病原菌　半知菌亚门丝孢纲根串珠霉属的异根串珠霉（*Thielaviopsis paradoxa*）。

（3）发病规律　病菌以菌丝体或厚壁孢子在土壤或病组织中越冬，并借雨水溅射及昆虫传播，遇适当寄主时萌发侵入伤口危害。在采后，则通过接触传染而蔓延至健果上。收获时，果柄的切口是病菌入侵的主要途径。冬菠萝遭低温霜冻，运输途中鲜果被压伤或抛伤，采收后堆积受日灼等均增加发病。温度 23~29℃，果实黑腐发展最快。较甜的品种比较酸的品种病重。

（4）防治措施　根据果实成熟先后，分期分批采收。采收过程中必须轻拿轻放，绝对防止人货混载，野蛮装卸。采后防止日晒。最好 24h 内将果实运进工厂及时加工，或贮入 7℃ 冷库内。采收时每割一个菠萝，割刀先在消毒液内浸一下，或在果实基部裂缝处，滴以苯甲酸等消毒液。采后以噻菌灵 1000mg/kg 浸泡果实 5min，防治效果良好，或将果柄切面浸渍含 100g/L 苯甲酸的乙醇或农药抑霉唑，也可防治黑腐病。

9. 白兰瓜与哈密瓜软腐病

白兰瓜与哈密瓜极易发生软腐病，采收入库 2~3d 便可发生。扩展极为迅速，造成很大损失。

（1）症状　只危害贮运中的白兰瓜或哈密瓜。病果多自伤口发病，有或无明显的圆斑。果面有时还能龟裂，逐渐水浸状发软，破伤或裂口处常长出浓密或稀疏、白色至灰色的棉毛状物，上有点黑霉，即病原菌的子实体。最终病部淌水，迅速腐烂。

（2）病原菌　由接合菌亚门内多种根霉引起，最主要的是匍枝根霉（*Rhizopus stolonifer*）。

（3）发病规律　病菌广泛分布在空气中、土壤内及各种残体上，由伤口侵入。贮运中主要靠接触、振动、昆虫传播而再侵染，机械损伤、冷害造成的伤口是病害的重要诱因。未成熟的果实不易被害。贮温在 16~20℃ 时，危害严重。薄膜袋包装的，相对湿度大，往往造成严重软腐。

（4）防治措施　采收不宜过晚，尽量防止果实碰伤、擦伤、压伤。贮库温度应维持在白兰瓜 5~8℃，哈密瓜 3~9℃，相对湿度低于 85%，并注意通风换气，定期翻瓜检查。贮运前以抑霉唑 750mg/kg 浸瓜 30s，结合冷藏，效果较好。

10. 十字花科蔬菜软腐病

又称烂葫芦、水烂等，以白菜产区危害最重，在田间、窖内、运输途中或市场上均能发现。贮藏中会引起全窖腐烂，损失极大。另外，甘蓝、萝卜、花椰菜感染此病也较为严重。

（1）症状　软腐症状因寄主和环境条件不同而略有差异、一般柔嫩多汁的组织开始受害时，呈半透明状，后变褐色，随即变为黏滑软腐状，同时产生不愉快的气味。较坚实少汁的组织受侵染后，也先呈水质状，逐渐腐烂，最后病部水分蒸发，组织干缩。

白菜、甘蓝等多在包心末期开始发病。先表现在茎基部，出现水质状，微黄色病斑，随病情发展，白天植株外叶呈萎蔫下垂，但早晚可恢复。几天后，病株外叶萎蔫，平贴地面，或失水变干呈薄纸状，紧贴叶球，叶秋外露；严重时叶柄茎或根茎处溃烂，流出黏液，并散发臭味。腐烂有的从根髓或叶基部向上蔓延，引起全株腐烂；也有的从外叶边缘或心叶顶端开始向下发展，或从叶片虫伤处向四周蔓延，最后造成整个菜球腐烂。

萝卜染病常始于根尖，初呈水质状褐色软腐，病健部位明显，常有汁液渗出，逐渐向上扩展，使芯部软腐溃烂成一团。

（2）病原菌　病原物是欧氏杆菌属的细菌（*Erwinia carotouora var Carotovora*）。

（3）防治措施　贮藏期间病害多由田间感染而来。因病原细菌在土壤中或随病株在菜窖中越冬，春季通过雨水、灌溉水、带菌肥料、昆虫等传播，一般通过自然孔口和伤口侵入。

减少白菜生育后期植株上的伤口，自然伤口、虫伤、病伤和机械伤均易感染病害。叶柄上的自然裂口是软腐病发病率最高的，久旱降雨后多发生纵裂；其次是虫伤，应注意菜虫的防治，减少虫伤发生。建高畦：高畦发病轻，平畦发病较重。选栽抗病品种：直筒品种比外叶粘地的球形和牛心形品种发病轻，柔嫩多汁的白帮品种不如青帮品种抗病，一般抗病毒病和霜霉病的品种也抗软腐病。

第二节　园艺产品生理性病害

园艺产品在采前和采后环境中的温度、湿度、光照、气体成分、机械损伤、化学药物等都会对果蔬的生理和生化代谢造成影响，这些因素的极端变化，如温度或气体成分过高或过低、农药使用量过大等就会形成逆境或胁迫（Stress），从而影响产品正常的代谢过程，导致成熟衰老加速、品质下降，造成严重的采后损耗。这种由于不适宜的环境条件而引起的果蔬代谢异常、组织衰老以至败坏变质的现象，统称为生理病害（Physiological Disease）或生理紊乱（Physiological Disorder）。生理性病害是由非生物因素诱发的病害，由果实发育期间营养失调、采前采后环境条件不当等造成，故又称非侵染性病害，此类病害不具有传染性。无侵染蔓延迹象和病症，只有病状，其病状因果蔬的种类而异，大多是在园艺产品表面褐变或凹陷、黑心、异味，不能正常成熟等。生理病害和侵染性病害之间有着密切的园艺产品贮运学关系。生理病害的发生会为病原物的侵入开辟通道，使产品极易被侵染；此外，生理病害还会显著降低产品自身的抗病性。同样，侵染性病害的发生也会明显减轻产品对不良环境的抵抗能力，使产品生理病害的发生概率增大。所以，分析病害发生的初始病因及腐坏的进程极其重要。

生理性病害的病因很多，可分为收获前因素和收获后因素。收获前因素如果实生长发育极端营养失调、栽培管理实施不当、收藏成熟度不当、气候异常等；收获后因素如贮藏期间的温湿度失调、气体成分不当等。

一、致病因素

（一）收获前因素

1. 果实生长发育期间营养失调

营养失调是营养物质的含量在总体上或果实的某一部分偏高或偏低，以及元素之间的比例失调，平衡关系遭到破坏。

(1) 钙营养失调 钙营养失调对果品园艺产品品质的影响最大。钙存在于细胞壁中，与中胶层的果胶酸起作用形成难溶解的果胶酸钙，增加了果实的硬度。还可和草酸、琥珀酸等有害酸结合成盐，解除酸害。

钙与多种金属阳离子发生对抗，缓冲高浓度金属离子对细胞的伤害，增加果实的抗逆性，提高果实对高 CO_2 的耐受性。钙离子有两个电荷，可将生物膜中带负电荷的磷脂和蛋白质结合在一起，这种功能对生物膜的结构完整性具有重要作用，也增强了对其生理功能的稳定性。

钙还作为几种酶的活化剂和抑制剂，如钙是梨糖醇脱氢酶的活化剂，是多酚氧化酶的抑制剂。果实缺钙时，山梨糖醇脱氢酶不能有效将山梨糖醇转化为果糖，而导致苹果水心病；缺钙时多酚氧化酶的活化性不能得到有效的控制，导致果实褐变。例如，钙含量低，N/Ca 比值大，会使苹果发生苦痘病、鸭梨发生黑心病、芹菜发生褐心病、青椒蒂腐病、莴苣黑心病等。

由于钙参与细胞壁生物膜和功能酶的组成，所以当钙营养失调时便产生组织坏死、粉绵、软腐、变色、开裂等缺钙症。

(2) 氮素营养失调 氮素超过一定限度时，会使果实成熟推迟，着色差，甜度下降，酸度升高，生理病害严重。如七八月份重施氮肥，苹果苦痘病严重，梨黑斑病侵染率上升。

氮过量还可使红色发育受到限制，而花青素是多酚类化合物，是天然抗氧化剂，其具有抗乙烯和 α-法呢烯氧化的能力，所以着色不良的果实易发生 α-法呢烯危害，而且果肉易粉质化，苹果虎皮病是典型的例证。

(3) 硼营养失调 硼在果实体内含量甚微，但生理功能显著，对细胞壁的形成、核糖核酸的形成、糖的运输均有重要作用。缺硼往往使糖的运转受阻，叶片中糖积累而茎中糖减少，分生组织变质退化，薄壁组织变色、变大，细胞壁崩溃，维管束发育不全，果实发育受阻。表现为果小、畸形、木质化；果实、块茎或肉质根内部出现褐色坏死点、龟裂、维管束变色，茎端枯死，茎梗开裂；叶片增厚、变脆、出现坏死点等。例如花椰菜褐变病、芹菜裂茎病、苹果缩果病和栓斑病及柑橘硬化病等。缺硼还可加重钙营养失调病状的出现。

但硼施入过量，也会造成硼伤害过量症，病症为：果实早熟，不耐贮藏，采前落果重，绿转黄快，红玉水心病加重，坏死增多。

(4) 钾营养失调 钾对果实的直接作用为使果实肥大，施用合理，可促进花青素的形成，增强果实组织的致密性，增大细胞的持水力，部分抵消高氮产生的消极影响。但钾过多，可降低对钙的吸收率，使缺钙性生理病害发生的可能性增大，例如使苹果苦痘病发生率增加；含量过低时，抑制番茄红素的生物合成，从而延迟番茄的成熟。

2. 栽培管理措施不当

栽培管理措施如施肥、灌溉、修剪、喷药等不当往往直接或间接地造成营养失调，而引起一些生理病害。

收获前大量灌水或遇阴雨天气，会使果实组织含水分过大，含钙量相对较低，加重苦痘病、果肉褐变等生理病害。在土壤长期缺水的情况下，果实因发育不良而个体小，着色不佳，易发生虎皮病；长期缺水会导致果实中的钙吸收减少，而且钙会随蒸腾拉力向叶片移动，果实钙含量的减少，易导致发生钙缺乏症，干旱缺水情况下栽培的直根类蔬菜，贮藏中易发生糠心。

果树修剪不当，直接影响树体营养分配，间接对一些生理病害产生影响。修剪过重，可刺激枝叶徒长，从而加剧果实营养失调症，如坐果过少、果个过大、果实贪青生长、氮钙比失调，贮藏中易发生缺钙病状或氮素过多病症。适当的疏花疏果使苹果的叶果比值增大，苹果含糖量高，有利于花青素的形成，贮藏中虎皮病发生少。生产中生长调节剂应用直接调节了营养的分配，使用得当，增产增收，但浓度不当，会使产品耐藏性和抗病性下降，如猕猴桃幼果期用膨大素蘸果，可使果个显著增大，但果实在贮藏中易软化而不易贮藏。

3. 采收成熟度不当

长期贮藏的园艺产品，如果采收成熟度把握不当，在贮藏中会出现一些生理病害。苹果采收过早易发生虎皮病、果皮易萎蔫发皱；但采收过晚，常常导致水心病、果肉粉绵病等。芹菜收获过晚，叶柄中心组织变软并呈海绵状，严重者叶柄中空，且纤维化程度大。大白菜和甘蓝收获过早，叶球松软，易失水萎蔫甚至干缩；但收获过晚，贮藏中发芽早，易出现叶球开裂现象。

4. 气候异常

（1）光照　果实短时间内接受高温强光危害后，很快会出现"日灼症"。苹果日灼表现为灼烫状圆形斑，在绿色果面上呈黄白色，在红色果面上呈浅白色，斑块无明显边缘；葡萄果粒的日灼，在其向阳面形成淡褐色干疤；石榴果面形成浅褐色到深褐色斑，灼伤部分内部籽粒呈白色。而光照不足，园艺产品中的可溶性固形物积累减少，着色不良，也会诱发一些生理危害，如苹果内膛果实因光照不足在贮藏中易发生虎皮病，且果肉易粉质化。

（2）温度　收获前数周酷热干旱可促使苹果发生水心病和红玉斑点病，河北鸭梨、山西大黄梨在成熟采摘期就有营养饥饿、果心褐变或糠心发生。而长时间持续阴雨低温年份，则使贮藏中苹果虎皮病发生严重。

（3）降雨　土壤水分缺乏时，果蔬的正常发育受阻，表现为个体小，着色不良，品质不佳，成熟期提前。如干旱年份生长的苹果含钙量低，果实易患苦痘病等缺钙性生理病害。在干旱缺水年份或在轻质壤土中栽培的萝卜，贮藏中容易糠心。降雨不均衡，久旱后遇骤雨或连阴雨，也会有生理性病害的发生，如甜橙旱后遇骤雨，果实短期内骤然猛长，果皮组织变得疏松，枯水病发生严重。

降雨过多，贮藏中易诱发多种生理病害和侵染性病害，如苹果果肉褐变病、虎皮病、低温伤害和多种腐烂病害。

（二）收获后因素

1. 高温伤害

园艺产品采后常会遇到高温环境。当温度高于果蔬器官和组织对温度的最大承受能力时，即造成高温伤害（Heat Injury）。高温会引起细胞膜系统的损伤，造成呼吸强度增加，后熟衰老速度加快，从而缩短贮运期。对香蕉和番茄来说，大于35℃的持续高温还会减少内源乙烯的释放，使产品不能正常后熟。香蕉表现为不能有效转黄，番茄合成番茄红素的能力明显降低。有些果蔬采收以后要进行热水或热蒸汽处理，但如果处理温度过高或时间过长则会导致产品烫伤，表现为表皮不同程度发生褐变。

2. 冷害

冷害（Chilling Injury）是冰点以上的不适宜低温对园艺产品造成的伤害。它是一些冷敏园艺产品在低温采后常见的一种生理病害，造成冷害发生的温度常在0~13℃。大多原产于热带和亚热带的园艺产品，由于系统发育处于高温的环境中，因此，采后在低温环境中极易遭受冷害。一般来讲，原产于热带的园艺产品如香蕉、芒果、菠萝、红薯、番茄、甜椒、茄子、黄瓜、南瓜、冬瓜、菜豆等对低温特别敏感，其冷害临界温度为10℃左右；原产于亚热带的园艺产品如柑橘、荔枝、龙眼、佛手瓜等次之，冷害临界温度为5~7℃；温带果实如桃、苹果、梨的部分品种在0~2℃下也会遭受冷害。

冷害的症状随园艺产品种类而异，主要表现为以下几方面：①表皮出现凹陷斑；②表面出现水渍状斑点；③表皮和内部组织发生褐变；④不能正常后熟；⑤腐烂。

冷害发生的根本原因是低温导致细胞膜物理相变。当冷敏园艺产品处于冷害临界温度以下时，细胞膜首先由柔软的液晶态转变为流动性较差的固胶态，构成膜基本单位的磷脂的脂肪酸链由无序排列变为有序排列，膜的外形和厚度也随之发生变化，使膜收缩，出现裂缝或通道，导致膜透性增大，膜上的酶系统被破坏，膜内可溶性物质和电解质外渗，膜内外离子浓度失衡。

细胞膜的液晶态是细胞维持正常代谢的基本状态，冷敏园艺产品细胞膜之所以会由液晶态转变为固胶态，与其磷脂中含有较多的饱和脂肪酸有关。通常，磷脂中饱和脂肪酸比例越高，对冷害也就越敏感。大多数冷敏园艺产品细胞膜中饱和脂肪酸的比例均明显高于抗冷者，而抗冷害园艺产品细胞膜中所含的脂肪酸主要为不饱和脂肪酸。所以，当温度降到0℃甚至更低时，抗冷害园艺产品的细胞膜仍可保持液晶态。但是，当温度下降到冷害临界温度以下时，冷敏园艺产品的细胞膜即转变为固胶态。

由于细胞膜由液晶态转变为固胶态这种初始反应的发生，会导致一系列的次级反应，如提高膜透性、刺激乙烯产生、增加呼吸强度等。如果冷敏园艺产品在冷害低温下所处的时间不长，在重新恢复到室温下后，膜的固胶态又可转变为液晶态，次级反应可能被纠正，一些失调也可能恢复正常。但如果经历的冷害温度时间过长，细胞膜的固胶态变化就不可逆转，导致一系列次级反应的发生，最终出现冷害症状。

3. 冻害

冻害指的是园艺产品在冰点以下低温时，由于冻结产生的冰晶体对园艺产品细胞组织乃至原生质造成的机械损害，同时也造成原生质脱水，破坏了细胞质原生胶体体系，发生不可逆的胶体物质凝固。解冻之后，水分不能被细胞吸收，从而造成大量流汁现象。

不同种类、品种园艺产品对冻害的敏感性不同。大多数园艺产品不能够在冰点以下进行储存，而菠菜、芫荽等可用冻藏法贮藏，但温度不宜过低，因为过低的温度同样会对产品造成不可逆的损害。

适宜温度冻藏的产品组织虽已冻结，但原生质及组织结构并未受到破坏，缓慢解冻时，原生质还可以吸收解冻水分而恢复正常状态。若解冻过快，融化的水分就来不及被细胞吸收，同样会伤害组织结构，一般在4.5~5℃下解冻较为适宜。但缓慢解冻之前切不可随意搬动，因为已经冻结的产品非常容易遭受机械伤害。

4. 湿度失调

为了保持园艺产品的新鲜度，通常要求85%~95%高湿条件。湿度过低，将引起生理病害，如苹果、梨果实失水，可使果皮皱缩。鳄梨在高湿条件下，造成外观差，软化不齐，并产生异味，使实不适口；果皮和果肉都发生黑棕色斑点，甚至使果肉呈橡皮状，果皮出现凹陷的症状。荔枝在干燥条件下贮藏，先是顶部发生果皮褐变，逐渐向下扩展覆盖鲜红的果面，后期果壳表面会转变为褐色。甜橙在低湿度下果皮失水皱缩，果皮上易产生干疤病。萝卜、胡萝卜在低湿度下容易糠心,叶菜类很容易萎蔫。

但是,某些园艺产品湿度过高也会诱发生理病害,如宽皮橘类的枯水病,在相对湿度90%以上时发病严重。高湿环境造成果实局部生长现象,是水分和营养转移的结果。相对湿度90%以上对苹果褐斑病也有促进作用。

5. 气体成分伤害

气调中适度的低O_2和高CO_2逆境可抑制产品的呼吸作用和乙烯产生,延缓后熟衰老,从而延长贮藏期。但过度的气体浓度会对果蔬造成低O_2和高CO_2伤害。此外,果蔬在贮藏中还会受到高浓度的SO_2和NH_3伤害。

(1) 低O_2伤害　低O_2伤害是指在气调贮藏时,由于O_2调节和控制不当,造成O_2浓度过低而发生无氧呼吸,导致乙醛和乙醇等挥发性代谢产物的产生和积累,毒害细胞组织,使产品风味和品质恶化。低氧伤害的主要症状是果蔬褐变、软化,不能正常成熟,产生酒精味和异味,表皮组织局部凹陷等。例如,苹果表现为果肉褐变,呈褐色软木斑或形成空洞,果肉酒精味明显,果皮上呈现界线明显的褐色斑,由小条状向整个果面发展;白梨系统和砂梨系统绝大部分品种在低氧条件下果肉会发生褐变;柑橘产生苦味或浮肿,橘皮由橙色变为黄色,后呈现水渍状;茄子表皮产生局部凹陷;马铃薯髓部褐变等。产生低O_2伤害的O_2临界浓度随产品的种类和贮藏温度不同而变化。例如,菠菜和菜豆的O_2临界值为1%,芦笋为2.5%,豌豆和胡萝卜为4%。

(2) 高CO_2伤害　贮藏环境中CO_2过高而导致的果蔬生理失调称为高CO_2伤害。高CO_2伤害的症状与低氧伤害相似,最明显的特征是果蔬表面或内部组织或两者都发生褐变,出现褐斑、凹陷或组织脱水萎蔫等。例如,贮藏后期或已经衰老的苹果对CO_2非常敏感,易引起果肉褐变、变苦;马铃薯髓部褐变;柑橘果皮浮肿、果肉变苦和腐烂;叶菜类萎蔫;猕猴桃果实皮色变淡,底色发灰,缺少光泽,果肉从果皮下数层细胞开始至果心组织间有许多分布不规则的较小或较大的空腔,褐色或淡褐色,较为干燥,果肉酸且有异味,严重时有麻味,整个受害果实的硬度偏高,果肉弹性大,手指捏压后无明显压痕,果实不能正常后熟。高CO_2伤害的机制主要是抑制了线粒体中琥珀酸脱氢酶的活性,对末端氧化酶和氧化磷酸化也有抑制作用。

不同种类和品种果蔬对CO_2的耐受力差异很大,这与果蔬自身的生理生化特性有关。对CO_2比较敏感的果蔬有梨(白梨系统和砂梨系统的绝大部分品种)、莴苣、鲜枣、富士苹果、青椒和菜豆等,例如,鸭梨和慈梨对CO_2非常敏感,贮藏过程中CO_2含量超过1%时,就会受到伤害,出现内部褐变。能耐受较高CO_2的果蔬有樱桃、草莓、西蓝花、蒜薹、甜玉米和蘑菇等,如西蓝花和蒜薹在短时间内CO_2过10%也不会受伤害。果蔬高CO_2伤害受O_2含量的制约很大。在O_2含量较高时,即使CO_2达到贮藏果蔬的生理极限浓度,也不会发生CO_2伤害;相反,在CO_2尚未达到生理极限浓度时,如果O_2浓度很低,就有可能导致果实发生CO_2伤害。所以在气调贮藏时,CO_2和O_2之间存在着相互制约与协同的双重关系。此外,贮藏温度和时间在一定程度上也会影响到果蔬对CO_2和O_2含量的敏感度。

(3) SO_2伤害　SO_2常用于贮藏库消毒或将其作为保鲜剂用于葡萄等的贮藏中。SO_2熏蒸消毒库房是浓度过高或消毒后通风不彻底,易引起入贮园艺产品中毒现象。如出现漂白或变褐,形成水渍斑点、微微起皱,严重时以气孔为中心形成许多坏死小斑点,布满果面,皮下果肉坏死,深约0.5cm。葡萄保鲜剂的主要成分是焦亚硫酸盐,焦亚硫酸盐遇水会大量释放SO_2,而当贮藏温度波动过大而产生露珠时,常造成SO_2的大量释放,使葡萄从果蒂端开始漂白,随贮藏时间的延长，漂白部分逐渐向果顶部转移。

（4）NH_3伤害　大型商业化冷库多以NH_3作为制冷剂，在生产中由于管道腐蚀或接口不严常会发生泄漏。如果冷库内NH_3积累到一定程度就会对产品造成伤害，NH_3与果蔬接触，引起产品变色和中毒。氨伤害的果品表现为：变色、水肿、凹陷斑等。

二、控制病害措施

控制生理病害首先要进行正确的判断。生理病害一般表现为较大面积的均匀发生，发病程度由轻到重，没有由点到面即由发病中心向周围逐步扩大的过程。

生理病害只有症状而没有病症。通常为了确定是否有病症，可取新鲜病组织进行表面消毒并放在25～28℃条件下诱发，若24～28h后仍无病症产生，即可初步确定该病不是真菌病害或细菌病害，而为生理病害。还可以进一步解剖检验以确定病源。用新鲜幼嫩的病组织或剥离表皮的病组织制作切片，并采用染色法处理，然后镜检内部有无病原物及内部组织有无病理变化。镜检时注意排除次生病原物的干扰。确证无病原物后，则可确定为生理病害。具体病因需结合贮藏环境条件及管理进行判断，主要从病状上分析判断。如同样是内部组织变褐，冷害引起的褐变与气体伤害引起的褐变是不同的，因为冷害造成的组织褐变没有CO_2中毒的硬度高，与低O_2伤害相比缺少绿色。

当生理病害外观病状十分相似时，诊断时还需要重视分析采前的气候因素、栽培管理措施、采收成熟度及采后的温度、湿度、气体成分的水平和管理，才能最终判断病因。病因确定之后，方可对症治疗。

在贮运过程中出现的生理性病害可采用人工诱发及排除病因法进行检验。即根据初步分析的可能病因，人为提供类似的发病条件，如低温、高CO_2、高SO_2等对园艺产品进行处理，观察其是否发病；或采取治疗措施排除病因，观察是否可以减轻病害或恢复健康。

也可采用化学诊断法检验。若初步诊断是因为缺素等原因引起的病害，可测定病果中相关成分的含量与正常果相比较，以进一步确定病因。

三、果蔬主要生理性病害实例

1. 苹果生理病害

（1）褐烫病　苹果褐烫病，又称"虎皮病"，是我国苹果贮藏后期发生的一种病害，初期病部果皮呈不明显、不整齐的淡黄色斑块，后色泽变深，病部稍凹陷且起伏不平。病果的果肉组织变绵，并带有酒味。严重时，病部表皮可成片撕下，皮下数层细胞变为褐色。病斑以不着色的果实阴面较多，仅严重时才扩及阳面。

主要诱因是果实采收过早，运输及贮藏前期呼吸代谢过旺；次要诱因是贮藏后期的温度过高，通风不良。国光、印度、青香蕉等均易发病。

防治褐烫病的关键在于适期采收。防止贮藏后期温度升高，并注意贮库和果窖的通风。果箱内果实要摆布均匀，不宜过度密集，如冷库贮藏，果实出库时应逐渐升温，以免温度骤变而引起发病。用50%虎皮灵乳剂2000～4000mg/kg浸泡苹果，晾干后装箱，防治效果较好。

（2）苦痘病　苦痘病，又称"苦陷病"，是苹果近熟期和贮藏初期发生的病害。病果的皮下果肉组织首先变褐，并干缩呈海绵状，病部以皮孔为中心的果皮，在红色品种上呈暗红色，黄色和绿色品种上则呈暗绿色，病斑近圆形，四周有深红色和黄绿色晕圈。随后，病部干缩下陷，变成暗褐色。病斑直径一般为 2~4mm，也有大至 1cm 的。剖开病部，可见皮下的坏死果肉组织呈半圆形或圆锥形，深度为 2~3mm 或更深，坏死组织也可发生于果肉深处，食之有苦味。贮藏后期，病部被腐生菌危害而变色腐烂。

一般认为苦痘病的病因主要是生理缺钙和氮、钙营养失调，防治主要应围绕降低氮钙比值入手。首先，科学施肥，结合根外施钙肥。其次，合理修剪，避免枝条旺长或过度修剪，注意果园排水，保持树势中庸。最后，果实发育的中后期，喷施 8g/L 硝酸钙液和 5g/L 氯化钙液 4~7 次，先后间隔 20d。红色苹果品种喷施硝酸钙液会抑制着色，延迟成熟，可用氯化钙。

（3）水心病　水心病，又称"蜜果病"。在高纬度、高海拔、日夜温差较大的果区，危害十分严重。病果内部组织的细胞间隙充满细胞液而呈水渍状，病部果肉的质地较坚硬而呈半透明。通常以果心及其附近较多，但也有发生于果实维管束四周和果肉的任何部位的。病组织含酸量，特别是苹果酸的含量较低，并有醇的积累，味稍甜，同时略带酒味。后期，病组织败坏变为褐色。水心病的发生与果实代谢的紊乱有关。高氮低钙会加重发病。一般认为增施磷肥，不施或少施铵态氮肥，采前 2 个月喷布 1000mg/kg 丁酰肼（比久）可防治苹果水心病。

2. 梨生理病害

鸭梨、酥梨、雪花梨和长把梨等贮藏过程中，均有黑心病的发生，以鸭梨最严重，黑心病分为早期黑心（入库后 30~50d）和晚期黑心（翌年 3~4 月）两种类型。早期黑心病因贮温下降过快而引起。病状是果肉为白色，果心及周围出现褐色斑块，病果风味劣变，严重影响梨的贮藏寿命，但在外表通常看不到症状，故不易发现。晚期黑心可能与果实组织衰老或 CO_2 浓度过高有关。病状是果心及周围果肉变为褐色，果肉组织疏松，果皮色泽暗淡，严重时有酒味。研究发现，钙的含量越高，黑心病的程度越轻，甚至不感病，随钙含量降低及氮钙比值加大，黑心病显著严重。防治时应根据品种特性，确定适宜贮藏期限，生长后期控制氮肥用量，并向树上喷洒该盐溶液或波尔多液，减轻黑心病发生，适时采收，采后缓慢降温，将贮温降至 0℃，并严格控制 CO_2 和 O_2 含量，一般 CO_2 不超过 2%，O_2 不低于 3%。

3. 柑橘生理病害

（1）柑橘水肿病　水肿病是柑橘贮藏期间的主要生理病害之一。初期果皮无光泽，颜色变淡，手按有软绵感，稍有异味。随着病情的发展，果皮转为淡白色，出现不规则半透明水渍状，食之似煤油味。柑橘出现不规则的浅褐色斑点，病情严重时，整个果实呈半透明水渍状，表面肿胀，用手按柑类感到松浮，橙类感到软绵，白皮层和维管束变为浅褐色，果皮易剥离，食之有浓厚的酒精味。贮藏环境温度偏低，通风不良及 CO_2 积累较多，均易发生此病，可根据柑橘的品种特性，保持适宜贮藏温度，加强通风，排除过多的 CO_2 和乙烯，使库内 CO_2 含量不超过 1%，对柑橘水肿病有较好的预防作用。

（2）柑橘枯水病　柑橘类果实贮藏后期易发生的病害，宽皮类果实上发生较严重。枯水病在宽皮桔上表现为果皮发泡、皮肉分离、橘瓣沙、失水干缩、重量减轻、糖酸含量下降等病状，逐步失去固有风味，严重者食之如败絮。甜橙果皮呈不正常的饱满、油胞突出、色泽变淡无光泽、手触坚实无柔软感，失水严重时果实显著变轻，果皮变厚，白皮层疏松，油皮层和白皮层分离，中心柱空隙增大，囊瓣壁变厚变硬，汁胞失水，色由橙黄转为黄白。随枯水加重，果实失去食用价值。其病因尚无定论，目前较一致的看法为贮藏中果皮的第二次生长，引起果皮增厚、增重和干物质的增加，以及果皮细胞分裂。目前较有效的防治措施是采前 20d 用 10~20mg/L 赤霉素喷果，或采后用 50mg/L 赤霉素（可与其他非碱性防腐剂混用）浸果；适期采收，采后将果实置于 7~8℃、相对湿度 75%~80% 条件下，使失重 3%~4%；控制贮藏环境相对湿度不要太高。

(3) 柑橘褐斑病　柑橘褐斑病，又称"干疤病"，是柑橘类果实贮藏中发生的重要生理病害。病变多发生在果蒂周围，初期果皮出现浅褐色不规则斑点，以后病斑扩大，颜色变深。病斑处油囊破裂凹陷干缩，呈硬革质，发病部位仅限于有色皮质，后期斑下白皮层变干，果肉风味变淡。发病果容易受霉菌感染引起腐烂。多数研究认为，褐斑病是低温生理失调病害，低温较常温贮藏的果实有较高的发病率。此外，褐斑病与品种、采收成熟度及贮藏湿度也有关。褐斑病对甜橙类危害最严重，柑及柠檬次之，橘最轻。果实成熟度越高，贮藏中褐斑率递增。贮藏环境湿度越低，果皮易失水皱缩，是网状、片状等褐斑形成及发病的原因，较高湿度可降低发病率。

目前，较有效的防治措施是较低的贮藏温度和较高的相对湿度，或采用塑料薄膜单果包装等方法。

4. 香蕉生理病害

(1) 冻害　香蕉对低温极为敏感，冻害的临界温度为 11~13℃。若夜间最低气温 11~12℃ 持续 2~3d，香蕉即可受轻微冻害。冻害严重时，果皮暗绿色，升温后，受冻部位迅速呈暗褐色，水浸状。受冻的香蕉常伴随发生酸腐病，以致病香蕉发酸，腐烂流水，病部长出一层白霉状物，主要是酸腐病菌的节孢子。

(2) 裂果病　病香蕉凸面的果皮沿心室的交界线纵裂，露出果肉，通常发生于久旱逢雨的蕉园，果皮开裂后易受根霉侵染而腐烂。

(3) CO_2 中毒病　香蕉果皮青绿如常，但内部果肉已软腐，略带酒味，后期果皮变成暗褐色，不能正常催熟，一般发生于密封包装的香蕉。可进一步被镰刀菌侵染，造成严重的冠腐，加速果实软腐，大量流水，以致烂成一堆。

5. 大白菜生理病害

(1) 干烧心病　此病发生于田间，贮藏期病情加重。患病大白菜，外观无异常，内部自心部向外多层叶片发褐发苦，故名"烧心"。病因国外已确认为缺钙引起，我国调查认为，除秋季旱情外，与土壤 pH、过量追施铵态氮、水质碱性等有关。这些因素造成土壤溶液浓度过大，严重阻碍根系对钙的吸收。防治时，单纯的心叶补钙只是应急措施，不能根本解决，应从综合防治着手：秋季干旱，增加灌水量，尤其是追肥后要立即灌水；多施农家肥，少施氮素化肥；适当根外补钙，大白菜即将结球时，开始向心叶喷施 7g/L 氯化钙（$CaCl_2 \cdot 2H_2O$）水溶液加 150mg/kg 萘乙酸，每隔 10d 喷 1 次。

(2) 脱帮　大白菜冬季贮藏 2~3 个月后，叶球外部的叶片会逐渐脱落，叶色变黄，若被微生物侵害会进一步腐烂。贮库（窖）温度变化大，相对湿度低或通风不良时，更会引起大量外层叶片脱帮。采收前 3~5d，以 25~50mg/kg 的 2，4-D 钠盐水溶液喷施大白菜，以外部叶片几乎全湿为准，可防止脱帮发生。

第三节　园艺产品虫害

园艺产品生产和贮运过程中发生的虫害是引起采后园艺产品商品质量下降和腐烂的重要原

因之一。被害果轻则表面不洁，出现孔眼、疤痕，重则将果肉内部蛀食一空，降低甚至失去食用价值和商品价值。一些害虫还能传播病害，造成更大损失。园艺产品害虫主要是在生长期侵入或潜入，而在采后继续危害，其防治应将生长期的综合防治与采后处理相结合。

一、害虫的种类及危害

（一）果品主要害虫及危害

1. 苹果和梨害虫

苹果和梨贮运中发生的虫害很多，危害较严重的有食心虫类、象鼻虫类、卷叶蛾类和介壳虫类。其中，苹果小食心虫、梨小食心虫、桃小食心虫、桃蛀螟、栗实象甲采后危害严重，应加强杀虫处理，并及时清除贮运场所幼虫、虫果。

（1）苹果小食心虫　主要寄主有苹果、梨、沙果、山楂、海棠等，俗称"干疤虫"。

幼虫多从果实胴部蛀入，在果皮浅层危害，不深入果心，危害小型果如山楂时可达果心。危害部位果皮变褐、干裂，形成直径约1cm的圆形干疤，周围有少量细粒虫粪。被害果实虽可食用，但等级降低。

（2）梨小食心虫　危害梨、苹果、桃、李、杏、山楂等。每年8～9月，幼虫从梗洼或萼洼处蛀入，孔小微凹陷，呈青绿色，果形不变，被害果易腐烂。

（3）桃小食心虫　该虫寄主广泛，除危害苹果、梨外，还蛀食桃、杏、李、枣、山楂、海棠等多种果品。严重时产区苹果虫果率达40%～50%，枣、桃虫果率达70%～90%。幼虫蛀果多从萼洼及附近咬破果皮留下蛀孔，孔口流出乳白色果胶。苹果虫果果面凹陷，变成畸形"猴头"果。幼虫入果后，纵然串食呈黄褐色条状虫道，排出的粪便似"豆沙馅"。

（4）吸果夜蛾　吸食果汁蛾类的总称，主要有鸟嘴壶夜蛾、枯叶夜蛾、平嘴壶夜蛾，属鳞翅目夜蛾科，寄主很杂，主要有苹果、梨、桃、杏、葡萄等。被害果果面出现针尖大的刺孔，孔周围果肉因失水呈海绵状，围绕刺孔开始腐烂。

（5）梨圆蚧壳虫　寄主很多，受害严重的主要有梨、苹果、桃、枣、山楂等，是国际检疫对象。梨圆蚧壳虫多集中在梨和苹果的萼洼和梗洼处吸食果汁。苹果被危害时，围绕蚧壳形成紫红色的晕圈，果面虫口密度大时，紫红色晕圈连成一片。危害梨时，产生黑褐色斑点，严重时果面干燥龟裂。

（6）梨黄粉蚜　又称膏药顶，是梨树重要害虫，在梨区已成为严重问题。此虫以成虫和若虫危害，受害处产生黑点，严重时引起萼凹处变黑腐烂，果实龟裂，严重影响果实商品价值。

（7）梨椿象　又称臭椿象、臭板虫等。该虫食性杂，主要危害梨，也危害苹果、桃、杏、李、樱桃。近年，一些地区被害虫果达30%以上。此虫以成虫或虫刺吸果实汁液，被害部位果肉变褐，发育停止，形成硬疗，果面坑洼不平，果实发育畸形，形成"疙瘩梨"。其排泄物和分泌物常诱发霉菌污染果面，被害果实使用及商品价值降低。

2. 柑橘类害虫

柑橘害虫种类很多，对果实危害较大的有柑橘锈壁虱、吸果夜蛾、蚧类、卷叶蛾等，柑橘大实蝇是柑橘类果实的检疫害虫。

（1）柑橘大实蝇　柑橘的毁灭性害虫，国际重要检疫对象。此虫只危害柑橘类果实，以甜橙危害最重。成虫将卵产于果内，在甜橙、酸橙、红橘果皮上的产卵孔周围呈乳突状隆起，外围出现未熟先黄、黄中带红现象。柚子上一般产卵孔身陷呈褐色。若果内虫少，果实可正常生长，但后期易腐烂，果肉呈糊状。

（2）柑橘卷叶蛾　危害柑橘果实的卷叶蛾主要有拟小黄卷叶蛾和和褐带长卷叶蛾，均属鳞翅目卷叶蛾科。柑橘卷叶蛾除危害柑橘外还危害荔枝、龙眼等。以幼虫蛀入果内危害，被害果贮藏时易被病菌从蛀孔侵染而发生腐烂。

（3）柑橘锈壁虱　又称锈螨，仅危害柑橘类植物，尤以柑橘、橙、柠檬受害最重，而柚、金柑受害较轻。若虫和成虫刺破果皮吮吸汁液，严重时果面失去光泽似蒙上一层灰尘（脱壳虫体），果皮呈深红色褐色至黑褐色，俗称"灰铜""红铜""黑铜"，果皮硬化、木栓化，出现许多纵横交错裂痕，经氧化后变为褐色，果肉质地粗糙，含糖量下降，风味变酸，贮藏时易腐烂。

3. 其他果实常见害虫

（1）桃蛀螟　主要危害桃、李、杏、柿、板栗、苹果、梨、石榴、龙眼、荔枝等。幼虫危害栗蓬时排出虫粪，随后蛀入蓬内危害栗果，蛀食种仁成大孔洞，粪便常排至蛀孔外，并以丝互相粘连。桃、杏、李被害时，常从蛀孔流出胶质物，与粪便黏结而附着于表面。

（2）栗实象甲　又称板栗象鼻虫，是板栗果实的主要害虫，板栗产区的虫果率高达20%~40%。幼虫取食嫩枝和幼果，并在栗蓬皮上咬孔产卵，早期果实受害后易脱落。采后流通、贮运过程中栗果受害，幼虫继续蛀食种仁，并将粪便排泄在种仁内，使受害果丧失商品价值。幼虫脱果后种皮上留有圆孔，易霉烂，不能食用。

（3）栗实蛾　蛀食板栗的主要害虫，一些产区栗果受害率达30%~40%，严重影响板栗产量和质量。幼虫咬破栗蓬，蛀入果内取食危害。果外常有白色和褐色颗粒状虫粪堆积。树上危害时常咬伤果柄，使板栗未成熟即脱落。

（二）蔬菜主要害虫及危害

1. 菜粉蝶

菜粉蝶又称菜白蝶，幼虫称菜青虫，是十字花科蔬菜的重要害虫之一，尤以甘蓝类蔬菜受害最重。幼虫危害叶片时多在叶背面啃食叶肉成孔洞缺刻状，严重时仅剩叶柄和叶脉。幼虫排出虫粪污染菜面、菜心。被害伤口易引起病菌侵染，导致软腐病发生，致使产量下降，品质劣变。

2. 小菜蛾

小菜蛾，别名小青虫、两头尖。危害甘蓝、花椰菜、白菜、油菜、萝卜等十字花科蔬菜，南北方均有分布。初龄幼虫仅能取食叶肉，留下表皮，在菜叶上形成透明斑；3~4龄幼虫可将菜叶食成孔洞和缺刻，严重时全叶成网状。苗期集中心叶危害，影响包心。

3. 菜蚜

菜蚜是危害十字花科蔬菜蚜虫的统称，主要有桃蚜、萝卜蚜和甘蓝蚜。以成虫或若虫群集吸食汁液危害，分泌蜜露诱发煤污病，严重时页面卷曲皱缩，使叶面绿色不匀发黄。

4. 甜菜夜蛾

甜菜夜蛾危害甘蓝、花椰菜、白菜、萝卜、莴苣、番茄、青椒等多种蔬菜。初孵幼虫群集叶被，吐丝结网，在其内取食叶肉，残留表皮，成透明小孔。3龄后可将叶片吃成孔洞缺刻，严重时仅余叶脉和叶柄。

5. 豇豆荚螟

豇豆荚螟，别名豇豆螟、豇豆蛀野螟、豆荚野螟、豆野螟等。幼虫危害豆叶、花及豆荚，常卷叶危害或蛀入荚内取食幼嫩的种粒，荚内及蛀孔外堆积粪粒。受害豆荚味苦，不堪食用。

二、防治害虫的措施

园艺产品害虫主要在生长期侵入危害，部分可在采后继续危害，防治措施应贯彻"预防为主，综合防治"的原则。以采前防治为主，结合采后杀虫处理，利用各种经济、安全、有效的技术手段，降低园艺产品的受害程度，提高商品质量，并为采后贮运奠定良好的基础。

害虫防治的措施主要包括植物检疫、农业防治、化学防治、物理机械防治及生物防治。

1. 植物检疫

植物检疫是用法律的手段，禁止或限制危险性病、虫、杂草人为地通过种子、苗木、果实以及包装材料等从国外进入本国，或从本国传到国外，或传入以后限制其在国内传播的一种措施。植物检疫是从根本上杜绝危险性病虫、杂草危害的基本措施之一。果品害虫，如桃小食心虫、柑橘大食蝇、柑橘小实蝇、地中海实蝇等是我国对外的检疫对象。

2. 农业防治

农业防治是综合利用各项农业措施，创造不利害虫发生的环境，达到消灭和抑制害虫发生的目的，具有经济、有效、简便等特点。例如，果园中应避免苹果、梨、桃、李的混栽，进行果园冬耕、清扫落叶杂草、刮除老翘树皮、摘除虫果等农业措施，都有减少或消灭田间虫源的作用。实行合理的蔬菜轮作或间作套种，加强田间肥水管理，选择抗虫品种，适时采收等措施，对减轻虫害也有一定作用。

3. 化学防治

尽管化学农药给生态环境带来了不少麻烦，但迄今为止，应用化学杀虫剂仍是防治园艺产品害虫的最重要手段。根据不同果品蔬菜发生的害虫类型、种群特点，选择防治的有利时机和虫态，进行相应化学药剂处理，可减少果园、菜园田间害虫的发生。常用的园艺产品田间杀虫剂如有机磷、氨基甲酸酯类、菊酯类、杀螨剂等。园艺产品采收后，多采用挥发性杀虫剂熏蒸处理，可防止如板栗象鼻虫、栗食蛾和桃蛀螟等贮藏期间幼虫继续在果内蛀食危害。生产上，常在贮运前用 $40\sim60g/m^3$ 溴甲烷熏蒸 $3.5\sim10h$。也可以用 $40\sim50g/m^3$ 的二硫化碳熏蒸 $24\sim48h$，杀虫效果良好。

4. 物理机械防治

用简单机械和各种物理因素（光、热、电、温等）来防治害虫的方法称为物理机械防治，如常用的捕杀、诱杀、阻隔、低温及低氧灭虫等方法。

目前，在苹果、桃、葡萄生产上实行的果实套袋，既控制了病虫危害，也减少了农药污染；在果园装黑光灯或糖醋毒液可诱杀桃蛀螟等害虫，利用黑光灯也可诱杀棉铃虫、烟青虫及甘蓝夜蛾；在温室内挂黄色板或在黄色塑料条上涂机油，可诱杀蚜虫、温室白粉虱；将板栗堆垛，罩上塑料薄膜帐，然后充分降氧，使 O_2 含量降至 $3\%\sim5\%$，4d 后栗果内害虫全部死亡。

5. 生物防治

生物防治是利用有益微生物或生物的代谢产物来控制害虫种群数量，达到消灭害虫的目的，包括以虫治虫、以菌治虫以及其他生物物质的利用。在蔬菜害虫防治中，常使用微生物农药苏云金杆菌、白僵菌等，来防治菜青虫、甜菜夜蛾等具有较强毒性的害虫。生物防治可以为市场和消费者生产出新鲜优质、绿色的果品蔬菜，是园艺产品害虫防治的发展方向之一。

复习思考题

1. 简述引起园艺产品采后腐烂的主要因素。
2. 试述园艺产品侵染性病害的主要防治措施。
3. 试述园艺产品生理性病害的主要影响因素及其防治措施。
4. 简述防治园艺产品虫害的主要措施。
5. 什么是化学防治？什么是生物防治？各有什么优缺点？
6. 如何理解侵染循环？

第四章
园艺产品贮藏技术与管理

内容提要

本章重点阐述园艺产品采后贮藏技术。介绍了堆藏、沟藏等简易贮藏技术，机械冷藏技术，气调贮藏技术，减压贮藏技术以及现代物理、化学、生物保藏技术。阐述了各种贮藏技术的保藏原理、保藏特点、控制措施及其科学管理方法。

学习目标

学习和理解园艺产品的采后贮藏技术，并在实际生产中能够灵活运用；掌握各种简易贮藏方式的特点及其控制措施；掌握冷库的制冷原理、结构特点、使用和管理方法；掌握气调贮藏原理、条件、结构特点，了解减压贮藏原理、技术特点；学习和理解臭氧、辐射处理等物理保藏，涂膜、烟熏等化学保藏，现代生物防治和基因保藏技术。

重要概念及名词

简易贮藏、通风库贮藏、机械冷藏、气调贮藏、减压贮藏、物理保藏、臭氧保藏、辐射保藏、电磁保藏、化学保藏、涂膜剂保藏、植物激素、抗氧化剂、生物防治、基因工程保藏。

园艺产品所含营养物质丰富，保护组织强度较差，容易受机械损伤和微生物侵染，造成腐烂变质。因此，要想获得良好的贮藏效果，除了做好必要的采后处理外，还必须采用适宜的贮藏技术及设施，根据园艺产品采后生理特性，创造合适的贮藏环境，使它们在维持正常生命活动和不发生生理失调的前提下，最大限度地降低新陈代谢速率，减少产品物质消耗，延缓成熟衰老进程，抑制微生物生长繁殖，避免腐烂变质，有效地延长贮藏寿命和货架期。选择贮藏技术和设施时，维持贮藏环境的适宜温湿度或气体成分是首先需要考虑的问题。我国南北各地气候条件不同，有许多行之有效的贮藏保鲜技术和现代化的冷藏设施，实际生产中可根据园艺产品的贮藏特性、当地气候条件和经济实力等具体情况灵活选用。

第一节　简易贮藏

简易贮藏是为调节园艺产品供应期所采用的一类较小规模的贮藏方式，它是根据外界温度的变化来调节或维持一定的贮藏温度，这类传统的贮藏方式历史悠久，大多来自民间经验的积累和总结。简易贮藏场所形式多样，其中堆藏、沟藏、窖藏、冻藏和假植贮藏颇具代表性，一般不需特殊的建筑材料和设备，结构简单，因地制宜，可以有效地利用当地气候条件进行贮藏。简易贮藏主要依靠自然调节作用来维持贮藏条件，故在使用上受到一定程度的限制。尽管如此，它仍是我国农村普遍采用的一种贮藏方式。

一、堆藏

堆藏是在果园、田间或空地上临时设置与建造贮藏场所，属于最简单的贮藏方式之一。在我国北方地区，常用此法贮藏大白菜、甘蓝、洋葱、马铃薯等蔬菜，在南方的一些地区，也用此法贮藏柑橘类果实。

1. 堆藏方式

将园艺产品直接堆放在田间、空地或浅沟（坑）中，根据气温变化，分层加盖覆盖物，以维持适当的温度，并起到防冻、防风和防雨作用。常用的覆盖材料有苇席、草帘、作物秸秆、松针叶和沙土等，一般就地取材。

堆的长度、宽度和高度无固定的规格和模式，一般宽 1.5~2m，高 2m，长度不限，视贮藏的种类及用途而定。堆放行向同当地主风向相一致。宽度过大，易造成通风散热不良，引起产品腐烂；堆码过高则易倒塌，造成大量的机械损伤。

覆盖时间和厚度依气候变化情况而定，不同地区、不同季节以及不同种类的园艺产品，应采用不同的覆盖方法。入贮初期，产品带有较多的田间热，呼吸旺盛，此时若气温较高，应在白天覆盖遮阴，防止日晒，夜间去掉覆盖物，进行通风散热。

2. 堆藏理论依据及特点

堆藏是将园艺产品直接堆积在地上，受地温影响较小，而受气温影响较大。当气温过高时，覆盖有隔热降温的作用；气温过低时，覆盖有保温防冻的作用。覆盖能减缓气温急剧变化带来的不利影响，避免贮藏温度过度波动，还能在某种程度上保持贮藏环境相对湿度，甚至可能积累少量 CO_2，形成一个自发气调环境，产生保鲜效应。一方面，堆藏效果在很大程度上取决于覆盖的方法、时间及厚度等因素，需要较多经验。另一方面，由于堆藏受气温影响很大，在使用上受到限制，尤其在贮藏初期，如果气温较高，堆温难以下降，所以堆藏不宜在气温较高的地区应用，适用于比较温暖地区的晚秋、冬季及早春贮藏，在寒冷地区，一般只用作秋冬之际的短期贮藏。

二、沟藏

沟藏是将园艺产品堆放在挖好的坑沟内，堆好后在上面添加覆盖物来进行贮藏。沟藏的保温、保湿性能比堆藏好。在我国北方，多用来贮存板栗、核桃、山楂、苹果等产品。

（一）沟藏的方法

1. 场地选择

贮藏沟应选在地势高燥，土质黏重，排水良好，地下水位较低的地方，沟的底部与地下水位的距离应在1m以上。

2. 沟形规格

关于沟的方向，在气候比较寒冷的地区，为减少冬季寒风的直接袭击，以南北走向为宜；在气候较温暖的地区，则以东西走向为宜，有利于增大迎风面，增强贮藏前期的降温效果。

沟的深度宜在冻土层以下，既可避免园艺产品受冻，又能维持较低的贮藏温度。沟的长度不限，视贮藏量而定。但沟的宽度一旦改变，气温和地温作用面积的比例发生相应改变，对贮藏效果影响较大。加大宽度，在一定程度上会增大气温对贮藏沟的影响，降低贮藏沟的保温、保湿性能。一般宽度以1~1.5m为宜，若需加大贮藏量，可适当增加沟的长度。此外，在积雪较多的地区，可沿沟长方向设置排水沟，以备积雪融化时排水之用。

3. 设置风障与荫障

在气候比较寒冷的地区，常在贮藏沟的北侧设置风障，以阻挡寒风的吹袭，有利于保温。在气候较为温暖的地区，常在沟的南侧设置荫障，以减少阳光照射，有利于降温。

4. 覆盖技术

沟藏的覆盖技术与堆藏相似，具有遮阴、防雨、防寒、保暖、保湿及自发气调等作用。覆盖物可就地取材，如芦苇、作物秸秆、沙土等。随着气温的逐渐降低，覆盖层应逐层加厚，覆盖土层要高出地面，以便于排水。

（二）沟藏理论依据及特点

随着季节更替，气温和地温发生变化，但变化特点和规律有所不同。由秋季到冬季，气温下降快，下降幅度大；地温下降慢，变化幅度小。在冬季气温较低的情况下，地温比较稳定，且高于气温，入土越深，温度越高。到翌年春季，气温上升快，变化大；地温上升缓慢，变化小。因此，在冬季和春季，贮藏沟内温度稳定与变化缓慢的特性为贮藏园艺产品提供有利条件。

园艺产品入沟覆盖后，贮藏沟内能保持较高而稳定的相对湿度，可防止新鲜产品发生萎蔫，减少水分散失，同时还能积累一定量的CO_2，形成自发气调的贮藏环境，有利于延缓产品的后熟衰老，减少微生物引起的腐烂。

与堆藏不同，沟藏主要受地温影响，故沟藏的保温、保湿性能比堆藏好，这在冬季和春季是有利的，但在秋季，由于地温下降较气温缓慢，贮藏沟内的温度往往过高，若此时正值入贮初期，加上园艺产品自身释放的田间热和呼吸热，导致沟内贮温难以迅速下降。因此，采用沟藏时，入贮前期要加强通风散热。

三、窖藏

贮藏窖主要有棚窖、井窖和窑窖三种类型，可根据当地自然环境和地理条件进行建造。贮藏窖既能利用变化缓慢而稳定的地温，又可利用简单的通风设备来调节窖内的温度和湿度。园艺产品可以随时入窖、出窖，并可及时检查贮藏情况，在我国南方和北方均有广泛应用。

（一）棚窖

棚窖是一种临时性的简易贮藏场所，根据入土深浅可分为半地下式和地下式。在气候温暖及地下水位较低的地区，多采用半地下式，即一部分窖身在地面以下，另一部分在地面以上，其上建筑土墙，再加顶棚。建造时，先挖一个长方形窖身，入土深 1~1.3m，然后在沟的四周建高 0.6~1m 的土墙，上面盖棚顶。在气候比较寒冷的地区多采用地下式（图 4-1），即窖身全部在地下，入土深 2.5~3m，仅窖顶露出地面。地下式棚窖保温效果较好，可避免冻害。窖的宽度一般为 2.5~3m，长度不限。棚顶的用料可就地取材，盖棚顶时，先用木料搭好棚架，再将成捆的秸秆铺放于木架上，最后覆土压实，棚盖的热阻率以不小于 $1.31 m \cdot K/W$ 为宜。

窖内温度采用通风换气来调节，建窖时需设有天窗。此外，还可在半地下式棚窖窖墙的基部及两端窖墙的上部开设窖眼，以便通风。窖门常设在窖的两端或一侧，或将天窗兼作窖门。

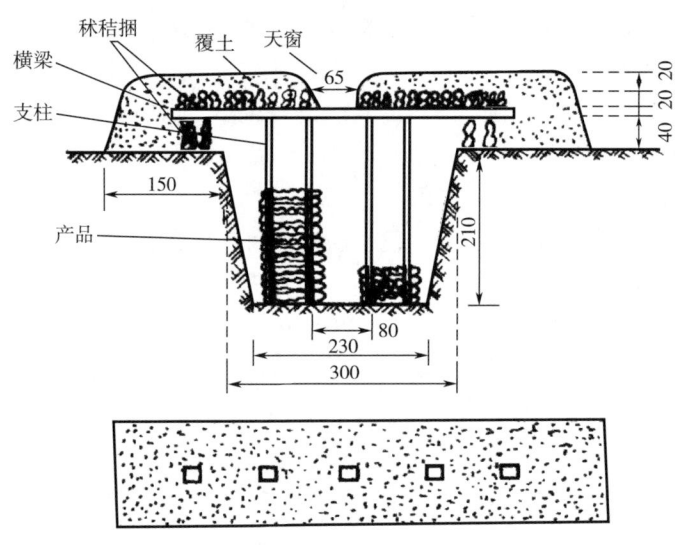

图 4-1 棚窖结构示意图（单位：cm）

（二）井窖

四川南充地区的甜橙地窖是颇具代表性的一种井窖（图 4-2）。在该地区，这种地窖被用来贮藏甜橙，可贮至翌年 3~5 月。不足之处是窖的容量小，操作管理不便。

1. 建窖

以建在土质中性或微酸性，结构坚实，保水性强，临近产区，交通便利的地方为宜。可建筑在室内或室外，因受气温影响，两者各有利弊。

室内窖在果实贮藏初期，窖温较高，果实腐烂损失比室外窖严重。但开春后，室内窖温度上升比室外窖慢，可长期贮藏。室外窖正好相反，贮藏前期窖内温度比室内窖低，冬季腐烂较轻。但开春后，受气温影响，窖内温度上升较快，腐烂加重，难于久贮。所以，长期贮藏以室内窖为宜，短期贮藏以室外窖为好。

2. 窖形与规格

南充地窖修建在地平面以下，形状像"三角瓶"。窖形大致可分为三段，窖颈和窖身上半部都是圆台形，窖身下半部至窖底为圆柱形。窖的上口直径约 50cm，下口直径约 65cm，窖颈长约 50cm，窖底直径一般为 260cm，全窖深约 180cm，窖盖用 3~5cm 厚的石板或水泥板制成，直径约 70cm。

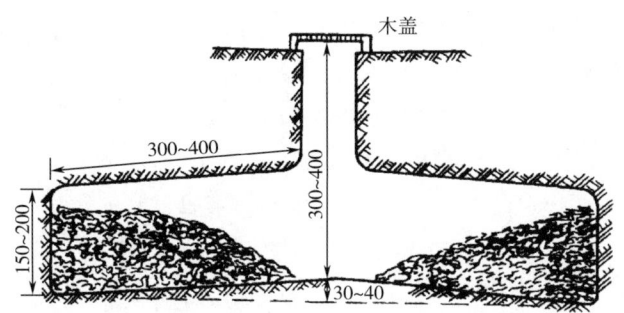

图 4-2　井窖结构示意图（单位：cm）

（三）窑窖

窑窖通常是在土质坚硬的山坡或土丘上挖窑洞（图 4-3），一般长 6~8m，宽 1~2m，高 2~2.5m，顶部拱形，窖底和井窖类似，窖门比窖身稍小，设置挂帘。窖身朝向多是坐南朝北或坐西朝东。

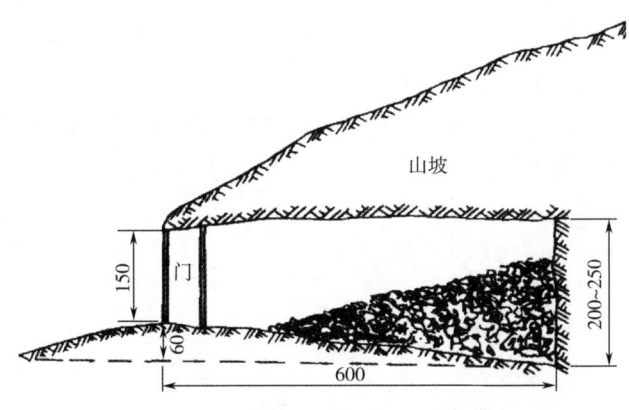

图 4-3　窑窖结构示意图（单位：cm）

四、土窑洞贮藏

（一）土窑洞的结构

目前，生产中推广使用的土窑洞有大平窑和母子窑两种。大平窑具有结构简单，建造容易，通风流畅，降温迅速等优点，但贮量较小，管理不便，出库运输比较困难。母子窑贮量较大，管理方便，出库先后不受限制，在翌年外界气温回升时能较好地保持窑内低温，但降温较慢，结构复杂，建造费工。

大平窑的平面和剖面结构如图 4-4 所示，主要由三部分组成。

1. 大平窑窑门

窑门高约 3m，门宽 1.2~2m，门道长 4~6m。门道前后分别安两道门。头道门做成实门，关闭时能阻止窑洞内外空气对流，防热防冻。二道门做成铁纱窗门，保证通风，防止鼠害。

2. 大平窑窑身

窑身是大平窑的贮藏部位。窑身不可过宽，一般为 2.5~2.8m。窑身过宽，容易塌落。土质好的适当加宽，土质差的窄些为宜。窑身长度以 20~60m 为宜。窑身过短，窑内温度波动较大，贮藏量小，造价相对提高；窑身过长，前后温差较大，管理不便。

窑身断面要打成尖拱形。窑身的高度是指从尖拱形的最高点到窑底的距离，一般要求 3m 左右，窑身两侧距地面 1.5m 以下，窑壁要和地面保持垂直，窑上土层保留厚度要在 5m 以上。这种造型比较坚固，可使窑内热空气向窑顶集中，便于排放，且有利于立帐和操作，在不影响贮藏量的情况下，还能减少建窑的土方。

整个窑顶的最高点在窑门外侧小气窗的上端。窑底和窑顶平行，由外向内缓慢降低。比降约 1%，即窑身每延伸 10m，下降约 0.1m。这种结构有利于窑外冷空气进入窑内，加快土窑洞通风降温。适当加大比降能提高土窑洞通风降温效果。

3. 大平窑通气孔

通气孔设在窑身后部，从窑底一直通出地面，内径 1~1.2m，高 10~15m，通气孔高度应不小于窑身长度的 1/3~1/2。窑身后壁通气孔最高处设通气窗一个，且在通气孔地面部分设插板或翻板，控制通气孔开关。为了便于清理通气孔内的杂物，通气孔下端可设一个较小的清洁窗。

通气孔的主要作用是促进窑内外热冷空气对流，降低窑温。在窑温高、外温低时，打开窑门和通气孔，集中在窑身顶部的热空气流向通气窗，从通气孔排放到大气里，窑外冷空气从窑门进入窑内，吸收窑内热量，然后变热上升，从通气孔排出。这种过程连续不断地进行，窑温逐渐降低。在窑身较长、贮藏量较大的情况下，应适当增大通气孔的内径和高度，增加通风量和通风速度，达到良好的通风效果。

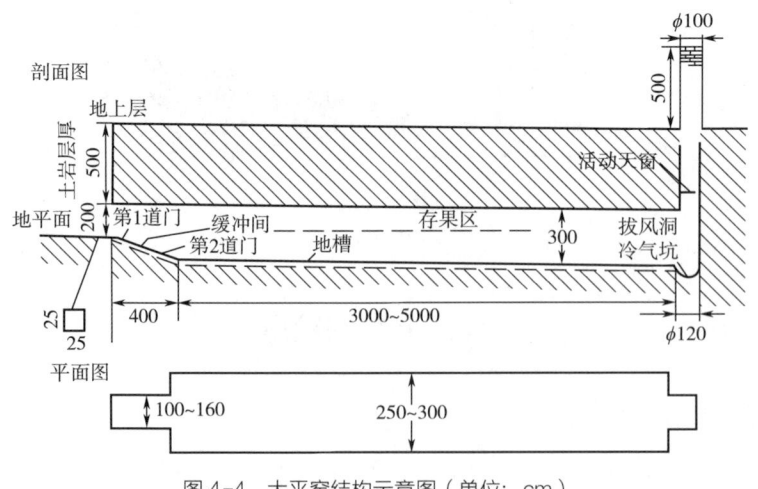

图 4-4 大平窑结构示意图（单位：cm）

（二）土窑洞的建造

建造土窑洞，首先要选好地形。要考虑秋、冬季节风向，以窑门迎风为好，这样有利于通风降温。我国北方大多数地区，窑门向北最好，其次向东，再次向西，最好不要向南。

窑顶土层厚度至少保持5m，并排相邻两子窑间土层间距5~7m。土质应选择黏性土，不能用沙性土打窑洞。土质不佳的地区可建成半地下式，顶部用土加厚，并加入绝热材料（如炉渣等）。

五、冻藏

冻藏是在入冬上冻时将收获的蔬菜类园艺产品放在背阴处的浅沟内，稍加覆盖，利用自然低温使入沟的蔬菜迅速冻结，并且在整个贮藏期间保持冻结状态。由于贮藏温度在0℃以下，可以有效抑制蔬菜的新陈代谢和微生物活动，使蔬菜保持生机，食用前经过缓慢解冻，仍然能恢复新鲜状态，保持良好品质。冻藏主要应用于耐寒耐冻性较强的菠菜、芫荽、油菜、芹菜等绿叶菜，如山东潍坊的冻藏芹菜，辽宁新立屯的冻藏菠菜，北京、天津一带的冻藏芫荽。

用于冻藏的菠菜和芫荽，在冬季气温降低到接近0℃时收获，先囤置在背阴处使之继续冷却，几天之后移入深度为20cm左右的浅沟内，菠菜可捆成小捆立在沟中，芫荽可以平放，上覆盖一层薄土。随着气温下降，蔬菜自然缓慢冻结。在整个贮藏过程中，蔬菜保持冻结状态，无需特殊管理。出售前取出放在0℃左右的环境或就地缓慢解冻，可恢复新鲜品质。冻藏蔬菜收获时间、覆土厚度等都需根据当时气候条件灵活掌握。菠菜和芫荽忍受冻结的低温有一定限度，温度过低会产生伤害，温度以保持$-6 \sim -5$℃为宜。

冻藏与沟藏的区别在于冻藏的沟较浅，覆盖层薄。冻藏多用窄沟，约30cm宽，如用100cm或更宽的沟时，沟底需设通风道，一般要设置荫障，避免阳光直射，以便加快蔬菜入沟后的冻结速度，并防止忽冻忽化造成腐烂损失。

六、假植贮藏

假植贮藏是把蔬菜类园艺产品带根收获，密集假植在沟内或窑内，使蔬菜处在极其微弱的生长状态，仍能保持正常新陈代谢的一种贮藏方法。

假植贮藏是我国北方秋冬季节贮藏蔬菜的特有方式，主要用于各种绿叶菜和幼嫩蔬菜，如辣椒、番茄、芹菜、油菜、莴笋、花椰菜和水萝卜等。这些蔬菜由于结构和生理特点，用一般方法贮藏容易失水萎蔫，代谢异常，耐贮性和抗病性降低。假植贮藏能使蔬菜从土壤中吸收少量的水分和养料，甚至进行微弱的光合作用，因而能较长期地保持蔬菜的新鲜品质，随时供应市场。实际上假植贮藏是外界温度下降后，蔬菜继续保持缓慢生长的一种贮藏方式。假植期间当外界温度过低时，应加盖草席，这样不仅可以防寒防冻，也能阻挡阳光照射。

假植贮藏的蔬菜要连根收获，单株或成簇假植，假植一层，不能堆积，株行间应留适当通风空隙，覆盖物一般不接触蔬菜，留有一定空隙，有的在窑顶作稀疏的覆盖，使一些散射光能够透入。土壤干燥处可灌水，以补充土壤水分不足，且有助于降温。

假植贮藏管理的关键，是在阳畦或浅沟内维持冷凉而不至发生冻害的低温环境，使蔬菜处于极缓慢的生长状态。假植贮藏的蔬菜如芹菜、油菜等在0℃左右的温度下贮藏比较适宜。因此，应在露地气温下降时收获蔬菜，假植后调节通风量使阳畦或沟内温度逐渐降低，避免贮藏初期因气温过高或栽植紧密而引起芹菜黄萎、莴苣抽薹和脱帮。气温明显下降后，用一层或多层草席防寒，避免受冻。必要时可在阳畦北面设立风障保护。假植贮藏适用于北方冬季供应的蔬菜，随市场需要现取现销，春季气温回升后，即结束贮藏。

七、简易贮藏的温度特征与管理

简易贮藏都是通过外界环境与园艺产品内部的温度平衡来控制贮藏环境的温度范围。因此，如何利用园艺产品的热交换规律，是保证贮藏品质的重要内容。

（一）简易贮藏的温度特征

贮藏初期的秋冬季节，气温、地温都在下降，但气温变化快、幅度大，低温变化慢、较缓和。此外，气温的昼夜差别大，地温的差异却很小，且越深入土中下降越慢，温度越稳定。春季到贮藏后期，气温、地温均上升，但气温上升速度及幅度均大于地温。冬季地温高于气温，且随入土深度的增加而加大。上述变化规律决定了气温和地温对简易贮藏的影响及管理方法。

堆藏的产品由于全部或大部分在地面上，故土温影响小而气温影响大，秋季降温容易但冬季保温难，所以堆藏一般只适用于气候温暖地区。沟藏则不同，产品堆放在地面以下，土温影响大而气温影响相对较小，故秋季降温效果差而冬季保温效果好，沟越深越显著。因此，沟藏适合于寒冷地区和要求贮温较高的产品。棚、窖、土窑洞属另一种情况，一方面受地温的影响，另一方面受气温即通风的影响，其强度随地下部分深度、地上部分高度、通风面积和通风效果的差异而变化。喜温产品通风口要小，要求低温时需设置较大的通风面积，以增大气温影响，提高降温效果。

贮藏宽度对各种简易贮藏也有一定的影响。随宽度的改变，气温与地温作用的面积比例会相应改变。增大堆藏的宽度，气温作用比面减小，地温作用比面增大，结果是降温性能下降而保温性能增强。沟藏与窖藏则相反，加大宽度会增加气温的影响，降低保温性能。因此，各种简易贮藏都应有适宜的宽度，过宽或过窄均不利。对于较宽的沟藏或堆藏，应在底部设置通风道，便于及时排出呼吸热。

由于简易贮藏是利用自然温度变化来调节贮藏温度，故覆盖与通风十分重要。覆盖的作用在于保温，限制气温的影响，加强地温的作用，积蓄产品的呼吸热而不使其迅速散逸。通风的作用刚好相反，主要在于降温，驱散呼吸热，防止温度上升。贮藏初期，园艺产品呼吸作用强，自身温度高，要以通风降温为主，但产品仍以有适当覆盖为宜，以防温度剧烈波动和风吹雨淋造成损失。随着气温下降，温度管理将逐渐转向保温为主，一般通过分次添加覆盖来进行。每次加覆盖后，内部温度即有一个短时的回升，然后又逐渐下降。添加覆盖越厚，贮温回升越高，降温所需时间越长，有时可能导致产品热伤害，所以堆、沟藏必须采取分次、分层覆盖的措施，不可一次盖的太厚。棚窖因有很大的通风面积，可一次覆盖完毕，温度的调节主要通过通风口进行。

（二）简易贮藏管理

简易贮藏受外界环境影响大，应根据各种贮藏方式的特点和性能，结合各地气候条件、土壤条件、园艺产品种类、贮期长短、数量质量等进行管理。

1. 场地选择

简易贮藏的地点，应选在地势平坦干燥，土质较黏重，地下水位低，排水良好，交通便利之处。

2. 沟、堆、窖的方向

在冬季寒冷地区，可采用南北走向，以减少迎风面，使两侧接受阳光直射一致，内部温度较均匀。在冬季温暖地区，可采用东西走向，以增大迎风面，提高入贮初期降温效果。在设置荫障或风障时，一般选择东西走向。

3. 隔热材料选取

砖、石、木、土、泡沫塑料、膨胀珍珠岩、锡箔等都有隔热性能，可以作为隔热材料用于建造简易贮藏库。材料的隔热保温能力一般用热阻率（或热导率）表示，表4-1为各种常用材料的隔热性能。

表4-1 不同材料的隔热性能

材料名称	热导率/[W/(m·K)]	热阻率/(m·K/W)	材料名称	热导率/[W/(m·K)]	热阻率/(m·K/W)
聚氨酯泡沫塑料	0.023	43.48	锯末	0.105	9.52
聚苯乙烯泡沫塑料	0.041	24.39	炉渣	0.209	4.78
聚氯乙烯泡沫塑料	0.043	23.26	木材	0.209	4.78
膨胀珍珠岩	0.035~0.047	21.28~28.57	砖	0.790	1.27
加气混凝土	0.093~0.140	7.14~10.75	玻璃	0.790	1.27
泡沫混凝土	0.163~0.186	5.38~6.13	干土	0.291	3.44
软木板	0.058	17.24	湿土	3.489	0.29
油毛毡	0.058	17.24	干沙	0.872	1.15
芦苇	0.058	17.24	湿沙	8.723	0.11
刨花	0.058	17.24	水	0.582	1.72
铝瓦楞板	0.067	14.93	冰	2.326	0.43
秸草秆	0.070	14.29	雪	0.465	2.15

注：热阻率为热导率的倒数。

在设计时，选择隔热材料不仅要考虑其隔热性能，还要考虑其来源和建筑费用等。在实际生产中，常将几种材料混合使用，这样既能保证良好的隔热保温效果，又能兼顾节省材料、降低费用和加固结构等。

4. 产品挑选与入贮

简易贮藏的园艺产品，一经入贮，便不易进行检查、挑选，如果与有病虫害、机械伤及腐烂的产品混在一起，会相互污染，加重损失。因此，入贮前必须严格挑选，凡不适合贮藏的病虫伤产品都应及时挑出，不得入贮。对于不同品种和不同成熟度的园艺产品，应分门别类，分开贮藏。

适期入贮在简易贮藏中十分重要。过早入贮，由于气温和地温较高，园艺产品温度难以下降，容易腐烂变质；入贮过晚，园艺产品在田间易受冻害。具体入贮时间应根据各地具体情况而定，主要由气候差异及园艺产品的生物学特性来决定。

5. 温度管理

温度管理的原则是在不受冻害的情况下，迅速达到低温状态，并在整个贮藏期间使这种状态保持稳定。实际生产中，这一目标是通过有规律的分层覆盖与通风措施来实现的。

覆盖的原材料多为土壤和农作物副产品，常用的是秫秸类。干燥的秫秸类可构成良好的保温层，但必须压紧，防止孔隙间空气流动，提高保温性能。用作物秸秆作覆盖物时，上面要用土压紧踩实，出现裂缝要及时填埋。

堆藏的横断面一般呈三角形，即堆边缘的厚度小，中间大；沟藏有时为增大贮藏量，也可把产品堆成圆头形。堆藏和沟藏的覆盖层应是边缘厚些，中央薄点，且边缘覆盖层还要外延一定距离。

通风依季节而变。贮藏初期，可将进、出气口开至最大，以利于降温。随着气温下降，可依次关闭通气口。严冬时更换新鲜空气，应在风和日丽、气温较高的白天进行。入春后与初贮时一样，利用夜间的低温通风换气。

窖、窖主要依靠通风来降温，通风量越大，降温越快。通风量的大小取决于风速与通风口的面积，因此除保证充分的通风面积外，还应考虑将进气口设在背阴的迎风面。风障与荫障在简易贮藏中也很重要。风障常设在北侧或四周，以阻挡严冬的寒风，有利于保温。荫障常设在南侧，避免阳光直射，以利于贮藏初期降温或保持已获得的低温。

对于窖、棚，可以随时进入内部测定温度，而对于沟藏和堆藏，可在入贮时埋入一支或数支测温管，内径插入普通玻棒温度计。测温管的下部应处于园艺产品的中部偏下，管子可用细竹竿打通竹节或塑料管等材料制成。

第二节　机械冷藏

机械冷藏库是在具有良好隔热保温性能的库房内，通过机械制冷方式使库内温度、相对湿度控制在设定范围内，对园艺产品进行长期有效的贮藏。

1872 年，美国和德国分别发明了以氨为制冷剂的压缩式冷冻机，从此，人工冷源代替了天然冷源，食品的冷藏技术发生了根本变化。制冷技术最早应用于意大利、澳大利亚等国远洋运输肉类和果蔬的保鲜，现在已广泛应用于农业、工业、商业、国防、医药以及尖端科学等领域。

我国的机械冷藏发展较晚，1949 年前，在引进外国技术和设备的情况下，仅在哈尔滨、上海、天津、南京等地陆续建成了一些冷库和制冰厂，冷库总容量不超过 3 万 t。中华人民共和国成立初期，我国先后在大中城市和肉、蛋、果蔬基地发展了一批具有相当规模的冷藏库。从 1954 年起，我国开始自制制冷机器与设备，使我国食品冷藏事业进入快速发展期，20 世纪 80 年代以来，随着我国园艺产品产量的迅速增加，果蔬冷藏库大规模兴起。到 21 世纪初，我国绝大部分果蔬产区均已形成以冷藏库为主的保鲜产业，对于采后极易衰老变质的园艺产品，如新疆的葡萄、亚热带的荔枝、鲜切花等实现了冷链运输；对于荔枝、鲜枣、芦笋、嫩玉米等一些产品进行了速冻保鲜。现今，我国制冷机器设备的制造质量和技术性能已跨入国际先进行列，园艺产品冷藏业的发展在调节果蔬周年供应、农产品出口等方面起到了重要作用，对繁荣园艺产品商品流通和供应，发展园艺产业具有重要意义。例如，2023 年 7 月，中国第 13 次北冰洋科学考察队搭乘"雪龙 2 号"极地科考破冰船向着北极进发，全程 80d 左右，路途中没有补给，"雪龙 2 号"上的马铃薯、番茄、洋葱、胡萝卜、南瓜、冬瓜等 3t 蔬菜，还有苹果、梨、橙子、西瓜等水果,都是贮藏在专用的冷库里,可以保障100多名科考队员的食物所需。目前,国际上机械冷藏库正向操作机械化、规范化、控制精细化、自动化方向蓬勃发展。

一、冷库的制冷系统

(一)制冷原理

现代制冷技术主要是利用液体蒸发需要相变潜热的原理来实现的。制冷剂是在制冷系统内流动的工作介质,当制冷剂由液态变为气态时,和冷却对象进行热交换,带走冷却对象的热量而蒸发,再通过机械压缩和冷凝使制冷剂重新回到液态,这就是应用最广泛的蒸气压缩制冷技术。

图4-5所示为单机压缩制冷循环工作过程。单机压缩制冷循环是在一次制冷循环中对制冷剂进行一次压缩。从冷凝器来的高压p_k(冷凝压力)液体制冷剂,经节流阀(膨胀阀)节流降压膨胀,压力降至蒸发压力p_0,同时降温到蒸发温度T_0,变成气、液两相混合状态的制冷剂;然后进入冷风机(蒸发器),在低温下通过冷风机管壁吸取冷藏间空气的热量,而蒸发成蒸气;这些制冷剂气体被压缩机吸入,并绝热压缩到冷凝压力p_k状态下的高温过热制冷剂气体;再进入冷凝器,在冷凝器中进行热交换,被常温的冷却水或空气冷却,而凝结成压力为p_k的高压饱和液体,这时制冷剂液体的温度为T_k(冷凝温度),从而继续进行制冷循环。

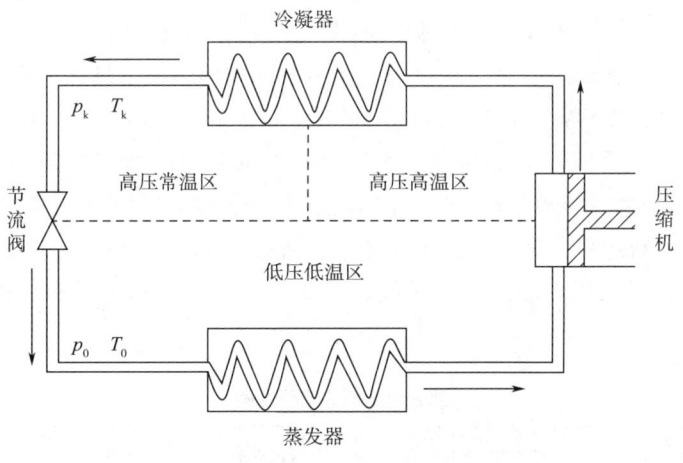

图4-5 单机压缩制冷循环工作过程

(二)冷却方式

在制冷系统中,多采取直接冷却方式,即利用制冷剂的蒸发直接冷却产品或冷藏间的空气。也可采取间接冷却的方式,即将被冷却的产品或冷藏间的热量,通过中间介质传递给在蒸发器中蒸发的制冷剂液体,如盐水、空气调节的冷却系统等。

1. 直接蒸发冷却

系统设备少,构造简单,总传热温差小,能量消耗小,经济性能好,冷却速度快,管理方便,应用广泛。

库房内的蒸发器通常采用冷风机型。库内空气在风机作用下,强制流过冷风机的蒸发器,并在库内循环流动,以冷却库内产品。采用强制对流冷却空气,制冷机蒸发器传热系数高,金属消耗量小,制冷剂充注量少,冷却速度快,库内温度均匀,但空气流动速度大,容易造成被冷却产品失水。因此,常选取较大面积的蒸发器,减小传热温差,把风速限制在一定范围内,最大限度减少干耗。

2. 载冷剂间接冷却

载冷剂可用盐水,由于盐水对金属的腐蚀性较大,与空气接触时易被稀释,加之设备系统复杂,制冷剂与被冷却物质间总传热温差较大,目前很少使用。但间接冷却方式需要的制冷剂相对较少,可降低费用,减少制冷剂泄漏的可能性。载冷剂有较大的蓄冷能力,可保持库温恒定,避免机组频繁启动。因此,在库温要求恒定或已有盐水可以利用,以及冷气场合比较分散的情况下,仍可考虑采用间接冷却方式。

(三) 制冷剂

制冷剂是制冷系统中的工作流体,也称工作介质或工质。选择使用的制冷剂,应具备价廉易得、安全可靠等特点。具体来说,制冷剂应满足如下要求:①化学稳定性和热稳定性好,使用时与润滑油、制冷设备材料不发生化学反应。②具有优良的热力学性质,如制冷剂的标准沸点、饱和蒸气压力、临界温度和压力、绝热指数等,以便在特定温度范围内制冷循环特性优良,如制冷系数高,制冷量大,排气温度适中等。③气化潜热大,液体比热容小,气体比热容大。④传热性和流动性好,具有较高的导热系数和较低的黏度。⑤对大气环境无污染,不破坏臭氧层。⑥使用安全无毒,不易燃易爆或燃烧爆炸性很小。⑦价格低廉,来源广泛。

目前,完全符合上述要求的制冷剂很难寻找。实际应用中根据具体要求、设备情况、使用条件,优化选择合适的制冷剂。制冷剂可分为三类:无机物、卤代烃(商品名为氟利昂)和碳氢化合物,其物理性质如表4-2所示。按标准沸点可分为高温制冷剂(标准沸点在0℃以上)、中温制冷剂(标准沸点在-60~0℃)和低温制冷剂(标准沸点在-60℃以下)。冷藏库用氨作制冷剂的制冷系统组成复杂,安装工作量大;卤化甲烷族由于对臭氧层的破坏作用,目前已全面禁用。新型环保绿色制冷剂正在积极研发中,碳氢化合物是最有可能取代卤代烃的制冷剂。

表 4-2　　　　　　　　部分制冷剂的物理性质

制冷剂	制冷剂代号	化学分子式	相对分子质量	标准沸点温度/℃	临界温度/℃	临界压力/kPa	凝固温度/℃
氨	R717	NH_3	17.03	-33.40	132.4	11417	-77.7
二氧化碳	R744	CO_2	44.01	-78.90	31.0	7372	-56.6
氟利昂-22	R22	CHF_2Cl	86.48	-40.80	96.0	4974	-160.0
四氟乙烷	R134a	CH_2CF_4	102.03	-26.16	101.1	4067	-96.6
异丁烷	R600a	C_4H_{10}	58.13	-11.73	135.0	3645	-160.0

(四) 制冷设备

国内大中型冷库多采用氨系统,中小型冷库采用氟利昂系统。功能完善的制冷系统,除了遵循制冷循环工作过程外，必须最大限度地降低能耗，充分发挥各设备功能，确保系统正常安全运行，提高制冷效果。在制冷系统中，除了压缩机、节流阀、冷凝器、蒸发器外，还必须增设其他相关设备。下面将其使用功能简述如下。

1. 压缩机

在蒸气压缩式制冷循环中，压缩机是关键设备，制冷剂蒸气从低压提升为高压，以及制冷剂液体和蒸气在系统内的不断流动，都是借助于压缩机来完成的。

2. 油分离器

压缩机工作过程中，会将部分润滑油滴和油蒸气夹杂在被压缩的制冷剂气体中，一并进入制冷系统。一旦让其进入冷凝器，会污染传热面，影响冷凝器换热效果，因此必须在进入冷凝器之前通过油分离器将油先分离出来。

3. 冷凝器

冷凝器即是热交换器。经压缩后的气态制冷剂经过油分离器后再进入冷凝器，在冷凝器内通过管壁与冷却水进行热交换，由气态变为液态。液态制冷剂从出液口流至贮氨（液）器。容器上部还设有均压、放空气、安全阀等连接管口和相应的阀件。

4. 贮氨（液）器

贮氨器的功能：一方面及时接收冷凝器运送的液态制冷剂，避免冷却后液体占据冷凝器传热面积，影响换热效果；另一方面调节制冷系统对液氨的供求和贮存。此外，还设有均压、放空气、安全阀、放油等连接管口和相应的阀件。

5. 节流阀

节流阀主要起两个作用：一是将制冷机的高压部分同低压部分分开，防止高压蒸气串流到蒸发器中；二是对蒸发器的供液量进行控制，使其保持适量的液体，既要使蒸发器的全部传热面都能发挥作用，又要防止使制冷剂液体进入压缩机中引起液击。氨系统中应用浮球阀。

6. 冷风机（蒸发器）

冷风机供液管路上的电磁主阀和冷风机上的轴流风机由冷库内的温度控制器控制。当冷库温度达到设定温度的上限时，温度控制器接通供液电磁主阀和冷风机上的轴流风机电源，电磁主阀开启进行供液，轴流风机运转。待冷库温度降低到设定的下限时，温度控制器切断电磁主阀和轴流风机的电源，停止供液，冷风机停止运转。

二、冷库的分类与结构

（一）冷库分类

1. 按冷库结构分类

（1）土建式冷库　目前国内建造较多的一种冷库，可建成单层或多层（图4-6）。建筑物主体一般为砖混结构或钢筋混凝土结构。冷库墙壁结构热惰性大，受外界温度波动影响小，库温容易稳定。土建式冷库建设周期较长，施工复杂，但保温效果好，一次性投资较小。

（2）组合板式冷库　这种冷库为单层形式，库体为钢框架轻质预制隔热板装配结构，其承重构建多采用薄壁型钢材制作（图4-7）。库板为隔热良好的组合夹心保温板，其两面为彩色镀锌钢板，芯材为发泡硬质聚氨酯板或硬质聚苯乙烯泡沫板。除地面外，所有构建和库体由专业生产厂家制作，运至工地现场组装，建设周期短，保温效果好，但造价较高。

图 4-6　土建式冷库　　　　　　　　图 4-7　组合板式冷库

(3) 覆土冷库　又称土窑洞冷库，洞体多为拱形结构，砖石砌体，洞外用黄土覆盖作为隔热层。这种冷库由于热负荷大，降温时间长，可在洞体衬砌内侧作隔热层处理。覆土冷库因地制宜，就地取材，结构简单，造价低廉，但规模有限，货物进出不便，运转费用高。

2. 按冷库容量分类

冷库的容量大小有两种表示方式，一种是用容积（m^3）来表示，一种是用贮藏量（t）来表示。目前，冷库容量划分没有统一标准，可分为大、中、小型。按贮藏量可分为：10000t 及以上为大型冷库，1000~10000t 为中型冷库，1000t 及以下为小型冷库。

3. 按贮藏温度分类

根据贮藏温度的不同，冷库可分为低温冷库（-15℃以下）、冰库（-10~-4℃）、高温冷库（-2℃以上）。园艺产品贮藏一般采用高温冷库。

（二）冷库的结构

冷库由主体建筑和附属建筑组成。主体建筑包括冷藏间、预冷间。附属建筑包括穿堂、装卸货物用的月台以及制冷机房、配电室、挑选包装间、循环水池、品质检验室等。冷库的构成随生产性质、建设规模、贮藏产品的种类及品种对工艺要求的不同而有所区别。

1. 预冷间和冷藏间

(1) 预冷间　也称为冷却间，用于消除园艺产品的田间热，时间一般在 12~24h。

(2) 冻结间　用于将需要冻结的园艺产品由常温或冷却状态快速降至 -20~-15℃，时间一般在 12~24h。

(3) 冷却物冷藏间　主要用于新鲜园艺产品的长期贮藏。

(4) 冻结物冷藏间　主要用于经冻结加工后园艺产品的长期贮藏，如速冻果蔬等。

2. 生产附属建筑

生产附属建筑是指与冷库主体建筑密切相关的生产建筑，主要包括制冷机房、配电室、电控室、水泵房、循环水池、挑选包装间、品质检验室等。

3. 生产辅助建筑

生产辅助建筑主要有月台、穿堂、楼梯间、过磅间、工作人员办公室、休息室和更衣室等。

三、冷库的设计与建设

1. 库址的选择

冷库贮量大，产品进出频繁，要考虑交通方便，利于新鲜产品的运输，同时还要考虑产区和市场的联系，减少产品在常温下不必要的时间拖延。冷库以建设在没有阳光照射和热风频繁的阴凉处为佳。在山谷或地形较低，冷凉空气流通的位置最为有利。

全年空气温度比土壤温度低的时间较长，且空气通过冷藏库屋顶和墙壁传递的热量比土壤小。通常设计地下库用的绝缘材料厚度与地上库是一样的，所以地下库的建设在经济上并不划算。地下库与外界联系及各种操作管理均没有地上库方便，故冷库建设多采取地上式。冷库周围应有良好的排水条件，地下水位要低，库内保持干燥。

2. 库房的容量

冷库的大小要根据贮存产品的数量和在库内堆码的形式而定。具体设计时，先确定需要贮藏的容量，它是根据产品在库内堆码所必需占据的体积，加上行间过道，堆码墙壁之间的空间，堆与天花板之间的空间以及包装之间的空隙等来计算的。确定容量后，再确定冷库的长宽与高度。例如，要建造一座容量为 $1080m^3$ 的冷库，若采用 $4.0m$ 的高度，$1080/4 = 270$（m^2），即是库房所需的地坪面积。一般冷库的宽度为 $12m$，那么冷库的长度即为 $22.5m$。如果在同一容量的基础上，增加 $1m$ 的高度，库房可缩短 $4.5m$，同时增加了墙壁面积 $24m^2$。从减少地坪面积和天花板以及梁架材料等投资来考虑，增加高度比延长长度更经济，但较大的高度必须有铲车等堆垛的设备来配合。冷库设计，还要考虑必要的附属建筑和设施，如工作间、包装整理间、工具库和装御台等。

3. 冷库的建设

设计冷库，除了通风库应考虑的因素外，还应特别注意其隔热防潮性能与合理的制冷系统。隔热层是维持库内低温，减少能耗的一个必要措施。从减少制冷能耗考虑，希望隔热层尽可能厚，然而过厚的隔热层会增加建筑成本，因此隔热层也不可过厚。目前，我国东北部及东部水果产区冷库，如果使用期是从秋天到来年春天，则地面、墙壁、天花板的最低热阻率分别是 $1.51m \cdot K/W$，$3.03m \cdot K/W$ 及 $4.55m \cdot K/W$，终年使用的冷库，地面、墙壁、天花板则分别上升到 $2.25m \cdot K/W$，$3.79m \cdot K/W$ 及 $5.24m \cdot K/W$。美国供热制冷和空调工程师学会（ASHRAE）建议冷库及气调库的地面、墙壁及天花板最低热阻率应不低于 $3.03m \cdot K/W$，$4.55m \cdot K/W$ 及 $6.06m \cdot K/W$。

隔热层的施工方法有三种：①现场敷设，我国各地普遍采用这种方法。②采用预制隔热嵌板。预制的方法是在两块镀锌铁（钢）板或铝合金板中间夹一层隔热材料，多为硬质聚氨酯泡沫塑料，制好的隔热板固定于墙上，板与板的接缝处一般用灌注发泡聚氨酯来密封，这种方法施工简单，速度快，易于维修。③现场喷涂聚氨酯。使用移动式喷涂机，将异氰酸酯和聚醚两种材料同时喷于墙面，即起化学反应而发泡，形成所需厚度的隔热层，此法所形成的隔热层为无接缝整体，施工速度快。

无论采用什么方法，隔热层的设计和施工，必须连续不间断，防止冷桥的产生。绝热材料内部一旦有水汽凝结，其绝热效能便大为降低，同时也会对建筑造成损害。冷库还必须设有隔汽层（或防潮层），常用的材料有沥青、油毡、乳化沥青、塑料薄膜、金属（铝）箔等。用沥青、油毡作隔汽层采用三油二毡法，即三层沥青刷于二层油毡的内、外侧。与绝热层一样，隔汽层应完全封闭，不能有一点缝隙。

由于热空气的含水量较冷空气高，所以热空气被冷却时有冷凝水产生，故隔汽层应设在绝热层温度较高的一面。冷库的隔热防潮层如图4-8所示。

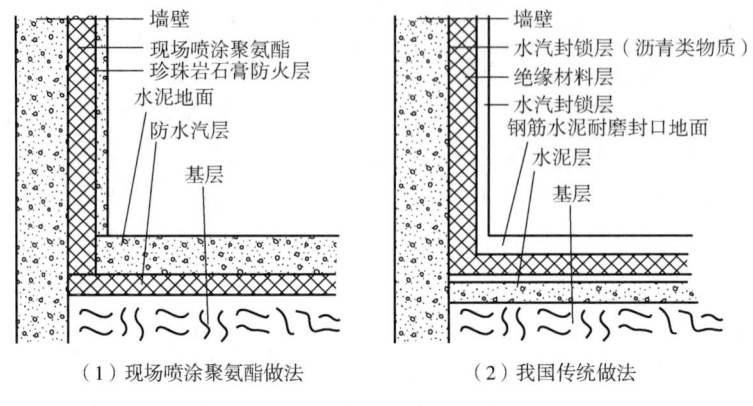

图4-8 冷库墙壁与地面结构示意图

四、冷库的使用与管理

（一）常见园艺产品冷藏条件

园艺产品冷藏保鲜效果与采收成熟度、包装运输、预冷以及贮藏条件有密切的关系。冷藏产品要求适期采收，科学包装，尽快入库预冷（在采后24h内降至贮藏温度），然后在最适温度和相对湿度条件下贮藏。

表4-3是推荐的部分园艺产品冷藏条件和贮藏寿命，仅供参考。这里需要说明的是，园艺产品品种不同、产地不同对贮藏环境的适应性有较大的差别。在生产中应根据产地、品种、成熟度等因素综合考虑。先做试验，待条件确定后再用于生产性贮藏。

表4-3　　　　　　　　　　　部分园艺产品的冷藏条件和贮藏寿命

种类	冷藏温度/℃	相对湿度/%	贮藏寿命/d
苹果	-1 ~ 4	85 ~ 90	30 ~ 360
梨	0 ~ 1	85 ~ 95	7 ~ 14
杏	-0.5 ~ 0	85 ~ 90	7 ~ 21
桃	0 ~ 0.5	90 ~ 95	14 ~ 28
李	0 ~ 1	90 ~ 95	14 ~ 35
香蕉	12 ~ 14	85 ~ 95	7 ~ 28
樱桃	-0.5 ~ 0.5	85 ~ 90	14 ~ 21
葡萄	-1 ~ 0.5	90 ~ 95	7 ~ 42
猕猴桃	0 ~ 1	90 ~ 95	90 ~ 150
柠檬	10 ~ 13	85 ~ 90	30 ~ 180

续表

种类	冷藏温度/℃	相对湿度/%	贮藏寿命/d
龙眼	1.5~3	90~95	21~35
荔枝	3~5	90~95	21~35
芒果	10~13	85~90	14~21
油桃	-0.5~0	90~95	14~28
甜橙	3~9	85~90	21~56
菠萝	7~13	85~90	14~28
石榴	2.5~4.5	85~90	90~120
柑橘	5~10	85~90	14~28
草莓	0~1	85~90	5~7
甜瓜	0~4.5	85~90	21~35
西瓜	4.5~10	85~90	14~21
芦笋	0~2	90~95	14~21
苦瓜	12~13	85~90	14~21
花椰菜	0~1	90~95	21~28
胡萝卜	0~3	90~95	210~270
芹菜	0~1	90~95	95~100
大白菜	1~7	80~90	60~90
黄瓜	11~13	90~95	10~14
茄子	12~14	90~95	7~10
大蒜	-0.5~0	65~70	180~210
蘑菇	0~2	90~95	3~4
扁豆	4~7	90~95	7~10
洋葱	0~1	65~70	30~240
番茄	10~13	90~95	4~7
菠菜	0~1	90~95	10~14
南瓜	10~13	50~70	60~90
蒜薹	-0.5~0	90~95	180~240
红薯	10~12	85~90	200~250
马铃薯	4.5~13	90~95	150~300

（二）冷库管理

冷库管理包括冷库消毒、冷藏技术参数、冷藏产品品质、冷库设施和工作人员培训等方面，其中冷藏技术参数管理的主要任务是调节控制库内温度、相对湿度和通风换气。

1. 冷库消毒

冷库被有害微生物污染是引起园艺产品腐烂变质的主要原因之一，因此冷库在使用前需要进行全面消毒。常用的消毒方法有以下几种：①乳酸消毒。将体积分数为80%~90%的乳酸和水等量混合，按每平方米库容用1mL乳酸的比例，将混合液放于瓷盆内于电炉上加热，待溶液蒸发完后，关闭电炉，闭门熏蒸6~24h，然后开库换气使用。②过氧乙酸消毒。将20%的过氧乙酸按每平方米库容用5~10mL的比例，放于容器内于电炉上加热促使其挥发熏蒸，或按以上比例配成1%的水溶液全面喷雾，使用时应注意对器械、冷风机和人体的防护。③漂白粉消毒。将含有效氯25%~30%的漂白粉配成10%的溶液，用上清液按每平方米库容用40mL的用量喷雾，使用时注意防护，用后库房必须通风换气除味。④福尔马林消毒。按每平方米库容用15mL福尔马林的比例，将福尔马林放入适量高锰酸钾或生石灰，稍加些水，待发生气体时，将库门密闭熏蒸6~12h，开库通风换气后方可使用。⑤硫黄熏蒸消毒。用量为每平方米库容用硫黄5~10g，加入适量锯末，置于陶瓷器皿中点燃，密闭熏蒸24~48h后，彻底通风换气。此外，库内所有用具需用5g/L漂白粉溶液或20~50g/L硫酸铜溶液浸泡刷洗，晾干后备用。

2. 冷库温度

对冷库温度控制包括入库期间快速降温、贮藏期间维持温度稳定和库内温度场均匀。库内温度和入库后产品温度受下列因素影响。

（1）入库产品温度与库温之差　温差越小，越有利于将产品快速冷却到最适贮藏温度。延迟入贮时间或贮藏库降温缓慢，会缩短贮藏寿命。生产中可以从采摘时间、运输以及散热预冷处理等方面采取措施来减少温差。

（2）冷冻机制冷能力与入库量　通常冷冻机的制冷能力可以保证入库期间的制冷要求，但在设计冷库时，对每天的入库量有一定限制，一般每天入库量不能超过库内容量的10%，否则降温缓慢。产品入库时，应先经预冷再进入冷藏间。如果没有预冷条件，应把当天入库的产品在库内分散堆放，经初步降温后再堆放到指定的高度。

（3）冷量损失　冷库隔热性能越好，冷量损失越小。外界温度越高，冷库升温越快。在冷库建设时，要严格做好隔热防潮层的处理。进入冷库时要注意开启风幕，及时关门，尽量减少库内外空气对流。

（4）产品堆码及空气流通　科学堆码对入库期间产品快速降温和贮藏期间库内温度均匀具有重要意义。堆码的原则是在保证库内空气循环良好，各部位温度均匀一致的前提下，最大限度地多存放产品，且方便产品进出操作。堆码的垛间要有一定的空隙，垛间距为10~20cm，墙边空隙不小于20cm，顶部空间高度不低于60cm，堆码的长度方向与风向相同。根据需要留出操作通道，便于作业。

除了少数产品（梨、桃等）之外，大部分园艺产品需要采后迅速降温。目前，冷藏的园艺产品大部分使用塑料薄膜包装，在整个贮藏过程中可保持库温稳定，还可防止因结露引起产品腐烂。

3. 冷库相对湿度

为了保持新鲜状态，避免失水萎蔫，大部分园艺产品贮藏保持相对湿度在80%~90%，但实际情况是有时偏低，有时过高。由于蒸发器经常凝结冰霜，又不断将冰霜融化冲走（即化霜），致使库内相对湿度常低于贮藏产品相对湿度的要求。因此，蒸发器应有较大的蒸发面积，使蒸发面的温度和库温差别缩小（不超过2℃），从而减少结霜量。在冷库中增加相对湿度有多种方法，最简便的是在库房地面或产品上直接喷水，但由于温度低，蒸发量远远不足，在 0℃冷库中还会因地面结冰阻碍操作，且产品上积留的水有利于微生物活动。用蒸汽或热水加湿，会增加库内热量，容易凝结成水珠，引起腐烂的发生。目前，在库内保持相对湿度的有效方法是塑料薄膜包装，较好的加湿办法是在库内喷雾，雾粒越小越好，喷出后很快汽化，不形成水滴而沾湿产品。

有的园艺产品贮藏不需要很高的相对湿度，如洋葱、大蒜，高湿度容易促进发芽和引起腐烂。造成冷库相对湿度高的主要原因是外界热空气大量侵入库内或加湿不均匀，应注意库房的密闭性，并可应用各种吸湿剂或除湿机来降低相对湿度。

4. 通风换气

通风换气既能调节库内相对湿度，又能使空气保持新鲜状态。因为产品通过呼吸作用放出 CO_2 和其他气体（如乙烯等）。乙烯在库内累积到一定浓度后会促进产品成熟衰老，CO_2 浓度过高会引起生理失调和品质劣变，故通风换气是非常必要的。冷库通风换气应选择气温较低的夜晚或早晨进行，雨天、雾天等外界湿度过大时暂缓操作，以免因通风而引起库内相对湿度变化过大。库内也可放置用 $KMnO_4$ 处理的活性炭或安装空气洗涤器，达到吸收挥发性物质和净化空气的目的。

第三节　气调贮藏

气调贮藏，即调节气体贮藏，是当前国际上园艺产品保鲜广为应用的现代化贮藏手段。它是将园艺产品贮藏在不同于普通空气的混合气体中，其中 O_2 含量较低，CO_2 含量较高，有利于抑制园艺产品呼吸代谢，保持新鲜品质，延长贮藏寿命。气调贮藏是在冷藏基础上进一步提高贮藏效果的措施，包含着冷藏和气调双重作用。

通常所说的气调贮藏，即 CA 贮藏，也称快速气调。它是在冷藏基础上，改变贮藏环境中的气体成分，并将气体指标控制在很小的变化范围之内。与 CA 贮藏相近的一种气调贮藏形式为 MA 贮藏，也称自发气调贮藏或限气贮藏，如塑料袋密封贮藏和塑料大帐贮藏，MA 贮藏与 CA 贮藏相比，气体成分变化幅度较大。

目前，欧美国家与地区园艺产品采后 50%以上采用 CA 贮藏，其中约 30%采用超低氧气调保鲜技术。在园艺产品海上长途运输中，CA 贮藏集装箱已经出现。MA 贮藏在这些国家园艺产品贮藏中所占比例较小，在产品长途运输保鲜中应用较多。气调贮藏适用于呼吸跃变型和对乙烯敏感的所有园艺产品的保鲜，目前主要应用于跃变型果实的保鲜，在一些蔬菜和花卉的保鲜方面也有商业应用。

一、气调贮藏原理

空气中 O_2 和 CO_2 含量分别为 21%和 0.03%，其余为 N_2。改变环境中气体组成，即在 O_2 含量降低或 CO_2 含量增加时，新鲜园艺产品的呼吸作用受到抑制，降低了呼吸强度，延迟了呼吸高峰出现，延缓了新陈代谢速度，推迟了成熟衰老，减少了营养物质消耗，有利于园艺产品保持新鲜状态。同时，较低的 O_2 含量和高 CO_2 含量能抑制乙烯的生物合成及其生理作用，有利于延长园艺产品的贮藏寿命。此外，适宜的低 O_2 含量和高 CO_2 含量可以抑制某些生理病害的发生，减少园艺产品的腐烂损失。低 O_2 和高 CO_2 的作用在低温下更为显著，因此，应用气调贮藏进行园艺产品保鲜时，通过延缓产品成熟衰老、抑制乙烯生成和作用以及防止病害发生，很好地保持产品原有的色、香、味、质地特性和营养价值，有效地延长园艺产品的贮藏寿命和货架期。

二、气调贮藏条件

气调贮藏多用于园艺产品的长期贮藏，因此，对于产品原料而言，无论是外观状态还是内在品质都必须保证较高的质量。入贮的产品要在最佳采收期采收，有利于获得良好的贮藏效果。影响气调贮藏效果的因素有产品的种类、品种、采收期、采后处理和贮藏管理等，下面重点叙述与气调贮藏关系最密切的 O_2、CO_2 和温度参数确定的一般原则。

（一）确定气调技术参数的原则

1. O_2、CO_2 与贮藏的关系

一般情况下，低 O_2、高 CO_2 抑制园艺产品的呼吸作用，从而延缓衰老。但新鲜产品对低 O_2、高 CO_2 的耐受有一个限度，超过临界点，产品会发生无氧呼吸，积累乙醛、乙醇而使风味劣化，失去商品价值。这一临界点称为临界 O_2 含量和临界 CO_2 含量。临界浓度因产品不同而有所差异，大多数产品的临界 O_2 含量为 1.5%~2.5%。有些产品，如绿熟番茄和香蕉，可用极低 O_2 含量（<1%）做短时间处理，抑制后熟，转入空气中后熟仍较缓慢，但实际应用时需十分谨慎。目前，我国生产上 CA 贮藏应用的 O_2 含量为 3%~5%，苹果气调贮藏的 O_2 含量在 3% 左右，其他国家采用超低氧气调的 O_2 含量约在 1%。同样，短时间的高 CO_2 处理也有一定的保鲜效果，对一些能忍受高 CO_2 的产品，在运输前进行高 CO_2 处理可以减少变质损耗。一般绿色产品能忍受的 CO_2 含量较高，而果肉结构紧密的园艺产品都对高 CO_2 忍受力差，容易发生 CO_2 中毒。对大多数园艺产品来讲，CO_2 临界含量不超过 15%，CO_2 安全含量为 3%~5%。超低氧气调时，CO_2 含量的确定必须以 O_2 含量为依据，一般 CO_2 含量为 1%。

2. O_2、CO_2 和温度的组合与贮藏的关系

无论哪种贮藏方式，温度都是首要的环境因素。只有在确定了贮藏温度后，才能确定气体组分。低温与 CO_2 有协同作用，CO_2 与 O_2 有拮抗作用。随着贮藏温度降低，园艺产品对低 O_2、高 CO_2 的耐受力下降，即气调环境加剧低温伤害。因此，通常气调贮藏温度要高出普通冷藏温度 0.5℃，以避免由低 O_2、高 CO_2 诱导的低温伤害。在气调库中发现，靠近冷风机处的产品容易发生冷害，距冷风机越远，冷害发生率越低。同样，CO_2 伤害在低温和低 O_2 时表现更为严重，适当提高 O_2 含量或温度，可减轻 CO_2 伤害。超低氧气调贮藏中，O_2 含量在 1% 左右，园艺产品对如此低的 O_2 含量很敏感，贮藏中的温度指标应比低氧气调还要高一些，CO_2 则相对更低。

在气调贮藏中，温度、O_2、CO_2 三个因素互为条件，互相制约，只有三者达到最佳配合，才能发挥气调贮藏的优越性。当其中一个因素发生变化时，其他因素也应随之改变，这样才能维持一个较为适宜的贮藏环境。每一种园艺产品都有其最适宜的气调贮藏条件，且这种最适条件组合并非固定不变，而是随着产品品种、产地、成熟度以及贮藏阶段等不同而发生变化，表 4-4 是不同产地富士苹果的气调贮藏条件，表明同一品种在不同产地所采用的气调参数是不同的。

表4-4　　　　　　　　　　　　不同产地富士苹果的气调贮藏条件

产地	温度/℃	O_2含量/%	CO_2含量/%
澳大利亚（南方）	0	2	1
维多利亚	0	2~2.5	2
巴西	1.5~2	1.5~2	0.7~1.2
法国	0~1	2~2.5	1~2
日本	0	2	1
美国（华盛顿州）	0	1~2	1~2

低O_2、高CO_2的气体控制模式容易发生低O_2、高CO_2伤害，加剧腐烂，是自发气调包装易发生的问题。关于气体成分的控制，高O_2（21%~100%）贮藏成为园艺产品采后技术研究热点。研究表明，高O_2处理可降低呼吸作用和乙烯合成速率，减缓组织褐变，减少乙醛、乙醇等异味物质产生，抑制某些病原菌生长，减少腐烂变质，提高产品的贮藏品质。高O_2处理在园艺产品保鲜方面具有良好的应用前景。

（二）气体指标的控制方式

1. 双高指标控制

双高指标控制即O_2和CO_2的含量总和约为21%。普通空气中O_2和CO_2含量之和约为21%，园艺产品正常代谢的呼吸商约为1，所以在密闭的环境中，产品呼吸消耗的O_2和释放的CO_2体积大致相等，即环境中O_2和CO_2的含量总和一直接近21%。当O_2含量降至设定的指标时，CO_2含量也就上升到了设定指标，此后采用置换同等体积新鲜空气的方法，可基本维持这种气体组合。

大帐自发气调和塑料袋包装属于这种气调法，它的缺点在于O_2含量较高（>10%），不能充分发挥气调贮藏的优越性。如果O_2含量低于10%，有可能造成CO_2含量过高（>10%），形成生理伤害。因此，将O_2和CO_2控制在相接近的指标（二者各约10%），称为高O_2和高CO_2指标。这种组合适用于没有降氧设备的气调库，有一定的保鲜效果，但远不如双低指标效果好。

2. 双低指标控制

双低指标控制也称为低O_2气调，即O_2和CO_2的含量总和小于10%。如，3%O_2+5%CO_2，3%O_2+3%CO_2等组合。这种组合能有效地延缓园艺产品的后熟衰老，是园艺产业先进国家20世纪80~90年代应用最广泛的组合，我国目前应用的也是此类组合。这种方法要求采后在很短的时间内迅速降氧，各种气体指标控制在很小的变化范围内，因而所需的设备比较复杂，需要降O_2和除CO_2设备齐全，贮藏费用相对较高。

此外，进行超低氧气调贮藏，将O_2和CO_2的含量总和控制在小于2%，O_2含量在1%左右，配以相应的CO_2含量，这种组合对库体气密性和设备要求很高。

3. O_2单指标控制

上述两种控制是同时控制O_2和CO_2含量两个指标。有时为了简化贮藏管理，或因产品对CO_2敏感，可采用O_2单指标控制，即只控制贮藏环境中O_2含量，CO_2用吸收剂全部除去。大多数情况下，采用的 O_2 含量也是在 2%~3%。贮藏环境中无 CO_2 存在时，影响植物呼吸的 O_2 阈值大约是 7%，只有低于这个水平，才能有效地抑制园艺产品的生理代谢。由于贮藏环境中的 CO_2 不能随时被彻底吸收，故将 CO_2 含量控制在 1% 以内。柑橘、砂梨等都适用这种气体组合。

（三）气体调节的方式

气调库的气体成分从刚封库时的自然空气转变到所设定的气体指标，有一个降 O_2、升 CO_2 的过渡期，称之为降氧期。降氧期之后，O_2 和 CO_2 稳定在设定指标范围内的时期称为稳定期。降 O_2 方法及稳定期的气体管理与气调库类型、选配设备有关，最终表现在保鲜效果的差异上。

1. 自然降氧

自然降氧是气调环境封闭后，靠园艺产品自身的呼吸作用使 O_2 逐渐下降，并积累 CO_2 的方法。一般用于 MA 贮藏，有两种形式。

（1）人工换气法　当 O_2 降至设定的低限或 CO_2 上升到设定的高限时，开启封闭的气调环境，部分或全部换入新鲜空气，再重新封闭。

（2）调气法　在双高指标和 O_2 单指标两种气体控制方式中，降氧期用吸收剂或其他简易方法除去超标的 CO_2，待 O_2 降至设定指标后，定期或连续输入空气，使气体成分稳定在设定的指标范围内。在塑料大帐内加石灰、硅窗大帐、硅窗袋等调气方法属于此类。当降氧设备出现故障时，在气调库内也使用自然降氧法进行气调。这种方式降氧速度缓慢，气体成分变化幅度大，不能迅速有效地抑制产品衰老。

2. 快速降氧

快速降氧即人为快速地降低贮藏环境中的 O_2，使降氧期缩短为 1d 或几个小时。快速降氧也有两种形式。

（1）气流法　预先按设定的气体成分指标配置好气体，把这种混合气体输入气调环境，取代其中的空气，之后用一定的气流速度稳定贮藏环境内的气体指标。小型气调试验装置多用此法，这种方法能够很快达到设定的气体指标，且始终维持气体成分稳定。商业的气调贮藏用此法代价太大，难以推广。

（2）充氮法　气调库的气体成分调节一般采用充气置换，即通过制氮机制取含量较高的 N_2 混合气体（一般含量不低于 96%），将其通过管道充入库内，同时含 O_2 较多的库内气体通过另一管道排出库外，如此连续进行。如果设定的 O_2 指标为 3%，在库内的 O_2 含量降至 5% 左右时，停止人工降氧，通过产品自身的呼吸作用继续降 O_2，提高 CO_2 含量，达到设定的气体指标。在产品耗 O_2 和人工补 O_2 之间，建立起一个相对稳定的平衡系统，使库内气体成分稳定在一个较小的范围内。

三、气调库的构成与类型

（一）气调库的构成

气调库首先要有机械冷库的性能，还必须有密封性能，防止漏气，确保库内气体组成稳定。

用预制隔热嵌板建库，嵌板两面是表面呈凹凸状的金属薄板（镀锌钢板或铝合金板等），中间是隔热材料聚苯乙烯泡沫塑料，采用合成的热固性黏合剂将金属薄板牢固地黏结在聚苯乙烯泡沫塑料板上。嵌板用铝制呈工字形的构件从内外两面连接，在构件内表面涂满可塑性的丁基玛碲脂，使接口完全、永久地密封。在墙角、墙脚以及墙和天花板等转角处，皆用直角形铝制构件拼连，并用特制的铆钉固定。这种预制隔热嵌板，既可以隔热防潮，又可以作为隔汽层。地板是在加固的钢筋水泥底板上，用一层塑料薄膜（多聚苯乙烯等）作为隔汽层（0.25mm），一层预制隔热嵌板（地坪专用），再加一层加固的10.0cm厚的钢筋混凝土为地面。为了防止地板由于承受负荷而使密封破裂，在地板和墙的交接处的地板上留一平缓的槽，在槽内灌满不会硬化的可塑酯（黏合剂）。

目前，比较先进的做法是在建成的库房内进行现场喷涂泡沫聚氨酯（聚氨基甲酸酯），采用此法可以获得性能优异的气密结构并兼有良好的保温性能，5.0~7.6cm厚的泡沫聚氨酯可相当于10.0cm厚的聚苯乙烯的保温效果。喷涂泡沫聚氨酯之前，应先在墙面上涂一层沥青，然后分层喷涂，每层厚度约为1.2cm，直到喷涂达到所要求的总厚度。

气调库必须进行气密性试验，排除漏点后，方可投入使用。气调库在运行过程中，由于库内温度波动或者气体调节会引起压力波动。当库内外压力差达到58.8Pa时，必须采取措施释放压力，否则会损坏库体结构。具体办法是安装水封装置，当库内正压超过58.8Pa时，库内空气通过水封溢出；当库内负压超过58.8Pa时，库外空气通过水封进入库内，自动调节库内外压力差。

气调库的主要气调设备有气体发生器和CO_2吸附器。气体发生器的基本装置是一个催化反应器。在反应器内，将O_2和燃料气体如丙烷、天然气等进行化学反应，形成CO_2和水蒸气。用于反应的O_2来自库内空气。库内空气通过反应器不断循环，致使库内O_2不断降低而达到所要求的浓度。CO_2吸附器的作用是除去贮藏过程中园艺产品呼吸释放的以及气体发生器在工作时所放出的CO_2。当CO_2继续累积超过一定限度时，将库内空气引入CO_2吸附器中的喷淋水、碱液或石灰水中，或者引入堆放消石灰包的吸收室内，吸收部分CO_2，使库内CO_2维持适宜的浓度。活性炭CO_2脱除机内的活性炭吸附CO_2达到饱和时，可用新鲜空气吹洗，使CO_2脱附。CO_2脱除机有两个吸附罐，当一个罐吸附CO_2时，另一个同时进行脱附。气体发生器和CO_2吸附器配套使用，可以任意调节并快速达到所要求的气体成分。

由于气调库装货集中，所以要求其制冷负荷比一般冷库要大，应在短时间内将库温降低到适宜的贮藏温度。气调贮藏库还应有湿度调节系统、气体循环系统以及气体、温度和湿度分析测试记录系统等，这些都是气调贮藏库的常规设施。

（二）气调库类型

按建筑形式分，气调库可分为砌筑式、夹套式和装配式三种形式。

1. 砌筑式气调库

又称为土建式气调库，建筑方法与冷藏库基本一样，用传统的建筑材料和保温材料砌筑而成，或由冷库改造而成。在库体内表面增加一层气密层，将其直接铺设在库体上。砌筑式气调库造价比装配式气调库低约30%，气密性接近装配式气调库，比较适合我国国情，但施工周期长、难度大，且随着建筑物的沉降和变形，气密性易被破坏。砌筑式气调库在我国发展很快，主要用于贮藏苹果、梨、猕猴桃、板栗等果品，我国有50%~60%的气调库属于这种类型。

2. 夹套式气调库

即在普通冷藏库内,用气密材料围成一个密闭的贮藏空间,它是在砌筑式气调库基础上发展而来的。气密材料与库内的墙体、屋面保持一定距离,气密层有一个供货物进出的可密闭的库门。在密闭空间与围护结构之间形成了一个夹层,气调处理在气密层内部进行,制冷装置仍安装在原来的位置,冷风在夹层内循环。这种形式主要用于葡萄气调贮藏,在气密层内部进行SO_2处理,可以避免SO_2腐蚀库内风机等金属设施。某些蔬菜用ClO_2处理进行保鲜时,也可以采用这种形式的气调库。

3. 装配式气调库

在库基上用彩镀夹心板拼接装配而成,施工方便,气密性好,是目前国内外应用最多的气调库(图4-9)。

图4-9 装配式气调库内部通道

四、气调库运行管理

气调库投资大,设备先进,必须在科学管理下才能实现技术潜能。气调库的运行管理包括贮藏管理、设备运行管理和安全管理等。

(一)贮藏管理

气调贮藏是高投入、高效益的产业,要求产品贮藏品质好、成熟度适中,采收后及时入库。在贮藏过程中,严格控制温度、湿度和气体成分等条件,做好产品的质量检测。

1. 温度

入库前7~10d开机进行梯度降温,在新鲜产品入贮前,库温应稳定在设定的温度,为贮藏做好准备。产品在入库前应先预冷,消除田间热。产品入库时速度要快,及时装满封库。封库后2~3d将库温降至最佳贮藏温度,并始终保持这一温度,避免波动。

2. 湿度

湿度管理的重点是管理好加湿器及其监测系统。实践表明,应在库温稳定后再开启加湿器,启动过早会增加产品霉烂,启动过晚会导致产品失水。加湿时要注意使库内水汽分布均匀,避免加湿水在小范围内聚集,增加霉菌侵染,引起产品腐烂,影响贮藏效果。由于湿度传感器在低温高湿下容易失真,所以湿度的控制和调节在很大程度上仍要靠管理人员的经验。

3. 气体成分

气体成分管理的重点是控制好库内 O_2 和 CO_2 浓度。当产品入库结束、库温稳定之后,应迅速降 O_2。一般低氧贮藏,库内 O_2 一次降至5%左右,再利用产品自身的呼吸作用继续降 O_2,同时提高 CO_2 浓度,直至达到设定的指标。这一过程需7~10d,然后靠脱除多余的 CO_2 和补充 O_2 的方法,使库内 O_2 和 CO_2 稳定在适宜的范围,直到贮藏结束。

4. 产品质量

从产品入库到出库要定期进行质量检测,内容包括产品外部感官性状和风味,保鲜程度如失重、果肉硬度、可溶性固形物含量,以及微生物侵染性病害和生理性病害发生情况。气调贮藏中尤其要注意生理性病害,如苹果虎皮病、CO_2 中毒、低 O_2 伤害和低温冷害等的发生,并随时对检测结果进行分析,以指导下一步的操作管理。贮藏后期应增加检测频率和次数。

(二)设备管理和库房管理

每一个贮藏季节开始前,必须对所有设备进行一次全面检修和调试,掌握设备运行状况,保证气调库正常运转。

1. 制冷设备

制冷机、冷却塔、水泵、循环水池、出入库管道等皆应定期检查和维修;润滑系统、制冷剂、压力表、感测温元件、压力继电器、电控元件、冷却水系统等皆需经常检查,并使之处于正常状态。

2. 气调设备

气体调节系统、气体监控系统和加湿系统的所有设备、管道、电机、阀门、过滤器、压力表等都应经常检查维修,保证各部件清洁、灵敏、完好。

3. 管道

应对所有设备与库体间连接的管道和接头的泄漏情况、制冷管道的保温情况、阀门、阀杆、上下水管、压力平衡管等进行检查,使之密封良好,畅通无阻,开关灵活。

4. 试运转

在完成上述检查、检修之后,需开机进行联动运转,待确认各系统运转正常后,将其保持在准运行状态,以便随时开机运行。

5. 库房管理

库房管理的重点是气密性检测和补漏。每年产品入库前,都应对气密性进行全面检测,发现泄漏及时修补。在补漏结束后再对气调库进行整体气密试验,直到确认气密性达到工艺要求为止。此外,库房和包装材料消毒,库房堆码方式等也是库房管理的重要工作。

(三)安全管理

安全管理包括设备安全管理、水电防火安全管理、库体安全管理和人身安全管理等诸多方面,这里特别强调的是库体安全和人身安全。

1. 库体安全

除防水、防冻、防火之外,重点是防止温变效应。在库体进行降温、试运转期间绝对不允许封库,因为过早封库,库内温度骤降,必然增大内外压差,当这种压差达到一定限度后,会导致库体崩裂,轻者破坏库体气密性,重者使库体坍塌报废。正确的做法是当库温稳定在设定的范围后再封库门，开始下一步操作。

2. 人身安全

气调库内低 O_2、高 CO_2 的环境对人有生命危险，操作人员进入库内一定要注意安全。具体办法是：①入库前戴好氧气呼吸器，确认呼吸畅通后方可入库操作。②库内操作必须两人同行。③入库前必须将库门和观察窗的门锁打开，以便出现事故后急救。④库外留人观察库内操作人员的动向，以防万一。产品出库时，必须确认 O_2 含量达到18%以上，操作人员方可入库。

五、塑料薄膜封闭气调贮藏

20世纪60年代以来，国内外对塑料薄膜封闭气调法开展了广泛的研究，使其在生产中得到广泛应用，并在园艺产品保鲜上发挥了重要作用。塑料薄膜除使用方便、成本低廉外，还具有一定的透气性。通过园艺产品的呼吸作用，会使塑料袋（帐）内维持一定的 O_2 和 CO_2 比例，辅以人为的调节措施，可形成有利于产品贮藏保鲜的气体成分。薄膜封闭容器可安装在普通冷库、通风贮藏库、土窑洞、棚窖等贮藏场所内，也可在运输过程中使用。

目前，硅橡胶在园艺产品贮藏中应用已取得成功。硅橡胶是一种有机硅高分子聚合物，它由有取代基的硅氧烷单体聚合而成，以硅氧键相连形成柔软易曲的长链，长链之间以弱电性松散地交联在一起，这种结构使硅橡胶具有特殊的透气性。硅橡胶膜对 CO_2 的透过率是相同厚度聚乙烯膜的200~300倍，是聚氯乙烯膜的20000倍。硅橡胶膜还对气体透过具有选择性，它对 N_2、O_2 和 CO_2 的透性比为 1∶2∶12，对乙烯和一些芳香物质也有较大的透性。利用硅橡胶膜特有的性能，在用较厚的塑料薄膜（如0.23mm聚乙烯）做成的袋（帐）上嵌入一定面积的硅橡胶，即做成一个有气窗的包装袋（或硅窗气调帐），袋内园艺产品进行呼吸作用释放出的 CO_2 通过气窗透出袋外，所消耗掉的 O_2 由大气透过气窗进入袋内得到补充。由于硅橡胶具有较大的 CO_2 与 O_2 透性比，且袋内 CO_2 进出量与其在袋内的浓度成正相关，贮藏一段时间后，袋内的 CO_2 和 O_2 进出达到动态平衡，气体成分会自然调节到一定的范围以内。

硅橡胶气窗包装袋（帐）与普通塑料薄膜袋（帐）一样，都是利用薄膜本身的透性自然调节袋中的气体成分。因此，袋内的气体成分必然与气窗的特性、厚薄、大小、袋子容量、装载量、园艺产品的种类、品种、成熟度以及贮藏温度等因素有关。实际应用时，要通过试验研究确定袋（帐）子的大小、装量和硅橡胶窗的面积。

（一）封闭方法和管理

1. 垛封法

贮藏产品用通气的容器盛装，码成垛。垛底先铺垫底薄膜，在其上摆放垫木，将盛装产品的容器垫空。码好的垛子用塑料帐罩住，帐子和垫底薄膜的四边互相重叠卷起并埋入垛四周的小沟中，或用其他重物压紧，使帐子密闭。也可用活动贮藏架在装架后整架封闭。比较耐压的一些产品可以散堆到帐架内再行封帐。帐子一般选用厚度为0.07~0.20mm的聚乙烯或聚氯乙烯塑料薄膜。在塑料帐的两端设置袖口（用塑料薄膜制成），供充气及垛内气体循环时插入管道。可从袖口取样检查，活动硅橡胶窗也可通过袖口与帐子相连接。帐子设取气口，以便测定气体成分，也可从此处充入气体消毒剂，平时不用时把气口封闭。为使器壁的凝结水不侵蚀贮藏产品，应设法使封闭帐悬空，不使之贴紧产品。帐顶部分可加衬吸水层，还可将帐顶做成屋脊形，以免结水滴到产品上。塑料薄膜帐的气体调节可使用气调库调气的各种方法。帐子上设硅橡胶窗可以实现自动调气。

2. 袋封法

将产品装在塑料薄膜袋内，扎口封闭后放置于库房内。调节气体的方法有：①定期调气或放风。用0.06~0.08mm厚的聚乙烯薄膜做成袋子，将产品装满后入库，当袋内O_2减少到低限或CO_2增加到高限时，将全部袋子打开放风，换入新鲜空气后再进行封口贮藏。②自动调气。采用0.03~0.05mm的塑料薄膜做成小包装，因为塑料膜很薄，透气性很好，在较短的时间内，可以形成并维持适当的低O_2和高CO_2气体且不会造成高CO_2伤害，该法适用于短期贮藏、远途运输或零售包装。在袋子上，依据产品的种类、品种和成熟度及用途等粘贴一定面积的硅橡胶膜，也可以实现自动调气。图4-10所示为硅窗袋气调在蒜薹贮藏保鲜上的应用。

图4-10　利用硅窗袋气调保鲜蒜薹

（二）温度与湿度管理

塑料薄膜封闭贮藏时，袋（帐）内因有产品释放呼吸热，所以温度总比库温高一些，一般有0.1~1.0℃的温差。另外，塑料袋（帐）内湿度较高，接近饱和，塑料膜处于冷热交界处，内侧常有一些凝结水珠。如果库温波动，袋（帐）内外温差会变得更大、更频繁，薄膜上的凝结水珠也就更多。封闭袋（帐）内的水珠还溶有CO_2，pH约为5，这种酸性溶液如果滴到园艺产品上，不仅有利于病菌的活动，而且会造成不同程度的伤害。封闭容器内四周温度因受库温的影响而较低，中部温度则较高，这会引起内部气体发生对流，其结果是较暖的气体流至冷处，降温至露点以下便析出部分水汽形成凝结水，这种气体再流至暖处，温度升高，饱和差增大，又会加强产品的蒸腾作用。这种温度和湿度的交替变动，像有一台无形的抽水机，不断地把产品中的水分抽出来变成凝结水。也有可能并不发生空气对流，而是因温度较高处的水汽分压较大，它会向低温处扩散，同样导致高温处产品失水而低温处产品凝水。因此，薄膜封闭贮藏时，一方面是袋（帐）内部湿度很高，另一方面产品仍有较明显的失水现象。解决这一问题的关键在保持库温稳定，尽量减小封闭袋（帐）内外的温差。

六、超低氧气调贮藏

气调贮藏自20世纪50年代发展以来，技术不断进步，其标志是O_2含量的控制指标不断下降，至20世纪90年代中期，超低氧气调在欧美国家和地区得到了推广应用。O_2含量在2%

以下的气调贮藏称为超低氧气调贮藏。目前，气调贮藏在上述国家主要是超低氧气调贮藏。大多数情况下，O_2 指标在 1% 左右。美国在新红星苹果上推广应用 0.7% 的 O_2 含量，以控制虎皮病的发生。到 20 世纪末，超低氧气调的应用占到了气调贮藏的 30% 以上，应用的园艺产品有苹果、西洋梨、猕猴桃、香蕉等。除了欧美国家和地区，智利、韩国、以色列等国也已开始应用此项技术。

在一定的 O_2 含量范围内，园艺产品的呼吸作用随 O_2 含量的降低而下降，在 0℃ 时，苹果在 $3\%O_2+3\%CO_2$ 条件下贮藏，呼吸强度约为空气中的 60%，乙烯释放量为空气中的 55%；而在 $1\%O_2+1\%CO_2$ 条件下贮藏，呼吸强度仅为空气中的 25%～30%，乙烯释放量为空气中的 27%。由于超低氧大大地降低了园艺产品的呼吸强度和乙烯生成量，因此，超低氧气调贮藏在保持产品硬度、抑制叶绿素和有机酸降解等方面具有显著效果。在大幅度延长贮藏期的同时，超低氧气调贮藏几乎完全避免了衰老引起的生理性病害。当然，这种贮藏技术也有不足之处，它对果实等园艺产品挥发性风味物质的形成有明显的抑制作用，长期使用超低氧气调贮藏的果实，其货架期挥发性风味物质形成的种类和数量比低氧气调的还要少。

超低氧气调贮藏不仅要求气体指标低，而且要求气体指标变化幅度应在很小的范围内，因为气体指标的波动较大，有可能造成气体伤害。因此，对库体和设备都有很高的要求，库体气密性要求在 300Pa 限定压力下，半压降时间不低于 30min；对 N_2 纯度要求在 97% 以上，最高纯度要达到 99%；对库内温度波动也要控制在很小的范围内，同时要求温度传感器有较高的准确度和精确度。

第四节　减压贮藏

减压贮藏又称低压贮藏，被国际上称为 21 世纪新型保鲜技术，由于其原理和技术上的先进性，使园艺产品保鲜效果比单纯冷藏和气调贮藏要更为优越，在易腐难贮产品保鲜方面发挥了巨大作用。

一、减压贮藏的兴起

现代果蔬贮藏保鲜技术起源于 19 世纪，到目前已经历了三次革命。

1851 年，现代制冷之父澳大利亚的詹姆斯·哈里森在澳大利亚维多利亚州季隆市，设计并制造了世界上第一台制冷压缩机及其辅助设备，用于园艺产品保鲜，被认为是保鲜史上的第一次革命。其意义在于真正摆脱了利用自然冷源保鲜园艺产品而造成的季节性和地区性限制，大大提高了贮藏温度控制的精确性，扩大了低温保鲜园艺产品的地理和季节应用范围，显著改善了产品保鲜质量，延长了贮藏期限，在商业上得到大量应用。但低温贮藏保鲜的极限温度是接近冰点温度或冷害的临界温度，要进一步保持园艺产品质量及延长贮藏期限，必须在控制低温的基础上导入新的技术。

1917 年，英国的基德和韦斯特在前人研究的基础上，进一步探讨了气体成分对园艺产品生理作用的影响。结果发现，在控制低温的基础上，降低空气中 O_2 浓度，提高 CO_2 浓度，比单纯冷藏更能降低产品的呼吸代谢，且贮藏期比冷藏条件下延长 1 倍以上。1928 年，应用该理论在英国建造了世界上第一座气调库，用来贮藏苹果，并在商业上取得了成功，这被认为是保鲜史上的第二次革命。此后,对园艺产品气调贮藏进行了更为广泛深入的研究,发现气调保鲜尽管比普通冷藏使产品质量得到了很大改善,贮藏期限明显延长,但也存在着一些局限性,具体表现为:①不易形成超低氧(0%~2%)贮藏环境。②不易形成低 CO_2 或无 CO_2 贮藏环境。③不能加速产品组织内乙烯和其他挥发性有害气体向外扩散。要进一步改善园艺产品保鲜质量,延长其贮藏期限,应该导入更新的技术。

1957年,有学者同时发现,一些园艺产品在冷藏基础上降低贮藏环境气压,与常规气调相比明显延长了贮藏寿命。1966年,美国的学者提出了完整的减压贮藏理论和技术。此后,在许多国家相继开展了大量研究,试验对象范围也从最先用的苹果迅速扩大到其他园艺产品,这被认为是保鲜史上的第三次革命。

二、减压贮藏理论和技术特点

减压贮藏无论在理论上还是在技术上都有其独到的特点,使其成为21世纪新型保鲜技术。

1. 理论特点

(1) 可达到低 O_2 和超低 O_2 效果　将园艺产品置于密闭容器中,抽出容器内部分空气,使内部气压降低到一定程度,空气中各种气体组分的分压都相应降低,O_2 浓度也相应降低。例如,当把气压降至正常的1/20~1/10,空气各组分的相对比例并未改变,但它们的绝对含量降为原来的1/20~1/10,此时 O_2 含量只相当于正常气压的1.1%~2.1%。因此,减压贮藏能创造一个低 O_2 或超低 O_2 条件,起到类似气调贮藏的作用,在超低 O_2 的控制方面比气调贮藏更容易。

(2) 可促进园艺产品组织内部挥发性有害气体向外扩散　减压贮藏可以促进园艺产品组织内挥发性有害气体向外扩散,明显优于冷藏和气调贮藏。减压处理能够加速组织内乙烯以及其他挥发性产物,如乙醛、乙醇等向外扩散,可以减少这些物质引起的衰老和生理病害。

(3) 从根本上消除 CO_2 中毒的可能性　气调贮藏时,提高 CO_2 浓度的重要作用之一是使它成为乙烯的竞争性抑制者,但又常会导致某些生理病害。减压条件下内源乙烯已极度减少,合成也受到抑制,不再需要维持高浓度 CO_2 来阻止乙烯生成。另外,减压贮藏容易造成一个低 CO_2 的贮藏环境,使产品组织内部 CO_2 分压远低于正常空气中的水平,从根本上消除了 CO_2 中毒的可能性。

(4) 抑制微生物的生长发育　由于减压贮藏可形成超低 O_2 条件,所以可抑制病原微生物的生长发育和孢子形成,减轻某些侵染性病害。此外,减压贮藏可使无残毒高效气态保鲜剂由表及里高强度渗入园艺产品组织内部,解决了高湿与腐烂这一矛盾。减压贮藏设施可排出90%的空气,把悬浮在空气中90%的微生物排到贮藏环境之外,从而大大减少了侵染性病原微生物的种群和数量。

总之,减压贮藏能够降低园艺产品呼吸强度,抑制乙烯的生物合成,推迟叶绿素的分解,抑制类胡萝卜素和番茄红素的合成,减缓淀粉的水解、糖的增加和酸的消耗等过程,从而延缓产品成熟和衰老。减压贮藏还能防止和减少各种贮藏生理病害,如酒精中毒、虎皮病等,可以保持新鲜产品的品质、硬度和色泽。减压贮藏也可用于肉类、花卉等产品的保鲜。

2. 技术特点

减压贮藏相对于普通冷藏和气调贮藏具有以下技术特点。

(1) 贮藏期延长　减压贮藏除具有冷藏和类似气调贮藏的效果外,还有利于园艺产品组织中有害物质如乙烯、乙醇等挥发性气体的排出，大大延长了产品的贮藏期限。

（2）具有"三快"的特点　减压贮藏具有快速减压降温、快速降氧、快速排除有害气体成分的特点。减压条件下，园艺产品的田间热、呼吸热等由抽真空处理而被排出，降温迅速；真空条件下，空气中各种气体组分分压相应迅速下降，O_2分压也迅速降低，克服了气调贮藏中降氧缓慢的缺点；减压处理还能造成产品组织内外产生压力差，以此为动力，园艺产品组织内有害气体成分向外扩散，避免了毒害，延缓了衰老。

（3）贮量大、可多品种混放　减压贮藏换气频繁，气体扩散速度快，产品在贮藏室内密集堆放，室内各部分仍能维持较均匀的温度、湿度和气体成分，所以贮藏量较大；同时减压贮藏可尽快排除产品体内的有害物质，防止产品之间相互促进衰老，在同一温度下，可将多种产品放置于同一贮藏室内。

（4）可随时进出库　减压贮藏操作灵活，使用方便，所要求的温度、湿度和气体浓度等条件很容易达到，产品可随时出库、入库，避免了气调贮藏产品易受出入库次数影响的不便。

（5）可延长货架期　经减压贮藏的产品，在解除低压后，后熟和衰老过程仍然缓慢，故经减压贮藏的产品有较长的货架期。

（6）节能、经济　减压贮藏除空气外不需要提供其他气体，省去了气体发生器和CO_2脱除机等设备。减压贮藏库的制冷降温与抽真空是不间断连续进行的，且维持压力的动态平衡，降温速度相当快，故用减压贮藏的园艺产品可不预冷，直接入库贮藏，减少预冷费用。在运输方面，节约时间，加速货物流通速度。

3. 不足之处

减压贮藏虽有诸多优点，但同时它也存在如下问题。

（1）建造库体费用高　减压贮藏建筑费用比普通冷库要高得多，甚至比气调贮藏库还要高，因此到目前为止，这种方法在商业上应用较少，在实践中大量推广还有一定困难，在保证耐压的情况下需进一步研究如何降低建造费用。

（2）产品容易失水　减压贮藏库内换气频繁，产品易失水萎蔫，故应特别注意湿度的控制，最好增设加湿装置。

（3）产品香味散失　减压贮藏后，园艺产品芳香物质损失较大，易失去原有的香气和风味。但有些产品在常压下放置一段时间后，风味可部分恢复。

三、减压贮藏设施、方式和技术

1. 减压贮藏设施

减压设施包括真空容器、真空泵、加湿系统、自控系统和真空连接系统（图4-11）。

（1）真空容器　真空容器是容纳和贮藏产品的部位，其壁除了具有隔热性、气密性外，还应具有耐压性。库体常使用金属板壁材，内有科学设计的支承钢架，一般要求库体能够承受$9.8×10^4 N/m^2$的压强。库体设有保温耐压门。

（2）真空泵　由真空泵抽出真空容器内的空气，使其形成真空，从而达到降低O_2浓度、加速组织内有害气体向外扩散、延长贮藏期的目的。为防止潮湿对真空泵造成破坏，多采用水环式真空泵。

（3）加湿系统　为了防止产品失水萎蔫，经常定时或连续加湿，保持产品鲜度。

（4）自控系统　自动控制和保持真空容器内压力，达到长期保鲜的目的，其中包括真空表、真空电磁阀及自控和电器保护系统。

（5）真空连接系统　把各系统连接到一起，形成完整的减压体系，包括管件材料和阀门等。

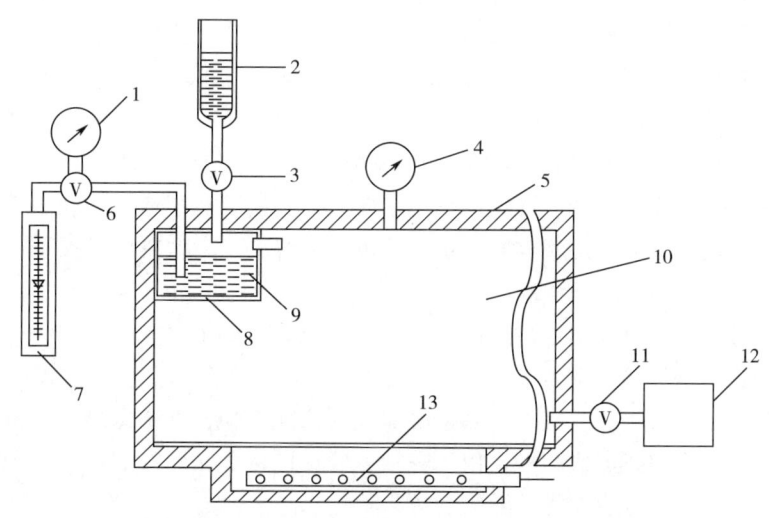

图4-11　减压贮藏的基本设备

1—真空表　2—加水器　3—阀门（平时关闭，需补偿水时开启）　4—湿度表　5—隔热墙
6—真空调节器　7—空气流量计　8—加湿器　9—水（可加入挥发性杀菌剂，如仲丁胺）
10—减压贮藏室　11—真空节流阀　12—真空泵　13—制冷系统的冷却管

2. 减压贮藏方式

减压贮藏在运行方式上有两种类型。

（1）定期抽气式（静止式）　这种方式是从真空容器抽气，真空度达到要求后停止抽气，之后适时补充O_2，以维持设定的低压。这种方式虽可以促使产品组织内的乙烯等挥发性成分向外扩散，却不能使这些物质不间断地排出到容器外。

（2）连续抽气式（气流式）　整个系统不间断地连续运转，即等量地不断抽气和输入空气，保持压力恒定，气流速度约为每小时更换减压室或减压容器容量的1~4倍。所以，产品始终处于恒定低压、低温和湿润新鲜的气体之中。气流式减压贮藏较好地解决了静止式存在的问题。

3. 减压贮藏技术

除了控制好温度和湿度外，更重要的是要根据产品种类控制好绝对压力。实践证明，真空贮藏保鲜技术与现行的常规贮藏技术相比，可使收获后园艺产品的贮藏寿命延长几倍。减压贮藏最先在番茄、香蕉等果实上进行试验，保鲜效果明显，并已证明对其他多种园艺产品也有效。减压贮藏不仅可以延缓成熟，还能保持色泽，防止软化，减轻冷害和生理病害。如菠菜、生菜、青豆、青葱、水萝卜、蘑菇等在减压贮藏中都有保色作用。大量的研究表明，减压贮藏技术可明显延长园艺产品保鲜期和改善品质，同时也是保鲜运输效果较好的方法。

四、减压贮藏现状

阻碍减压贮藏技术发展的关键问题是耐压和造价问题,在解决该问题上,我国科学工作者做出了重要贡献。1991年,内蒙古自治区包头市农业新技术研究所的科技人员通过多年研究,在罐体截面内增加系列抗压措施,获得了减压贮藏罐壁生产技术突破,使罐体容器的造价大幅度降低,重量也大大减轻,成为具有国际领先优势和广阔推广前景的园艺产品保鲜新技术。1997年,世界上第一座千吨级减压贮藏保鲜库在包头市顺利诞生,它标志着这一新兴产业迈向了工业化生产的运营道路。

在多年研究的基础上,国家农产品保鲜工程技术研究中心(天津)的研究人员研制出一种简易的微型减压贮藏装置(图4-12)。采用金属或非金属管和塑料膜,利用其结构力学和气密原理,研制出了减压耐真空贮藏容器系统,从根本上解决了大型减压库投资过高的问题,是适合我国农户使用的一种实用减压装置。

上海电动工具研究所也成功地研究出了真空冷却气调保鲜技术,设计出一套VAC-3型真空冷却气调保鲜装置(图4-13),并组建了生产企业。这套集真空、速冷、气调、半自动包装、贮运与机电一体化的产品,实现了园艺产品真空快速冷却、气调保鲜、抑菌灭虫一次性完成。这套设备有车载式和固定式两种,使用灵活方便,可将车开到农田、果园及食品厂,直接加工后包装启运,也可建造冷库进行贮藏保鲜。

图4-12 微型减压贮藏装置

图4-13 VAC-3型真空冷却气调保鲜装置

第五节 物理保藏

物理保藏是利用温度、湿度、压力、气体成分、光、电、运动速度等物理技术参数对园艺产品进行作用,使之对环境反应迟缓,改变其原有的生物规律,最终实现保鲜目的。物理保藏的基本根据是为园艺产品的采后贮藏提供适宜的可控环境,也是为园艺产品保鲜提供最佳调节方式。物理保藏不像化学保藏那样容易产生化学残留,所以在生产中较为常用,如前面几节内容已经介绍过的机械冷藏、气调贮藏和减压贮藏,都是物理保藏的典型代表。目前,除上述三种贮藏方法外,一些临近生产或处在实验阶段的物理保藏新技术还有很多,下文分别加以简述。

一、臭氧保藏

臭氧（O_3）是氧（O_2）的同素异形体，性质极为活泼，是一种强氧化剂，它的杀菌、消毒、脱色、除"臭"效果良好。臭氧保藏是目前在园艺产品冷藏中应用较多的一种物理方法。

1. 臭氧的产生

臭氧由高压放电或紫外线照射而产生。高压放电用得最多，其原理是在两个电极之间外加交流高压，在两电极间隙内放电，放电时在间隙中通过空气，使其中的氧气部分变成臭氧。

2. 臭氧的保藏特性

臭氧的保藏特性是利用它极强的氧化能力。臭氧极不稳定，易分解为初生态的氧原子和氧分子，即 $O_3 \rightarrow [O] + O_2$，$[O]$ 被称为初生态氧原子，它的氧化能力极强。当初生态氧原子和霉菌等微生物接触时，会使微生物细胞被氧化破坏，导致微生物死亡，从而防止腐烂，延长贮藏期。

3. 臭氧的生物学特征

臭氧的生物学特征表现为具有强烈的氧化性和良好的消毒效果，能杀死空气中的病菌，对园艺产品表面病原微生物生长也有一定的抑制作用，但无穿透和选择特异性。有人认为，臭氧能抑制酶的活性和乙烯的形成，降低乙烯的释放速率，并可使贮藏环境中的乙烯氧化失活，从而延缓园艺产品的衰老，降低腐烂率。臭氧对园艺产品采后生理的影响还有待进一步研究。

4. 臭氧保藏的作用机制

研究表明，臭氧的保藏作用主要表现在五个方面：①消除并抑制乙烯等有害物质的产生，延缓后熟衰老。②具有良好的杀菌作用，防止霉变腐烂。③诱导表皮气孔收缩，降低水分蒸发，减少失重。④诱导抗性的产生。⑤对农药残留有一定的降解作用。

采收前，园艺产品具有较强的抵抗力，不易受微生物侵染，但随着生命活动的进行，自身抵抗力下降，容易受到微生物侵染，引起腐烂而失去商品价值。因此，可以利用臭氧的强氧化和杀菌特性，杀灭贮藏环境中的微生物，达到延长园艺产品保藏期的目的。

臭氧除具有很强的防腐效果外，还能够氧化许多饱和、非饱和的有机物质，破除高分子链及简单烯烃类物质。在贮藏过程中，用臭氧处理可以快速分解园艺产品生理代谢所释放的乙烯、乙醇、乙醛等有害气体，钝化相关酶的活性，降低呼吸强度，减少营养物质消耗，延缓成熟衰老。臭氧还能破坏有机物或无机物的污浊气味，具有除臭、净化空气的作用，可用于贮藏环境的消毒和维持清新优良的环境。

目前，市场上销售的园艺产品常常会出现农药残留超标，严重威胁人们的身体健康和生命安全。要解决这一问题，一方面需从源头抓起，建立无公害和绿色产品生产基地；另一方面要对园艺产品的农残进行降解。在众多农残降解方法中，臭氧处理是一种简单、安全、经济、有效的方法，它可以分解水体中的氰化物、锰、铁、硫化氢、亚硝酸盐及含氮有机物包括腐殖质、叶绿素、氨基酸、胺类、硝基化合物等，甚至能降解产品表面的有机氯、有机磷等农药残留。

5. 臭氧保藏的应用范围

（1）冷库消毒　冷库的生物污染源主要是霉菌，霉菌可在低温低湿条件下存活，对一般消毒剂有较强的耐受力，试验表明，臭氧消毒对冷库灭菌效果很好，在 $24mg/m^3$ 质量浓度下，3h 可以杀死霉菌包括抵抗力极强的未萌发孢子。经过长期研究，确定冷库消毒最适臭氧质量浓度为 12~20mg/m³，停机后封库 24h，细菌的杀灭率可达 90%以上，霉菌杀灭率为 80%，除异味效果理想。

（2）入库杀菌　新鲜的园艺产品入库前往往带有大量杂菌，它们是造成贮藏过程中产品腐烂的主要原因。适时地对入库的园艺产品进行杀菌消毒，能避免贮藏期间由杂菌微生物所引起的腐烂损失，延长贮藏期。对不同的园艺产品采用不同的杀菌条件，一般 4~24mg/m³ 臭氧即可达到满意的消毒效果。

（3）贮藏保鲜　园艺产品在贮藏过程中，由于新陈代谢产生大量的乙烯加速其后熟和衰老。经臭氧处理后，能快速分解乙烯，减缓生理代谢进程，推迟后熟和衰老。试验表明，使用臭氧保藏苹果、梨及葡萄等水果效果较好，间断应用质量浓度不超过 4mg/m³，没有任何伤害，产品保鲜期可普遍延长 1~2 倍，且贮后产品新鲜，感官、风味、品质优良，货架期也可延长 1 倍以上。

6. 臭氧保藏的应用前景

利用臭氧作为杀菌保鲜剂，与常用的化学消毒剂如过氧乙酸、高锰酸钾、二氧化硫（硫黄熏蒸）等相比，具有特殊的优越性。臭氧会自行分解成氧气而不产生残余污染，使用后不需通风换气，具有扩散性好、浓度均匀、无死角、成本费用低等特点，且在降解园艺产品表面微生物分泌的毒素及农药方面效果突出。臭氧也可用于仓库粮食、鸡蛋等的保鲜贮存，这一技术在园艺产业先进国家早已被广泛应用。特别是随着绿色食品、有机食品的兴起，人们对无污染、无公害、优质园艺产品的需求也逐年增加，臭氧保藏技术以它独特的高效杀菌、无残留、运用简便等优点，应用前景十分广阔。

二、辐射保藏

辐射保藏主要是利用钴-60（^{60}Co）或铯-137（^{137}Cs）发生的 γ 射线。γ 射线是穿透力极强的电离射线，当它穿过生命有机体时，会使其中的水和其他物质发生电离，生成游离基或离子，从而影响机体的新陈代谢，甚至杀死细胞。电子流穿透力弱，但也能起到电离作用。辐射处理不仅可以干扰基础代谢过程，延缓园艺产品的成熟衰老，还能减少害虫滋生和抑制微生物引起的腐烂，从而延长贮藏寿命。

（一）辐射源、辐射剂量和辐射方式

由于钴-60 的能量比铯-137 大，所以使用剂量低，照射时间也短，对具有大型包装容器的食品能从外部进行照射，在生产实际中得到广泛应用。钴-60 是一种穿透力很强的钴元素同位素，对人和生物体是有害的。γ 量子的射程长达几十米，能穿透数十米厚的金属板。为了使操作者不受 γ 射线的伤害，一般将钴-60 放射源安放在深井内的水中，井的四周用水泥墙围住。操作者进出的通道采用回龙式，并配备一定角度的反光镜。在水泥墙上贴有一定厚度的铅板，水的深度和铅板厚度依钴-60 源大小而定。由于钴-60 的半衰期长（5.26 年），能在较长时间内不需补充，比较安全可靠。

辐射剂量是指被照射物品所接受的照射总量，常以 R、rad、krad、Gy、kGy 等单位来表示。各单位之间换算关系为：1krad=1000rad，1Gy=100rad，1R≈0.84rad，1rad≈1.19R。根据各种产品保藏目的和各自特点，所用射线的最适辐射剂量是不同的。一般而言，50~150Gy 是抑制发芽的辐射剂量，100~1500Gy 是杀死害虫的辐射剂量，1~5kGy 是抑制部分微生物的辐射

剂量，3~7kGy 是脱水蔬菜的辐射剂量，15~60kGy 是完全杀菌的辐射剂量。

辐射方式通常有两种：一是把被辐射的物品固定在辐射台上，人离开辐射室，用机械装置把辐射源从水井中提升出来照射，完成后把辐射源再放入水井中，然后再将被辐射物从辐射室中取出贮藏；二是机械传送装置取代人工运送，由传送装置把被照射物品送入辐射室进行辐射。前者方式简单，但辐射源使用效率低，不连续，速度慢，适于小批量物品辐射。后者可连续操作，也可间歇照射，辐射源使用效率高，速度快，用于大批量物品辐射。

（二）辐射处理对园艺产品的效应

1. 抑制发芽

部分园艺产品经电离辐射后，由于其分生组织遭到破坏，核酸和植物激素代谢受到干扰，核蛋白发生变性，故可抑制器官发芽。试验表明，用 60~150Gy 剂量照射马铃薯、洋葱和大蒜，可使其在常温下保藏 1 年之久。

2. 调节呼吸和延缓衰老

呼吸跃变型园艺产品经适当剂量辐射后，一般都可以抑制后熟，推迟呼吸跃变，减缓叶绿素降解。番茄、青椒、黄瓜和一些热带水果都有这种表现。有学者指出，可以用"修复反应"来解释辐射抑制后熟的机理，即生物体受到辐射后要从辐射造成的伤害中恢复过来，这期间机体自身进行着修复作用，因此后熟被延迟。呼吸非跃变型园艺产品的反应则不同，如柑橘没有辐射后的修复反应，绿色柠檬和早熟蜜柑辐射后加速黄化。

3. 抑制微生物生长

杀菌是新鲜园艺产品进行辐射处理的重要原因之一。辐射处理能否起到防腐作用，取决于以下几个方面的影响：①辐射剂量是否足以控制主要病原菌。②这种剂量和剂量率对产品的伤害和对产品抗性削弱程度如何。③在贮藏过程中病原菌能否重复侵染。

4. 减少虫害

辐射处理可以破坏害虫的新陈代谢作用，中断生长发育，停止生命活动，甚至导致死亡，如杀死某些干制品及热带水果中的虫卵、幼虫和成虫。

（三）辐射处理存在的问题

1. 辐射伤害和辐射味

园艺产品经辐照后会产生一定程度的生理损伤，主要表现为变色和抗性下降，甚至引起细胞死亡。但不同作物的辐射敏感性差异很大，致伤剂量和病情表现也各不相同。组织褐变是辐射伤害最明显、最早表现的症状。园艺产品经辐射后还有异味产生。辐射伤害和辐射味主要是电离和氧化效应引起的，对此可采取下列措施来防止和减轻：①尽可能降低辐射时的环境温度，辐射后也采用低温贮藏。②辐射时排出辐射源产生的 O_3。③产品在辐射时用不透气的薄膜包装，抽去内部空气或充入惰性气体。④辐射过程中产品应用抗氧化剂等。

2. 安全性问题

这方面需要考虑的问题主要有：食品有无放射性污染和产生感生放射性，辐射能否产生有毒、致癌、致畸、致突变等物质。多年来，具体测试和理论分析表明：辐射食品不存在放射性污染和感生放射性问题，迄今为止还未有其产生有毒、致癌和致畸物质的报道。

我国在 1983 年 11 月 30 日正式批准了辐射大蒜、洋葱、蘑菇、马铃薯、大米和花生的卫生标准以及辐射香肠的暂行卫生标准,并已经建成多座大型的食品辐射处理站。

三、电磁保藏

目前,国内外日益重视将电磁新技术应用于农业生产,如采用高频电磁波处理作物种子或用磁化水浸种、灌溉,可以提高种子的发芽率和发芽势,增强植株的抗病力和同化率,提高作物产量和质量等。近年来,一些国家提出将电磁处理应用于园艺产品贮藏,我国也有这方面的试验研究。

迄今为止,在园艺产品贮藏上做过电磁试验的大致有:电磁场处理、高压静电场处理、高频电磁场处理和离子空气处理等。

(一)电磁保藏技术原理

电磁波与生物体相互作用,可被生物体内部物质吸收,且随着介入深度的增大,电磁波强度会逐渐减弱,同时生物体内部也会发生一系列生理变化。

从分子生物学角度来看,园艺产品可被视为一种生物蓄电池,在离开生长环境后发生的一系列生理生化变化,即是电荷不断积累和工作的过程。在贮藏过程中,要减少和避免有机物质的消耗,就必须减少或终止这种电荷变化。使用电磁场、高压静电场、高频电磁场和离子空气等处理,中和园艺产品自带的各种电荷,减缓和停止其生理变化,造成类似假死的现象,即可达到长期贮藏保鲜的目的。

(二)电磁保藏技术方法

1. 电磁场处理

产品在一个电磁线圈内通过,控制磁场强度和产品运动速度,使其受到一定剂量的磁力线切割作用,或者流程相反,产品静止而变换磁场方向,即达到磁场处理的目的。日本学者研究发现,水果经磁场处理后可以提高其生命力,增强抵抗病变的能力。园艺产品在磁力线中运动,生理代谢上会发生变化,这种磁化效应虽然很小,但应用电磁测量技术,可以在产品组织内测量出电磁反应的现象。有学者把番茄放在强度很大的永久磁铁的磁极中间,发现果实后熟加速,且靠近S极的比N级的果实成熟得更快,其机制可能是:①磁场有类似激素的特性,或具有活化激素的功能,起到催熟作用。②激活或促进酶系统而加强呼吸作用。③形成自由基,加速代谢而促进后熟。

2. 高压静电场处理

高压静电场处理是将一个电极悬空,一个电极接地(或做成金属板极放在地面),两者间形成不均匀电场,产品置于电场内,接受间歇或连续的电场处理,可能产生如下作用:①电场的直接作用。②高压放电形成离子空气的作用。③放电形成O_3的作用等。研究报道,红星苹果经强度为50~800V/cm的静电场处理5~60s,在温度0℃、相对湿度为90%的条件下贮藏4个月,硬度比对照组高2.2%~10.1%,呼吸强度下降0.06%~55.5%,整体保鲜效果良好。

3. 高频电磁场处理

将园艺产品用非金属包装材料包装后,放置到高频磁场中进行处理,这种高频磁场由电磁线圈通电后产生。园艺产品放入这种磁场中,会直接受到磁力线的作用,使其体内的生物磁场和生物键发生改变,从而使产品保鲜特性发生变化。

4. 离子空气处理

有关研究报道，对植物体的生理活动，正离子起促进作用，负离子起抑制作用，故在园艺产品贮藏中多用负离子空气处理。如果只需负离子处理而不要电场作用，可将产品置于电场外，按电晕放电使空气游离的原理制成负离子空气发生器，借助风扇将离子空气吹向产品，使产品在发生器外接受离子沐浴。

电磁处理用于园艺产品贮藏是一项新技术，相关试验研究较少，特别在作用机制方面有待进一步探讨。

第六节　化学保藏

化学保藏是利用化学方法或化学保鲜剂进行园艺产品贮藏的方法。化学保藏技术的关键是要选择合适的化学物质，了解其保藏机制、使用方法及其安全性。生产中所用的化学物质必须是无毒无污染的"绿色安全品"，常用的种类有保鲜剂、防腐剂和抗氧化剂等。

化学保藏的保鲜作用是靠化学反应产生的气体、液体或膜状物来实现的，其特点是在贮藏环境中制造不利于微生物生长繁殖的条件，这种条件指无论气体物质或固体物质，只能有利于园艺产品的生命延续，而不利于微生物的生长发育。此外，化学保藏还可利用自身的酸、碱、盐等特殊化学性质，对园艺产品特性加以中和、改善和保护，从而起到保鲜作用。

一、涂膜剂保藏

涂膜剂保藏是利用大分子物质在园艺产品表面形成薄膜，通过薄膜将产品与环境分隔来阻止水分蒸发，减少对环境中氧的吸收，降低呼吸消耗，推迟呼吸高峰，维持产品品质，延长贮藏时间。在现有的多种贮藏保鲜技术中，涂膜剂保藏因其简单、方便、实用、价廉等优点，在水分含量高的园艺产品保鲜中得到了广泛应用。它还可以作为一项独立的技术处理上架的园艺产品，对其进行短期保鲜，效果理想。

（一）保藏机制

园艺产品贮藏中的水分损失及气体运输是通过表皮系统进行的，表皮系统包括角质层、表皮细胞、气孔和表面毛状体等。角质层厚的园艺产品在贮藏期间水分损失较少。涂膜处理是人为地形成一种有阻隔性的薄膜，类似于园艺产品表面角质层，防止水分散失。同时，因园艺产品呼吸作用而使膜内 O_2 浓度下降，CO_2 浓度上升，当其吸入 O_2 和放出 CO_2 的速度与膜对二者的渗透速度相等时，膜内分压不再变化。若该混合气体符合产品贮藏的适宜气体条件，便起到自发气调作用，抑制呼吸，延缓衰老。

（二）种类与应用

园艺产品涂膜保鲜剂的种类很多，基本上可分为果蜡和可食用膜两大类。

果蜡是一种含蜡的水溶性乳液，喷涂在园艺产品表面，待干燥后蜡质固形物留在果皮表面形成薄膜。薄膜中有许多微孔，这些微孔弯弯曲曲，三维相通。果蜡能抑制园艺产品的新陈代谢，减少表面水分蒸发，推迟生理衰老。经过打蜡的产品，色泽鲜艳，光洁美观，商品价值高，货架期长，包装入库简单，已得到广泛应用。

可食用膜一般是采用天然高分子材料，经过处理后在园艺产品表面形成一层透明的薄膜，具有较好的选择透气性、阻水性、无色、无味、无毒等特点。这类可食用膜的取材范围很广，如甲壳素膜、纤维素膜、淀粉膜、魔芋精粉膜、海藻酸钠膜、蛋白质膜以及复合膜等。

目前，具有较强的阻气性和阻湿性的可食用膜被用于园艺产品贮藏保鲜的诸多方面，如控制产品内部气体交换、改善外观、改变产品表面特性、作为食品添加剂载体等。新鲜园艺产品通常采用散装或大包装，如果采用可食用涂膜可以有效地减少微生物再污染和交叉感染所引起的腐烂。另有研究表明，将涂膜剂保藏与冷藏、辐射等其他方法复合使用效果更好，贮藏期可延长1倍以上。可食用膜已用于柑橘、苹果、梨、猕猴桃、荔枝、龙眼、茄子、洋葱等果品蔬菜的保藏处理，具有良好的保鲜效果。

（三）存在问题与发展趋势

1. 膜研制中存在材料选择盲目性

不同的园艺产品存在不同的贮藏特性，不同的成膜材料也有不同的阻隔性，对某种园艺产品进行保藏时选择最佳的涂膜材料和最优组合无异于大海捞针。因此，应在认真研究不同园艺产品表皮结构和膜本身特性的基础上，以仿生学原理进行有针对性的选材。

2. 有时保鲜效果不理想

尽管有些膜已成功地用于园艺产品保藏，但有时涂膜处理反而使产品品质败坏，增加腐烂。一方面，这与产品本身对膜的适用性有关。由于园艺产品种类繁多，不同产品要求不同的保藏条件，只有了解了膜及园艺产品的特性，选择合适的膜，才能得到良好的保藏效果。另一方面，可能与涂膜处理的工艺，如均匀性和厚度不一致有关。

3. 多数膜的抑菌性不佳

对于可食用膜，尤其是多糖膜，贮藏后期反而成为微生物的培养基，诱导园艺产品发生严重腐烂。因此，在涂膜剂研究中应考虑加入合适的天然抑菌剂。

4. 涂膜剂的pH较大

涂膜剂的pH也是影响涂膜效果的因素之一，如在碱性涂膜剂中加入苯来特，抑菌效果差；加入邻苯酚钠，抑菌效果好。

园艺产品涂膜是否成功依赖于膜的选择，欲达到好的涂膜保藏效果，必须考虑以下几个方面问题：研制多种膜以适用于各类品种，测量膜的气体渗透特性，测量目标园艺产品的果皮、果肉扩散特性，预测待贮产品内部气体组分，根据园艺产品的品质变化观察涂膜效果。

所有的保鲜膜，尤其是可食用膜，都具有良好的阻隔性和一定程度的气调性，但抑菌性不佳。因此，如何在现有膜的基础上寻找合适的天然抑菌剂，是园艺产品涂膜保藏技术的一个重要发展方向。根据各种园艺产品的特性开发各具特色的膜前景广阔，还需进行大量的研究工作。

二、烟熏剂保藏

烟熏成分中所含的酚、醛类物质具有防腐性，因此可认为是一种保鲜剂。采后立即使用烟熏剂处理，可预防因损伤感染病菌而引起的腐烂。在加工前脱绿或暂存的情况下可使用烟熏剂作防腐处理，也可直接将化学保鲜剂放入包装容器中进行保鲜。

1. 烟熏剂应用范围

烟熏剂主要用于园艺产品贮藏场所的消毒和产品入库或包装前的消毒。

2. 烟熏剂的要求

使用的烟熏剂必须容易挥发，具有抑菌作用，对园艺产品组织无毒或毒害作用较小。不同烟熏剂应含有使园艺产品吸收的成分，并利用这种成分保护产品品质。固体烟熏剂处理必须释放有效物质，使其到达侵染部位，并保持有效浓度，这样才能发挥防腐作用，否则不仅造成浪费，而且在商品上引起残留。使用较低浓度的 SO_2 等极性烟熏剂，会潜伏在侵染部位（损伤或湿润处）发生累积，而完整的表皮、蜡质、角质层则很少吸收。溶于水中的烟熏剂也能被其他水化表面或湿润材料所吸收。

烟熏剂在大贮藏室内的分布必须通过电风扇的搅动才能达到均匀，扩散到包装单位之间，穿透到潜伏侵染部位。包装箱内烟熏剂的分布主要依靠分子扩散进入。

3. 影响效果的因素

烟熏剂处理的有效性取决于有效药物浓度与处理时间，具体的浓度和时间应根据不同园艺产品来确定。烟熏剂的效果还取决于贮藏环境的温度和相对湿度。环境温度高，烟熏剂释放快，扩散速度也加快。环境相对湿度高，会吸收极性药剂，降低药效。许多园艺产品如葡萄，只有贮藏在0℃及高湿条件下才能保持其品质，这种情况下烟熏剂的剂量必须相应增加，以补偿在低温和高湿条件下的效果。

4. 应用实例

（1）烟雾剂处理　对于少量的园艺产品贮藏操作，可用含有噻菌灵（TBZ）的易烧材料，点燃后生成TBZ烟雾来进行熏蒸处理。采用TBZ烟熏处理马铃薯，可预防其贮藏期间发生腐烂。TBZ的升华温度为310℃，混合燃烧时其有效成分不变，它能够通过贮藏室内的马铃薯堆分布扩散到块茎之间。以TBZ烟熏处理后的肥城桃果实，在贮藏后期腐烂率明显低于对照处理。但烟雾剂进入装满产品容器的穿透力没有气态熏蒸剂效果好。

（2）熏蒸剂处理　使用1.0%~3.0%的甲醛溶液喷雾，来给贮藏室和周转箱消毒，方便易行。甲醛是一种熏蒸剂，沸点为-19.5℃，常温下可迅速汽化。葡萄保鲜时常用 SO_2 进行熏蒸，具体方法是将葡萄采收入库后，立即燃烧硫黄产生 5000~10000 $\mu L/L$ 的 SO_2，熏蒸处理 20~30min，然后进行通风。在以后的贮藏过程中，每隔 7~10d 用 1000~2500 $\mu L/L$ 的 SO_2 熏蒸处理 30min。

（3）粉状剂处理　利用粉状灭菌剂在田间处理块茎或鳞茎园艺产品，可预防贮藏期间的腐烂病害。TBZ和苯菌灵粉剂熏蒸马铃薯，可控制炭疽病和镰刀病，但效果较浸洗处理差。浸洗方法吸收的灭菌剂多且比较均匀，但粉剂处理使用方便，没有传播细菌性软腐病的危险。

三、灭菌剂保藏

园艺产品灭菌剂多为水溶液或悬浮液，其保藏原理是利用液态药剂将园艺产品表面污染杂菌杀灭。有些保鲜消毒剂可均匀涂布在产品表面来抵抗病菌的侵入。采后许多处理都加入灭菌剂，如洗涤柑橘果实、抗苹果虎皮病处理等。如果单独采用这些处理而不加灭菌剂可能会增加腐烂，因为产品损伤处、气孔和皮孔被水浸渍，内部潜伏的病原微生物被活化，迅速生长。

（一）应用方法

使用灭菌剂溶液或悬浮液处理园艺产品的方法有浸泡、洗刷、喷雾等。浸泡的溶液可以调节温度，增加灭菌效果。特别是控制疫霉引起的褐腐病，浸洗 1.0~4.0min 可穿透产品表面进入到潜伏侵染部位。用硼砂、碳酸钠、邻苯酚钠处理后，用水冲洗产品来降低残留，预防药害。在使用灭菌剂处理产品前，用水清洗会降低侵染部位的灭菌剂浓度，所以可增加灭菌剂浓度或灭菌剂溶液温度来抵消其不利影响。

（二）应用特点

灭菌剂溶液使用方便，使用过程中不需经常搅动，特别是对喷雾、泵抽、循环使用非常有利，但应注意乳液在使用过程中需经常搅动。

（三）影响灭菌效果的因素

灭菌剂处理园艺产品后，灭菌剂被吸收的数量及防腐效果受多种因素影响，如灭菌剂浓度、表面活性剂、温度、pH、接触时间、处理前后洗涤等，这些因素影响灭菌剂在侵染部位的累积和穿透，进而影响防腐效果。

（四）应用中常见问题

1. 温度问题

一般情况下，灭菌剂温度升高，防腐效果增加。主要有三个原因：①温度升高后，微溶于水的灭菌剂溶解度增加，有效浓度增大。②温度升高后，增加了溶液向植物组织细微孔道内部渗入。③温度升高后，加强了灭菌剂分子通过蜡质或角质向内扩散。

2. pH 问题

pH 可影响园艺产品表皮组织对灭菌剂的吸收，同时也影响灭菌剂的作用效果。pH 影响微酸性或微碱性灭菌剂呈离子或分子状态，使其毒性强弱产生变化。

3. 机械损伤问题

园艺产品组织发生机械损伤时，它的微环境发生变化，变成了亲水性，也改变了 pH。病原菌容易在损伤处侵染，灭菌剂在损伤处积累也较多。损伤处局部残留与使用浓度成正比增加，而完整表面上残留的药物较少，这种选择性残留有利于病害的控制。

四、其他化学保藏

除了上面介绍的涂膜剂、烟熏剂和灭菌剂三种方法外，还有如下几种化学保藏法在生产中得到应用。

1. 乙烯脱除剂

乙烯的脱除方法有物理法和化学法。常用的物理吸附乙烯脱除剂有活性炭、氧化铝、硅藻土、活性白土等，它们都有多孔性结构，操作简便，价格低廉，但此类物质吸附量有限，受环境影响大，达到饱和后有解吸的可能。化学吸附乙烯脱除剂又可分为氧化吸附型和触媒型。氧化吸附型是将高锰酸钾等强氧化剂吸附于表面积大的多孔质物体表面，使强氧化剂与乙烯发生反应而使之除去。触媒型是用特定的有选择性的金属、金属氧化物或无机酸等催化乙烯发生氧化分解，适用于脱除低浓度的乙烯，具有用量少、反应快、效果持久等特点。

2. 乙烯抑制剂

乙烯抑制剂主要有 1-甲基环丙烯（1-MCP）。研究表明，1-MCP 能够与乙烯竞争受体，并与之紧密结合，从而阻断乙烯与受体结合，抑制乙烯的合成，延缓园艺产品成熟衰老。贮藏过程中，随着园艺产品进一步成熟，不断合成新的受体，同时 1-MCP 可从结合位点上解离出来，重新获得对乙烯敏感性，因此采用 1-MCP 处理后的园艺产品可以实现正常成熟。目前，1-MCP 已被广泛应用于苹果、香蕉、猕猴桃、番茄、切花等园艺产品的贮藏保鲜中。

3. 抗氧化剂

抗氧化剂的主要作用是防止或减慢食品发生氧化，避免品质劣变。在园艺产品保藏中常用的抗氧化剂不多，主要是一些非酶自由基清除物质，如维生素 C、维生素 E、类黄酮类、糖醇类和原花青素类等。这些物质成本昂贵，生产中尚未大量应用。

4. 植物生长调节剂

植物生长调节剂即植物激素，根据其对园艺产品的作用可分为四类：生长素、生长抑制剂、细胞分裂素和赤霉素。适当地应用植物激素可抑制生根、发芽和早熟，抑制叶绿素降解，延缓细胞衰老，抑制细胞分裂，诱导种子休眠，抑制呼吸强度，推迟呼吸高峰到来，抑制离层形成，防止脱粒脱帮。如青鲜素（MH）可抑制洋葱、胡萝卜、马铃薯发芽；萘乙酸（NAA）能防止花椰菜、甘蓝失水和脱帮；6-苄基腺嘌呤（6-BA）可延缓黄瓜、青豆、叶菜类叶绿素降解和组织衰老；赤霉素（GA）能降低番茄、柿果呼吸强度，推迟后熟。

第七节　生物保藏

利用现代生物技术对园艺产品进行保藏，是近年来新兴的具有发展前途的贮藏保鲜方法。生物保藏技术大体可以分为以下两部分内容。

一、生物防治保藏

生物防治是利用微生物之间的拮抗作用，选择对园艺产品不造成危害的微生物来抑制引起产品腐烂的病原菌。近年来，化学农药对环境和农产品的污染直接影响到人类的健康。世界各国都在积极探索能代替农药的防病新技术，党的二十大报告中强调，推动绿色发展，促进人与自然和谐共生，要做到加快发展方式绿色转型，深入推进环境污染防治。而生物防治是园艺产品保藏卓有成效的新方法。生物防治不像化学防治那样会带来环境污染，也不存在农药残留及生产、使用的不安全性，同时生物防治还具有目标明确、贮藏环境小、条件易控制、处理费用低等优点，发展前景十分广阔。

（一）生物防治中拮抗菌的选用

园艺产品采后病害生物防治的工作始于 20 世纪 80 年代，经过多年研究，现已从实验室阶段走向生产化发展。利用拮抗微生物来控制病害潜力巨大，目前已从植物和土壤中分离出许多具有拮抗作用的细菌、小型丝状真菌和酵母菌，这些微生物对引起园艺产品采后腐烂的多种病原真菌都有明显的抑制作用。尽管其作用机制尚未明确，但一般认为某些细菌是通过产生抗菌素来抑制病菌生长，如枯草芽孢杆菌产生的伊枯草菌素，对引起核果采后腐烂的褐腐病菌、草莓灰霉菌和柑橘青霉菌有抑制作用；而酵母菌主要是通过在伤口处快速繁殖和营养竞争来抑制病菌生长，控制病害发生。

近年研究发现，用不产生抗菌素的酵母菌代替产生抗菌素的细菌处理果实，对控制采后病害也有同样的效果，且可避免病菌对抗菌素产生抗性而降低生物防治效果。试验证明，许多具有拮抗作用的酵母菌都能抑制采后病菌的生长，这可能与营养物质竞争、生长地争夺、直接寄生现象和诱导抗性等有关。

一般来讲，理想的拮抗菌应具有以下特性：①能以较低的浓度在园艺产品表面生长和繁殖。②能与其他采后处理措施和化学药物相容，甚至在低温和气调环境下也有效。③能利用低成本培养基进行大规模生产。④遗传性状稳定。⑤有广谱抗菌性，不产生对人体有害的代谢产物。⑥抗杀虫剂，对寄主不致病。

（二）生物防治应用和发展方向

1. 建立有效的拮抗菌筛选方法

从分子水平上揭示采后病害生物防治机制，建立快速有效的分离方法，筛选出更为优越的拮抗菌，在实际生产中应用。

2. 利用遗传工程手段构建新拮抗菌

将胞外水解酶（几丁质酶和 β-1,3-葡聚糖酶）或抗真菌蛋白基因等导入拮抗菌中，从而提高拮抗菌的活性及抑菌谱。可将枯草芽孢杆菌（*B. subtilis* B 908）与苏云金杆菌（*B. thuringiensis* 7216）原生质体融合，构建出兼有防病、杀虫和增产作用的融合子CF103。也有研究克隆出杀菌肽A的编码基因，并把它转入啤酒酵母细胞，得到的转化体能很好地阻止毛刺盘孢属霉菌孢子的萌发，有效地防止番茄发生腐烂。

3. 添加低剂量化学杀菌剂及其他物质

在实际应用中，拮抗微生物会受各种因素影响而降低其对病害的防治效果。探讨拮抗微生物之间相互作用机制，利用拮抗微生物诱导抗性和采后保鲜措施相配合，实现拮抗微生物与低剂量化学农药混用，对生物防治走向商品化具有重要意义。有学者在研究红酵母对苹果采后青霉菌的抑制作用时发现，在制备红酵母的培养基中添加铁离子，对霉菌的抑制效果好。也有研究发现，丝孢酵母菌液与 10~20g/L $CaCl_2$ 配合使用，可显著提高丝孢酵母对苹果灰霉病和青霉病的抑制效果。

二、基因工程保藏

随着科学技术的发展，基因工程在园艺产品保藏上的应用越来越广泛，使得人为调控园艺产品采后的生理代谢变得更为有效。利用遗传基因进行保鲜是生物技术在园艺产品保鲜领域上应用的又一突破，它是通过遗传基因的操纵，由园艺产品内部控制后熟。具体做法为用 DNA 重组技术来修饰遗传信息，或用反义 RNA 导入技术来抑制成熟基因的表达，进行基因改良，达到推迟成熟衰老，延长贮藏期的目的。

乙烯是诱导园艺产品采后成熟衰老的关键因素，通过转基因技术可以抑制采后乙烯的生物合成，延缓园艺产品成熟衰老。基因工程技术应用于改善园艺产品贮运性能的研究举例如下。

1. ACC 合成酶

ACC 合成酶（ACC Synthase）催化 SAM→ACC 的转化，是乙烯生物合成的限速酶。对番茄、甜瓜、冬瓜的研究表明，ACC 合成酶是一个多基因家族。番茄 ACC 合成酶有九个同工酶，同工酶间的同源性仅为 50%~96%，其中只有两个同工酶在果实中表达，与果实乙烯的生物合成有关。因此，在构建反义基因时，应选择在果实中表达专一的 ACC 合成酶的反义核苷酸序列。

阿艾勒（Oeller）等最早将 ACC 合成酶的反义基因转入番茄，使果实乙烯的生物合成受到抑制。与对照果相比，转基因番茄果实的叶绿素分解延迟了 10~20d，而番茄红素的合成完全被抑制，在室温下放置 90~120d，果实变为橘黄色，但不能软化，既无呼吸高峰的出现，也没有芳香物质的形成。只有在外源乙烯的作用下番茄可变红、软化、成熟，其风味质地与正常果无差异，大大提高了贮运性能。目前，转基因番茄早已在美国、英国等国家进行商品化生产，在我国也已获准上市。除番茄外，西瓜、番木瓜等其他多种园艺产品也有类似的研究。

2. ACC 氧化酶

ACC 氧化酶（ACC Oxidase）催化 ACC→乙烯的转化，在大多数植物组织中，ACC 氧化酶不是乙烯生物合成的限速酶，但在果实成熟过程中和植物组织培养中，该酶是一种限速酶。抑制 ACC 氧化酶的形成，将直接抑制乙烯的生物合成。ACC 氧化酶也是一个多基因家族，在番茄、甜瓜中有三个同工酶，其中一个同工酶在果实中表达。与 ACC 合成酶不同，ACC 氧化酶的同工酶之间同源性很高，核苷酸序列间差异很小。

利用反义 RNA 技术抑制乙烯生物合成的研究始见于 1990 年，学者将 ACC 氧化酶的反义基因转入番茄中，在转基因番茄的自交后代中，纯合子果实的乙烯合成被抑制。尽管转基因番茄果实转色的起始时间没有变化，但转色程度却大大降低，在室温下放置数周后，转基因果实的抗过熟、抗皱皮能力明显好于未转基因的果实。此后，人们将 ACC 氧化酶的反义基因转入甜瓜，得到的转基因甜瓜的乙烯合成量不及对照果实的 1.0%，乙烯生物合成被有效抑制，贮藏性能明显提高。还有人将 ACC 氧化酶的反义基因转入花卉康乃馨中，使康乃馨的乙烯释放高峰降低，延迟了花瓣的衰老。

3. 多聚半乳糖醛酸酶

英国的研究小组最早将反义 RNA 技术用于果实采后研究，他们把多聚半乳糖醛酸酶（Polygalacturonase，PG）反义基因的部分片段转入番茄。转基因果实在整个完熟阶段，PG 的 mRNA 累积及其生物活性均降低。转基因果实的自交后代中，含有两个拷贝 PG 反义基因的果实，其 PG 酶活力降至正常果实的 1%，即转基因果实 PG 合成被抑制，果实细胞壁的降解被阻止。但令人遗憾的是，转基因果实的完熟过程，如乙烯的合成、番茄红素的累积及软化过程并未改变，由此说明，尽管 PG 是导致果胶物质降解的关键酶，但它不是引起番茄果实软化的主要因素。在果实软化过程中，细胞壁降解酶或其他一些生化过程如 Ca^{2+} 的重新分布等可能起着更为重要的作用。

4. 果胶甲酯酶

果胶甲酯酶（Pectinesterase，PE）是催化果胶物质脱去甲氧基的酶，至少有三个基因编码这种酶，它广泛存在于植物组织中，在植物细胞壁代谢中起着重要的作用。与 PG 一样，反义 RNA 技术可明显抑制番茄果实中 PE 的生物合成。通过基因工程的方法可使番茄果实的 PE 活性降至对照的 10%。在采后贮藏期间，转基因果实的软化没有被抑制，但果胶物质酯化程度却明显高于未转化的果实,从而大大提高了转基因果实的加工性能。

复习思考题

1. 简易贮藏技术有哪些贮藏方式?各有什么优缺点?
2. 在窑洞贮藏过程中,如何降低园艺产品的蒸腾失水?
3. 通风贮藏库建造时,如何科学选址?
4. 论述冷库的分类及如何进行科学管理。
5. 简述减压贮藏技术的理论特点。
6. 什么是物理保藏?有哪些常见的物理保藏方式?
7. 什么是化学保藏?涂膜剂保藏的原理是什么?
8. 试述基因工程保藏中有关的酶类及其作用方式。

第五章
园艺产品商品化处理

内容提要

本章分别阐述了园艺产品采收、预冷、分级、包装等商品化处理技术，保持或改进园艺产品采后质量和商品性状，提高产品的价格和信誉。

学习目标

学习和理解园艺产品的采前准备，采收时间和采收方法；掌握园艺产品的分级、清洗、防腐灭菌、包装、催熟和脱涩、预冷和晾晒等采后处理技术。

重要概念及名词

分级、打蜡、催熟、催熟剂、预冷、田间热、包装、包装材料。

第一节　园艺产品采收

一、采前准备

园艺产品采收工作具有很强的时间性和技术性，采收前应做好人力和物力上的安排和组织工作。采前应根据园艺产品的种类、采收方法、时间与贮运保鲜方法等，准备好足够的箱、筐、袋、刀、剪及机械等采收和贮藏保鲜、运输时需要用的物资和设备，并组织安排好劳动力；要对存放与采摘产品的容器和用具进行清洗或消毒，使之保持洁净；对采收与贮运保鲜人员应进行培训，使其掌握必要的采收和贮运保鲜技术等。

二、采收时间和方法

（一）采收期的确定

确定果品蔬菜的采收期，应该考虑果品和蔬菜的采后用途、产品类型、贮藏时间的长短、运输距离的远近和销售期长短等。一般就地销售的产品可以适当晚采收，而作为长期贮藏和远距离运输的产品，应该适当早采收，一些有呼吸高峰的产品应在达到生理成熟和呼吸高峰前采收。果蔬采收期取决于它们的成熟度，目前判断成熟度主要有下列几种方法。

1. 表面色泽的显现和变化

许多果实在成熟时都显示出它们固有的果皮颜色，在生产实践中果皮的颜色是判断果实成熟度的重要标志之一。未成熟的果实的果皮有大量的叶绿素，随着果实成熟度的提高，叶绿素逐渐分解，底色（类胡萝卜素、花青素等）逐渐显现出来。例如，甜橙果实在成熟时呈现出类胡萝卜素色泽，成熟红橘果皮中含有红橘素和黄酮素，因此它们的果皮都呈现出红色或橙色。苹果、桃的红色为花青素，柿子为橙黄色素，番茄为番茄红素，呈血红色（图5-1）。葡萄的红色是果皮中含有的单宁、戊酸酐、单儿茶酸及某些花青素构成的。

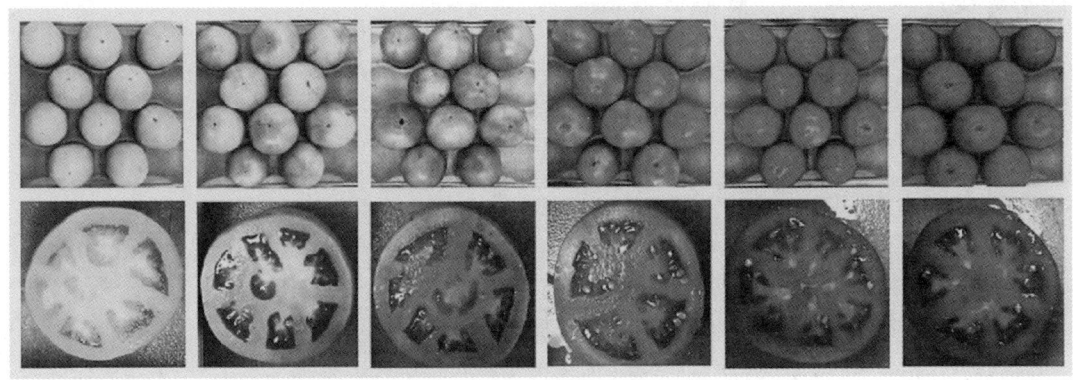

图5-1 不同成熟期番茄表面颜色的变化

一些果菜类的蔬菜也常用色泽变化来判断成熟度。作长距离运输或贮藏的番茄，应该在绿熟阶段采收，即果顶显示奶油色时采收；而就地销售的番茄可在着色期采收，即果顶为粉红或红色时采收；红色的番茄可作加工原料，制作果酱或罐头，或就地销售。甜椒一般在绿熟时采收，茄子应该在表皮明亮而有光泽时采收。黄瓜应在瓜皮深绿色，尚未变黄时采收，当西瓜接近地面的部分由绿色变为略黄，甜瓜的色泽从深绿色变为斑绿和稍黄时表示瓜已成熟。豌豆从暗绿色变为亮绿色，菜豆由绿色转为发白表示成熟，甘蓝叶球的颜色变为淡绿色时成熟，花椰菜的花球白而不发黄为适宜的采收期。

果蔬色泽的变化一般由采收者用肉眼判断，现在也有用颜色卡片通过感官比色法来确定其成熟度。但由于果蔬色泽还受到其他因素的影响，所以这个指标并非完全可靠。而使用各种各样的分光光度计或色差计可以对颜色进行比较客观的测量。

2. 硬度

果实的硬度是指果肉抗压力的强弱，抗压力越强，果实的硬度就越大，反之，抗压力弱，果实的硬度就小。一般未成熟的果实硬度较大，达到一定成熟度才变得柔软多汁。只有掌握适当的硬度，在最佳质地采收，产品才能耐贮藏和运销，如番茄、辣椒、苹果、梨等都要求在果实有一定的硬度时采收。辽宁的国光苹果采收时，一般硬度为 $84.52N/cm^2$，烟台的青香蕉苹果一般为 $169.03N/cm^2$ 左右，四川的金冠苹果采收时一般为 $66.72N/cm^2$ 左右。此外，桃、李、杏的成熟度与硬度的关系也十分密切。在蔬菜方面，一般不测其硬度，而用坚实度来表示其发育状态。有一些蔬菜坚实度大，表示发育良好、充分成熟和达到采收的质量标准，如甘蓝叶球和花椰菜的花球部应该在充实坚硬、致密紧实时采收，品质好、耐贮运。番茄、辣椒较硬实也有利于贮运。但也有一些蔬菜坚实度高表示品质下降，如莴笋、芥菜应该在叶变得坚硬之前采收，黄瓜、茄子、凉薯、豌豆、菜豆、甜玉米等都应该在幼嫩时采收。果实硬度的测定可用硬度计。

3. 主要化学物质含量的变化

果实和蔬菜中的主要化学物质有淀粉、糖分、有机酸、总可溶性固形物和抗坏血酸等，它们含量的变化可以作为衡量品质和成熟度的标准。总可溶性固形物主要是糖，还包括其他可溶性物质，其含量高表示糖含量高、成熟度高。因为它可以用折射仪或手持糖量计进行简便测定，故在生产上和科学试验中，常以总可溶性固形物的高低来判断成熟度，或以可溶性固形物与总酸（固酸比）、总糖与总酸（糖酸比）的比值来衡量品种的质量，要求固酸比（或糖酸比）达到一定比值才进行采收。例如，四川甜橙采收时要求固酸比为10:1，糖酸比为8:1，苹果和梨糖酸比为30:1时采收，风味品质好，伏令夏橙和枣在糖含量累积最高时采收为宜，而柠檬则需在含酸量最高时采收，猕猴桃在果肉可溶性固形物含量6.5%~8.0%时采收最好。

有的果实也可以利用淀粉含量的变化来判断成熟度。果实成熟前，淀粉含量随果实的增大逐渐增加。到果实开始成熟时，淀粉逐渐转化为糖，含量降低。测定淀粉含量的方法可以将碘化钾水溶液涂在果实的横切面，使淀粉呈蓝色，然后在显微镜下观察淀粉的数量或切面颜色的深浅，蓝色越深，淀粉含量越高。不同品种苹果成熟过程中淀粉含量变化不同，可以制作不同品种苹果成熟过程中淀粉变蓝的图谱，作为判断成熟度的参考。糖和淀粉含量也常常作为判断蔬菜成熟度的指标，如青豌豆、甜玉米、菜豆都是以食用其幼嫩组织为主的蔬菜，糖含量高、淀粉含量低时采收，品质好、耐贮性好。然而马铃薯、芋头以淀粉含量高时采收品质好，耐贮藏，加工淀粉时出粉率也高。

Snoopy携带式乙烯检测仪，根据果实在开始成熟时乙烯含量急剧升高的原理，以测定果实中乙烯浓度来决定采收期，还可根据测得的果实中乙烯浓度来决定长期贮藏、短期贮藏或加工。此外，有些果实（如油梨）还可通过测定其含油量来判断其成熟度。

4. 果梗脱离的难易度

有些种类的果实（如苹果、梨），在成熟时果柄与果枝间产生离层，稍一振动就可脱落，此类果实离层形成时为品质最好，如不及时采收就会造成大量落果。

5. 果实形态和大小

果实必须长到一定大小、重量和充实饱满的程度才能达到成熟。不同种类、品种的水果和蔬菜都具有固定的形状及大小特点，例如，有些品种的香蕉在发育和成熟过程中其横切面上的棱角逐渐钝圆，所以可根据香蕉横切面形状或果指的角度来判断其成熟度；邻近果梗处的果颊的丰满度作为芒果和其他一些核果成熟的标志。

6. 生长期和成熟特征

果实的生长期也是采收的重要参数之一。因为栽种在同一地区的果树，其果实从生长到成熟，大都周期一定。可以用计算日期的方法来确定成熟状态和采收日期。例如，山东元帅系列的苹果的生长期为145d左右，国光苹果的生长期为160d左右，四川青苹果的生长期为110d，各地可以根据多年的经验得出适合采收的平均生长期。但由于各年气候和栽培管理以及土壤、耕作等条件不同，果实生长和成熟程度差别很大。因此，目前多数果园普遍采用的方法是从盛花期开始计算果实生长日期,例如,我国很多果产区采收红星苹果的日期,从盛花期到采收期的时间为140~150d为适宜采收期。

不同的水果和蔬菜在成熟过程中会表现出许多不同的特征,一些瓜果可以根据其种子的变色程度来判断成熟度,种子从尖端开始由白色逐渐变褐、变黑是瓜果充分成熟的标志之一。豆类蔬菜应该在种子膨大硬化以前采收,其食用和加工品质才好,但作为种用的豆类蔬菜则应该在充分成熟时采收才好。西瓜的瓜秧卷须枯萎,冬瓜在表皮上茸毛消失并出现蜡质白粉,南瓜在表皮上产生白粉并硬化时采收;苹果、葡萄等果实成熟时表面也会产生一层白色粉状的蜡质,叫果粉,也是成熟的标志之一。还有一些产品生长在地下,可以从地上部分植株的生长情况判断其成熟度,如洋葱、马铃薯、芋头、大蒜、姜等的地上部分变黄、枯萎和倒伏时为最适采收期,采后最耐贮藏。盐渍糖蒜则应在蒜瓣分开,外皮幼嫩时采收,加工后产品质量最好。

判断果蔬成熟度的方法还有很多,在探讨某品种的成熟度时,应根据品种的成熟特性,抓住其主要因素,判断其最适采收期,达到长期贮藏、加工和运销的目的。

(二)采收方法

1. 人工采收

(1) 采收工具　采收水果、某些蔬菜时经常使用修枝剪,包括直接剪切或伸到枝茎上剪摘果蔬用的修枝剪,使采摘人员不用拿着袋子,也不用把水果从高处扔下来。

(2) 人工采收的优缺点

①优点:由于我国劳动力便宜、灵活性高,可针对不同成熟度、形状的产品,及时进行采收和人工分类处理。只要增加采收工人就可加快采收速度,便于调节控制。

②缺点:工具原始、采收粗放,有效进行人工采收需要认真的管理,新上岗的人员要培训,使他们尽快达到应有的操作水平和采收速度。

(3) 具体方法　采收时,应用手掌托着果实,将果实整个握于手中轻轻旋转,果梗在离层处与果枝自然分离,然后轻放于采果袋(篓)内。采收双果和多果时,宜上手同时采摘,防止果实脱落。对果柄不易脱落的果蔬更应该注意连同果梗一块采下,以免造成果实贮藏期腐烂。对柑橘果实多用复剪法进行采收,即先将果实从树上剪下,再将果柄齐萼片剪平。葡萄、荔枝、龙眼等果实,应成穗采收,防止果粒脱落。采收香蕉时,用刀先切断假茎,使其慢慢倒下,然后小心切断果柄。

对于地下根茎菜类,如萝卜、胡萝卜、大蒜、洋葱等,要小心挖掘,以免使产品受到伤害。另外,一些蔬菜,如四季豆、黄瓜等应小心采收,不要折断。桃、杏等成熟后果肉比较柔软,容易造成指痕,用手摘时,先剪齐指甲或戴手套,并小心用手掌托住果实,左右摇动使其脱落;板栗采收时,一般等树上的球果完全成熟后自动裂开,坚果落地后再拾取,也有一次打落法,即等树上有1/3球果由青转黄开始开裂时,用竹竿一次全部打落,堆放几天,让大部分球果开裂后取出栗子;核桃采收时也用竹竿顺枝打落。

2. 机械采收

(1) 机械采收的优缺点

①优点:采收效率高、节省劳动力、降低采收成本,可以改善工人的工作条件、减少因大量雇用和管理工人带来的一系列问题。

②缺点:产品的损伤严重,影响产品的质量、商品价值和耐贮性。

(2) 常用机械 目前常用的机械有以下几种。

①振动采收机：用一个器械夹住树干，开动振动器将果实振落，下设有手机架，将振落的果实接住，并用滚筒集中装箱。在采用振动机械采收前，常喷乙烯利，使果实加速成熟，果柄容易脱离。

②台式机械：人站在台式机械上面靠近采收，采收机械可自由移动，并配有果实转移机械。

③地面拾取机：用机械将脱落于地面的果实拾取，此机械适用于有硬果壳的核桃、山核桃等果实。

④挖掘机：地下根茎菜类，多采用挖掘机采收，并配有收集器、运输带，边收边送往运输工具上，以便及时运出田间（图5-2）。

图5-2 胡萝卜机械采收

3. 采收时的注意事项

①采收前，必须将所需的人力、果箱、果袋、果剪及运输工具等事先准备充足；采收人员要剪平指甲，戴手套采收，在采收过程中做到轻拿轻放，轻装轻卸。

②采收应在晴天早晨露水干后进行，避免在雨天和正午采收，如炎热的夏天，因中午温度高，田间热不易散发，会促使果实衰老及腐烂，叶菜类会迅速失水而萎蔫，因此不宜采收；采果顺序应"先下后上、先外后内"逐渐进行，否则，常会因上下树或搬动梯子而碰伤果实，降低其品质和等级。

③园艺产品采收时应尽量避免机械损伤，在采收的过程中，应剔除畸形、发育不良、有病虫危害以及因采收不当而造成大的机械伤口的园艺产品。若是存在病虫危害的蔬菜，应带出田块深埋处理，避免相互传染。

第二节　园艺产品分级

分级是使园艺产品商品化、标准化的重要手段，是根据园艺产品的大小、重量、色泽、形状、成熟度、新鲜度和病虫害、机械伤等商品性状，按照一定的标准进行严格挑选、分级，除去不满意的部分。植株在生长发育过程中受到很多外界因素的影响，同一母株甚至同一枝条的产品，也可能不一样，而从若干种植园收集起来的产品，必然大小不一，良莠不齐。通过分级，使园艺产品等级分明，规格一致，便于包装、贮藏、运输和销售，由于分级后的果品在外观品质上基本一致可以做到优级。分级后好坏不混，按级决定其适当用途，充分发挥产品的经济价值，减少浪费。通过挑选分级，去掉病虫危害的园艺产品，可以减少贮运期间的损失，减少某些危险病虫害的传播。园艺产品的标准化，是生产、贸易和销售三者之间互相关联的纽带，不可等闲视之。

一、分级标准

在国外，等级标准分为国际标准、国家标准、协会标准和企业标准。我国把园艺产品标准分为4级：国家标准、行业标准、地方标准和企业标准。我国现有的果品质量标准约有16个，其中鲜苹果、鲜梨、柑橘、香蕉、鲜龙眼、核桃、板栗、红枣等都已制定了国家标准。此外，还制定了一些行业标准，如香蕉的销售标准、梨的销售标准、出口鲜甜橙、鲜宽皮柑橘、鲜柠檬标准。另外，国家还对一些蔬菜等级及鲜蔬菜的通用包装技术制定了国家或行业标准，如大白菜、花椰菜、青椒、黄瓜、番茄、蒜薹、芹菜、菜豆和韭菜等。

1. 水果分级标准

我国目前的做法是：在果形、新鲜度、颜色、品质、病虫害和机械伤等方面已符合要求的基础上，再按大小进行手工分级，即根据果实横径的最大部分直径，分为若干等级。果品大小分级多用分级板进行，分级板上有一系列不同直径的孔。例如，四川省对出口西方一些国家的柑橘分为大、中、小3个等级。广东省惠阳地区售往香港、澳门的柑橘中，直径51~85mm的蕉柑，每差5mm为一个等级；直径为61~95mm的椪柑，每差5mm为一个等级，共分7等；直径为51~75mm的甜橙，每相差5mm为一个等级，共分为5等。葡萄分级主要以果穗为单位，同时也考虑果粒的大小，根据果穗紧实度、成熟度、有无病虫害和机械伤、能否表现出本品种固有颜色和风味等进行分级。一般可分为3级：一级，果穗较典型，大小适中，穗形美观完整，果粒大小均匀，充分成熟，能呈现出该品种的固有色泽，全穗没有破损粒和小青粒，无病虫害；二级，果穗大小形状要求不严格，但要充分成熟，无破损伤粒和病虫害；三级，果穗即为一、二级淘汰下来的果穗，一般用作加工或就地销售，不宜贮藏。例如，"玫瑰香""龙眼"葡萄的外销标准，果穗要求充分成熟，穗形完整，穗重0.4~0.5kg，果粒大小均匀，没有病虫害和机械伤，没有小青粒。芒果分级先按商品标准要求进行分级，成熟而不过熟，果形端正，形状和大小较一致，表皮光滑，颜色鲜明，没有病斑和害虫叮咬伤痕及其他损害，果肉无硬块或白斑。以完全没有斑痕和损伤者为一等（或优等）；没有严重损伤（仅少数果实有轻微疤痕）为二等；凡果实受蝇或吸果夜蛾及蒂腐病危害，或炭疽病斑多的果实均不能作商品果。再按品种类型和果实大小分级，在同一箱果中品种应相同。

2. 蔬菜分级标准

蔬菜由于食用部位不同，成熟标准不一致，很难有一个固定统一的分级标准，只能按照对各种蔬菜品质的要求分别制定标准。蔬菜分级通常根据坚实度、清洁度、大小、重量、颜色、形状、鲜嫩度以及病虫感染和机械伤等分级，一般分为3个等级，即特级、一级和二级。特级品质最好，具有本品种的典型形状和色泽，不存在影响组织和风味的内部缺点，大小一致，产品在包装内排列整齐，在数量或重量上允许有5%的误差；一级产品与特级产品有同样的品质，允许在色泽上、形状上稍有缺点，外表稍有斑点，但不影响外观和品质，产品不需要整齐地排列在包装箱内，可允许10%的误差；二级产品可以呈现某些内部和外部缺点，价格低廉，采后适合就地销售或短距离运输。

二、分级方法

分级方法分为手工分级和机械分级两种。叶菜类蔬菜以及草莓、蘑菇等形状不规则和易受伤害的种类多采用手工分级，番茄、洋葱、马铃薯等形状规则的种类除了可以用手工分级外，还可以使用机械分级。

手工分级应熟悉和掌握分级标准，可以辅助使用分级板、比色卡等简单的工具。手工分级效率较低，误差较大，但能有效避免蔬菜产品受到机械伤害。

机械分级一般和挑选、清洗、干燥、包装等环节连成一体。由于蔬菜种类的繁多，难以设计出通用的分选装置，目前很难实现全程的自动化，通常是以人工和机械相结合进行分选。多年来应用较广泛的是重量和形状（大小）分选机，近年还开发了颜色分选装置。

1. 重量分级装置

重量分级是根据蔬菜产品的重量进行分选，用被选产品的重量与预先设定的重量进行比较分级。重量分级装置有机械秤方式和电子秤方式。机械秤方式是将产品单个放入固定在传送带上可回转的托盘内，当其移动接触到不同重量等级分口处的固定秤时，如果秤上产品的重量达到固定秤设定的重量，托盘翻转，产品落下。这种分级方式适合于球形的产品，如番茄、甜瓜、马铃薯等，其缺点是产品较易损伤，电子秤方式分选的精度较高，可以使装置简易化（图5-3）。

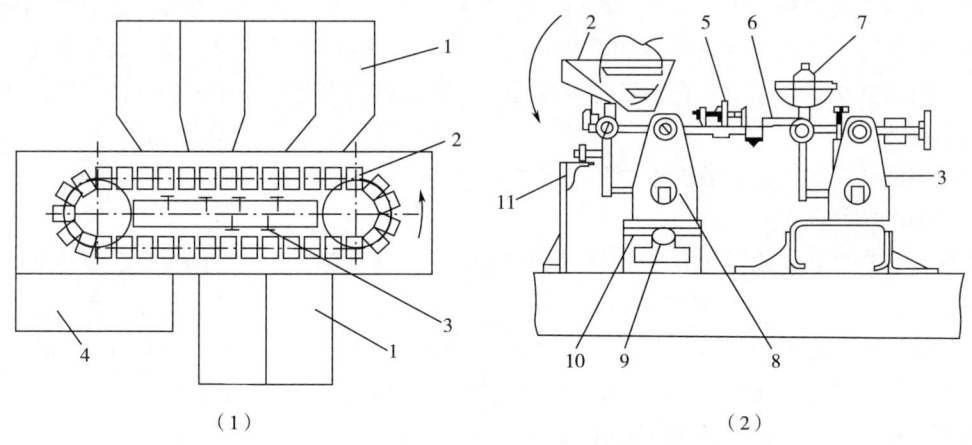

图5-3 重量分级装置
（1）整机结构示意图　（2）称重装置结构图
1—接料箱　2—料盘　3—固定秤　4—喂料台　5—调整砝码　6—分离针
7—砝码　8—移动秤　9—辊子链　10—移动秤轨道　11—小导轨

2. 形状分级装置

形状分级是按照蔬菜产品的形状、大小、长度等来分级，有机械式和光电式等类型。机械式分级装置是当产品通过由小逐级变大的缝隙和筛孔时，小的先分选出来，大的后分选出来。光电式分组装置有多种形式，有的利用产品通过光电系统时的遮光，测其外径和大小；有的利用摄像机拍摄，经过计算机的图像处理，求出产品的面积、直径、高度等。光电式形状分级装置的最大优点是不损伤产品。

3. 颜色分级装置

部分蔬菜产品的颜色和成熟度、品质密切相关，利用彩色摄像机和计算机处理 RG（红、绿）两色型装置可用于番茄、甜椒的分级，果实的成熟度则可根据其表面反射的红色光和绿色光的相对强度进行判断。表面损伤的判断是将图像分割成若干个小币值，根据分割单位反射光强弱算出损伤面积。此外，为了适应社会对蔬菜产品品质的更高要求，蔬菜产品还需要对内部品质进行分级检测。目前，国内外已开始使用非破坏性内部品质检测装置，如利用声波和 X 光技术检测西瓜的空洞果，利用气体感应技术检测甜瓜的成熟度等。

第三节　清洗、防腐、灭虫与打蜡

一、清洗

清洗主要是为了洗掉蔬菜表面的泥土、杂物、农药、化肥等污物，使蔬菜更加美观、干净，便于分级和包装，但也不是所有蔬菜都能进行水洗，如菜用马铃薯就不能水洗，水洗后不耐贮藏。根据清洗设施的不同分为干洗和湿洗两种。水洗法有浸泡、冲洗、喷淋等方式，洗涤用水要达到饮用水标准，严禁用已经污染的河塘水或污水洗涤蔬菜，严禁使用洗涤剂，但可以加入适量对人体无毒的消毒剂。干洗法是采用压缩空气或直接摩擦，达到蔬菜清洁的目的。目前推广的蔬菜清洗设备有以下几种。

①轮轴刷式清洗机：由一对上下配置、转动速度不同的轮轴组成，轮轴上装有毛刷或海绵状橡皮刷，依靠水和毛刷清洗蔬菜，还可以去掉根毛，它适用于外形不太复杂的根菜类蔬菜。

②喷射清洗机：产品放置在网状传输带上，在输送过程中受到高压水的冲洗，适用于形状不规则的蔬菜。

③超声波清洗机：由设置在水中的高频振源产生压力，使产品表皮上的污物脱落，适用于形状复杂的叶菜类蔬菜。

④滚筒式清洗机：由一个网状旋转的圆筒组成，依靠蔬菜在圆筒中的来回滚动互相清洗污物。

⑤剥皮清洗机：洗涤同剥皮相结合，以快速旋转的轮轴为主要部分。洋葱洗涤和剥皮时使用的压缩空气为工作介质，使压缩空气吹入洋葱表皮空隙，旋转时把表皮剥下。萝卜、胡萝卜、山药等根菜类洗涤时则用水作为介质。

二、防腐

目前，水果和蔬菜的防腐处理在国外已经成为商品化不可缺少的一个步骤，我国许多地方也广泛使用杀菌剂来减少采后损失。下面介绍几种常用的化学防腐剂。

1. 仲丁胺

仲丁胺（2-氨基丁烷，2-AB）有强烈的挥发性，高效低毒，可控制多种果蔬的腐烂，对柑橘、苹果、葡萄、龙眼、番茄、蒜薹等果蔬的贮藏保鲜具有显著效果。

(1) 克霉灵　含50%仲丁胺的熏蒸剂，适用于不宜洗涤的果蔬。使用时将克霉灵蘸在松软多孔的载体上，如棉花球、卫生纸等，与产品一起密封，让克霉灵自然挥发。用药量应根据果蔬种类、品种、贮藏量或贮藏容积来计算。熏蒸时要避免药物直接与产品接触，否则容易产生药害。

(2) 保果灵、橘腐净　适用于能浸泡的果蔬，如柑橘、国光苹果等。使用时将药液稀释100倍，将产品在其中浸渍片刻，晾干后入贮，可明显降低腐烂率。

2. 苯并咪唑类防腐剂

这类防腐剂主要包括噻菌灵（TBZ）、苯菌灵、多菌灵、硫菌灵等。它们大多属于广谱、高效、低毒防腐剂，用于采后洗果，对防止香蕉、柑橘、桃、梨、苹果、荔枝等水果的发霉腐烂都有明显的效果。使用质量浓度一般在 0.5~2g/L，可以有效地防止大多数果蔬由青霉菌和绿霉菌引起的病害。其具体使用质量浓度是：硫菌灵为 0.5~1g/L，苯菌灵、多菌灵为 0.25~1g/L，噻菌灵为 0.66~1g/L（以100%纯度计）。这些防腐剂若与2,4-D混合使用，保鲜效果更佳。

3. 扑海因

扑海因（异菌脲，Itrodine）是一种高效、广谱、触杀型杀菌剂，成品为250g/L胶悬剂，可用于香蕉、柑橘等采后防腐处理。

4. 联苯

联苯（Dipheny）是一种易挥发性的抗真菌药剂，能强烈抑制青霉病菌、绿霉病菌、黑蒂腐病菌、灰霉病菌等多种病菌，对柑橘类水果具有良好的防腐效果。生产上，一般将联苯添加到包果纸或牛皮纸垫板中，一张大小为 25.4cm×25.4cm 的包果纸，内含联苯约 50mg，一块大小为 25.4cm×40.6cm 的垫板，内含联苯约 240mg。但是用联苯处理的果实，须在空气中暴露数日，待药物挥发后才能食用。

5. 戴唑霉

戴唑霉（Deccozil）又称抑霉唑，具有广谱、高效、残留量低、无腐蚀等特点，适用于柑橘、芒果、香蕉及瓜类等多种果蔬的防腐，特别是对于已经对噻菌灵、多菌灵等苯并咪唑类防腐剂产生抗药性的青、绿霉有特效。例如，柑橘采后用 0.2g/L 的戴唑霉溶液浸果 0.5min，防腐保鲜效果很好，若与施保克、果亮等混合使用效果更好。

6. 二溴四氯乙烷

二溴四氯乙烷也称溴氯烷，是广谱性杀灭、抑制真菌剂，对青霉菌、轮纹病菌、炭疽病菌均有杀伤效果。如红星苹果、金冠苹果，每 50g 果实熏蒸 20g 溴氯烷，对青霉病菌的杀伤效果显著。果实抗病性越弱，防治效果越明显。此外，溴氯烷为低毒性、少残留、易挥发的药物，处理后的果实在空气中放置48h已不能检测出其含量。

7. 氯气和漂白粉

氯气是一种剧毒、杀菌作用很强的气体，其杀菌原理是：氯气在潮湿的空气中易生成次氯酸，次氯酸不稳定生成原子氧，原子氧具有强烈氧化作用，因而能杀死果蔬表面上的微生物。

由于氯气极易挥发或被水冲洗掉，因此用氯气处理过的果蔬残留量很少，对人体无毒副作用。如在帐内用0.1%~0.2%（体积比）的氯气熏蒸番茄、黄瓜等蔬菜，取得了较好的保鲜效果。但是，用氯气处理果蔬时，质量分数不宜过高，超过0.4%就可能产生药害。此外，还应保持帐内的空气循环，以防氯气下沉造成下部果蔬中毒。

漂白粉是一种不稳定的化合物，在潮湿的空气中也能分解出原子氧。一般用量为每600kg的果蔬帐，放入漂白粉0.4kg，每10d更换一次。贮藏期间也要注意帐内的空气循环，以防下部果蔬中毒。

8. 二氧化硫及其盐类

SO_2是一种强烈的杀菌剂，遇水易形成亚硫酸，亚硫酸分子进入微生物细胞内，可造成原生质与核酸分解，杀死微生物。一般来讲，SO_2达到质量分数为0.01%时可抑制多种细菌的发育，达到0.15%时可抑制霉菌类的繁殖，达到0.3%时可抑制酵母菌的活动。此外，SO_2具有漂白作用，特别是对花青素的影响较大，这一点在生产上要特别注意。

SO_2在葡萄贮藏过程中防霉效果显著，根据贮藏期不同，一般用质量分数为0.1%~0.5%。此外，还可用在龙眼、枇杷、番茄、韭菜等果蔬上。

SO_2属于强酸性气体，对人的呼吸道和眼睛有强烈的刺激性，工作人员应注意安全。SO_2遇水易形成亚硫酸，亚硫酸对金属器具有很强的腐蚀性，因此贮藏库内的金属物品，包括金属货架，最好刷一层防腐涂料加以保护。

三、灭虫

进出口水果蔬菜时，植物检疫部门常要求对水果蔬菜进行灭虫处理，之后才能放行。因此，出口国必须根据进口国的要求，出口前对水果蔬菜进行适当的杀虫处理。商业上常用的灭虫方法有以下几种。

（1）熏蒸剂处理　常用的熏蒸剂有二溴乙烷和溴甲烷，可用于专门的固定熏蒸室中，也可在临时性封闭环境中使用。用法为18~20g/m³的二溴乙烷熏蒸2~4h，可有效地消灭果实上绝大部分的果蝇。温度较低时，应适当提高熏蒸剂浓度。

（2）低温处理　许多害虫都不能忍耐低温，故可用低温方法消灭害虫。例如，美国检疫部门对中国进口的荔枝的规定为：在1.1℃处理14d后才允许进入美国市场。

（3）高温处理　20世纪20~30年代开始已大规模地使用热蒸汽作为地中海果蝇的检疫处理，并一直沿用至今。如芒果用43℃热蒸汽处理8h，可控制墨西哥果蝇。热水处理也可用于防治水果害虫，如香蕉在52℃热水中浸泡20min，可控制香蕉橘小果蝇和地中海果蝇。

（4）辐射处理　射线辐射可减少果实害虫的危害。例如，用250Gy辐射芒果可杀死内部的害虫。

四、打蜡

园艺产品表面有一层天然的蜡质保护层，常在采后处理或清洗中受到破坏。打蜡即人为地在园艺产品表面涂上一层蜡质，又称为涂蜡、上蜡。产品打蜡之后，使表面变得光滑整洁，在一定程度上阻碍了果品与环境的接触。在国外，打蜡技术已有多年的历史。据报道，1922年首先在甜橙上开始使用并获得成功。之后，世界各国纷纷开展打蜡技术研究。自20世纪50年代起，美国、日本、意大利、澳大利亚等国都相继进行打蜡处理，使打蜡技术得到迅速发展。

目前，该技术已成为现在园艺产品商品化处理中的必要措施之一，在国外许多国家如以色列、美国、西班牙、德国、英国、日本、意大利等国广泛应用。在国内，目前的应用还不普及，但为了促进水果产业的发展，增强竞争力，今后应作为一项重要措施执行。

1. 涂料

涂膜用的蜡液是将蜡微粒均匀地分散在水或油中形成稳定的悬浮液。果蜡的主要成分是天然蜡、合成或天然的高聚物、乳化剂、水和有机溶剂等。天然蜡如棕榈蜡、米糠蜡等；高聚物包括多聚糖、蛋白质、纤维素衍生物、聚氧乙烯、聚丁烯等，乳化剂包括 $C_{16} \sim C_{18}$ 脂肪酸蔗糖酯、油酸钠、吗啉脂肪酸盐等。这些原料都对人体无害，符合食品添加剂标准。

蜡在乳化剂的作用下形成稳定的水油（O/W）体系。蜡微粒的直径通常为 $0.1 \sim 10 \mu m$，蜡在水中或溶剂中的含量一般是 3%～20%，最好是 5%～15%。

目前，商业上使用的大多数涂膜液以石蜡和巴西棕榈蜡混合作为基础原料，石蜡可以很好地控制失水，巴西棕榈蜡则使果实产生诱人的光泽。近年来，含有聚乙烯、合成树脂物质、乳化剂和润湿剂的蜡液材料逐渐普遍使用，它们常作为杀菌剂的载体或作为防止衰老、生理失调和发芽抑制的载体。随着人们健康意识的不断增强，无毒、无害、天然物质为原料的涂膜剂日益受到人们的青睐。例如，日本用淀粉、蛋白质等高分子溶液加上植物油制成混合涂料，喷在新鲜柑橘和苹果上，干燥后可在产品表面形成含很多直径为 0.001mm 小孔的薄膜，抑制果实的呼吸作用。OED 是日本用于蔬菜的一种新涂料。用蔬菜浸蘸 OED 液，可在菜体表面形成一层膜，防止水分和病菌侵入，处理浓度为 30～60 倍液。美国用粮食作为原料，研制成一种防腐乳液，无毒、无味、无色，浸涤番茄可延长货架寿命。我国 20 世纪 70 年代起开发研制了紫胶、果蜡等涂料，在西瓜、黄瓜、番茄等瓜果上使用效果良好。目前还在积极研究用多糖类物质作为涂膜剂，如葡甘聚糖、海藻酸钠、壳聚糖等。现在涂膜剂中还常加入中草药、抗菌肽、氨基酸等天然防腐剂以达到更好的保鲜效果。

2. 涂蜡方法

涂蜡方法大致可分为浸涂法、刷涂法和喷涂法三种。浸涂法最简便，即将涂料配成适当浓度溶液，将果实浸入蘸上一层薄薄的涂料后，晾干即成。刷涂法即用细软毛刷蘸上涂料液，然后将果实在刷子之间辗转擦刷，使果皮涂上一层薄薄的涂料膜。喷涂法即是果实在洗果机内送出干燥后，喷上一层均匀、极薄的涂料。打蜡分为手工和机械两种方式。

（1）手工涂果 广东杨树柑橘场用木制柑橘涂果槽，木槽长 200cm，宽 65cm，槽壁高 20cm，木槽倾斜度以果实能自然滚动为准，槽内垫上 2cm 厚的泡沫塑料。每槽配 8 名工人操作，1 名倒果，1 名接果，6 名工人分别在槽的两侧用毛巾涂果。涂果前先用稀释的涂料把毛巾和泡沫塑料浸湿。每小时可涂果 7500kg 左右。

（2）机械涂果 按照南京林化所设计的图纸制成。涂果机由进果槽、涂果机、辅助干燥装置、多鼓式分组机器组成。

不论采用哪种涂膜方法都应做到以下三点。

①涂被厚度均匀、适量，过厚会引起呼吸失调，导致实品质下降；过薄效果不明显。

②涂料本身必须安全、无毒、无损人体健康。

③成本低廉，材料易得，便于推广。

3. 涂蜡的效用

美国、日本、意大利、澳大利亚等国生产的柑橘、苹果、梨等在上市之前都进行打蜡处理。我国外销的柑橘、苹果也实行打蜡，收到了良好的效果，使出口果品的面貌大为改观，深受国际市场的欢迎。

果品打蜡效用：①增加果品的光亮度，美化外观，提高商品价值。②减少果实水分的蒸发，防止果皮皱缩，保持新鲜状态。③减少空气接触，降低呼吸强度，保持果实硬度和品质。④保护果实，防止微生物侵染，减少腐烂。

第四节　包装

园艺产品作为特殊的商品，脆嫩多汁，易遭受机械损伤及腐烂变质，对其进行必要的包装是必不可少的。包装是园艺产品标准化、商品化，保证安全运输和贮藏、便于销售的主要措施。

一、包装作用

合理的包装可减少或避免在运输、贮藏、销售中相互摩擦、碰伤和挤压等造成的机械损伤，减少产品水分的蒸腾损失；防止微生物的污染和产品腐烂；缓冲外界温度剧烈变化引起的产品损失；使产品新鲜饱满、延长贮藏和货架寿命。包装还可以使果蔬在流通中保持良好的稳定性，美化商品，宣传商品，提高商品价值及卫生质量。所以，良好的包装对生产者、销售者和消费者都是有利的。园艺产品包装的要求是科学、经济、美观、牢固、方便、适销，有利于长途运输。

二、包装容器

根据用途不同可将包装分为外包装和内包装。园艺产品的外包装包括筐、袋、木箱、瓦楞纸箱、塑料箱等。内包装主要有衬垫、铺垫、浅盘、包装膜、包装纸及塑料小盒等。

1. 包装容器要求

（1）保护性　要求包装容器具有一定的机械强度，防止或减轻产品在装卸、运输、堆码过程中受到的机械应力。

（2）通透性　包装容器在防止产品失水前提下，具有一定的通透性，有利于产品呼吸热的排出及 O_2、CO_2、乙烯等气体的交换。

（3）防潮性　包装容器吸潮会降低机械强度，同时增加了湿度，利于病菌滋生。

（4）美观性　美观有利于吸引顾客的视线，提高其对商品的购买欲。

（5）环保安全性　包装容器的污染会造成产品出现二次污染。

（6）经济实惠性　应防止盲目投资导致资金浪费。

2. 外包装容器

外包装又称贮运包装，目的是保护商品，便于装卸和运输。外包装的发展历程是从散装（捆或不捆）到普通容器（箱、袋）、托盘、托盘箱，最后发展到集装箱。常用的普通容器中筐价格低廉，大小却难以一致；木箱大小规格便于一致，抗压强度大，能长期周转使用，适于大批量运输，但较沉重，易使产品碰伤、擦伤；塑料箱轻便防潮、牢固耐用，便于清洗消毒，可长期反复使用，但造价较高；瓦楞纸箱重量轻，可折叠平放，便于运输，便于印刷各种图案，外观美观，用后易于处理，而且纸箱通过上蜡，可提高其防水防潮性能，因此瓦楞纸箱最为理想。欧美、日本等地上市的水果蔬菜一般都在产地经商品化处理后，用纸箱包装成件，然后贮运到各地出口或销售。

3. 内包装容器

内包装也称零售包装，与消费者直接见面，所以除要求保护商品外，还要注意造型与装饰美观，具有宣传功能和促进销售的作用。内包装有小袋或网袋，由纸、薄膜、棉纱和塑料丝制成；盒或浅盘，由塑料或泡沫塑料、纸板和胶合板制成；篮，有长形、圆或扁形，由木条或塑料制成；混合型，网袋加盒或浅盘；蜂窝纸，由塑料或纸制成。对其主要材料介绍如下。

（1）包果纸　包果纸的主要作用有：抑制果蔬体内水分的损失；减少霉烂和感染病害果蔬的传染；减少运输果蔬在容器内的振动和相互挤压碰撞；具有一定隔热作用，有利于果蔬保持较为稳定的温度，有利于延长贮运期和货架寿命；漂亮的纸张可以增加商品的吸引力。包果纸要求质地柔软、干净、光滑、无异味和有韧性的薄纸。常用的有皮纸、毛边纸、光纸等。还可以在包果纸中加入化学药剂预防某些病害的发生。

（2）内包装塑料膜　塑料薄膜由于具有适宜的透湿性和透气性，内容物看得见，容易作业密封等优点，近年来普遍应用于果蔬的包装。如柑橘的单果包装，在采后保鲜和延长货架期方面起到了良好效果，草莓、樱桃、蘑菇等分装后先装入小塑料袋或塑料盒中，然后装箱运输销售的效果也很好。

（3）衬垫填充物　使用筐类容器包装园艺产品时，应在容器内铺设柔软清洁的衬垫填充物，以防止园艺产品直接与容器接触而造成机械伤害，另外衬垫填充物还有防寒、保湿作用。衬垫与填充材料要求柔软、质轻、清洁卫生。常用衬垫物有蒲包、塑料薄膜、碎纸、牛皮纸等，也可就地取材选用廉价易得、轻软适用的材料，如细刨花、稻壳、锯末、草屑等。

（4）抗压托盘　托盘上具有一定数量的凹坑，凹坑与凹坑之间有时有漂亮的图案，凹坑的大小、形状以及图案的类型可以根据包装的具体产品来设计，产品的层与层之间由抗压托盘隔开，可避免贮运中损伤，并美化商品。例如，常用于苹果、梨、芒果、葡萄柚、猕猴桃等果实的包装。

4. 包装容器规格标准

包装容器的规格受多种因素影响，如包装材料、消费者的购买习惯、商品的用途、人体合理的搬运质量等均会影响包装容器的规格标准。世界各国都制定了本国果蔬包装容器规格标准。东欧国家采用的包装箱标准一般是 600mm×400mm 和 500mm×300mm，箱高以给定的容器标准而定。易伤果实的容量不超过 14kg，仁果类不超过 20kg。美国加利福尼亚州某品牌脐橙用日字形套合纸箱，内积为 440mm×284mm×70mm，向外印有彩色图案和文字说明，如商标、贮藏温度（7~9℃）、注意事项等。我国出口的鸭梨，逐个包装后装入纸箱，每箱果重 17kg，按个数分为七级，分别为 60 个、76 个、96 个、124 个、150 个、180 个、192 个果实。根据美国的研究，标准体格的人最合适的搬起质量是 18.5kg。

三、包装技术

为防止产品在包装容器内的滚动和相互碰撞、充分利用容器空间通风散热、增加堆码高度，可以用衬垫物对产品进行定位包装。例如，自制筐边缘锋利、内表粗糙，可用纤维板衬垫维护四周和底部；包装箱中增加纤维板分割片；包装箱四角增加三角形木质嵌块或纤维板。

为了便于贮藏、运输和销售，可以进行产品小包装。小包装应按照一定标准包装，同一包装容器中的小包装应是同一标准。

包装方法分为人工和机械包装两种，采用何种包装方式主要取决于产品类型、设备等条件。所有包装容器以及小包装应贴标签，标签要注明产品名称、净重、数量或体积、商标名、产地、包装或运销商名称和地址、尺寸和等级、贮藏条件、特别处置说明等内容。

四、包装堆码

园艺产品包装件应该充分利用空间，垛要稳定，箱体间和垛间应留有空隙，便于通风散热。堆垛方式应便于操作，垛高度应根据产品特性、包装容器的质量及堆码机械化程度确定。

第五节 催熟和脱涩

一、催熟

催熟是指销售前用人工方法促使果实加速完熟的技术。不少果实成熟度不一致，有的为了长途运输的需要提前采收，为了保障这些产品在销售时达到完熟程度，确保其最佳品质，常需要采取催熟措施。催熟可使产品提早上市或使未充分成熟的果实达到销售标准和最佳食用成熟度及最佳商品外观。催熟多用于香蕉、苹果、梨、葡萄、番茄、蜜露甜瓜等，应在果实接近成熟时应用。

1. 催熟条件

首先，用来催熟的果蔬必须达到生理成熟；其次，催熟时一般要求较高的温度、湿度和充足的O_2，不同种类的产品的最佳催熟温度和相对湿度不同，一般以温度21~25℃、相对湿度85%~90%为宜。湿度过高过低对催熟均不利，相对湿度过低，果蔬失水萎蔫，催熟效果不佳，相对湿度过高产品又易感病腐烂。由于催熟环境的温度和相对湿度都比较高，致病微生物容易生长，因此要注意催熟室的消毒。最后，要有适量的催熟剂，为了充分发挥催熟剂的作用，催熟环境应该有良好的气密性，催熟剂应有一定的浓度。此外，催熟室内的气体成分对催熟效果也有影响，CO_2的累积会抑制催熟效果，因此催熟室要注意通风，保证室内有足够的O_2。

2. 常用催熟剂

乙烯、丙烯、乙炔、乙醇、溴乙烷、四氯化碳等化合物对果蔬均有催熟作用，众所周知的乙烯及能够释放乙烯的化合物——乙烯利应用最普遍，均适用于各种果蔬的催熟处理。

乙烯是常用的果实催熟剂，一般使用质量浓度为0.2~1g/L（200~1000μL/L），香蕉为1g/L（1000μL/L），苹果、梨为0.5~1g/L（500~1000μL/L），柑橘为0.2~0.25g/L（200~250μL/L），番茄和甜瓜为100~200mg/L（100~200μL/L）。每6~8h换气一次，使CO_2的水平低于1%，这将不会妨碍变色。催熟时间是24~28h，最适温度为26℃，相对湿度为85%~92%。相对湿度过高会凝结，催熟较慢，而且增加腐烂；相对湿度过低虽可防止腐烂，但促进萎蔫、收缩。也可用煤油不完全燃烧的烟气催熟，因其中也含有乙烯，用强制通风将烟气通入催熟室内，用烟气催熟可以产生较好色泽的果子。

乙烯利是水果蔬菜产品常用的催熟剂。乙烯利的化学名称为 2-氯乙基磷酸，乙烯利是其商品名，在酸性条件下乙烯利比较稳定，在微碱性条件下分解产生乙烯，产生催熟作用。施用时要加 0.5g/L 洗衣粉，使其呈微碱性并增加附着力。使用浓度因产品种类和品种而不同，香蕉为 2g/L（2000μL/L），绿熟番茄为 1~2g/L（1000~2000μL/L）。据试验，番茄在果顶开始发白时采收，用 4000mg/kg 乙烯利浸果，浸后稍晾干装在木箱中，在室温 20~28℃，6h 后处理果成熟 87%，对照组为 48%，8d 后相应为 100% 和 69%，可见效果显著。

其他催熟方法有加温处理，将番茄放在温床或温室内温度较高的地方催熟，这种方法催熟时间长，而且果实容易萎蔫。

二、脱绿

在柑橘的商品化处理中脱绿是一个重要措施。早熟柑橘品种，或在昼夜温差小的低纬度、低海拔地区栽培的柑橘，柑橘果实内质已经达到采收要求时果皮仍未很好着色，此时采收后的柑橘需要进行脱绿处理。柑橘脱绿是指在特定环境条件下利用一定浓度的乙烯来破坏果皮中的叶绿素，促使果面表现出该品种固有的色泽。柑橘脱绿不是催熟，其前提是果实已经成熟，有研究显示，早熟柑橘中的叶绿素以叶绿素 A 为主，较易脱绿，但晚熟柑橘中的叶绿素以叶绿素 B 为主，不易被乙烯破坏，可能出现"返绿"现象，所以晚熟柑橘脱绿不易成功。我国部分在 10 月中旬之前上市的早熟温州蜜柑，果实采收季节昼夜温差小，通常果实着色不佳。江西赣南等地由于冬季气温下降较迟，早熟脐橙往往着色不良，这些果实部分需要经过脱绿处理才能上市。

柑橘脱绿处理的效果与果实本身的底色（自然着色程度），脱绿室的温度、湿度、气体成分、乙烯浓度、通风换气速度、脱绿库的有效库容等因素均有一定关系。柑橘乙烯脱绿的几个关键指标为：温度 20~29℃，相对湿度 90%~95%，乙烯质量浓度 5~10mg/L，库房每小时换 1 次气，尽量降低 CO_2 的浓度。温度对脱绿效果有很大的影响：脱绿室内的气温偏高时脱绿时间较短，果面色泽偏橙黄色；气温偏低时脱绿需要较长时间，果面可能出现橙红色。如果采收时自然着色能达到 1/4 以上，乙烯脱绿后的果面色泽较好，如果采收太早，即使用乙烯脱绿果面也很难达到该品种的固有色泽。目前普遍认为，脱绿处理对柑橘的内在品质有较大的负面影响，较易造成果蒂褐化、脱落或烂果等。

三、脱涩

脱涩主要是针对柿果。柿果分为甜柿和涩柿两大品种群，我国栽培涩柿品种居多，涩柿含有较多的单宁物质，成熟后仍有强烈的涩味，采后不能立即食用，必须经过脱涩处理才能上市。涩味产生的主要原因是单宁物质与口舌上的蛋白质结合，使蛋白质凝固，味觉下降。单宁存在于果肉细胞中，食用时因细胞破裂而流出。如果是可溶性的单宁变为不溶性的，就可避免涩味的产生。当涩果进行无氧呼吸时，可形成一种能与可溶性单宁物质发生缩合的中间产物，如乙醛等，当它们与可溶性的单宁物质缩合时，涩味脱除。根据上述原理，可以采取各种方法，使果实产生无氧呼吸，使单宁物质变性脱涩。

常见的脱涩方法有以下几种。

1. 温水脱涩

将柿子浸泡在 40℃ 左右的温水中，利用较高的温度和缺氧条件，使果实产生无氧呼吸，

20h左右,柿子即可脱涩。温水脱涩的柿子肉质较硬,颜色美观,风味可口,是当前农村普遍使用的方法,但用此方法处理的柿子存放时间不长,容易败坏。

2. 混果脱涩

将涩柿与少量的苹果、梨、木瓜等果实或其他新鲜树叶如松、柏、榕树叶等混装在密闭的容器内,它们产生的乙烯可以起到催熟脱涩的作用。在室温20℃时,经过4~6d可脱去涩味,上述各种水果的芳香物质还能改善柿子的风味。

3. 高CO_2脱涩

当前大规模的柿子脱涩方法是高CO_2处理,将柿子放入密闭塑料帐中,通入CO_2,使其含量达到并保持在60%以上,在温度为40℃左右时,10h即可脱涩,当温度为25~30℃时,1~3d即可脱涩。用此法处理的柿子,质地脆硬,可存放较长时间,成本较低。但有时处理不当,脱涩后会产生CO_2伤害,使果心褐变或变黑。

4. 脱氧剂密封法

把涩柿密封在不透气的包装袋内,加入脱氧剂,使果实无氧呼吸进行脱涩。脱氧剂的种类很多,可用连二亚硫酸盐、亚硫酸盐、硫代硫酸盐、草酸盐、铜氨络合物、维生素C、铁粉、锌粉等各种还原性物质为主的混合剂,其中最好含有连二亚硫酸、氢氧化钙以及活性炭。脱氧剂一般放在透气包装材料中,待可溶性单宁除去5%以上时,可将密闭容器打开,将柿子贮藏在0~20℃下,果实会脱涩变甜。

5. 乙烯及乙烯利脱涩

将涩柿放入催熟室内,保持温度18~21℃和相对湿度80%~85%,通入1000μg/L的乙烯,2~3d脱涩;或用250~500mg/kg乙烯利喷果或蘸果,4~6d也可脱涩。果实脱涩后,质地软、风味佳、色泽鲜艳,但不宜长期贮藏和运输。

6. 干冰脱涩

将干冰包好放入装有柿果的容器内,密封,24h后将果实取出,在阴凉处放置2~3d即可脱涩。处理时不要让干冰接触果实,每1kg干冰可处理50kg果实。用此法处理的果实质地脆硬,色泽好。

7. 石灰水脱涩

将涩柿浸入70g/L的石灰水中,经3~5d即可脱涩,果实脱涩后,质地脆硬,不易腐烂。但果面往往有石灰痕迹,影响商品外观,最好用清水冲洗后上市。

8. 酒精脱涩

将质量分数35%~75%的酒精喷洒于涩柿表面上,每千克柿果用35%的酒精5~7mL,然后将果实密闭于容器中,在室温4~7d即可脱涩。此法用于运输途中,将处理过的柿果用塑料袋密封后装箱运输,到达目的地即可上市销售。

第六节 预冷

采收后的园艺产品体温较高,带有大量的田间热,当它们长时间堆积在一起,局部尤其是中心温度会不断升高,使产品很快腐烂变质。此外,贮藏或运输前,不能将产品携带的田间热尽快散失,而是带到冷库或运输设备中,向贮藏室释放田间热,会升高贮藏室温度,增加贮藏成本，损坏贮藏和运输设备，同时使产品呼吸作用增强，产品品质败坏。因此，采后产品进入贮藏冷库或运输前，应采取措施散去田间热，使产品代谢保持在较低水平，这种处理就是预冷。

一、预冷相关概念

1. 田间热

田间热是指产品从田间带入贮藏室的热量。如果田间温度比贮藏室温度高，当产品进入贮藏室后，本身所带的热量就会向贮藏室释放，直到体温降低到贮藏室相同温度水平为止。产品释放的田间热可以用式（5-1）计算：

$$Hf = S \cdot D \cdot W \tag{5-1}$$

式中　Hf——产品田间热，kJ；

　　　S——产品比热，kJ/kg；

　　　D——产品要降低的温度，℃；

　　　W——产品重量，kg。

式（5-1）表明，在产品确定条件下，田间热与产品重量和下降温度呈正相关。因此，对于小规模生产，产品数量少，田间热很快向环境中释放，不会使产品维持在较高体温状态，可以不用措施降温；大规模生产，一次采收产品数量多，堆积在一起，田间热无法散失，再叠加呼吸作用释放的热量，不仅造成产品局部温度过高，而且提高贮藏室温度，对产品品质保持和贮藏极为不利，必须预冷。

2. 预冷

预冷是在产品贮藏运输前，迅速将产品温度降到规定温度的措施或技术。规定温度应根据产品种类、品种而异，一般以接近该产品贮藏温度为标准，多为-1~10℃，起源于热带、亚热带的鲜切花及果品预冷温度多为8~15℃。预冷与一般冷却是不同的，预冷要求降温速度快，采后24h内降温，而且越快越好。

预冷后，散失了田间热，产品体温得到大幅度降低，产品的生理活动以及新陈代谢水平降到很低水平，产品品质不易发生败坏。同时，贮藏室环境温度升高不多，贮藏成本也不会增加太多。预冷是大量产品贮藏运输前必须进行的一种预处理环节，在园艺产品冷链流通中占有十分重要的位置，为第一环节。预冷应在产地进行。

二、预冷方法

预冷技术是20世纪60年代才发展起来的技术，在此之前，很多国家均采用天然冰预冷，20世纪60年代后，逐步发展了机械预冷技术，并成为冷链流通的关键技术之一。预冷的方式比较多，概括可分为两大类，自然降温预冷和人工降温预冷。

（一）自然降温预冷

自然降温预冷是一种简单经济的预冷方式，是将采收的园艺产品放在阴凉通风的地方，自然散去产品所带的田间热。其缺点是产品降温需要的时间较长，而且难以达到产品实际需要的预冷温度。例如，我国北方和西北高原地区在使用窑洞、菜窖贮藏蔬菜前，常利用夜间低温使库温下降，同时将采收后的蔬菜产品放在阴凉处自然冷却，然后入贮。

(二)人工降温预冷

1. 冷水预冷

将冷却的水(接近0℃)喷淋在园艺产品上,或是将产品浸在流动的冷水中,以达到产品降温的目的。由于水的热容量比空气大得多,用水作转移介质的冷水预冷方式比通风预冷速度快,而且冷却水还可以循环使用。但是在使用过程中必须注意对冷水施加消毒措施,否则园艺产品很容易被微生物污染,一般应在冷却水中加入消毒剂如次氯酸盐,冷水机等设备在使用中也要经常用水清洗。

冷水预冷依据预冷园艺产品与水接触的形式可分为洒水式、喷雾式、浸水式等,各种冷水预冷方式要按照各种产品所需要的预冷时间,来确定预冷园艺产品和预冷水的接触时间。适宜用冷水预冷的蔬菜主要是根菜类和果菜类,叶菜类蔬菜不适于此类预冷方式。

2. 接触加冰预冷

接触加冰预冷方法是其他预冷方式的补充,是把细碎冰块或是冰盐混合物放在包装容器或汽车、火车车厢内园艺产品的顶部,这样可以降低产品的温度,保证产品在运输中的新鲜度,也能起到预冷作用。如果将蔬菜产品的温度从35℃降到2℃,需要的加冰量应为蔬菜重量的38%左右,这将大大增加蔬菜的流通成本。这种方法目前只适用于那些与冰接触不会产生伤害的产品,如菠菜、花椰菜和萝卜等。

3. 冷库预冷

冷库预冷是利用低温冷风进行预冷的方式,只需预冷库,不需要其他设备,预冷库内相对湿度保持在90%~95%。将装在包装箱内的园艺产品堆放在冷库中,在垛与垛之间留有空隙,并与冷库通风筒的出风口方向相同,以保证气流通过时带走产品的热量。为了达到较好的预冷效果,库内空气流速应该达到1~2m/s,不宜过大,否则会造成新鲜果蔬过分脱水。

冷库预冷需注意以下三点:①尽可能使将要预冷的产品有较低温度。因此,最好在园艺产品温度较低的清晨采收,而且收获后要尽快预冷。②分级和包装要到位。同一等级的蔬菜产品放在一起预冷,尽量采用透气塑料袋和竹筐等包装物,这样有利于产品的迅速降温。此外,扎捆的蔬菜不要太大,一般在0.5kg以下。③堆放要合理。要使产品迅速降温,箱体间的距离最小要保持5cm以上,菜箱果箱堆码太密将影响库内冷风的对流。同时,可以将大件先放入,小件后放入,或将不易预冷的放在较好位置等措施都可以使预冷产品获得较好的预冷效果。一般耐寒类蔬菜预冷冷风温度控制在(2±2)℃,果菜类蔬菜容易出现冻害,冷风温度控制在7~10℃。

4. 压差预冷(强制通风预冷)

冷库预冷时,库内冷气只能接触到包装箱的外侧,蔬菜产品内部空隙很难进入,容易产生预冷死角,造成预冷的不均匀,压差预冷正好可以弥补这一不足。压差预冷是在装有产品的包装箱垛的两侧形成不同压力的冷气流,使冷空气强行穿过各个包装箱,并在每个产品周围通过,最终把产品的热量彻底带走。这种方法比冷库预冷的速度快4~10倍,而且克服了冷库预冷只能使产品热量从表面散发的缺点。这种预冷方式同样适用于大部分类别的蔬菜,特别是包装好后的蔬菜产品。

压差预冷包装箱要有一定的通风面积,一般用开孔塑料箱或开孔纸箱。为了保证纸箱的强度和足够的通风面积,纸箱长宽之比≤2.5:1,高宽之比(0.25:1)~(2:1)。为了使有限的开孔面积更有效地通风,风孔的多少、形状、大小、位置都要进行科学计算,一般横面1~2

个孔，长面 2~3 个孔，横面和长面的通气孔必须要对齐。

进行压差预冷时，为了使冷风均匀地进入每一个菜箱，有效将蔬菜热量带走，除去设备原因外，蔬菜的堆码也很关键。堆码要求是：除了包装箱通气孔、菜间缝隙以外，其他地方都不要留有缝隙，这样可以防止跑风降低压差。压差预冷时，一般通过蔬菜箱垛的空气流量越大，蔬菜的冷却速度越快，但是冷库温度一定要合适，一般要求压差预冷的库温比冷库预冷高 1~2℃。

5. 真空预冷

真空预冷必须有坚固、气密的真空设备，将产品置于真空设备中，关闭开口以及阀门，迅速抽出容器内的空气和水蒸气，使产品表面水分在真空负压下迅速蒸发，带走田间热，通过排气阀门将田间热排出容器。真空预冷的基本工作原理基于以下理论，即大气压力降低，水的沸点也相应降低，水分蒸发加快，使得热量迅速从体内向外扩散，降低产品温度。如水在 101.3kPa 下，100℃才能沸腾，当压力降到 533.3Pa 时，0℃就可以沸腾，水分蒸发速度显著加快。

真空预冷具有降温速度快、预冷效果好、操作简单的优点，如莴苣、甜玉米、龙须菜、花椰菜等在 20~30min 便可以达到预冷效果。对易发生品质变化的产品如草莓、蘑菇以及有些花卉，预冷效果也不错。但是，真空预冷很容易使产品变形，仅适合于比表面积大的产品如绿叶菜，内部真空的辣椒、苦瓜以及花茎中空的唐菖蒲、非洲菊等产品，真空预冷会使腔体或花茎中的空气抽出，产品凹陷，外观品质低劣。除此之外，真空预冷还易使产品失水过多，引起产品萎蔫失鲜。据研究，每降低 5~6℃，失水量占菜体重量可达 1%，从 30℃降到 5℃，失水率达 4%，因此，在真空罐上安装喷雾装置，可以解决产品失水问题，美国已生产出这种真空喷雾预冷机。

三、预冷技术参数和原则

1. 预冷技术参数

评价预冷方式最主要的标准是把一种特定的产品降低到要求温度所需要的时间。一般以产品初始温度与冷却介质（空气、水、冰）的温差减少到一半所需的时间，即半冷却时间（Half Cooling Time）来表示产品降温的速度。产品和包装不同、产品的大小和冷却介质等不同，半冷却时间也不同。

2. 预冷的原则

（1）采收的产品要尽早进行预冷处理　应根据产品特性选择最佳的预冷方式，一次预冷的数量要适当，要合理包装和堆码，尽快使产品达到预冷要求的温度。

（2）掌握适当的预冷最终温度和预冷速度　一般各种产品的冷藏适宜温度就是预冷最终温度的大致标准。还可以根据销售时间的长短、产品生理生化变化的快慢以及易腐性等来适当调整最终温度，同时预冷要注意防止产品的冷害和冻害。

（3）产品预冷后要及时在适宜温度下贮藏　若仍在常温下进行运输贮藏，不仅达不到预冷的目的，甚至会加速腐烂变质。

（4）选择适当的预冷方式　一般对水果多采用强制通风预冷，根茎菜多选用水预冷，叶菜类较适宜真空预冷。

复习思考题

1. 简述园艺产品采收的注意事项。
2. 如何判断园艺产品的采收成熟度？
3. 简述园艺产品的采收方法。
4. 园艺产品采后有哪些处理阶段？
5. 采后分级处理有何意义？应如何进行？
6. 包装材料有哪些？如何选择合适的包装材料？
7. 在哪些情况下进行脱绿和催熟操作？

第六章

园艺产品运输

内容提要

本章全面阐述了运输的概念、原则、方法、工具、要求，特别提出了冷链运输的意义、影响因素和控制措施。

学习目标

掌握运输的原则、方法、工具等基本概念，掌握冷链运输的要点，理解各种运输方式的特点和要求，能正确选择合适的运输方式。

重要概念及名词

冷链、集装箱、冷藏车、3P/2C/3T/3Q/3M 原则、振动。

第一节　水果蔬菜运输流通基本原则

　　新鲜果蔬运输对经济建设的重大意义在于：第一，运输是新鲜水果蔬菜从生产地运往消费地的桥梁。通过运输满足人们的生活需要，有利于提高人民的生活水平和健康水平。第二，运输的发展推动了新鲜水果蔬菜的生产增长。生产和运输是密切联系的、互为发展的条件，没有充裕的、品质优良的产品就谈不上运输，没有良好的运输条件和设施，则本地剩余的产品运不出去，生产就会陷于停滞和萎缩。第三，对货畅其流、加速周转、提高流通效率，运输是一个重要环节。第四，一部分新鲜水果蔬菜运输出口，出口商品的质量和交货期关系到我国的对外信誉和外汇收入。

　　运输流通是联系生产和消费的纽带。促进流通，建立完善的流通体系，既可促进生产的发展又能满足消费者的需要。应该根据果蔬的流通特性，建立果蔬流通的技术体系和组织体系。

　　1. 快速性

　　水果蔬菜的新鲜度就是生命。新鲜水果蔬菜采收后仍是一个活体，呼吸和蒸发作用会不断消耗体内贮存的营养物质，同时散发出热量。因此，从采收到消费者手中，经过的环节越少，其速度越快，新鲜度和品质就越好。

2. 集散性

水果蔬菜的生产和销售是分散的。作为商品要经过一次或多次集聚和分配，才能到达消费者手中，对于需要多次集散的水果和蔬菜，应尽可能地减少中间环节，保持新鲜和减少采后损失。

3. 轻装轻卸

果蔬含水量高，一般达到80%~90%，但是鲜嫩易腐商品，装卸时轻装轻卸是运输水果和蔬菜的基本要求。因为搬动装卸时如违反操作规程，就会造成包装箱或包装袋破损，危及水果蔬菜，造成机械伤和严重的腐烂变质。

4. 防热、防冻及其安全性

不同的水果蔬菜都有其相应的温度、湿度要求。运输过程中温度过高会导致呼吸强度加大，促进成熟和衰老；温度过低又容易造成冷害和冻害；温度波动过大会造成水果蔬菜表面结露，继而诱发微生物侵染，对保持果蔬品质极为不利。果蔬在流通过程中的每个环节都要考虑到防热、防冻及食用安全。

5. 采收和商品化处理

需要运输的水果蔬菜的采收成熟度要考虑运输距离的远近。远距离运输的水果和蔬菜应适当早采；短途运输或就地销售的产品，可在最佳品质时采收。采收后应根据产品的特性，立即进行分等分级、包装、预冷或愈伤处理、化学药物处理等，可减少流通过程的损失和腐烂。

第二节　新鲜果蔬对运输的要求

随着人们对新鲜水果和蔬菜的要求提高，我国城市蔬菜的供应从就地供应为主、外地调节为辅的消费方式，迅速地转变为较多地依靠外地运输的消费方式。水果的供应也从短距离调节变为长途运销。运输已成为水果蔬菜流通各环节中不可或缺的条件。为了保持水果蔬菜的新鲜品质，对运输技术的要求很高，其结果又进一步推动了运输工具和运输系统的技术改革。

运输中的环境条件、水果蔬菜的生理生化变化和保持水果蔬菜品质之间的关系十分密切。运输条件虽与贮藏时的情况类似，但因贮藏是静止状态，而运输是运动状态，且运动状态的环境变化更快，所受振动也大，对品质的影响也更大。在流通过程中保护产品、方便贮运、促进销售，除了必须采用适当材料、包装容器和施加一定的技术处理外，还必须重视装卸、搬运和操作质量。野蛮装卸会造成新鲜果蔬的机械损伤，引发腐烂变质，造成巨大的经济损失。运输的环境条件与果蔬品质的关系主要有7个方面，而运输果蔬的要求也是对这些问题提出的。

1. 防振减振

振动是水果蔬菜运输时应考虑的基本环境条件。由于振动造成果蔬的机械损伤和生理伤害，会影响果蔬的贮藏性能。因此，运输中必须避免和减少振动。

在运输过程中，由于振动和摇动，箱内果蔬逐渐下沉，箱内的上部产生空间，使果蔬与箱子发生二次运动及旋转运动，所受加速度升级。箱上部受到的加速度为下部的2~3倍。所以越是上部的果蔬，越易变软和受伤。

同一箱内的个体之间，或卡车与箱子之间以及箱与箱之间的固有振动频率一旦相同，就会产生共振现象。这时，车的上部就会一下子受到异常强烈的振动。箱子垛得越高，共振越严重。垛的高度相同时，箱子小、数目多，上部箱子的振动就大。对于不至于发生伤害的小振动，如果反复地增强作用次数，果蔬组织的强度也会急剧下降。之后，如果遇到稍大一些的振动冲击，也有可能使产品受到损伤。

在箱子受到一定振动加速度的情况下，箱内果蔬所受的振动加速度不一定与之相等。因为，箱子、填充材料、包果纸等能吸收一部分振动力，或者一部分冲击力改变方向，使新鲜果蔬所受的冲击力有所减弱。

在箱子内部，下部的果蔬受到上部果蔬负载的影响，箱子越高，影响越大。堆垛时，堆的方法和箱子的强度不同，上部的荷重对下部箱子的影响也不相同。车子行驶中，由于振动，果蔬还受着运动荷重的影响，这些都会使损伤增加。

新鲜果蔬的耐运性，既与果蔬内在因素，如遗传性、栽培条件、成熟度、果实大小有关，又受运输条件的各种因素的综合影响。此外，新鲜水果蔬菜由于振动、滚动、跌落产生外伤，会使呼吸急剧上升，内含物消耗增加，风味下降。即使运输中未造成外伤的振动，也会使果蔬呼吸上升。

成熟度不同，对振动的敏感性也不一样。番茄以破色期最为敏感。在后熟过程中振动带来的影响也很明显。如成熟异常，果实完熟后风味明显变劣。因此，运输时必须尽量减少振动。

2. 温度

温度是运输过程中的重要环境条件之一。采用低温流通措施对保持果蔬的新鲜度和品质以及降低运输损耗十分重要。

我国目前低温运输事业的发展还远不能满足新鲜果蔬运输的需要，大部分果蔬尚在常温下运输，现将运输环境对货温的影响简述如下。

（1）常温运输　在常温运输中，不论何种运输工具，其货箱的温度和产品温度都受着外界气温的影响，特别在盛夏或严冬，这种影响更为突出。

夏季用可遮阳的卡车运送果蔬，一般货垛上部温度最高，货垛上部或中部的货温与下部货温可有5℃以上的温差。雨天，则货垛下部的温度最高，但各部分的温差不大。运输途中，果蔬温度一旦上升，即使外界气温下降了，产品温度也不容易降下来。采用铁路运输果蔬，虽然也受到气温很大的影响，但由于货车的构造不同，其效果也有一定差别。冬季通风车较不通风车受气温影响大，货品温度变化也大。

比较不同运输包装的温度变化，木箱与纸箱相似。而由于纸箱堆得较密，运输途中，纸箱温度比木箱高1~2℃。

（2）低温运输　在低温运输中，温度的控制不仅受冷藏车或冷藏箱的构造及冷却能力的影响，而且也与空气排出口的位置和空气循环状况密切相关。一般空气排出口设在上部时，货物就会从上部开始冷却。如果堆垛不当，冷气循环不好，会影响下部货物冷却的速度。如改善了冷气循环状况，能使下部货物的冷却效果与上部货物趋于一致。

冷藏船的船舱容积一般较大，进货时间延长必然延迟货物的冷却速度和使仓内不同部位的温差增大。如以冷藏集装箱为装运单位，可避免上述弊端。

3. 湿度

保持果蔬新鲜度和品质需要较高的湿度条件，在运输中由于果蔬本身的水分蒸腾强度、包装容器的材料种类、包装容器的大小、缓冲材料的种类等因素的差异，使果蔬所处环境的湿度高低不同。新鲜果蔬装入普通纸箱，在1d以内，箱内空气的相对湿度可达到95%~100%，运输中仍然会保持在这个水平。纸箱吸潮后抗压强度下降，有可能使果蔬受伤。如采用隔水纸箱（纸板上涂以石蜡和石蜡树脂为主要成分的防水剂）或在纸箱中用聚乙烯薄膜铺垫，可有效防止纸箱吸潮。如用比较干燥的木箱包装，由于木材吸湿，会使运输环境湿度下降。对于高温运输，为防止发生霉烂及某些生理病害，如苹果褐烫病、柑橘水肿病等，应事先采取相应的预防措施。

4. 气体成分

除气调运输外，新鲜果蔬因自身呼吸、容器材料性质以及运输工具的不同容器内气体成分也会有相应的改变。

使用普通纸箱时，因气体分子可从箱面上自由扩散，箱内气体成分变化不大，CO_2的体积分数不超过0.1%。当使用具有耐水性的塑料薄膜贴附的纸箱时，气体分子的扩散受到抑制，气体积聚，积聚的程度因塑料薄膜的种类和厚度而异。

5. 包装

包装可提高与保持果蔬的商品价值，方便运输与贮藏，减少了流通过程的损耗，有利于销售。包装所用的材料要根据果蔬种类和运输条件等选定。我国长期沿用的果蔬包装材料有木箱、铁丝筐、柳条筐、竹筐等，抗挤压的蔬菜也采用麻布包、草包、蒲包、化纤包等包装。近年塑料箱、纸箱包装有较快的发展。在国外，果蔬包装材料已逐渐为纸箱和塑料箱代替。

果蔬装箱后，经检验各项指标（包括重量、质量、等级、个数、排列、包装等）都合格者即可封箱成件。一般木箱用铁钉封钉，并在两端距离挡板左右备用16号铁丝捆扎一道。纸箱用强力胶水纸带封箱，尼龙扁带捆扎。篓筐仍用铁丝封口捆扎。

6. 堆码

新鲜果蔬的装车方法正确与否，与货物的运输质量的高低有非常重要的关系。果蔬装车，首先必须从保证其质量的角度来考虑，在此基础上尽量兼顾车辆载重和容积的充分利用。新鲜园艺产品的装车方法属于留间隙的堆码方法，按其所留间隙的方式和程度不同可分为以下几种方法。

（1）品字形装车法　此法适用于箱装货物，在高温季节要求冷却或通风，或在寒冷季节要求加温的货物。"品字形"就是把奇、偶数层的货件"骑缝装载"，使呈现品字形。这种方法只能在车辆的纵向形成通风道，不便上下和横向通风，但装载牢靠，适于制冷能力强，有强制通风装置的机冷车。

（2）井字形装车法　这种装载方法灵活多样，各层货件纵横交错，可按车辆有效装载尺寸和包装规格，确定纵向或横向的放置件数。这种装载方法的原则是：货箱与侧板之间留空隙，端板之间靠紧，奇数层与奇数层、偶数层与偶数层的装法相同，奇数层与偶数层交叉堆放形成"井"字。此法的特点是：空气可在每个井字孔中上下流动，并可通过井字孔串入箱间的缝隙。同时，各层纵向的直缝内空气也能畅通无阻。装载也较牢靠，装载量较大。

（3）"一二三、三二一"装车法　这是我国铁路在冬季运输柑橘时使用较多的一种装车方法。用这种方法装车时，空气只能在车辆的三条通风道中流通，因此空气循环情况比上述两种方法都差，但装载量可以提高。适于运输较坚实的水果和蔬菜。

（4）筐口对装法　这种装车法主要用于竹筐、柳条筐等包装的水果和蔬菜，由于这些筐本身和编造上的特点，装载时在货件之间能自然形成一定的间隙，便于空气流通，故不必留出专门的通风空隙。装车时，货件不应直接堆放，也不应紧靠车壁。车底板上要有完好底格板。如用冷藏车装载对低温敏感的园艺产品时，货件也不能紧靠冷源（冷风出口、冰箱挡板等），以免冻坏。必要时须在上述部位盖草袋，使低温空气不直接接触货件。

园艺产品的装卸应尽可能在短时间内完成。铁路部门对每种冷藏车都规定有装卸时限。装载已预冷的园艺产品时，作业不得中断，装车后应及时关门密封，减少外界热量传入。

由于我国现有条件的限制，绝大部分园艺产品的运输未经预冷。通常用的补偿办法为在包装间夹冰块。夹冰运输尤其适用于绿叶蔬菜、青椒等，可加速货温的下降，减少干物质损耗，是保温车的常用措施和普通棚车运输的必要措施。

7. 装卸

新鲜果蔬流通过程中，装卸是必不可少的重要环节。新鲜果蔬鲜嫩，含水量高，如装卸搬运中操作粗放、野蛮，就会导致商品机械损伤、腐烂，造成巨大的经济损失。

我国果品蔬菜装卸搬运多靠人力，劳动强度大，装卸不当，往往损失惨重。近年来，随着生产水平的提高，一些大型车站、码头已逐步向搬运装卸机械化发展，尤其是外销口岸普遍采用了传送带、叉车、电瓶车、起重吊车等设备，改善搬运装卸条件。目前，国际上多采用标准货件制进行装卸，这种方法便于机械化装卸，提高装卸效率；减少装卸过程中的磕碰损伤，保证果蔬的质量，避免污染和丢失；单元货物还有定数、定量的优点，便于过目知数，有利于管理。

综上所述，果蔬的运输质量涉及温湿度管理、包装、堆码、装卸技术、运输工具和道路条件等方面，是复杂的综合管理过程。为了减少运输损失，运输过程中应遵循以下三个原则：快装快运、轻装轻运和防热防冻。

第三节　运输方式与工具

一、各种运输方式及其特点

依据运输路线的不同，园艺产品的运输可分为陆路运输、水路运输和空中运输。陆路运输包括公路和铁路运输。水路包括河运和海运。园艺产品对运输的整体要求是速度快、运量大、成本低、投资少，受季节和环境的影响小。不同运输方式的优缺点是相对的、互辅的，它们各有一定的地位和作用，又各有其局限性。

各种运输方式完成的自生产地到消费地的运输过程，是一个运输系统工程。有些是由一种运输方式完成，而更多的是通过几种运输方式联合完成。因此，在实现运输现代化的过程中，如何发挥各种运输方式的优势，合理利用与综合发展各种运输方式就具有重要意义。运输新鲜园艺产品，要充分发挥各种运输方式的长处，做到合理运输，在新鲜产品从产地到消费地的运输过程中，选择最经济合理的运输路线和运输工具，走最短的里程、用最快的时间、经最少的环节、以最小的消耗和最低的运费，完成运输任务。即本着"及时、准确、安全、经济"的原则，建立产、供、销之间的合理联系，是消除不合理运输的主要手段。

各运输方式的合理使用范围，随着科学技术的进步而不断变化。例如，随着高速公路的发展，公路的运输份额在不断增大，很多工业发达国家的公路运输货运量已超过了铁路，如英国、日本、德国、法国等国的国内运输体系。铁路和水运由于运量大、运费低、耗能少，在大宗货物运输中仍占有较大比重，特别在一些大国的国内运输中。水果、蔬菜的国际贸易主要以海运为主，而花卉的国际贸易以空运为主。

二、运输工具

目前，园艺产品短途公路运输所用的运输工具包括汽车、拖拉机和人力拖车等。汽车有普通货运卡车、厢式货运卡车、冷藏汽车、冷藏拖车和平板冷藏拖车。水路运输工具用于短途转运或销售的一般为木船、小艇、拖驳和帆船；远途运输则用大型船舶、远洋货轮等，远途运输的轮船有普通舱和冷藏舱。铁路运输工具有普通棚车、通风隔热车、加冰冷藏车、机械冷藏（保温）车。集装箱有冷藏集装箱和气调集装箱等，集装箱可在许多运输工具上作业，所以利用集装箱运输是园艺产品运输的发展方向。

（一）陆地运输

1. 铁路运输

铁路（Railway）运输的优点是运载量大、运价低、受季节性变化影响小、速度快、连续性强。铁路运输成本略高于水运，为汽车平均运输成本的 1/15~1/20。但铁路造价高，占地多，短途运输成本高。目前，铁路运输约占我国园艺产品运输的 30%，最适于大宗园艺产品的长途运输。我国园艺产品在铁路运输中一般采用普通棚车、加冰冷藏车和机械保温车。我国机械保温车的数量很少，不能满足园艺产品运输的要求，限制了园艺产品铁路运输的发展。

（1）普通棚车　在我国新鲜园艺产品运输中普通有棚货车仍为重要的运输工具。车厢内没有温度调节控制设备，受自然气温的影响大。车厢内的温湿度通过通风、草帘棉毯覆盖、炉温加热、夹冰等措施调节。这种方式难以达到理想的温度，易导致产品腐烂损失。

（2）通风隔热车　隔热车是一种仅具有隔热功能的车体，车内无任何制冷和加温设备。在货物运输的过程中，主要依靠隔热性能良好的车体本身的保温作用来减少车内外的热交换，以保证货物在运输期间温度的波动不超过允许的范围。这种车辆具有投资少、造价低、耗能少和节省运营费等优点。我国采用隔热车，在运量相对集中的一、四季度和部分短途运输中很合适，既缓和了运输工具不足的矛盾，又能减少铁路运营支出而降低运输费用。

（3）冷藏车　铁路冷藏运输运用冷藏、保温、防寒、加温、通风等方法，在铁路上快速优质地运输易腐货物。冷藏车的特点是：车体隔热，气密性好，车内有冷却装置，炎热季节能在车内保持比外界气温低的温度。冷藏车在寒季还可以用于不加冷保温的运送或加温运送，在车内保持比外界气温高的温度。目前我国的冷藏车有加冰冷藏车、机械冷藏车。

①加冰冷藏车（冰保车）：通过向车厢顶部的冰箱内加冰和车体隔热层的保温作用来使车厢内的运输产品保持恒定的温度。各型加冰冷藏车，车内都装有冰箱、排水设备、通风循环设备以及检温设备等。我国的加冰冷藏车均为国产车，车体为钢结构，隔热材料为聚苯乙烯，顶部有若干冰箱。运输货物时在冰箱内加冰或加冰盐混合物，从而控制车内低温条件。加冰量或冰盐混合比例，根据货物对温度的不同要求而定。在铁路沿线定点设加冰站，使车厢能在一定时间内得到冰盐的补充，维持较为稳定的低温。在严寒地区或季节，可利用加温设备升温，以防产品遭受低温伤害。

加冰保温车的缺点是盐液对车体和线路腐蚀严重；每个加冰站的加冰量是否适宜很难掌握，车内温度不能灵活控制，往往偏高或偏低；速度较慢，每500~800km就需要靠站加冰；车辆重心偏高，不适合高速运行。

②机械冷藏车（机保车）：采用机械制冷和加温，配合强制通风系统，能有效控制车厢内温度。装载量比冰保车大。我国现用机保车，仅B_{19}型五节机冷车组是国产，其他多为进口车。B_{18}、B_{20}、B_{22}均为德国进口，以B_{22}型性能最优。B_{19}型机保车每列只有5节车厢，即1节机械和乘务车，4节冷藏车。而大型列车冷藏车多，制冷、供电量大，可将发电机车、制冷机械车、乘务车分开。

机保车由于使用制冷机，可以在车内获得与冷库相同水平的低温，在更广泛的范围内调节温度，有足够的能力使热货迅速降温，并可在车内保持均匀的温度，因而能更好地保持易腐货物的质量。机保车备有电源，便于实现制冷、加温、通风、循环、融霜的自动化。由于运行途中不需要加冰，可以加速货物送达，加速车辆周转。与冰保车相比，机保车也存在着造价高、维修复杂、需要配备专业的乘务人员和维修设备等缺点。

2. 公路运输

公路（Road）运输是目前园艺产品主要的运输方式。公路汽车运输虽然有成本高、运量小、耗能大、劳动生产率低等缺点，但是公路汽车运输又具有投资少、灵活方便、可迅速直达目的地等优点，特别适宜短途运输，可减少搬运次数，缩短运输时间。公路运输还可深入目前尚无铁路的中小城镇、工矿企业、农村及偏远地区，这是其他运输方式不能代替的。目前在我国，冷藏汽车数量较少，大量园艺产品的公路运输由普通汽车或厢式汽车承担。但随着经济的发展，保温汽车和冷藏汽车运输的比例将逐年上升。

（1）普通汽车或厢式汽车运输　普通汽车或厢式汽车与冷藏汽车相比具有费用低、装载量大的优点，但普通汽车运输的园艺产品质量很难保障，长途运输更是如此。

普通汽车运输园艺产品要注意以下几点。

①防超载：超载威胁行车安全，是交通管理部门明令禁止的。超载运输对园艺产品的质量也会有较大的影响，特别是下层的产品挤压及长途运输过程中的振动，虽表面无损伤，但大型瓜果内部都会出现裂伤。在常温下短贮和销售过程中就会出现内部变质现象。

②防冻害：冬季的北方，气温一般都在0℃以下，产品容易发生冻害。园艺产品在低温下产生的呼吸热很少，根本不足以抵御空气的寒冷。需用棉絮、草帘在车的上下四周垫盖防寒，运输时间应选在一天内气温较高的白天，运输距离不宜过长。

③防高温：在炎热的夏季，气温可达30℃以上，利用货车运输，园艺产品的质量会迅速下降。应对运输产品预冷，减少田间热；夜间运输，防止暴晒；向货车厢顶部不断淋水，以降低皮温；产品用稳固而又通风的容器盛装；确保车厢四周通风透气性良好。

④防雨淋：不论什么季节，雨淋对包装容器的支持力和产品的质量影响都很大，因此要谨防雨淋。

⑤选择道路：公路运输的道路选择十分重要，低等级的公路或正在修建的公路不但行车速度慢、容易塞车，而且车辆振动剧烈，容易导致机械伤而降低产品质量。应尽可能选择高等级公路或高速公路。

⑥安全问题：公路运输的安全问题十分重要，避免发生车祸，减少损失和防止伤亡对经营者非常重要。一般长途运输要求三人同行，两位司机轮流驶车，一位具保鲜运输技术的人员负

责产品的质量保证工作。

（2）保温汽车　在一般卡车的底盘上安装隔热良好的车厢，不设冷源。这种车装载的货物必须预冷，并且不能长距离运输，以免升温过快。保温汽车的设计，一定要注意顶盖和箱底的保温层加厚。因为夏季的顶盖外部，在烈日的暴晒下温度可达 50℃ 以上；而下部受公路的长期烤烫，温度也很高。在保温车厢的外面刷白色的油漆，可以有效地反射辐射热，减少升温。

3. 冷藏汽车

根据制冷方式，冷藏汽车可以分为机械制冷、液氮或干冰制冷、蓄冷板制冷等。

（1）机械制冷　机械制冷汽车通常用于远距离运输，它的蒸发器通常安装在车厢的前端，采用强制通风方式。冷风贴着车厢顶部向后流动，从两侧及车厢后部下沉到车厢底面，沿底面间隙返回车厢前端。这种通风方式使整个果蔬货堆都被冷空气包围，外界传入车厢的热流直接被冷风吸收，不会影响果蔬的温度。机械制冷冷藏车的优点是车内温度比较均匀稳定，温度可调且范围广，运输成本低。

（2）液氮制冷　液氮制冷冷藏车主要由液氮罐、喷嘴及温控器组成。液氮制冷时，车厢内的空气被氮气置换，而氮气是一种惰性气体，长途运输果蔬时，不但可减少其呼吸作用，还可防止果蔬被氧化。液氮制冷冷藏车具有降温快、能较好保持果蔬质量等优点；但成本高，液氮中途补给困难。

（3）干冰制冷　先使空气与干冰换热，然后借助通风机使冷却后的空气在车厢内循环，吸热升华后的二氧化碳由排气管排出车外。干冰制冷具有设备简单、投资少、无噪声等优点；但降温速度慢，车厢内温度不均匀。

（4）蓄冷板制冷　蓄冷板中充注有低温共晶溶液，使蓄冷板内共晶溶液冻结的过程就是蓄冷过程。将蓄冷板安装在车厢内，外界传入车厢的热量被共晶溶液吸收，共晶溶液由固态转变成液态。常用的低温共晶溶液由己二醇、丙二醇的水溶液及氯化钙、氯化钠的水溶液。共晶点应比车厢规定的温度低 2~3℃。蓄冷的方法有两种：一是蓄冷板中装有制冷剂盘管，只要把蓄冷板上的管接头与制冷系统连接起来，就可以进行蓄冷；二是借助于装在冷藏车内部的制冷机组，停车时借助外部电源驱动制冷机组使蓄冷板制冷。蓄冷板汽车的蓄冷时间一般为 8~12h，特殊的冷藏汽车可达 2~3d。

（二）水路运输

水路运输（Waterage）包括产地附近的小船、机帆船、内河运输船的运输，也包括近海轮船、远洋轮船的运输。水路运输的主要工具是冷藏集装箱和冷藏船，冷藏船隔热保温性能好，温度波动不超过 0.5℃。

轮船运输的优点：①运费便宜，在大批量园艺产品的长距离运输时，与铁路运输相比更经济，在国外，海运价格只是铁路的 1/8，公路的 1/40。②振动小，水路运输过程一般保持平稳，对产品产生的机械损伤较轻。③运载量大、成本低、耗能少、投资省、运输场所可不占或少占农田。

轮船运输的缺点：①水运的连续性差、速度慢、联运产品要中转换装，要配合其他运输方式，这不仅延缓了货物的送达速度，也增加了产品损耗。②港口装卸费不稳定，易涨价，装卸费时间。③装卸和航行易受天气影响，有时被迫停止。

随着冷藏集装箱的广泛应用，轮船运输尤其是远洋轮船运输园艺产品有了很大发展，为了克服水路运输的缺点，大量使用集装箱专用船和车辆轮渡。集装箱专用船以集装箱为单位装卸，因而卸货迅速，克服了原来装卸费时的缺点。轮船航速与原来相比，也得到很大的提高，这种运输方式在国际航线均广泛使用。园艺产品利用集装箱和冷藏船运输，可漂洋过海进行国际贸易，船运速度比空运慢，一般需要1~4周的行程。目前各国之间远距离的园艺产品进出口贸易，主要利用轮船运输。例如，香蕉等大宗园艺产品横跨大洋的运输，使用数万吨级的专用船，装卸已机械化，极其迅速。因此，水运适于承担运量大、运距长的货物运输，它的运输成本比空运低得多，且长途运输时，可提供良好的温度与环境条件。

（三）航空运输

航空（Aviation）运输的最大特点是速度快，运输中振动小，产品损伤少，但装载量小，运费昂贵。航空运输适宜急需特供、价格高、鲜度下降快的高档水果、蔬菜和花卉的运输，如樱桃、草莓、水蜜桃、杨梅、猴头菇、松茸、高档切花等产品。航空运输速度快，抢占市场灵活，运输是根据重量计费，所以每一批产品的数量可多至几十吨，又可少至几十千克。空运以毛重来计费，所以空运园艺产品的包装物既要坚固又要质轻，一般用纸箱、聚苯乙烯泡沫塑料箱、钙塑箱等。空运的飞机飞行时间虽短，但上机下机的时间较长，如果在夏季，要在包装内加入密封好的冰袋以控制温度。

目前航空运输的数量在我国还比较少。尽管如此，人们仍认为发展航空运输大有希望，有些人提议发展"临空农业"，其具体内容是：在机场周围栽培适于航空运输的高档优质易腐园艺产品，面向销量大的地区销售。

（四）集装箱运输

集装箱（Container）运输是当今世界发展最快的运输工具，既省力、省时，又保证产品质量，实现"门对门"的服务，是现代运输工具的一大革新。在集装箱的基础上增加箱体隔热层以及制冷和加温设备，即为冷藏集装箱，它可以维持新鲜园艺产品和其他易腐货物所需的温度。在冷藏集装箱的基础上，加设气密层，改变箱内气体成分，即为冷藏气调集装箱。集装箱适用于多种运输工具，可以说集装箱是一个大包装箱。采用集装箱运输园艺产品，具有安全、迅速、简便和节省人力等优点。

集装箱运输有多年历史，发展很快，目前已初步形成一个比较完整的体系。1970年，国际标准化组织104技术委员会（ISO/TC104）对集装箱的定义是：具有足够的强度，能长期反复使用；在途中转运时，不搬动容器内的货物，可以直接换装，即从一种运输工具直接换装到另一种运输工具上，以达到快速装卸；便于货物的装满和卸完；具有1m³以上的容积。凡具有以上四项条件的运输容器，都可以称为集装箱。我国1t集装箱的规格为：外部900mm×1260mm×1144mm，内容积1.3m³，箱重186kg，载重814kg，总计1000kg。

所谓冷藏集装箱，是具有一定的隔热性能，能保持一定低温，适应于各类蔬菜冷藏贮运而进行特殊设计的集装箱。冷藏集装箱具有钢质轻型骨架，内、外贴有钢板或轻金属板，两板之间填充隔热材料。常用的隔热材料有玻璃棉、聚苯乙烯、发泡聚氨酯。

1. 冷藏集装箱的分类

根据制冷方式，冷藏集装箱主要包括以下几种。

①保温集装箱：无任何制冷装置，但箱壁具有良好的隔热性能。

②外置式保温集装箱：无任何制冷装置，隔热性能很强，箱的一端有软管连接器，可以与船上或陆上供冷站的制冷装置连接，使冷气在集装箱内循环，达到制冷效果，一般能保持$-25℃$的冷藏温度。该集装箱箱中供冷，容积利用较高，自重轻，使用时机械故障少。但它必须由设有专门制冷装置的船舶装运，使用时箱内温度不能单独调节。

③内藏式冷藏集装箱：箱内带有制冷装置，可自己供冷，制冷机组安装在箱体的一端，冷风由风机从一端送入箱内。如果箱体过长，则采用两端同时送风，以保证箱内温度均匀。

④液氮和干冰冷藏集装箱：利用液氮或干冰制冷，以维持箱体内的低温。

按照运输方式，冷藏集装箱可以分为海运和陆运两种。它们的外形尺寸差别较小。

海运集装箱的制冷机组由船上统一供给用电，不需要自备发电机组，因此机组构造比较简单，体积较小，造价也较低。但海运集装箱卸船后，因失去电源需依靠码头供电才能继续制冷，如转入铁路或公路运输时，必须增设发电机组，国际上一般的做法是采用插入式发电机组。

陆运集装箱主要用于铁路、公路和内河航运船，因此必须自备柴油或汽油发电机组，才能保证运输途中制冷机组用电。有的陆运集装箱采用制冷机组与冷藏汽车发电机组合在一起的机组，其优点是体积小、重量轻、价格低，缺点是柴油机必须始终保持运转，耗油量较大。

2. 冷藏集装箱的型号

冷藏集装箱的尺寸和性能都已标准化，如表6-1所示。

表6-1 国际冷藏集装箱规格

类型	箱型	长/mm	宽/mm	高/mm	最大总重/kg
Ⅰ	1A	12191	2438	2438	30480
	1AA	12191	2438	2591	30480
	1B	9125	2438	2438	25400
	1C	6058	2438	2438	20320
	1D	2991	2438	2438	10160
	1E	1968	2438	2438	7110
	1F	1450	2438	2438	5080
Ⅱ	2A	2920	2300	2100	7110
	2B	2400	2100	2100	7110
	2C	1450	2300	2100	7110
Ⅲ	3A	2650	2100	2400	5080
	3B	1325	2100	2400	5080
	3C	1325	2100	2000	2540

3. 冷藏集装箱的特点

冷藏集装箱可广泛应用于铁路、公路、水路和空中运输，是一种经济合理的运输方式。使用集装箱运输的优点如下。

（1）大大减少和避免运输货损和货差　更换运输工具时，不需要重新装卸果蔬，简化理货手续，可减少和避免货损和货差。

（2）提高了货物质量　箱内温度可以在一定范围内调节，箱体上还设有气孔，因此适用于各种易腐果蔬的冷藏运输，而且温差还可以控制在±1℃范围内，避免了温差波动对果蔬质量的影响。

（3）装卸效率高，人工费用低　采用集装箱简化了装卸作业，缩短了装卸时间，降低了运输费用。

随着现代集装箱运输的发展，世界贸易中出现了国际集装箱运输。它是一种先进的现代化运输方式，与传统的杂货散运方式相比，具有运输效率高，经济效益好以及服务质量优的特点。正因如此，集装箱运输在世界范围内得到了飞速发展，已成为世界各国保证国际贸易的最优运输方式。尤其是经过几十年的发展，集装箱运输软硬件成套技术臻于成熟，到20世纪80年代集装箱运输已进入国际多式联运时代。国际多式联运是一种利用集装箱进行联运的新运输组织方式。它通过采用海、陆、空等两种以上的运输手段，完成国际间的连贯货物运输，打破了过去海、铁、公、空等单一运输方式互不连贯的传统做法。如今，提供优质的国际多式联运服务已成为集装箱运输经营人增强竞争力的重要手段。

国际多式联运是一种以实现货物整体运输的最优化效益为目标的联运组织形式。它通常是以集装箱为运输单元，将不同的运输方式有机地组合在一起，构成连续的、综合性的一体化货物运输。通过一次托运、一次计费、一份单证和一次保险，由各运输区段的承运人共同完成货物的全程运输，即将货物的全程运输作为一个完整的单一运输过程来安排。然而，它与传统的单一运输方式有很大的不同。根据1980年《联合国国际货物多式联运公约》以及1997年的《国际集装箱多式联运管理规则》的定义，国际多式联运是指按照多式联运合同，以至少两种不同的运输方式，由多式联运经营人将货物从一国境内接管货物的地点运至另一国境内指定地点交付的货物运输。

三、低温运输技术

（一）预冷

1. 车辆的预冷

用于园艺产品运输的冷藏车，在装车前必须进行预冷。

（1）减轻运输中的温度变动，提高运输质量。

（2）提高园艺产品的装载量，从而提高运输效率。

（3）减少运行途中继续冷却车体的热负荷。

因此，如果时间允许，预冷越充分越好，在炎热季节尤为重要。

我国现行《铁路鲜活货物运输规则》规定，机械冷藏车在装车前，车内温度在运送香蕉时为12~15℃，菠萝、橘子应为9~12℃，其他易腐货物为0~3℃。加冰冷藏车装运冷却货物或未冷却货物时，车内应预冷到12℃以下。

在车体预冷时，应注意把"车体温度"降到规定的标准，而不是把"车内的空气温度"降到规定标准。车内空气温度与车体温度是不能等同的。因为，车体的比热容比空气高，降温比空气慢得多。如果只降低车内气温则停止制冷后车内温度达不到要求，故要求预冷时间为3h以上。

2. 园艺产品预冷

在使用制冷设备的保温车时，充分预冷是温热季节运输的必要前提。在使用机械冷藏车时，由于冷藏车制冷能力的设计需综合考虑造价和运输的经济性，一般情况下，运输车辆的制冷能力仅能用于维持已冷却货物的温度。如用于运输未预冷货物，则使制冷负荷大大增加，且园艺产品的冷却也极为缓慢。为了避免冷却速度过慢，往往需要减少园艺产品的装载量，这又使运输成本剧增。因此，即使使用冷藏车运输，园艺产品预冷也是一个必需的步骤。

第五章已介绍有关园艺产品预冷的方法。在我国目前的条件下，预冷是园艺产品运输事业发展的一大制约因素。因此，在各主要运输装车地尽快兴建预冷站或由地方冷库、铁路制冰厂开办预冷业务，已成为当务之急。

（二）装载

1. 装载量的确定

园艺产品装载量确定的基本要求是：在保证运输质量的前提下，兼顾车辆质量和体积的利用。确定园艺产品的装载量，必须考虑以下因素。

（1）车辆的比体积及园艺产品的质量/体积　在我国，冷藏车、保温车既装冷冻货物（如冻肉、速冻蔬菜），又装冷却货物（如园艺产品、鲜蛋），为多用途车。车辆的比体积（有效装载体积与标准装载质量之比）是按上述综合用途来确定的，比较小，如 B_{18}、B_{19}、B_{20} 机械冷藏车的比体积分别为 $2.00m^3/t$、$2.08m^3/t$ 和 $2.30m^3/t$。这类车用于装载园艺产品时，因园艺产品的比体积大，加包装及按不同堆垛要求堆放后的单位质量体积大，装载质量往往不能得到充分利用。曾有研究报道，水果的平均单位质量装载体积为 $3.56m^3/t$，蔬菜为 $5.20m^3/t$，用标准载重为 40t 的机冷车装运时，比体积相对小的水果能装 18~33t，叶菜仅为 10~18t。

（2）园艺产品的性质和热量状态　园艺产品及包装是否坚实耐压，其预冷程度、呼吸热的大小等，既影响装载方法，又影响车辆热负荷，当然也影响装载量。例如，呼吸热小，充分预冷的产品可以多装一些而不致超过制冷能力。装载量只能根据车辆的制冷能力来确定，常少于额定装载量。

（3）运输季节和车辆性能　运输车外界温度、车辆的隔热性能和制冷能力与货物的热状态一起决定运输中热负荷的大小和热平衡。如果热负荷大，制冷能力不足，则只能减少装载量，在夏季运输时特别明显。显然，夏季运输未预冷园艺产品的装载量是最低的，因为夏季高温和未预冷货物均使车辆热负荷增大，且在夏季机械制冷机的工况恶化，制冷能力下降。

2. 装载方法

在冷藏运输时，必须使车内温度保持均匀，并使每件货物都可以接触到冷空气，以利于热交换。在保温运输时，应使货堆中部与四周的温差适中，防止货堆中部积热不散而四周产生冻害的现象。

新鲜果蔬装卸时，各货件之间都必须留有适当的间隙，以便车内空气能顺利地流通。在堆码时，每件货物都不应直接接触车底板和车壁板，在货件与车底板和车壁板之间须留有间隙。这样，通过车壁和底板进入车内的热量就可以被间隙中的空气吸收，而能较好地保持货物的热状态。在装载对低温敏感的水果蔬菜时，货件不能紧靠机械冷藏车的出风口或加冰冷藏车的冰箱挡板，以免导致低温伤害。必要时，可在上述部位的货件上面盖草席或草袋，使低温空气不直接与货件接触。

在冷藏或保温运输时，车厢内一般只能调节到一个温度。如果是集中供冷的铁路冷藏车，则整列车厢均调在同一温度上。此外，低温运输时，通风有限，这样的环境一般不适宜园艺产品混装。

将生理特性各异的园艺产品混装在一起，有时会产生严重的后果。但是出于运输经济性的考虑，在实践中常遇到发货人或收货人要求混装的情况。这时，果品蔬菜应按下列因素来考虑混装的相容性。

（1）温度　最适温度有较大差异的园艺产品不能混装。

（2）湿度　洋葱、蒜头等要求低湿度的蔬菜不能与要求高湿度的园艺产品混装。

（3）乙烯和其他挥发物　对乙烯敏感的产品与乙烯释放量大的产品不能混装。释放具有强烈气味的挥发物的产品不能与其他产品混装。

为了在运输中便于选择可相容的园艺产品，国际制冷学会把80多种园艺产品分成了8个可以混装的组。

（1）苹果、杏、浆果、樱桃、无花果（不得与苹果混装）、葡萄、桃、梨、柿、李、梅等，适宜运输温度 $0 \sim 0.5℃$，相对湿度 $90\% \sim 95\%$，浆果和樱桃用 $10\% \sim 20\%$ 的 CO_2 气调包装运输。

（2）香蕉、番石榴、芒果、薄皮香瓜和密瓜、鲜橄榄、木瓜、菠萝、青番茄、粉红番茄、茄子、西瓜等，适宜运输温度 $13 \sim 18℃$，相对湿度 $85\% \sim 95\%$。

（3）厚皮甜瓜类、柠檬、荔枝、橘子、橙子、红橘，适宜运输温度 $2.5 \sim 5℃$，相对湿度 $90\% \sim 95\%$，甜瓜类为 95%。

（4）蚕豆、秋葵、红辣椒、青辣椒（不得与蚕豆混装）、美洲南瓜、印度南瓜等，适宜运输温度 $4.5 \sim 7.5℃$，蚕豆为 $3.5 \sim 5.5℃$，相对湿度 95%。

（5）黄瓜、茄子、姜（不得与茄子混装）、马铃薯、南瓜（印度南瓜）、西瓜，适宜运输温度 $8 \sim 13℃$，生姜不得低于 $13℃$，相对湿度 $85\% \sim 95\%$。

（6）芦笋、红甜菜、胡萝卜、菊苣、无花果、葡萄、韭菜（不可与无花果、葡萄混装）、莴苣、蘑菇、荷兰芹、防风草、豌豆、大黄、菠菜、芹菜、小白菜、甜玉米，适宜运输温度 $0 \sim 1.5℃$，相对湿度 $95\% \sim 100\%$。除无花果、葡萄、蘑菇等，任何产品均不得与冰接触。

（7）甘蓝、花椰菜、芹菜、洋葱、萝卜、芜菁，适宜运输温度 $0 \sim 1.5℃$，相对湿度 $95\% \sim 100\%$，可与冰接触。

（8）大蒜、洋葱等，推荐运输温度 $0 \sim 1.5℃$，相对湿度 $65\% \sim 75\%$。

（三）途中管理

1. 温度管理

使用机械冷藏车运输时，应在途中每隔一定时间做好温度记录。铁路规定记录温度的间隔为2h，并每隔6h填写一次冷藏车作业单。一般机冷车的温度控制可自动进行，温度管理相对简单。

在使用加冰冷藏车时，车内的低温靠冰的消耗来维持。在运输距离较长时，常需要中途加冰。因此，铁路加冰冷藏车必须按指定路线在有中途加冰站的线路运行。

加冰冷藏车的途中加冰作业主要为，在始发站根据列车的热消耗预测冰消耗量，并向前方加冰站发出加冰预报。到达加冰站后，应立即检查车内温度、残冰情况，并按需要量加足冰或冰盐，同时向下一个加冰站发出预报。

在长途运输中，运输沿线的外界气温有很大差别。例如，在10月由广州往满洲里运香蕉，广州的平均外温为23℃，满洲里为0℃。在这种情况下，应视具体情况，先用冷藏运输，在途中的适宜区段采用不制冷的保温运输或通风运输，而在严寒地段降温超过允许幅度时，则要采用加温防寒运输，以保证货温的稳定。

2. 通风

通风的目的主要有两个，一为排出园艺产品运输途中释放的过多水汽、CO_2、乙烯和其他气体，保证产品不受有害气体的伤害；二为散失热量，帮助调节车内温度。

机械冷藏车一般有自然通风与强制通风装置，在途中或停站时通风。加冰冷藏车因无强制通风装置，在途中可开启通风口，利用车辆与空气的相对运动来通风。在停站时，只能在通风口临时装设风扇进行通风。若通风的目的是换气，冷藏车的通风在热季和温季要求进入车内的空气温度低于车内温度，热季通风应在夜间或清晨进行，否则不宜通风或需进行空气的预冷。在寒季一般不进行通风，以免冻坏产品。在温季、寒季为调节温度而通风时，应根据货温确定通风量，外界气温过低时，通风要缓慢，应在白天进行，否则易冻坏产品。外温小于-10℃时应停止一切通风。

（四）到达作业

到达作业主要为及时卸车，是园艺产品运输过程的终了作业。若到达作业处理不当，也可能对产品造成巨大损失。

在采用汽车运输时，因批量小，卸车、转运及入库工作较易组织。而使用铁路运输时，产品的批量很大，应特别重视卸车的组织工作。在运输途中，应根据运行情况及时向终点站预报。到站应根据预报及时通知收货人准备卸车。园艺产品等冷藏运输的易腐货物一般由收货人自备搬运工具，组织直接卸车。

园艺产品经长途运输后，所受的损伤和病菌侵染较大，一般不适于长期贮藏。卸车后的产品应及时进行转运处理，避免长时间堆积造成腐烂损失。

第四节　冷链流通

一、冷链物流

冷链的起源可追溯至19世纪上半叶冷冻机的发明，随着电冰箱的出现，各种保鲜盒冷冻农产品开始进入市场，进入消费者家庭。

关于冷链的定义，各个国家有所不同。欧盟定义冷链为：从原料的供应，经过生产、加工或屠宰，直到最终消费为止的一系列有温度控制的过程。冷链是用来描述冷藏和冷冻食品的生产、配送、贮存和零售这一系列相互关联的操作的术语。FDA将冷链定义为：贯穿从农田到餐桌的连续过程中维持正确的温度，以阻止细菌的生长。根据GB/T 18354—2021《物流术语》所述，冷链是根据物品特性，从生产到消费的过程中使物品始终处于其品质所需环境温度的物流技术与组织系统。在我国，冷链物流泛指冷藏冷冻类产品在生产、贮存运输、销售到消费前的各个环节始终处于规定的低温环境下,以保证产品质量、减少产品损耗的一项系统工程,它是随着制冷技术的进步、物流的发展而兴起的,是以冷冻工艺学为基础、以制冷技术为手段的低温物流过程。

(一)冷链物流特点

冷链物流重要的是产品在时间、品质、温度、湿度和卫生环境方面的特殊性,体现更大的增值潜力和能量,是一项复杂的系统工程。其主要的优点是:①冷链物流提高了食品的保鲜能力,不会影响到食物的营养和味道,同时大大提高了食物的贮存期限。②冷链物流具有非常高的效率,不同地域之间的食物输送非常方便,食物在运送到目的地时仍然很新鲜。③冷链物流为食品的安全输送提供了保证,冷藏和冷冻食品需要一个完整的冷链物流对货物进行全程的温度控制,以确保食品的安全,而冷链物流可以实现装卸货物时的封闭环境、贮存和运输等。

主要的缺点是:①我国此行业的标准落实不到位,一些企业没有按照国家标准执行,需加强自律性,从而推动行业发展。②设备和技术水平有待提升,无法为易腐食品流通系统地提供低温保障。③冷链物流理念仍需推广,冷链物流的要求比较高,相应的管理和资金方面的投入也比普通的常温物流要大,价格也相对偏高。

(二)冷链物流应遵循的原则

冷链物流的核心为保持低温环境,确保生鲜产品的安全和品质。与常规的物流系统相比,冷链物流有其自身的特点,在操作过程中需要遵从以下原则。

1. "3P" 原则

原料品质(Product)、处理工艺(Processing)和货物包装(Package),要求原料品质好、处理工艺质量高、包装符合货物特性,是货物进入冷链时早期质量控制的根本。

2. "2C" 原则

在整个加工和流通过程中,对保持清洁卫生的条件(Clean)以及低温的环境(Cooling),是保证产品流通质量的基本条件。

3. "3T" 原则

物流的最终质量取决于冷链的贮藏温度(Temperature)、流通时间(Time)和产品本身的耐贮藏性(Tolerance)。冷藏物品在流通过程中质量随着温度和时间的变化而变化,不同的产品必须要有对应的温度控制和贮藏时间。

4. "3Q" 原则

冷链中设备的数量协调(Quantity),设备质量标准的一致(Quality)和快速的作业组织(Quick)。冷链设备数量和质量标准的协调能够保证货物始终处在适宜的环境之中,并能提高各项设备的利用率。快速的作业组织指的是加工部门的生产过程,经营者的货源组织,运输部门的车辆准备与途中服务、换装作业的衔接等。

5. "3M" 原则

保鲜工具与手段(Machine,Material)、保鲜方法和管理措施(Man),在冷链中所用的储运工具及保鲜方法要适合食品的特性,并能保证既经济又取得最佳的保鲜效果。

二、园艺产品冷链系统

园艺产品从生产到消费的过程要保持高品质必须采用冷藏链。如果冷链系统中任何一环欠缺，将破坏整个冷链保藏运输系统的完整性和有效实施（图 6-1）。值得一提的是，在经济技术发达的国家如日本、美国等，在园艺产品采后贮运中已实现了冷链系统。随着我国商品经济和冷藏技术的发展，具有中国特色的园艺产品采后冷链系统必将得到迅猛发展。

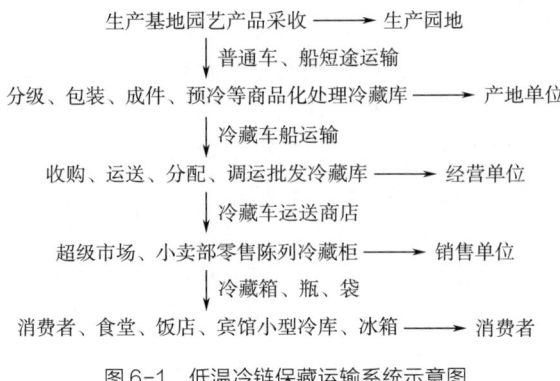

图 6-1 低温冷链保藏运输系统示意图

冷藏运输是冷藏链中十分重要而又必不可少的一个环节，由冷藏运输设备完成。冷藏运输设备是指本身能创造并维持一定的低温环境，以运输冷藏冷冻果蔬为主的设施及装置，包括冷藏汽车、铁路冷藏车、冷藏船和冷藏集装箱等。冷藏运输包括果蔬的中、长途运输及短途送货，应用于冷藏链中果蔬从原料产地到加工基地再到商场冷藏柜的低温运输，也应用于冷藏链中冷冻果蔬从生产厂到消费地之间的批量运输，以及消费区域内冷库之间和消费店之间的运输。对冷藏运输设备的要求有：①产生并维持一定的低温环境，保持果蔬的低温。②隔热性好，尽量减少外界传入的热量。③可根据果蔬种类或环境的变化调节温度。④制冷装置在设备内占用的空间尽可能小。⑤制冷装置重量轻，安装稳定，安全可靠，不易出事故。⑥运输成本低。

三、冷藏链分类

1. 按产品从采收加工到消费的工艺流程顺序分类

园艺产品冷藏链由预冷、低温贮藏、冷藏运输和冷藏销售等部分组成。

（1）预冷　主要涉及各类预冷装置，在本章第三节已介绍。

（2）低温贮藏　主要涉及各类冷藏库、气调库以及简易贮藏等，已在第四章介绍。另外，还包括销售部门的冷藏柜、冷藏陈列柜以及消费者的家用冰箱。

（3）冷藏运输　包括园艺产品的中、长途运输和短途送货等。主要涉及铁路冷藏车、冷藏汽车、冷藏船、冷藏集装箱等低温运输工具。

在冷藏运输过程中，温度波动是引起产品质量下降的主要原因之一，因此，运输工具不但要保持运输产品适宜的低温，而且不能有较大的温度波动，长距离运输尤其如此。

（4）冷藏销售　包括产品的批发和零售等，由生产部门、批发商和零售商共同完成。近年来，城市中超级市场大量涌现，已成为冷藏产品的主要销售渠道。超市中的冷藏陈列柜，兼有冷藏和销售的功能，是园艺产品冷藏链的主要组成部分之一。

2. 按冷藏链中各环节的装置分类

（1）固定的装置　固定的装置包括气调库、冷藏库、冷藏柜、家用冰箱、超市冷藏陈列柜等。冷藏库主要完成产品的收集、加工、贮藏和分配；冷藏柜和冷藏陈列柜主要供机关团体的食堂和产品零售用；家用冰箱主要是为冷藏食品的家用供应所用。

（2）流动的装置　流动的装置包括车载式真空冷却装置、铁路冷藏车、冷藏汽车、冷藏船和冷藏集装箱等。

目前在日本和欧美等地，逐步实现了以低温冷藏为中心的冷链系统，发挥了越来越显著的作用，成为人民富裕生活不可缺少的部分。我国近年来在宏伟的现代化建设目标指引下，生产发展迅速，人民生活水平得到提高，对新鲜园艺产品的需求剧增。随着我国经济和冷藏技术的发展，具有我国特色的低温冷链保鲜体系随着世界性的趋势得到迅速发展。

第五节　我国园艺产品冷藏链发展状况

我国冷链物流发展时机已经成熟，冷链物流不仅能够满足人们对新鲜食品的需求，还能够使食物在运输途中尽量减少损失和浪费。进入 21 世纪以来，我国农产品贮藏保鲜技术迅速发展，农产品冷链物流发展环境和条件不断改善，农产品冷链物流得到较快发展。我国每年约有 4 亿 t 生鲜农产品进入流通领域，冷链物流比例逐步提高。随着冷链市场不断扩大，冷链物流企业不断涌现，并呈现出网络化、标准化、规模化、集团化发展态势。

1. 以大型农产品批发市场运营商为主导的农产品冷链物流模式

由于我国市场经济的不断发展，农产品供应从以往的计划经济模式转向了市场经济，出现了很多农产品市场，这些市场在当地政府的支持下成为专门的大型农产品批发市场，根据自身的特点定位市场、创建品牌，随着制度和模式的完善和成熟，这些市场也成了冷链物流的重要组成部分，形成了以大型农产品批发市场为主导的冷链物流模式，通过运营商的运作，由下向上将整个物流链条串联起来。先由市场将消费者的需求反馈给专门的供应商，供应商再将需求反馈给更上一层，也就是农户或相关加工企业，通过这种信息的交流促使生产商生产的产品更加符合市场需求，将各个环节的风险都降到了最低。另外，这种大型农产品批发市场作为供应商和零售商之间的衔接点，在一定程度上，批发市场能够更加精准地掌控市场需求的产品种类和数量，也有能力对各个环节进行调度，确保产品能够在某个时间到达，并将产品派送到各个销售点，这样便可以更好地促进各个环节的连接，减少产品缺货和积压现象的出现，将冷链物流的成本和损失控制在最低。占据着如此优势的农产品批发市场为了给上下游的人们提供更好的服务，占据更多的市场份额，很多批发市场都发展了贮存、批发、加工和运送为一体的系统服务，也成为一种重要的冷链物流模式。

2. 以连锁超市为主导的农产品冷链物流模式

超市将生鲜农产品纳入到了销售范围，超市中的农产品更加标准化，且超市里常设的冷链设备能够非常好地满足产品的需求，加工和包装也更加系统正规，受到很多消费者的欢迎。连锁超市在各个城市中的布点较多，能够及时将产品在超市内部进行调度，超市成熟的促销手段可以最大程度地减少产品的积压，因此超市占据的农产品市场份额也在逐年扩大。超市能够直接接触消费者，根据产品的销售情况和消费者对产品的反馈，超市对消费者的需求把握得非常准确，并根据这些数据及时调整各种产品之间以及与上游供销商的对接，这样农户可以根据超市的需求进行种植，生产加工商也可以根据超市的调度进行生产和加工，这样的模式在大大降低风险的同时更能够提高各环节的收益，还能为消费者提供更加优惠的价格，使产品的流通更加顺畅，提高效率。

将物联网技术应用于冷链物流的原材料采购、产品储存、运输、销售等各个环节，能够对整个过程实施智能化监控。

在采购原材料的时候对其进行电子标记编码，建立数据库，通过电子标签，能够对产品在整个生产加工的过程进行连续的监控，包括当前的温度、相对湿度以及相应的操作人员，全部录入数据库的数据，很容易分析影响因素，能够立刻进行改善，也能够确定事故的责任归属。

在生产加工时编码产品的电子标签，在贮存的时候运用其自动识别功能，在入库的时候通过读写器就能很快地记录产品的入库时间和相应的数量等信息。仓库的管理过程不再需要人员逐个清点盘查，通过读写器进行快速的读取或者通过数据库查询相应的数据就清楚仓库库存的详细情况。产品出库的时候，利用数据库能够快速确定产品，避免了先进后出现象的发生。产品上的电子标签还能够对周围的环境进行监测，并把数据反馈给物联网，物联网通过智能处理，调节仓库的环境，提高储存质量。

通过产品的电子标签，把在运输途中的信息反馈给系统的控制中心，控制中心根据反馈的信息进行智能处理，及时控制调节制冷设备，可以保证运输过程中产品的质量。

由于销售点分散、销售量小、销售次数多、销售过程复杂多变，同样的商品在同时间可能面临不同的温度。通过物联网的电子标签，可以清楚地知道具体情况，根据冷链物流的控制中心，控制其制冷设备。销售人员根据数据的提示，快捷地找到相应生产日期的产品，确保先生产先消费，避免产品超过了保质期还未出售的情况。

在冷链物流中利用物联网技术，给企业带来了很多的好处，保证产品的安全和质量，提高生产效率和顾客满意度，降低生产成本，划分冷链上相关的责任。同时，也便于政府部门对冷链产品监测。

冷链物流大多以生产端结合市场的情况进行生产和配送，由于信息获取的不及时、准确性低以及高成本，生产和配送无法达到最优化，在生产和消费之间易积累大量的库存造成生产厂家的资金积压，影响其资金的流动周期。因此，在冷链物流中运用物联网技术，能够以较低的成本控制从生产到销售以及到用户的全部信息，在销售端也能够迅速地把销售的情况反馈给生产厂家。生产厂家获得了信息后，能够根据市场的具体变化来安排生产，在减少库存的同时也减少了企业生产风险。从生产到销售全过程变得更加智能化、更加可控，必定是未来冷链物流的发展方向。

复习思考题

1. 简述园艺产品运输流通的基本原则及其运输方式。
2. 简述低温运输技术。
3. 什么是冷链系统？简述冷链系统的分类。

第七章

果品贮藏

内容提要

本章主要介绍了仁果、柑橘、浆果类、核果类等主要果品贮藏保鲜技术，对各种果品从其品种及其贮藏特性、采收及采后处理、贮藏条件、贮藏方式及贮藏病害等方面进行了全面、详尽的阐述。

学习目标

掌握主要果品的贮藏特性、贮藏方式及贮藏技术要点；了解主要果品品种的采后损耗原因及其防治方法；能够制定果品贮藏运输的技术方案。

重要概念及名词

苹果、梨、柑橘、香蕉、桃、李、猕猴桃、葡萄。

第一节　仁果类水果的贮藏

一、苹果贮藏

苹果（*Malus pumila* Mill.）是我国北方栽培的重要落叶果树，栽培历史悠久，分布范围广泛，其面积和产量占我国果品生产的第一位。苹果品种多，耐贮性好，是周年供应市场的主要果品。

（一）品种及其贮藏特性

品种是决定贮藏品质的首要内在因素，不同品种的苹果，耐贮性差异很大。一般地，晚熟品种的耐贮性最好，中熟品种的耐贮性次之，早熟品种的耐贮性最差。早熟品种，如黄魁、早生旭、早金冠、伏锦、丹顶、祝光等，成熟期在6~7月，采收期早，生育期短，果肉组织不够致密，肉质松散，味淡，一般不耐贮藏，采后随即供应市场和作短期贮藏。中熟品种，如红玉、金冠、元帅、红冠、红星、倭锦、鸡冠、新嘎拉、乔纳金、北斗等，成熟期在8~9月，生育期适中，比较耐贮藏，但条件不当时，贮藏后果肉易发绵。晚熟品种，如国光、青香蕉、印度、醇露、可口香、富士等品种，成熟期10~11月，生育期长，组织紧实，果肉硬脆，糖分含量高，耐贮性好，可贮藏到次年6~7月。我国选育的苹果如秦冠、向阳红、胜利、青冠、葵花、双秋、红国光、香国光、丹霞、宁冠等都属于质优耐贮品种。

（二）苹果的采收期

苹果属于呼吸跃变型果实。适时采收，关系到果实的质量与贮藏寿命。一般以果实充分发育、表现出品种应有的商品性状时采收为宜，即在呼吸跃变高峰之前进行采收较耐贮藏。采收过晚，贮藏中腐烂率明显增加；采收过早，其外观色泽、风味都不够好，且不耐贮藏。贮藏时间越长，对采收成熟度的要求越严格。苹果早熟品种一般在盛花期后100d左右采收，中熟品种100~140d，晚熟品种140~175d。还可根据果肉硬度来确定采收期。例如，元帅采收适期的硬度一般为78.45N/cm²，国光为93.16N/cm²。在美国，利用碘-碘化钾溶液的染色反应来确定红星等品种的适宜采收期。

为了保证果实品质，提高贮藏质量，苹果的采收应分批采摘。采摘最好选择晴天，一般在上午10时前或下午4时后采摘。采摘时要防止一切机械损伤，勿使果梗脱落和折断。采收后要及时预冷，以除去果实的田间热。

（三）贮藏条件

1. 温度

对于多数苹果品种，贮藏适温为-1~0℃。气调贮藏的适温比一般冷藏高0.5~1℃。温度越低，其贮藏寿命越长，如苹果贮藏在-1℃比0℃的贮藏寿命约延长25%，比在4~5℃约延长1倍。低温贮藏还可抑制虎皮病、红玉斑点病、苦痘病、衰老褐变病等的发展。贮藏温度过低，引起冻结，也会降低果实硬度和缩短贮藏寿命。红玉、旭在-1~0℃贮藏会引起生理失调、产生低温伤害、缩短贮藏寿命，这些品种适宜贮藏在2~4℃。

同一苹果品种在不同地区和不同年份生产的果实，对低温伤害的敏感性也不同，其贮藏适温有所差异。例如，秋花皮苹果在夏季凉爽和秋季冷凉的年份生长的果实，会发生严重虎皮病，在-2℃贮藏较好；而在夏季炎热和秋季温暖的年份生长的果实，易因低温而发生果肉褐变，2~4℃贮藏较好。有的苹果品种会发生生理病害，应以当地最易发生的病害为主要依据，采用适宜的贮藏温度。又如，元帅苹果虎皮病发病率因贮藏温度不同而异，贮藏温度为4℃、2℃、0℃和-2℃的病果率分别为82%、74%、25%、18%，因此元帅的贮藏适温以-2~0℃为宜。有时低温伤害也可用逐渐降温的方法防治，如澳大利亚生产的红玉易发生低温褐变，采收后先在2℃贮藏1个月，之后再逐渐降至0℃，发病减少。意大利的金冠先在3℃贮藏至大部分果实开始变黄时，再降至1~1.5℃，贮藏寿命最长。

2. 相对湿度

苹果贮藏的适宜相对湿度为85%~95%。在较高的相对湿度下，果实水分蒸发会大大降低，从而减轻自然损耗，保持新鲜饱满状态。若失水达5%~7%，果皮会皱缩并影响外观。贮藏相对湿度大时，还可降低褐心病的发病率。据报道，当橘苹苹果失重4.4%时，褐心病发病率为4%；失重8.8%时，褐心病发病率为20%。但相对湿度大又可增加低温伤害和衰老褐变，当相对湿度自87%增至93%，会增加橘苹苹果的低温褐变病；相对湿度超过90%时，加重红玉和橘苹苹果衰老、褐变的发展。在利用自然低温贮藏苹果时，也常发现相对湿度大的窖和塑料薄膜袋中存在更多的裂果。此外，相对湿度大可加重微生物引起的病害，增加果品腐烂损失。贮藏环境相对湿度的控制与贮藏温度有密切关系，贮藏温度较高时，相对湿度可稍低些，否则高温高湿易造成微生物引起的腐烂；贮藏温度适宜，相对湿度可稍高。

3. 气体成分

适当地调节贮藏环境的气体成分，可延长苹果的贮藏寿命，保持其鲜度和品质。一般认为，当贮藏温度为0~2℃时，O_2含量为2%~4%，CO_2含量为3%~5%比较适宜。但必须强调的是，不同品种、不同产地和不同贮藏条件下的气调条件，必须通过试验和生产实践来确定，盲目照搬必然会给贮藏生产造成损失。

（四）贮藏方式

苹果的贮藏方式多种多样，我国各苹果产区因地制宜利用当地的自然条件，创造了各种贮藏方式，如简易贮藏、冷藏、气调贮藏等，可根据贮藏目的选用不同的贮藏方式。短期贮藏可采用沟藏、窑窖贮藏、通风库贮藏等常温贮藏方式，但入贮前必须经过预冷。对于长期贮藏尤其是外贸出口的苹果，应采用冷藏或者气调贮藏。

1. 机械冷库贮藏

苹果冷藏的适宜温度因品种而异，大多数晚熟品种以-1~0℃为宜，空气相对湿度为90%~95%。苹果采收后，应尽快预冷到0℃左右，且在采收后1~2d放入冷库，入库后3~5d冷却到-1~0℃。

2. 气调贮藏

苹果适于气调贮藏。对于不宜采用普通冷藏温度，要求较高贮温的品种，如旭、红玉等，为了避免贮温高促使果实成熟和微生物活动，应用气调贮藏是一种有效的补救方法。我国各地采用不同形式的气调法贮藏元帅、金冠、国光、秦冠、红富士等苹果品种，都有延长贮藏期的效果。气调贮藏的苹果颜色好、硬度大、贮藏期长，且可减轻红玉斑点病、虎皮病、衰老褐变病等病害，还可以减轻微生物引起的腐烂病害和失水萎蔫。气调贮藏的苹果移到空气中时，呼吸作用仍较低，可保持气调贮藏的后效，因而变质缓慢。常用的气调贮藏方式有塑料薄膜袋、塑料薄膜帐和气调库贮藏。

（1）塑料薄膜袋贮藏 苹果采后就地预冷、分级后，在果箱或筐中衬以塑料薄膜袋，装入苹果，扎紧袋口，每袋构成一个密封的贮藏单位。目前应用的是聚乙烯或无毒聚氯乙烯薄膜，厚度多为0.04~0.06mm。薄膜袋包装贮藏，一般初期CO_2浓度较高，之后逐渐降低，这对苹果贮藏是有利的。冷藏条件下袋内的CO_2和O_2浓度较稳定，在贮藏初期的2周内，CO_2即达最高浓度，之后维持在一定的水平。对多数品种而言，在贮藏中控制O_2的下限含量2%，CO_2的上限含量7%较为安全，但富士苹果的CO_2含量应不高于2%。利用薄膜袋包装造成的气调贮藏环境，可有效地延缓苹果后熟过程。上海某公司利用薄膜包装运输苹果，获得很好的效果。例如，用薄膜包装运输红星苹果，经8d由产地烟台运至上海时的硬度为70.61N/cm^2，冷藏6个月后硬度为54.92N/cm^2，而对照组分别为45.11N/cm^{2}和30.4N/cm^2。

（2）塑料薄膜帐贮藏　在冷藏库、土窑洞和通风库内，用塑料薄膜帐将果垛封闭起来进行贮藏。薄膜大帐一般选用0.1~0.2mm厚的高压聚氯乙烯薄膜，黏合成长方形的罩子，可以贮藏数百到数千千克。帐封好后，按苹果要求的O_2和CO_2水平，采用快速降氧或自然降氧方法进行调节。近年来，国内外都在广泛应用硅橡胶薄膜扩散窗，将其按一定面积黏合在聚乙烯或聚氯乙烯塑料薄膜帐或袋上，自发调整苹果气调帐（或袋）内的气体成分，使用和管理都较方便。硅窗的面积是根据贮藏量和要求的气体比例，经过实验和计算确定。例如，贮藏1t金冠苹果，为使O_2维持在2%~3%，CO_2在3%~5%，在约5℃下，扩散窗面积0.6mm×0.6mm较为适宜。

塑料大帐因帐内湿度高而经常在帐壁上出现凝水现象，凝水滴落在果实上易引起腐烂病害。凝水产生的原因很多，其中果实罩帐前散热降温不彻底，贮藏中环境温度波动过大是主要原因。因此，减少帐内凝水的关键是果实罩帐前要充分冷却和保持库内稳定的低温。

（3）气调库贮藏　对于大多数品种而言，控制O_2含量为2%~5%，CO_2含量为3%~5%较适宜。不同苹果品种对CO_2耐受程度不同，对CO_2敏感的品种一般不超过2%~3%，大多数品种能耐受5%，还有一些品种，如金冠在8%~10%也无伤害。富士系苹果对CO_2比较敏感，目前认为该品系贮藏的气体成分为2%~3% O_2和2%以下CO_2。苹果气调贮藏的温度可比一般冷藏温度提高0.5~1℃。对CO_2敏感的品种，贮温还可再高些，因为提高温度既可减轻CO_2伤害，又对减轻易受低温伤害的品种冷害有利。

二、梨贮藏

梨（*Pyrus*）较耐贮藏，其贮藏特性与苹果相似，是我国大批量长期贮藏的重要果品。

（一）种类、品种及其贮藏特性

我国栽培梨的种类及其品种很多，其中作为经济作物栽培的有白梨、秋子梨、砂梨和西洋梨四大系统，白梨、秋子梨和砂梨属于中国梨，各系统及其品种的商品性状和耐贮性有很大差异。

1. 白梨系统

白梨传统主要分布在华北和西北地区。果实多为近卵形或近球形，果柄长，多数品种的萼片脱落，果皮黄绿色，皮上果点细密，肉质脆嫩，汁多渣少，采后即可食用。白梨系统的大部分梨品种，如库尔勒香梨、鸭梨、雪花梨、酥梨、长把梨、秋白梨等均具有果肉脆嫩多汁、商品性状好、耐贮运的特点，是当前主要贮藏品种，其中许多品种在常温库可贮藏4~5个月，在冷库可贮藏6~8个月。白梨系统的蜜梨、笨梨、安梨、红霄梨极耐贮藏，而且经过贮藏后采收时酸涩粗糙的品质得以改善。

2. 秋子梨系统

秋子梨系统主要分布在东北地区。果实近球形或扁圆形，果柄粗短，果皮黄色，果肉石细胞多，肉质硬，味酸涩，采后经过后熟方可食用。其中品质好的品种有京白梨和南果梨，其次为秋子梨、鸭广梨、香水梨、花盖梨、尖把梨等。此系统的大多数品种品质差，不耐贮，因而生产中很少进行长期贮藏。

3. 砂梨系统

砂梨系统主要分布在淮河流域和长江流域以南各省区。果实多为近球形或扁圆形，果柄较长,萼片脱落,果皮为浅褐、浅黄或褐色,果肉乳白色,脆嫩多汁,石细胞较少,甜酸适口,采后即可食用。主要品种有早三花、苍溪梨、晚三吉、菊水等。此系统各品种的耐贮性较差,其耐贮性不及白梨,采后立即上市销售或者只进行短期贮藏。其中晚三吉梨、今村秋梨等耐贮。

4. 西洋梨系统

西洋梨系统原产欧洲,引入我国栽培的品种很少。果实多呈葫芦形,果柄长而粗,果皮黄色或黄绿色,果皮细密,果肉质细多汁,石细胞少,香气浓郁,采后需经后熟软化方可食用。主要品种有巴梨(香蕉梨)、康德、茄梨、日面红、三季梨、考密斯等。该系统的品种一般具有品质好、但不耐贮藏的特点,因而通常采后就上市销售,购买者在后熟过程中逐渐消费,也可在低温下进行短期贮藏,待果实后熟至接近食用但肉质尚硬时上市。

根据果实成熟后的肉质硬度,可将梨分为硬肉梨和软肉梨两大类,白梨和砂梨系统属硬肉梨,秋子梨和西洋梨系统属软肉梨。一般来讲,硬肉梨较软肉梨耐贮藏,但对 CO_2 的敏感性强,气调贮藏时易发生 CO_2 伤害。国内外研究公认,西洋梨是典型的呼吸跃变型果实,随着呼吸跃变的启动,果实逐渐成熟软化。国内有关鸭梨、酥梨等品种采后生理特性的研究表明,白梨系统也具有呼吸跃变,但其呼吸跃变特征(如乙烯发生、呼吸跃变趋势)不似西洋梨、苹果、香蕉、猕猴桃典型,其内源乙烯发生量很少,果实后熟变化不明显。

(二)梨的采收期

采收期对梨的贮藏效果影响很大,采收过早或者过晚的梨均不耐贮藏。采收过早,果肉中的石细胞多,风味淡,品质差,贮藏中易失水皱缩,贮藏后期易发生果皮褐变;采收过晚,秋子梨和西洋梨系统的品种采后会很快软化,不但不宜贮藏,甚至长途运输都很困难,常因软化变质而造成极大损失。白梨和砂梨系统的品种采收过晚,虽然肉质不会明显软化,但果肉脆度明显下降,贮藏中、后期易出现空腔,甚至果心败坏,且对 CO_2 的敏感性增强。

适宜采收期可根据品种特性和贮藏期长短而定。对于白梨和砂梨系统的品种,当果面呈现本品种固有色泽,肉质由硬变脆,种子变为褐色,果梗从果台容易脱落时即可采收。如果面绿色的梨,当果面绿色渐减,呈绿色或绿黄色,具固有芳香,果梗易脱离果苔,种子变为褐色,即为适度成熟的象征;当果面铜绿色或绿褐色的底色上呈现黄色和黄褐色,果梗易脱离果苔时,即显示成熟;如果呈浓黄色或半透明黄色,则为过熟的象征。对于西洋梨和秋子梨系统的品种,由于有明显的后熟变化,故可适当早采,即已具本品种应有的形状、大小,果面绿色开始褪色呈绿黄,种子尚未变褐,果梗从果台容易脱落时采收为宜。采收既要做到适时,又要力求减少伤害。由于梨果皮的结构松脆,在采收及其他各个环节中,易遭受碰、压、刺等伤害,对此应予以重视。

(三)贮藏条件

1. 温度

一般认为略高于冰点温度是果实的理想贮藏温度。梨的冰点温度是-2.1℃,但是中国梨是脆肉品种,贮藏期间不宜冻结,否则解冻后果肉脆度很快下降,导致风味、品质劣变。大多数品种贮藏的适宜温度为(0±1)℃,气调贮藏可稍高些。西洋梨系统的大多数品种适宜的贮藏温度为-1~0℃,只有在-1℃才能明显地抑制后熟,延长贮藏寿命。有些品种,如鸭梨等,对低温比较敏感,采收后立即在0℃下贮藏易发生冷害,果实易发生黑心病,对此可采用缓慢降温或分段降温,减轻黑心病发生。

2. 相对湿度

冷藏条件下,贮藏梨的适宜相对湿度为90%~95%。大多数梨品种果皮薄,表面蜡质少,且皮孔非常发达,在贮藏中易失水而造成萎蔫和失重,在较高相对湿度下,可以减少蒸散失水和保持新鲜品质。常温库由于温度偏高,为了减少腐烂,空气相对湿度可低些,保持在85%~90%为宜。大多数梨品种由于本身的组织学特性,在贮藏中易失水而造成萎蔫和失重,在较高相对湿度下,可以减少蒸散失水和保持新鲜品质。

3. 气体成分

低O_2(3%~5%)几乎对所有品种都有抑制成熟衰老的作用。大量研究表明,除洋梨外,绝大多数梨品种不如苹果那样适于气调贮藏,大多数品种对CO_2比较敏感,只有少数品种如巴梨、秋白梨、库尔勒香梨等可在较高CO_2(2%~5%)贮藏。品种间对CO_2的适应性差异甚大,如鸭梨,当环境中CO_2含量高于1%时,就会对果实造成伤害。因此,贮藏时应根据梨的品种特性,制定适宜的贮藏技术。

(四)贮藏方式

用于苹果贮藏的沟藏、窖窖贮藏、通风库贮藏、机械冷库贮藏等方式均适用于梨贮藏。各贮藏方式的管理也与苹果基本相同,故实践中可以参照苹果的贮藏方式与管理进行。在西北地区贮藏条件好的窖窖,晚熟梨可贮藏4~5个月。拟中、长期贮藏的梨,则应采用机械冷库贮藏,这是我国当前贮藏梨的主要方式。鉴于目前我国主产的鸭梨、酥梨、雪花梨等品种对CO_2比较敏感,所以塑料薄膜密闭贮藏和气调库贮藏在梨贮藏上的应用不多。如果生产上要采用气调贮藏方式,应该有脱除CO_2的有效手段。

需要强调的是,鸭梨、酥梨、京白梨等品种对低温比较敏感,采后如果立即入0℃库贮藏,果实易发生黑皮、黑心的生理病变,或者二者兼而发生。根据目前的研究结果,采用缓慢降温法,可减轻或避免上述病害的发生。即果实入库后,从13~15℃降到10℃,每天降1℃;从10℃降到6℃,每2~3 d降1℃;从6℃降到0℃,每3~4 d降1℃,在0℃左右贮藏。整个降温过程需经35~40 d。库内相对湿度95%以上,可作长期贮藏。如果采用气调贮藏,因品种间差异较大,必须通过试验和生产实践来确定适宜的气体组合。有些国家和地区多在洋梨上应用气调贮藏。

白梨系统的品种对CO_2比较敏感,易发生果心褐变,故气调贮藏时必须严格控制CO_2小于2%。普通冷库或常温库贮藏期间应定期通风换气,以免库内CO_2和其他气体积累到有害的程度。

梨的贮藏期应适当,过长不仅使果肉组织出现蜂窝状空腔,更严重的是由于表皮细胞膜透性增强,酚类物质氧化而使果皮发生褐变,这种褐变有时在库内发生,有时在上市后很快发生,对销售造成极为不利的影响。

三、山楂贮藏

山楂为蔷薇科植物山楂(*Crataegus Pinnatifida* Bunge)的果实。

山楂营养丰富,几乎含有水果的所有营养成分,特别是有机酸和维生素C的含量较高。山楂酸甜可口,适合生食,又适合加工成山楂食品。山楂有很高的药用价值和保健功效。山楂有助于健脾胃、助消化，排痰平喘，舒张血管，降血压、降血脂，可辅助预防心绞痛、心肌梗塞等疾病，是人们喜爱的果品。

（一）品种及其贮藏特性

山楂作为果树栽培有几十种，我国有十六七种，通常栽培的有云南山楂、北方山楂、湖北山楂三个品系。果肉颜色分为紫肉、红肉、粉肉、青白肉等。一般来讲，紫肉、晚熟、果皮较厚、蜡质较多、肉质致密、多酸少甜、涩味较重、不适宜鲜食的品种较耐贮藏，如辽红、西丰红、甜水、豫北红、泽州红、滦红、燕北红、秋金星、磨盘、朱砂红、面楂、粉口等品种较耐贮藏。山楂的贮藏也与地域、气候等因素有关。一般高纬度较寒冷的北方地区所产的山楂，比产于低纬度较温暖的南方山楂品种（品系）耐贮藏，如辽宁、北京、山东等地产的许多品种远比云南产的山楂品种耐贮。采前灌水或多雨，单一施肥或过多施肥，病虫害较重，果实采后易发病、溃烂。早熟品种不耐贮藏，果肉发绵的山楂也不耐贮藏。

山楂属呼吸跃变型水果，宜在呼吸跃变出现之前及时采收，过迟采收，会在树上出现呼吸高峰。跃变期以后，果实会迅速衰老、变绵，失去商品价值。

山楂果实个小，皮孔较大而密集，在自然条件下极易失水。所以，贮藏山楂的首要措施是保湿防干。

（二）采收及采后处理

1. 采收

要贮藏好山楂，必须适时采收。在山楂果实发育过程中，从果面开始着色到采收前 30~50d 的时间里，果肉迅速增厚，干物质和营养成分累积日益增多。因此，适时采收成为决定山楂产量和质量的关键点。北方地区，山楂一般在 9 月下旬至 10 月下旬相继成熟，适宜的采收期应当是果面80%变为红色，果个长足，果点明显，果面出现果粉或蜡质，果柄出现离层，在呼吸跃变高峰出现前采收。若采收过早，色、香、味等本品种固有特性不足，且在贮藏期间，果实易失水、皱缩及腐烂；采收过晚，果实采后会很快衰老、软化、腐烂。采摘以上午为宜，采用人工采摘，以保证果实质量，减少机械损伤，剔除伤、病、虫及落地果，在阴凉处放置 1~2d，散去田间热，再进行贮藏。晚熟品种较耐藏，在河北，其成熟期一般在 10 月上、中旬。有试验表明，在山楂成熟期，如晚采 1d 平均可增产 1.17%。

2. 预冷

将摘下的山楂放在树下或其他阴凉处，摊放厚度为 20~30cm。白天气温高时应遮盖，防止日晒，晚上温度低时打开通风，散热预冷时间为 2~3d。

3. 药剂防腐处理

对无病虫、无破损的山楂果使用下列方法之一进行防腐处理：①100 倍液保果灵浸果 1min。②2g/L 噻菌灵溶液浸 2min。③30g/L 咪鲜胺 800 倍液浸果 2min。④用 40g/L 氯化钙溶液+30g/L 咪鲜胺 200 倍液浸果 1~2min，浸后晾干。

（三）参考贮藏条件

温度：0~1℃；气体成分：2%~4% O_2，3%~5% CO_2；相对湿度：90%~95%。

（四）贮藏方式

山楂贮藏的关键是做到切实掌握低温、防热、保湿和透气四个原则。贮藏前须对果实进行分级，剔除畸形果、病虫果、机械损伤果后即可准备入贮。

1. 塑料袋小包装贮藏

用 0.04~0.06mm 厚的聚乙烯薄膜制成 100cm×75cm 的袋，衬在果筐或箱中，装入山楂 25kg。装后不扎口，只是相互交叠，留有一定的空隙。若在距袋口 30~50cm 处开直径 0.3~0.35cm 的孔 4~6 个（两侧共 8~12 个孔）则可扎紧口袋。袋内的 O_2 含量较高，达 15%~19%，CO_2 含量为 2%~5%。在贮藏初期（入库后半个月），如库温过高，不要急于扎口，待库温降至 10℃ 以下时方可扎口，以免 CO_2 过多，影响贮藏效果。贮藏过程中要定期检查袋内的气体成分，若出现 O_2 过低或 CO_2 过高时，敞开袋口换气。贮藏的适温为 0℃。用该法贮藏山楂，果实外观鲜艳饱满，果柄鲜绿，风味纯正，常温下贮藏 6~7 个月，好果率高于 90%。

2. 气调贮藏

（1）简易气调贮藏　此法需要温度条件较合适的冷库（窖）。产地一般采用改良式通风库或冷凉库进行。用厚 0.08mm 的聚乙烯薄膜制成硅窗袋，或用 0.03~0.05mm 厚的聚乙烯袋装果。果实预冷后装袋扎口，置冷库（窖）内贮藏。贮藏期间保持果温 -2~0℃，袋内相对湿度 90%~95%。当袋内 O_2 含量低于 2%，或 CO_2 含量高于 5% 时开袋换气。如果在袋内按果重的 1/25 的量放入乙烯吸收剂（吸有饱和高锰酸钾溶液的碎砖块、珍珠土、沸石等）和保鲜剂，贮期可进一步延长。一般情况下，此法可贮半年。

（2）硅窗气调贮藏　山楂是适于气调贮藏的果实。用 0.16mm 厚、80cm×53cm 的聚乙烯袋装 15kg 的山楂，在袋高的 2/3 处用 704 胶将 GE4-0.06 硅橡胶膜镶嵌在袋上。硅窗面积为每 1kg 山楂 1.4cm^2。山楂采后，剔除烂果，用 250g/L 咪鲜胺 1000 倍液浸 1min，晾干，装袋。在温度 7~15℃、相对湿度为 85%~90%，每 3~4 袋山楂码垛贮藏。大帐贮藏时，塑料薄膜厚度为 0.08mm；常温贮藏时，每千克山楂需 3cm^2 的硅窗面积；0.5t 贮量的大帐需硅窗面积 0.15m^2。扣帐后，将帐子底部同底布合在一起，用土压实，贮藏 130d，好果率为 95%。还可用 0.12mm 厚的无毒聚氯乙烯压延膜作气调帐，0.20mm 厚的无毒聚氯乙烯薄膜作袋。

（3）山楂销地气调贮藏　山楂果在认真挑选后，用半地下库贮藏。先预冷 15d 左右（10 月下旬入库），在库温 1.0℃ 以下时进入小帐气调贮藏。在前期 10d 左右，要求 O_2 含量 4%~6%、CO_2 含量 10%~12%；中后期 O_2 含量 8%~10%、CO_2 含量 6%~8%。

（五）贮藏病害及防治措施

1. 山楂褐腐病

（1）发病症状　褐腐病主要危害果实，病果褐腐不变形，腐烂部分有韧性，表面生有半球形绒状灰白色小点，失水后变为干硬僵果。

（2）防治措施

①加强果园管理：及时清除树下和地面的病果、落果、病枝等，集中烧毁或深埋，以减少越冬菌源。

②采前处理：在病害盛发前喷施药剂，在 9 月上旬和下旬喷 2 次 1∶1∶（160~180）倍的波尔多液以及 500~700mg/kg 的苯菌灵、硫菌灵或多菌灵药液。

③选择健果、控制品温：果实在入贮和运输前，一定要仔细挑选，剔除病伤果和虫果。果实品温最好保持在-1~0℃，以控制病害的发生。

2. 山楂青霉病

（1）发病症状　发病山楂果实病斑呈浅褐色湿腐状，表面生青绿色霉层，常聚集成球状。

（2）防治措施

①贮藏场所和容器应彻底消毒灭菌。

②剔除病伤果、避免机械伤：在采收、包装、运输和贮藏等各个环节，都应尽力防止产生机械伤，以减少病菌侵入机会，并严格剔除病伤果。

③采后用杀菌剂处理：仲丁胺用于山楂防腐保鲜有较好的效果。如采用熏蒸法，通常每千克果实用0.2~0.25mL的仲丁胺原液，也可用300倍仲丁胺溶液或1000mg/kg的噻菌灵溶液浸泡果实。

④适温贮藏：贮藏期间应保持-1~0℃低温，以减少青霉菌的生长繁殖。

3. 山楂轮纹病

（1）发病症状　果实发病，病斑褐色，初为圆形，后迅速扩大为不规则形，直至整个果实，病部有特别清晰的同心轮纹，烂果脱落或不脱落。

（2）防治措施

①加强栽培管理：合理肥水，增强树势，以提高植株的抵抗力。发芽前喷布1次5°Bé石硫合剂，杀死附着在树体上的病菌。

②采前药剂处理：从6月上旬开始至9月间，结合防治其他病虫害，喷布3~5次160~200倍波尔多液，保护树体，预防病菌侵入。

③采后防腐和控制贮藏条件：采收后用1000~2500mg/kg噻菌灵浸果，或采用0.2g/L仲丁胺溶液洗果处理，对轮纹病有一定防治效果。

第二节　柑橘贮藏

柑橘（*Citrus reticulata* Blanco）是世界上重要的水果之一，在我国的长江流域及以南地区普遍栽培，其产量和面积仅次于苹果。柑橘的贮藏保鲜在延长柑橘果实的供应期上占有重要地位。

一、种类、品种与贮藏特性

柑橘类包括柠檬、柚、橙、柑、橘五个种类，每个种类又有许多品种。由于不同种类、品种果实的理化性状、生理特性的差异，它们的贮藏性差异很大。一般来讲，柠檬最耐贮藏，其余种类的贮藏性依次为柚类、橙类、柑类和橘类。但是有的品种并不符合这一排列次序，如蕉柑就比脐橙耐贮藏。同种类不同品种的贮藏性差异也很大，如蕉柑比温州蜜柑等柑类品种耐贮藏，柑是橘类较耐贮藏的品种。品种间的贮藏性通常可按成熟期早晚来区分，通常是晚熟品种较耐贮藏，中熟品种次之，早熟品种不耐贮藏。无核品种不如有核品种耐藏。一般来讲，晚熟、果皮致密且油胞含油丰富、囊瓣中糖和酸含量高、果心维管束小等是耐藏品种的共同特征。蕉柑、柑、甜橙、脐橙等是我国目前商业化贮藏的主要品种。在适宜贮藏条件下柠檬可贮

7~8个月，甜橙为6个月，温州蜜柑为3~4个月，而橘仅可贮1~2个月。

柑橘属典型的非跃变型果实，缺乏后熟作用，在成熟中的变化比较缓慢，不软化，这与仁果类、核果类、香蕉有明显不同。柑橘类果实原产于气候温暖的地区，长期的系统发育决定了果实容易遭受低温伤害的特性。橘类和橙类较耐低温，柑类次之，柚类和柠檬适宜在较高温度下贮藏。

二、柑橘采收与贮前处理

（一）适时无损采收

柑橘果实采收成熟度一定要适当，早采与晚采都影响果实产量、质量和耐藏性。通常当果实着色面积达3/4，肉质具有一定弹性，糖酸比达到该品种应有的比例，表现出该品种固有风味时采摘。我国温州蜜柑适宜采收的糖酸比为（10~13）:1，早橘、本地早、橘为（11~16）:1，蕉柑、柑为（12~15）:1。对短期贮藏的锦橙果实，采收指标应为色泽达5级（果皮色泽按统一的比色板级别分7级），固酸比为9:1；若长期贮藏，则应在果面有2/3转黄，色泽达到3级，固酸比为8:1时采收。美国得克萨斯州的甜橙固酸比达（9~10）:1时方可采收。除柠檬外，不宜早采，尤其不能"采青"。据报道，黄色的甜橙比半黄色的甜橙对生理病害有较高的抗性，四川红橘11月下旬比11月中旬采收的枯水率大大降低。

采摘最好根据成熟度分期分批进行，要尽量减少损伤。采收宜在无露的早晨、阴天或傍晚进行。果实成熟度不一致时，应采黄留青，从上到下，由外向内。采果人员必须修指甲、戴手套；采收时要用专门的采果剪，采果剪必须是圆头且刀口锋利、合缝，以利剪断果柄，又不刺伤果皮。通常采用两剪法剪果，第一剪剪下果实，第二剪齐果蒂剪平，以免果蒂刺伤其他果实，并使果蒂平整，萼片完整。装果容器应加衬垫，采收后剔除病虫、畸形和伤果，并进行初步分选。雨、雾、露水未干或中午光照强烈时均不宜采收。

（二）预贮（或称晾果）

对于在贮藏中易发生枯水病的宽皮橘类品种，贮藏前将果实在冷凉、通风的场所放置几日，使果实散失部分水分，轻度萎蔫，俗称"发汗"，对减少枯水病、控制褐斑病有一定效果，同时还有愈伤、预冷和减少果皮遭受机械损伤的作用。晾果宜在冷凉通风的室内或凉棚内进行。有的地方在果实入库后，日夜开窗通风，降温降湿，使果实达到"发汗"的标准。一般宽皮橘以预贮3~5d，失重率3%~5%为宜，甜橙预贮2~3d，失重率为3%~4%为宜。果实经预贮后再转入低温贮藏。

（三）防腐保鲜处理

柑橘在贮藏期间的腐烂主要是真菌病害，大部分属田间侵入的潜伏性病害。除了采前杀菌外，采后进行防腐处理是柑橘贮藏前的必要措施。

目前常用的杀菌剂有噻菌灵、多菌灵、硫菌灵、枯腐净（主要含仲丁胺和2,4-二氯苯氧乙酸）以及克霉灵。生产上常用杀菌剂和2,4-二氯苯氧乙酸（100~250mg/L）混合液处理果实，具有护蒂、防腐、保鲜作用。按有效成分计，杀菌剂使用含量为0.05%~0.1%，2,4-二氯苯氧乙酸含量为0.01%~0.025%，二者混合使用。药物处理应在果实采后3d内进行，以当天处理效果最佳。杀菌剂还可与蜡液或其他被膜剂混用。此外,将包果纸或纸板用联苯的石蜡或矿物油热溶液浸渍,可以防止果实在运输中腐烂。

(四)严格挑选和塑料薄膜单果包装

严格剔除机械损伤、病虫害、脱蒂、干蒂等果实后,按分级标准或不同销售对象进行分级、包装。塑料薄膜单果包装是柑橘贮藏、运输、销售过程中简便易行、行之有效的一种保鲜措施,对减少果实蒸腾失水,保持外观新鲜饱满,控制褐斑病(干疤)均有很好的效果,已在柑橘营销中广泛应用。塑料薄膜袋一般用厚度为 0.015~0.02mm 的红色或白色塑料薄膜制作,规格大小依所装柑橘品种的大小而异。柑橘采收后,经过药剂处理,晾干果面,严格剔除伤病果,即可一袋一果进行包装,袋口用手拧紧或者折口,折口朝下放入包装箱中,防止果实水分蒸散和自发性气调贮藏,薄膜袋内的 O_2 含量为 19%~20%,CO_2 含量为 0.2%~0.8%。近年,已有采用机械塑料包封的方法,即将柑橘果实装入热缩性塑料薄膜袋中(20~40μm 聚乙烯膜),在 150~170℃瞬间加热,薄膜冷却收缩而紧密地包裹在果皮上,包装的效果更好。塑料薄膜单果包对橙类、柚类和柑类的效果明显好于橘类,低温条件下的效果明显好于较高温度。

三、贮藏条件

1. 温度

柑橘贮藏的适宜温度,因种类、品种、栽培条件及成熟度差异较大,生产上确定柑橘的贮藏温度应综合考虑各种因素,经试验后确定。

华南农业大学等对广东主要柑橘品种甜橙、蕉柑和椪柑,采用 1~3℃、4~6℃、7~9℃、10~12℃和常温 5 种贮藏温度进行比较试验,结果表明,甜橙 1~3℃、蕉柑 7~9℃、椪柑 10~12℃贮藏比较适宜,贮藏 4 个月皆无生理失调现象。蕉柑贮温低于 7℃,椪柑低于 10℃易患水肿病。同时对广东产的伏令夏橙和化州橙进行贮藏适温试验,结果表明,这两种橙适宜贮藏在 1~3℃。推荐柠檬的贮藏适温为 12~14℃,如果长时期贮藏在 3~11℃易发生囊瓣褐变。另据报道,同为伏令夏橙,在美国佛罗里达州 3 月成熟采收,采用 0~1℃贮藏温度;但在亚利桑那州,3 月和 6 月采收的贮藏适温分别是 9℃和 6℃。由此可见,同一品种产地或采收期不同,其贮藏适温存在较大差别。因此,生产上确定柑橘的贮藏适温时,除了考虑种类和品种外,还必须考虑到产地、栽培条件、成熟度、贮藏期长短等诸多因素。

2. 相对湿度

不同类柑橘对贮藏环境相对湿度要求不一,大多数柑橘品种贮藏的适宜相对湿度为 80%~90%,甜橙和柚类要求更高的相对湿度,最适相对湿度为 90%~95%。宽皮柑类在高湿环境中易发生枯水病(浮皮),故一般应控制较低的相对湿度,最适相对湿度为 80%~85%。日本贮藏温州蜜柑的研究表明,在温度为 3℃,相对湿度 85%下,烂果率最低;相对湿度低于 80%或高于 90%,烂果率都增高。确定相对湿度时还应考虑环境温度,温度高时相对湿度宜低些,而温度低时相对湿度可相应提高。

3. 气体成分

对柑橘的气调贮藏尚没有统一的观点,一般认为柑橘对 CO_2 很敏感,不适宜气调贮藏,也有人认为适宜高的 CO_2,可减少冷藏中的果皮凹陷病。因此,柑橘是否适于气调贮藏,必须针对各品种进行试验后再下结论。

国内推荐几种柑橘贮藏的气体条件是：甜橙要求 O_2 含量 10%~15%，CO_2 含量<3%；温州蜜柑 O_2 含量 5%~10%，CO_2 含量<1%，如果环境中 O_2 过低或 CO_2 过高，果实会发生缺 O_2 伤害或 CO_2 伤害，果实组织中的乙醇和乙醛含量增加，发生水肿病。如果环境中低 O_2 和高 CO_2 同时并存，就会加重加快果实的生理损伤。

四、贮藏方式

1. 常温贮藏

柑橘常温贮藏是热带亚热带水果长期贮藏成功的例子。其贮藏方式很多，根据各地条件与习惯，地窖、通风库、防空洞甚至比较阴凉的普通民房都可以使用，只要采收和采后严格操作，都可以取得良好效果。

2. 留树贮藏

留树贮藏是在果实成熟以后，继续挂在树上至第二年 2~3 月。挂果期间，应对树体加强综合管理，喷布生长调节剂和增施有机肥。

3. 冷库贮藏

柑橘类果实不耐低温，易产生冷害，故冷库贮藏的温度应依贮藏的种类和品种而定。库内相对湿度也应适当，不可过高或过低，一般保持在 85%~90%。冷库要注意定期换气，以防 CO_2 积累对柑橘类果实产生伤害。

五、贮藏病害及防治措施

1. 生理病害

（1）褐斑病　多数研究认为褐斑病是低温生理失调病害，与贮藏环境相对湿度有关。

防治措施：维持适宜的贮藏温度，保持较高的相对湿度，采用塑料薄膜单果包装等方法，均利于降低褐斑病的发病率。

（2）枯水病　在宽皮桔类柑橘上发生较严重，多在贮藏后期出现。

防治措施：采收前 20d 用 10~20mg/L 赤霉素喷果，或采后用 50mg/L 赤霉素（可与其他非碱性防腐剂混用）浸果；适期采收，将采后果实置于 7~8℃，相对湿度 75%~80% 下，控制失重 3%~4%，均有利于防止枯水病的发生。

（3）水肿病　贮藏温度偏低、通风不良及 CO_2 积累较多均易发生水肿病。

防治措施：根据柑橘的品种特性，保持适宜温度，加强通风，排出过多的 CO_2 和乙烯，使库内 CO_2 含量不超过 1%，均有较好的预防作用。

2. 侵染性病害

柑橘侵染性病害造成的损失常迅速而严重，蒂腐、青绿霉、炭疽病、酸腐和黑腐病等是贮藏期间最常见的病害。

防治措施：①加强柑橘生长季节果实病害的综合防治，定期喷杀菌剂。②减少采收、分级、包装、贮运过程中机械伤产生。③果实采后用杀菌剂结合 2,4-二氯苯氧乙酸处理，是目前控制柑橘真菌性腐烂的最经济有效的方法。

第三节 香蕉贮藏

香蕉 [*Musa acuminata*'(AAA)'] 属热带水果,世界可栽培地区仅限于南北纬 30°以内。在产区香蕉全年都可以开花结果,供应市场。因此,香蕉保鲜问题存在于运销过程而非长期贮藏。

一、品种及其贮藏特性

我国原产的香蕉优良品种高型蕉主要有广东的大种高把、高脚、顿地雷、齐尾,广西高型蕉,台湾、福建和海南的台湾北蕉;中型蕉有广东的大种矮把、矮脚地雷;矮型蕉有广东高州矮香蕉、广西那龙香蕉、福建天宝蕉、云南河口香蕉。近年引进的有澳大利亚主栽品种"威廉斯"。

香蕉是典型的呼吸跃变型果实。跃变开始后,果实呼吸强度在 1~2d 突然上升 3~5 倍,乙烯释放量也同步上升,水分蒸发量几乎成直线增加;随着呼吸高峰的出现,占果实 20%左右的淀粉不断水解,单宁物质发生转化,果实逐步从硬熟到软熟,涩味消失,释放出浓郁香味。果皮由绿逐步转成全黄,当全黄果出现褐色小斑点(俗称梅花斑)时,已属过熟阶段。香蕉呼吸高峰一旦到来,就意味着进入不可逆的衰老阶段,贮藏寿命宣告结束。香蕉保鲜的任务是要尽量延迟呼吸跃变的出现。降低环境温度是延迟呼吸跃变到来的有效措施。

香蕉对乙烯非常敏感,只要环境中存在微量乙烯($1\times10^{-7} \sim 1\times10^{-6}\mathrm{mg/m^3}$),足以引发呼吸高峰,启动香蕉的后熟。故抑制乙烯生成或排出环境中乙烯,延缓果实呼吸跃变到来,是香蕉保鲜的关键。

香蕉对低温十分敏感,12℃是冷害的临界温度。轻度冷害的果实果皮发暗,不能正常成熟,催熟后果皮黄中带绿,表面失去光泽,果肉失去香味。冷害严重的,果皮变黑、变脆,整果容易折断、难于催熟,果肉生硬而无味,极易感染病菌,完全丧失商品价值。冷害是香蕉夏季低温运输或秋冬季北运过程不可忽视的问题。一般认为,11~13℃是广东香蕉的最适贮温,香蕉贮藏最适相对湿度为 85%~95%。许多研究结果表明,高 CO_2 和低 O_2 组合气体可以延迟香蕉的后熟进程,因为在此条件下,乙烯的形成和释放受到了抑制。

二、贮藏技术要点

香蕉贮运流程如图 7-1 所示。

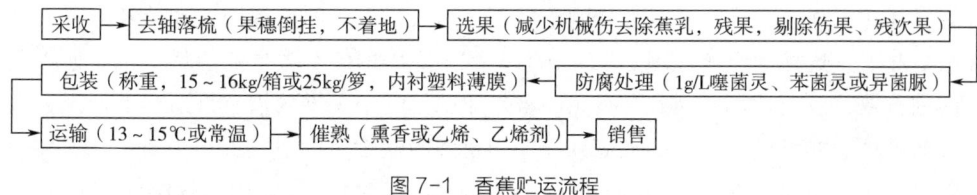

图 7-1 香蕉贮运流程

(一)适时无伤采收

生产上判断香蕉成熟度主要依据棱角的饱满度或断蕾后的天数。在发育初期,果实棱角明显，果面低陷，随着成熟度提升，棱角逐渐变钝，果身渐圆而饱满。当棱角与果身相平时为七成；果身圆满尚见棱角为八成，圆满无棱为九成以上饱满度。也可根据蕉果的生长时间（d）判断成熟度。例如，5~6月断蕾的蕉果需65~80d采收，而7~8月断蕾则需90~100d采收。

用于长途运输的香蕉应在七八成熟采收。销地远时宜饱满度低，销地近宜饱满度高。饱满度低的果实后熟慢，贮藏寿命长。机械损伤是致病菌侵染的主要途径，伤口还刺激果实产生伤呼吸、伤乙烯，促进果实黄熟，更易腐败。另外，香蕉果实对摩擦十分敏感，即使是轻微的擦伤，也会因受伤组织中鞣质的氧化或其他酚类物质暴露于空气中而产生褐变，使果实表面伤痕累累，俗称"大花脸"，严重影响商品外观，这正是目前我国香蕉难以成为高档商品的重要原因之一。因此，香蕉在采收、落梳、去轴、包装等环节应十分注意，避免损伤。在国际进出口市场，用纸盒包装香蕉，大大减少了贮运期间的机械损伤。

采收时需两人合作，一人托果穗，一人砍倒果轴，使果穗直接落到肩上，然后放在衬垫柔软的地方。

（二）采后处理

1. 去轴落梳

蕉轴约占香蕉总重的9%~12%，去轴后可节省包装。去轴落梳时，可将香蕉吊起或竖起，用半弧形落梳刀分割，刀口须平整。也可直接在水池中落梳，以减少机械伤。

2. 防腐保鲜

国内外处理香蕉的杀菌剂有多菌灵、硫菌灵、噻菌灵、苯菌灵、抑霉唑和异菌脲。将整理好的梳蕉放入药液中浸约30s，晾干后进行包装贮运，可有效减少果实病害。

3. 包装

通常采用瓦楞纸箱、木箱或竹箩，内衬0.03~0.05mm薄膜进行包装。国外多用套盖式瓦楞纸箱（10~15kg/箱）包装。可放一定量的乙烯吸收剂，以防蕉果后熟变黄。在袋内加蕉果重0.8%的消石灰（氢氧化钙）吸收过量CO_2，以避免发生CO_2伤害，延长香蕉的绿熟期。

（三）贮运

香蕉适宜贮运温度为11~13℃，相对湿度85%~95%，适当提高环境中的CO_2含量（5%~7%），降低O_2和乙烯含量，均有利于延长香蕉贮运寿命。香蕉气调贮藏适宜的气体比例是CO_2 2%~5%和O_2 2%~5%。

根据香蕉自身生理特性，商业贮藏不宜采用常温贮藏方式。对未熟香蕉果实采用冷藏方式，可降低其呼吸强度，推迟呼吸高峰的出现，从而可延迟后熟过程而达到延长贮藏寿命的目的。多数情况下，选择的温度范围是11~16℃。贮藏库中即使有微量的乙烯，也会使贮藏香蕉在短时间内黄熟，以至败坏。因此，香蕉冷藏作业中另一个关键的措施是适当的通风换气。利用聚乙烯薄膜贮藏亦可延长香蕉的贮藏期，但塑料袋中贮藏时间过长，可能会引起高浓度CO_2伤害，同时乙烯的积累也会产生催熟作用，故一般塑料袋包装都要用乙烯吸收剂和CO_2吸收剂，贮藏效果更好。据报道，广东顺德香蕉采用聚乙烯袋包装（0.05mm，10kg/袋），并装入吸收饱和$KMnO_4$溶液的碎砖块200g，消石灰100g，于11~13℃下贮藏，贮藏30d后，袋内O_2含量为3.8%，CO_2含量为10.5%，果实贮藏寿命显著延长。

三、贮运病害

1. 生理病害

（1）冷害　香蕉贮运过程中遇低温（<11℃）引起的伤害。应严格控制贮运温度，尤其冬季运往北方的蕉果，应特别注意保暖防冻。受低温伤害较轻的果实，应立即催熟、出库销售。

（2）CO_2伤害　香蕉常温贮运时（尤其温度达35~38℃），呼吸作用成倍增长，导致CO_2大量产生，易引起果实伤害。故蕉果采后应立即冷却除去田间热，加强贮运环境的通风。

2. 侵染性病害

（1）蕉轴腐烂　去轴落梳，可从根本上解决轴腐烂问题。也可用1g/L多菌灵或硫菌灵进行防腐处理。

（2）果柄腐烂　减少果柄机械伤是防治果柄腐烂的关键。用1g/L噻菌灵或苯菌灵处理，效果较好。

（3）蕉果炭疽病　蕉果炭疽病大致可分潜伏型和非潜伏型。贮运中，应重点防治香蕉非潜伏型炭疽病。在采后处理中，应尽量减少机械伤的产生；采后用噻菌灵、多菌灵、苯菌灵、抑霉唑、硫菌灵浸洗蕉果，可达较好防治效果。

第四节　荔枝、芒果、龙眼贮藏

荔枝、芒果和龙眼是我国广东、广西、海南、福建和台湾等省（自治区）主栽果树树种，已有2000多年的栽培历史。由于受贮藏保鲜技术水平的限制，产业化经营一直得不到发展。近几年荔枝贮运保鲜技术的研究和应用取得了明显的效益，促进了生产的进一步发展。

一、荔枝贮藏

荔枝（*Litchi chinensis* Sonn.）是热带、亚热带名贵水果，原产于我国华南地区，是驰名中外的美味佳果。世界各地如美国、以色列、南非、澳大利亚、印度等国均已引进栽培，但仍以我国海南、广东、广西、福建、台湾等地栽培最多。其果实色泽红艳，肉质洁白晶莹，汁多味甜，营养丰富，备受消费者喜欢。但荔枝果实成熟季节正值高温、高湿的夏季，采后有"一日而色变，二日而香变，三日而味变，四五日外，色、香、味尽去矣"之说，保鲜难度较大。

（一）品种及其贮藏特性

目前生产上荔枝的品种20余个，我国主栽品种约10个，除名贵品种挂绿外，常见的主栽品种有：早熟品种三月红，中早熟品种白蜡、白糖罂，中熟品种黑叶（乌叶），晚熟种淮枝、桂味、糯米糍等，还有广西淮枝、福建兰竹、台湾黑叶等。不同的品种对贮藏条件的适应性和自身的耐贮运性有较大的差异。一般果皮较厚，果肉较硬，呼吸强度低的品种较耐藏；晚熟品种比早熟及中熟品种耐藏。例如，在1~3℃条件下，槐枝、黑叶、桂味、白蜡子、尚书槐等品种较耐贮运；妃子笑、白糖罂次之；三月红等不耐贮运。另外，品种不同，其抗病性也不同。荔枝上的霜疫霉病比较严重，天气多雨、潮湿年份，可使烂果率为30%~50%。因此，应选择抗病品种进行贮运。

荔枝虽原产亚热带地区，但对低温不太敏感，能忍受较低温度；荔枝虽属非跃变型果实，但呼吸强度比苹果、香蕉、柑橘大 1~4 倍，采收当天，呼吸强度最高，第二天有较明显的下降，之后基本稳定，但呼吸量较高。荔枝外果皮松薄，表面覆盖层多孔，内果皮是一层比较疏松的薄壁组织，极易与果肉分离，这种特殊的结构使荔枝极易失水，果皮发生褐变，甚至崩裂。荔枝果皮富含单宁物质，在 30℃ 下荔枝果实中的蔗糖酶和多酚氧化酶非常活跃，因此果皮极易发生褐变，导致果皮抗病力下降、色香味衰败。所以，抑制失水、防止褐变和腐烂是荔枝贮运保鲜的关键。

（二）贮藏条件

低温能明显降低荔枝果实呼吸强度和乙烯释放率，降低果实褐变率，延长贮藏寿命。荔枝贮运适温为 1~7℃，相对湿度为 90%~95%，生产上采用此法贮期可达 25~35d，商品率 90% 以上。不同品种荔枝贮藏条件有差异。华南农业大学研究认为，在 3~5℃ 下贮藏淮枝、糯米糍、桂味等品种，贮藏寿命可达 30d。相对湿度过低易导致荔枝失水褐变，保持环境相对湿度是荔枝保鲜的关键。可采用塑料薄膜袋包装，每袋装果 0.5~1kg。气调贮藏可抑制多酚氧化酶的活性，对保持荔枝色、香、味具有显著效果。据报道，荔枝适宜气调条件，温度 4℃，3%~5% CO_2，3%~5% O_2，当 CO_2 含量超过 10% 时，易发生生理伤害。

（三）采收及采后管理

1. 适时采收

荔枝的采收期因品种而异，一般可从 5 月初持续到 8 月中旬，其采收时间根据贮藏、运销的条件而定。对于低温贮藏，应在荔枝充分成熟时采收，果皮越红越鲜艳保鲜效果越好。但若低温下采用薄膜包装或成膜物质处理等，则以果面 2/3 着色、带少许青色（约八成熟）采收为宜。立即销售的果实以九成熟采收为好，用于远途运输或贮藏的果实可在八成熟时采收。成熟度的确定依据果实的表面色泽、内果皮的颜色以及果实的含糖量。如八成熟的果实，其果皮基本转红，龟裂纹嫩绿或稍带黄绿色，内果皮仍为白色。荔枝的采收应选择早晚或阴天为好，避免雨天和炎热的中午采果。

2. 预冷

荔枝采收时正值炎热夏季，采下的荔枝果实要进行修枝选果，去掉病虫害果、裂果和伤果，并尽快预冷，降低田间热。预冷的方式有：①水冷，即在水中加入冰块，使水温在 5℃ 左右，将果实在冰水中浸泡 10~15min。②风冷，即将荔枝果实装入塑料箱内，在 2~5℃ 冷库中预冷 5~10h，以降低果实温度。另外，荔枝果实采后入库越快其贮藏效果越好，最好能在 12~24h 完成入库并且实行冷链运销，可抑制果实褐变，减少腐烂和延长销售期。

3. 防腐处理

由于荔枝采后极易褐变发霉，因此，无论采用哪种保鲜法，都需要进行杀菌处理。杀菌后待液面干后包装贮运，一般采用 0.25~0.5kg 小包装好于 15~25kg 的大包装。从采收到入贮在 12~24h 完成最好。

目前用于荔枝的杀菌剂主要有：①中国科学院植物所研制的 LS 保鲜剂 1000mg/L 或北京营养所研制的 GS 生物药剂 100mg/L 喷果或浸果 3~5min。②乙磷铝 1000mg/L+噻菌灵 1000mg/L，在 10℃ 冰水中浸果 10min。③德国产的施保克 1000~2000 倍冰水溶液（<10℃），浸泡 0.5min。

④美国生产的噻菌灵 300~450 倍溶液浸果 1min。⑤法国产的异菌脲 250 倍液浸果 1min，捞取晾干后，用保鲜膜包装低温冷藏，对防治霜疫霉病也非常有效。⑥苯菌灵 50~52℃热水中浸果 2min，可有效防止荔枝贮藏病害的发生。⑦固体保鲜剂（按活性炭、氯酸钠、硫酸亚铁和氧化锌质量比 6∶2∶1∶1 制成 2~3cm 大小的颗粒），使用量为荔枝果质量的 2%~4%，该药除具有杀菌作用以外，还能分解和吸收荔枝贮藏期间放出的有害气体。

4. 防褐变处理

荔枝采后应立即进行护色处理，防止果色褐变。荔枝的防褐剂主要有：①中国科学院植物所研制的荔枝护色剂 LS-1（使用质量浓度为 20g/L）浸果 5min。②20g/L Na_2SO_3+10g/L 柠檬酸+20g/L NaCl 溶液浸果 2min。③用 N-二甲胺琥珀酸（比久）100~1000mg/L 溶液浸果 10min。④用 SO_2 熏蒸后再用稀盐酸溶液浸果 2min。⑤用 SO_2 熏蒸后再用 100g/L 柠檬酸+20g/L NaCl 溶液浸果 2min。以上五种方法都能较好地保持果实颜色。⑥将果实在沸水中热烫 7s，再用 50~100g/L 柠檬酸+20g/L NaCl 溶液浸果 2min，可抑制果皮褐变，达到保持红色的目的。由于荔枝变色与果皮失水有关，采后将果实迅速预冷降温，实行冷链运输和低温贮藏可阻止荔枝褐变。

（四）荔枝贮藏关键技术

（1）选择耐贮品种，适时采收　在果实八成熟，即外果皮大部分转为鲜红色、裂片沟转黄、果肉白色、糖酸比约 70∶1 时采收为宜，采收时应尽量减少机械伤。

（2）聚乙烯薄膜袋包装　低温贮藏荔枝，出冷库几小时后，果皮迅速变褐。用聚乙烯薄膜袋小包装贮藏，是提高荔枝耐藏性的关键措施，可使货架寿命延长 36h。

（3）控制贮温和气体组分　低温自发气调是目前荔枝贮运上应用最普遍且效果较好的方法：果实采收后及时预冷（采后 24h），采用防腐剂（异菌脲 1000mg/kg，噻菌灵 2000mg/kg）处理，再将果实装入 PE 薄膜袋内，放入 2℃冷库，贮藏 25d 后好果率达 95%。

（4）病害防治　荔枝贮运中的主要微生物病害有霜疫霉病、酸腐病、根霉病、炭疽病等 10 种，应将田间防治与采后防腐相结合。加强果园综合管理，采前 10~15d 喷 1~2 次 80% 乙酸铝 300 倍液，采后用 0.5g/L 苯菌灵（50℃）或用 1g/L 乙酸铝+1g/L 噻菌灵或苯菌灵处理，均可达防腐效果。荔枝采后生理病害主要有褐变和气体伤害。褐变主要是由果皮过度失水及机械伤引起，可通过采用薄膜包装，增加相对湿度，减少贮运机械损伤来防治。当贮藏环境中的 CO_2 含量大于 10% 时，易引起 CO_2 伤害，应特别注意包装薄膜厚度的选择。

二、芒果贮藏

芒果为漆树科植物杧果（*Mangifera indica* L.）的果实，核果类，热带地区的一种水果，以果形美观，色美肉甜气味芳香而闻名。因其营养丰富，肉质细腻，风味独特，深受消费者喜爱。芒果除含有蛋白质、脂肪、矿物质等营养物质之外，还含有丰富的维生素，尤其维生素 A 是水果之冠，在国际市场上，是许多国家的出口创汇产品。由于芒果采收期适逢高温季节，一般采后 7~10d 自然黄熟，腐烂迅速不耐贮藏，且由于炭疽病和蒂腐病的潜伏感染，尽管低温可延长贮藏时间，但黄熟过程也会出现病害，因而限制了芒果商品化生产的发展。

（一）品种及其贮藏特性

芒果共有 1000 多个栽培品种，其中主要品种有 200 多个。芒果在我国栽培有 100 多个品种，产区主要分布在海南、广西、广东、云南、福建、贵州和台湾等省（自治区），供应季节可从3月下旬到8月下旬。椰乡香芒（鸡蛋芒）、田阳香芒、吕宋芒、紫花芒、青皮芒、象牙芒、秋芒、台农一号、爱文芒等都是品质优良的主栽品种。不同芒果品种耐藏性差异较大，其中海南吕宋、云南象牙、象牙22号、黄象牙、秋芒、桂香等品种较耐贮藏，泰国芒果不耐贮藏。

芒果属于热带水果，为典型的呼吸跃变型果品，对乙烯敏感，促进呼吸强度的乙烯生成量为 $1.0 \sim 10 \mu L/(kg \cdot h)$，低温贮藏时要尽量保持贮果环境中空气的新鲜，避免通风不良以及乙烯的不利影响，气调贮藏时尽可能使用乙烯吸收剂，排除乙烯对气调贮藏效果的不良作用。在常温下迅速完熟、转黄、衰老腐烂，采后寿命极短。芒果对低温比较敏感，贮藏温度过低（一般在10℃左右）会发生冷害，导致果实不能正常完熟，引起果肉组织崩溃和腐烂；而高温加速其腐烂，密封又易变质出现异味，因此芒果贮藏寿命极短。芒果采后损失率高的另一个重要原因是炭疽病和蒂腐病潜伏侵染，果实采后转黄时迅速发病，使果实的品质和商品率下降，耐贮性较差。

（二）采收及采后处理

芒果一般在绿熟期采收，常温下自然成熟或人工催熟后出售。判断果实采收成熟度的方法有：①当果实已达原品种大小，两肩浑圆，果皮颜色变浅，果实尚硬但果肉开始由白转黄。②一棵树已有自然成熟果实落果或有果蝇和吸果夜蛾危害果实时，即可采收。③切开果实，种壳变硬，果肉微黄或浅黄色，经7~10d后熟果皮不皱缩，便可采收。④可以应用测定果实比重的方法确定采收期。将果实放在水中出现半下沉或基本下沉时为适宜采收成熟度。饱满，果皮由青绿转暗绿或灰绿，有些品种果粉厚或皮孔微裂。⑤按果实发育期天数估算，如吕宋芒从谢花至成熟在菲律宾82~88d，海南三亚85~90d，儋州市90~100d。

用作贮藏的果实宜在晴朗的早晨采摘八成熟果。采收宜在晴天上午9时以后进行，此时露水已干，果柄排胶少。雨天不宜采果以防感病。采收要轻拿轻放，防止有过大的振动和碰撞。采收时应用果剪逐个剪下，并留1~2cm的果柄，采后用清水洗涤以除去果梗切口中流出的黏液，可防止果柄伤口处流胶污染果面。凡被胶液污染的果实，应该及时用洗涤剂清洗，不然果实上有胶液流过的地方很快变黑腐烂，影响果实的外观品质和贮藏寿命。采后果实应放在荫蔽的地方，不能堆放在泥地或水泥地板上，也不能用麻袋装果，应用筐盛，同时筐内用软物垫筐底，以防伤果。采后的果实应及时运往包装处理场所。造成芒果冷害的临界温度为6~10℃，依品种不同而异。

果实采后用清水洗涤后，再用2,4-二氯苯氧乙酸（2,4-D），GA_3 和 NAA 处理可不同程度地延缓芒果后熟，乙烯利、ABA 处理可起催熟作用。GA_3 能延缓酸度降低速度，对保持果实风味有益。用几丁质衍生物水溶液浸果，能有效地抑制呼吸强度的上升和果实硬度的下降，保持芒果组织结构的完整性，同时可有效地阻止维生素C减少和SOD活力下降。为防止炭疽病、蒂腐病的发生，可用1%乙酸溶液洗果或用52℃热水浸果10min，或用52℃，500mg/L苯菌灵或噻菌灵热溶液浸果效果更佳，对炭疽病防效率达95%以上；也可用1000mg/L苯菌灵或噻菌灵浸果。浸果后捞出，摊开晾干，再选果包装贮藏。

（三）贮藏条件

适当的低温能延长芒果的贮藏寿命，但温度不能过低，贮藏青熟果如低于8℃果皮会出现皱缩，在常温下再难催熟，果味酸、无香味、品质差。最低安全温度（冷害临界温度）约为10℃；冻结温度为0~0.94℃；冷藏条件一般为温度10~12℃，相对湿度为85%~90%。

芒果的适宜后熟温度为21~24℃，高于或低于这个范围均难得到品质良好的芒果。温度超过这个范围会使后熟的果实风味不正常；而温度低于15.6℃，虽可使果实有良好的着色，但果肉有酸味，需再放到21~24℃成熟2~3d，使其甜味增加，改善品质。

（四）芒果的贮运

据报道，贮藏青熟果以9~13℃，相对湿度85%~90%为宜。各品种对低温的承受力不同，吕宋芒7~10℃经15d会受冻害，泰国白花芒在10℃ 20d会受冻害。常温下贮藏的果实容易失水，贮藏寿命一般为10~17d。

一般贮藏方法是果实在采后经清洗、防腐处理后15h内入冷库用强制冷风将品温降至13℃（不同品种耐低温性有不同，但不能低于10℃），并在冷藏库内，保持13℃和相对湿度85%~90%，可以明显推迟后熟过程，保鲜20d左右。出库时果实在常温下放置1~2d以改善果实色泽和风味。

将采后处理的果实，在13℃和相对湿度85%~90%条件下，用0.03~0.04mm厚的聚氯乙烯薄膜袋包装。控制5% O_2 和5%~8% CO_2 的气体指标，进行气调冷藏，可以进一步将贮藏保鲜期延长到30d左右。

芒果用250Gy辐射照射，可抑制后熟时多酚氧化酶的活化和果胶分解酶的活性，使成熟期延迟16d。菲律宾和印度的芒果出口都采用辐射杀虫。芒果用600Gy辐射照射，对维生素C和胡萝卜素没有明显的破坏，如在低温、低氧下进行辐射处理，可以更多地保留营养成分。

芒果经过辐射处理在13℃贮藏比对照组延迟40d成熟，在20℃贮藏延迟10d成熟。射线辐射设备须配有辐射源（如钴-60）、辐射源贮存设备（贮源水井）、辐射源驱动设备、物品的自动运送设备及具有防护屏蔽的照射室等。

芒果可在20~22℃自然催熟，也可100mg/kg的乙烯利浸1~2min，进行人工催熟。

芒果运输时要注意产品的包装，果实蜡浸后用聚乙烯薄膜单果包装，置于重量不超过10kg的包装箱中进行贮运，每箱装两层芒果，包装箱要坚固透气，果实之间用隔板隔开，保护产品。芒果的运输温度为10~13℃，上市前为了提高芒果的品质，使成熟度一致，可进行催熟，催熟温度为22℃。果实移到常温后须及时去除聚乙烯袋，防止产生过量的 CO_2，引起变味变质。对易感炭疽病的品种，贮藏前，应用500~1000mg/L苯菌灵热水［(52±2)℃］浸果，可减少病害。

芒果也可进行减压贮藏。芒果在温度13℃、相对湿度98%~100%和10~20kPa压力下贮藏3周可延缓果肉软化，减少腐烂且无萎缩现象。减压处理对芒果的运输和鲜售也有益处。

（五）贮藏病害及防治措施

1. 生理病害

芒果对低温敏感，不适当的低温极易引起冷害。受冷害的果实不能正常黄熟，果皮出现灰黑色污斑，后熟不均匀，风味不良。造成冷害的临界低温，因品种不同而异，高的可达10℃，低至6℃。

2. 微生物病害

对芒果生产造成威胁的病害主要是炭疽病和蒂腐病,二者均属田间侵入的潜伏性真菌病害。病原菌在采后成熟过程中发病,果皮和果蒂出现黑色斑块,引起果实腐烂。因此必须采取洗果、防腐措施。采后 8h 内用清水或者加入少许洗洁净洗果,然后用清水漂洗,待干后,用 52~54℃ 热水浸泡 8~10min,用 1000mg/L 异菌脲、苯菌灵等杀菌剂浸果,以控制炭疽病的发生。用 100mg/L 赤霉素溶液浸泡 10min,可通过延缓果实后熟来控制早先潜入的炭疽病原菌的发展。有试验表明,芒果经 100mg/L 赤霉素处理,可延迟成熟 12d 左右。

用 54℃ 热水热烫 10min,然后用 1000mg/L 异菌脲和 100mg/L 赤霉素溶液处理的办法,其防腐效果较好,用 1000mg/L 噻菌灵溶液加热到 54℃ 浸泡 10min,也有明显效果。然后在室内摊放一昼夜,使其"发汗",再用湿布擦净果面,分级包装。

3. 生物性病害

芒果采后主要害虫是芒果实蝇和芒果种子象虫。可用 20mL/kg 的二溴乙烯在 20℃ 左右,密闭熏蒸 2h。

三、龙眼贮藏

龙眼（*Dimocarpus longan* Lout.）,也称桂圆,为无患子科热带亚热带水果,原产于我国南部、缅甸及印度等地区,我国栽培面积及品种数量均为世界之冠,主要分布在广东、广西、福建及四川等地。龙眼果实成熟期在 8~9 月,采后代谢旺盛,鲜果易腐变质、不耐贮藏,使得龙眼鲜果销售受到很大限制。近年来,国内外对龙眼贮运保鲜技术进行了大量的试验研究,使贮运保鲜期可达 20~50d。

（一）品种及其贮藏特性

龙眼有 300 多个品种,其中福眼、石硖、车壁、柴螺、扁匣臻等品种为耐贮藏的优良品种。研究报道,石硖龙眼在 1~4℃ 贮藏,未出现冷害,30d 后才开始发生褐变,贮藏中乙烯释放量一直保持低水平,未出现高峰;对福建一些龙眼品种试验的结果显示：泉州本耐贮性最强,3~4℃ 下可贮 35d,好果率为 100%；水涨最不耐贮,好果率仅为 81.8%。一般高糖、厚壳的品种较耐贮,而低糖、薄壳品种耐贮性较差。

（二）采收及采后处理

1. 采收

贮运龙眼宜在九成熟采收,标准是果皮由厚且粗糙转为薄而光滑,果肉由坚硬开始转为柔韧,种子充分硬化,由白色变为黑褐色。

2. 预冷

采后龙眼果实带有大量田间热,如不迅速预冷并入库,易加快果实腐烂。预冷的适宜温度为 8~10℃。预冷方式可在防腐处理浸药时用冰水或冷却水配药,或在药物处理后进入预冷间进行选果包装,也可在冷库中先分开散热,待温度接近贮温时再码垛。

3. 护色处理

护色可与洗果相结合。常用的方法有：①5g/L 柠檬酸+0.3g/L 维生素 C 溶液,或 10g/L 柠檬酸溶液浸果 2min。②20g/L 亚硫酸钠+10g/L 柠檬酸+20g/L 食盐水溶液浸果 2min。

4. 防腐处理

（1）噻菌灵或异菌脲浸果　用300~400倍噻菌灵（3~6℃冰水稀释），或用250倍异菌脲浸果1min，也可用1g/L噻菌灵和异菌脲混合后，加入0.2g/L GA_3，浸果1min，然后捞出晾干，用透气性包装膜包装后，装进加冰块的聚苯乙烯泡沫箱内，箱外用聚烃烯树脂特种复合包装袋包装，更利于远程运输。

（2）气体熏蒸　每千克龙眼用0.1mL克霉灵与果实一起密封在塑料袋中，或每千克龙眼用0.15mL仲丁胺与果实密封在厚0.04~0.06mm聚乙烯袋中24h，开袋放气后再冷藏贮运；也可用SO_2保鲜片熏蒸。

（3）中草药涂布保鲜纸　用保鲜纸包装龙眼再配以低温（3~6℃，相对湿度70%~90%），贮藏1个月，好果率达95%。保鲜纸的制法：取百部350g、虎杖300g、高良姜500g、甘草100g，粉碎，过60目以上筛，得中草药粉末；另取淀粉200g、高锰酸钾1.2g、硼砂1.5g、氢氧化钠1g、水100mL，加热到90~95℃，持续搅拌20~30min后，冷却即成氧化淀粉液。中草药粉末与氧化淀粉液以1:2的质量比混合，均匀地涂布于普通包装纸上，60~80℃烘干。

（三）贮藏条件

温度为3~5℃，相对湿度为90%~95%。果实入库前应将库温降到3℃左右，品种不同最适温度略有不同，但贮温不能高于8℃或低于0℃。温度过低易使果实产生冷害或冻伤，温度过高则无法控制果实的代谢，会加速果实的衰老变质。贮藏期间冷库温度应避免波动，保持温度的稳定。

气体条件为：4% CO_2、6%~8% O_2。CO_2含量偏高（13%）或偏低（3%）均不利于龙眼贮藏，且有副作用。龙眼可采用常温贮藏、低温贮藏、气调贮藏等方式，一般贮藏期约30d，货架期24~48h，应根据市场需求，灵活掌握贮藏时间，但不应超过最长的贮藏期限，在贮藏期内，要求好果率在90%以上，自然损耗率不超过2%，贮藏后应基本保持果实原有的色泽和风味。

（四）贮藏方法

目前，龙眼商品化贮运采用低温自发气调结合药物防腐处理。有研究报道，夏季高温采收的九成熟福眼龙眼，经保鲜剂洗果，再用双层厚0.025mm乙烯-醋酸乙烯薄膜袋包装，在2~4℃下，贮藏45d，好果率达98.8%；冷藏龙眼出库时，应采取逐渐升温（3~5℃，8h；10℃，8h；室温26℃）出库方式，常温下可保持货架寿命32h；熏硫处理加抗氧剂出库的果实在常温下货架寿命可达78h，商品率达100%。

龙眼的贮运病害类型及防治方法与荔枝基本相同，包括霜疫霉病、炭疽病、酸腐病等，可参考荔枝的防治方法进行防治。

（五）运输要求

龙眼很不耐藏，长途运输最好采用冷链运输。在运输前，果实先进行预冷，降低果温，然后装箱并采用冷藏车运输，冷柜环境应维护在低温状态下，温度变化幅度越小越好。短途运输有冷藏车最好，也可用通风良好的棚车。运输过程要快装快运、轻装轻卸。

福建省农业科学院果树研究所等研究制定的冷链流通工艺最佳流程如图7-2所示。

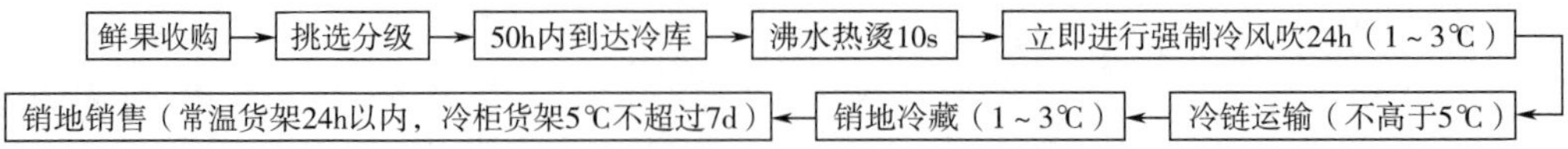

```
鲜果收购 → 挑选分级 → 50h内到达冷库 → 沸水热烫10s → 立即进行强制冷风吹24h（1~3℃）
销地销售（常温货架24h以内，冷柜货架5℃不超过7d） ← 销地冷藏（1~3℃） ← 冷链运输（不高于5℃）
```

图 7-2　龙眼冷链流通工艺流程

采用上述流程，销地出售时，龙眼果皮呈黄褐色，与鲜果原色相近，商品外观好，内果均匀褐变，不出现褐斑点，果实品质风味均佳。大中城市小批果贩、果商，宜有冰柜设施；远销国外和国内东北、西北和华北地区，仍以火车的冷藏车（维持4~6℃）运输效果好、好果率高、效益大。火车的敞（栅）车皮也比汽车运输快、果实受振动与共振影响小，好果率高，运费也较低。

第五节　浆果类水果的贮藏

一、葡萄贮藏

葡萄（*Vitis labrusca* L.）是我国六大水果之一，主要产区在长江流域以北。葡萄晶莹剔透、营养丰富，是特别受消费者喜爱的一种果品。但葡萄柔软多汁，含水分高，采后易干枝、皱皮、掉粒和腐烂。近10多年来葡萄生产发展很快，葡萄贮藏保鲜是各地果农普遍关心的问题。

（一）品种及其贮藏特性

1. 品种

葡萄栽培品种很多，其中大部分为酿酒品种，适合鲜食与贮藏的品种主要有巨峰、黑奥林、龙眼、牛奶、黑罕、玫瑰香、保尔加尔等。近年，我国从美国引种的红地球（又称晚红，商品名为美国红提）、秋红（又称圣诞玫瑰）、秋黑等品种颇受消费者和种植者的关注，是我国目前栽培的所有鲜食品种中经济性状、商品性状和贮藏性状最佳的品种。

用于贮藏的品种必须同时具备商品性状好和耐贮运两大特征。一般晚熟品种耐藏性强于早、中熟品种，深色品种强于浅色品种。晚熟、皮厚、果肉致密、果面富集蜡质、穗轴木质化程度高、果刷粗长、糖酸含量高等是耐贮运品种应具有的性状。龙眼、玫瑰香、红宝石、粉红太妃、意大利、和田红葡萄、河北宣化的李子香、黑龙江的美洲红和红香水等品种耐贮性较好。近年引进的红地球、秋黑、秋红、拉查玫瑰等也有较好的耐贮性，果粒大、抗病性强的黑奥林、夕阳红、巨峰、先锋、京优等耐贮性中等，而无核白、新疆的木纳格等贮运中果皮极易擦伤褐变、果柄断裂、果粒脱落，耐贮性较差。

2. 采后生理特性

葡萄是以整穗体现商品价值，故耐藏性应由浆果、果梗和穗轴的生物学特性共同决定。通常认为整穗葡萄为非跃变型果实，采后呼吸呈下降趋势，成熟期间乙烯释放量少，但在相同温度下穗轴尤其是果梗的呼吸强度比果粒高10倍以上，且出现呼吸高峰，果梗及穗轴中的IAA、GA和ABA的含量水平均明显高于果粒。葡萄果梗、穗轴是采后物质消耗的主要部位，也是生理活跃部位，故葡萄贮藏保鲜的关键在于推迟果梗和穗轴的衰老，控制果梗和穗轴的失水变干及腐烂。

(二)采收及采后处理

1. 采收

采收期应尽可能延迟。充分成熟的葡萄含糖量高,着色好,果皮厚且韧性强,果实表面蜡质充分形成,耐久贮。果实糖分积累在迅速增长以后趋于稳定,可作为葡萄浆果充分成熟的一个判断标准。在北方葡萄主产区,许多品种的果粒含糖量达15%~19%、含酸量达0.6%~0.8%时,即进入成熟期。葡萄采收前7~10d必须停止灌溉,否则贮藏期间会产生大量腐烂。用于贮藏的葡萄,产量应限制在100~133kg/hm²。平均产量过大,果实含糖量低,着色差,不耐贮藏。合理负载是葡萄稳产、优质及提高耐藏性的有效措施。采收前,在葡萄浆果上色始期追施硫酸钾、草木灰或根外追施磷酸二氢钾(0.1%~0.3%),有利于提高果实品质。采收宜在天气晴朗、气温较低的清晨或傍晚进行。采摘时用果剪小心剪下果穗,剔除病粒、破粒、青粒,剪去穗尖成熟度低的果粒。采收后按质分级,分别平放于内衬有包装纸的筐或箱中,包装时果穗间空隙越小越好,然后置于阴凉处或运往冷库。

2. 预冷

葡萄采后带有大量田间热,不经预冷就放入保鲜剂封袋,袋内将出现大量结露使袋底积水。故葡萄装入内衬有0.03~0.05mm厚的聚乙烯袋的箱内后,入库后应敞口,待果温降至0℃,放药剂封口。为实现快速预冷,应在葡萄入贮前1周开机,使库温降至0℃。此外,葡萄入贮时应分批入库,以防库温骤然上升和降温缓慢。

(三)贮藏条件

1. 温度

葡萄的冰点一般在-3℃左右,因果实含糖量不同而有所不同,一般含糖量越高,冰点越低。大多数葡萄品种的适宜贮温为-1~0℃。在极轻微结冰之后,葡萄仍能恢复新鲜状态。

2. 相对湿度

保持适宜相对湿度,是防止葡萄失水、干缩和脱粒的关键。葡萄需要较高的相对湿度,高相对湿度有利于葡萄保水、保绿,但却易引起霉菌滋生,导致果实腐烂。适宜的相对湿度为90%~95%,低湿可抑制霉菌,但易引起果皮皱缩、穗轴和果梗脱水干枯,致使葡萄脱粒。故采用低温、高湿(90%~98%)、结合防腐剂处理,是葡萄贮运保鲜的主要措施。贮藏欧洲种葡萄的相对湿度为92%~95%,而美洲种或欧美杂种葡萄以相对湿度95%~98%为宜,过低易引起干梗。马奶葡萄、新疆的无核白、木纳格宜采用相对湿度80%~85%贮藏。

3. 气体成分

降低环境中O_2含量、提高CO_2含量,对葡萄贮藏有积极效应。葡萄气调贮藏中降O_2含量和提高CO_2含量,可使交链孢霉属、曲霉菌属和青霉菌等真菌受到明显的抑制,果实的呼吸作用及酶活性也受到抑制,贮藏期可延长2个月。目前有关葡萄贮藏的气体指标很多,尤其是CO_2的指标比较悬殊,这可能与品种、产地以及试验方法等有关。一般认为3%~5% O_2、1%~3% CO_2的组合适合于大多数葡萄品种,但在气调贮藏实践中还应慎重行事。

(四)贮藏方式

我国民间贮藏葡萄的方式很多,但由于贮量少、贮藏期短、损失严重,已不适应现代葡萄商品化生产的需要，目前贮藏葡萄的主要方式有冷库贮藏和气调贮藏。

1. 冷库贮藏

葡萄采收后，剔除病粒、小粒并剪除穗尖，立即预冷至5℃以下，随后在库内堆码贮藏；或者控制入库量，直接分批入库贮藏，如容量为50~100t的冷藏间，可在3~5d将库房装满，这样有利于葡萄散热，避免热量在堆垛中蓄积。葡萄装满后要迅速降温，力争在3d内将库温降至0℃，降温速度越快越有利于贮藏。贮藏期间库温宜保持-1~0℃，相对湿度90%~95%。葡萄在冷藏过程中，结合用SO_2处理，贮藏效果会更好。

近年来，微型冷库在葡萄贮藏上取得了巨大成功。具体做法是：选择优质果穗，采收后装入内衬PVC葡萄专用保鲜袋的箱中，在果穗间隙加入葡萄保鲜剂，扎紧袋口，当日运往微型冷库，在（-1±0.5）℃敞口预冷10~12h，扎紧袋口码垛，于-1~0℃冷库贮藏即可。

2. 低温气调贮藏

由于葡萄是非跃变性果实，对其气调贮藏目前有两种认识。例如，美国的葡萄主要采用冷藏，而法国、俄罗斯气调贮藏却比较普遍，我国近年在冷库采用塑料薄膜帐或袋贮藏葡萄获得了成功，这可能与各国的栽培条件、品种特性、贮藏习惯与要求等的差异有关。因此，在商业性大批量气调贮藏葡萄时，应该慎重行事。

葡萄气调贮藏时，在低温高湿环境下（-1~0℃，相对湿度90%~95%），大多数品种的气调指标是3%~5% O_2、1%~3% CO_2。用塑料薄膜袋包装贮藏时，袋子最好用0.03~0.05mm厚的聚乙烯膜制作，每袋装果5kg左右。葡萄装入塑料袋后，最好配合使用果重0.2%的SO_2保鲜片剂，待库温稳定在0℃左右时再封袋口，塑料袋一般是铺设在纸箱或塑料箱中。定期检查果实质量，如发现霉变、裂果腐烂、药害、冻害等情况，应及时处理。

采用塑料帐贮藏时，先将葡萄装箱，按帐子的规格将葡萄堆码成垛，待库温稳定在0℃左右时罩帐密封。定期测定每个帐的O_2和CO_2的含量，并按贮藏要求及时进行调节，使气体指标尽可能接近贮藏要求的范围。气调贮藏时也可用SO_2处理，其用量为一般用量的2/3~3/4。

（五）防腐保鲜

葡萄贮藏中最易产生的问题是腐烂、干枝与脱粒。在贮藏中保持较高相对湿度的同时，采用适当的防腐措施，既可延缓果梗的失水干枯，使之较长时间维持新鲜状态，减少落粒，又可以有效地阻止真菌繁殖，减少腐烂。防腐保鲜处理是葡萄贮运保鲜的关键技术之一。目前国内外使用的葡萄保鲜剂主要有以下几种。

1. 硫处理

SO_2对葡萄常见的真菌病害如灰霉菌有较强的抑制作用，同时还可降低葡萄的呼吸强度。SO_2处理是目前提高葡萄贮藏效果普遍采用的方法，具体做法有以下三种。

（1）SO_2熏蒸　将入冷库后筐装或箱装的葡萄堆码成垛，罩上塑料薄膜帐，以每立方米帐内容积用硫黄2~3g的剂量，使之完全燃烧生成SO_2，熏20~30min，然后揭帐通风。在适当密闭的葡萄冷库中，可以直接用燃烧硫黄生成的SO_2进行熏蒸。为了使硫黄能够充分燃烧，每30份硫黄可拌22份硝石和8份锯末。将药放在陶瓷或搪瓷盆中，盆底放一些炉灰、沙土或药物于其上。每座库内放置3~4个药盆，药盆在库外点燃后迅速放入库中，然后将库房密闭，待硫黄充分燃烧后，熏蒸约30min即可。

（2）亚硫酸盐熏蒸　亚硫酸盐如亚硫酸氢钠、亚硫酸氢钾或焦亚硫酸钠与硅胶混合，使

之缓慢释放 SO_2。将亚硫酸氢盐 2~3 份、硅胶 1 份研碎混合后包成小包，每包 3~5g，按葡萄重量亚硫酸氢盐占 0.3% 左右的比例放入混合物。葡萄箱、筐上面盖 2~3 层纸，将药包均匀放在纸上，然后堆码。

(3) 葡萄专用保鲜剂（片） 如大连化工研究院、天津农产品保鲜研究中心生产的葡萄专用保鲜剂（片），使用十分方便。一般在葡萄入库预冷后，按其说明用量，在药包上用大头针扎 2~3 个针眼，放入内衬 PE 袋的箱中，封口包装。

进行硫处理应注意药剂用量。葡萄成熟度不同，对 SO_2 的耐受力不同。用 SO_2 防腐保鲜剂时，需严格掌握药剂使用浓度，药剂浓度过低，起不到防腐作用，药剂浓度过高，易使葡萄果粒漂白，并对人体产生不利影响。一般以葡萄中 SO_2 的残留量为 10~20mg/g 比较安全。此外，使用熏硫法常出现袋内空气与 SO_2 混合不均匀，局部 SO_2 浓度偏高，使葡萄果皮出现褪色或产生异味。SO_2 溶于水生成 H_2SO_3，易对库内的铁、铝、锌等金属器具设备产生腐蚀，故应在每年葡萄出库后检查清洗。SO_2 对呼吸道和眼睛黏膜有强烈刺激作用，对人体危害较大，工作人员应戴防护面具，注意安全。

2. 仲丁胺处理

研究表明，仲丁胺在宣化牛奶葡萄上保鲜效果较好。每千克果用仲丁胺原液 0.1mL，用脱脂棉或珍珠岩等作载体，将药袋装入开口小瓶或小塑料袋内，装药前需将仲丁胺稀释，否则易引起药害。仲丁胺防腐保鲜剂的缺点是释放速度快，药效期只有 2~3 个月。

二、猕猴桃贮藏

猕猴桃（*Actinidia chinensis* Planch）属浆果。外表粗糙多毛，颜色青褐，但其风味独特，营养丰富，每 100g 鲜果中含维生素 C 100~420mg，是其他水果的几倍至数十倍，以富含维生素 C 而被誉为"水果之王"或"长生果"。

（一）种类、品种及其贮藏特性

猕猴桃种类很多，目前以中华猕猴桃（又称软毛猕猴桃）和美味猕猴桃（又称硬毛猕猴桃）在我国分布最广，经济价值最高，还有毛花猕猴桃和软枣猕猴桃。国内主栽的秦美和海沃德（Hayard）、徐香品种属美味猕猴桃。中华猕猴桃的品种有红阳、魁蜜、庐山香等。各品种的商品性状、成熟期及耐贮性差异甚大，早熟品种 9 月初即可采摘，中、晚熟品种的采摘期在 9 月下旬至 11 月上旬。从耐贮性看，晚熟品种明显优于早、中熟品种，其中秦美、海沃德等是商品性状好、比较耐贮藏的品种，在最佳条件下能贮藏 5~7 个月。晚熟硬毛品种耐贮性较强，而大部分软毛品种耐贮性较差。若作为长期贮藏或远销，应选晚熟品种。

猕猴桃属典型的跃变型浆果，具明显的生理后熟过程。果实采收时肉硬，酸度与淀粉含量较高，乙烯释放量极微。如果不及时处理，常温下 5~7d，果实内源乙烯突然骤增，硬度和糖分含量下降，果实变软，进入最佳食用期，之后果肉发酵、腐烂，失去食用价值。温度是影响猕猴桃贮后硬度及贮藏寿命的首要因素。猕猴桃是一种对乙烯非常敏感的特殊浆果。贮藏环境中采用低温和脱除乙烯，均利于推迟呼吸高峰、延缓后熟衰老。

（二）成熟度与采收

适时采收是猕猴桃优质高产与贮藏保鲜的关键，用于贮藏的猕猴桃必须在完熟前采收，采收适期因品种、贮藏条件及贮藏期长短而异。过早采收的果实，经贮藏、催熟后，固形物含量不再上升，味淡软化快；而过迟采收的果实，易引起发酵变质，果皮皱缩，不耐贮藏。

确定猕猴桃的最适采收期有多项指标，如植株长相、叶片变黄程度、花后天数及果实硬度等，但目前生产上一般采用测定果实可溶性固形物含量方法。用于长期贮藏的果实，在可溶性固形物含量 6.5%~7% 时采收比较适宜；而短期贮藏或鲜销的果实可将其提高到 8% 以上，此时猕猴桃品质佳，风味更浓。猕猴桃浆果，表皮薄，极易被擦伤，故采果人员须配戴手套，采收时应轻采轻放，尽可能减少机械损伤。采后果实经分级后装入木箱或塑料周转箱。若鲜销，可装入塑料托盘，上盖薄膜，然后装入纸箱中。

（三）贮藏条件

猕猴桃作为一种浆果，对温度、相对湿度、气体成分，尤其对乙烯非常敏感。猕猴桃贮藏适宜温度为（0±0.5）℃，相对湿度为 90%~95%。例如，秦美猕猴桃在 0℃ 能贮藏 3 个月，而在 20~30℃ 下 7~10d 即进入最佳食用状态，10d 之后进一步变软，进而衰老腐烂。

对猕猴桃贮藏而言，控制环境中的气体成分能明显抑制内源乙烯的生成，呼吸水平下降，果肉软化速度减慢，贮藏期延长。猕猴桃气调贮藏的适宜气体组合是 2%~3% O_2 和 3%~5% CO_2。猕猴桃对乙烯特别敏感，0℃ 下乙烯作用的临界值仅 0.03mg/kg。

（四）贮藏方式与管理

猕猴桃采收后应及时入库预冷，最好在采收当日入库，库外最长滞留时间不要超过 2d，否则贮藏期将显著缩短。同一贮藏室应在 3~5d 装满，封库后 2~3d 将库温降至贮藏适温，即同一贮藏室从开始入库到装载结束并达到降温要求，应在 1 周左右完成。采用塑料薄膜袋或帐贮藏时，必须在果实温度降低到或接近贮藏要求的温度时，才能将果实装入塑料袋或者罩封塑料帐。目前猕猴桃的贮藏方式以机械冷库贮藏、塑料薄膜封闭贮藏和气调库贮藏为主。

1. **机械冷库贮藏**

果实入库前库温应稳定在 0℃，贮藏期间维持库温 0±0.5℃，相对湿度为 90%~95%。定时通风换气，排出乙烯等有害气体。不得与苹果、梨等释放乙烯的水果混贮。果实出库时应逐渐升温，以防表面凝结水分，引起腐烂。

2. **低温塑料薄膜封闭贮藏**

在机械冷库内用塑料薄膜袋或帐封闭贮藏猕猴桃，是当前生产中应用最普遍的方式。晚熟品种可贮藏 5~6 个月，果实仍然新鲜并保持较高的硬度。塑料薄膜袋用 0.03~0.05mm 厚的聚乙烯袋，每袋装果 5~10kg。塑料薄膜帐用厚度 0.2mm 左右的聚乙烯或者无毒聚氯乙烯制作，每帐贮量 1t 至数吨。贮藏中应控制库温在 -1~0℃、库内相对湿度 85% 以上，并使塑料袋、帐中的气体达到或接近猕猴桃贮藏要求的含量（2%~3% O_2 和 3%~5% CO_2）。贮藏中，定期测定帐内气体指标，当 O_2<2% 或 CO_2>5% 时，应及时调节帐内气体成分。

3. **气调库贮藏**

气调库贮藏猕猴桃是当前最理想的贮藏方式。将挑选、预冷后的果实装入木箱或塑料周转箱中入库码垛，尽快装满后封库。在严格控制温度（0℃ 左右）、相对湿度（90%~95%）、气体（2%~3% O_2 和 3%~5% CO_2）的条件下，晚熟品种的贮藏期可达 6~8 个月，果实新鲜，硬度好，贮藏损耗在3%以下。如果气调库配置有乙烯脱除器，贮藏效果会更好。

（五）注意事项

（1）由于猕猴桃对乙烯非常敏感，故不能与乙烯产生量大的苹果进行混存，以免其他果实产生的乙烯诱导猕猴桃成熟软化。气调贮藏中脱除乙烯是一项很重要的措施，可用吸附有 $KMnO_4$ 饱和溶液的保鲜剂来脱除乙烯，有条件时可在气调库配置乙烯脱除器。

（2）用于贮藏的猕猴桃，生产中严禁使用果实膨大剂，以免降低其固有的品质和耐贮性。

三、柿贮藏

（一）品种耐贮性

我国的河北、河南、山西、陕西等地均有较大面积的柿子栽培。柿（*Diospyros kaki* Thunb.）的品种很多，一般可分为涩柿和甜柿两大类。涩柿品种多，涩柿在软熟前不能脱涩，采用人工脱涩或后熟才能食用。甜柿在树上软熟前即能完成脱涩。通常晚熟品种比早熟品种耐贮，如河北的大盖柿（磨盘柿）、莲花柿，山东的牛心柿、镜面柿，陕西的火罐柿、鸡心柿等都是质优且耐贮藏的品种。甜柿中的富有、次郎等品种贮藏性好。

（二）采收

贮藏的柿果，一般在9月下旬至10月上旬采收，即在果实成熟而果肉仍然脆硬，果面由青转淡黄色时采收。采收过早，脱涩后味寡质粗。甜柿最佳采收期是皮色变红的初期。采收时将果梗自近蒂部剪下，要保留完好的果蒂，否则果实易在蒂部腐烂。

（三）贮藏方式

1. 室内堆藏

在阴凉干燥且通风良好的室内或窑洞的地面，铺15~20cm的稻草或秸秆，将选好的柿子在草上堆3~4层，也可装箱（筐）贮藏。室内堆藏柿果的保硬期仅1个月左右。有研究表明，用以赤霉素为主的保鲜剂处理火罐柿，常温下贮藏105d，硬果率达66.7%，而对照组已全部软化。

2. 冻藏

生产中的冻藏方法分自然冻藏和机械冷冻两种。自然冻藏即在寒冷的北方常将柿果置于0℃以下的寒冷之处，使其自然冻结，可贮到春暖化冻时节。机械冻藏即将柿果置-20℃冷库中24~48h，待柿子完全冻硬后放进-10℃冷库中贮藏。这样柿果的色泽、风味变化甚少，可以周年供应。但解冻后果实已软化流汁，必须及时食用。

3. 液体保藏

将耐藏柿果浸没在明矾、食盐混合溶液中。溶液配比是：水50kg、食盐1kg、明矾0.25kg。保持在5℃以下，此法可贮至春节前后，柿果仍保持脆硬质地，但风味变淡变咸。有研究认为，向明矾液中添加5g/L $CaCl_2$ 和0.002g/L赤霉素，可明显改善贮后的品质。

4. 气调贮藏

柿果在0℃贮2个月，可保持良好的品质和硬度，但超过2个月品质则开始劣变。因此，柿果很少裸果冷藏，而是在冷藏条件下采用限气贮藏或气调贮藏。气体成分可控制在 3%~5% O_2，8%~10% CO_2，应根据品种不同而调整气体组合。

四、石榴贮藏

石榴（Punica granatum L.）为千屈菜科植物，在我国南北方均有栽培，在我国亚热带及温带地区分布广泛。石榴不仅是营养丰富的水果，也是一种极佳的观赏植物。果实中维生素 C 的含量比苹果、梨高 1~2 倍，它含有转化糖和苹果酸，甜酸爽口。石榴果实奇特，其顶端有宿存的花萼，果皮内有 6 个子室，相互间以薄膜隔开，每个子室有许多籽粒。其可食部分为肉质化的外种皮，汁多清香。

（一）采收

根据石榴成熟度、品种特性分期采收。石榴果实成熟的标志是：①果皮由绿变黄，有色品种充分着色，果面出现光泽。②果棱显现。③果肉细胞中的红色或银白色针芒充分显现，红粒品种色彩达到固有的程度。在北方产区，以秋分至寒露为采收适期。过早采摘，风味差，耐藏性也差。南方的石榴应先采头花果、大果，后成熟的后采。采摘时，要选择晴天进行，雨天采摘，果实萼筒内易积水，容易招致病原菌侵入而引起腐烂。病果、裂果应由专人采摘，集中处理，防止病害传染。采收时，一手扶枝，一手摘果，带 1cm 左右的果柄，尽量轻摘轻放，防止石榴果实受机械损伤，尤其要防止内伤。果实受到挤压产生内伤，果皮内籽粒破碎，但从外表看不出。此后在贮运过程中，破碎流出的汁液会影响其余未破碎的籽粒，使之变质，失去食用价值。

（二）不同品种的耐贮性

石榴是非跃变型水果，采后无呼吸高峰。在贮藏过程中，乙烯产生量极少，而且对外源乙烯无明显反应。在 0℃ 或低于 0℃ 的温度条件下，果实发生冷害，果皮褐化，表皮凹陷。受冷害的果实在移至 20℃ 环境下 3d，冷害症状更加明显。不同品种的耐贮性不同。晚熟品种较耐贮藏。耐藏性好的品种有：陕西的大红甜、净皮甜、天红蛋、三白甜石榴，山东的青皮甜、大马牙甜、钢榴甜、青皮酸、马牙酸、钢榴酸、大红皮酸、玉皇殿石榴，山西的水晶姜、青皮甜石榴，云南的青壳石榴、江驿石榴、铜壳石榴，安徽的玛瑙子石榴，南京的红皮冰糖石榴，四川的大青皮石榴，广东的深沃石榴。不耐贮的品种有安徽的玉石子石榴，云南蒙自的甜石榴等。

（三）入贮前处理

1. 选果和分级

果实采收后，应剔除病果、伤果和裂果。健全无伤的果，根据其单果大小分成五级：特级（350g 以上），一级（250~350g），二级（150~250g），三级（100~150g）和等外（单果重不到 100g）。特级、一级果可供外贸、外运。

2. 杀菌剂处理

研究表明，由山东枣庄市农业农村局研制生产的枣农石榴保鲜剂 2 号的杀菌效果较好，使用浓度为 1000 倍液。450g/L 噻菌灵悬浮剂 800~1000 倍液浸果 3~5min，晾干后贮存。贮量大时,可用喷药的办法将上述药剂喷到果面上,晾干后贮存。

(四)贮藏要求与方式

1. 石榴贮藏的温度、湿度

石榴性喜温,0℃或0℃以下会出现冷害,果皮褐变,表皮凹陷,果实内部褐变,组织坏死、腐烂。石榴贮藏的基本要求是适温为4~5℃,相对湿度为90%~98%。

2. 贮藏方式

贮藏方式应视贮量及本地条件而定,常用的方法有以下五种。

(1)挂藏 用于挂藏的果实,在采收时就应留一段果梗,用细绳绑缚成串,悬挂于阴凉的房屋里。或者用报纸、塑料薄膜包裹,挂在温湿度变化小的室内,可贮至春节前后。

(2)缸、瓮(罐)藏 选用新的坛瓮或缸罐,在底层铺一层细沙或麦草,厚约5cm。将在阴凉通风处预贮3~4d的石榴(预贮前石榴已经杀菌剂处理过)分层放入容器中,堆满为止。坛口或缸口用塑料薄膜封口、扎紧。贮后每个月检查一次,如有烂果及时剔除。采用这种贮藏方法可贮至次年3~4月。

(3)堆藏 在无烟尘影响的楼板或土楼上,或用大木柜堆藏石榴果实。先在地板上或柜底垫上一层青鲜马尾松松针,然后摆一层石榴,再铺一层松针,这样一层果一层松针相间堆贮,堆顶盖上松枝、稻草等覆盖物。每15d翻堆检查一次,剔除烂果并更换一次松针。用这种堆藏方法可贮至次年4~5月。果实堆藏前,要用清水洗净果皮,预冷。

(4)干井窖贮藏 在干燥处挖内径约80cm、深2m的干井筒,在筒的下端挖几个拐洞堆放石榴。入贮前严格挑选果实,勿使病果、伤果、破果入贮,同时喷布杀菌剂。入贮时,按石榴果实大小分不同拐洞堆放。盖上窖盖时要留有一个小气孔。10~15d检查一次,剔除烂果。每次检查前要先放一盏油灯或蜡烛下窖,看CO_2含量是否很高,如果灯或点燃的蜡烛熄灭,则需先通风,以保证下窖人员安全。一般在寒露后入窖,可贮至春节后。

(5)聚乙烯塑料袋贮藏 将预冷并经杀菌剂处理的石榴放入厚0.03mm的聚乙烯塑料薄膜袋中,扎好袋口,置于冷凉的室内贮藏。用此法贮藏140d,石榴果实仍新鲜如初。也可将经杀菌剂处理过的石榴果实用厚0.015mm聚乙烯薄膜袋单果包装,这种果实在3~4℃、相对湿度90%~95%条件下贮存100d,果粒新鲜度好,虎皮病轻。塑料袋单果包装贮藏比其他方法效果要好。

五、无花果贮藏

无花果(*Ficus carica* L.)为桑科植物。

我国无花果栽培主要分布在新疆、山东、江苏、广西等地。无花果果实属浆果,果实皮薄无核,肉质松软,风味甘甜,可食率达92%以上,具有很高的营养价值。

(一)品种及其贮藏特性

无花果按生长习性可划分为普通无花果、矮生无花果、大无花果、埃及无花果4种类型。常见栽培的无花果均属普通无花果。无花果的花隐藏在肥大的囊状花托里,果实实际上是个花序,花托肉质肥大,中间凹陷,仅在上部开一小口,在凹陷的周缘生有许多小花,外观只见果而不见花,故名无花果或隐花果。

无花果虽属呼吸跃变型果实，但为使其风味最佳，熟透才采收。这时果实变软，极易碰伤、开裂，为微生物侵入创造了有利条件。无花果不耐贮运，在常温条件下1~2d即软化、褐变、风味下降。无花果对乙烯不太敏感。无花果表面若有水渍，则不利于保存，故涂膜处理后一定要充分晾干。无花果底部不密封，汁液会从里面流出，常温下表面很容易滋生霉菌类微生物，不易贮藏。最好贮藏方法为冷藏。无花果比较耐CO_2，贮藏期间袋内CO_2体积占比接近20%为好，大于20%则易产生异味。

（二）采收

无花果成熟期较长。在华北地区，春、夏季果实一般在6月下旬到7月上旬成熟，秋季果实8月上旬至11月中旬成熟。同一树冠上或枝条上由于开花早晚不一，成熟期也有差异。因此，必须分期采收。鲜食的无花果采收成熟度一定要具有较高的食用品质，果皮颜色与硬度是主要的成熟指标。例如，Black Mission无花果采收成熟度应该是微紫红到深紫红色并能够承受轻微的压力，Calimyrna无花果的成熟度应该是黄白色至浅黄色，并具有一定的硬度，盛果期每天采收一次。充分成熟的无花果果顶上的小孔渐渐裂开，果皮出现明显的网纹，这时采收的果实风味最佳。完全成熟的无花果果实不耐运输，如需外运要适时早采，一般在9成熟时采收。采收时间应选在清晨露水干后、气温上升之前，此时温度低，果实硬度好，容易采摘，又耐运输。采收时，用锋利的刀具切断果柄或用手细心折断果柄，避免弄伤果实。果实要无虫害、晒斑、疤痕、皮裂、皱缩等缺陷，采收时不要捡拾落地的果实，更不要将落地果实放入新鲜果实中。

（三）贮藏保鲜技术

1. 洗果

鲜果用200~300mg/L山梨酸处理，可减少霉菌危害，用500g/L苯菌灵浸果20min，可抑制果腐。无花果浸果杀菌后一定要沥干，以免影响保鲜质量。

2. 包装、预冷

将采下的无伤病果实直接放入内衬保鲜袋的小盒中，盒中有纸托盘，每个无花果果实恰好放在一个凹槽内，果实不相互接触。

装满后扎紧保鲜薄膜袋口，将小盒装到细瓦楞纸，并预置缓冲材料大包装箱中，一般每箱放两层。每箱装10~15kg。这样包装可减轻运输过程中的碰撞、摩擦，减少果品损伤。包装好的无花果应迅速送到冷库。预冷对无花果的保鲜十分重要。预冷可在-1~0℃条件下将小盒摆开敞口预冷8h左右，也可采用强风冷却至0℃，然后进行冷藏。

3. 贮藏

（1）库房消毒　采用国家农产品保鲜研究中心研制的CT库房消毒剂对库房进行消毒处理。库房清扫干净后，将熏蒸消毒剂内的两小袋药剂充分混合，点燃，熄灭明火即可冒烟，使用量为$5g/m^3$。

（2）入库　经预冷的无花果加入保鲜剂后码垛，在-1~0℃，相对湿度85%~90%的条件下贮藏。有条件时，可在装无花果的保鲜袋充入15%~20%CO_2。定期检查无花果的质量变化，及时销售。

六、草莓贮藏

草莓为蔷薇科植物草莓 [*Fragaria×ananassa* (Weston) Duchesne ex Rozier] 的果实。

草莓色泽鲜艳,柔软多汁,甜酸适口,有特殊的香味,是一种老幼皆宜的水果。它营养丰富,钙、磷和铁的含量比苹果、葡萄多2~4倍,维生素C的含量也比较高,有消暑解热、生津止渴等功效。但是草莓含水高达90%~95%,组织柔嫩,易受伤害和微生物侵染而腐烂变质。在常温下果实放置1~3d就开始变色、变味,贮藏保鲜较为困难。

(一)品种及其贮藏特性

草莓品种间的耐贮性差异较大。比较耐贮运的品种有鸡心、硕密、狮子头、戈雷拉、宝交早生、绿色种子、布兰登保等,上海、春香、马群等品种不耐贮运。在用速冻法贮藏保鲜时,宜选用肉质致密的宝交早生和布兰登保等品种。

草莓属非呼吸跃变型果实,但果实采后水解酶活性高,呼吸强度大。因此,尽管草莓对气体反应不敏感,仍然要及时进入气调状态,以保持较高的酸度和叶柄、萼片的鲜绿色。

(二)贮藏条件

1. 温度

草莓0℃下一般仅贮藏7~10d,接近冰点(-1.0℃)时可贮藏1个月左右。因此,草莓同其他果实一样,在不受冻害的情况下,贮藏温度越低越好。

2. 相对湿度

相对湿度对草莓贮藏十分重要,高湿或积水对草莓贮藏极为不利。其组织柔嫩,贮运中极易产生机械伤害,高湿下易被病菌侵染而腐烂,并产生异味。相对湿度一般90%~95%较适宜。

3. 气体成分

草莓可耐高浓度CO_2,10%~30% CO_2可降低呼吸强度和微生物腐烂,但长时间30%或更高浓度的CO_2会引起不良变味。一般2%~3%O_2和5%~6%CO_2较适于草莓的贮藏。

(三)贮藏方式

1. 冷库贮藏

草莓适宜的贮藏温度为0℃,相对湿度为90%~95%。草莓采收后应及时强制通风冷却,使果温迅速降至1℃,再进行冷藏,效果较好。有研究对宝交早生草莓进行近冰点温度(-0.5±0.2)℃贮藏,相对湿度85%~95%,获得了较好的保鲜效果。此外,由于草莓耐高CO_2,在0℃贮藏时,附加10% CO_2处理,可延长草莓的贮藏时间,并有较好的防腐效果。

2. 气调贮藏

先将采收的草莓置于0.3%过氧乙酸与50mg/L赤霉素的混合冷却液中浸渍1min,置冷风(0~1℃)下吹干药液后,将果实放入特制的果盘中,再用聚乙烯塑料薄膜袋套好并密封,将其置于0℃冷库中,在相对湿度为85%~95%、3%O_2+6%CO_2的条件下保存,时间可达2个月以上。或者将采收的草莓放入子母箱中,子箱用定量为0.5kg左右的聚乙烯塑料盒或纸盒,将其置于厚度为0.06mm的聚乙烯塑料袋中,在袋中放入适量亚硫酸钠及乙烯吸收剂,扎紧袋口，进行气调贮藏（15%~20% CO_2 + 3%~5% O_2，温度0℃）。但须注意，袋中 CO_2 不宜超过25%，O_2 不宜太低，以免果实产生酒精味。

3. 速冻

贮藏选成熟度80%（果面4/5着色）的草莓，大小适中、无损伤、新鲜的果实，品种以果肉致密的宝交早生、戈雷拉等耐冻品种为好，可避免冷冻时出现裂果。速冻工艺流程如图7-3所示。

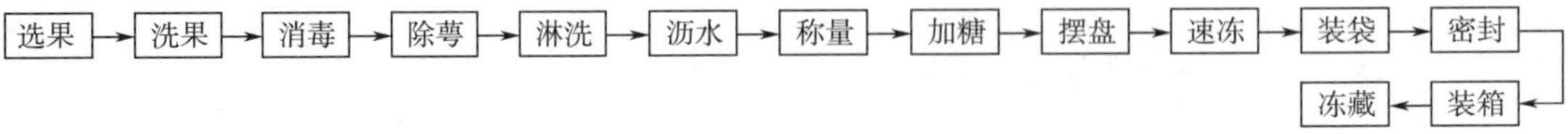

选果 → 洗果 → 消毒 → 除萼 → 淋洗 → 沥水 → 称量 → 加糖 → 摆盘 → 速冻 → 装袋 → 密封 → 装箱 → 冻藏

图7-3　速冻工艺流程

速冻时在（-40~-35）℃低温、风速3m/s的条件下，20min内冻结完毕，然后在-18℃下贮藏。出库前在5~10℃下缓慢解冻80~90min，草莓品质保持较好。加糖的草莓比不加糖的解冻速度快。

（四）贮藏技术要点

①选择品种：一般生长发育期长、成熟期偏晚、质地致密的品种相对耐贮藏，例如戈雷拉、宝交早生、鸡心、狮子头、绿色种子、布兰登保、硕丰和硕密等中、晚熟品种。

②采收草莓最好分次分批采收：一般每日或隔天采收一次，一般在草莓表面3/4颜色变红时采收为宜，过早采收，果实颜色和风味都不好。草莓果皮非常薄，易受伤破损。因此，采收时应轻采轻放，及时剔除病果、虫果、过熟过生果、畸形果，并将草莓放入特制的浅果盘中，果盘大小一般为90cm×60cm×15cm，也可放入20cm×15cm×10cm带孔的小箱内。

③产品处理主要包括预冷和包装：草莓宜采用子母箱，子箱用PE塑料盒或纸盒，果实整齐排列，封盖后将其装入内衬保鲜袋的母箱，母箱装量为5~10kg。装箱时切忌翻动，避免碰破果皮。盛满草莓后，应及时预冷，最好采用真空预冷，也可用强制通风冷却，但不适用水冷却。也可盛在高度不超过10cm的有孔箱内，预冷后用PVC薄膜袋包装密封，及时送冷库贮藏。

④贮藏管理：对于草莓的贮藏保鲜，除控制适宜的温度、相对湿度外，还应采取一些辅助措施以提高保鲜效果。例如，对贮藏场所消毒、对草莓用保鲜液膜、SO_2 处理、脱水硫酸及植酸处理，均可抑制病菌侵染危害。

七、桑葚贮藏

桑（Morus alba）为桑科植物。

桑树开花后结的果实称为桑葚，现在全国很多省区都有种植，以长江流域中下游各地栽培居多。桑葚作为一种新型水果，在一些品质上明显优于传统水果：维生素C含量高，每100g鲜桑葚含21mg，而苹果、香蕉、葡萄、樱桃分别为7mg、11mg、3mg和15mg。桑葚又是"天然的富硒之王"，在人类已知的300多种水果中，桑葚硒含量名列第二，远远超过菠萝、沙棘、香蕉、人参果、芒果、哈密瓜、苹果和葡萄等，具有较高的食用价值。不少地方培育出许多新的桑葚品种，或引进了富有特色的桑葚品种。新鲜桑葚因其色泽鲜艳，风味独特，受到消费者青睐，桑葚已列为名特水果，成为第三代水果中的新贵。目前，桑葚部分用于鲜食，部分用于桑葚酒和桑葚汁深加工，提取桑葚红色素等系列产品。

（一）贮藏特性

桑葚是由60~100多个瘦果聚合而成的浆果，果肉柔软多汁，缺乏坚硬的保护性外皮，容易破碎，采摘、消毒、装袋时都必须轻放、轻洗，为保鲜奠定基础。桑葚属于呼吸跃变型果实，脱落酸和乙烯是桑葚衰老变质的主要内因，应用赤霉素和CO_2抑制其衰老。桑葚采后常温下12~18h开始霉变，3d开始腐烂，不耐贮藏。使桑葚腐烂的病原菌主要是接合菌类的毛霉和根霉，其在自然界中分布很广，土壤、空气中都存在大量分生孢子，一旦遇到适宜的环境就会大量繁殖。因此，对贮藏环境灭菌、消毒尤为重要。在桑葚的贮藏保鲜中，关键技术在于减缓果实自身的呼吸作用，抑制微生物的繁殖，尽可能保持鲜果完整、不受损伤。-1℃为桑葚的贮藏温度。在果实含水量达90%左右时采收，不宜久放，需冷冻保存。

（二）采收

同一桑园、同一树冠的果实成熟期也不一致。因此，桑葚宜分期采收，根据桑葚的用途来确定桑葚采收的成熟度。桑葚成熟的标志是果色由红色变成紫红或紫黑色。白色桑葚品种，当发现有少量桑葚果柄由绿色变为黄绿色时即为成熟，此时桑葚的甜度最高，风味最佳，采收最好。贮运就近销售的鲜桑葚要求完全成熟，而用于外运远销的桑葚要适当早些采收，八九成成熟时采摘。

如桑葚在室温下贮藏，则应提前到八成熟采收。一般每1~3d采收1次，不能采收过生、过熟、发霉及病虫果。采收一般都是用手工采摘。采收方法为剪采法，即左手拿小盘或纸杯承接，右手用小剪刀剪断果柄，轻轻落入盘杯中，防止摔破。采下后装入快餐盒、大小塑料盒或小篮筐中，可防止桑葚皮破出汁。采后应及时运往包装场所，装车及运输中避免颠簸、振动。桑葚要在晴天采收，分期分批，随熟随摘。雨天或雨后初晴不宜采摘。

（三）浸果、包装

鲜桑葚采摘后，在田间热散发后（预冷），要尽可能做防腐处理。洗果或浸果实际上是预冷与防腐保鲜有机结合的具体措施。浸果之后再进行包装。

（1）丙酸溶液浸果　桑葚在3%丙酸溶液中浸2~3min后，晾干，包装，贮藏。由于丙酸价格偏高，会增大保鲜成本，可改用20~30g/L丙酸钠代替，效果相当。

（2）二氧化氯浸果　二氧化氯（ClO_2）是目前国际上公认的最新一代安全、高效、广谱的杀菌、保鲜和除臭剂，美国、欧洲和日本已广泛应用。药液的使用质量浓度为100mg/L，浸泡时间2min，桑葚浸后必须晾干。

（3）高锰酸钾加苯甲酸钠溶液浸泡　桑葚果用0.3g/L高锰酸钾消毒处理后，再用0.1g/L苯甲酸钠溶液浸泡2min，之后晾干。

（4）植酸、山梨酸和过氧乙酸配成混合溶液浸果。

第六节 核果类水果的贮藏

桃、李、杏、樱桃等属核果类果实,它们均属呼吸跃变型果实,其果实色彩艳丽,营养丰富,深受消费者欢迎。但其皮薄、肉软、汁多,收获季节多集中在气温较高的5~8月,采后果实呼吸十分旺盛,很快进入完熟衰老阶段。贮运中易受机械损伤,低温贮藏时易产生褐心,高温又容易软化腐烂。因此,桃、李和杏等是适于短期贮藏的果实。樱桃是一种高档鲜食水果,果实色泽鲜艳、香味浓郁、品质优良。其成熟期集中在5~6月,正是市场上的水果淡季,但果实极不耐贮。近年来,樱桃生产在全国各地均发展较快,为延长销售期和适应远途运输的需要,樱桃贮运保鲜技术正逐渐被人们所重视。

一、桃贮藏

桃 [*Prunus persica* (L.) Batsch],原产于我国,已有4000多年的栽培历史,分布较广。桃的果实外观艳丽,风味甜美,果肉甘甜多汁,且具有特殊的诱人芳香,营养丰富,是我国人民喜爱的果品之一。桃果肉质软、果皮薄,保护性差,极易受到机械损伤,再加上成熟期正值高温季节,果实极易发生腐败变质,在低温条件下冷藏易发生冷害。采后2~3d,果肉软化、褐变较快。每年鲜桃上市,产销矛盾突出,产后损失较大,可高达30%。

(一)品种及其贮藏特性

我国栽培的桃品种有800多个,分成北方品种群、南方品种群、黄桃品种群、蟠桃品种群、油桃品种群等。通常,桃很少用来贮藏。但就耐贮性而言,品种间的耐藏性差异很大。一般地,晚熟品种较早熟耐贮,中熟次之,而且中、晚熟品种的桃较适于冷藏。水蜜桃类不耐贮藏。较耐藏品种有雪桃、大久保、白凤、京玉(北京14号)、肥桃、安保97、丰黄、连黄、黄露、深州蜜桃、肥城佛桃、寒露蜜桃、冻桃、冬桃、冬雪蜜儿、绿化9号、燕红、秋香、京艳、8月脆、中秋、秋蜜、重阳红等;耐贮性较好的有白花桃、武昌桃、罐桃5号、罐桃14号等;耐贮性差的有冈山早生、冈山白、冈山500、林玉、晚黄金、红蟠桃、春雷、5月鲜、白芒蟠桃、玉露蜜桃、水蜜桃等。用于贮藏和长途运销的桃,必须选择品质优良,果子大,色、香、味俱佳的品种。

桃属呼吸跃变型果实。桃采后具双呼吸高峰和乙烯释放高峰,呼吸强度高,乙烯释放量大,组织中果胶酶、纤维素酶、淀粉酶活性很高,果实变软败坏迅速,这是桃不耐贮的重要生理原因。

采前进行药剂处理可提高桃的耐贮性。采前1个月用100mg/L的赤霉素处理桃果,贮藏后果的硬度高1倍。采前1~2d用500mg/L异菌脲处理大久保、京玉和燕红桃,贮藏好果率均增加20%左右。

(二)采收及采后处理

桃属于呼吸跃变型果实,但桃采后一般不能在后熟过程中增进其品质,其真正的品质、色泽、风味必须在树上完成,所以桃不宜过早采收。采收期根据品种成熟度及销售要求而定。

1. 成熟期的判断

果实充分发育后,果皮开始褪绿,果肉稍硬,有色品种基本满色时为硬熟期。桃的成熟期可分成:①七成熟,此时果实底色为绿色或淡绿色,果面平,已充分发育,但茸毛厚、多。②八成熟,底色褪绿变淡,发白,果面丰满,果面茸毛减少,果肉仍稍硬,但已有些弹性,开始着色。③九成熟,绿色消退,果皮呈乳白色、浅黄色,毛茸稀少,果肉有弹性,有芳香气味,果面着色充分,桃尖变软。④十成熟,果皮无残留绿色,已完全显示其特有的皮色,毛茸稀而易脱落,果肉因桃的类型而有多种表现。肉溶质品种果肉柔软多汁,果皮可剥离,不耐运输。硬肉桃变绵,肉不溶质桃仍富有弹性。从上述成熟标准来看,用于贮运的桃应在果实充分肥大,呈现固有色泽、略具香气且肉质尚紧密,八成熟时采收。

2. 采收及包装

桃的采收应选晴天早上气温低时进行。采摘时要轻采轻放,不能用手重压果面试测硬度。不能强拉果实,而应用手托住果子扭转,带果柄采摘,不使果梗脱落,以减少病原菌侵染的机会。桃在树上成熟有先有后,要分期分批采收。桃果经挑选后,用浅而稍小的容器盛装,每个容器放 5~10kg。容器内衬软而有弹性的衬垫物,如绵纸、衬纸或聚苯泡沫纸,高档果用泡沫网套单果包装,或用浅的小果盘单层包装。用 AF-2 保鲜纸单果包装效果较好。采摘和搬运过程中,要轻拿轻放、轻装轻卸,防止碰压伤。采后装箱的桃应尽快销售,或进行贮藏处理。

3. 防腐保鲜处理

桃果采收下树后,在挑选过程中去除病果、虫果、伤果和畸形果,对健果用防腐保鲜剂洗果,以杀灭褐腐病、软腐病和青、绿霉病病原菌,防止贮藏期间发生烂果现象。可用仲丁胺系列防杀灭青霉菌和绿霉菌等。常用的有 66.7g/L 克霉唑溶液(洗果),100~200mg/L 的苯菌灵和 450~900mg/L 的二氯硝基苯胺混合液(浸果)。苯菌灵主要防褐腐病,二氯硝基苯胺对软腐病有特效。洗(浸)果后待药液蒸干后再包装。据研究,用聚乙烯吡咯烷酮 1mg/mL 溶液浸泡白花水蜜桃 7min 后冷藏,贮藏期可达 35d。

4. 预冷

桃果采收季节气温高,如不及时预冷,果实会迅速过熟软化。贮藏或远销的桃应经过预冷。预冷的方式有两种:冷气流降温或冷水降温,所用温度为 1~3℃,以冷水降温为佳,还可减轻失重的损失。用 0.5~1℃ 的冷水进行预冷,果温降至 2~3℃ 即可。冷水冷却可防止失水,但冷却后需晾干水分才能包装。风冷需 7~8h,速度较慢,容易导致桃果实失水萎蔫,降低品质,但避免了水冷后因晾干不完全而造成贮运中的腐烂。

(三)贮藏条件

桃适宜的贮藏温度为 0~1℃,相对湿度为 90%~95%。桃对低温特别敏感,0℃ 贮藏 3~4 周后易发生冷害。若相对湿度过大,冷害症状更严重。桃采后在裸露条件下失水十分迅速,故桃贮藏应保持较高的相对湿度。桃在 1%~3% O_2,4%~5% CO_2 的气调条件下,贮藏期可达 6~9 周。

(四)贮藏方式

1. 自发气调贮藏

(1) 低温气调　将经过挑选,无病虫、无破伤的桃放入衬有特种桃专用聚氯乙烯塑料保鲜膜的塑料箱内，再用袋包裹，同时放入 CT 系列气调保鲜剂，使袋内 O_2 含量为 8%~10%，CO_2 含量为 3%~5%，在 0~2℃ 条件下贮藏，贮藏期 2 个月。

国内推荐 0℃ 下，采用 1%~2% O_2+3%~5% CO_2，桃可贮藏 4~6 周。将气调或冷藏的桃贮藏 2~3 周后，移到 18~20℃ 的空气中放 2d，再放回原来的环境继续贮藏，能较好地保持桃的品质，减少低温伤害。

（2）常温气调　用常温保鲜袋和 CT 系列保鲜剂，使袋内 O_2 含量为 1%，CO_2 含量为 10%~15%，于常温下贮藏。在 25~30℃ 下，保鲜期达 8~10d。

2. 气调贮藏

桃的贮藏寿命为 2~8 周，气调贮藏还可延长。适宜的气调贮藏条件为 0~1℃，1%~3% O_2，4%~5% CO_2。硬熟期的桃，在 -1~0℃，相对湿度 85% 时，可贮藏 2~4 周。在 O_2 含量 5%~14%、CO_2 含量低于 10% 的范围内，改变气体组成，贮藏效果无显著差异。在气调贮藏条件下变温贮藏，降低冷害的作用更为明显。

3. 冷藏

在温度 0~3℃、相对湿度 90%~95% 下进行桃冷藏。贮藏温度，中早熟品种可稍高（1~2℃），晚熟品种贮藏温度以 0.5~1℃ 为宜。在桃果入库初期的 1~2 周，需每隔 2~3d 通风一次，每次 30~40min。到后期，通风换气的次数的时间减少。冷藏的桃在销售之前，应移至较温暖的环境中后熟。在 20℃ 时 2~3d，16℃ 时 8~10d，10℃ 时 15~20d。后熟宜快不宜慢，后熟时间短的品质好，时间长的则差。桃经长期冷藏后，风味变淡。冷藏时间加长，会引起品质劣变。冷藏中采用塑料小包装，可延长贮期，获得更好的贮藏效果。

二、李贮藏

李子为蔷薇科植物李（*Prunus salicina*）的果实，属核果，我国大部分地区均产。李果饱满圆润，玲珑剔透，口味甘甜，营养丰富，是人们喜食的传统果品。它既可鲜食，又可制成罐头、果脯，是夏季的主要水果。

（一）李果贮藏特性

李果属呼吸跃变型果实，多在 7~8 月高温季节成熟，后熟速度快。同时，李果皮薄汁多，易受机械损伤以及遭受病原菌侵染而腐烂。常温下，李果通常只能贮放 1~2 周。影响李果采后贮藏保鲜的主要原因为温度、相对湿度及空气成分。适宜的低温可降低呼吸速率，减慢乙烯生成量，抑制李果后熟，使果实硬度保持较好。温度高，李果内部各种酶的活性增强，呼吸作用增大，乙烯释放加快，果胶质分解加速，果实很快转色、软化，极易造成腐烂。因此，低温是延长果实贮藏期的非常重要的一个措施。李果适宜的贮藏温度为 0~3℃，在 -1℃ 时会有冷害。采用间歇升温冷藏的李果，后熟速度比低温贮藏略快，但能减轻褐变。此外，适当的高湿度有助于减少产品失水皱缩，保持产品良好的色泽。有条件的话，对气体成分进行适当控制，延长产品贮藏期。李果采后主要侵染性病害有褐腐病、根霉病、兰霉腐、孢霉腐和灰霉腐等，生理病害主要是冷害造成的果皮褐变。另外，贮藏中 CO_2 浓度过高易引起生理性病害，产生褐心病，空气干燥也会引起李果失水皱缩。总之，李子皮薄、肉软、汁多，贮运易受机械损伤，低温贮藏易发生褐心病，高温贮藏又易腐烂变质。因此，必须精细贮藏，才能达到保鲜效果。

（二）采收

1. 采前准备

采前 10~15d 不宜大量浇水，也不宜施用氮肥及喷施农药。为提高李果的贮性，可针对果实喷布 8g/L 氯化钙溶液。合理安排劳动力，准备好采果篮、贮果箱、包装用品及搬运工具等，对贮藏库和分级包装场所进行认真清理和消毒。

2. 采收期

李果不宜过迟采收，否则风味减退，不利于贮藏。李果的成熟度是确定采收期的重要依据。

（1）根据果实转色程度　当李子果皮由绿转为该品种特有的颜色，表面有一薄层果粉，果肉仍较硬时，为最佳采收时间。果实充分肥大，呈现出本品种成熟时应有的色泽、风味，采后在适宜条件下可自然完成后熟过程。红色李果着色占全果 1/3~1/2 时为硬熟期，着色 4/5~9/10 时为半软熟期。黄色品种的果皮由绿转为绿白色时为硬熟期，至果皮呈淡黄绿时即为半软熟期，李果稍变成淡黄色时为成熟期。用于贮藏和远距离运输及抢占市场的果实应在硬熟期采收。脆李在硬熟期采收，水蜜李应在完熟前 3~4d 采摘，分批采收。

（2）果皮和果肉的色泽变化　紫色品种皮浓紫，果粉紫褐色，果肉深红色；黄色品种皮黄，向阳部分淡紫红，果粉白色，果肉黄色；绿色品种皮黄绿色，果肉淡黄色。贮藏用李果的采收应在上述标志初现时进行。

（3）李果果柄脱落难易程度　将果实抬高或稍旋转即可脱落时，说明李果已成熟。

3. 采收

（1）采收时间　适时、无伤采收，是延长李子贮藏寿命的关键措施。采收应在干燥的气候条件下进行，采摘时间应选择气候凉爽的晴天，露水干后，一般在上午 8~11 点，下午 3~6 点。雨天、风天、阴天、高温以及雨后初晴时不宜采收，浓雾时不宜采收，中午温度过高时也不宜采收。若在午后采收，则应在夜晚露地摊放，以降低果温，次日销售。

（2）采收方法　李果在同一树上成熟有早有迟，为了保证商品果的质量，提高果品的商品价值，应根据成熟度分期分批采收。采摘人员要剪去指甲（或者戴上手套），采摘时用手指捏住果梗从果枝上将果实摘下，不能持握果体，以免触落果实上的蜡质层，影响外观和贮藏效果。采收时，应按照先外后内，先下后上的顺序进行。采收过程中要使用采摘筐等专用工具，所用的筐箱要用软质材料衬垫。注意保护果面的蜡粉，轻摘轻放，防止挤、压、抛、碰撞。这样，既可保持较为新鲜美观的商品外观，又有利于提高品质。将采下的果实装入周转箱，放在树荫下，及时运往分级包装场地进行分级包装。作干果用的李，采收时可用竹竿一次全部击落。

（三）贮藏方式

李的贮藏以冷藏为主，李的冰点温度为 -2.2℃，注意不要使贮藏温度低于 -1℃。贮藏适温为 0~1℃，运输温度为 0~7.2℃，视距离远近而定。低于 -1℃ 时可能出现冻害，贮藏环境相对湿度为 85%~90%，气体指标 O_2 含量为 3%~5%，CO_2 含量为 5%。贮藏前需洗果防腐。李子采收后应通过清洗除去果子表面的污物和残留农药。清洗可结合杀菌防腐处理，可用 500~1000 倍噻菌灵、苯菌灵或 1000 倍的使百克药液浸果，对防治青、绿霉病和炭疽病效果良好。

实际操作中，也可将预冷、清洗和防腐处理一起进行，即用含有防腐剂的冰水清洗果实，同时达到预冷目的。清洗最好在流动的水槽中进行，防止交叉污染。不具备条件的情况下，也可在水池中进行，但应注意经常补充冰块和药剂。

1. 冷库贮藏

冷藏条件为：温度 0~1℃，相对湿度 85%~90%，库内通风良好。冷库在李子进库前用甲醛进行空气消毒或采用仲丁胺熏蒸剂熏蒸（用仲丁胺的效果十分显著）。为避免果实出库后水汽在果面凝结而引起病原菌侵染，应在贮藏后期逐步提高贮藏温度。李子在 -1℃ 下贮藏 45~60d 会出现低温引起的褐变，在这种温度下只能短期贮藏。间歇短时间升温可减轻褐变的发生。间歇升温的做法即在 0℃ 左右贮藏 2 周，然后升温到 18℃，经 2d 后再恢复冷藏。为避免果实出库后水汽在果面凝结而引起病原菌侵染，应在贮藏末期逐步提高贮藏温度。

2. 气调贮藏

有些李果品种，只有气调贮藏才能获得良好的贮藏效果。适宜的气体条件为 O_2 含量 2%~3%，CO_2 含量比 O_2 稍高，一般情况不超过 8%。CO_2 含量过高易引起褐心病。

（1）控制气调贮藏　用厚度 0.025mm 的聚乙烯薄膜袋封闭贮藏李子，每袋 5kg 左右，装后扎紧口袋，在 0~1℃ 贮藏。在 O_2 含量 1%~3%、CO_2 含量 7%~8% 时可贮藏 10 周，腐烂率较低。

（2）小包装气调冷藏　将适时采收的李子去梗，剔除病虫果、伤烂果后，装入聚乙烯薄膜小袋。塑料袋容量有两种：一种为 2~3kg 包装，薄膜厚度 0.02~0.03mm，温度 -0.5~1℃，相对湿度 90% 左右，气体指标为 O_2 含量 11%，CO_2 含量 9.8%，可贮藏 60~80d，中间不需要解袋。另一种为 10~12kg 包装，薄膜厚度为 0.03~0.04mm，温度为 0℃，相对湿度 90%~95%，气体指标为 O_2 含量 3%~5%，CO_2 含量 5%，中间每隔 7~10d 解袋放风，每次放风时间为 3~16h，随贮藏期的延长，应逐渐缩短放风周期，最后 1 个月每 3d 解袋 1 次，以避免 CO_2 中毒。

三、杏贮藏

杏为蔷薇科植物杏（*Prunus armeniaca* L.）的果实。

杏的品种很多，有水杏类、肉杏类、面杏类等品种，有红杏、黄杏、白杏之分。所有的鲜食杏品种都可以短期贮藏，其中果大、果肉坚实、有弹性、皮厚、无绒毛、有蜡质或少量果粉、果汁中等或晚熟品种杏较耐贮藏。例如，辽宁的孤山杏梅，山东的柿子红杏、拳杏，河北的银白杏、李子杏、油光杏、巨鹿的串枝红杏、鸡蛋杏，北京的山黄杏，山西的沙金红等都是优质耐贮品种。供鲜食或加工用果实的冷藏杏主要有以下品种：红玉杏、红榛杏、红金玉杏、白玉杏、华县大接杏、大偏头、骆驼黄、兰州大接杏、玉吕克、仰韶黄、沙金红、杨继、山东招远的拳杏、荷苞杏、金妈妈、如的串枝红、峨山的红杏等。而果皮薄、果汁多的山东恋核红杏、河北的水晶杏等品种不耐贮藏。

（一）采收

1. 采收期

一般地，杏果在果实达到品种固有的大小、果面由绿色转为黄绿或黄白、红色品种向阳面呈现红色、果肉较坚硬、营养物质已积累充分、略带品种风味，大致八九成熟时采收，应随逐渐成熟过程分批采收入贮。远距离运输的杏,应在七八成熟时采收。

2. 采收方法

采收应在晴朗的上午10点前露水消失后或傍晚进行,不要在阴、雨、雾天或烈日下采收果实,遇阴雨天应推迟采收时间。采前1~2周应对果实进行药物处理,如喷1000~2000倍硫菌灵或2000~3000倍苯菌灵等,采前7~10d停止灌水。采收鲜食或加工用杏果前,采收人员要剪指甲、戴手套,轻轻用手握住果实,向上托扭使果实脱落,连果梗采下,要轻采轻装,避免伤损,忌强拉硬拽。供冷藏的杏果应无腐烂、伤口、疮痂、蚜、病虫害、无冰雹等机械伤或其他原因所致的损伤。采下的果实应轻轻放入带衬垫的果筐、果箱内,并及时放在阴凉处,防止日晒、雨淋。

(二)贮藏

1. 杏的贮藏特性

杏属呼吸跃变型果实,有后熟过程,呼吸跃变后,果实迅速变软,衰败腐烂,属不耐贮藏的果品之一。适时采收,尽快降温,进行气调及排除乙烯是贮好杏子的关键。杏成熟正值高温季节,采后呼吸旺盛,后熟过程很快,常温下仅能贮5~7d。低温有利于降低其呼吸,抑制后熟衰老和病害发生,一般能贮20~30d。杏贮藏最适温度0~2℃,相对湿度90%~95%。杏果低温贮藏的最适温度为-0.5~0.5℃,相对湿度为90%,运输温度0~3℃。冷藏后的杏果需在18~20℃下后熟供食用。杏可在0℃条件下采用2%~3% O_2 和2%~3% CO_2 进行气调贮藏。杏不耐 CO_2,应注意防止高 CO_2 伤害。预冷后,再在0~1℃、90%~95%相对湿度下冷藏,20~30d后再逐步升至室温,经后熟后上市销售。适时早采(约八成熟)的杏果,经预冷后装衬有厚度0.03~0.04mm薄膜袋的包装箱,加乙烯吸收剂和 CO_2 吸收剂,封袋入冷库堆垛贮藏,控制在0~1℃,相对湿度90%~95%,2%~3% O_2 和2%~3% CO_2,避免 CO_2 过高(5%以上)造成伤害,一般可贮1个月左右。用含0.1%纳米氧化锌的0.5%~0.8%壳聚糖涂膜,常温下10d内杏果色泽基本不变,无腐烂现象,有较好的保水性。

2. 贮藏方式

具体的贮藏方式主要有以下3种。

(1)冰窖贮藏 北方在大寒前后人工采集天然冰块或洒水造冰。冰块厚0.3~0.4m,长宽各1m,贮于地下窖中,待杏果成熟时用于贮藏降温。将用箱或筐包装的杏果放入冰窖内,窖底及四周开出冰槽,底层留0.3~0.6m的冰垫底,箱或筐依次堆码,间距6~10cm,空隙填充碎冰,码6~7层后上面盖0.6~1.0m的冰块,表面覆以稻草,严封窖门。贮藏期需抽查,及时处理变质果。

(2)低温气调贮藏 贮藏杏果采后结合预冷,用1g/L高锰酸钾溶液浸泡10min,取出晾干后,将杏果迅速装筐,预冷12~24h,待果温降到20℃以下再转入贮藏库内堆码。堆码时筐间留5cm左右间隙,码高7~8层,库温控制在0℃左右,相对湿度为85%~90%,配以3%~5% CO_2,2%~3% O_2。这样贮藏后的杏果出售前应逐步升温回暖,在18~24℃下进行后熟,有利于形成良好的风味,但这种贮藏条件对低温敏感的品种不宜采用。

(3)机械冷藏 库温(0±0.5)℃,相对湿度90%~95%,袋内气体成分为2%~3% CO_2,超过3%时应及时开袋放气。

四、樱桃贮藏

樱桃（*Prunus pseudocerasus* Lindl.）是我国南北方均有栽培的一种果树，其果实外观娇美，营养价值高，多汁而味甜，既是人们喜爱的鲜食水果，又是食品加工的原料。

（一）品种及其贮藏特性

我国有 4 种樱桃品种：中国樱桃、欧洲甜樱桃、欧洲酸樱桃和毛樱桃。在主要的樱桃优良品种中，耐贮运的有滨库、鸡心、早红、香蕉、大鹰紫甘等。早紫、黄玉、大紫、毛把酸等品种不耐贮运。人们日常所说的大樱桃或甜樱桃为欧洲甜樱桃，小樱桃为中国樱桃。樱桃采后，极易软化和衰老，高温和低湿会加剧水分蒸散与果实褐变。用于贮藏的樱桃应选耐藏品种的果实，要求单果大，色彩鲜艳，可溶性固形物含量高，饱满，质地较硬果实。

（二）采收及采后处理

1. 采收期确定

从樱桃果实色泽来分，有黄色、红色和紫色三种。果实成熟度的判断：黄色类型的品种，当底色褪绿变黄，阳面开始着有红晕时即表明进入成熟期；红色或紫色类型的品种，当全果面呈红色时，即表明进入成熟期。以山东烟台地区为例，一般早熟品种的采收期在 5 月下旬至 6 月初，中熟品种在 6 月上旬至 6 月中旬，晚熟品种在 6 月中旬至 7 月初。不同品种之间，成熟期一般可延续 30~40d。气候情况（光照、降雨）对樱桃树生长发育有直接的影响，多雨、寡照，樱桃开花结果、成熟就会推迟。确定采收期要综合、全面考虑。此外，由于樱桃采后没有后熟过程，适当晚采对增产与保持本品种风味、品质有利。

2. 采收方法

樱桃成熟后，应进行分批分期人工采摘。采时要轻采、轻放。鲜食樱桃采时应带果柄，在充分成熟后采收。贮藏用的樱桃可选择八九成熟、果实充分着色且尚未软化的果实采收。带雨采收及采前 3~4d 下雨、果园灌水的果实不耐贮藏。采前喷布 5g/L 氯化钙可提高耐藏性。樱桃果实柔软、皮薄，易擦伤，所以采下的樱桃应放在浅篮中，篮内垫有软草或碎纸屑。

3. 采后分级

根据 DB11/T 599—2016《北京主要鲜果等级》，鲜樱桃果实从外观和内在质量可分成特级、一级和二级共三个等级。如樱桃果实的成熟度为适宜成熟度，果梗新鲜，具有该品种典型色泽，果型端正，有本品种固有的风味，无裂果、病果和虫伤果，果面无瑕疵，此类果属特级；果实的成熟度为适宜成熟度，果梗新鲜、基本完整，果型基本端正，果面无瑕疵，此类果属一级；存在轻微损伤，但不影响果实外观，磨伤总面积不超过 $0.4m^2$，雹伤总面积不超过 $0.2m^2$，此类果属二级。

4. 采后处理

采收后的果实也可直接在田间装入内衬大樱桃保鲜袋的箱中，每箱装 4~5kg，同时均匀放入 CT-2 号保鲜剂，用量为 1 包/kg，每包用大头针扎 2 个透眼。装箱前要剔除病、烂、成熟度过大的果实。装箱后应马上入 0℃ 库并敞开袋口预冷。预冷时间约为 10h，果温达到 0℃ 时加入黑药 4 包，注意药包不要直接接触果实，用卫生纸包一下，然后扎紧袋口。

将采后果实浸没在 0.25%~0.5% 脱氧乙酸中 35s，取出晾干。还可以用 0.1%~0.15% 植酸、0.5~1g/L山梨酸和0.1%过氧乙酸配成的混合液处理，常温下可保鲜1周，低温下可保鲜15d。

樱桃贮藏前可进行热激处理。即冷藏前，将樱桃放在50℃热水中浸3min，用苯来特等杀菌剂防腐。用热水浸果是形成一种对果实暂时不利的环境条件，促使果实内部在生理上形成抵抗外界不良环境的能力。

（三）贮藏条件

贮藏的适宜温度为0~1℃，相对湿度90%~95%。气体指标：O_2含量3%~5%，CO_2含量20%~25%。樱桃对高CO_2不敏感。

（四）贮藏方式

1. 机械冷藏

入库前对库房进行消毒处理，在果实入库前将库温降至3~4℃。在贮藏过程中，库温保持在-1~1℃，相对湿度保持在90%~95%。需要排出库内较多的CO_2和其他气体时，可在夜间或清晨气温较低时进行通风换气，防止库内温度和相对湿度有较大波动。

2. 塑料袋小包装自发气调冷藏

选无碰伤、无擦破的樱桃，分级后装入甜樱桃保鲜袋内，封口，然后整齐摆放到塑料周转箱内，在冷库内码垛。甜樱桃自发气调贮藏温度一般在-1~0℃，相对湿度保持在90%~95%。自发气调冷藏推荐气体成分为：O_2含量3%~10%，CO_2含量≤8%。如能在装袋前用100~500mg/L苯菌灵溶液洗果，沥干水后装袋，贮藏效果更好。贮藏期间要勤检查袋内CO_2含量。鲜绿的果梗是樱桃新鲜度的重要标志。在贮运过程中，为防果梗脱落，可在采下后用1%~8%氯化钙浸果5~60min，所用浓度高，浸的时间短，浓度低浸果时间长。

3. 中草药涂膜常温贮藏

称取大黄、高良姜各50g，500mL清水浸泡1h，加热至沸腾后煎熬20min，滤出汁液。残渣中加500mL清水煮沸20min，滤出汁液，合并2次的滤液，并定容为1000mL备用。再加入50g/L可溶性淀粉溶液1000mL，冷却后制得涂膜液。该涂液处理采后的甜樱桃，可明显降低樱桃的呼吸代谢强度，抑制果实腐烂。在常温（19~25℃）下贮藏期达3周，比对照组延长7d。

第七节　坚果的贮藏

板栗、核桃、榛子、扁桃、阿月浑子（又称开心果）、松子等均属于坚果类，其中，板栗和核桃是我国的特产坚果。坚果类果实营养丰富，富含蛋白质、钙、叶酸、镁、钾、维生素E和纤维素，坚果含饱和脂肪酸低，不含胆固醇。研究表明，适量摄入坚果既有助于降低胆固醇，又有助于预防心血管疾病。

一、板栗贮藏

栗（*Castanea mollissima* Blume），俗称板栗、栗子、毛栗、油栗。在我国栽培范围较广，北京、河北、河南等省市均有大量栽培。板栗营养丰富，种仁肥厚甘美，是我国特产干果和传统的出口创汇果品，在国际市场上有"中国甘栗"的美称。我国板栗年产量约占世界总产量的1/10，但仍满足不了市场的需求。板栗采收季节气温较高，呼吸作用旺盛，导致果实内淀粉糖化，品质下降，大量板栗因生虫、发霉、变质而损失。因此，板栗的高质量贮藏保鲜十分必要。

（一）品种及其贮藏特性

板栗品种对其贮藏性影响很大。一般嫁接板栗的耐贮性优于实生板栗，北方品种优于南方品种，中、晚熟品种又较早熟品种耐贮；板栗果表面带毛的比光滑的耐藏，大果比小果耐藏。例如，山东薄壳、山东红栗、陕西镇安大板栗、明拣栗、湖南虎爪栗、河南油栗等品种耐贮性好。在同一地区，干旱年份的板栗较多雨年份耐藏，充分成熟的板栗有利于贮藏。

板栗属于呼吸跃变型果实，贮藏前呼吸十分旺盛，很容易因堆积产生呼吸热，使胚芽坏死或子叶变质，引起腐烂。板栗刚采收时含水量较高，一般为47%~56%。在通风良好的环境中，24h内失水率可达2%~3.2%，贮存1个月，失水率达到50%，之后随着栗果进入休眠，失水渐慢，趋于平缓。但栗果干硬失去香甜风味，不宜食用。失水越多，种子内的淀粉酶和呼吸酶类活性越高，不仅加速了淀粉分解和呼吸增强，而且使其抗病性、耐贮性下降，易感霉菌，致腐而失去商品价值。因此必须保持一定的水分，种子含水量不能低于35%。板栗贮藏忌干、忌湿、忌热、忌冻。板栗贮藏期也不可造成厌氧环境，如在密封塑料袋内贮藏易诱发无氧呼吸，产生乙醇、乙醛等不完全氧化产物，积累过多易造成细胞毒害，并产生异味。虫害和病菌侵染也是导致板栗采后腐烂的主要因素。危害板栗果实的害虫主要是栗实象鼻虫、栗实蛾和桃蛀螟，成虫于6~9月产卵于未成熟的栗苞内，贮运期间孵化。幼虫蛀食果肉，在果实内钻孔打道，使其失去商品价值，引起被咬食部位果肉及周围大量发黑、变质，进而腐烂。青霉、绿霉、黑曲霉、黄曲霉、毛霉属、根霉属等腐生菌均可侵染板栗。从感病开始经7~10d，可使整个栗实腐烂发黑而失去食用价值。

（二）采收及采后处理

1. 采收

适时采收是保证贮藏效果的关键措施。栗果成熟的标准应该是栗苞呈黄色，苞口开始开裂，坚果呈棕褐色。板栗采收的适宜时期是全树1/3以上的栗苞开裂期。过早采收时，未成熟的板栗，因水分含量高，代谢旺盛，易失水和衰老，加上采收时温度较高，不利于贮藏。采收时间可选择在连续几个晴天后进行，下雨、雨后初晴或晨露未干时不宜采收，否则易烂果。可采用拾栗子法或用竹竿一次打落，堆放在凉爽、通风的场所，以利通风、降温；7~10d后，将坚果从栗苞中取出，剔除病虫果以及其他不合格果，再在室内摊晾5~7d即可入贮。

2. 栗苞堆放脱粒

采收时未开裂的栗苞含水量大，温度高，呼吸旺盛，必须降低其温度，方可堆积，以促进栗实后熟和着色，并易于脱粒。具体做法是：选择阴凉通风的场地，把栗苞摊开，厚度40~60cm为宜，但忌堆积紧实。在温度、湿度适宜的情况下，1周左右便可脱粒。

3. 散热预贮

板栗采收季节气温较高，从栗苞中脱粒出来的栗实温度高，水分多，呼吸强度相对较高，需摊开风晾，使栗实冷却散热，散热可在室内或荫棚下进行，四周应通风，摊晾3~5d后便可入贮。

4. 防虫处理

板栗采收后，应集中熏蒸杀虫。将栗果在密闭的容器或库房中，按每立方米栗果用0.25kg 6%的SO_2、或0.51kg的溴甲烷、或0.18g 52%的乙磷铝熏蒸24h。生产上常用硫黄3~4g/m^3与少量木屑混匀，点燃密封24h，杀虫效果良好。

5. 防腐处理

板栗贮藏中常见的病害有黑腐病、炭疽病和种仁斑点病等，它们主要发生在采后1个月内，且在高温、高湿下明显。克服病害发生的办法主要是化学药剂处理。采用高效低毒杀菌剂，如用1000mg/L噻菌灵浸泡果实，或用0.5g/L 2,4-D与2g/L硫菌灵混合液，或用1~2g/L多菌灵，或用1g/L高锰酸钾等浸果3min，进行果实表面消毒和环境消毒，减少病源，有效抑制霉烂。

6. 防止发芽

栗果采后50~60d用25.2Gy射线照射，或用药剂浸果可抑制发芽。适用的药剂有青鲜素1000μg/mL、萘乙酸1000μg/mL等进行处理。

（三）贮藏条件与贮藏方法

板栗贮藏的适宜条件为：温度-2~0℃，相对湿度90%~95%，气体成分3%~5% O_2、1%~4% CO_2，在这样的贮藏条件下一般可贮藏8~12个月。目前以简易贮藏和机械冷藏为主，最常用的简易贮藏方法是沙藏法。

1. 沙藏法

选择适当场所，用湿沙（含水量以用手捏沙能成团，落到地上能散开为合适）将板栗分层堆埋起来，湿沙的用量为板栗的2~3倍。具体做法是在阴凉室内的地面或沙坑底部先铺一层秸秆或稻草，再铺一层7~10cm的湿沙，其上加一层板栗，然后一层沙一层板栗（每层3~7cm厚）相间堆高，至总高度达60~70cm时为止，最上层再覆一层沙，沙厚7~10cm，用稻草覆盖，高度约1cm。每隔20~30d翻动检查一次。为防止堆中的热不能及时散失，可扎草把插入板栗和沙中。应注意表面干燥时洒水，底部不能有积水。当外界温度低于0℃时要增加覆盖物的厚度。为了提高沙藏的效果，可在沙中加入少量松针以利通气，同时松针能散发出抑菌物质起防腐作用。由于蛭石、锯木屑等保湿性较好，生产实际中以它们取代沙子可提高板栗的贮藏效果。

2. 机械冷藏

板栗以装箱、装袋方式存放较多。贮藏期间库温应保持在-2℃左右，相对湿度85%~90%。板栗包装时在容器内衬一层薄膜或打孔薄膜袋，对于减少失重效果较好。贮藏期间要定期检查果实质量变化情况。

3. 气调贮藏

气调贮藏有良好的效果。气调贮藏时O_2含量为3%~5%、CO_2含量不超过5%，温度-1~0℃，可贮藏4个月。有报道称，用1%的O_2，不加CO_2也取得了成功。方法为用厚0.06mm以上的塑料薄膜包装板栗，结合机械冷藏进行简易气调。

4. 薄膜帐或袋贮藏

采用正常成熟度的栗果,经发汗与散热1个月后,即可采用薄膜帐或打孔薄膜袋贮藏。装袋前最好经过洗果,再用500倍的硫菌灵溶液浸果10min,晾干后装袋。薄膜袋的容量不超过25kg,薄膜厚度为0.05mm,袋两侧各打上直径为2mm的小孔,孔距为5cm,在-2~0℃下贮藏。用此法贮藏,腐烂、发芽、失重比率都有所降低。

二、核桃贮藏

核桃种壳厚硬、含水量低,易于贮运。但目前在采收、贮藏中常因管理不当,使坚果种发芽、生虫、霉变等,导致品质下降,成为限制核桃外贸出口的主要原因之一。

(一)贮藏特性

干燥核仁含水量很低,所以呼吸水平很微弱。核桃脂肪含量高,占核仁的60%~70%,因而容易发生腐败。在核桃贮藏期间,脂肪降解产生异味,在高温或日光下可加速此反应。坚果在21℃下贮藏4个月就会出现腐败,而在1℃下贮藏2年才开始显现。将充分干燥的核仁贮于低O_2环境中可以部分解决腐败问题。核仁种皮含有一些类似抗氧化剂的化合物,这些化合物首先与空气中的氧发生氧化,保护核仁内的脂肪酸不被氧化,但种皮抗氧化保护核仁的能力有限,脱壳核仁在贮藏过程中转为深色即种皮氧化作用的结果。

(二)采收与干燥

1. 采收时期及方法

生产上核桃果实成熟的标志是青皮由深绿变为淡黄,部分外皮裂口,个别果实脱落。我国主要采用人工敲击的传统方式采收核桃,费力费工,适合一家一户的分散栽培。美国采用机械振荡法振落采收。在80%的果柄形成离层,95%的青果皮与坚果分离时进行。残留的少数果在1周后进行第二次采收。喷施乙烯利,可一次采收全部坚果,并可比正常采收期提前5~10d,保证坚果品质优良。

采收后的果实约50%容易自然脱出,可不用堆积。外皮尚未开裂的核桃则需堆起,并随时翻动以免果皮污染内壳,经5~7d青皮脱落后,用水洗净晾干后即可贮藏。

2. 干燥

坚果干燥是使核壳和核仁的多余水分蒸发,其含水量均应低于8%,高于这个标准时,核仁易生长霉菌。生产上以内隔膜易于折断为粗略标准。美国的研究认为,核桃干燥时的气温不宜超过43.3℃,温度过高会使核仁内含的脂肪腐败,并破坏核仁种皮的天然化合物。我国核桃干燥,北方以日晒为主,先阴晾半天,再摊晒5~7d可干;南方由于采收多在阴雨天气,故采用烘房干燥,烘房温度先低后高,至坚果互相碰撞有脆响声时,即达到水分要求。美国普遍采用固定箱式、吊箱式或拖车式干燥机,送加热至43.3℃的热风,以0.5m/s左右的速度吹过核桃堆,干燥效率高,速度快。

(三)贮藏方式

1. 常温贮藏

将晒干的核桃装入布袋或麻袋吊在室内,或装入筐(篓)内堆放在冷凉、干燥、通风、背光的地方，可贮藏至翌年夏季之前。

2. 冷藏

核桃适宜的冷藏温度为 1~2℃，相对湿度为 70%~80%，贮藏寿命在 2 年以上。核桃贮藏中易发生鼠害或虫害，一般采用溴甲烷 40~50g/m^3 熏蒸库房 3.5~10h，有显著防治效果。

3. 塑料薄膜大帐贮藏

该法是将核桃密封在帐内，抽出帐内部分空气，使 CO_2 含量达到 20%~50%，O_2 为 2% 时，可防止由脂肪氧化而引起的腐败以及虫害；通入 50% CO_2 或 N_2，可抑制呼吸，减少损耗，抑制霉菌活动，还可防止油脂氧化，贮藏效果更佳。如果空气潮湿，帐内必须加吸湿剂，并尽量降低贮藏室内的温度。

复习思考题

1. 简述苹果和梨贮藏保鲜的综合技术。
2. 论述核果类水果长期贮藏的关键技术。
3. 如何做好浆果类水果的贮藏？
4. 做好葡萄贮藏保鲜应从哪些方面入手？
5. 柑橘贮藏期间容易出现的侵染性病害有哪些？如何防治？
6. 柑橘最常用的贮藏方式是什么？请谈谈该方式贮藏柑橘的具体工艺流程和主要参数。
7. 香蕉的贮藏特性有哪些？
8. 如何做好香蕉的贮藏运输？
9. 简述荔枝、龙眼的贮藏特性。如何做好荔枝、龙眼的贮运？
10. 芒果采收成熟度如何进行确定？
11. 如何做好桃、李、杏的贮藏？
12. 简述坚果含水量对其贮藏性的影响。

第八章

蔬菜贮藏

内容提要

本章主要介绍了叶菜类、花菜类、果菜类、茎菜类、根菜类及食用菌六大类等蔬菜的贮藏保鲜技术,对各种蔬菜从其品种及其贮藏特性、采收及采后处理、贮藏条件、贮藏方式及贮藏病害等方面进行了详细阐述。

学习目标

掌握主要蔬菜的贮藏特性、贮藏方式及贮藏技术要点;了解主要蔬菜品种的采后损耗原因及其防治方法;能够根据实际生产需要,制定出蔬菜贮藏运输的技术方案。

重要概念及名词

大白菜、甘蓝、番茄、辣椒、蒜薹、萝卜、马铃薯、食用菌。

第一节 叶菜类及花菜类蔬菜贮藏

叶菜类包括大白菜、甘蓝、菠菜等。叶菜类的食用器官主要是叶片,而叶片不是贮藏器官,是制造营养的器官。叶菜类除大白菜、甘蓝外,极易腐烂失水,品质下降快,不耐贮运。花菜类主要包括花椰菜、西蓝花、蒜薹等,它们分别以花蕾变态的花茎作为食用器官。此类蔬菜营养丰富,经济价值高,因此叶菜类及花菜类的贮运保鲜显得尤为重要。

耐贮藏的叶菜类主要是结球类的大白菜和甘蓝,绿叶菜类的菠菜和芹菜。花菜类蔬菜贮藏较多的是花椰菜。

一、大白菜贮藏

白菜(*Brassica rapa* var. *glabra* Regel),俗名大白菜、小白菜,为十字花科芸薹属植物。原产于我国山东、河北一带，是我国特有的蔬菜，具有很高的营养价值。其栽培历史悠久，是我国南北方秋、冬、春季大量栽培和供应的主要蔬菜，也是我国北方栽培面积最大、贮藏量最多的蔬菜。收获后除一部分立即供应市场和加工外，绝大多数都需贮藏均衡供应，做好大白菜贮藏对满足冬春季市场的需要、稳定蔬菜市场供应具有重要意义。

我国的大白菜种类有上百种，不同品种大白菜的耐贮性和抗病性之间有一定的差异，按照叶球形状，可将其分为抱头型、圆筒型和花心型三种。抱头型的白菜，叶球粗大，叶球高度为直径的1~2倍，叶球坚实，单株产量高，耐贮藏，品种有北京大青口、胶县大白菜、济南大根白菜等。圆筒型白菜，叶球细长呈圆筒型，其高度为直径的2倍以上，耐贮藏，如天津青麻叶，其外叶浓绿色，心叶淡绿色，品质优良。花心型白菜，顶部心叶向外翻卷，不封顶，呈花心状，外部叶片为绿色，这类白菜抗病性差，不耐贮藏。

栽培时在氮肥足够但不过量的基础上增施磷、钾肥能增进抗性，有利于贮藏。采收前要停止灌水，否则组织脆嫩、含水代谢旺盛，易造成机械损伤。

（一）贮藏特性

大白菜属耐寒蔬菜，食用叶球在冷凉湿润条件下发育形成，呼吸速率和乙烯释放量均比较低。叶片含较多的营养物质，属营养贮藏器官，也是生长延续器官。叶片内含有较多的营养物质和大量的水分，新鲜大白菜含水量达90%~95%，以致组织脆弱、娇嫩、缺乏外层保护结构、易受伤、易受微生物侵袭、易于蒸腾失水而萎蔫。较高的含水量使大白菜在-0.6℃以下时，外叶即会结冰，环境温度降至-1.2℃时，心叶也会结冰，导致生理病害使贮藏损耗增加。收获后的大白菜，具有生命活动，呼吸作用使养料消耗，衰老过程中叶柄离层的形成使大白菜脱帮。腐烂、失重和脱帮损耗一般达10%~40%，是大白菜贮藏损耗大的重要原因。所以，控制适当的贮藏环境温度和相对湿度，是大白菜保鲜的一个重要条件。大白菜的贮藏温度应控制在0℃左右，上下浮动幅度以不超过0.5℃为宜，相对湿度95%~98%。

（二）采收及处理

1. 采收

（1）采收前要求　收获前10d内应停止灌水，否则组织脆嫩、含水量高、机械伤严重、代谢旺盛，耐贮性和抗病性都降低。

（2）适时采收　适时收获是大白菜贮藏中的一个重要因素。采收过早，影响产量，同时因气温和窖温都较高，对贮藏不利。采收过晚，易在田间受冻。大白菜的采收期应根据各地的具体情况而定。东北、内蒙古地区约在霜降前后采收，华北地区约在立冬到小雪期间采收，江淮地区更晚采收。长江以南地区一般气候条件下的中晚熟品种，可以留在田间，根据市场需要分期分批采收供应。但早熟品种成熟期早，成熟时外界气温高，成熟后继续留在田间会加剧抽薹、脱帮及腐烂现象的发生。采收一般以"八成心"为宜。假植贮藏的大白菜，要求带根收获，其他方法贮藏的大白菜，可留3cm的根砍倒，也可沿叶球底部砍倒或连根收获。

（3）采收　应选择晴朗的天气，菜地干燥时进行，以七八成熟、包心不太坚实为宜，以减少或防止春后抽薹、叶球爆裂的现象发生。

2. 处理

（1）晾晒　收获后的白菜放在田间晾晒数天，使外叶失水变软，达到菜梗直立而不垂的程度，晒菜失重为毛菜的15%~20%。这样既可减少机械损伤，增加细胞液浓度，提高抗寒能力，又能缩小体积，提高库容量。但晾晒也不宜过度，否则组织萎蔫会破坏正常的代谢机能，加强水解作用，降低大白菜的耐贮藏性、抗病性，促进离层活动而脱帮。

(2) 整理与预贮　经晾晒的大白菜运至菜窖旁，摘除黄帮烂叶，但不要清理过重，不黄不烂的叶片要尽量保留以保护叶球，同时进行分级挑选以便管理。经整理后如气温尚高，可在窖旁码成长方形或圆形垛进行预贮。预贮期间既要防热又要防冻。

(3) 药剂处理　针对大白菜在贮藏中易脱帮腐烂，可辅以药剂处理。在收菜前2~7d用25~50mg/L的2,4-D进行田间喷洒，或在收后于窖外、窖内喷洒或浸根，有明显抑制脱帮的效果；用200~500mg/L的萘乙酸处理也有类似的作用。

（三）采后病害及防治

1. 微生物病害

(1) 细菌性软腐病　病部呈半透明水渍状，随后病部迅速扩大，表皮略陷，组织逐渐变软腐烂，黏滑，色泽为淡灰至浅褐，腐烂部位有腥臭味。发病时或叶缘枯黄，或从叶柄基部向上扩展引起腐烂，或心叶腐烂以及枯干呈薄纸状。该病菌一般从伤口侵入。这种病菌在2~5℃下也能生长发育，是大白菜低温贮藏期间常见的病害，但该病菌在干燥环境下会受到抑制。因此，在采收、贮运过程中应尽量减少机械伤；采后适度晾晒，贮藏期间注意通风、控制环境的相对湿度等措施是控制大白菜软腐病的关键。

(2) 大白菜霜霉病　又称霜叶病。染病后，一般由外层叶向内层叶扩展，初期只在叶片正面呈现出淡黄绿色至淡黄褐色斑点，潮湿时病斑背面出现白霜霉，严重时霉层布满整个叶片，最后干枯死亡。该病在高湿环境下易严重发生，因此，适度的晾晒和通风以保持环境中的低湿可抑制该病的发生。

2. 生理性病害

(1) 脱帮　脱帮主要发生在贮藏初期，指叶帮基部形成离层而脱落的现象。贮藏温度较高时，离层形成快，空气相对湿度过高或晾晒过度也会促进脱帮。采前2~7d用25~50mg/L的2,4-D药剂进行田间喷洒或采后浸根，可明显抑制脱帮。

(2) 失水　失水是引起大白菜贮藏过程中损耗的重要原因，主要是由贮藏温度过高或相对湿度太低造成的。因此，保持适当的低温和高湿可降低大白菜贮藏过程中的总损耗。

（四）贮藏条件及方法

1. 贮藏条件

(1) 温度　大白菜喜冷凉湿润，作为营养器官的叶球，是在冷凉湿润的条件下形成的。所以，大白菜要求低温贮藏条件，温度范围在(0±1)℃为宜。

(2) 相对湿度　大白菜贮藏过程中易失水萎蔫，因此要求较高的相对湿度，空气相对湿度为85%~90%。

(3) 气体成分　大白菜气调贮藏的报道较少。据报道，大白菜在0℃、相对湿度85%~90%、O_2含量1%的条件下贮藏5个月，叶片组织内维生素C损失减少，总糖量高，且无低氧伤害症状。但当CO_2含量高于20%时，就会引起生理病害甚至腐烂而失去食用价值。

2. 贮藏方法

大白菜的贮藏适温为 0℃，如采用机械冷藏当然可以取得良好的贮藏效果。但考虑到大白菜栽培和贮藏地主要在北方，而北方在秋、冬、春季气温较低，在常温贮藏场所，利用自然低温可调到大白菜贮藏要求的低温。所以大白菜贮藏中，简易贮藏是主要的手段，简易贮藏主要有假植贮藏法、埋藏、窖藏、通风贮藏库贮藏等。近年也在大型库房内采用机械冷藏。

(1) 假植贮藏法　将菜连根拔起，假植在沟内。中原地区沟深以高出菜 200mm 为宜；东北地区沟深要高出菜 500mm。贮藏前将沟内一次浇足水，等水渗下后，将白菜立放于沟内，气温下降时再覆盖一层草帘。

(2) 埋藏法　埋藏法又称沟藏法，沟藏法首先要选择地势平坦干燥、地下水位低、排水良好、交通方便的地点，沿东西向挖沟，沟深依当地冻土层厚度及贮藏时间长短而定，如在大连地区覆土厚度为 0.5m 左右。入沟时间，大连地区是以 2~3 片叶稍稍受冻时为宜，即小雪前后，而沈阳是立冬前后。北京地区一般沿南北向挖沟，沟宽 1.5m，沟深 0.25m，长度根据地形和贮藏量而定。挖出的土在沟四周做成土埂，埂厚约 0.7m（以最冷时期不冻透为原则）。沟深与土埂高度相加等于白菜的高度，入沟前先在沟底铺一层稻草或菜叶。然后，将晾晒过的白菜根朝下，一棵棵紧密地挤码在沟内，菜上面覆盖一层稻草或菜叶，再盖 0.5~0.7m 厚的土。

(3) 窖藏法　用地窖贮藏大白菜有悠久的历史，方法简单，贮藏量大，贮藏时间较长。窖藏要求选择地势高、地下水位低的地块，以免窖内积水造成腐烂。

白菜采收后经 1~2d 晾晒，使外叶水分蒸发，然后送到菜窖附近码在背风向阳处预贮，码垛时菜根向下，一棵挨一棵排放在一起，四周用草或秸秆覆盖，以防低温受冻。这样预贮可以忍受短时间 -10℃ 的低温，预贮可增强抗寒能力，一般预贮 20d 左右。在此期间要防冻和热，立冬前后入窖。

菜窖有多种形式，在南方，气温较高，菜窖多为地上式；在北方，气温较低，菜窖多采用地下式；而中原地区，多采用半地下式。窖藏白菜多采用架贮或筐贮。架贮是将已晾晒过的大白菜放置在贮藏架上，架高 170cm，宽 130cm，层高 100cm 左右。贮藏架间隔 130cm 左右，以方便检查和倒菜。大白菜摆放 7~8 层，贮菜距离上面的夹板应有 20cm 的间隙。也有堆贮，将白菜码成数列高 2m 的长条形垛，垛间留适当宽的通风道，垛长各地不等，一般为 2m。每两颗菜叶相对，根朝外排列，逐层向上摆。上层菜在下层菜的缝隙处，菜垛的两头靠支柱处每隔一层把菜横过来摆，以防倒垛。码菜时要求码得平，垛得齐，勾好心，压好缝。每平方米可贮菜 350~5000kg。白菜贮藏温度为 0℃，相对湿度为 95%~98%。

入窖初期，外界气温和窖温都高，大白菜易腐烂和脱帮，如果采用地面堆码贮藏，必须加强倒菜，以利通风散热。如白天外界气温高，要把门窗通气孔关闭，防止高温侵入库内。夜间打开通风设施引进冷凉空气，降低库温。

入窖中期，此时外界气温急剧下降，严寒的冬季来到，必须注意防冻，要关闭窖的门窗和通气孔，中午可适当通风。架式贮藏应在春节前倒菜 1~2 次，垛藏要倒菜 2~3 次，倒菜是将下部的菜倒至上部，同时撕去烂叶，并除去不适宜再贮藏的菜。

入窖后期（立春以后），此时气温和地温均升高，造成窖温和菜温升高，这时要延缓窖温的上升。因此，白天将窖封严，防止热空气侵入，晚上打开通风系统，尽量利用夜间低温来降低窖温。

(4) 机械冷藏法　大白菜先经过预处理，再装箱后堆码在冷藏库中，库温保持在（0±

0.50）℃，相对湿度85%~90%为宜，贮藏期间应定期检查。机械冷藏的优点是温度、湿度可精确控制，故保藏期长，贮藏质量高，但设备投资大，成本高。

二、甘蓝贮藏

甘蓝（*Brassica oleracea* var. *capitata* L.）又名卷心菜、洋白菜、莲花白等，属于十字花科芸薹属植物，食用部分为叶球，营养丰富。原产于地中海沿岸，现我国南北各地均普遍栽培，尤其是北方各地均普遍栽培，是北方群众春、夏、秋季的主要蔬菜之一。甘蓝比较耐寒、抗病，有较强的适应性，耐贮藏。通过贮藏调剂可达到周年供应。

（一）贮藏特性

甘蓝以肥嫩的叶球为产品，和大白菜均为结球叶菜，与各种散叶蔬菜相比耐贮藏性较强，适宜的贮藏温度为0~1℃。甘蓝叶球抗冻性比白菜稍强，长时间处在-1℃不会发生冻害。

甘蓝虽属叶菜类蔬菜，但它有一个比较明显的休眠期，并为强迫休眠类型，这是耐贮藏的一个先天条件。但它在贮藏过程中呼吸作用比较强，如果贮藏条件不适宜，休眠期将大大缩短，因此，在贮藏中要创造条件，抑制呼吸作用，延长休眠期。故在贮藏前应将叶球外层叶片晾晒，使其呼吸代谢降至最低程度。

贮藏甘蓝一般选择晚熟、结球紧实、外叶粗糙附有蜡粉的品种。贮藏环境空气干燥产品失水损耗大，相对湿度偏高会促进呼吸作用，而且会导致发芽抽薹，营养物质损失；同时，呼吸加强会造成热量积累，引起病害，大量腐烂、脱帮。适宜的贮藏相对湿度为90%左右，降低空气中O_2含量，可延长甘蓝贮藏寿命。甘蓝的抗寒力比大白菜强，短期可忍耐-7~-5℃的低温。甘蓝贮藏的适宜温度为（0±0.5）℃，相对湿度为90%~95%，O_2含量3%~5%，CO_2含量5%~6%，能贮藏5~6个月。

（二）采收及处理

甘蓝采收应在天气晴朗、土地干燥、叶球未受霜冻时进行。因为甘蓝比白菜耐低温，而且冻后容易缓过来，因此待贮菜的收获期可比白菜晚5~7d。收获时要求做到带根、带外叶。选叶球坚实，棵略大（2.5kg/棵），无虫害、病叶、烂根的叶球，每棵须留根长3~5cm，并留1~2层外叶，以保护叶球免受机械损伤及病菌侵入。甘蓝的贮期损耗与其品种及其采收期早晚有关。例如，中晚熟品种庆丰以晚收为好，可提高商品率，晚收的要比早收的贮期损耗低10%，而京丰品种以中期采收的贮期损耗低。

采收后将甘蓝以2~3层堆放在通风冷凉的屋内，预贮2~3d，这样可使其外叶水分部分蒸发，略发软，以达到预冷和愈伤的目的。预贮后继续剔除病叶、黄叶及根部腐烂的叶球，然后进行药物处理。如果要防止感染软腐病，应在茎基部刀口处涂一层石灰膏；为了防止脱叶，可在室内预贮时，以100kg水中加3~6g 2,4-二氯苯氧乙酸配制的溶液浸沾茎基部（注意不可用农用除草剂2,4-二氯苯氧乙酸）。若同时采用以上两项措施，应先沾2,4-二氯苯氧乙酸，待水分干后再涂石灰膏。

（三）采后病害及防治

一般甘蓝晚熟品种主要有黑腐病和软腐病。

(1) 甘蓝黑腐病　成株期发病引起叶斑或黄脉，叶斑从叶缘向内发展，形成"V"字形黄褐色枯斑。叶脉变黑，根茎发病，皮层腐烂，维管束变黑干腐。防治方法是种子消毒，播前用50℃水浸种20min 或 55℃水浸种10min，或用55%美双福按种子质量的0.4%拌种。

(2) 甘蓝软腐病　结球期常在外叶或叶球基部出现水渍状斑，外叶中午萎蔫，早晚恢复，进而叶球基部腐烂，呈污白色泥状，有恶臭味。防治方法基本与白菜软腐病相同。

（四）贮藏方法

从贮藏角度要求，甘蓝应选择叶球发育成熟，结球紧实，无病虫害的为好。适于贮藏的甘蓝品种有上海黑叶小平头、斑大古、继承等。甘蓝按其贮藏方式可分为埋藏、窖藏、温室贮藏和冷库贮藏四种方式。

1. 埋藏法

埋藏沟址要选择地势较高、地下水位较低、排水好的地块。沟的深度依贮藏期的长短和当地冻土层的深浅而定，一般要求深1.2~1.5m，沟内可堆放2~4层甘蓝。沟宽要以覆盖物的宽窄和贮藏量的多少来确定，沟的方向南北延长为好。甘蓝入沟时间是埋藏能否成功的关键。入沟早了，埋藏后温度高，往往会发生严重腐烂，一般在气温稳定在0℃以下后，才是甘蓝埋藏的有利时机。甘蓝入沟时可摆两层，下层甘蓝根朝下，上层甘蓝根朝上，叶球相对，都不直接与土壤接触，每个叶球带3~4片外叶。

入沟初期，根据当时气温变化情况，覆盖草帘。随着气温逐渐下降可加土覆盖防寒。如果贮藏期较长，春季还须逐步撤土，防止因沟内温度的升高而引起烂窖。

埋藏甘蓝一般都是一次性出窖，因此每个贮藏沟不宜过大，每沟贮200~300kg为宜。甘蓝出窖后，摘除外叶，去掉根，如叶球受冻，可放在5℃左右的空房子内缓慢解冻，然后上市，这样可提高商品菜的质量。

2. 窖藏法

甘蓝贮藏适温为-1~1℃，相对湿度为90%，采用永久性菜窖或土窖均可。甘蓝窖藏分两步进行。

第一步为预藏。预藏是把甘蓝收获后，先放在阴凉处，根朝下，叶球朝上摆一层，然后再叶球朝下，根朝上，摆第二层，摆好后用草帘覆盖，白天要防日晒，晚上防冻害。预藏一般可以贮藏到11月中旬。随着外界气温下降，从11月下旬起，甘蓝移入窖内，开始窖藏。

第二步为入窖贮藏。甘蓝入窖前要摘除老叶、黄叶、病虫叶，砍下根，这样既便于贮藏，又不多占用贮藏面积。如采用永久性菜窖贮藏甘蓝，叶球可直接在地面上码成长方形或塔形圆垛，也可用架式。甘蓝窖藏期的管理与大白菜相同，但要求温度低一些，倒菜次数少一些。

3. 温室贮藏

利用温室延后贮藏甘蓝与窖藏一样，先进行预藏，然后再移入温室内进行延后贮藏。

(1) 甘蓝垛藏　11月中旬后，甘蓝经过预藏，移入温室内垛藏。一般两个畦子码一垛，垛间留一空畦子，一是倒垛方便，二是便于通风换气。垛为长方形，摆4~5层。摆好后，盖上草帘，防止阳光照射引起温度升高。室温高时，可打开通风口降温；温度过低时，可用覆盖物直接盖在菜垛上或生火加温。贮藏的甘蓝留有外叶，加之较耐低温，整个贮藏期只需倒垛1~2次。

(2) 甘蓝假植贮藏　叶球充实的甘蓝可用垛藏法，对包球不紧的甘蓝，可根朝下，叶球朝上，一个挨一个地摆栽在畦子内，栽后浇水。对于假植贮藏的甘蓝，白天可以打开草帘，晚上再盖上。天冷时，除加强覆盖防寒外，还需生火加温，使甘蓝进行补充生长，增大叶球。此法可贮藏到来年的1~2月。

4. 冷库贮藏

甘蓝适宜冷藏，尤其是春甘蓝若贮藏必须冷藏。将收获后经过散热预冷并经修整的甘蓝，装筐或装箱，在库里堆码，堆码时注意留有空隙，以利通风排热。贮期控制库温在-1~0℃，相对湿度90%~95%即可。在冷库内甘蓝也可以利用菜架摆放几层，上面覆盖塑料薄膜保湿，避免干耗。在装筐（箱）贮时，可以在充分预冷的基础上用约0.02mm厚的薄膜包菜，或单棵菜装薄膜袋，这样可以减少干耗。

三、菠菜贮藏

菠菜（*Spinacia oleracea* L.）属于藜科菠稜属二年生草本植物，菠菜又称菠棱、赤根菜、波斯菜、鹦鹉菜、角菜等，原产于亚洲西南部，是我国栽培面积较大的一种绿叶菜。菠菜比较耐寒，适应性强，容易栽培，生长期短（一般播种后60~70d可以收获），茎和叶均可食用，含有钙、维生素A、维生素C等多种营养物质。

菠菜的品种类型主要是有刺种和无刺种两大类。有刺种叶尖形、叶色深、有较强的抗寒能力，适于冬播和贮藏，如山东大叶、唐山尖大叶、北京红头菠菜等都是各地的耐藏品种；无刺种叶圆形，叶薄、耐寒力差，一般不作贮藏用，适于春播；有刺种与无刺种杂交的一种菠菜称为"串菠菜"，这种菠菜兼具二者的优点，既耐寒耐藏，又有较高的产量。北方用来冬季贮藏的菠菜，以有刺种和杂交种为主。

（一）贮藏特性

菠菜耐寒力强，能露地过冬。据试验，菠菜能忍受-7℃左右的低温，解冻后仍可恢复新鲜状态；在-40℃下不损幼苗根系。因此，菠菜在我国北部寒冷地区可露地越冬。菠菜冻藏要求温度降到菠菜冰点以下，细胞中的游离水结冰，当外界温度逐渐升高时，细胞的生活机能开始恢复，即要在不致丧失蔬菜组织细胞生活机能的前提下被冻结，同时在这样的低温下，抑制酶的活力和病菌的活动，使菠菜采用简易冻藏的方法能够长期贮藏。但由于菠菜极易腐烂，必须严格控制其接近冰点贮藏。菠菜采后，常温下呼吸作用比较旺盛，产生大量的呼吸热，极易脱水萎蔫，促进黄化和腐烂，重量损失极大，食用品质下降。菠菜的最适宜贮藏温度为（0±0.5）℃，相对湿度90%~95%。菠菜适于塑料薄膜包装或气调贮藏，在0~1℃，相对湿度90%~95%条件下，O_2含量11%~12%，CO_2含量5%~6%，可以得到较好的贮藏效果。

适时播种对菠菜的安全贮藏关系极大。一般来讲，准备贮藏的菠菜播种应晚一些。如果播种过早，植株生长期过长，贮藏期间叶片容易变黄，不耐贮藏；播种过晚，生长期短且生长速度慢，影响产量。东北、西北、华北地区，一般播种期为处暑至白露。

（二）采收及处理

1. 采收

适时采收是菠菜冷藏和冻藏成功的关键。收获过早，外界气温尚高，入贮菠菜易发热，叶子变黄，腐烂损耗；采收过晚，菠菜冻在田间不易采收，所以菠菜最好在地面刚冻结又未冻实时进行采收。菠菜要连根收起,地面上冻时,要在中午开化后收菜,收获时用刀从主根 1~2cm 深处铲收,抖去泥土。为降低植株含水量并提高其耐寒能力,收获前 1 周停止灌水。

2. 处理

收获后的菠菜,要摘除黄枯烂叶,就地捆把。如果收菜时叶片上仍带水珠,应就地微晾去水,以防贮发热腐烂,然后放到阴凉地方预贮,稍加覆盖,以免蒸发失水。可以在地面单层码放预贮,也可以单层斜码在深约 1cm 的浅沟中预贮,但均需稍加覆盖,切忌忽冻忽化。高纬度地区,可以不经预贮,直接贮藏。

(三)贮藏条件及方法

1. 贮藏条件

(1) 温度 菠菜的贮藏适温为 -6~0℃,在冻结状态下可以长期贮藏,解冻后仍能恢复原来的新鲜状态。

(2) 相对湿度 菠菜适宜的相对湿度为 90%~95%,当相对湿度过低时,菠菜中的水分会大量散失,茎叶萎蔫变黄,质地变粗,失重率高,品质下降。

2. 贮藏方法

菠菜贮藏有冻藏和暖藏之分。冻藏是菠菜贮藏的传统方法,要求迅速冻结并始终保持冻结状态,冻藏过程中避免忽冻忽化、长期不冻或冻结过度;而暖藏并非在"温暖"状态下贮藏,而是与冻藏相对的,是维持在冰点附近的低温条件下,不使菠菜明显冻结的一种贮藏方式。

(1) 冻藏法 菠菜最适合采用冻藏法,冻藏方式多种多样,各地都有自己的传统方法,具体操作略有不同。常见的有普通冻藏法、通风沟冻藏法和阳畦冻藏法等。其中,通风沟冻藏法能在贮藏中进行温度调节,贮存效果较好。具体做法是:挖宽 0.7~1m,深 30~60cm 的沟,顺沟底挖深 3.3~10cm,宽 20~25cm 的通风道,并使其两头相通。沟上横铺一层秸秆,将菜把或菜直立散放在沟内,叶面撒一层湿润土覆盖,厚度以不露叶子为宜,随着气温下降可分 2~3 次覆土,覆土总厚度为 20~25cm。入贮初期气温较高,利用通风道交换外界冷空气,随着气温逐渐降低逐步堵塞风道。开春后,地温上升,外温提高,在夜间温度降低后重新开启通风道。这种贮藏方法简单方便,适于大量贮存。

冻藏菠菜应在上市前 3~5d 从沟内起出,放置在 0~2℃ 的冷室或棚窖内自然化冻(也可以在冻藏沟中一直贮藏到气温转暖自然解冻后取出),使其恢复新鲜状态,然后摘去黄枯烂叶,整理出售。切不可在高温下急速解冻,否则冰品溶解后,汁液不能被细胞吸收而流失,菠菜不能恢复新鲜状态,而使腐烂加重,甚至不能食用。

(2) 埋藏法 在大雪前将不抽薹的菠菜连根收起,捆成 0.5~1kg/把。在背阴不积水处,挖一深 0.3m、宽 0.7~1m 的窄沟,将菠菜平放沟中,每捆之间不要靠得太紧,土壤封冻前覆土 15cm。在寒冷时使菠菜覆土冻结,菠菜则处于土壤冻结与不冻结之间。春节前将菠菜挖出解冻,菠菜仍鲜嫩如初。

(3) 暖藏法 暖藏方式与冻藏基本相同,只是贮藏沟可以稍宽、稍深,覆盖物可以稍厚,使沟内温度保持在 0~2℃,以保持菜捆似冻非冻状态。这种方法能更好地保持菠菜的生物机能和耐贮性,降低贮藏损耗,上市前也无须解冻,但管理要十分谨慎,切不可时冻时化,造成损失。东北地区的暖贮沟宽 70cm,深 50~70cm,覆土厚度比冻藏厚 10cm。入贮后要注意检查,使沟内保持稳定的 -2~0℃。在入贮初期和后期都要做好通风降温工作,否则沟内温度过高,容易造成腐烂。

(4) 薄膜袋包装气调冷藏法　将菠菜带根采收后,经过挑选、整理,捆成0.5kg/把。用厚0.08mm的聚乙烯塑料薄膜制成100cm×75cm的袋子,每袋装7.5kg,扎紧袋口,分层摆放在冷藏库的菜架上。自然降氧,库温-1~0℃。当O_2含量降到11%~12%,CO_2含量升到5%~6%时,即开袋给氧,给氧时间为2~3h,当袋内氧升到18%以上时,重新扎口封闭,循环往复至结束。同时,也可采取松扎袋口(松度直径3cm,袋内积累CO_2 5%~6%,O_2 11%~12%)的做法,可取得良好的贮藏效果,贮藏2~3个月,商品率保持在80%以上,加工损耗12%,自然损耗5%,一等品得率80%。

四、花椰菜贮藏

花椰菜(Brassica oleracea var. Botrytis L.),又名菜花、花菜、球花甘蓝,是十字花科芸薹属甘蓝类蔬菜,是甘蓝的一个变种。花椰菜的供食器官是花球,花球质地嫩脆,营养价值高,味道鲜美,食用部分粗纤维少,深受消费者的喜爱。原产于地中海东部海岸,我国已引种多年,为我国南部地区秋冬季主栽蔬菜之一。有白、绿两种,绿色的称为西蓝花、绿花菜。白花菜和绿花菜的营养、作用基本相同,绿花菜比白花菜的胡萝卜素含量高一些。

(一) 贮藏特性

花椰菜与甘蓝同属十字花科蔬菜,但食用器官不同。花椰菜喜凉爽湿润的环境,忌炎热,不耐霜冻,不耐干旱,对水分要求严格。花椰菜的花球由肥大的花薹、花枝和花蕾短缩聚合而成,花球外部没有保护组织,含水较多,产品柔嫩,所以花椰菜在采收和贮运过程中极易失水萎蔫,易受机械损伤,并易受病原菌感染引起腐烂。适温在0~2℃,在0℃以下花球易发生冻害,表现为花球呈暗青色,或出现水浸斑,品质下降,甚至不堪食用;高于8℃花球易变黄、变暗,出现褐斑,甚至腐烂。贮藏适宜相对湿度为90%~95%,相对湿度过低或通风过快,会造成花球失水萎蔫。

花椰菜贮藏中易松球、褐变使质量降低,花椰菜松球是发育不完全的小花分开生长,而不密集在一起,松球是衰老的象征。采收期延迟或采后不适当的贮藏环境条件,如高温、低湿等,都可能引起松球;引起花球褐变的原因有很多,如花球在采收前或采收后较长时间暴露在阳光下、花球遭受低温冻害、失水和受病菌感染等都能使花椰菜变褐,严重时花球表面还会出现灰黑色的污点,甚至腐烂失去食用价值。

低氧条件对抑制花椰菜产品呼吸和延缓衰老进程有显著效果,同时花球对CO_2气体有较强的耐受力,适宜的贮藏条件是2%~5% O_2,5%左右CO_2。如果O_2含量低于2%,或CO_2含量高于8%,轻则导致花球失去鲜香风味,重则造成气体伤害,腐烂变质。国内外关于花椰菜对低O_2和高CO_2敏感程度存在不同的报告,可能与当地栽培条件有关。

在贮藏期间,外叶中积贮的养分向花球转移而使之继续长大充实,因此,可将尚未长成的小花椰菜连根带叶收获进行假植贮藏,或贮于普通窖内,在贮藏的同时,又有提高质量增进品质的效果。

不同品种及不同产地的花椰菜耐贮性有较大的差异,耐贮抗病品种的选择是提高贮藏效果的主要环节。花球大而充实、收获期较晚的品种适于贮藏;花球小而松散、收获期较早的品种,收获后气温较高,不利于贮藏。生产上,春季多栽培瑞士雪球,秋季以荷兰雪球为主,这两个品种的品质好,耐贮藏。采收时宜保留2~3轮叶片,以保护花球。

（二）采收及处理

1. 采收成熟度的确定

收获过早，花球小，产量低；收获过晚，花枝伸长，花球衰老松散，品质差，不耐贮藏。从出现花球到采收的天数，因品种、气候而异。早熟品种在气温较高时，花球形成快，20d 左右即可采收；而中晚熟品种，在秋、冬季需 1 个月左右。采收的标准为：花球硕大，花枝紧凑，花蕾致密，表面圆正，边缘尚未散开。一般应在花球充分长大，色泽发白，表面平整，结构紧密时采收。

2. 采收

用于假植的花椰菜，常连根带叶采收。采用其他方法贮藏的花椰菜，要选择花球直径 15cm 左右的中等花，表面圆整光洁等，边缘尚未散开，没有病虫害的植株，保留距离花球最近的 3~4 片叶子，连同花球割下，以减少在运输过程中产生机械损伤，将菜头朝下，放入筐中。因为花椰菜花球的形成，在植株个体间也存在差异，应分批采收。

冷藏用的花椰菜，应在其花球充分长大，表面圆整，边缘尚未散开时收获。采收时花球外边留 3~4 片保护叶，并在存留的末片包叶外基部切齐总花茎。选择无病虫害的花椰菜，在晴天的早晨采收。采收前的 3~7d 停止灌水，采收时轻拿轻放，避免机械损伤。要求外观新鲜，清洁，色泽正常，花球紧实完整，表面无绒毛，不脱水，不散花，无病虫害、冻害和机械伤害。

3. 处理

花椰菜收获后应进行严格挑选，剔除老化松散、色泽转暗变黄、病虫危害、机械损伤等不宜贮藏的花球。然后在通风阴凉处摊晾预贮 1~2d，严防风吹、日晒和雨淋。待叶片失水变软时，将叶片拢至花球，用草绳或塑料条带稍加捆扎即可。花球较小的花椰菜，宜连根带叶单独收获，用于假植贮藏。另据报道，适期收获的花椰菜用 2,4-二氯苯氧乙酸和 6-苄基腺嘌呤（6-BA）结合处理，对花球保鲜和防止外叶黄化脱落有一定效果。用苯菌灵、多菌灵或硫菌灵处理，也有一定防腐作用。

（三）采后病害及防治

1. 侵染性病害

花椰菜贮藏过程中易受病菌感染，引起腐烂，主要是黑斑病。染病初期花球变色，随后变褐，花球上出现许多褐斑而影响其感官品质。此外，还有霜霉病和菌核病，病菌主要通过伤口侵入。防治上述病害要注意尽量减少机械损伤，避免贮温波动过大而"出汗"，另外，入贮前喷洒 3000mg/L 苯来特或托布津药液，晾干后入贮，可有效抑制发病，减轻腐烂。

2. 失水变色

失水主要是因为贮藏期相对湿度过低，导致水分大量蒸发，变色主要原因是采收和贮运中受机械伤或贮温过高所致。另外，贮藏期间乙烯浓度高也会使花球变色。防治方法主要有控制适宜的温湿度，避免机械损伤和加入乙烯吸收剂。

（四）贮藏条件及方法

1. 贮藏条件

（1）温度　花球适宜的贮藏温度为 0~1℃，温度高于 8℃时花球易变暗、变黄、出现褐斑，甚至腐烂，而温度低于0℃时则易发生冷害。

（2）相对湿度　贮藏适宜的相对湿度为90%~95%。

（3）气体成分　低O_2和高CO_2对抑制花椰菜的呼吸作用及延缓衰老有显著的作用。花球对CO_2有较强的耐受力。据报道，花椰菜贮藏的适宜成分为2%~5% O_2、5%左右O_2。另外，贮藏库内放置乙烯吸收剂来吸收乙烯，可延缓花球衰老变色。

2. 贮藏方法

花椰菜可以进行假植贮藏、窖藏、冷藏或冷库气调贮藏。

（1）假植贮藏　山西省太原等地用假植贮藏小花椰菜的方法，是在大暑至立秋定植，立秋后气温冷凉，花球形成慢，到立冬前后只长成一定大小。用稻草等物捆绑包住花球，小雪前将具有幼小花球的植株紧挨着假植在沟内，用湿土埋住根部，适量灌水即可进入假植。沟宽1m，深0.7~1m，贮藏初期要防止温度太高，因此，白天盖上草席防止日晒，晚上揭开草席利用夜间降温，使温度维持在2~3℃。后期注意防冻，根据气温的变化适当覆盖。

（2）窖藏　经摊晾预贮并捆扎的花椰菜送至棚窖内，散堆、装筐码垛或摆于菜架上均可。散堆时可稍加铺垫，产品不宜接触地面，菜堆叶不宜过高过大，以便通风散热。可以用塑料薄膜帐覆盖，但不必封闭，每天轮流揭开一侧薄膜放风，利于保鲜。前期气温较高，要充分利用夜间冷空气通风散热，以防高温高湿造成腐烂，平时多检查，及时倒菜，后期注意保温防寒。

（3）冷库贮藏　机械冷藏库是目前贮藏花椰菜较好的场所，它能调控适宜的贮藏温度，可贮藏2个月左右。生产上常采用以下2种形式。

将预冷后的花椰菜按等级、规格、产地、批次分别码入冷库间，距蒸发器至少1m。一般冷藏时，花椰菜装筐时，花球应朝上；筐码放时，以不伤害下层花椰菜的花球为宜；单花球套袋冷藏时，应将单个花球装入0.015~0.04mm厚聚乙烯塑料袋中，扎口放入箱（筐）内，码放时要求花球朝下，以免袋内产生的凝结水滴在花球上造成霉烂。冷藏温度应保持在0±0.5℃，库内相对湿度为90%~95%，冷藏期间应定时检测库内温湿度。在上述条件下，根据花椰菜品种和产地不同，一般冷藏方法，冷藏期限为3~5周；单花球套袋冷藏方法，冷藏期限为6~8周。

（4）冷库气调贮藏　冷藏花椰菜带叶宜少，可以摊晾预贮后入库，利用预冷间预冷后入冷藏间，贮藏效果更好。最好事先对菜筐或菜架消毒，花椰菜装筐码垛或上架摆放均可，然后用塑料薄膜帐封闭，快速降氧，控制2%~5% O_2、5%左右CO_2，调整好温度后即可进入贮藏。花椰菜贮藏中释放乙烯较多，可在帐内用适量高锰酸钾载体吸收。帐内相对湿度较大，要防止内壁水珠滴落在花球上，以免产品变色、染病和腐烂。其他管理可参照番茄气调贮藏进行。

第二节　果菜类蔬菜贮藏

果菜类主要包括番茄、辣椒、茄子、菜豆等，它们以果实为食用器官，是人们非常喜爱的一类蔬菜。其新陈代谢旺盛，含水量高，表面保护组织还不完备，并且多数果菜原产于热带，在高温季节生长，不适应接近0℃的低温，所以历来认为果菜难贮。随着食品保藏技术的发展，冷库贮藏、简易气调贮藏、小包装贮藏保鲜及涂膜保鲜等技术给果菜类及其他蔬菜贮藏提供了有利条件，大大地延长了果菜类的贮藏期。

一、番茄贮藏

番茄（*Solanum lycopersicum* L.），又称西红柿、洋柿子，属茄科一年生草本植物，食用器官为浆果。原产于南美洲的秘鲁、厄瓜多尔、玻利维亚，在我国栽培已经有近100年的历史。番茄是一种营养丰富、色泽艳丽的果菜兼用的蔬菜，它既可生食，又可熟食，深受消费者喜爱。番茄果实皮薄多汁，属浆果类蔬菜，不易贮藏，可将晚秋露地栽培及塑料大棚的产品，进行贮藏，可起到初冬调节蔬菜花色品种的作用。研究番茄的贮藏保鲜方法，可减少腐烂，延长其贮藏期及保持其品质，以旺补淡，满足市场需求。

（一）贮藏特性

番茄果实成熟度不同，适宜的贮藏条件和贮藏期有所不同。番茄可分成五个成熟阶段：绿熟期、微熟期（转色期至顶红期）、半熟期（黄熟期）、坚熟期（红而硬）和软熟期（红而软）。鲜食的番茄多为半熟期至坚熟期，此阶段呈现出果实成熟时应有的色泽、香气和味道，品质较佳。但此时果实已逐渐转向生理衰老，难以较长期贮藏。用于贮藏的番茄应在绿熟期至黄熟期，此时果实已充分长成，糖、酸等干物质的积累基本完成、生理上处于呼吸的跃变初期。果实健壮，具有一定的耐贮性和抗病性，在贮藏中能够完成后熟转红过程，接近在植株上的成熟时的色泽和品质。

番茄原产于拉丁美洲热带地区，性喜温暖，不耐0℃以下的低温，红熟果实可贮藏在0~2℃，相对湿度90%~95%的条件下，但成熟度较低的绿熟番茄和顶红果，适宜温度为10~13℃，如果低于8℃，且时间较长，就易遭遇冷害，表现为果实发生水渍状斑点，软烂或蒂部开裂，或不能正常成熟，或组织坏死，易染病腐烂。用于鲜销和短期贮藏的红熟果，其适宜的贮藏条件为0~2℃，相对湿度为85%~90%，O_2和CO_2含量均为2%~5%。作为长期贮藏的番茄应在绿熟期采收，其适宜贮藏条件为：温度10~13℃，相对湿度为80%~85%。在适宜的温湿度条件下，采用气调方法贮藏，绿熟果可贮藏60~80d，顶红果贮藏40~60d。

番茄是典型的呼吸跃变型果实，果实开始进入呼吸高峰或已经处于跃变后期的生理衰老阶段后，即使在0℃低温下，也难以长期贮存。同时白熟期的番茄对外源乙烯敏感，可用外源乙烯催熟果实。

（二）采收及处理

1. 品种和成熟度的选择

番茄贮藏时要注意选择耐藏品种，番茄有不同的种类，品种各异，贮藏前必须首先注意不同品种耐贮性，选择耐贮的品种。贮藏时应选择种子腔小、皮厚、子室小、种子数量小、果皮和肉质紧密、干物质含量和含糖量高、含酸量高的较耐贮藏品种。一般来讲，黄色品种最耐藏，红色品种次之，粉红色品种最不耐藏。此外，早熟的番茄不耐贮藏，中晚熟的番茄较耐贮藏。

番茄果实成熟度不同，因此适宜的贮藏条件和贮藏期也有所不同。鲜食的番茄多为转色期至粉红期，此期呈现出果实成熟时应有的色泽、香气和味道，品质较佳。但此时果实已逐渐转向生理衰老，难以较长期贮藏。用于贮藏的番茄应在绿熟期至发白期，此时果实已充分长成，糖、酸等干物质的积累基本完成、生理上处于呼吸的跃变初期。果实健壮，具有一定的耐贮性和抗病性，在贮藏中能够完成后熟转红过程，接近在植株上成熟时的色泽和品质。

2. 采收

采收前7~10d可喷一次杀菌剂，对预防采后病害效果较好。杀菌剂有：40%乙磷铝可湿性粉剂250倍多菌灵湿性粉剂500倍或25%代森锰锌胶悬剂300倍。另外，作为贮藏用的番茄，在采收前3~5d不应浇水，遇雨不宜立即采收，否则容易腐烂、不耐贮藏。

番茄为浆果，果皮较薄，采收时应十分小心。番茄的成熟为分批成熟，所以国内外一般采用手工采摘。番茄成熟时产生离层，采摘时用手托着果实底部，轻轻扭转即可采摘。人工采摘的番茄适宜贮运鲜销。国外用于加工的番茄多用机械采收，但果实受伤严重，不适于长期贮藏。

3. 处理

果实采收后应先放在冷凉处及时预冷，散发田间热。用强制通风预冷效果最好，番茄预冷温度最低为12.5℃，然后再选果入贮。

（三）采后病害及防治

1. 侵染性病害

番茄贮藏中主要的侵染性病害有以下几种。

（1）番茄早疫病（又名夏疫病或轮纹病）　此病多在夏季高温季节发病，尤以绿色果或成熟果为多。发病时产生同心轮纹的病斑，病斑下陷，呈褐色或黑色，上有绒状黑色的分生孢子梗丝。病原菌为一种真菌，病菌生长发育温度很广，1~45℃均可生长，最适温度为26~28℃。该病既侵害叶、茎，也危害果实，大部分发生在近蒂处或果实上的裂缝部位，是番茄贮藏期的主要病害之一。

（2）番茄晚疫病（又名疫病）　此病主要发生在番茄绿熟期，在贮藏和后熟时期引起损失较大。发病部位一般在近果蒂处，病斑不规则，界限不明显，先呈灰绿褐色，而后呈深色的硬斑，最后侵入到果实内部深处，使果实呈水渍状腐败。病菌的发病条件为低温（20℃左右）、高湿。温度低于10℃或高于30℃即停止生长发育。

（3）番茄软腐病　一般由果实的伤口、裂缝处侵入果实内部。发病时，果实表面出现水渍状病斑。软腐处外皮变薄，半透明，果肉腐败。病斑迅速扩大以至整个果实全部腐烂，果皮破裂，呈暗黑色病斑，有臭味。这种病很快蔓延，危害较大。该病菌发病条件为高温高湿，在24~30℃下很易感染此病。

（4）番茄炭疽病　该病主要危害成熟果实，发病初期在果实表面呈现水渍状透明小斑点，渐渐扩大成黑色的凹陷。大的病斑表面出现轮纹，有红色黏质物侵入果肉内部。由于此病产生，又能引起其他病菌的侵入，导致果实腐败，损失较大。该菌的生长发育温度范围很广，最低为6~7℃，最高为34℃，最适温度在25℃左右。

（5）番茄根霉腐烂病　番茄软腐部位一般不变色，但因内部组织溃烂果皮起皱缩，其上长出污白色至黑色小球状孢子囊，严重时整个果实软烂呈一泡儿水状。该病害用药防治，适量用药在田间几乎不发病，仅在收获后引起果实腐烂。病菌多从裂口处或伤口处侵入，患病果与无病果接触可很快传染。

（6）番茄交链孢果腐病　多发生在成熟果实裂口处或日灼处，也可发生在其他部位。受害部位先变褐，呈水浸状圆形斑，后发展变黑并凹陷，有清晰的边缘。病斑上生有短绒毛状黄褐色至黑色霉层，在番茄遭受冷害的情况下，尤其容易感病，一般是从冷害引起的凹陷部位侵染，引起腐烂。

（7）番茄灰霉病　多发生在果实肩部，病部果皮变为水浸状并皱缩，上生大量土灰色霉层，在果实遭受冷害的情况下更易大量发生。

（8）番茄绵腐病　被害果表现为较大的水浸状斑，有时果皮破裂，表面产生纤细而茂密的白霉，造成腐烂。

（9）黑枯病　此病害与早疫病有些相似，多发生在果实的蒂端和顶部，生成赤褐色凹陷斑，很像黑斑病。发病部位常有浓稠的黑霉，有时可看到轮纹，并凹陷裂开。在长期气调贮藏中易患此病。

针对以上病害，除选耐贮、抗病性强的品种外，应注意加强菜园管理，采收时及采后操作中避免机械伤，贮藏用材料事先要消毒。

2. 生理性病害

（1）缺氧伤害是一种低氧引起无氧呼吸而造成的生理病害，表现为果实表皮有不规则的褐色病斑，有的稍有下陷。病果有强烈的酒精气味。

（2）高 CO_2 伤害是由于 CO_2 浓度过高而引起的生理病害。中毒的番茄果实表面会产生小圆形凹斑，明显下陷。

（四）贮藏条件及方法

1. 贮藏条件

（1）温度　红熟的番茄贮藏适温为 0~2℃，但绿熟番茄贮藏适温为 10~12℃，低于 8℃会造成低温伤害，冷害果不能转红或着色不均匀，果面出现凹陷、腐烂。

（2）相对湿度　番茄贮藏适宜的相对湿度为 85%~95%。相对湿度过高，病菌易侵染造成腐烂。相对湿度过低，水分易蒸发，同时还会加重低温伤害。

（3）气体成分　在 10~13℃下，绿熟番茄气调指标是 O_2 和 CO_2 含量均为 2%~5%，可抑制后熟，延长贮藏期。当 O_2 过低或 CO_2 含量过高时会产生生理伤害。

2. 贮藏方法

（1）常温贮藏　在夏秋季节，利用土窖、防空洞、地下室、通风贮藏室等阴凉场所，保持较低的温度。许多地方还采用架藏，即将番茄置于架上，一般用木料或竹子搭架，层高 40cm，宽度 70~80cm，每层架上可码 4~5 层番茄。架藏的优点是：在贮藏过程中，后熟变化及腐烂情况容易观察，便于及时处理，损耗较少，但成本较高。此法作为调剂市场短缺的短期贮藏措施是适宜的。

（2）冷藏　贮藏前番茄的包装容器必须清洁、干燥、牢固、透气、美观、无异味，纸箱无受潮、离层现象。包装容器的高度不要超过 25cm，单位包装重量以 15~20kg 为宜。同等级、同批次、同一成熟度的果实须放在一起预冷，一般在预冷间与挑选同时进行。将番茄挑选后放入适宜的容器内预冷，待温度与库温相同时进行贮藏。冷藏最适贮藏温度取决于番茄的成熟度及预计的贮藏天数。一般来讲，成熟果实能承受较低的贮藏温度，因此可根据番茄果实的成熟度来确定贮藏温度。绿熟期或变色期的番茄的贮藏温度为 12~13℃，红熟前期及中期的番茄贮藏温度为 9~11℃，红熟后期的番茄贮藏温度为 0~2℃。空气相对湿度保持在 85%~90%，为了保持稳定的贮藏温度和相对湿度，须安装通风装置，使贮藏库内的空气流通，适时更换新鲜空气。在贮藏期间必须进行定期检查,出库之前应根据其成熟度和商品类型进行分类和划分等级。

（3）气调贮藏　番茄在蔬菜中研究气调效应最早,也是迄今为止积累资料最多的一种果实。一般认为,绿熟番茄在 10~13℃,相对湿度 85%~90%, O_2 和 CO_2 含量均为 2%~5%,可以贮藏 100d 以上;转色期果实在此条件下可贮藏 45~60d。气调贮藏的具体方法有以下几种。

①适温快速降氧贮藏:利用制氮机或工业氮气调节气体,制冷机调节温度,将贮藏条件控制在 10~13℃,相对湿度 85%~90%, O_2 和 CO_2 含量均为 2%~5%,可以得到较理想的贮藏效果。

②常温快速降氧法:只控制贮藏条件下的 2%~4% O_2, 5% 以下 CO_2, 一般可贮藏 25~30d。这种方法贮藏效果不及快速降氧贮藏法,但可在无机械降温条件下进行。

③自然降氧法:番茄进帐密封后,待帐内的 O_2 由果实自行吸收到 3%~6% 或 2%~4% 时,再采用人工调节控制,不让 O_2 含量继续下降而稳定在这一范围,温度力求维持在贮藏适宜的范围内。

④硅窗气调法:国内多使用甲基乙烯橡胶薄膜。在一定范围内,硅窗的渗透性随着帐内 CO_2 浓度升高或降低而增大或减少,这样就能迅速排出帐内过高的 CO_2, 并有限地补入 O_2, 从而使 O_2 和 CO_2 保持适当的比例。硅橡胶薄膜还能使番茄代谢产生的乙烯很快透出帐外。对比试验表明,使用 0.08mm 厚的硅窗,帐内 O_2 含量维持在 6% 左右, CO_2 在 4% 以下,效果较好。

⑤自发气调贮藏法:果实采收并用药剂处理后,便可以装保鲜袋贮藏,袋规格为 25cm 宽 35cm 长,容量 1.5kg,因番茄易被挤压受伤,而且成熟后逐渐变软,因此不能用大袋包装贮藏。用塑料绳扎紧口,平摆在架子或放入菜筐中即可。此法也可以贮藏 15~25d。

二、辣椒贮藏

辣椒（*Capsicum annuum* L.）,又名番椒、辣茄、海椒等,属茄科多年生或一年生草本植物。原产于中南美洲热带地区,大约在明朝末年传入我国。由于它适合我国的自然条件,因此,我国南北都有栽培。辣椒含有丰富的辣椒素、维生素 C 及维生素 A 等多种营养物质,且有促进食欲、帮助消化等效用,深受广大消费者的欢迎。

（一）贮藏特性

辣椒、茄子和番茄都属于茄科,对贮藏相对湿度的要求和青果番茄基本相同。辣椒多以鲜嫩的青色辣椒贮藏,青椒含水量高,其保水性不如番茄,易失水萎蔫。在成熟过程中有乙烯产生,营养物质有一定量的消耗损失,还有明显的色素变化,即随着成熟度的提高,叶绿素含量迅速下降。在红色品种中,在叶绿素下降的同时,有番茄红素的增加。所以,在贮藏时除防止萎蔫和腐烂外,还要防止后熟变红。因此,贮藏中要创造适宜的条件,防止青椒失水、腐烂和转红。

青椒适宜的贮藏温度为 7~9℃,低于 6℃ 易受冷害,表现为果面水浸状软烂或出现脱色圆形水烂斑点,高温将加快后熟和腐烂。适宜的相对湿度为 85%~90%,同时需要良好的通风条件。

（二）品种、采收及处理

1. 品种

根据辣椒果实的特征,可将辣椒分为五类,依其辣味大小依次是:樱桃椒类、簇生椒类、长角椒类、圆锥椒类和甜柿椒类。一般辣味椒的贮藏是将果实脱水至含水量5%以下，制成干辣椒防止腐烂，而甜味辣椒和微辣型的辣椒只宜在青熟时采收，并选择耐藏品种进行贮藏保鲜。青椒品种间耐贮性差异很大，用于贮藏的青椒品种适宜选皮厚、肉多、表皮光亮、褶皱少、色泽深绿、含水量少、干物质含量较高的晚熟品种，如茄门甜椒、灯笼椒、麻辣三道筋油椒、世界冠军、牟农1号等。

2. 采收

青椒收获期影响其贮藏性。收获过早果实本身发育不充实，且外界气温较高，不耐贮；霜后椒易腐烂，也不耐贮。采收适期应在霜前，利用塑料大棚或其他保护栽培设施的，采收期延至立冬至小雪，可贮藏至春节供应市场。果实转红时，已处于生理衰老阶段，耐藏性差，不宜用半红果及红果贮藏。

带伤果实呼吸作用较强，且易染病腐烂，不耐贮。采收时应捏住果梗摘下，防止果肉和胎座受伤，为了减少贮藏期间果梗的腐烂，可用剪刀将青椒从果梗处剪下，这样伤口小且光滑，不易受微生物侵染。装运要轻拿轻放，防止机械损伤。

3. 处理

为防止采后青椒水分大量蒸发．应将采收的青椒置于阴凉处短期预贮，或直接进行冷藏或气调贮藏。一般在7月、8月采收的青椒，以机械冷藏为宜，因气温太高，其他场所不宜创造适宜的低温。秋季采收的青椒因气温降低，可采用沟藏或窖藏。青椒采收后先在12~13℃下预冷24~48h，然后按质量要求挑选果实入贮。

（三）采后病害及防治

1. 微生物病害

青椒贮藏病害有细菌性软腐病、真菌性炭疽病和菌核病等。

2. 生理性病害

辣椒原产于美洲，喜温暖湿润，在低温下易受冷害。遭受冷害的青椒表面呈水渍状软烂或出现圆形水烂斑点。

（四）贮藏条件及方法

1. 贮藏条件

（1）温度　一般认为青椒贮藏适温是7~9℃，温度过低会遭受冷害。萼片和种子褐变，果面呈现凹陷斑点，重者皮色变成深绿色，似水煮状，表皮易剥离，进而腐烂。有时果实在低温下无症状或症状较轻，转入室温就表现出冷害症状，随后很快溃烂败坏。温度高时，果实很快后熟变红、变软。

（2）相对湿度　青椒内部是空腔，极易失水皱缩、变软，因此，保持果实水分也是非常重要的，适宜的相对湿度为85%~95%，贮运过程中需采用包装保湿，不可长期裸露。

（3）气体成分　适当的低 O_2 和高 CO_2 可以抑制青椒中乙烯的产生，抑制青椒的后熟作用，推迟青椒后熟变软。对青椒贮藏最适宜的气体成分，研究结果不尽相同。这可能同品种、栽培和采收时间有关。一般以3%~6% O_2，1%~2% CO_2 为宜。某些品种的青椒对 CO_2 气体十分敏感，超过时会发生伤害，导致腐烂。

2. 贮藏方法

（1）沟藏法　沟藏法是各地均有的简易贮藏法，尤其在我国北方地区广泛采用。沟藏在露地挖沟，深 1m，宽 1m，长度视贮藏量而定。在沟底铺沙，青椒散堆（厚 50~66cm）或装筐后贮于沟中，上面盖上草席或湿沙。

采收后也可不经预贮直接入沟，如果散装，在沟底铺上 10cm 左右的沙子或高粱秆，上面铺 33~47cm 厚的青椒，青椒上面撒一层湿沙。若装筐，筐内需垫有湿蒲包等物，每筐装 20~25kg 青椒，盖上筐盖或覆一层湿蒲包。

（2）窖藏　窖藏即将青椒贮于窖内，具体方式有堆贮、筐贮、架贮。通常用半地下窖或菜窖贮藏青椒。首先，贮藏前先将窖子消毒，在窖内地面上铺一层 3cm 厚的湿沙，将青椒码放在沙上，一般 4~5 层，并在青椒的四周和顶层围上草席以保持相对湿度。用蒲包垫筐贮藏青椒，先用水浸湿蒲包，再用 5g/L 的漂白粉消毒液，沥去滴水，装入青椒，堆码成垛。每隔 7~10d 检查一次，同时更换蒲包，贮藏效果更好。

青椒入窖后应尽快使温度保持在 5~10℃，相对湿度保持在 80%~90%。同时，要注意防止青椒过度失水，前期采取夜间通风降温，达到适温后则要注意保温防寒。

（3）气调贮藏　我国普遍采用自发气调贮藏法，青椒在夏季常温库内用薄膜封闭贮藏，因温度较高，损耗较大。秋后窖温在 10℃左右，薄膜封闭贮藏效果较好。选择耐贮品种，贮前用 10g/L 漂白粉和 2,4-D 溶液浸果，晾干后装入纸箱（纸箱先用 1% 的甲醛消毒），再套上厚 0.10mm 的聚乙烯塑料袋，扎紧袋口。也可采用快速降氧法，即人工抽出袋内部分的 O_2，补充 N_2 使袋内保持 O_2 含量为 5%~7%，CO_2 含量控制为 5% 以下。用此法贮藏青椒，好果率为 94.3%。

三、黄瓜贮藏

黄瓜（*Cucumis sativus* L.），又名胡瓜、青瓜，属于葫芦科甜瓜属一年生植物，原产于中印半岛及南洋一带，性喜温暖，在我国已有 2000 多年的栽培历史。以幼嫩果实供食，幼嫩黄瓜质脆肉细，清香可口，营养丰富，深受人们的喜爱。

（一）贮藏特性

黄瓜属于非跃变性果实，但成熟时也有乙烯产生。黄瓜产品鲜嫩多汁，含水量高达 95% 以上，代谢活动旺盛，收获后的黄瓜在后熟过程中易脱水变糠；采后黄瓜受精胚继续生长，并从果肉组织中吸收水分和养分，造成瓜条变形、果梗端萎缩变糠、苋端因种子发育而变粗，整个瓜形呈棒槌状。另外，果皮失绿黄化、酸度增加、果实绵软、品质下降。刺黄瓜类品种，瓜刺易被碰脱造成伤口流出汁液，易受病菌的侵染。黄瓜采收时节气温较高，表皮无保护层，果肉脆嫩，易受机械伤害。所以黄瓜是较难贮藏的一种果菜，黄瓜贮藏中的主要问题是后熟变质和腐烂。

黄瓜原产于热带地区，是一种冷敏性较强的果实，适宜的贮藏温度为 10~13℃，低于 10℃可能出现冷害，冷害初期瓜面上出现凹陷斑和深绿色水浸斑，细胞液外渗。黄瓜的头部尖端最为敏感，随后整个瓜条上凹陷斑变大，瓜条脱水萎缩、变软，很快受微生物侵染而腐烂。黄瓜的冷害症状一般在低温下表现不出来，而在常温销售过程中，黄瓜升温后瓜条迅速长霉腐烂。黄瓜的低温冷害与贮藏温度、相对湿度密切相关（表 8-1），相对湿度越低凹陷斑越严重。秋黄瓜的贮藏温度可低于10℃，有的可耐8℃低温，甚至在2~3℃下仍收到较好的贮藏效果，如北方秋冬季的大白菜里面包黄瓜贮藏等。黄瓜在高于13℃的环境下，代谢旺盛，后熟加快，迅速转黄老化，品质变劣，甚至腐烂。黄瓜含水量高，保护组织差，采后极易失水萎蔫，要求相对湿度90%~95%。低于85%时会出现失水萎蔫、变形、发糠等问题。

黄瓜对乙烯极为敏感，贮藏环境中1mg/L乙烯即有较强的催老、黄化作用。因此，贮藏、运输中香瓜、番茄、苹果、梨等易释放乙烯的果蔬不能与黄瓜放在一起。据报道，气调贮藏中的低O_2和高CO_2促使冷害加重，适宜的O_2和CO_2含量均为2%~5%。CO_2含量高于10%，会引起产品气体伤害，表现为瓜皮出现不规则的褐斑。气调贮藏时温度比普通冷藏提高0.5~1℃，即贮藏可以稍高于13℃。

表8-1　　　　　　　　　　　黄瓜低温冷害与贮藏温度、湿度的关系

温度/℃	相对湿度/%	萎蔫/%	凹斑程度	温度/℃	相对湿度/%	萎蔫/%	凹斑程度
3.9~5.5	50~60	7.69	严重	9.4~10.0	50~55	9.4	轻微
	79~88	3.75	轻微		81~90	3.29	无
	95~100	0.85	无		90~100	1.05	无

注：贮藏期为7d。

（二）采收及处理

1. 选择品种

表皮较厚、果肉丰满、固形物含量高的品种较耐藏；晚熟品种比早熟品种耐藏；由于黄瓜表皮刺多时，易于碰伤或碰掉，伤口易造成感染，因此，刺少的品种较耐藏。研究表明，较为耐藏的品种主要有：津研1、2、4、7号，白涛冬黄瓜，漳州早黄瓜。北京小刺瓜细小，皮薄，刺多，不易贮藏。除了耐藏性外，贮藏时选择品种还应兼顾质量、风味和维生素含量。例如，津研2号比1号耐藏，维生素C含量也高几倍，质量好，产量高。

2. 采收

同一品种，幼嫩瓜贮藏效果好，成熟度高则易衰老变黄。贮藏用的瓜应比立即上市的稍嫩些，但过嫩时，含水多，固形物少，也不耐藏，易腐烂。选丰满壮实、中等成熟的绿色瓜条较为适宜。秋季用作贮藏的黄瓜，播种期应比一般秋黄瓜晚些，这样，采收时气温较低，便于利用自然气温进行贮藏。例如，天津地区在寒露以后，早霜以前适时采收；大连地区在10月下旬霜降霜冻前收获贮藏。

采摘要求顶花带刺，瓜身碧绿。贮藏的黄瓜应采植株中部生长的"腰瓜"，它们大多条直、壮实；下部接近地面的瓜，因与泥土接触，瓜身易带病菌而腐烂，不能用于贮藏；而瓜秧顶部的黄瓜则一般形状不规则，内含物少，也不宜贮藏。采摘黄瓜最好于清晨进行，一手掐住果柄，一手用剪刀剪下，注意不要碰伤瓜刺。剔除发育不良的黄瓜如尖头瓜、大肚瓜以及过老、过嫩、病虫和有机械伤的黄瓜。挑选的黄瓜要整齐地排放在浅条箱中，并留出10cm顶隙，防止挤压碰伤。

3. 处理

采摘的瓜运到荫棚或库房内预冷，以除去田间热，同时人工挑选，淘汰不符合贮藏要求的

过熟、过嫩、有病虫害和机械损伤的瓜。黄瓜的表皮缺乏角质层，为了增加黄瓜的光泽，防止脱水萎蔫和腐败菌的感染，在入库前须用2g/L托布津与4倍水的虫胶等量混合的溶液进行处理，使瓜身上均匀地附着一层混合液，涂好的瓜要在荫棚中晾干；装筐后准备入库。

（三）采后病害及防治

1. 微生物病害

黄瓜贮藏期病害主要是炭疽病。染病后，瓜体表面出现淡绿色水渍状斑点，后变黑褐色，并逐步扩大、凹陷，在相对湿度较高的条件下，病斑常出现许多黑色小粒，即分生孢子盘。病果弯曲变形、病斑可深入果肉使风味品质明显下降，甚至变苦，不堪食用。该病菌发病适宜条件为24℃，4℃以下分生孢子不发芽，10℃以下病原菌停止生长。对此病，主要做好田间管理，剔除病虫果，采后用1000~2000mg/L的苯菌灵、硫菌灵处理。

2. 生理性病害

黄瓜原产于中南半岛及东南亚一带，性喜温暖，不耐低温。温度低于10℃，易遭受冷害，发生冷害的黄瓜表面出现不规则凹陷及褐色斑点，果实呈水渍状，受害部位易感病。

（四）贮藏条件及方法

1. 贮藏条件

（1）温度 一般认为黄瓜的贮藏适温为10~13℃，低于10℃贮藏可能出现冷害；高于13℃贮藏代谢旺盛，加快后熟，品质变劣，甚至腐烂。

（2）相对湿度 黄瓜含水量高，蒸发量大，因此，黄瓜需高湿贮藏，相对湿度高于90%，低于85%会出现失水萎蔫、变形、变糠等问题。

（3）气体成分 黄瓜对气体成分较为敏感，黄瓜的适宜O_2含量和CO_2含量均为2%~5%，当CO_2含量高于10%时，会引起高CO_2伤害，瓜皮出现不规则的褐斑。乙烯的存在会加速黄瓜的后熟和衰老，贮藏过程中要及时消除，如贮藏库里放置浸有饱和高锰酸钾的蛭石或碎砖头。

2. 贮藏方法

（1）缸藏法 黄瓜缸藏法在我国北方如天津、大连等地区应用较多。贮藏的品种主要为晚秋品种，如大黑刺瓜、津研一号和北京大刺等。用做贮藏的黄瓜播种期，比一般秋黄瓜要晚些，这样，黄瓜收获时，气温已呈明显的下降趋势。北方广大地区用来贮藏的黄瓜，一般于8月下旬直接播种于露地，10月上旬霜降前，在黄瓜未受霜冻前收获贮藏。贮藏黄瓜采收时间，最好在清晨进行，趁凉采收入缸。采收时要特别小心，一手捏着果柄，一手用剪刀剪下，尤其注意不要碰伤瓜刺。要挑选瓜条整齐，成熟适中，无病虫害和机械伤的，直接入缸并一次装满。黄瓜缸藏的具体做法是将缸刷洗干净，再盛入10~20cm深的清水，在离水面高7~10cm处，放上一个十字或井字形的木板架，再放上一个用秫秸编成的圆形箅子，或直接用带孔的薄木板。黄瓜入缸有几种不同的摆法：一种是将黄瓜沿着缸壁转圈平放，果柄朝外，头向里，如此一直向上摆叠，距缸口10~13cm处为止。这样，缸的中间就形成一个空洞，可使缸中温度分布均匀。另一种摆法将黄瓜纵横交错逐层排列，直到接近缸口为止，还有将黄瓜每摆若干层后，另加隔板，可以减轻黄瓜各层的压力。

黄瓜摆完后，立即用牛皮纸盖住缸口。缸要放在阴凉处，待天气转凉后，为避免缸水结冰，应将缸埋入地下一半；天气再冷，可用草袋围上或埋土。这种方法可使黄瓜贮藏到12月下旬，贮藏期达 2 个月以上。

（2）窖藏　窖藏分为土窖和水窖贮藏。水窖贮藏一般选择地下水位高的地方，挖一东西方向的坑，长 6~10m，宽为 0.5m，深为 2m。黄瓜入窖时，先在贮藏架上铺层草席，四周再围上草席，以免黄瓜和窖壁接触碰伤。在黄瓜入窖后的初期，白天窖门与天窗要紧闭，主要利用夜间低温进行适当的通风来降低窖温。天冷后，可拆除遮阳风障，在白天通风。窖温控制在 5~10℃。

黄瓜在贮藏期间不必倒动，但要经常检查。如发现瓜尖变黄发蔫时，应及时挑出以免变质腐烂。

（3）气调贮藏　黄瓜采下后，装在规格为 40cm×50cm 的塑料袋中，袋的厚度为 0.08cm，每袋装 2.5~3kg。然后将袋装入筐中，堆垛起来。贮藏温度为 3℃时，气体成分控制在 O_2 含量 3%~5%，CO_2 含量 8%~10%。北京一些单位采用气调贮藏法，贮藏温度为 10~13℃，相对湿度为 85% 以上，通过快速降 O_2，使 O_2 和 CO_2 含量控制为 2%~5%。最好用 1∶5 虫胶水溶液加 2000~4000mg/L 苯菌灵、硫菌灵涂被，封闭垛内放入瓜重 1/40~1/20 的浸有饱和高锰酸钾溶液的碎砖头用以吸收乙烯，延缓后熟过程。还可充 Cl_2 消毒，每 2~3d 处理一次，采用以上综合措施，黄瓜可贮藏 45~60d，好瓜率达 85% 左右。

四、茄子贮藏

茄子（Solanum melongena L.），又名落苏，为茄科茄属的一年生草本植物，在热带为多年生植物。原产于印度，在我国已有 1000 多年栽培历史。茄子适应性强，在我国南北各地都普遍栽培，为夏、秋季主要蔬菜品种之一。

（一）贮藏特性

茄子有圆茄、长茄、矮茄三个变种。一般果实大而圆的品种多属晚熟型，果实小且植株矮小多属早熟型，品种的耐贮性有较大差异。贮藏时要选择晚熟耐贮藏的品种。贮藏用茄子的种植应适当晚育苗、晚定植，避免重茬和重施氮肥，及时防治病害，应在霜冻前采摘。

茄子采后营养损失的研究较少。据报道，茄子采后酶活性迅速升高，如多酚氧化酶、过氧化氢酶、乙醇脱氢酶、过氧化物酶等酶活性在采后迅速成倍增加，引起果实品质劣变。茄子在贮藏中存在的主要问题有：①果梗连同萼片湿腐或干腐，蔓延至果实或与果实分离。②果面出现各种病斑，不断扩大，甚至全果腐烂，主要是褐纹病、绵疫病等。③5℃ 以下出现冷害，果面出现水浸或脱色的凹陷斑块，内部种子和胎座薄壁组织褐变。也有报道称，茄子在 10℃ 即出现冷害症状，可能与品种成熟度、大小、收获季节有关。采用低 O_2、低 CO_2 指标气调贮藏，可防果梗脱落；用 50~100mg/kg 2,4-二氯苯氧乙酸浸果梗可防梗萼脱落。

（二）采收及处理

1. 采收

茄子以嫩果供食用，早熟品种定植后 40~50d 可开始采收，中熟品种需 50~60d，晚熟品种 60~70d。按茄子在植株上的生长部位及先后次序，第一层果称为"门茄"，第二层果称为"对茄"，第三层果称为"四母斗"，第四层果称为"八面风"，再往上称为"满天星"。贮藏用果以采用生长在植物中部的中等大小果实如"四母斗""八面风"为宜。晚熟品种呈深紫色，圆果形、果肉细嫩、种子少、含水量低者也常用作贮藏用果。

茄子的采收宜在早、晚气温较低时进行。待果实充分长大且果皮光亮平滑时即可采收。也可通过萼片上的带状环判断，若茄萼片与果实相连接地方有明显白色或淡绿色环状带，则表明果实正快速生长、组织柔嫩、不宜采收；若这条环状带已趋于不明显或正在消失则果实已停止生长应及时采收。茄子采收时宜保留完整的萼片和一小段柄把。

2. 处理

采后宜置于阴凉通风处，降低品温，散去田间热。

（三）采后病害及防治

采后病害主要有真菌、霉菌侵染所致绵疫病、褐纹病、灰霉病等，冷害茄子放回常温状态极易受交链孢菌的侵袭而腐烂变质。

1. 绵疫病

为绵疫病菌感染所致，此病原微生物属于真菌类，最适生长温度为 28~30℃；最适相对湿度为 90%。茄子患此病后，果实上出现 1~2cm 的水渍状圆形病斑，无光泽；逐渐可扩大到 3~4cm，中央暗褐，边缘淡白，表面平陷，出现绵丝状白色菌丝，果肉变黑腐烂。若气温较高，4~5d 后病害可蔓延至整个果实。防治方法主要有选用优良抗病品种，加强田间管理，雨季不收获，贮藏期间采取通风、降温、排湿措施；另外还可采用药剂防治，常用药液有（1:1:160）~（1:1:200）波尔多液，5%克菌丹可湿性粉剂 500 倍稀释液等。

2. 褐纹病

褐纹病是茄子褐纹病菌感染所致。发病时果实出现圆形或椭圆形病斑，呈淡褐色，与健康部分分界明显，后期病斑上生出许多黑点，排列成轮纹状，果肉呈海绵状。褐纹病菌属于霉菌类，最适生长温度为 21~33℃，高温、高湿可诱发此病害。因此，要注意降温、排湿，同时可用多种药剂交替使用进行防治，常用药品有 30%硫菌灵、百菌清、波尔多液等，每隔 7~10d 喷洒一次。

（四）贮藏条件及方法

1. 贮藏条件

（1）温度 茄子性喜温暖，不耐霜冻，最适贮温为 10~13℃。它对低温的敏感性与品种、成熟度、收获季节等有关。一般来讲，秋天采收、生长温度较低的茄子，敏感性小于仲夏采收的茄子。据报道，秋天采收的茄子 8℃能贮藏 10d，而仲夏采收的茄子 12℃只能贮藏 7d。

（2）相对湿度 茄果含水量高，因此应放于高湿环境中贮藏，贮藏最适相对湿度为 90%~95%。相对湿度过高会导致各种病原菌对果实的侵染。在贮藏管理时要严格控制相对湿度，使它处于较理想的范围内。用收缩膜包装茄子有良好的保湿效果。

（3）气体成分 在气调贮藏中，一般 O_2 含量为 2%~5%，CO_2 含量为 0%~5%，具有较好的效果。茄子对乙烯敏感，乙烯处理可加速其腐烂变质。

2. 贮藏方法

（1）简易贮藏 民间常用的传统方法有窖藏、沟藏、煤末贮藏法等，都取得了一定的贮藏效果。贮藏时应注意严格选果，严密观察温度，以防冷害的发生；定期察看果实，及时剔除病果、烂果。采取上述几种措施后一般贮藏期可达 40~50d。

(2) 冷库贮藏　贮前应进行预冷，茄子预冷不能采用水冷法，此法易导致病菌的传播，一般用空气预冷法以散去田间热。在 12~13℃ 和相对湿度 90%~95% 下可贮藏 20d 左右，冷藏时应注意防止冷害发生。

(3) 气调贮藏　在低 O_2、高 CO_2 条件下茄子组织产乙烯能力下降，同时还能阻止空气中的乙烯对茄子果实的影响，具有较好的防腐保鲜效果。有试验表明，将茄子在库房堆码成垛，用塑料薄膜帐密封，在 20~25℃，帐内 2%~5% O_2，5% CO_2 的条件下，贮藏 30d，能很好地保持茄子的商品价值。

(4) 涂膜保鲜法　据日本专利报道，将下列两种试剂涂于茄子果柄部，可防止脱把现象，有良好的保鲜效果：①蜜蜡 10 份，酪蛋白 2 份，蔗糖脂肪酸酯 1 份（按质量比），将这几种组分充分混合成乳状保鲜剂。②蜜蜡 70 份，阿拉伯胶 20 份，蔗糖脂肪酸酯 1 份（按质量比）加热至 40℃ 充分混合成糊状保鲜剂，进行涂膜处理。

第三节　茎菜类蔬菜贮藏

一、蒜薹贮藏

蒜薹，又称蒜毫，是从抽薹的蒜（*Allium sativum* L.）中抽出的花茎，蒜薹味道鲜美，质地脆嫩，含有丰富的蛋白质、糖分和维生素，还含有杀菌力极强的蒜氨酸（大蒜素）。蒜薹在我国分布广泛，南北各地均有种植，是我国目前果蔬贮藏保鲜业中贮量最大、贮藏供应期最长、经济效益颇佳和极受消费者欢迎的一种蔬菜，全国总贮量已超过 2 亿 kg。我国山东、安徽、江苏、四川、河北、陕西、甘肃等地均盛产蒜薹。目前，随着贮藏技术的发展，蒜薹已可以做到季产年销。

（一）贮藏特性

大蒜可分为抽薹和不抽薹大蒜两种。蒜薹是抽薹大蒜经春化后在鳞茎中央形成的花薹和花序，花茎一般长 60~70cm。收获期一般为 4~7 月，蒜薹采后新陈代谢旺盛，表面缺少保护层，加之采收期为高温季节，所以在常温下极易失水、老化和腐烂。蒜薹只要在 25℃ 以上放置 15d，薹苞会明显增大，总苞也会开裂变黄、形成小蒜，薹梗自下而上脱绿、变黄、发糠，蒜味消失，失去商品价值和食用价值。

蒜薹比较耐寒，对相对湿度要求较高，相对湿度过低，易失水变糠。另外，蒜薹对低 O_2 和高 CO_2 也有较强的耐受力，短期可忍耐 1% O_2 和 13% CO_2。对于长期贮藏的蒜薹来说，适宜的贮藏条件为：温度 -1~0℃，相对湿度 90%~95%，O_2 含量 2%~3%，CO_2 含量 5%~7%。在上述条件下，蒜薹可贮藏 8~9 个月。

（二）采收及处理

1. 采收

适时采收是确保贮藏蒜薹质量的重要环节。蒜薹的产地不同，采收期也不尽相同，我国南方蒜薹采收期一般在 4~5 月，北方一般在 5~6 月，但在每个产区的最佳采收期往往只有 3~

5d。一般来讲，在适合采收的 3d 内收的蒜薹质量好，稍晚 1~2d 采收的蒜薹薹苞偏大，质地偏老，入贮后效果不好。

贮藏用的蒜薹应质地脆嫩、色泽鲜绿、成熟适度、无病虫害、无机械损伤、无杂质、无畸形、薹茎粗细均匀、长度大于 30cm。一般来讲，生长健壮、无病害、皮厚、干物质含量高，表面蜡质较厚，薹梗色绿，基部黄白色短的蒜薹较耐贮藏。蒜薹的收获期总苞下部变白，蒜薹顶部开始弯曲为标志。蒜薹收获期应在晴天，采收前 7~10d 停止灌水，雨天和雨后采收的蒜薹不宜贮藏。采收的方法有两种：一种是用长约 20cm 的钩刀，在离地面 10~13cm 处剖开假茎，抽出蒜薹；第二种方法是，待蒜薹抽出叶鞘 3~6cm 时，直接抽枝。第二种方法造成的机械伤少，但产量低。按第一种方法采收，产量高，但划薹形成的机械伤容易引起霉菌侵染，不耐贮藏。无论采用哪一种方法都必须缩短采摘、运输时间，才能取得理想的效果。采收后应及时迅速地运到阴凉通风的场所，散去田间热，降低品温。

2. 处理

（1）预处理　蒜薹收获后，要随即在荫棚挑选分级，剔除过小过嫩、老熟硬化、断头损伤者，剪去薹条基部老化变色、干缩部分，剪口要整齐，不要剪成斜面。将薹苞一头拧扎成小把并运至贮藏场所。在此期间，要避免风吹日晒，大量失水；或堆积发热，造成腐烂。

（2）防腐　蒜薹入库后灭菌防腐处理是近年采用的一项新技术。用防腐保鲜剂处理的方法是：在蒜薹预冷期间，用液体保鲜剂喷洒薹梢，再用防霉烟剂进行熏蒸，烟剂使用量为每克处理库容 4~5m^3，当烟剂完全燃烧后，恢复降温，待蒜薹温度降至 0℃ 时装袋封口，再进行贮藏管理。

（三）采后病害及防治

1. 微生物病害

蒜薹中含有大蒜素，具有较强的抗菌力，但贮藏条件不适宜时也会发生病变。一种是霉菌病变，主要是白霉菌和黑霉菌两种病原菌，当感染病菌后，在蒜薹的根蒂部和顶端花球梢处出现白色绒毛斑（白霉菌）和黑色斑（黑霉菌），继而引起腐烂。特别是高温高湿条件下，加速腐烂。因此，要防止腐烂，首先应减少伤口，同时促进伤口愈合。另外，严格控制贮藏室内的温度、相对湿度和 CO_2 浓度，还要做好消毒工作。

2. 生理性病害

高 CO_2 伤害，当贮藏环境中 CO_2 浓度过高时，会产生高 CO_2 的生理伤害，其症状为在蒜薹的顶端和梗柄上出现大小不等的黄色的小干斑。病变会造成呼吸窒息，组织坏死，最终导致腐烂。

（四）贮藏条件及方法

1. 贮藏条件

（1）温度　蒜薹的冰点为 -1.0~-0.8℃，因此贮藏温度控制在 -1~0℃ 为宜。温度是贮藏的重要条件，温度过高，蒜薹的呼吸强度增大，贮藏期缩短；温度太低，蒜薹会出现冻害；贮藏温度要保持稳定，温度波动过大，会严重影响贮藏效果。

（2）相对湿度　蒜薹贮藏适宜的相对湿度为 85%~95%。较高的相对湿度对蒜薹保鲜也很重要。一般来讲，只有保持贮藏蒜薹适当的含水量，才能保持其正常的呼吸作用和鲜嫩度。当气调贮藏时,由于环境相对湿度较大,一般失水较少,但要注意温度不能波动过大,否则会造成结露现象,容易引起腐烂。

(3) 气体成分　适当降低贮藏环境中的 O_2 的浓度和提高 CO_2 的浓度,可明显抑制其呼吸作用和延缓衰老。蒜薹对低 O_2 有很强的耐受能力,尤其当 CO_2 浓度很低时,蒜薹长期处于低 O_2 (1%以下) 环境下,仍能保持正常。但蒜薹对高 CO_2 的耐受能力较差,当 CO_2 含量高于 10% 时,贮藏期超过 3~4 个月时,就会发生高 CO_2 伤害。但当 CO_2 含量在 5% 以下时,蒜薹比处在高 CO_2 下含有更多的叶绿素,表现为鲜嫩青绿。实践证明,蒜薹在贮藏期间,O_2 的含量控制在 2%~4%,CO_2 的含量控制在 6%~8% 时较适宜。在贮藏中还发现,在一定范围内,O_2 的含量越低,CO_2 和 O_2 的比值越大,抑制衰老的效果越好。因此,采用充 CO_2 的方法对抑制蒜薹的后熟也有一定的作用。贮藏后期应适当提高 O_2 的含量,而降低 CO_2 含量。

当然不同产地的蒜薹和不同年份的蒜薹贮藏条件会有差异。目前普遍采用冷库气调贮藏方法,保鲜效果良好,贮藏期可达 7~10 个月。

2. 贮藏方法

准备贮藏的蒜薹应选择品质较嫩的产品。一般在组织未硬化前及顶端花球未充分膨大时采收,蒜薹以 23~40cm 为佳。当蒜薹梢部向上弯、色泽为绿色无斑点时,为适宜贮藏蒜薹。如果蒜薹过老,易失水,下部最易变黄枯干;过嫩时,含水量大,易腐烂,不宜长期保存。根据蒜薹喜凉怕热的特点,现在多用冷库气调贮藏,而传统的贮藏方法多是利用冰窖,其他方法只能短期保鲜。

(1) 冰窖贮藏法　冰窖贮藏是采用冰来降低和维持低温高湿的一种方式。蒜薹收获后,经分级整理,包装好,先在窖底及四周放 2 层冰块,再 1 层蒜薹 1 层冰块交替码至 3~5 层蒜薹,上面再压两层冰块,各层空隙用碎冰块填实。贮藏期间应保持冰块缓慢地融化,窖内温度在 0~1℃,相对湿度接近 100%。冰窖贮藏蒜薹在我国华北、东北等地已有数百年历史。贮藏至第二年,损耗约为 20%。但冰窖贮藏时不易从外观发现蒜薹的质量变化,所以蒜薹入窖后每 3 个月检查一次,如个别地方下陷,必须及时补冰。如发现异味,则要及时处理。用冰窖贮藏蒜薹的优点是,环境温度较为稳定,相对湿度接近饱和湿度,蒜薹不易失水,色泽较好。但缺点是窖容量小,工作量大,贮藏中途不易处理,一旦发生病害,损失较大。

(2) 气调贮藏法

①塑料薄膜袋贮藏:采用自然降氧并结合人工调控袋内气体成分进行贮藏。用厚 0.06~0.08mm 的聚乙烯薄膜做成长 100~110cm,宽 70~80cm 的袋子,将蒜薹装入袋中,每袋装 18~20kg,待蒜薹温度稳定在 0℃ 后扎紧袋口,每隔 1~2d,随机检测袋内 O_2 和 CO_2 的含量,当 O_2 降至 1%~3%,CO_2 升至 8%~13% 时,松开袋口,每次放风换气 2~3h,使袋内 O_2 含量升至 18%,CO_2 含量降至 2% 左右。如果袋内有冷凝水要用干毛巾擦干,然后再扎紧袋口。贮藏前期可 15d 左右放风一次,贮藏中后期,随着蒜薹对 CO_2 的耐受力减弱,放风周期逐渐缩短,中期约 10d 一次,后期 7d 一次。贮藏后期,要经常检查质量,观察蒜薹质量变化情况,以便采取适当的对策。

②塑料薄膜大帐贮藏:先将捆成小捆的蒜薹薹苞朝外均匀地码在架上预冷,每层厚度为 30~35cm,待蒜薹温度降至 0℃ 时,即可罩帐密封贮藏。塑料大帐可分为帐底和帐身两部分。具体做法是:先在地面上铺长 5~6m,宽 1.5~2.0m,厚 0.23mm 的聚乙烯薄膜。将处理好的蒜薹放在箱中或架上,箱或架成并列两排放置。在帐底放入消石灰,每 10kg 蒜薹放约 0.5kg 的消石灰。每帐可贮藏 2500~4000kg 蒜薹,大帐比贮藏架高 40cm,以便帐身与帐底卷合密封。

另外，在大帐两面设取气孔，两端设循环孔，以便抽气检测 O_2 和 CO_2 的含量，帐身和帐底薄膜四边互相重叠卷起再用沙子埋紧密封。大帐密封后，降 O_2 的方法有两种：一种是利用蒜薹自身呼吸使帐内 O_2 含量降低；另一种是快速充氮降氧。先将帐内的空气抽出一部分，再充入 N_2，反复几次，使帐内的 O_2 含量下降至4%左右。有条件的可采用气调机快速降氧。降氧后，由于蒜薹的呼吸作用，帐内的 O_2 进一步下降。当降至2%左右时，再补充新鲜空气，使 O_2 回升至4%左右。如此反复，使帐内的 O_2 含量控制在2%~4%，CO_2 也会在帐内逐步积累，当 CO_2 含量高于8%时可被消石灰吸收或气调机脱除。用此法贮藏比较省工，贮藏时间长达8~9个月，质量良好，好菜率可达90%，且薹苞不膨大，薹梗不老化，贮藏量大。缺点是帐内的相对湿度较高，包装材料易感染病原菌而引起蒜薹腐烂，所以，应注意采取措施控制霉菌（表8-2）。

表8-2　　　　　　　　　　蒜薹气调贮藏时常出现的损害及防治措施

损害的现象	产生的原因	采取的措施
蒜薹的包装袋内乙醇味较重	O_2 含量过低或 CO_2 含量过高	调节气体成分
蒜薹僵硬，呈墨绿色，严重时组织表面起泡	温度过低，长时间低于冰点	缓慢解冻，解冻后不能继续贮藏。若轻微冻结，缓慢解冻后仍可贮藏
蒜薹发黄，薹茎发黄发糠，并有霉变发生	温度偏高、不稳定，或 O_2 含量过高	加强温度控制，调节气体成分，查补漏气处
薹茎膨大，薹苞出现腐烂	温度过高，或长期高氧促进呼吸作用，后期由于相对湿度大，露水多	调节贮温，控制气体成分，并及时检查包装
霉菌感染，引起蒜薹腐烂	库房、包装等灭菌不彻底或蒜薹田间带菌	去掉霉变部分，加强温湿度管理
死薹苞，薹茎出现凹陷，病斑，断条	成熟度偏低，长期缺 O_2 和高 CO_2	调节气体成分，及时处理销售

③硅窗袋贮藏：将一定大小的硅橡胶膜镶嵌在聚乙烯塑料袋或帐上，利用硅橡胶对 O_2 和 CO_2 的渗透系数比聚乙烯薄膜大的特点，使帐内蒜薹释放的 CO_2 透出，而大帐外的 O_2 又可透入，使 O_2 和 CO_2 含量维持在一定的范围。可不必每天测定袋内的气体成分。采用硅橡胶袋或大帐贮藏时，最主要的是计算好硅橡胶的面积，因不同品种不同产地的蒜薹呼吸强度不同，而硅橡胶的规格也有差别。FC-8硅橡胶气调保鲜膜，按每1000kg蒜薹 $0.38~0.45m^2$ 硅橡胶面积的比例，制成不同大小规格的硅橡胶袋或硅橡胶帐，在0℃时，可使袋内或帐内的 O_2 含量达到5%~6%，CO_2 含量为3%~7%。蒜薹贮藏前应经过预冷，装入袋中，扎紧袋口，放置在0℃的架上，贮藏一般可达10个月，商品率可达90%左右。

(3) 冷藏法　将选择好的蒜薹经充分预冷（12~14h）后，装入箱中，或直接码在架上。库温控制在0~1℃。采用这种方法，贮藏时间较长，但容易脱水及失绿老化。

二、洋葱贮藏

洋葱（*Allium cepa* L.），又名圆葱、玉葱、球葱、团葱等，属百合科蒜属两年生蔬菜，食用部分是其鳞茎，起源于中东和地中海沿岸。洋葱可分为普通洋葱、分蘖洋葱和顶生洋葱三个类型，我国主要以栽培普通洋葱为主。普通洋葱按其鳞茎颜色，可分为红皮种、黄皮种和白皮种。其中黄皮种属中熟或晚熟品种，品质佳、耐贮藏；红皮种属晚熟种，产量高、耐贮藏；白皮种为早熟品种，肉质柔嫩，但产量低、不耐贮。

（一）贮藏特性

洋葱具有明显的休眠期，食用部分为其肥大的鳞茎。洋葱收获后，外层鳞片干缩成薄膜皮，能阻止水分进入内部，具有耐热耐干的特性。洋葱在夏季收获后，即进入休眠期，呼吸减弱，即使条件适宜，鳞茎也不萌芽。洋葱的休眠期一般为 1.5~2.5 个月，品种之间存在差异。黄皮种鳞茎中等大小，外皮黄色，肉质细嫩柔软，味甜而稍带辣味，水分较少，品质佳，耐贮藏。这类洋葱按其鳞茎的形状又可分为扁平种和球形种。红皮种多为晚熟种，产量较高。白皮种多为早熟种，肉质柔嫩，但产量低，容易抽薹，不耐贮藏。

（二）采收及处理

1. 采收成熟度的确定

用于贮藏的洋葱，应充分成熟，组织紧密。一般在第一片、第二片叶枯黄，第三片、第四片叶变黄，地上部分开始倒伏，外部鳞片变干时收获。收获过早的洋葱，产量低，组织松软，含水量高，贮藏期间容易腐烂萌芽。采收过迟，地上假茎容易脱落，还易裂球，不利于编挂贮藏，同时，可能遇到梅雨，不易晾干，容易腐烂。

2. 采收方法

采收应选择晴天进行，采收时将洋葱连根拔起，选择干燥不易积水和向阳的地方，将洋葱摊开晾晒，不宜暴晒。为了提高洋葱的耐贮性，除了选择较好的耐贮品种外，还应注意洋葱大田生长期间的管理工作，一般要求在叶片迅速生长阶段和鳞茎肥大阶段及时追肥、浇水，并适当增施磷、钾肥。要求采收前 10d 停止浇水，否则，鳞茎中含水量高，不耐贮藏。

3. 处理

采收后的洋葱，经过严格挑选，去除掉头、抽薹、过大过小以及受机械损伤和雨淋的洋葱。挑选出用于贮藏的洋葱，首先要摊放晾晒。具体方法是：在高燥向阳的地方，把洋葱整齐地排放在地上，后一排的叶子正好盖在前一排的鳞茎上，不让葱头裸露曝晒。每隔 2~3d 翻动一次，一般晾晒 6~7d，当叶子发黄变软，能编辫子时停止晾晒。然后，编辫晾晒，用晒软了的茎叶编成长辫子，每挂约有葱头 60 个，晾晒 5~6d，晒至葱叶全部退绿，鳞茎表皮充分干燥时为止。晾晒过程中，要防止雨淋，否则，易造成腐烂。

（三）采后病害及防治

洋葱采后的微生物病害主要有细菌性软腐病、灰霉病。细菌性软腐病是由欧氏杆菌属细菌通过机械损伤侵染传播的，在高温高湿的条件及通风不良的条件下危害加重。灰霉病菌也是从伤口或自然孔道侵入的，在相对湿度高时发病快且严重。

（四）贮藏条件及方法

1. 贮藏条件

（1）温度　洋葱刚采收时，需要高温低湿处理，使得洋葱组织内水分蒸发，鳞茎干燥，避免温湿度过高造成病变和腐烂。洋葱的贮藏适温为0~3℃，这样可延长其休眠期，降低呼吸作用，抑制发芽和病菌的发生。但温度低于-3℃时，会产生冻害。有资料介绍适当的高温（35~40℃）会抑制洋葱的萌芽。

（2）湿度　洋葱原产伊朗、阿富汗等西亚地区，适应冷凉干燥的环境。相对湿度过高会造成大量腐烂，一般要求相对湿度以65%~70%为宜。

（3）气体成分　适当的低O_2和高CO_2环境，可延长洋葱的休眠期及抑制发芽。据报道，采用3%~6% O_2、8%~12% CO_2，对抑芽有明显的效果。

2. 贮藏方法

（1）简易贮藏　洋葱简易贮藏方法有多种，如挂藏、垛藏、窖藏等。将晾晒挑选过的洋葱编成辫，每辫40~60头，约1m长，将葱辫挂在阴凉、干燥、通风的房屋或荫棚下，此法抑芽效果较差，休眠期后便陆续萌芽，但通风好时腐烂少。垛藏选择地势高、土质干燥、排水好的场地，先铺枕木，上铺秸秆，秆上放葱辫，码成垛，垛长5~6m、宽1.5m、高1.5m，每垛5000kg左右。采用该法，要严密封垛，防止日晒雨淋，保持干燥。封垛初期可视天气情况，倒垛1~2次，排除堆内湿热空气。每逢雨后要仔细检查，如有漏水要及时晾晒。当气温下降后要加盖草帘保温，以防受冻。

（2）冷藏　将经过充分晾晒、严格挑选的洋葱装筐后贮藏在冷库中，控制库内温度为0~3℃。相对湿度低于80%。这种方法可长期贮藏，但相对湿度过高时，鳞茎会长出少量不定根，并出现一定腐烂。因此，需注意相对湿度的控制。

（3）气调贮藏　洋葱的贮藏方法很多，可采用简易自发气调贮藏，也可采用气调冷藏。采用塑料薄膜大帐贮藏时，每垛可贮藏1000~10000kg，一般在洋葱生理休眠结束前封闭，采用自然降氧，维持O_2含量3%~6%，CO_2含量8%~12%，贮藏期间尽可能不开帐检查，或在重新封闭后充氮降氧，否则会破坏低氧环境而使洋葱迅速长芽。

三、大蒜贮藏

蒜（*Allium sativum* L.），俗称大蒜，属石蒜科多年生宿根草本植物，原产于中亚地区，它以肥大的鳞片供食，成熟时，外部鳞片逐渐干枯成膜，能防止内部水分蒸发、隔绝水分渗入和病菌侵入，有利于贮藏。大蒜有明显的生理休眠，休眠期为2~3个月。大蒜富含营养物质，又能增进食欲，而且具有抗菌作用，用途极为广泛。

（一）贮藏特性

大蒜在我国栽培历史悠久。栽培品种繁多，依蒜头皮色可分为白皮蒜和紫皮蒜，根据蒜瓣的大小可分为大瓣蒜和小瓣蒜两大类。大蒜与洋葱同属石蒜科植物，生长环境和生活习性及生物学特性都很相似。相对而言，大蒜的休眠期比洋葱更长一些，为100d左右。

（二）采收及处理

大蒜一般不能等地上部分叶子全部枯黄后才采收，而是在蒜薹收获后20~30d采收。采收过迟，蒜头容易干裂而炸瓣，小芽容易萌动，不利贮藏，同时叶鞘干枯不宜编辫。采收后宜阳光暴晒，促使蒜头迅速干燥而进入休眠期。也可采用30℃和50%以下的低湿条件进行人工干燥。

（三）采后病害及防治

1. 微生物病害

大蒜贮藏期病害以青霉病最为普遍，开始在鳞茎上出现小病斑，并不断扩大，导致小鳞茎软化，呈海绵状腐烂，上有青霉粉状孢子。大蒜贮藏期病害防治可采用：田间喷波尔多液，减少带菌量；采收时尽量避免机械伤；采后及时干燥；贮藏期间保持在0℃左右，贮藏库内保持低湿。

2. 生理性病害

大蒜贮藏期间的生理病害主要为低温伤害，当温度低于-7℃时，大蒜易受冻。避免贮藏温度过低是防止低温伤害的关键。

（四）贮藏条件及方法

1. 贮藏条件

（1）温度　大蒜适宜贮藏温度为-3~-1℃，高于5℃时易发芽，高于10℃时易腐烂，低于-7℃时则易受冻。种用大蒜则要求高温贮藏，贮藏温度在15℃以上，有利于提高大蒜的种性。

（2）湿度　食用大蒜贮藏时，相对湿度应低于85%，种用大蒜应低于70%。

（3）气体成分　3℃、相对湿度75%、5%CO_2和3%O_2条件下可贮藏大蒜180~240d。

（4）其他　大蒜采收前2周，用0.25%MH喷洒叶面，可使大蒜贮藏到第二年3~4月不会发芽。另外，采用126~168Gy辐照处理大蒜，可抑制发芽，好蒜率达70%~80%。

2. 贮藏方法

多在编辫后悬挂于通风库或屋檐下，采用该法，鳞茎不易腐烂，质量好，且简便易行。

四、芹菜贮藏

芹菜（*Apium graveolens* L.），属伞形花科二年生浅根性植物。原产于地中海沿岸沼泽地带。芹菜种植成本低，产量高，含有丰富的矿物质、维生素等营养物质，其叶和根可用于提炼香料。芹菜有助于降低血压、健脑和清肠、利便。

芹菜可分为实心品种和空心品种两类，每一类有青芹和白芹，一般实心青芹的耐寒力强，最适宜贮藏，经过贮藏后仍能较好地保持脆嫩品质。空心类型品种贮藏后叶柄变糠，纤维增多，质地粗糙，故不适宜贮藏。实心类型的品种有天津的白庙芹菜、陕西的实秆绿芹和北京的棒儿芹菜等，都是耐贮藏的优良品种。

（一）贮藏特性

芹菜性喜冷凉湿润，耐寒性次于菠菜，叶片耐-3℃的低温，可在-2~-1℃下微冻贮藏，低于-2℃时菜叶和根部易受冻，叶冻成暗绿色，根部受冻后，解冻也不能恢复新鲜状态；芹菜属叶菜类蔬菜，呼吸旺盛，水分蒸发快，极易脱水萎蔫，所以在贮藏期间要保持适宜的相对湿度，相对湿度85%~90%；气调贮藏可以降低腐烂和延缓褪绿。一般认为适宜的气调条件是：温度0~1℃，相对湿度90%~95%，2%~3% O_2，4%~5% CO_2。

（二）采收及处理

1. 采收

由于芹菜的耐寒力不如菠菜，为避免冻害，采收期应适当提前。贮藏的芹菜应早些播种，东北地区多在夏至到小暑播种，在霜降前后采收，华北、西北地区多在小暑到大暑播种，在小雪前后采收。贮藏用的芹菜最忌霜冻，遭霜冻后芹菜叶子变黑，耐贮性大大降低，所以要在霜冻之前收获芹菜。

2. 处理

采收前要浇水，当芹菜地干湿适宜时，将芹菜连根铲下，除假植贮藏连根带土外，其他贮藏方法带根宜短并清除泥土，挑选生长健壮、叶柄较嫩的单株，摘除黄叶，整理好并根据贮藏要求打成定量小捆。将整理成捆的芹菜置于阴凉处预贮散热，用草席等物稍加覆盖以防日晒；夜间温度过低时，要增加覆盖物，以防冻害，也可直接入沟冻藏。

（三）贮藏条件及方法

1. 贮藏条件

（1）温度　芹菜的贮藏适温为-2~0℃，叶片可以忍耐-3℃的低温，但叶柄在此温度下易受冻害，且受冻后很难复原。

（2）相对湿度　芹菜适宜的相对湿度为90%~95%，当相对湿度过低时，芹菜中的水分便会大量散失，茎叶萎蔫变黄，质地变粗，失重率高，品质下降。

（3）气体成分　芹菜的适宜气体成分为：5% O_2，15% CO_2。

2. 贮藏方法

（1）微冻贮藏　芹菜的微冻贮藏各地做法不同。山东潍坊地区经验丰富，效果较好。主要做法是在风障北侧修建地上冻藏窖，窖的四壁用夹板填土打实成土墙，厚0.5~0.7m，高1m。打墙时先在南墙的中心每隔0.7~1m立1根直径约为10cm粗的木杆，墙打成后拔出木杆，使南墙中央成一排垂直的通风筒。然后在每个通风筒的底部通过窖底挖深、宽各约30cm的通风沟，穿过北墙在地面开口。这样使每个通风筒、通风沟、进风口联成一个通风系统。通风沟上铺两层秸秆一层细土。将芹菜捆成捆，根向下斜放在窖内，装满后于芹菜上面盖一层细沙，菜叶呈似露非露状态。入沟初期，白天盖上草帘，夜晚取下放到北墙外"接霜"，次晨再盖。依气温变化，加盖覆土，总覆土厚度不超过20cm。气温在-10℃以上时，可开放全部通风系统，-10℃以下时要堵死墙外的进风口，使沟温处于-2~-1℃，芹菜叶间呈现白霜，叶柄及根部不冻。

冻藏芹菜上市前3~5d从冻沟内取出，将芹菜从冻藏沟取出放在0~2℃下缓慢解冻，使之恢复新鲜状态。也可以在出窖前5~6d拔去南侧的荫障改设为北风障，再在窖面上扣上塑料薄膜，将覆土化冻层铲去，留最后一薄层土，使窖内芹菜缓慢解冻。摘除黄枯烂叶，重新整理捆把，准备出售。此法损耗小，贮藏效果好。

（2）假植贮藏　冬季不太寒冷的地区多采用深沟假植法，各地的芹菜假植贮藏方法不尽相同，一般先挖东西向假植沟，沟宽0.7~1.5m，深0.7~1.3m，长度不限。将芹菜带土铲下，以单株、双株或成簇假植于沟内，入藏的芹菜要选用实秆类型，如天津的白庙芹菜。然后灌水淹没根部，之后根据土壤干湿程度可再灌水1~2次，这样既可降温，又便于通风散热。捆间留有一定空隙，以利通风，或在沟帮两侧按一定距离挖直立通风道。沟顶应覆盖草帘，当天气变冷时，加盖草帘并覆土，同时堵塞通风道。贮藏期间要维持沟温在0℃左右，勿使芹菜受热或受凉。此法贮藏量大。前期温度高，应加强通风以降温，后期要防冻，随温度下降夜间应逐渐盖严，白天适当通风，寒冷季节要加强防寒，以防芹菜受冻。

（3）窖藏　在地势高燥、背风向阳处挖东西向菜窖，宽1.3m、长3.3m、深度高于芹菜150mm。窖四周用秸秆围住，使芹菜不直接接触窖壁。下霜前将芹菜入窖，采收前一天浇足水，采收时带根挖起，立即栽入窖内，空隙处加土填实，装满后浇足水，盖上草帘，其上再盖一层塑料薄膜。刚入窖时，因气温较高，早晨可揭开草毡，夜间盖上。贮藏期间应经常揭开覆盖物通风散热，防止芹菜变黄。

（4）冷库贮藏法　冷库贮藏芹菜，库温应控制在0℃左右，相对湿度为98%~100%。芹菜可装入有孔的聚乙烯膜衬垫的板条箱或纸箱内，也可以装入开口的塑料袋内。这些包装既可保持高湿而减少失水，又没有CO_2积累伤害或缺氧的危险。

第四节　根菜类蔬菜贮藏

一、萝卜、胡萝卜贮藏

萝卜、胡萝卜均属根菜类蔬菜。萝卜（*Raphanus sativus* L.），又名菜菔、卢菔，为十字花科萝卜属植物；胡萝卜（*Daucus carota* L.），又名红萝卜、黄萝卜、金笋、甘笋等，是伞形科胡萝卜属植物。萝卜、胡萝卜富含维生素、碳水化合物、矿物质；胡萝卜含有大量的胡萝卜素。萝卜、胡萝卜在我国各地都有栽培，也是重要的秋贮蔬菜。尤其在北方，萝卜、胡萝卜的贮藏量大，供应时间长，对调剂冬春蔬菜供应有重要的作用。

（一）贮藏特性

萝卜原产于我国，胡萝卜原产于中亚和非洲北部，性喜冷凉多湿的环境条件。萝卜和胡萝卜均以肥大的肉质根供食，萝卜的肉质根主要是根的次生木质部薄壁细胞组成；胡萝卜除次生木质部外还包括次生韧皮部薄壁组织。这些薄壁组织富含水分、糖分和其他营养成分。

萝卜和胡萝卜没有生理上的休眠期，在贮藏期遇有适宜条件便萌芽抽薹，这样就使薄壁中的水分和营养向生长点转移，造成糠心。糠心是由根的下部和根的外皮层向根的上部和内皮层发展的。贮藏时由于空气干燥，促使蒸腾作用加强也是造成薄壁组织脱水变糠的因素。温度过高及遭受机械伤都会促使呼吸作用加强，水解作用旺盛，使养分消耗增加，也能促使糠心。萌芽与糠心既导致肉质根失重，糖分减少，又使组织绵软，风味变淡，降低食用品质。所以防止萌芽和糠心是贮藏好萝卜和胡萝卜最关键的问题。

（二）采收及处理

1. 采收时间

贮藏的萝卜以秋播的皮厚、质脆、含糖和水分多的晚熟种为主，地上部分比地下部分长的品种以及各地选育的一代杂种耐藏性较高。如北京的心里美、青皮脆，天津的卫青，济南的青圆脆，沈阳的翘头青等。另外，青皮种比红皮种和白皮种耐贮。胡萝卜中以皮色鲜艳，根细长，根茎小，心柱细的品种耐藏，如鞭杆红、小顶金红等耐藏性较好。

适时采收对根菜类的贮藏很重要。收获过早因气温高不能及时下窖贮藏，或下窖后不能使菜堆内温度快速下降，都易促进萌芽和变质。收获过晚则直根生育期过长，贮藏中也容易糠心，还会使直根在田间受冻，而贮藏中受冻的直根会大量腐烂，也易糠心。为能适时收获并使产品达到适宜的成熟度，就要掌握播种时期。在华北地区，萝卜大致在立秋前后播种，霜降前后收获；胡萝卜生长期较长，一般播种稍早而收获稍晚。

2. 处理

采收萝卜、胡萝卜时，用来贮藏的，整株拔起后，随即去掉缨叶，防止贮期发芽空心。但要注意如果伤口过大，容易造成病菌侵染和水分蒸发，同时，会刺激呼吸作用上升而加快养分的消耗，容易造成糠心。

（三）采后病害及防治

1. 微生物病害

萝卜常发生的病害是黑心病（*Xanthomonas campestris pv. campestris*），又称黑腐病。肉质根患此病，外部症状不明显，但切开后可见维管束坏死变黑，严重时，内部组织干腐而空心。胡萝卜的贮藏病害主要是黑腐病（*Stemphylium radicinium*）、黑霉病（*Thielaviopsis basicola*）。这些病害在高温高湿下易发生，病菌多从伤口侵入使肉质根软腐。另外，冷藏时，根霉菌可使胡萝卜腐烂。软腐菌核盘霉（*Sclerotinia sclerotiorum*）可引起胡萝卜贮藏后期白腐病（菌核病）。

2. 生理性病害

萝卜、胡萝卜易发生低温伤害，产品受害后表面发亮或出现小泡。受害的原因是采收过迟，田间受冻或因贮藏温度过低而受冻。

（四）贮藏条件及方法

1. 贮藏条件

（1）温度　萝卜的贮藏适温为 1~3℃，当温度高于 5℃贮藏，会在较短时间内发芽、变糠；而温度在 0℃以下时很容易遭受冻害。胡萝卜的贮藏适温为 0~1℃。

（2）相对湿度　萝卜、胡萝卜含水量高，皮层缺少蜡质层、角质层等保护组织，在干燥的条件下，容易蒸腾失水，造成组织萎蔫、内部糠心，加大自然损耗。因此，萝卜、胡萝卜要求较高的相对湿度，一般为 90%~95%。

（3）气体成分　低 O_2、高 CO_2 能抑制萝卜、胡萝卜的呼吸作用，使之强迫休眠，抑制发芽。适宜的 O_2 含量为 1%~2%，CO_2 的含量为 2%~4%。根据萝卜、胡萝卜的组织特点，即细胞和细胞间隙都很大，具有高度的通气性，并能忍受高含量的 CO_2（据报道，可忍受 8% 的 CO_2），这与肉质根长期生长在土壤中形成的适应性有关。

2. 贮藏方法

（1）沟藏　选择地势高、地下水位低、土质黏重、保水力强的地方，取东西方向挖沟，沟的宽度 1~1.5m。过宽则增大气温的影响，减少土壤的保温作用，难以维持沟内的稳定低温。沟的深度应比当地冬季的冻土层再深一些。例如，北京地区 1m 深的土层在 1~3 月温度在 0~3℃，大致接近萝卜、胡萝卜的贮藏适温。

萝卜、胡萝卜可以散堆在沟内，最好利用湿沙层积，以利于保持湿润并提高直根周围的CO_2浓度。直根在沟内堆积的厚度一般不超过0.5m，以免底层受热，下窖时在贮藏产品的面上覆一层薄土，然后，随气温的逐步下降分次添加，覆土总厚度一般为0.7~1m，相对湿度偏低时可浇清水，使土壤含水量达18%~20%为宜，但沟内不能积水。埋藏的根菜多为一次出沟上市。

（2）窖藏和通风贮藏库贮藏　窖藏和通风贮藏库贮藏根菜是北方常用的方法。窖藏贮藏量大，管理方便。根菜经过预冷，待气温降到1~3℃，再将根菜移入窖内，散堆或码垛均可。萝卜堆高1.2~1.5m，胡萝卜的堆高0.8~1m，堆不宜过高，否则堆中心温度不宜散发，造成腐烂加剧。为促进堆内热量散发和便于翻倒检查，堆与堆之间要留有空隙，堆中每隔1.5m左右可设一通风塔。贮藏前期一般不倒动，立春后，可视贮藏状况进行全面检查和倒堆，剔除腐烂的根菜。

贮藏过程中，注意调节窖内温度，前期窖内温度过高时，可打开通气孔散热；中期要将通气孔全部关闭，以利保温；贮藏后期，天气逐渐转暖，要加强夜间通风，以维持窖内低温。在窖内如用湿沙与产品层积效果更好，便于保湿并积累CO_2。

通风贮藏库贮藏方法与窖藏相似，其特点是通风散热比较方便，贮藏前期和后期不宜过热。但由于通风量大，萝卜容易失水糠心；中期严寒时外界气温低，萝卜容易受冻。因此，保湿和保温是通风贮藏库贮藏根菜的两个主要问题。为搞好通风库贮藏，最好采用库内层积法，检查、倒垛管理同窖藏。

（3）薄膜帐封闭贮藏　沈阳等地近年利用气调贮藏原理，在库内用薄膜半封闭的方法贮藏根菜，以抑制失水和萌芽，效果较好。具体方法是，先在库内将根菜堆成宽1~1.2m、高1.2~1.5m、长4~5m的长方形堆，至初春萌芽前用薄膜帐扣上，堆底不铺薄膜。这种方法能适当降低O_2的浓度，累积CO_2浓度，保持高湿，从而延长贮藏期。通常在贮藏期间要进行通风换气，必要时还进行检查挑选，除去染病的，余下的继续贮藏。

二、生姜贮藏

生姜（*Zingiber officinale* Roscoe），在我国栽培历史悠久，栽培面积大。姜营养丰富，除了含有大量的维生素和矿物质之外，还含有一些特殊的营养物质如姜酮、姜烯等。这些物质具有特殊的芳香气味，所以常被作为一种调味品而广泛应用。姜能使人增强食欲、帮助消化、去寒，在烹调中还具有除腥解毒的功效。目前，市场上生姜的加工制品，如姜糖、姜片、姜粉等，深受广大消费者的欢迎。

（一）贮藏特性

生姜起源于中印半岛和南洋，性喜温暖、多湿，不耐低、高温，当贮藏环境温度低于10℃时，姜易遭受冷害。受冷害的姜块在温度回升时易腐烂。如温度过高，因姜皮薄、肉嫩，水分易蒸发而引起萎缩，使耐贮性和抗病性减弱，容易被微生物侵染，发生各种病害，造成腐烂。一般来讲，姜的贮藏温度控制在15℃左右为宜。另外，贮藏环境的空气相对湿度对生姜的贮藏也有较大影响，空气相对湿度在90%以下，生姜会因严重失水而萎缩干瘪。通风也不宜过多、过大，如被冷风直吹，会引起"伤风"。姜适宜的贮藏空气相对湿度95%~100%。

（二）采收及处理

根据不同的目的，生姜可以在不同时期采收，供鲜食的生姜一般在其幼嫩时采收，这时采收的生姜水分含量高，不耐贮运。用于贮藏的生姜要求在霜降至立冬间收获，不能在地里受霜冻，收获时带土太湿可稍晾晒，但不可日晒过度。一般是收获后立即下窖贮藏。

（三）贮藏方法

1. 地窖贮藏

窖藏是生姜贮藏一种较为理想的方法，该法简单易行，所需费用少，经贮藏的生姜可保持95%左右的完好率。选择健康、无机械损伤、无病虫害的生姜用于贮藏。先将生姜除去泥，置阳光下曝晒1~2d，以晒干表皮水分，有利贮藏。然后在窖内离地30cm高处用木条架设姜床，姜床上铺放稻草，再在稻草上放上待贮的生姜，姜的上面盖河沙或沙质土厚15cm，贮量因不同窖型而定。坑窖贮藏一般贮量较大，为5000kg左右。土窖则因高出地面，易受气温影响，一般要求贮量较大，否则冬季难以保持正常温度。姜块散堆坑内，每500kg姜中应插入一个用细竹竿等捆成的直径约为10cm的通风束，姜块一直堆到窖口呈馒头形，上面覆盖姜叶并加覆一圈土，另外还要搭建防雨棚，四周挖排水沟。

贮藏期间的管理：窖内温度应控制在10~15℃，相对湿度为95%左右，当日平均气温降到5℃以下时，要密封洞口，防止冷空气进入，以免冻伤生姜。另外，还要定期检查，剔除腐烂姜，一般间隔时间为15d。

2. 堆藏

对生姜进行严格挑选，剔除病变、受伤、雨淋以及受风寒的姜块，留下质量较好的散堆于仓库中，用草包或草帘遮盖好，以防受冻。然后在朝南方向垒砌砖墙，严防冷风吹入，并立即用泥或草包封闭。一般贮藏量为10t，姜堆高2m左右，堆内均匀地放入若干用芦苇扎成的通风筒以利通风。堆藏时，墙四周不要留空隙，中间可以略松些。窖温控制在18~20℃，相对湿度控制在95%。当气温过高，可以减少覆盖物以散热降温，气温过低，可增加覆盖物保温。此外，将经过挑选的生姜装入竹筐，进行堆码贮藏，堆高以3只筐高即可。贮藏中经过高温季节，姜块容易出芽，一般可分批剥芽，陆续供应市场。

3. 冷库贮藏

可将10月下旬至11月上旬收获的姜先在田间挖沟埋藏预贮一段时间，然后入库贮藏，具体做法是，挖宽50~80cm，深50~60cm的沟，在沟内一层姜一层土码4层，上部盖20~30cm厚的土。如此放置15~20d。为了防止低温伤害，这种预贮可在塑料大棚内进行，预贮可以增强生姜的耐贮性。入库后要用沙土和姜一起层积保藏。层积高不超过1m。贮藏库的温度应控制在15℃左右。冬季温度太低时加温，夏季温度过高时制冷。库内需保持高湿，可在库内地面洒水，以提高相对湿度，如果层积的沙土较干燥，也可在土上洒水，利用土的保水性保持姜周围的高湿度。

三、马铃薯贮藏

马铃薯（*Solanum tuberosum* L.），俗名土豆、洋芋、山药蛋等，属茄科一年生植物，食用部分为其肥大的块茎。马铃薯在我国各地都有栽培，是调节市场余缺的大宗蔬菜之一。它既可作为粮、菜直接食用,也是食品加工的重要原料,贮藏的马铃薯既可作食用,也可作为种薯用。

(一)贮藏特性

马铃薯含淀粉量很高。我国现有品种的淀粉含量为12%~20%。淀粉和糖在酶的作用下互相转化,温度较低,薯块内单糖积累,温度升高,单糖又可转化成淀粉。马铃薯表皮薄,肉皮嫩,含水量大,不耐碰撞,易受病菌感染和腐烂,造成大量损失。

马铃薯收获后有明显的休眠期,其休眠期一般为2~4个月,品种之间有差异。刚采收的马铃薯呼吸强度大,失水严重,同时,采收时产生较多的伤口,容易感染病菌,随着伤口处形成愈伤组织,阻止病菌侵入。当进入生理休眠阶段,呼吸强度降低,这时,即使条件适宜也不会发芽。生理休眠期后,如环境条件适宜,就会发芽生长。马铃薯的休眠期长短同品种、成熟度、播种条件、贮藏环境有关。一般早熟品种比晚熟品种休眠期长,未充分成熟的比充分成熟的长,秋播的比春播的长,贮藏期间低温、低湿和高CO_2会延长休眠。薯块贮藏在漫射光下,会发芽且会在薯块皮层产生叶绿素,发芽变绿的薯块其茄碱苷会急剧增高,当超过正常含量时,便会引起不同程度的中毒。

(二)采收及处理

1. 采收成熟度的确定

马铃薯的采收一般在地上部分枯黄后开始,此时薯块发硬,表皮坚韧,淀粉含量高,采收后容易干燥,这种马铃薯的耐贮性好。

2. 采收方法及处理

用于贮藏的马铃薯宜选沙壤土栽培,增强有机肥控制氮肥用量,收获前10~15d控制浇水。采收时如遇高温和大雨,薯块易腐烂。采收时应选择晴天,土壤较干燥时采收。

马铃薯的表皮薄,易受伤害。受伤后容易感染细菌和真菌,不利于贮藏,导致腐烂。所以马铃薯采收时应注意深挖,不能伤及薯块,注意轻拿轻放,防止机械损伤。采收后的马铃薯应放在阴凉通风处晾晒几天,至表皮干燥时即可进行贮藏。

(三)采后病害及防治

1. 微生物病害

(1) 马铃薯晚疫病 又称马铃薯瘟,是马铃薯、番茄等的全株性病害,产品在田间及贮藏期发病。染病初期,薯块表面呈现褐色凹陷小斑,逐渐蔓延扩大并向薯块内部延伸乃至整薯腐烂,有恶臭。干燥时,病部干硬。该病发病适温为20℃左右。该病菌可通过伤口、皮孔、芽眼等侵入,潜伏期为1个月。

(2) 镰刀菌病 又名干腐病,块茎染病后,会出现白色、粉红色、灰青色的棕色斑点,外皮感染的地方生成许多皱纹,有时斑点遍布整个块茎,组织发黑并变成多孔状,内部变成空洞。镰刀菌逐渐繁殖而使整个块茎肉质枯干。马铃薯感染软腐病后,块茎组织变成淡色,产生难闻气味的黏液,逐渐使整个果实软腐,该病在久雨潮湿的情况下尤多,如不采取措施,容易造成大量腐烂。

(3) 环腐病 薯块在田间由棒状杆菌马铃薯环腐细菌侵染引起,在贮藏期间发病蔓延,该病害多由伤口侵入，不能从自然孔道侵染。

（4）脱疫病 又称马铃薯疫病，它是全株性病害，主要从田间带菌，在贮藏期间发病。

（5）炭疽病 为侵染性真菌病害，它在5℃干燥条件下腐烂率最高，在贮藏期间可用仲丁胺熏蒸抑制。

2. 生理性病害

当呼吸作用不正常和组织内代谢紊乱时，会引起生理性病害，发病时，块茎肉质部分慢慢变黑，最后整个块茎上产生黑色斑点。造成这种生理性病害的原因，有可能通风不良，造成低O_2或高CO_2的环境引起无氧呼吸，也可能由于块茎中酪氨酸在酪氨酸酶的作用下变成黑色素。

（四）贮藏条件及方法

1. 贮藏条件

（1）温度 由于马铃薯富含淀粉和糖，且在贮藏中，淀粉和糖能相互转化，当温度降到0℃时，由于淀粉水解酶活性增强，薯块内单糖积累；若贮藏温度过高，淀粉水解成糖也会增多，所以马铃薯的贮藏适温为3~5℃。

（2）相对湿度 适宜的相对湿度为80%~85%。

（3）气体成分 据报道，马铃薯在6~8℃，相对湿度90%~95%，O_2含量2%~3%，CO_2含量<1%的条件下，可贮藏240d。

2. 贮藏方法

马铃薯贮藏的形式多种多样，南方多采用室内堆藏，北方多采用沟藏、窖藏。

（1）室内堆藏 一般将薯块装筐后码在室内，这种方法简单易行，但抑芽效果差。

（2）沟藏 东北地区在7月中、下旬收获马铃薯，采收后先预贮，直到10月份下沟贮藏。沟深1~1.2m，宽1~1.5m，长度按贮藏量而定。薯块堆至距地面0.2m处，上覆土保温，覆土总厚度0.8m左右，要随气温下降分次覆盖。沟内堆薯不能过高，否则沟底及中部会使温度偏高。

（3）窖藏 西北地区土质黏重坚实，多采用井窖或窑窖，贮藏量可达3000~3500kg，由于利用窖口通风调节温度，所以保温效果较好，但入贮初期不易降温。因此，产品不能装得太多。窖藏的马铃薯容易在薯堆表面出汗，为此可在严寒季节于薯堆表面铺放草席，以转移汗层，防止萌芽与腐烂。

（4）通风贮藏库 一般在通风贮藏库内堆藏，堆高不超过2m，堆内放置通风塔，也可码成垛进行贮藏。不管采用何种方法，薯堆周围要注意留有一定的空隙以利通风散热。以通风库的体积计算，空隙不得少于1/3，最好有1/2空隙。

（5）其他方法 马铃薯贮藏中很多地方采用药物处理，以防止马铃薯腐烂和抑制发芽。防止马铃薯腐烂，过去多用硫酸铜、多菌灵等杀菌剂混溶于清洗、护色液中进行处理，现在多用苯菌灵、噻菌灵、氨基丁烷熏蒸剂进行防腐，50%仲丁胺按每千克薯块60mg或60g/m³用量使用，熏蒸时间12s。抑制发芽常采用青鲜素（Maleic Hydrazide，MH），FDA和EPA允许马铃薯块茎残留的MH的最高量为50mg/L，国外一些公司在我国马铃薯产区推广的抑芽剂，主要成分就是青鲜素，使用质量浓度为2500mg/L，在收获前4~6周喷施马铃薯植株。另一种化学药剂N-（3-氯苯基）氨基甲酸异丙酯（CIPC）是目前世界上应用最广泛的马铃薯抑芽剂。在美国40%的马铃薯用CIPC处理后贮藏，在荷兰CIPC是唯一允许用于马铃薯的抑芽剂。使用方法有熏蒸、粉施、喷雾和洗薯 4 种，以熏蒸效果最好，可长达 9 个月。熏蒸的适宜用量为 0.5%~1%，一次熏蒸时间在 48h 左右，洗薯块的适宜浓度为 1%，FDA 和 EPA 公布的 CIPC 在薯块中允许残留的限量为 30mg/L。

四、莲藕贮藏

莲藕为睡莲科植物莲（*Nelumbo nucifera* Gaertn）的肥大根茎，多年生的水生根茎类蔬菜。原产于我国和印度，在我国已有 5000 多年的种植历史。莲藕是我国大面积栽培的水生蔬菜，其营养丰富，富含糖、蛋白质、淀粉和维生素，肉质脆嫩、清香甘甜，具有健脾开胃、益血生津等保健功效。然而，莲藕在贮运过程中易发生褐变，影响销售和出口。因此，对莲藕进行贮藏保鲜，具有重要经济意义。

（一）贮藏特性

莲藕具有喜阴凉，对湿度适应范围较广的特点，适宜的贮藏温度为 10~15℃，相对湿度 95% 左右。莲藕成熟采收后，就处于长期休眠状态。采用的湿度不同，其效果也不同。如果贮藏环境较干燥，藕易失水，但带伤和发生病害时，腐败比较缓慢。如贮藏环境较湿，藕不易失水，质地鲜嫩，但稍带伤和病害，或折断漏气，就容易引起腐烂霉变。莲藕果皮较薄，保护能力差，果胶分解快，如果在空气中暴露时间过长，表皮易变为紫色，进一步转为铁锈色，品质显著下降，影响其感官品质。故用来贮藏的莲藕，必须稍带泥土，可以减少藕的水分散失和外界空气的影响。

莲藕中含有多种酚类化合物，其损伤部位，或用于加工的藕片如暴露在空气中极易发生褐变，影响外观品质，所以一般要进行护色处理，常用的方法是用抗坏血酸、柠檬酸、亚硫酸钠进行联合护色。

（二）采收及处理

藕从嫩到老都可食用，收获时期因地区、品种、栽培目的等不同而不同。植株的多数叶片为青绿色时，便可采收嫩藕上市。供贮藏的藕要求老熟，藕节完整，藕身带泥无损。当荷田长出终止叶，且其叶背微呈红色时，即表明藕已成熟，即可挖取。

采收时不可将藕折断，否则易使淤泥淤塞藕身，降低品质，影响贮存。

（三）采后病害及防治

莲藕贮藏过程中，失水干缩、表皮褐变和腐烂是其主要问题，贮藏莲藕，必须仔细采收，防止各种伤害，并尽量减少与外界空气的接触。

（四）贮藏条件及方法

1. 贮藏条件

贮藏温度 10~15℃，相对湿度 95%~100%，贮藏期 30~60d。

2. 贮藏方法

（1）泥土埋藏法　泥土埋藏分为露地埋藏和室内埋藏两种。露地埋藏应挑选耐藏品种，剔除有机械伤、对节漏气和细瘦的藕。要选择地势高而背阴避光的地方，将泥、藕相间地层层堆成斜坡形或宝塔形，用泥全部覆盖，在周围挖好排水沟，防止积水。如遇雨天，应及时遮盖，以免泥土冲散，莲藕浸水，造成腐烂。

室内埋藏先用砖砌或板条箱或木箱等封围而成埋藏坑，然后1层莲藕1层泥堆成5~6层后，再覆盖10cm左右厚的细泥。贮藏用泥的湿度，一般应细软带潮，手捏不成团，并除去石块等杂质，以防根茎损伤和微生物的侵入。对品质好、根茎完整、粗壮的莲藕，用湿度大的泥土埋藏更好。用过的泥土，隔年再用时，须先消毒。埋藏时，莲藕再按顺序一排排放好，以免折断，并有利于倒动检查。在有水泥地坪的库房内埋藏时，坑底需先用木板或竹架垫起10cm，形成一个隔底。底部用药物消毒，以防止霉菌的滋生。然后在底上铺1层厚约10cm的细泥土，再按上法层层堆起和覆盖细泥。这样做既有利于抑制莲藕呼吸，又可防止外界微生物侵入。贮藏室可每隔两周消毒一次。泥土埋藏莲藕时，要定期翻桩，一般每隔20~30d进行一次。翻桩时轻挖轻放，以防折断。可随食随用，随即盖严。

（2）水藏法　把莲藕带的泥土洗净，放入水缸内，用清水浸没，5~6d换水一次，可贮藏2个月，莲藕洁白脆嫩。此法适合家庭贮藏。

（3）塑料薄膜大帐贮藏法　塑料薄膜贮藏帐不需要密封。由于根茎的呼吸，会使帐内的相对湿度和气体成分发生一定的变化，因此，要定时透帐，使相对湿度和气体成分保持在一定范围。透帐一般每隔1d进行一次。根据试验，此法用于莲藕大量上市的短期贮藏较为适宜。实践证明，贮藏50d后，莲藕完好，自然损耗2.5%，到76d，少部分荷花头（约占10%）出现腐烂，藕块表皮较干，自然损耗3.8%，次藕6.2%，好藕80%；76d后脱帐继续贮藏，到113d时，大部分根茎表面上起白花，脱水现象严重，外形干瘪，有的莲藕内部也被霉菌侵染，引起组织腐烂变质，发霉发黑，损耗达80%，好藕只有20%。由此可见，采用塑料薄膜法短期贮藏莲藕是行之有效的。

第五节　食用菌贮藏

食用菌风味独特、营养丰富、肉质细嫩，同时不少食用菌还含有提高人体免疫功能的成分，受到广大消费者的欢迎。由于食用菌自身的特点，采后贮运期间质量下降很快，造成极大的采后损失。所以，研究食用菌的贮藏有着重要的现实意义。

（一）贮藏特性

食用菌由于含水量高，组织细嫩，代谢旺盛，营养物质消耗快，采后极易变质，常温下菌体几天就变色变质。食用菌的菌盖上面没有明显的表面保护结构，且采后呼吸旺盛，蒸腾剧烈，是生理上最容易变质老化的蔬菜之一。同时，食用菌组织结构的特点又使其易遭受病菌、害虫侵染和机械伤害，引起腐烂变质，所以，食用菌也是最易腐烂的蔬菜之一。食用菌贮藏保鲜中常以失重率、腐烂率、开伞率、褐变指数、自溶、出水状况、异味等指标来衡量贮藏效果。

（二）采收及处理

1. 蘑菇

蘑菇是在菌盖充分长大但未开伞之前采收。采收过早，菌盖未充分长大，产量低；采收过迟，易开伞，菌褶褐变、品质下降。采收时，手捏菇柄轻轻旋转，连根取下；也可用小刀轻轻旋转，连根取下；也可用小刀轻轻割下大菇，注意不要伤及小菇。

2. 平菇

平菇在菌盖基本展开、颜色由深灰色变为淡灰色或灰白色、菌盖边缘变薄、孢子即将弹射之时采收最为合适。此时菇体肥厚、味道鲜美。如采收过迟，则菌盖卷曲，边缘干燥，重量减轻，质量下降。采收时，手采或用刀成簇割下。

3. 金针菇

采收宜在菌盖内卷未展开、柄长13~15cm、柄色白色或奶黄色时即可采收。采收时，一手压住瓶或袋，一手握住菇丛，成丛拔下，清除根部的培养料。

4. 草菇

草菇在菌蕾变为卵形、包被未被突破之前或刚破时采收最好。采收时，一手按住菇体生长部位的培养料，一手抓住菇体基部，轻轻地成簇取下。单生草菇，采大留小，注意不要伤及未熟的幼蕾。也可用刀从菇体基部割下。

5. 香菇

在菌盖充分长大、菌褶伸直、边缘稍内卷时采收。采收时注意留大放小。

6. 猴头菇

猴头菇一般在九成熟，即将开始散孢子时及时采收。采收时用小刀从瓶口内切下菇柄，瓶内留菇柄1~2cm长为宜，过短会影响再生能力，过长则会引起杂菌滋生。

（三）采后病害及防治

引起病害的微生物有细菌、霉菌和酵母菌。要减少微生物引起的腐烂，一方面减少机械伤；另一方面，要注意贮藏器具及场所的消毒工作，还可使用适当的防腐剂，如20mg/L亚硫酸钠、5~10mg/L噻菌灵。

（四）贮藏条件及方法

1. 贮藏条件

（1）温度　温度对食用菌贮藏质量尤为重要。蘑菇、香菇等大多数食用菌贮藏温度为0~5℃，而草菇的贮藏适温为15~20℃。

（2）相对湿度　不同的食用菌对相对湿度的要求不同，蘑菇的适宜相对湿度为85%~95%。低于85%时，蘑菇就易开伞和变褐，降低保鲜效果。香菇贮藏最适宜的相对湿度为80%~90%，若相对湿度过低，鲜菇水分过度散失，会导致菇体收缩而降低保鲜效果。

（3）气体成分　研究结果表明，一定浓度的低O_2和高CO_2对蘑菇生长有刺激作用。

（4）其他　一些植物激素可以抑制食用菌的呼吸作用、延缓衰老、延长贮藏期，有些激素还可抑制食用菌的开伞。如矮仕素（CCC）、吲哚乙酸（IAA）、萘乙酸（NAA）等植物激素的使用量为几至几十毫克。

2. 贮藏方法

（1）低温贮藏　将蘑菇采收后迅速进行预冷，预冷后及时入库贮藏。贮藏温度为0~3℃，相对湿度以85%~95%为宜。在贮藏过程中，应保持贮藏温度稳定。

（2）气调贮藏　采用塑料袋包装是常用的简便方法。例如，用厚0.08mm的PE塑料做成

40cm×50cm 的袋子，每袋装 1kg 蘑菇，封口后，利用自发气调。48h 以后，袋内 O_2 含量可下降至 0.5% 左右，CO_2 含量可增至 10%~15%，在 16~18℃下可保鲜 4d，不开伞、不变质。

复习思考题

1. 论述叶菜及花菜类蔬菜的采后病害及其防治方法。
2. 论述番茄贮藏的关键技术。
3. 如何对茄子进行合理贮藏？
4. 论述适宜蒜薹的贮藏方法及其技术关键。
5. 萝卜、胡萝卜贮藏期间容易出现哪些病害？如何防治？
6. 生姜的贮藏方法有哪些？如何选择？
7. 马铃薯有哪些微生物病害？
8. 莲藕的贮藏方法有几种？简述不同贮藏方法的优缺点。
9. 常见食用菌有哪些？如何进行采后处理？

第九章 园艺产品营销

09

内容提要

以园艺产品为营销对象，系统阐述了园艺产品营销的相关概念及其原理，介绍了营销策略和选择，市场分析和管理，阐述了我国有机食品和绿色营销策略。

学习目标

掌握园艺产品营销原理；学习和理解园艺产品营销策略，包括产品策略、竞争和价格策略以及促销策略；学习和理解市场营销分析和组织管理以及如何实施市场营销管理；了解绿色营销的内涵、特点和理论基础，理解我国有机食品的绿色营销策略。

重要概念及名词

市场营销、营销管理、营销观念、产品策略、市场定位、定价目标、园艺产品市场营销分析、SWOT 分析、绿色营销。

第一节　园艺产品营销原理

一、市场和市场营销概述

市场营销学主要研究以满足消费者需求为中心的企业市场营销活动过程及其规律。园艺产品市场营销要研究作为园艺产品生产经营者如何在动态竞争的市场上有效地管理其与园艺产品买方市场的交换过程和交换关系。在现代市场经济条件下，园艺产品生产经营者必须按照市场需求组织生产和销售，因此，要先了解市场、市场营销及其相关概念。

(一)市场及其构成要素

1. 市场概念

"市场"(Market)一词,最早是指买主和卖主聚集在一起进行交换的场所。在日常生活中,人们习惯将市场看作是买卖的场所,如集市、商场、批发市场等,这是一个从时间和空间理解的市场的概念。

经济学家从揭示经济实质的角度提出市场概念,认为市场是一个商品经济范畴,是商品的供求关系和交换关系的总和,是通过商品交换反映出来的人与人之间的关系。在这个意义上,列宁曾指出:"哪里有社会分工,哪里有商品生产,哪里就会有'市场',社会分工和商品生产发展到什么程度,市场就发展到什么程度。"

管理学家则侧重从具体的交换活动及其运行规律去认识市场。在他们看来,市场是供需双方在共同认可的一定条件下所进行的商品或劳务的交换活动。如美国学者奥德森和科克斯认为:"广义的市场概念,包括生产者和消费者之间实现商品和劳务的潜在交换的任何一种活动"。被称为"现代营销之父"的菲利普·科特勒则进一步指出:"市场是由一切具有特定欲望和需求并且愿意和能够以交换来满足此需求的潜在消费者所组成"。因此,市场规模的大小,由具有需求拥有他人所需要资源,且愿意以这些资源交换其所需的人数而定。从组织(特别是企业)的立场来看,市场是外在的、无法控制的,但是可以影响的、用来交换的场所。

市场营销者常常将卖方称为行业,买方称为市场。因此,园艺产品市场是指园艺产品的现实购买者与潜在购买者需求的总和。

如果将上述市场的概念做简单的综合和延伸,可以得到一个较为完整的对市场的认识:

(1) 市场是建立在社会分工和商品生产基础上的交换关系。

(2) 现实市场的形成要有若干基本条件。这些条件包括:消费者有消费需求或欲望,并拥有其可支配的交换资源;存在由另一方提供的能够满足消费者需求的产品或服务;要有促成交换双方达成交易的各种条件,如双方接受的价格、时间、空间、信息和服务方式等。

(3) 市场的发展是一个由消费者(买方)决定,而由生产者(卖方)推动的动态过程。

2. 市场的构成要素

在现实经济中,市场已经形成较为复杂的体系。其主要包含三个因素,即人口(消费者)、购买力和购买欲望。园艺产品市场由有园艺产品需求的人、为满足这种需要的购买能力和购买欲望构成,即市场=人口+购买力+购买欲望。

市场的这三方面因素缺一不可,三者结合起来构成了现实的市场,决定了市场的规模和容量。园艺产品市场既要分析销售区域人口的数量,又要分析消费人群的购买力,以及园艺产品能否引起人们的购买欲望。

(二)市场营销及相关概念

1. 营销的含义

伴随营销理论与实践的不断创新,营销的概念在不同时期有不同的表述。美国市场营销协会(American Marketing Association,AMA)定义委员会曾在1960年定义营销为:"营销是引导产品及劳务从生产者到达消费者或使用者手中的一切企业经营活动。"2007年AMA公布市场营销新的定义是:"营销是一项有组织的活动,包括创造、传播和交付顾客价值和管理顾客关系的一系列过程，从而使利益相关者和企业都从中受益。"

菲利普·科特勒则进一步指出："营销是个人和集体通过创造、提供出售，并同他人交换产品和价值，以满足其需要和欲求的一种社会和管理过程。"这一定义揭示了营销满足顾客需要的本质，同时突出了营销包含着创造、创新性思维的特点，并将其上升到社会和管理过程的高度。现代管理学之父彼得·德鲁克更是一针见血地指出：营销的目的就是要使推销成为多余。营销的目的在于深刻地认识和了解顾客，使产品或服务完全适合顾客的需要而形成产品自我销售。这些定义都共同反映了营销的本质，即满足顾客需要。可以说，营销是围绕满足顾客需要的一种观念、一种管理过程和一种管理者的心智较量。

2. 市场营销含义

市场营销是指以满足人类各种需要和欲望为目的，通过市场将潜在交换变为现实交换的一系列活动和过程。从管理角度可以将市场营销概念具体归纳为以下几点。

（1）市场营销的基本目标是"获得顾客、挽留顾客和提升顾客"。

（2）交换是市场营销的核心。市场营销就是通过创造、传播和交付顾客价值和管理顾客关系实现交换。

（3）交换过程的效率与效益取决于市场营销者创造价值和满足顾客需求的程度，以及对交换过程管理的水平。

3. 市场营销相关概念

（1）需要、欲望和需求　需要是指人们与生俱来的基本要求。例如，马斯洛需求层次论中探讨的吃穿住、安全、归属、受人尊重、自我实现等需要。这些需要是人类为了生存和发展，产生的生理和心理的需要，市场营销者只能用不同的方式去满足人们的需要，不能凭空制造需要。

欲望是指想得到满足上述需要的具体产品的愿望，是个人受不同文化及社会环境影响表现出来的对需要的特定追求。市场营销者可以影响消费者的欲望，并通过提供和开发特定的产品或服务来满足消费欲望。

需求是指人们有能力购买并愿意购买某个具体产品的欲望，可见，消费者的欲望在有购买能力的时候才能得到满足。因此，市场营销者不仅要了解有多少消费者对其产品有购买欲望，还要了解他们是否有能力购买，从而通过各种营销手段来影响需求，并根据对需求情况的分析来决定是否进入这一产品或服务市场。

（2）产品和服务　产品是指用来满足消费者需要和欲望的任何东西，它给消费者带来欲望的满足。产品包括有形产品与无形产品。有形产品是为消费者提供服务的载体，如蔬菜、水果、肉蛋等。无形产品或服务是通过其他载体，如人、地、活动、组织和观念等来提供。比如休假时，人们可以到乡村去游玩，可以去品尝农家宴，可以参加农事活动或者体验农村民俗风情，在这个过程中经营者提供的导游、咨询等服务。

（3）交换、交易和关系　交换是指从他人处取得所需之物，并将自己拥有的某种东西作为回报的行为。人们对满足需求或欲望之物的取得，可以通过各种方式，但只有通过等价交换，买卖双方彼此获得所需的产品，才产生市场营销活动。可见，交换是市场营销的核心概念。

交易是交换的基本组成单位，是交换双方之间的价值交换。交换是一个过程，如果双方达成一项协议，则称为发生了交易行为。一次交易至少有两个有价值的事物，买卖双方同意的条件和协议的时间和地点。与交易有关的市场营销活动，即交易营销。

关系是指市场营销者为促使交易的成功与其顾客、渠道商等建立起的长期互信互利的关系。市场营销的目的是建立、维持、强化客户关系并使之商品化，以便所涉及各方的目标都能够实现，供应商与客户之间相互作用的重点从交易转向关系。

关系营销是一种与顾客共同创造价值（而不是简单地把现成的价值分销给顾客）的全新的营销理念，交易营销与关系营销的区别如表 9-1 所示。

表 9-1　交易营销与关系营销的区别

交易营销	关系营销
着眼于单笔交易	着眼于客户的保持
着眼于客户的保持	连贯的客户联系
重视产品特性	重视客户价值
短期销售	长期销售
几乎不强调客户服务	非常重视客户服务
对满足客户预期作有限承诺	对满足客户预期作高度承诺
质量是生产部门关心的问题	质量是所有员工关注的问题

二、园艺产品市场

（一）园艺产品市场概念

园艺产品市场是指园艺产品流通领域交换关系的总和。它不仅包括具体的园艺产品市场，还包括园艺产品交换中的各种经济关系，如园艺产品的交换原则与交换方式，人们在交换中的地位、作用和相互联系，园艺产品流通渠道与流通环节，园艺产品供给与需求的宏观调控等。

（二）园艺产品市场参与者

1. 市场主体

园艺产品市场中的主体是园艺产品市场的参与者，主要包括产品生产者、消费者和参与到产品流通环节中的中介组织，其中流通环节越多，参与的中介越多。园艺产品市场的主体之间的商品交换带动了整个市场要素的合理流动，构成了园艺产品市场运行的基础。

（1）生产者是园艺产品流通过程的起点，他们生产园艺产品并自己或者通过中介提供给市场，取得价值补偿，在现阶段主要是农民及农民组织，如农民合作社、家庭农场、种养大户、农业企业等。

（2）消费者处于流通过程的终点，是园艺产品的购买者，通过购买和消费，满足消费需求，同时也实现了园艺产品生产目的。

（3）园艺产品流通过程中的中介通过买卖园艺产品取得差价实现产品的进一步流通，他们分类众多，有专一的园艺产品收购商、零售商、批发商，也有园艺产品加工企业、运输公司、仓储企业、餐饮店以及园艺产品专卖店等。

2. 市场客体

园艺产品市场客体是指园艺产品市场中的客观的物的因素，包括交易的园艺产品、用于结算的货币等。市场客体受市场主体的制约，但也在某种程度上影响着市场主体的行为。

3. 市场辅助要素

园艺产品市场辅助要素是指不直接参与园艺产品市场的运行，但能够对市场平稳有序的运行起到调节作用的各种因素，包括政府的调控管理及必要的交易设施等。其中，政府作为园艺产品市场调控的主体，虽然原则上不直接参与市场，但作为"有形的手"能够对市场失灵进行有效的弥补。交易设施指为园艺产品的交换提供便利的摊位、地磅房、仓库等，一般由政府或园艺产品批发市场所有者修建，对交易的实现起到重要的保障作用。

（三）园艺产品市场特点

园艺产品的属性决定其市场的独特性，具体表现如下。

1. **市场供给的季节性和周期性**

农业生产以动植物为主要对象，而动植物在生产过程中，除了受生长发育规律的影响外，气温、光照等外部环境的作用也非常明显，而这些外部因素具有季节性和周期性的变化特点，导致在既定的区域内园艺产品上市具有明显的季节性，即在某一区域，某种特定园艺产品在不同的年份上市时间是基本固定的。园艺产品上市的季节性相应地决定了园艺产品市场的季节性。另外，由于园艺产品生产需要从土壤中吸收养分，导致产出在一年或几年之内呈现出有规律的淡季、旺季和大年、小年，淡旺季、大小年相互交错，呈现出周期性的特点。园艺产品市场的季节性和周期性特点，给市场的供给带来了一定的不确定性。

2. **市场的不确定性与风险性**

农业生产不仅受自然环境影响较大，农业生产经营还面临更大的市场风险。园艺产品在从生产者流向消费者的过程中极易发生腐烂、霉变和病虫害等，造成损耗，不同园艺产品的储运难度与费用高低也具有差异性。另外，园艺产品生产周期长，农业投入的资产专用性强，园艺产品市场供给弹性小，对市场需求的变化的反应速度比较慢，也造成园艺产品市场面临不确定的风险。

3. **市场的非均衡性与差异性**

园艺产品市场也呈现出经济发展水平高的区域明显优于经济发展水平低的地区，城市明显优于农村，相应地，园艺产品市场的发育水平也存在明显的差异性，呈现出现代化市场和传统小型分散市场并存的局面。在经济发达的东部地区以及大中城市，园艺产品市场较为发达，市场规模大、基础设施好、配套服务全、交易方式先进。而在广大中西部和乡镇地区，园艺产品市场则相对滞后，交易环境相对较差。

4. **市场需求的普遍性和连续性**

园艺产品的基础性决定了其在需求上具有普遍性，它在满足人们生活基本需求方面发挥着不可替代的作用。不同消费群体在园艺产品需求普遍性之下又表现出在产品质量、产品价格、产品档次等方面的差异性。如收入水平较高的消费群体对有机园艺产品的需求程度更高。另外，虽然园艺产品的生产具有季节性，但园艺产品的消费却是均衡的，无论是人们的日常消费，还是作为工业生产的原料，都是常年和连续的。

（四）园艺产品市场类型

依据不同的分类标准，园艺产品市场主要有以下几种分类方法。

1. 按照市场参与主体分类

（1）园艺产品消费者市场　为满足个人和家庭需要而购买园艺产品形成的市场。市场以个人或家庭为基本的购买单位，购买批次多，批量小，购买目的是满足个人或家庭的生活需要。随着城乡居民的消费水平的显著提高，园艺产品消费需求趋向多样性、个性化、品质化。

（2）园艺产品企业市场　满足企业生产、流通需要而购买园艺产品形成的市场。市场的购买者是企业或其他组织，购买批次少，批量大，购买目的是满足企业生产或转卖的需要。如食品加工业、饮料行业等都是园艺产品企业市场的供给对象。

（3）园艺产品政府市场　由于园艺产品对于国计民生有着重要的意义，政府在园艺产品市场交易中必须发挥其调节、控制作用。所以，政府通过建立重要园艺产品收储制度，作为买者或者卖者参与园艺产品市场，对市场上园艺产品的供求进行调节。

2. 按照交易场所性质分类

（1）产地市场　在各个园艺产品集中生产地形成的汇集园艺产品的定期或不定期的园艺产品市场，如早期的山东寿光蔬菜批发市场就是在当地蔬菜生产快速发展壮大的基础上形成的典型的产地市场。

（2）集中与中转市场　由于园艺产品生产具有地域性，众多的生产者分散在各个区域，而园艺产品消费又呈现出多样少量的特点，因此需要将分散生产的园艺产品集中起来，经过加工、贮藏与包装，再通过批发市场分销到全国各地，这样就可以形成规模、降低流通成本，从而形成集散与中转市场。其主要职能是将分散的产地市场的园艺产品在市场内集中后再分销出去，因此多设在交通便利的地方，且具备较大的规模，配套服务设施比较完善，提供一系列的交易场所、停车场、仓储设施、运输、金融服务等。山东寿光批发市场随着批发业务的开展，名声在外，逐步从产地市场转变成集散与中转市场，很多产地市场的园艺产品集中运输到寿光批发市场后，在市场进行二次调配再运送到其他市场去。

（3）销地市场　直接向广大园艺产品消费者提供园艺产品的市场，其职能是把经过集中、初加工和贮运等环节的园艺产品销售给消费者。这类市场一般设在大中城市，如北京、上海等均为典型的销地市场。

3. 按照园艺产品交易形式分类

（1）现货交易市场　在园艺产品市场内，按照商定的付款方式、付款金额和其他条件买卖商品，进行实物的交割实现商品所有权的转让的市场。我国园艺产品市场中园艺产品交易的主要方式就是现货交易。

（2）期货市场　进行园艺产品期货交易的有组织的市场。期货交易是在期货交易所按一定规章制度进行的园艺产品标准化合约的买卖活动，其交易对象是园艺产品标准化合约。期货市场具备规避风险、发现价格的功能。

4. 按照园艺产品性质类别分类

按照市场上交易的园艺产品性质类别划分，可以分为果品市场、蔬菜市场、食用菌市场、茶叶市场、观赏树木市场、果树市场、花卉市场等。

三、园艺产品市场营销

（一）园艺产品市场营销含义

园艺产品市场营销是指园艺产品生产和经营的个人和组织，在园艺产品从生产到消费流通过程中，为实现个人和社会需求目标而进行的园艺产品生产和交易的一系列活动。其内涵如下。

（1）园艺产品营销贯穿于园艺产品生产、流通和交易的全过程。园艺产品营销包括园艺产品产前生产计划的制订和决策，新产品的培育和开发，农业生产资料的供应以及园艺产品生产者按生产计划进行的符合市场和社会需求的产品生产。现代园艺产品营销还包括园艺产品的售后服务，即产前、产中和产后各个阶段的营销活动都涵盖在内。

（2）园艺产品营销概念体现了一定的社会价值或社会属性，其最终目标是满足个人和社会的需求和欲望。同时，在园艺产品从生产者出发，经过采购商、批发商、加工企业、零售商，最后到消费者手中的过程中，园艺产品的价值和效用得到了增加。

（二）园艺产品市场营销职能

一般来讲，园艺产品市场营销分为集中、分级、贮存、运输、简易加工、精加工、包装、批发和零销等环节。营销环节决定了园艺产品市场营销活动的基本任务和具体职能。当然，并不是每种园艺产品都必须经过所有的营销环节，一种产品究竟需要经历几个营销环节主要取决于经营者需要完成哪几项营销职能。

1. 集中职能

集中职能将各地许多分散的生产者生产的初级园艺产品收集起来。由于园艺产品广泛分散于远离园艺产品市场和加工企业的生产地区，因此，园艺产品的集中对市场交易和园艺产品加工都十分重要。一般情况下，经销企业专门经营特定的园艺产品。例如，蔬菜的集中环节是由蔬菜经销商来完成的，他们可以自己经营，也可以成为蔬菜加工的代理商，还可将集中和加工职能合为一体。蔬菜的集中环节是由基地直接送到各级市场或者加工厂，蔬菜的采购或运销协议通常由加工厂和蔬菜经销商直接签订。

2. 分级职能

由于园艺产品营销标准化、品牌化运营的需求，经销商从农户或农场那里收集商品时，一般都要分等分级。园艺产品分级可以促进优质优价，满足不同层次的消费需求，保证园艺产品加工原料的品质、规格的标准化，还减少了园艺产品加工的难度。在国际园艺产品营销中，园艺产品的分级与标准化条件更为严格。在日本，所有园艺产品进入市场前都要按一定标准进行严格的筛选分级。梨、苹果多以"个"为计量单位，大白菜、甘蓝以"一棵""半棵"标价。在日本市场上见不到以重量单位计价的蔬菜水果，等级外的园艺产品是不允许进入市场销售的，而只是作为加工原料。园艺产品分等分级通常在入库贮藏前或者是出库时进行。

3. 贮藏职能

多数园艺产品的生产都具有季节性，而园艺产品消费具有持续性，这就需要利用贮藏设施和先进的贮藏方法进行贮存，以保证园艺产品品质，满足人们长期的消费。例如，果汁加工企业对原料（鲜果和果酱）具有持续性的需求，因园艺产品收获的季节性导致原料不能满足持续性供应，所以，建立仓库及其他贮藏设施变得十分必要。各种不同的园艺产品对温度、相对湿度等环境条件有不同的要求，贮存标准也各不相同。例如，柑橘、花生、苹果等大部分食用园艺产品需要低温来保证质量，甘薯喜温怕寒，在 12~15℃ 可贮藏较久，低于 9℃ 发生冻害，造成腐烂或硬化变质。另外，在贮藏过程中，必须提供防虫害、鼠害和污染的保护措施。在这个环节上，由于时间效能引起的产品增值必须足以补偿这一环节的成本，否则，就难以获得利润。

4. 加工职能

园艺产品加工是一个独立的市场营销环节，食品加工企业普遍承担了这一职能。他们根据消费者或其他需求者的需要，对初级园艺产品进行简易加工或深加工。有些产品经过简易加工后便于运输和贮存，有的可以延长加工使用期，便于集中加工生产。市场营销的加工职能不仅使园艺产品具有更加吸引消费者的表现形式，例如，水果食品加工，鲜果变成零售商店里各种形式的果汁、果酱等加工品，蔬菜加入其他配料制成各种酱菜、泡菜等，而且在繁荣地方经济、促进农民增收、带动农户致富、转移农村剩余劳动力等方面的作用日益明显。

5. 包装职能

包装是产品策略的一个重要组成部分，具有显著促销效果；对于消费者来讲，包装的主要职能是保护好产品，并使其更易于选购和消费。包装材料一般需要专门从事包装的企业进行设计和制造。新的包装设计及包装的安全性、个性化问题越来越被消费者重视。

6. 运输职能

商品运销环节是指把园艺产品运输到集中地点或加工厂，再由运输商通过公路或铁路运送给批发商或零售商。运输的作用是改变园艺产品的空间位置。园艺产品运输承接了园艺产品营销的所有环节，从园艺产品的集中到最终消费。目前，我国大力推行的鲜活园艺产品绿色通道政策，就是为了保证鲜活园艺产品从产地尽快地送到消费者手中，满足人们的需求。

7. 分销职能

分销是通过不同销售渠道和方式将园艺产品分配到零售商和消费者手中的职能。分销是园艺产品营销的中间环节，它直接连接园艺产品的零售环节。零售是园艺产品的终端，它直接连接消费者。园艺产品分销渠道包括经销商、代理商、批发市场、城市销地市场、直接采购于产地的超级市场等，它们构成一个完整的园艺产品营销网络。

8. 零售及服务职能

零售是园艺产品营销中的一个重要环节，零售商要考虑经营规模、产品数量和产品种类等。消费者服务职能是园艺产品营销职能的新发展。市场营销者不仅将园艺产品销售给消费者，同时还必须为消费者提供必要的消费服务。随着买方市场的到来，消费者服务职能日益成为园艺产品营销的一个重要组成部分。市场营销模式将逐步走向市场营销者、顾客和社会的多赢模式，这是社会整体营销观念的体现。

第二节　园艺产品营销调查

一、园艺产品市场营销环境

市场营销环境是企业市场营销活动的制约因素，市场营销活动依赖于这些环境才得以正常进行。菲利普·科特勒认为，企业为成功地进入特定的市场，在策略上应协调地使用经济、心理、政治和公共关系等，以取得有关方面的合作与支持，消除壁垒很高的封闭型或保护型市场进入障碍，为企业从事营销活动创造一个宽松的外部环境。

（一）园艺产品市场营销环境含义

环境是指周围的情况和条件，泛指影响某一事物生存与发展的力量总和。市场营销环境是指影响企业生产经营活动的各种内外部因素的总和，可分为微观市场营销环境和宏观市场营销环境。其中微观市场营销环境由与企业联系紧密，并影响其服务目标顾客的单位组成，这些单位或多或少与企业有直接的经济关系，也称为直接营销环境。宏观市场营销环境主要通过微观市场营销环境实现其对企业的影响，所以被称为间接市场营销环境。微观环境与宏观环境之间不是并列关系，而是主从关系。微观环境受制于宏观环境，微观环境中的所有因素都要受宏观环境中各种力量的影响。

所谓园艺市场营销环境，是指存在于园艺产品经营企业外部，影响园艺产品经营企业营销活动及目标实现的各种内外部因素的总和。园艺产品经营企业外部环境是外在于园艺产品经营企业的客观存在，它不以人们的意志为转移。对园艺产品经营企业来讲，属于不可控因素，园艺产品经营企业无力改变。但是，园艺产品企业不仅要观察和适应市场营销环境的变化，同时要积极主动地改变营销环境，通过对内部因素的优化组合，保持园艺产品经营企业内部因素与外部环境的动态平衡，给自身创造更好的发展空间，使园艺产品经营企业不断充满生机和活力。

1. 园艺产品市场营销环境分类

（1）按影响范围划分　按影响范围划分，可以将营销环境分为宏观营销环境和微观营销环境。宏观营销环境是指影响微观营销环境的各种因素和力量的总和，主要包括政治、法律、经济环境、人口环境、自然环境、社会文化环境、科学技术环境等因素。这些因素涉及广泛的领域，主要从宏观方面对园艺产品经营企业的市场营销活动产生影响。微观营销环境是指由企业本身市场营销活动所引起的与企业市场紧密相关、直接影响其市场营销能力的各种行为者，包括公司供应商、营销中间商、竞争者和公众等。微观市场营销环境体现了宏观市场营销环境因素在某领域里的综合作用，对于园艺产品经营企业当前和今后的经营活动产生直接的影响。

（2）按控制难易程度划分　按控制难易程度划分，可以将营销环境分为企业可控因素和企业不可控因素。企业可控因素是指由企业及营销人员支配的因素，包括最高管理部门可支配的因素。企业不可控制的因素是指影响企业的工作和完成情况而企业及市场营销人员不能控制的因素，包括消费者、竞争、政府、经济、技术和独立媒体。

（3）按环境的性质划分　按照环境的性质划分，可以将营销环境分为自然环境和文化环境。自然环境包括矿产、动物种群等自然资源及其他自然界方面的许多因素，如气候、生态系统的变化。园艺产品受自然环境的影响较大，同一品种园艺产品在不同地方种植其品质相差很大。园艺产品地理标志产品就是在自然环境影响下才产生的。文化环境包括社会价值观和信念、人口统计变数、经济和竞争力量、科学和技术、政治和法律力量等。对于园艺产品来讲，不同地方的饮食文化，会直接影响到该地区园艺产品的消费，如中餐和西餐就是截然不同的两种饮食文化，在对园艺产品的食用或使用上存在着很大的差别；再者，同是中餐还存在着"南甜北咸、东辣西酸"的差异性，需要营销人员加以注意。

(4) 按对营销活动影响时间划分　按对企业营销活动影响时间划分，可以将营销环境分为长期环境与短期环境。长期环境是指在未来很长的一段时间内都会对企业营销活动产生影响。

2. 园艺产品市场营销环境的特征

园艺产品市场营销环境是一个多因素、多层次而且不断变化的综合体，具有如下特征。

(1) 客观性　环境作为企业外在的、不以营销者意志为转移的因素，对企业营销活动的影响具有强制性和不可控性。一般来讲，企业包括农业企业无法摆脱和控制营销环境，特别是宏观环境，难以按企业自身的要求和意愿随意改变它。但企业可以主动适应环境的变化和要求，制定并不断调整市场营销策略。

(2) 差异性　不同的国家或地区之间，宏观营销环境存在着广泛的差异；不同的企业，微观营销环境也千差万别，正因营销环境的差异，企业为适应不同的市场环境及其变化，必须采取有特点和针对性的市场营销策略。

(3) 多变性　市场营销环境是一个动态系统。首先，构成营销环境的诸多因素受众多国家经济状况的影响，并随着社会经济的发展而不断变化，20 世纪 70 年代前中国园艺产品供应处于严重的短缺状态，20 世纪 70 年代后农业政策大大激发了生产者的劳动积极性，粮食、蔬菜等生产大发展，供给量每年大幅增加，市场营销环境已经发生了重大变化。市场营销环境的变化，既给园艺企业提供机遇，也给园艺企业带来威胁。虽然园艺企业难以准确无误地预见未来环境的变化，但可以通过设立预警系统，追踪不断变化的环境，及时调整市场营销策略。

(4) 相关性　市场营销环境诸多因素之间相互影响、相互制约，某一因素的变化会引起其他因素的变化，从而形成新的市场营销环境。例如，竞争者是企业重要的微观环境因素之一，而宏观环境中的政治因素、法律因素或经济政策的变动，均能影响一个行业竞争者加入的数量，从而形成不同的竞争格局。

(二) 园艺产品宏观营销环境

园艺产品宏观市场营销环境，也称为总体市场环境，它可以影响微观市场环境中的每一个因素，主要包括以下几个方面的内容。

1. 人口环境

人口是构成市场的重要因素。市场由有购买欲望同时又有支付能力的人构成，人口的多少直接影响市场的潜在容量。人口环境与市场营销的关系是十分密切的，因为人是市场的主体。园艺产品经营企业的人口环境包括人口数量、密度、居住地点、年龄、性别、种族、民族和职业等。

2. 政治、法律环境

政治、法律环境包括政治环境和法律环境，是影响园艺产品市场营销的重要宏观环境因素。政治环境是指经营主体市场营销活动的外部政治形势，主要包括政治制度与体制、政局稳定性、政府所持的市场道德标准。法律环境是指国家或地方政府颁布的各项法规、法令和条例等。法律环境对市场消费需求的形成和实现，具有一定的调节作用。

3. 经济环境

经济环境一般指影响企业营销方式与规模的经济因素，如消费者收入与支出状况、经济发展状况等。

(1) 收入　市场消费需求指人们有支付能力的欲望。

(2) 支出　主要指消费者支出模式和消费结构。收入水平在很大程度上影响着消费者支出模式与消费结构。

(3) 经济发展状况　市场经营主体的市场营销活动主要受到一个国家或地区经济发展状况的制约，在经济全球化的条件下，国际经济形势也是市场经营主体营销活动的重要影响因素。

4. 社会文化环境

社会文化指一个国家、地区的民族特征、价值观念、生活方式、风俗习惯、宗教信仰、伦理道德、教育水平、语言文学等的总和。文化是影响园艺产品市场营销的重要外部环境，其对所有市场营销参与者的影响是多层次、全方位、渗透性的。它并不一定直接影响消费者的消费行为，更多的是通过潜移默化的方式对消费者的消费行为产生影响。社会文化中，宗教信仰、风俗习惯和价值观念对园艺产品市场营销的影响非常大。

5. 科学技术环境

科学技术不仅影响企业内部的生产和经营，还能够通过与其他环境因素的相互作用，给经营者的市场营销带来影响。近年来，随着现代生物技术的发展，细胞工程、遗传育种、基因工程等技术在农业领域得到广泛的应用，极大地提高了园艺产品的产量，改善了产品品质，开发出众多的新品种，满足人民日益增长的美好生活需要，对园艺产品营销产生广泛而深刻的影响。另外，随着互联网技术的进步，园艺产品网络营销从淘宝店到微店，从团购到直播，催生园艺产品的"网红经济"，传统营销渠道将很快失去主导地位。

6. 生态环境

随着国民经济发展和人民生活水平的提高，自然资源尤其是土地资源日渐短缺。城镇建设用地的增加使得城郊农业用地日益减少。我国水资源分布和开发利用的不均衡，也给农业经营企业带来很大的困难。同时，也应该看到，我国地域辽阔，各种自然资源的丰缺及组合状况的不同导致园艺产品的种类因地而异，形成了各地不同的产业结构、生产结构和产品结构。同时，环境的差异也使得各地园艺产品独具特色。园艺产品的生产经营者要最大限度地利用当地自然环境优势，生产特色园艺产品来赢得市场，尤其是要积极打造国家地理标志产品和地方名优产品来开拓市场。另外，园艺产品经营企业应尽可能合理有效地利用有限的自然资源，强化"绿水青山就是金山银山"的认识，发展可持续性现代农业。

（三）园艺产品微观营销环境

园艺产品微观市场营销环境，是指直接营销环境对园艺产品经营企业活动的影响，主要体现在园艺产品经营企业的具体对外业务往来过程中。就园艺产品经营企业市场营销系统而言，园艺产品经营企业的微观营销环境包括农户、企业、营销中间商、顾客、竞争者和社会公众，营销活动能否成功，受这些因素的直接影响。因此，园艺产品经营企业的营销管理者不仅要重视目标市场的要求，而且要了解微观市场营销环境因素对园艺产品经营企业的影响。

1. 农户

农户是从事农业生产的最基本的经济单位，现阶段我国农户的显著特征是规模小、经营分散、应对市场的能力较弱。

2. 企业

企业为实现其目标，必须进行制造、采购、研发、财务、营销等业务活动。从营销部门的角度看,经营活动能否成功,首先受企业内部各种因素的直接影响,因此,营销部门在分析企业的外部营销环境前,必须先分析企业的内部条件或内部营销环境。

3. 营销中间商

(1) 经销商 经销商是销售渠道公司,能帮助企业找到顾客并把产品卖给顾客。经销商包括批发商和零售商。由于经销商的销售效率直接影响到企业的生产效率,所以应与其保持良好的关系。生鲜园艺产品要尽量减少中间环节,减少从产地运输到消费地的时间,保证其质量,减少损耗。近年涌现的大量园艺产品团购和微商,也属于经销商行列,他们一般产地直供较多,中间环节少,品质较好,售价较低,所以很快赢得居家消费者的追捧。当然有些园艺产品为了实现广域流通,有众多的经销商参与,造成流通环节多、渠道长。

(2) 物流贮运商 物流贮运商主要职能是帮助企业贮存并把货物运送至目的地,包括仓储公司和物流公司。他们主要负责包装、运输、仓储、装卸、搬运、库存控制和订单处理7个方面,提供商品的时间效用和空间效用,以便适时、适地和适量地把商品供给消费者。

(3) 营销服务机构 营销服务机构是指为农业企业提供营销服务的各种机构,如市场调查公司、广告传播公司和市场营销咨询机构等。它们帮助企业选择目标市场,正确定位和促销产品。企业可自设营销服务机构,也可委托外部营销服务机构代理有关业务并定期评估其绩效。目前,我国的农业企业规模较小、管理水平较低,大多需要外部营销服务机构的帮助,但往往由于服务费用较高望而却步,尤其是农民合作社和家庭农场,利用营销服务机构进行市场营销的比例相当低。

(4) 金融服务机构 金融服务机构主要指协助园艺经营组织进行融资或分担货物购销、贮运等风险的机构,如银行、保险公司以及其他金融机构。这些机构不直接从事商业活动,但能够为园艺经营组织的发展、交易的顺利进行等提供金融支持,对产品买卖中的风险进行评估并保险。例如,当前投资较大的设施农业大多都加入了园艺保险,以防范风险,减少损失。

4. 顾客

顾客也称消费者,是产品或服务购买者的总称,是企业服务的对象,也是市场营销活动的出发点和归宿。企业根据顾客的需要制定市场营销策略,营销活动以满足顾客需求为中心。因此,顾客是企业分析市场营销环境时最重要的环境因素。为便于深入研究各类市场的特点,国内顾客市场按购买动机可分为4种类型,连同国际市场,企业面对的市场类型如图9-1所示。各类市场都有其独特的顾客,因此顾客的消费理念、消费结构及其变化都应该是企业市场营销策略调整的重要依据。园艺企业应该分析各个市场的需求特点及购买行为,以不同的方式及时、高效地提供相应的产品和服务。

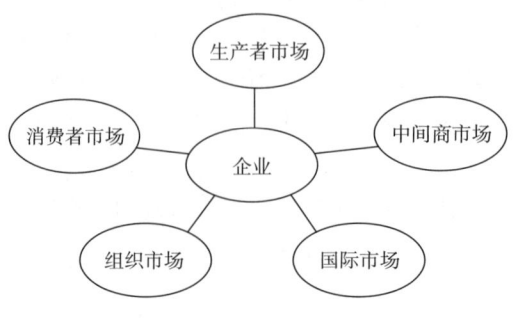

图9-1 企业面对的市场类型

5. 竞争者

所有企业都会面对形形色色的竞争对手，园艺经营者也不例外。企业要成功，必须在满足顾客需要和欲望方面比竞争对手做得更好、更快、更有影响力，因此必须加强对竞争者的研究，了解对本企业形成威胁的主要竞争对手及其策略，知己知彼、扬长避短，才能在顾客心目中确定自己的地位，以获取战略优势。

6. 社会公众

社会公众是指对企业实现营销目标具有实际的或潜在的利益关系或影响的各种群体或个人，主要包括政府公众、媒介公众、金融公众、社团公众、地方公众、一般公众、企业内部公众等。企业面对广大公众的态度及行为，会协助或妨碍企业市场营销活动的正常开展。因此，所有的企业在开展营销活动时都应该采取积极措施，树立良好的企业形象，力求与主要公众之间保持良好的关系。

二、园艺产品市场调查与预测

（一）园艺产品市场调查及其程序

市场调查是指运用科学的方法，系统地、有目的地去收集、整理和分析有关市场营销问题的信息，为市场预测和营销决策提供客观的、准确的基础性数据和资料，以帮助营销管理人员解决营销管理决策问题的活动。

1. 园艺产品市场调查

（1）园艺产品市场调查含义　市场营销调查是一种系统地进行信息设计、收集、分析和报告，用以解决企业某一营销问题的工作过程。所谓园艺产品市场调查，就是指通过系统地收集、记录与园艺产品市场营销有关的大量资料，加以科学地分析和研究，从中了解园艺产品生产经营者及企业产品的目前市场和潜在市场，并对园艺产品市场供求变化及其价格变动趋势进行预测，为农业经营者的经营决策提供科学依据。

（2）园艺产品市场调查的作用　市场调查是企业营销活动的出发点，是市场预测的基础，企业通过市场调查了解市场的发展规律，安排生产，减少原材料及各种资源浪费的情况，在企业营销的各个环节均起着不可或缺的作用。因此，任何一个企业在进行产品推广时，必须进行充分的市场调查，保障经营决策的正确性和及时性。市场调查在企业营销系统中具有以下重要作用：第一，有利于制订科学的营销规划；第二，优化市场营销组合；第三，有利于开拓新市场。

2. 园艺产品市场调查的内容

由于影响园艺产品经营管理的市场营销因素很多，所以市场调查的内容也非常广泛。凡是直接或间接影响园艺产品经营企业营销活动、与企业市场营销决策有关的因素都可能被纳入调查范围。

（1）宏观环境发展状况　园艺产品经营企业是社会经济的细胞，是整个国民经济的组成部分。园艺产品品种、规格、质量和数量等各方面的要求受整个社会总需求制约。而社会总需求的动态与国家的宏观环境直接相关。对宏观环境因素的调研，包括对经济环境、自然环境、人口环境、政治法律环境、技术环境、社会文化环境等方面的调研。例如，不同的经济发展水平下消费者的收入对园艺产品消费者的需求结构和消费心理的影响程度。

(2）园艺产品市场需求状况　园艺产品的市场需求是指在特定的地理区域、特定的时间、特定的营销环境中，特定的顾客愿意购买的总量，包括现实的需求量和潜在的需求量。因此，市场需求调查包括对消费者的消费心理、消费行为的特征进行调查分析，消费者不同，其需要的特点也不同，通过调研了解消费偏好及其变化，分析园艺产品消费动向和趋势；还包括对影响用户需要的各种因素进行调查，如购买力、购买动机等，从而掌握各个因素对园艺产品销售的影响程度。

(3）园艺产品销售状况　对园艺产品销售状况的调查包括以下四方面的内容。

①园艺产品经营企业现有产品所处的生命周期阶段及相应的产品策略，新产品开发情况，产品现阶段销售、成本、售后服务情况以及产品包装、品牌知名度等。

②消费者对园艺产品可接受的价格水平、对产品价格变动的反应、新产品的定价方法及市场反应、定价策略的运用等。

③园艺产品经营企业现有的销售力量是否适应需要、现有的销售渠道是否合理。

④目前，园艺产品经营企业采用的促销手段、广告销售效果、媒体选择、方案设计及相关促销方式。

围绕以上内容进行调研，可以及时获取市场信息，对现有产品进行改良或加大开发新产品的力度等，选择合适的价格体系和渠道设计，充分利用高效的促销手段，更好地满足消费者的需求并能够在一定程度上引导消费者的消费。

(4）竞争状况　园艺产品生产经营者与企业为了能够在竞争中做到知己知彼，采取正确的竞争策略，需要对市场竞争状况有充分的把握。在调查时需要了解行业竞争对手的数量、名称、经济实力、生产能力、产品特点、市场分布、销售策略、市场占有率及其竞争发展战略等。此外，要掌握在市场上自己拥有的园艺产品的竞争优势和劣势，发现竞争的焦点所在，才能准确地为提升产品竞争力赋能。

3. 园艺产品市场调查程序

市场调查是园艺产品经营者制订营销计划的前提和基础，应按照严格设计的程序与方案进行操作。园艺产品市场调查的过程，通常包括五个基本步骤：确定市场调查的目标与调查对象、制订具体的调查方案、收集市场资料和获取市场情报、整理和分析信息资料、提交调查报告与总结。

4. 园艺产品市场调查应注意的问题

为确保园艺产品市场调查能够顺利、高效、精准可靠地进行，在进行市场调查时应注意以下问题。第一，调查对象与方法的选取；第二，资料的收集、分析与调查结果的运用。

（二）园艺产品市场调查方法

市场调查的分类标准有很多，可以按照调查的性质、方法、对象资料来源等进行分类。

(1）研究目的与性质分类　按照调查研究目的与性质，市场调查可以分为探测性研究、描述性研究、因果关系调研、预测性研究。

①探测性研究：探测性研究主要用于探询园艺产品生产经营者及企业所要研究的一般性质的问题。调查之初一般对所调研的问题或范围还不清楚，不能确定到底要研究些什么问题，这时就需要运用探测性研究去进行非正式的初步调研，收集有关资料进行分析，发现问题并形成假设。探测性调查研究的问题和范围比较大，在研究方法上可以比较灵活，在调研过程中可根

据情况随时进行调整。探测性研究一般都不涉及结构式问卷，不涉及大样本和概率抽样。调研者只是希望寻找一些新的思路。一旦发现新的想法，调研者就有可能顺着新的方向重新探索，直至没有什么可能发现或获得新的方向。因此，调查的重点可能随着新看法的发现而不断地改变，调研者的经验和创造力在探测性研究中起非常重要的作用。

②描述性研究：在明确所要研究问题的内容与重点后，可以利用描述性调研来进一步通过详细的调查和分析，对园艺产品市场营销活动的某一个方面进行客观的描述，对已经找出的问题作如实的反映和具体的回答。大多数的园艺产品市场营销调研都属于描述性调研。例如，市场潜力和市场占有率、产品的消费群结构、竞争对象的状况等，都可以通过描述性调研来描述，并通过分析反映情况和问题，寻求对策。

③因果关系调研：因果关系调研是为了查明涉及园艺产品市场营销问题的不同要素之间的关系。企业市场营销活动存在许多引发性的关系，大多可以归纳为由变量表示的一些函数。这些变量包括企业自身可以控制的产品产量、价格、促销费用等，也包括企业无法完全控制的产品销售量、市场供求关系等。因果关系调研在描述性调研的基础上进一步分析其问题发生的因果关系，了解哪些变量是起因（独立变量或自变量），哪些变量是结果（因变量或响应）；确定起因变量与要预测的结果变量间相互关系的性质等。例如，畜禽饲料的销售量增加，会促进豆粕、玉米等原料的需求量增加。只有掌握了各种市场需求之间的联系，才能准确预测市场需求的发展变化趋势。和描述性研究一样，因果关系研究也需要有方案和结构的设计。描述性研究虽然也可以确定变量间联系的紧密程度，但是并不能确定因果关系。要考察因果关系必须将有些可能影响结果的变量控制起来，这样，自变量对因变量的影响才能测量出来。研究因果关系的主要方法是实验法。

④预测性研究：园艺产品市场营销所面临的最大的问题就是对市场需求的预测，这是园艺产品生产经营者及企业制订市场营销方案和市场营销决策的基础和前提。预测性调研就是企业为了推断和测量市场的未来变化而进行的研究，它对园艺产品生产经营者及企业的生存与发展具有重要的意义。

(2) 调查分析方法分类　按调查分析的方法分类，市场调查可以分为定性调查和定量调查两大类，其中，定性调查方法有小组座谈会、深层访谈、观察法、德尔菲法、投影法、厅堂测试等；定量调查方法有电话调查、邮寄调查、拦截访问、定点访问、入户访问、计算机辅助电话调查、计算机辅助面访、互联网在线调查等。

定性调查在经营活动中常用来确定市场的发展态势与市场发展的性质，主要用于市场探索性分析。同时，定性调查还是市场调查和分析的前提和基础。没有正确的定性分析，就不可能为市场作出科学合理的描述，也不能建立起正确的理论假设，定量调查也就因此失去了理论指导。

定量分析在经营决策过程中是不可缺少的，没有定量分析就不可能做到心中有数，就不可能有正确的营销目标的制定。定量分析的重要性是不容置疑的，例如，在市场容量调查、市场占有率调查、销售量调查、经营效益调查等专项调查中，没有定量调查是不可想象的。

(3) 资料收集方法分类　从市场调查所得到的资料看，大致可分为原始资料（Primary Information Data，或称为一手资料）和二手资料（Secondary Data）两大类。原始资料是在市场直接获得，没有经过任何处理的大量个体资料；二手资料则是在调查中通过其他媒介组织而获得的，经过他人整理加工后反映某一类事物的资料数据。根据市场调查中主要资料的获得方式，市场调查可分为文案调查和实地调查两大类。

（三）园艺产品市场需求的测量与预测

市场需求测量和市场需求预测是两个相互关联的概念，目的都是为了发现和分析市场机会，研究和选择目标市场，制订和实施营销计划及方案并控制市场营销过程。需求测量着重估计现实市场潜量和企业可能的市场份额，这对发现和分析市场机会、研究和选择目标市场至关重要。而通过研究、分析和估计市场未来需求，进行市场预测，则是制订切实可行的市场营销计划和营销方案的前提。

企业不仅要对市场需求进行各种定性衡量，还必须从量的角度进行产品、区域、顾客需求的定量评估，进行市场需求和企业需求两个方面的测量和预测。市场需求和企业需求的测量都包括需求函数、预测和潜力等重要概念。

（1）市场需求　某个产品的市场需求是指一定的顾客在一定的地理区域、一定的时间、一定的营销环境和一定的营销方案下购买的总量。估计市场需求是评估营销机会的重要步骤，可以从以下几个方面来考察需求。

①产品：首先确定所要测量的产品类别及范围。

②总量：可用数量和金额的绝对数值来表述，也可用相对数值来表述。

③购买：指订购量、装运量、收货量、付款数量或消费数量。

④顾客群：要明确市场的顾客群、某一层次市场的顾客群、目标市场或某一细分市场的顾客群。

⑤地理区域：根据非常明确的地理界线测量一定的地理区域内的需求。企业根据具体情况，合理划分区域，测定各自的市场需求。

⑥时期：市场需求测量具有时间性，如月份、年度、5年、10年的市场需求。由于未来环境和营销条件变化的不确定性，预测时间越长，测量的准确性越差。

⑦营销环境：测量市场需求必须确切掌握宏观环境中人口、经济、政治、法律、技术、文化等诸多因素的变化及其对需求的影响。

⑧营销努力（Marketing Efforts）：市场需求受产品改良、产品价格、促销和分销方式等一些可控制因素的影响，一般表现出某种程度的弹性。营销努力包括市场营销支出水平、营销组合、营销配置、营销效益等。

（2）市场预测与市场潜量　行业市场营销费用可以有不同的水平，但是在一定的营销环境下，考虑到企业资源及发展目标，行业营销的费用水平又必须是有计划的。同计划的营销费用相对应的市场需求称为市场预测。因此，市场预测表示在一定的营销环境和营销费用下估计的市场需求。

市场预测估计的市场需求，并不是指最大的市场需求，最大的市场需求是指对应于最大的市场营销努力的市场需求，这时，进一步扩大市场营销费用也不会刺激产生更大的需求。市场潜量是指在一定的市场营销环境下，当行业市场营销费用逐渐提高时，市场需求达到的极限值。

（3）企业需求　企业需求是指在市场需求总量中企业所占的需求份额，如式（9-1）所示。

$$Q_i = S_i Q \tag{9-1}$$

式中　Q_i——企业i的需求；

S_i——企业 i 的市场占有率,即企业在特定时间内,在特定市场上某产品销售额占总销售额的比例;

Q——市场总需求。

同市场需求一样,企业需求也是一个函数,称为企业需求函数或销售反应函数。根据式(9-1)可以看出,它不仅受市场需求决定因素的影响,还受其他影响企业市场占有率因素的影响。市场营销理论认为,各个竞争企业的市场占有率同其市场营销努力成正比。此外,如果营销费用分配于广告、促销、分销等方面,具有不同的效率及弹性。

(4) 企业预测与企业潜力 企业需求表示不同水平的企业市场营销努力刺激产生的企业预计销售额。与计划水平的市场营销力量相对应的一定水平的销售额,称为企业销售预测。企业销售预测是根据企业确定的市场营销计划和假定的市场营销环境确定的,是由既定的营销费用计划产生的结果。与销售预测相关的还有两个概念:①销售定额,即公司为产品线、事业部和推销员确定的销售目标,是一种规范和激励销售队伍的管理手段,分配的销售定额之和一般应略高于销售预测。②销售预算,主要是为当前采购、生产和现金流做决策。销售预算一般略低于销售预测,以避免过高的风险。

企业潜力是当企业的市场营销力量相对于竞争者不断增加时,企业需求所达到的极限。很明显,企业需求的绝对极限是市场潜量。如果企业的市场占有率为 100%,即企业成为垄断者时,企业潜力就等于市场潜量。但在大多数情况下,企业销售量小于市场潜量。这是因为每个企业都有自己的忠诚购买者,他们一般不会转购其他企业的产品。

三、园艺产品消费者行为分析

(一) 园艺产品消费者市场与购买行为模式

1. 园艺产品消费者需求

与一般产品的需求相类似,园艺产品需求是指园艺产品消费者对园艺产品有支付能力的愿望和要求。园艺产品需求是园艺产品市场运行的前提,且居于首要的地位,只有消费者对园艺产品产生需求,才能使园艺产品生产经营具有现实意义。有了园艺产品的需求,才能使园艺产品经营者的经营目标得以实现,园艺产品经营者的营销决策和营销方案才有其现实可行性。

(1) 园艺产品消费者需求特征 园艺产品消费者的需求既有普通产品市场需求的一般特征,也具有其特殊的要求和规律性,主要体现在:普遍性、稳定性、零散性、多样性、阶段性、可诱导性、季节性、地区性。

(2) 园艺产品消费者需求类型 消费者对园艺产品的需求注重的不止一个方面,而是涉及多个方面,也就是说园艺产品需求具有多样化。例如,消费者对于苹果的需求,不单单表现在对苹果营养这一基本功能上,还会关注苹果的品质、外形、颜色、大小等多个方面。总结园艺产品消费者需求的类型,主要有以下几种:①对园艺产品功能的需求。②对园艺产品品质的需求。③对园艺产品安全的需求。④对园艺产品便利的需求。⑤对园艺产品外在感观的需求。⑥对情感功能的需求。⑦对园艺产品社会意义的需求。⑧对良好服务的需求。

2. 园艺产品消费者购买行为模式

(1) 消费者购买行为的类型 消费者购买行为又称消费者行为,是指消费者为满足其个人或家庭生活需要而发生的购买商品的决策或行动。消费者为获取、使用、处置消费物品或服务所采取的各种行动,都属于消费者行为。根据购买活动中消费者的介入程度和所购产品品牌间的差异程度,可将消费者的购买行为分为以下四种类型:复杂的购买行为、寻求多样化的购买行为、减少失调的购买行为和习惯性的购买行为。

(2) 消费者购买行为模式　消费者购买行为模式是指消费者为满足某种需要,在把购买动机转化为实际购买行为的过程中逐渐养成的不易改变(相对稳定)的购买形态。为研究消费者购买行为,菲利普·科特勒建立了一个"刺激—反应模式"来说明营销环境刺激与消费者反应之间的关系,如图9-2所示。从这一模式中可以看到,具有一定潜在需要的消费者首先是受到企业营销活动的刺激和各种外部环境因素的影响而产生购买意向,而不同特征的消费者对于外界的各种刺激和影响又会基于其特定的内在因素和决策方式做出不同的反应,从而形成不同的购买意向和购买行为,这就是消费者购买行为的一般规律。

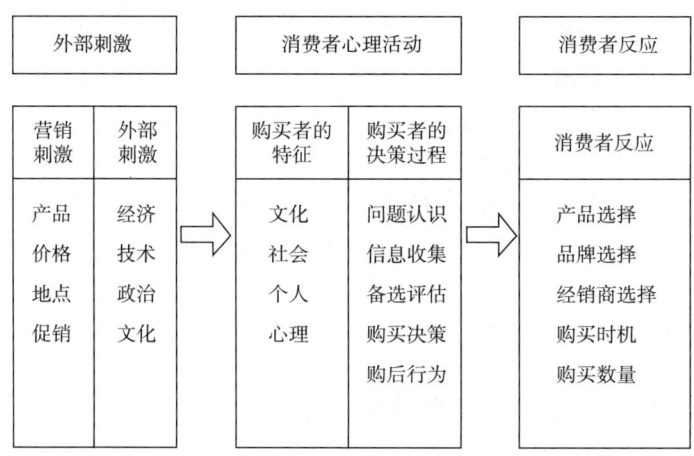

图9-2　消费者购买行为的基本模式

①刺激:刺激是指各种企业不可控因素形成的宏观环境刺激,构成市场的"大气候",制约需求和消费趋势,并对消费者"黑箱"产生显著影响。各种企业可控因素即营销手段组成的刺激,受制于宏观环境;它们的变化和不同的组合形式,成为影响消费者"黑箱"具体、直接的"小环境"。

②"黑箱":消费者购买中的"黑箱"虽然难以一窥全貌,但包含至少两大方面的内容。

a. 消费者特征。文化、社会和个人因素等,影响消费者购买活动中对各种事物的认识、情绪和意志等心理活动,并制约其反应倾向。

b. 消费者购买决策过程。从认识需要开始,到购后使用、体验至消费完毕,消费者会有一系列的认识、判断和决定。其决策不仅受到购买心理的制约,而且受到外部刺激的"大气候"和"小环境"影响。

③反应:诸多因素的共同作用,使消费者最终做出一定反应,即决定如何满足需求。消费行为也就从此开始。从表面上看,消费者反应无非是对产品、品牌、经销商、购买时机和数量做出选择,其实是他们购买行为模式的具体表现。

a. 购买什么。购买对象,受制于具体需求,是满足欲望的实质内容。

b. 为何购买。购买目的,受制于消费者需要及对需要的认识。

c. 由谁购买。购买组织，消费者市场人多面广，每个人都是消费者但未必都是购买决定者。无论以家庭还是个人为基本消费单位，购买过程都是如此。

d. 何时购买。购买时机，消费者购买的时间问题，何时购买，购买频率如何等。

e. 何地购买。购买地点，消费者对购买地点的选择有其规律性，一般情况下习惯就近购买园艺产品。

f. 如何购买。购买方式，既包括购买类型，又包括付款方式。

（二）影响园艺产品消费者购买行为的主要因素

消费者购买行为是指消费者为满足其个人或家庭生活而发生的购买商品的决策过程。消费者购买行为是复杂的，其购买行为的产生受到内在因素和外在因素的相互促进、相互影响。农业企业需要对消费者购买行为进行研究，掌握购买行为规律，制定有效的市场营销策略。消费者购买行为深受社会、文化、个人和心理因素的影响，每种因素对消费者购买行为的影响程度都有所不同。下文分别阐述这4个方面因素的具体内容及其对消费者购买行为的影响。

1. 文化因素

文化是人类欲望和行为最基本的决定因素。文化是人们通过学习获得的、区别于其他群体行为特征的集合，包括价值观念、伦理道德、风俗习惯、宗教信仰、审美观、语言文字等。任何人都在一定的社会文化环境中生活，因而人们认识事物的方式、行为准则和价值观念影响着消费的欲望和购买行为。园艺产品生产、经营单位的市场活动一定要遵从相应的文化习俗，不能触犯禁忌。文化因素主要包括文化与亚文化、社会阶层等方面的内容。

2. 社会因素

消费者的购买行为也经常受到一系列社会因素的影响。影响消费者购买行为的社会因素主要包括消费者的相关群体、家庭、角色与地位等。

3. 个人因素

消费者购买决策也受个人特性的影响，特别是受其年龄、性别、职业与教育、生活方式、个性以及自我观念的影响。

4. 心理因素

心理因素是指消费者个人由于心理原因而影响其购买决策与购买行为。心理学认为，人的行为是由动机支配的，而动机由需求引发。消费者购买行为要受动机、知觉、学习以及信念和态度等心理因素的影响。

第三节　园艺产品营销策略

一、园艺产品市场营销分析

园艺产品市场营销分析是对当前我国园艺产品的市场供求状况、产品状况、分销状况以及经营和销售的风险与机会进行分析，以便园艺产品的生产经营者以此为基础实现恰当的营销管理从而获得经营效益的最大化和较高的市场占有率。

(一)园艺产品市场细分

市场细分(Segmenting)的概念是美国市场学家温德尔·史密斯于 20 世纪 50 年代中期提出的。市场细分是对现代营销认识的深化。企业一切活动要以市场为中心,但由于各种原因消费者和用户的需求总是不尽一致。市场细分承认这种差异的客观性、合理性,通过区分需求的差异,更深刻地认识具体的市场,并为企业选择目标市场、进行定位提供依据。

1. 市场细分定义

市场细分是指营销者通过市场调研,依据消费者的需要和欲望、购买行为和购买习惯等方面的差异,把某一产品的市场整体划分为若干消费者群的市场分类过程。每一个消费者群就是一个细分市场,每一个细分市场都是具有类似需求倾向的消费者构成的群体。园艺产品市场细分是指根据园艺产品总体市场中不同的购买者在需求特点、购买行为和购买习惯等方面的差异,把园艺产品总体市场划分为若干个不同类型的子市场的过程。园艺产品市场细分不以人们的主观意志为转移,而是有其客观基础和依据。园艺产品市场细分的客观基础是同一园艺产品消费需求的多样性,即园艺产品市场细分以消费者的需要、动机及购买习惯等多元性为依据。随着园艺产品的极大丰富性及消费行为的多样化,消费者对园艺产品的需求、欲望、购买行为以及对企业营销策略的反应等表现出巨大的差异性,这种差异性使园艺产品市场细分成为可能。

2. 市场细分依据

市场细分的基础是顾客需求的差异性,凡是使顾客需求产生差异的因素都可以作为市场细分的标准。由于各类市场的特点不同,市场细分的条件也有所不同。消费者市场的细分标准可以概括为地理因素、人口统计因素、心理因素和行为因素四个方面,每个方面又包括一系列的细分变量。

①按地理因素细分:按消费者所在的地理位置、地理环境等因素来细分市场。

②按人口统计因素细分:按年龄、性别、职业、收入、家庭人口、家庭生命周期、民族、宗教、国籍等因素,将市场划分为不同的群体。

③按心理因素细分:将消费者按其生活方式、性格、购买动机等因素细分成不同的群体。

④按行为因素细分:按照消费者购买或使用某种商品的时间、购买数量、购买频率、购买习惯等因素来细分市场。

很多用来细分消费者市场的标准同样也可用于细分生产者市场。例如,根据地理、追求的利益和使用率等变量加以细分。但是,由于生产者与消费者在购买动机与行为上存在差别,除了运用前述消费者市场细分标准外,还可用一些新的标准来细分生产者市场。如用户规模、产品的最终用途、工业者购买状况。工业者购买的主要方式包括直接重购、修正重购及新任务购买。不同购买方式的采购程序、决策过程等不相同,因而可将整体市场细分为不同的小市场群。不管是从消费者市场还是生产者市场,在按照具体的细分标准和变量进行市场细分时,为了保证市场细分的有效性,应该注意动态性、适用性、组合性。

3. 市场细分条件以及方法

(1)市场细分条件

①可衡量性:指用来细分市场的标准和变数及细分后的市场是可以识别和衡量的,即有明显的区别,有合理的范围。如果某些细分变数或购买者的需求和特点很难衡量,细分市场后无

法界定，难以描述，那么市场细分就失去了意义。

②可进入性：指企业能够进入所选定的市场部分，能进行有效的促销和分销，实际上就是考虑营销活动的可行性。企业能够通过一定的广告媒体把产品的信息传递到该市场众多的消费者中，产品能通过一定的销售渠道抵达该市场。

③可营利性：指细分市场的规模要大到能够使企业足够获利的程度，使企业值得为它设计一套营销规划方案，以便顺利地实现其营销目标，并且有可拓展的潜力，以保证按计划能获得理想的经济效益和社会服务效益。

④差异性：指细分市场在观念上能被区别，并对不同的营销组合因素和方案有不同的反应。同样是养鸡，某企业提出跑步鸡的概念，从追求鸡本身的健康出发，去追求消费者饮食安全，和其他追求食品安全的养鸡概念有着显著差异性。

⑤相对稳定性：指细分后的市场有相对应的稳定的时间。细分后的市场能否在一定时间内保持相对稳定，直接关系到企业生产以及营销的稳定性。特别是农业企业，因为农业本身投资周期长、见效慢，更容易造成经营困难，严重影响企业的经营效益。

(2) 市场细分方法　根据细分程度的不同，可以采用单一变量因素细分，也可以采用多个变量因素组合或系列变量因素进行市场细分，这就形成了不同的市场细分方法。

①单一变量因素法：选用一个变量因素进行市场细分，这个因素应当对购买者需求影响最大。按照收入进行细分，可以将市场细分为1、2、3三个市场，按照年龄进行细分，可以将市场细分为a、b两个市场。

②多个变量因素组合法：一般采用两个以上的因素同时从多个角度进行市场细分。按照收入和年龄进行市场细分，可以将市场分为1a、1b、2b、3a、3b五个市场。

③系列变量因素法：也用两个以上因素，但根据一定顺序逐次细分市场。细分过程也是比较、选择目标市场的过程，下一阶段的细分在上一阶段选定的细分市场里进行。

（二）园艺产品目标市场决策

1. 目标市场定义

目标市场是指企业在市场细分的基础上，经过评价、分析选中并致力于开发的细分市场，即企业的主要服务市场。在市场细分基础上，正确选择目标市场，是关系目标市场策略成败的关键环节。首先，选择正确的目标市场，可以使企业集中资源和精力，实施更有效的营销策略，扩大产品市场占有率，取得更大的成就。其次，在选定目标市场的基础上，通过深入研究目标市场需求状况，有利于企业竞争力的增强，形成强有力的市场竞争力。最后，选择目标市场可以帮助企业找到能充分发挥自己能力的市场，以达到大量销售产品、取得良好经济效益的目的。

2. 目标市场策略与选择

(1) 目标市场战略　根据所选择的细分市场数目和范围，目标市场选择策略可以分为无差异目标市场策略、差异性目标市场策略和集中性目标市场策略三种方式。

①无差异目标市场策略：指不考虑各细分市场的差异性，将它们视为一个统一的整体市场，认为所有客户对农产品有共同的需求。

②差异性目标市场策略：将整体市场划分为若干细分市场，针对每一细分市场制定一套独立的营销方案。比如，乳企针对不同性别、不同收入水平、不同年龄段的消费者推出不同品

牌、不同价格的产品，并采用不同的广告主题来宣传这些产品。

③集中性目标市场策略：实行差异性目标市场策略和无差异目标市场策略，企业均是以整体市场作为营销目标，试图满足所有消费者在某一方面的需要。集中性目标市场策略则是集中力量进入一个或少数几个细分市场，实行专业化生产和销售。

（2）选择目标市场策略　企业采取哪一种策略还需综合考虑企业实力、产品特性、市场需求、市场竞争者等因素。

①企业实力：人、物、财力及信息等资源不足、实力有限，一般不宜把整体市场作为目标市场，如中小企业多用集中性目标市场策略。实力雄厚的大企业，差异性目标市场策略与无差异目标市场策略均可根据需要选用。

②产品特性：同质性产品本身差异小，如大米、小麦、玉米等，一般适合于无差异目标市场策略。产品设计变化较多的如传统手工艺品、食品等，宜考虑差异性目标市场策略或集中性目标市场策略。

③市场需求：倘若购买者爱好相似，每一时期购买数量相近，对营销刺激的反应也大致相同，可采用无差异目标市场策略。反之，应考虑差异化目标市场策略或集中性目标市场策略。

④产品生命周期：通常在产品处于导入期和成长期时，可采用无差异目标市场策略，以探测市场与潜在顾客的需求。当产品进入成熟期或衰退期时，可采用差异性目标市场策略，以开拓新的市场，或采取集中性目标市场策略，以维持和延长产品的生命周期。

⑤市场竞争者：竞争者积极进行市场细分、实施差异性目标市场策略，本企业采用无差异目标市场策略一般难以奏效。应通过更有效的市场细分寻找机会，采用差异性目标市场策略或集中性目标市场策略。对手选用无差异目标市场策略，本企业实施差异性目标市场策略，通常可有所得。面对强大的竞争者，也可考虑集中性目标市场策略。

（三）园艺产品市场定位

营销状况分析主要是针对市场、产品、竞争、分销及宏观环境状况等背景资料进行的分析。随着我国经济的不断发展，国内市场上水果、蔬菜、花卉市场的需求与供应都呈现稳步上升趋势，但供求矛盾仍然比较突出。

1. 我国国内果品市场现状

在商品质量等级方面，国内果品市场现状的特点主要是高质量精品水果偏少，很大程度上依赖于进口。中高档水果是大中城市消费的主要类型，随着我国大中型城市的消费水平上升，中高档呈现出品种少、供应不足的趋势。中低档水果是广大农村地区消费的主要类型，目前处于品种多、产量大、供过于求的激烈竞争之中。在水果产品种类方面，我国水果长年以来都处于供鲜食的水果较多，而适宜加工的专用品种偏少；小规模供应的中低档品种较多，成批供应的优质品种数量少的状态。

2. 我国国际果品市场现状

我国水果总产量居世界首位，但高品质产品不多，竞争力较差，占国际市场的份额较小。除少数传统特色水果在数量、品种和价格上具有明显优势，竞争力较强之外，主要鲜食和加工用水果基本难以同国际市场上的优质水果抗衡，其主要原因是国内果品采后处理、产业化、组织化发展水平不高。国际市场的高标准使我国果品企业在生产经营和营销上面临挑战。

3. 我国果品生产现状

我国果品生产能力强、数量大，水果面积和产量均为世界第一，但存在品种多而杂，产业结构不合理，质量参差不齐、等级低、采后处理落后等问题。果品生产大部分由农户分散经营，产品质量标准不统一，集约化、规模化的大企业非常少。分散的农户无法承担高额的反季节生产市场风险，也无法引入高投入的保鲜设备，使得产品的销售很大程度上受到季节和区域的影响，同时质量无法提高。反观国外的果品生产，有统一的标准、较大资金投入、完备采后保鲜技术链和先进的加工企业支撑，有能力抵御市场风险。

4. 我国果品国内市场营销现状

我国的果品销售的效益、途径、方式、流向和流量等缺乏专门统计，这导致了市场交易活动的低效率，并使得优果难以优价。虽然近年意识到产业结构调整的重要性，但是各地产业结构调整存在盲目、跟风等现象，使得我国果品等级、质量与市场需求差距较大，产业结构不合理，季节性和地区性过剩并存；部分地区季节性果品积压滞销，价格变动幅度较大。

5. 分销状况

目前，我国果品销售形式以农贸市场、摊商等传统形式为主，连锁经营专业店、超市、小规模配送等现代经销形式逐渐兴起。大量果品主要由园艺产品经纪人和部分果品商进行采购、批发和摊商零售，果农直接面对消费者的情况比较少。随着经济发展，零售业态的变化和国内治理农贸市场步伐的加快，国内的专门果品超市数量将会继续增加，一些综合超市和连锁店的配送中心也开始设立果品的专门柜台进行经营。在超市或连锁店销售果品已成为果品销售未来的发展趋势。

（四）园艺产品营销的风险与机会分析（SWOT 分析）

SWOT 分析方法是一种企业战略分析方法，即根据企业自身的既定内在条件进行分析，找出企业的优势、劣势及核心竞争力之所在。SWOT 是英文单词 Strength（优势）、Weakness（弱势）、Opportunity（机会）和 Threat（威胁）首字母的缩写，其中，S、W 是内部因素，O、T 是外部因素。按照企业竞争战略的完整概念，战略应是一个企业"能够做的"（即组织的强项和弱项）和"可能做的"（即环境的机会和威胁）之间的有机组合。

1. 以我国果品进入国际市场为例进行优势和劣势（S、W）分析

我国果品进入国际市场的优势：我国的特色果品有荔枝、龙眼、红枣、柿子等，在数量、品种、品质和价格上都具有明显优势，竞争力强。

我国果品进入国际市场的劣势：保鲜加工技术水平低、加工程度浅；产品质量与标准化存在差距；市场准入规则和政府支持存在差异和不平等；政府对园艺产品补贴仍相对低、扶持力度不够。

因此，我国果品出口机会较多的是一些土特名优产品，出口风险主要来自技术和绿色壁垒，即制定严格的产品质量安全标准、检疫标准和包装、保鲜等标准。

2. 以我国果品国内市场为例进行机会与风险（O、T）分析

机会：国内水果产品营销机会主要是随着经济发展，人们对水果产品的消费量大幅度上升，尤其对中、高档水果产品、绿色产品及其加工品的需求量越来越大，给果品生产经营者带来越来越多的机会。

风险：低档产品、有害物质残留量大的产品随着我国市场准入制度的建立，其经营风险越

来越大；同时一些地方园艺产业结构调整存在盲目跟风，也给经营者带来较大的风险。

二、园艺产品策略

（一）园艺产品概念

园艺产品营销中的园艺产品概念和传统意义上的园艺产品概念有很大的不同。传统意义上的园艺产品是农业中生产的物品，仅指有形的实物，如苹果、梨、猕猴桃、番茄等。国家规定初级园艺产品是指农业活动中获得的产品，不包括经过加工的各类产品。而园艺产品营销中的产品是指能够提供给市场被人们使用和消费并满足人们某种需要的任何东西，包括有形物品、服务、人员、组织、观念或它们的组合。园艺产品的整体概念包含园艺产品的核心产品、形式产品和附加产品三个层次，这三个层次是不可分割和紧密相连的。其中，核心产品是基础和本质；核心产品必须转变为形式产品才能得到实现；在提供形式产品的同时还要提供更广泛的服务和附加利益，形成附加产品。

（二）园艺产品组合策略

1. 产品组合及相关概念

在学习产品组合之前，需先弄清产品项目和产品线的概念。产品项目（Product Item）是指按产品目录中列出的每一个明确的产品单位，产品在型号、品种、尺寸、价格、外观等方面的不同就是不同产品项目。产品项目是衡量产品组合各种变量的一个基本单位，指产品线内的不同品种及同一品种的不同品牌。产品线（Product Line）是指一组密切相关的产品项目。它可从多角度加以理解：满足同类需求的产品项目，如不同等级的苹果；互补产品项目，如电脑的硬件、软件等；卖给相同顾客群体的产品项目，如追求有机食品的消费者群体等。产品线可视经营管理、市场竞争、服务顾客等具体要求来划分。

产品组合（Product Mix），是指企业提供给市场的全部产品线和产品项目的组合或结构，即企业所经营的全部园艺产品业务范围。产品组合包括4个衡量变量，即宽度、长度、深度和关联性。

（1）产品组合的宽度、长度和深度　产品组合的宽度是指产品组合中所拥有的产品线数目，产品组合的宽度为4，包含生鲜鸡肉、调理生品、调理熟食、出口熟食4条产品线。产品组合的深度，指产品项目中每一品牌所含不同花色、规格、质量产品的数目，如生鲜鸡肉产品线的深度为6，包含鸡心、鸡翅、鸡爪、鸡腿、翅根、全翅6个产品。产品组合的长度，是指产品组合中产品项目的总数，即所有产品项目总和。

（2）产品组合的关联性　产品组合的关联性是指各条产品线在最终用途、生产条件、分销渠道或其他方面相互关联的程度。例如，某集团拥有的生鲜鸡肉、调理生品、调理熟食、出口熟食4条产品线都与鸡有关，说明其产品组合具有较强的相关性。相反，实行多元化特别是非相关多元化经营的企业，其产品组合的相关性则可能较小或无相关性。

根据产品组合的4个衡量变量，企业可以采取4种方法发展业务。

①加大产品组合的宽度，扩展企业的经营领域，实行多样化经营，分散企业投资风险。

②增加产品组合的长度，使产品线丰满充裕，成为更全面的产品线公司。

③加强产品组合的深度，占领同类产品的更多细分市场，满足更广泛的市场需求，增强行

业竞争力。

④加强产品组合的一致性,使企业在某特定市场领域内加强竞争和赢得良好的信誉。产品组合决策就是企业根据市场需求、竞争形势和企业自身能力对产品组合的宽度、长度、深度和关联性方面做出的决策。

2. 产品组合的优化和调整

产品线是产品组合的基础,产品组合的广度、深度、关联性都决定了产品线的状况。因此,实现产品组合的最佳化,离不开产品线决策。其决策内容包括产品线的延伸、填充与缩减。

(1) 产品线延伸 产品线延伸是针对产品的档次而言,在原有档次的基础上向上、向下或双向延伸,都是产品线的延伸。

(2) 产品线填充 产品延伸是产品档次的扩展,经营范围的伸长,因此是一种战略性决策。产品填充是针对产品项目而言,在原有档次的范围内增加的产品项目,它是一种战术性决策。这一决策的目标是多方面的:通过扩大经营,增加利润;满足消费者差异化的需求;防止竞争对手乘虚而入;利用过剩的生产能力等。进行决策时要注意的是:必须根据实际存在的差异化需求来增加产品项目,以动态的观点来认识产品线填充;必须使新的产品项目有足够的销量。

(3) 产品线缩减 产品线的缩减是指企业根据市场变化的实际情况,适当减少一部分产品项目。在以下情况下,企业应考虑适当减少产品项目:已进入衰退期的亏损产品项目;无力兼顾现有产品项目时,放弃无发展前途的产品项目;当市场出现疲软时,删减一部分次要产品项目。

3. 园艺产品组合决策

园艺产品优化组合是农业企业市场营销活动的主体。以满足市场需求为中心,应根据不同消费者的需求差异,通过提供优质园艺产品来满足市场的需求。从现代市场需求来看,消费者购买园艺产品,不仅要求园艺产品质量水平、外观特色、品牌名称以及附加服务得到满足,而且园艺产品的消费已从解决温饱问题的必需食品转变为满足人们营养均衡、绿色、健康的基础食品。所以,园艺产品的实物形态必须进行园艺产品组合来满足消费者的需求。

(1) 园艺产品组合的目的与策略

①明确园艺产品组合的目的性:园艺产品组合是园艺产品品种的组合与量的比例关系。消费者购买的差异性构成了园艺产品组合的差异。园艺产品组合是由不同的园艺产品项目构成的。现代农业企业都拥有多个园艺产品项目,因此,必须明确园艺产品组合中各个园艺产品项目在销售增长方面的潜力和发展趋势,以确定企业资金的运用方向。根据市场环境和资源条件的变动,做出调整园艺产品最大利润的最佳组合决策。农业企业在进行园艺产品组合时应遵循两个原则:一要有利于促进市场销售;二要有利于增加企业的目标总利润。

②园艺产品组合策略:多系列全面型园艺产品组合策略是指农业企业向整个市场提供所需要的一切园艺产品。现代农业企业在市场经济的影响下,要从单一园艺产品的生产逐渐向多系列全面生产园艺产品的方向发展,满足整个市场的需求。市场专业型园艺产品组合策略是指向某个专业市场提供所需要的各种园艺产品。例如,针对中国出现的绿色乡村游,向消费者提供相应的一切园艺产品,包括农家住宿、地方饮食特色、园艺观赏、民情民俗特色文化、民族纪念品等,这种园艺产品组合不需考虑各园艺产品之间的关联程度。特殊专业型园艺产品组合策

略是指农业企业凭借自身拥有的特殊生产条件,提供能满足某些特殊需要的园艺产品,是农业企业生产经营某些具有特定需求的特殊园艺产品项目。这样的组合有助于农业企业发挥专长,有助于树立园艺产品的形象。

(2) 园艺产品组合在农业中的重要性

①园艺产品组合有利于园艺产品生产标准化:由于园艺产品生产受自然条件影响、市场信息的制约,对各种园艺产品的绿色质量标准无从把握。在园艺产品组合生产过程中缺乏技术支撑,科技含量低;缺乏农药残留检测,不能实现园艺产品生产标准化,无法形成园艺产品品牌。实行园艺产品优化组合,能促使农企按照标准化生产的规范及要求实施严格的科学管理,走产业化、标准化之路。园艺产品的生产组合可根据区域自然环境优势对园艺产品进行市场定位、产品设计、建立品牌,提高园艺产品的附加值,实现园艺产品的交换价值。

②园艺产品组合有利于园艺产品结构调整:目前,园艺产品结构不合理主要表现在大众园艺产品多、名特优园艺产品少、初级园艺产品多、加工园艺产品少,农业企业生产出来的园艺产品不能满足消费者的需求,大量园艺产品不能通过交换实现其价值。实行园艺产品优化组合,能促使农企以市场为导向,以消费者为中心,以终端消费来逆向决定园艺产品的种植品种、种植区域、种植规模,最终从根本上解决园艺产品组合结构不合理的问题。

③园艺产品组合有利于农业新技术和园艺产品新品种推广:通过园艺产品优化组合可提高农业企业的组织化程度,有利于培养和提高农业企业的各种先进理念,有利于农业新技术和园艺产品新品种的推广。

④园艺产品组合有利于开拓营销渠道:由于园艺产品受区域市场的限制,流通不畅,抗御市场与自然风险和市场开拓的能力差。只有实行园艺产品优化组合,才能促使农企不断开拓营销渠道,使园艺产品顺利进入市场,增强市场反应能力,走出区域市场的局限。

三、园艺产品定价策略

(一) 影响园艺产品定价的主要因素

为园艺产品制定一个既能为消费者所接受,又符合经营者利益的价格,不是一件容易的事。只有站在整体的角度,考虑各方面因素,才能制定出具有一定市场竞争力,为各方所接受的价格。

1. 成本

(1) 产品成本 产品成本是指生产经营者为某产品所投入和耗费的费用总和。它是构成产品价格与价值的主要组成部分,所以产品成本是价格制定的下限,除非处于非常恶劣的价格竞争或其他特殊情况下,一般定价不会跌破成本。只有清楚地了解产品成本结构,才能科学合理地制定价格。产品成本包括生产成本、储运成本、销售成本、机会成本、关税及相关税收、金融风险成本等。

(2) 单位成本 单位成本又称平均成本,它等于单位固定成本(Fixed Cost)加单位变动成本(Variable Cost),也等于总成本除以总产量。从短期看,随着产量的增加,单位成本有下降的趋势,因为虽然单位变动成本是稳定的,但单位固定成本会随产量的增加而下降,如式(9-2)所示。

$$单位成本 = 单位固定成本 + 单位变动成本 = 总成本/总产量 \qquad (9-2)$$

(3) 边际成本　边际成本是指增加一个单位产量所增加的成本，如日产某件产品，总成本是 200 元，再增加一件产品总成本增加到 210 元，则此时的边际成本就是 10 元。在生产能力得到充分利用的情况下，运用边际成本进行生产决策具有重要意义。例如，一个饲料加工厂其生产能力尚未充分利用，若有新订单，只要对方订货价大于边际成本，就可以接单生产，获取边际利润。

2. 市场供给与需求

市场供求是引起产品价格变化的外在主要因素。一般认为，价格与供给量成正比关系，价格越高，供给量越大；反之，价格越低，供给量越小。价格与需求量呈反比关系，价格越低，需求量越大；价格越高，需求量越小。园艺产品市场供求与价格的关系同样遵循一般产品市场的规律，当市场供大于求时，园艺产品价格趋于下降；当市场供不应求时，园艺产品价格就自然会上升。这在蔬菜、水果等产品上表现得尤为明显。

市场机制像一只无形的手，推动价格、供给量和需求量在均衡点波动，如图 9-3 所示。横轴为产品数量，纵轴为产品价格，供给量与需求量相等时产品达到均衡价格。

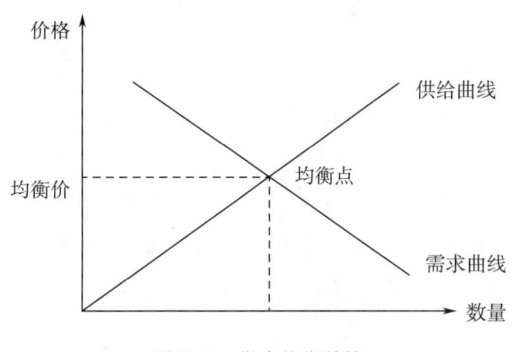

图 9-3　供求均衡价格

价格变化和由此产生的需求量变化的程度称为需求的价格弹性，简称需求弹性。需求量受价格变化影响大的，称为需求价格弹性大，又称为富有弹性；反之则称为需求价格弹性小，或称为缺乏弹性。产品需求价格弹性的大小，可以通过价格弹性系数来表示，如式（9-3）所示。

$$\text{弹性系数}(E) = \text{需求量变化}(\%) / \text{价格变化}(\%) \quad (9-3)$$

需求弹性系数非常有用，它能告诉我们市场需求量对价格变化的敏感程度，是制定和调整价格的重要依据。需求弹性系数一般有以下几种情况。

（1）需求弹性系数等于 0　表示不管价格如何变化，需求量都不会发生任何变化。如贵重药材，因为其稀缺性和不可替代的治疗作用，如果人生了病，无论价格多高也要买，如果没有病，降价也没人要。此类产品的价格一般都定得比较高。

（2）需求弹性系数等于 1　表示价格变化百分比是多少，需求量变化的百分比也是多少。这类产品价格无论如何变化都不会影响盈利，比较稳定。

（3）需求弹性系数小于 1 [图 9-4（1）]　表示需求量对价格的变化比较迟钝，提高价格对需求量影响不是很大，如生活必需品，人们不会因为降价而增加消费，也不会因为提价而减少消费。此类产品缺乏弹性，适宜采取稳定价格或提价措施增加收入。

（4）需求弹性系数大于 1 [图 9-4（2）]　表示价格变化对需求量的影响较大。价格发生较小的变化，就会引起需求量较大的变化。这类产品主要是高档消费品。价格提高，人们就减少消费；价格降低，人们就增加消费。此类产品富有弹性，适宜采取降价措施扩大销售，增加利润。

需要注意的是，前两种情况在现实生活中极少见到，常见的是后两种情况。

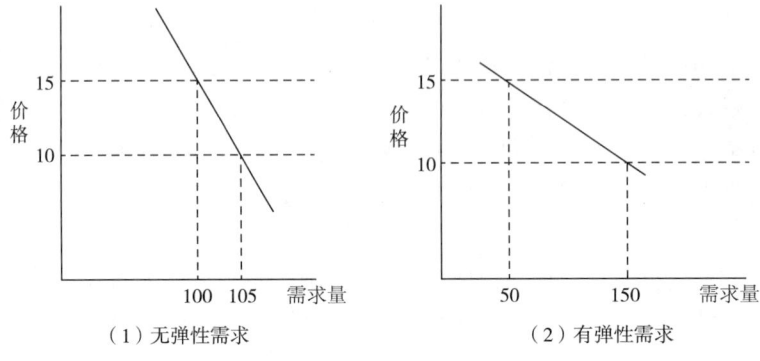

图9-4　需求价格弹性

3. 目标投资收益率

在正常情况下，每一个生产经营者都会追求一定的利润目标。这些目标通常以投资收益率或资产收益率来评估，产品生产经营者可供选择的利润目标一般有3种。①长期利润目标：此时，生产经营者虽然制定正常的行业价格，但生产优质的产品，将来可渗透进入竞争者市场中。②最大当期利润目标：指根据已知的需求和成本情况，制定一个在当季或当年可获得最大利润的价格。③固定利润目标：园艺产品经营者在投资前制定一个具体的利润目标，以保证获得固定的投资收益。

4. 竞争者产品和价格

一般根据竞争状况分为完全竞争市场、不完全竞争市场、寡头垄断市场、纯粹垄断市场。

（1）完全竞争市场　指该市场有许多经营者生产和销售同种产品，每个经营者占的市场份额都较小，自己的行为对价格不会产生影响。要想获得高利润，就不能采用高价格，只能通过提高自己的劳动生产率，降低成本以增加利润率。

（2）不完全竞争市场　有许多经营者生产各种有差异的产品，由于各个产品都有一定的特色，因而在市场中只要占有部分市场份额就可以使经营者对产品的市场价格有影响，此时经营者可以恰当运用提高价格的方法寻求较高利润。

（3）寡头垄断市场　由少数经营者共同占用某种产品的大部分销售量。一个经营者的调价行为会对其他经营者产生影响，为避免过度竞争的损失，他们往往达成某种协议，谁也不轻易降价或涨价，因而价格较稳定。

（4）纯粹垄断市场　指市场上只有一个经营者生产和销售某种产品，经营者对该产品拥有绝对的定价权，可以定高价，但会损害消费者的利益，国家一般都会采用限价等方式予以控制。园艺产品市场属于不完全竞争市场，竞争者可能针对本企业价格调价，也可能不调价而调整营销组合其他变量争夺消费者。

5. 消费者感知价值

消费者对产品所持有的认知价值，对他们所能接受的价格有重大影响。当他们对产品的认知价值较高时,就能接受一个较高的价格;相反,价格高时,他们会拒绝接受。一个产品的认知价值的建立需要经营者做好营销工作。只有建立良好的产品形象,才能提升消费者对产品的认知价值,例如,某畜禽养殖专业合作社生产的黄粉虫鸡蛋,蛋白质含量、微量元素、维生素等含量均超过普通鸡蛋,填补市场空白,上市后深受广大消费者喜爱,成为消费者崇尚的绿色健康食品,价格是当地普通鸡蛋的近4倍。

6. 政府干预行为

有时候政府会对市场价格进行干预,园艺产品生产经营者对产品定价时,要充分考虑国家政策,在国家政策范围内活动。①如果是国内薄弱产业或关系到国家安全的产业,政府为了促进其发展,往往会制定支持价格,这是一个比均衡价格高的价格。一般政府会对园艺产品价格进行干预,以保证农民的利益不受损害。例如,为了刺激农民种粮的积极性、增加种粮农民收入,国家已经连续几年提高粮食收储价格。②如果是政府限制发展的商品或产业,为了限制其生产和消费,政府会制定限制价格,该价格低于均衡价格,企业产品价格最高不能超过限制价格。

(二)园艺产品定价目标和程序

1. 定价目标

由于受到资源的约束,生产经营者的规模和经营者所采用的管理方法的差异,企业可能从不同的角度选择自己的定价目标,不同行业的企业有不同的定价目标,同一行业的不同企业可能有不同的定价目标,同一企业在不同的时期、不同的市场条件下也可能有不同的定价目标。企业应根据自身的性质和特点,权衡各种定价目标的利弊而加以取舍。企业的定价目标主要有以下几个方面。

(1)以利润为定价目标　利润是农业企业从事经营活动的主要目标,也是企业生存和发展的源泉,在市场营销中不少农业企业直接以获取利润作为制定价格的目标。第一,以获取投资收益为定价目标。第二,以获取最大利润为定价目标。第三,以获取合理利润为定价目标。

(2)以提高市场占有率为定价目标　指农业企业通过定价取得控制市场的地位,提高市场占有率。提高市场占有率,维持一定的销售额,是企业得以生存的基础,利润率具有不确定性。但是研究表明,市场占有率与利润率之间存在着很高的内在关联度。市场营销战略影响利润系统(Profit Impact of Market Strategy,PIMS)的分析指出:当市场占有率在10%以下时,投资收益率(Return on Investment,ROI)大约为8%;市场占有率在10%~20%时,投资收益率为40%以上;市场占有率在20%~30%时,投资收益率约为22%;市场占有率在30%~40%时,投资收益率约为24%;市场占有率在40%以上时,投资收益率约为29%。因此,以赢得最高市场占有率为定价目标具有获取长期利润的可能性。在市场对价格高度敏感,生产和分销的单位成本随生产经验积累下降,低价能给潜在竞争者造成壁垒等,企业可以考虑以低价实现市场占有率的提高。

(3)以维持企业生存为定价目标　如果企业产能、产量过剩或面临激烈竞争,则会把维持生存作为主要目标。为了确保继续运营和存货出售,企业必须制定较低价格,并希望市场是价格敏感型的。园艺产品生产经营组织通过大规模的价格折扣来保持组织活力。只要其销售收入能够弥补可变成本和部分固定成本,企业生存便可得以维持。

(4)以市场竞争应对为定价目标　在分析自身产品竞争力和市场位置后,企业可以采取相应且合理的定价策略。大多数农业企业对于竞争者价格十分敏感，在分析企业的产品竞争能力和市场竞争位置后，以应对市场竞争作为企业的定价目标。当农业企业具有较强的实力，在该行业中居于价格领导（Price Leader）地位时，其定价目标可以是通过合理的价格调整来维持市场地位，而不是单纯地对付竞争者。具有一定竞争力量，居于市场竞争的挑战者位置时，定价目标可以是提升产品质量和服务水平，而非仅仅通过低价策略攻击竞争对手。市场竞争力较弱的中小企业，在竞争中可以采取差异化策略，提升产品的独特性和附加值，而不是单纯跟随市场领导价格。通过这种方式，企业可以在不损害行业整体利益和消费者权益的前提下，实现自身的可持续发展。

（5）以争取产品质量领先为定价目标　企业以质量领先作为定价目标，在生产和市场营销过程中始终贯彻产品质量最优的指导思想，这就要求用高价弥补高质量和研发的高成本。

2. 定价程序

在选择了合适的定价目标后，要综合考虑各种因素，对园艺产品市场需求、成本、市场竞争状况进行调研，最后运用科学的方法确定产品价格。

①测定市场需求状况：供不应求的产品，定价可以稍高些；供需正常者，定价可以稍低些，以吸引需求，提高市场占有率。测定市场需求，要先进行深入细致的市场调查，正确估计价格变动对销售量的影响程度，为后续定价的顺利进行提供依据。

②预计产品成本构成：在园艺产品的价格构成中，成本所占比重最大，是定价的基础。要根据成本类型，全面分析不同生产条件的生产成本变化情况，估算不同营销组合下的园艺产品成本，以此作为定价的重要依据。

③分析竞争者的产品与价格：预测竞争者的反应，对竞争者产品与价格的分析，可通过了解消费者对其产品与价格的态度来实现。重点调查分析市场上同一产品竞争者可能做出的反应，以及替代产品的生产等情况。

④确定预期市场占有率：在定价之前，必须通过调查研究，确定本企业产品的市场占有率，并根据自己的实力大小，选择价格策略。

产品的成本是价格的最低限，消费者的需求和竞争者的价格决定着产品的上限，再参考市场环境中的其他因素，如国家的政策法规、消费者心理的影响等，选择合适的定价方法，确定出最终价格。

（三）园艺产品定价的一般方法

定价方法是园艺产品生产经营者在特定的定价目标指导下，对园艺产品价格进行计算的具体方法。综合考虑价格与成本、价格与需求的关系，以及竞争者对价格决策影响等因素，定价的方法主要有成本导向定价法、需求导向定价法和竞争导向定价法。

1. 成本导向定价法

以产品成本为定价基础，加上生产经营者的目标利润来确定产品价格的定价方法。产品成本是园艺产品生产经营过程中所产生的耗费，是价格制定的下限，客观上要求通过产品的销售得到补偿。这是营销者最常用、最基本的定价方法，具体包括以下几种。

（1）成本加成定价法　这是在单位成本之上加一定百分比的加成制定销售价格，加成率即预期利润占产品成本的百分比，是最基本的定价方法。计算方法如式（9-4）所示。

$$P = C \times (1+R) \tag{9-4}$$

式中　　P——单位产品售价；
　　　　C——单位产品成本；
　　　　R——成本加成率。

例如，某养猪场每饲养一头猪的单位成本为350元，预期利润率为30%。用成本加成法定价，则每头猪的销售价格为350×（1+30%）= 455元。这种定价方法的最大优点是简单易行，因此在定价中被广泛使用。其不足之处是只从卖方利益出发进行定价，忽视了市场需求的变化和市场竞争因素的影响。该方法特别适合经营易腐园艺产品和小商品的零售商使用。

（2）售价加成定价法　与成本加成定价的方法类似，零售企业往往以售价为基础进行加成定价。售价加成率=加成（毛利）/进货成本，成本的不确定性一般比需求小，基于单位成本制定价格，可以简化企业定价程序。计算方法如式（9-5）所示。

$$P=C/1-R \tag{9-5}$$

式中　　P——单位产品售价；
　　　　C——单位产品成本；
　　　　R——售价加成率。

上一个案例如果用售价加成定价法，则每头猪的销售价格为350/（1-30%）= 500元。

（3）边际成本定价法　边际成本定价法主要是分析企业是否有增量利润，即增量收入减去增量成本。与成本加成法不同的是此种方法以增量成本（或变动成本）为定价基础，主要考虑变动成本回收后尽量补偿固定成本，只要增量收入大于增量成本（或价格高于变动成本），这个价格就可以接受。在企业经营中，增量分析定价法适用于市场不景气、企业以维持生存为目标制定低价策略，以及企业生产相互替代或互补的几种产品，综合考虑几种产品的综合效益等情形。

（4）目标利润定价法　或称为目标收益定价法、投资收益率定价法。这种方法是根据经营者制定的目标利润来确定产品的价格。采用这种方法，首先要估计产品成本和可能达到的销售量，然后计算保证实现目标利润所应达到的价格水平。计算方法如式（9-6）所示。

$$单位产品价格 = 产品总成本（1+目标利润率）/预计销售量 \tag{9-6}$$

这种定价方法的优点是可以保证实现既定的利润目标，但是由于利用的是预计销售量来确定价格，而价格是影响销售量的重要因素，所以，采用此方法计算出来的价格，不一定能保证预计销售量的实现，需求价格弹性较大的产品更是如此。因此，采用此方法的营销者必须有较强的计划能力。测算好销售价格与预期销售量之间的关系，并做好保本分析。

2. 需求导向定价法

这种方法不是根据产品的成本来定价，而是根据消费者对产品价值的认识和需求程度来定价。这种定价方法常用的有三种方式。

（1）感知价值定价法　感知价值定价法（Perceived-Value Pricing）以消费者对产品价值的感受和理解程度作为定价的依据。各种产品在消费者心目中一般都有特定位置，消费者在选购某一产品时，常会将其与其他同类产品相比较，通过权衡相对价值的高低来决定是否购买。这就要求营销者在定价时，首先要搞好产品的市场定位，突出产品特色，并通过各种营销手段，加深消费者对产品的印象，使消费者感到购买这种产品能获得更多的相对利益，从而提高他们接受价格的程度。这一方法的核心是消费者对产品的认知价值，即寻求消费者在观念上的认同。消费者比较全面地感知价值，包括商品效用价值、服务价值、人员价值、形象价值等方面。采用这一方法的关键是正确地估计消费者的认知价值,如果估计过高,就会导致定价过高;反之,就会影响生产经营者的收益。

(2) 反向定价法 也称倒推定价法,是指企业依据消费者能够接受的最终销售价格,计算自己从事经营的成本和利润后,逆向推算出产品的批发价和零售价。这种定价方法不以实际成本为主要依据,而是以市场需求为定价出发点,力求使价格为消费者所接受。分销渠道中的批发商和零售商多采取这种定价方法。计算方法如式(9-7)所示。

$$产品价格=市场可接受的零售价格×(1-批零差率)×(1-进销差率) \qquad (9-7)$$

例如,消费者对某品牌的土鸡蛋可接受的价格为 180 元/箱,若零售商要求的毛利率为 25%,批发商要求的毛利率为 10%,则该箱土鸡蛋的售价为:

零售商价格=消费者可接受价格×1×(1-25%)=180×0.75=135(元)

批发商价格=零售商可接受价格×1×(1-10%)=135×0.9=121.5(元)

(3) 需求差异定价法 这种定价方法以销售对象、销售地点、销售时间、产品式样等发生变化所产生的需求差异为定价依据,对于同一产品,根据不同的需求制定不同的价格。根据需求差异来定价,主要有四种情况。

①根据顾客差异定价:同一产品,面向不同的顾客群体时,实行不同的价格。如供应超市的蔬菜和供应农贸市场的蔬菜价格不同。

②根据产品式样差异定价:同一产品,因外观式样不同,实行不同的价格。如方形的西瓜比圆形的西瓜价格高,进行了包装的水果比散卖的水果价格高。

③根据地点差异定价:例如,园艺产品在产地市场出售价格低,而在消费地市场出售价格高。

④根据时间差异定价:同一产品,在不同的时间,实行不同的价格。如同一种蔬菜,在不同的季节,甚至在一天中的不同时间段,价格差别很大。采用这种定价方法,要具备一定的前提条件,首先要搞好市场细分,各细分市场的需求差异比较明显;其次是要防止转手倒卖;再次,实行差异定价要有充足的理由,避免引起顾客的反感;最后,不能因实行差异定价增加过大的开支,否则得不偿失。

3. 竞争导向定价法

竞争导向定价法(Competition-Orientated Pricing)是根据竞争者的价格来定价。生产经营者视自己产品的质量和需求状况,或采用与主要竞争者相同的价格,或高于、低于主要竞争者的价格。其特点是只考虑竞争者价格的高低,而不考虑产品成本和市场需求的变化。

这两种方法主要有两种定价方式。

(1) 随行就市定价法 随行就市定价法(Going-Rate Pricing)又称通行价格定价法,即按照目前市场上的价格水平来定价。随行就市定价意味着充分利用本行业的智慧,方法简单易行,因此,这种方法在实践中相当普遍。其理论依据是:在竞争激烈的市场上,产品价格是由无数个买主与卖主共同作用的结果,单个生产经营者实际上没有多少定价权,只能按照行业的现行价格来定价,如水果、蔬菜等初级园艺产品。随行就市是对市场各方都有好处,都能接受的价格。

随行就市定价法适应于质量差异不大、竞争激烈的产品,或者成本不易测算、市场需求和竞争者反应难以预料的产品。其优点一是容易被消费者所接受,因为通行价格往往被人们认为是"合理价格";二是可以使自己获得平均利润;三是可以避免挑起激烈的价格战,造成两败俱伤。

（2）密封投标定价法　密封投标定价法（Sealed-Bid Pricing）是采购机构刊登广告或发函说明拟购品种、规格、数量等的具体要求，邀请供应商在规定的期限内投标。采购机构在规定日期开标，一般选择报价最低、最有利的供应商成交，签订采购合同。供货企业如果想做这笔业务，就要在规定期限内填写标单，填明可供商品名称、品种、规格、价格、数量、交货日期等，密封送达招标人。投标价格根据对竞争者报价的估计制定，而不是按供货企业自己的成本费用，目的在于赢得合同，所以一般低于对手报价。然而，企业不能将报价定得过低，以免使经营状况恶化。确切地讲，不能将报价定得低于边际成本，但是，报价远远高出边际成本，虽然潜在利润可能增加，又会减少赢得合同的机会。

（四）园艺产品定价策略

前述定价方法是依据成本、需求、竞争等因素决定产品基础价格的方法。园艺产品定价还需要在定价目标的指导下，根据园艺产品特征和市场条件，综合考虑影响价格的各种不同因素，运用灵活多变的定价策略，修正或调整产品的基础价格。常用的定价策略有以下几种。

1. 新产品定价策略

新产品定价是营销策略中的一个十分重要的问题，它不仅关系到新产品能否顺利进入市场和占领市场，而且还会影响到可能出现的竞争者数量。常见的新产品定价策略主要有三种。

（1）撇脂定价策略　撇脂定价策略（Skimming Pricing Strategy）又称高价厚利策略，撇脂的意思是从牛奶表面逐层撇取奶脂，撇脂定价就是将新上市的产品价格定得较高，使单位价格中含有较高的利润，以便在短期内获得尽可能多的投资回报。采用这种策略时，价格高到什么程度不以成本为标准，主要看是否能够满足顾客的炫耀心理，是否能显示出产品的高品质、高附加值。这一策略的实施往往配合强大的宣传攻势，将产品推向市场，使消费者尽快认识新产品，在短时间内形成强烈的需求欲望和购买动机。当然采用高价策略，产品需要有支持高价的特性。比如，高价园艺产品可以包装成礼品，突出显示消费者的地位和财富。

（2）渗透定价策略　渗透定价策略（Penetration Pricing Strategy）又称薄利多销策略。它与撇脂定价策略正好相反，即把新上市产品的价格定得较低，以利于为市场所接受，迅速打开市场，并且稳定地占领市场。因此，它谋求的是长期稳定的利润。园艺产品的同一个品种具有较大的同质性，因此经营者往往采取低价来吸引众多消费者。从实践来看，采取渗透定价策略的企业一般具备以下条件：需求对价格极为敏感，低价可以刺激市场迅速增长；企业生产成本和经营费用会随着生产经营经验的增加而下降；低价不会引起实际和潜在的过度竞争。

（3）满意定价策略　满意定价策略又称温和定价策略。该策略是为新产品制定一个适中的价格，使顾客比较满意，生产者又能获得适当的利润。因此，它是一种普遍适用、简单易行的定价策略。满意定价策略适合于产销比较稳定的产品。它既可以避免撇脂定价因价格过高带来的风险，又可以避免渗透定价因价格过低造成的收益减少。其缺点是有可能造成高不成、低不就的尴尬状况，对消费者缺少吸引力，难以在短期内打开销路。

2. 折扣定价策略

折扣定价策略是企业为了鼓励顾客及早付清货款、大量购买、淡季购买，酌情降低其基本价格，这种价格调整称为价格折扣。

（1）价格折扣的主要类型　价格折扣有五种类型。

①现金折扣（Cash Discount）：这是企业给那些当场或提前付清货款的顾客的一种减价。

采用这种方式，可以促使顾客提前付款，从而加速资金周转，实行现金折扣的关键是要合理确定折扣率，折扣率大小一般根据提前付款期的利息和经营者利用资金所能创造的效益来确定。例如，顾客在30d内必须付清货款，如果10d内付清货款，则给予2%的折扣。

②数量折扣（Quantity Discount）：数量（金额）折扣指卖主为了鼓励顾客多购买，达到一定数量（金额）时给予某种程度的折扣。实行现金折扣的关键是要合理确定折扣率，折扣率大小一般根据提前付款期的利息和经营者利用资金所能创造的效益来确定。其形式有累进折扣和非累进折扣两种。

③功能折扣（Functional Discount）：这种折扣又称为交易折扣，是根据各类中间商在市场营销中功能的不同，给予不同的折扣。交易折扣的多少要根据中间商所承担的营销功能的多少而确定（如推销、贮存、服务等）。一般来讲，批发商折扣较多，零售商折扣较小。

④季节折扣（Seasonal Discount）：这种折扣是企业给那些购买过季商品或服务的顾客一种减价，使企业的生产和销售在一年四季保持相对稳定。

⑤价格折让（Allowance）：价格折让有以旧换新和促销折让等。若经销商同意参加制造商的促销活动，则制造商卖给经销商的产品可以打折扣，称为促销折让。

（2）影响折扣策略的主要因素

①行业竞争者的实力：市场中同行业竞争对手的实力强弱会威胁到折扣的成效，一旦竞相折价，要么两败俱伤，要么被迫退出竞争市场。

②折扣的成本均衡性：销售中的折价并不是简单地遵循单位价格随订购数量的上升而下降这一规律。对生产厂家来说有两种情况例外：一是订单量大，很难看出连续订购的必然性，企业扩大再生产后，一旦下季度或来年订单陡减，投资难以收回；二是订单达不到企业的生产标准，企业生产运转与分批送货的总成本有可能无法用增加的订单补偿。

③市场总体价格水平下降：由于折扣策略有较稳定的长期性，当消费者利用折扣超需购买后，再进行转手出售，跨区域倒卖等现象会扰乱市场，导致市场总体价格水平下降。

除了以上因素，还应考虑企业流动资金的成本、金融市场汇率的变化、消费者对折扣的疑虑等因素。

3. 地区定价策略

地区定价策略，是当把产品卖给不同地区（包括当地和外地不同地区）的顾客时，决定是否实行地区差价。地区定价策略的关键是如何灵活对待装运、保险等费用，是否将这些费用包含在价格中。因为在园艺产品定价中运费和保险费是一项很重要的因素，特别是运费和保险费成本比例较大时更应该重视，具体方法如下。

（1）原产地定价 原产地定价一般也称为FOB（Free on Board）原产地定价，指顾客（买方）在产地按出厂价购买产品，企业（卖方）负责将产品运至顾客指定的运输工具上，运送费用和保险费全部由顾客（买方）承担。这种定价方法对卖方来说是最简单和容易的，对各地区的买主都是适用的。这样定价可能造成距离较远的顾客（买方）不愿购买企业产品。

（2）统一交货定价 企业对于卖给不同地区顾客的某种产品，都按照相同的厂价加相同的运费（按平均运费计算）定价。这种策略类似于邮政服务，又称为邮资定价。该策略适用于重量轻、运费低廉并占变动成本比重较小的产品。

（3）分区定价 企业把全国（或某些地区）分为若干价格区，对于卖给不同价格区顾客的某种产品，分别制定不同的地区价格。距离较远的价格区定价高，距离较近的价格区定价低,在各个价格区范围内实行统一价格。分区定价的主要问题在于处在两个相邻价格区边界的顾客,距离邻近却需要按照高低不同的价格购买同一种产品。

(4) 基点定价　指企业选定某些城市作为基点,然后按一定的厂价加从基点城市到顾客所在地的运费来定价,而不论产品实际从哪个城市起运。企业为了提高灵活性,开拓较远区域市场,可以选定多个基点城市,按照距离顾客最近的基点计算运费,也有利于形成竞争壁垒。基点定价适用于以下情形:产品运费成本所占比重较大;企业产品市场范围大,许多地方有生产基地;产品的需求价格弹性较小。

(5) 运费免收定价　企业负担全部或部分运费。采取此种定价策略,企业主要考虑随着市场扩大,销量增加,平均成本会相应降低,足以抵偿运费开支。采用运费免收定价可使企业加深市场渗透,提高市场竞争能力。

4. 心理定价策略

(1) 声望定价　声望定价(Prestige Pricing)是指企业利用消费者崇尚知名品牌或名店的声望所产生的品质消费心理制定商品价格,整数定价或高端定价能够提高商品身价,满足顾客高消费心理。质量不易辨别或信息不透明的产品适宜采用此法。根据消费者自尊心的需要,对于作为送礼用途的特色园艺产品价格要适当高一些,采取整数定价。因为价格太低,消费者会认为拿不出手,但价格太高,消费者会认为不值得,将寻找其他礼品替代。例如,一盒人参礼品如果定价为59元,就不如定价60元为好。因为顾客心里感觉59元只是50多元,没有超过60元,心理上得不到满足,不易引起购买动机。又如美国新奇士橙,至今已有120余年的品牌历史,以黑标晚熟脐橙(Late Season)作为卖点,定价129元12个,黑标代表更长的生长周期,黑色寓意高品质,鲜果品质达到优质级别。

(2) 尾数定价　尾数定价(Odd Pricing)是利用消费者对数字的不同认知心理,尽可能在价格数字上不进位,保留零头。园艺产品的消费者往往认为尾数价格是经过精密计算的,因而产生一种真实感、信任感、便宜感。例如,500g鸡蛋标价5.90元比标价6.00元更能吸引顾客。对于大众化、没有经过加工的一般园艺产品,尤其是自家消费的园艺产品,消费者一般存在实惠心理,500g蔬菜定价0.9元,远比定价1元要吸引人,所以这类园艺产品定价最好不要超过整数,1.8元、1.9元比2元要好卖得多。对于粗加工园艺产品,消费者存在"一分价钱一分货"心理,也适宜采取尾数定价方式。

(3) 招徕定价　招徕定价是零售商利用部分顾客求廉心理,特意将几种商品的价格定得较低以吸引顾客。一些门店或网上商铺随机推出降价商品,如每天、每时推出一两种降价商品或特价商品,以吸引顾客经常光顾,同时也选购其他正常价格商品。这种方法一般以低价商品吸引客流,以高价商品获得利润。

(4) 习惯定价　在一定的时期内,一些日常消费的园艺产品,如蔬菜、水果等的价格已经被消费者所熟悉,在消费者的心理上已形成习惯价格。对于这类产品的价格,一般不宜频繁提价,因为价格稍做变动,就会影响销售。如果生产成本大幅度提高,经营者可以考虑通过降低费用、优化运营等方式来应对成本压力,而不是直接提高价格。如果必须调整价格,经营者应尽量通过透明、合理的方式进行,避免采取可能损害消费者权益的变相提价手段,如降低产品质量或减少分量。相反,可以考虑通过改进包装设计、提升产品附加值等方式,在不损害消费者利益的前提下,实现价格的合理调整。

5. 差别定价策略

所谓差别定价（Discriminatory Pricing），又称为价格歧视，是指企业按照两种或两种以上不反映成本费用的比例差异的价格销售某种产品或服务。这种定价策略在合法合规的前提下，可以有效满足不同消费者群体的需求。

差别定价的主要形式如下。

①产品形式差别定价（Product-Form Pricing）：企业对不同型号或形式的产品分别制定不同的价格，但是，不同型号或形式的产品价格的差额和成本费用的差额并不成比例。例如，把同为红富士品种的苹果按照大小分成不同的等级，每个等级确定一个价格；出售猪肉时，根据不同部位确定不同的价格。

②产品形象差别定价（Image Pricing）：有些企业根据不同的形象，给同一种产品定出两个不同的价格。把园艺产品包装好作为礼品赠送越来越成为一种时尚，绿壳鸡蛋、散养柴鸡、彩色甘薯、有机蔬菜配上乡土气息浓郁的包装正走俏礼品市场。正如一枝枝鲜花，单独销售可能不太值钱，但是，把它装进透明好看的花瓶里，视觉上会给人带来愉悦的享受，因此，鲜花伴随着花瓶一起出售，价位就会稍微偏高，顾客购买欲望也越加强烈。因此把特色鲜明、老少皆宜的园艺产品（食品）作为礼品销售，制定的价格可以与时尚礼品相提并论。

③产品地点差别定价（Location Pricing）：企业对处在不同位置的产品或服务分别制定不同的价格，即使这些产品或服务的成本费用没有任何差异。如乡村旅游设置的小剧场项目，虽然不同座位的成本费用都一样，但是不同座位的票价有所不同，这是因为消费者对剧场的不同座位的偏好和满足有所不同。

④销售时间差别定价（Time Pricing）：企业对不同季节、不同时期甚至不同钟点的产品或服务分别制定不同的价格。例如，丹东99草莓在11月刚上市时价格为118元/1.5kg左右，到4~5月价格则定为79元/1.5kg。又如，在日本一些大的超市里鲜鸡蛋早上和晚上的价格不同。

6. 产品组合定价策略

当产品只是产品组合的一部分时，必须对定价方法进行调整。企业要研究出一系列价格，使整个产品组合的利润最大化。由于各种产品之间存在需求和成本的联系，而且会带来不同程度的竞争，所以定价十分困难。

（1）产品大类定价 采取产品大类定价（Product-Line Pricing）策略，是因为通常企业开发出来的是产品大类，而不是单一产品。企业生产的系列产品存在需求和成本的内在关联性时，为了充分发挥这种内在关联性的积极效应，需要采用产品大类定价策略。在定价时首先确定某种产品的最低价格，它在产品大类中充当领袖价格，以吸引消费者购买产品大类中的其他产品；其次，确定产品大类中某种产品的最高价格，它在产品大类中充当品牌质量和收回投资的角色；最后，产品大类中的其他产品也分别依据其在产品大类中角色不同而制定不同的价格。

产品大类定价应充分考虑成本差额、消费者认知差异和竞争者的价格，避免某产品滞销。产品大类价格差距小，有利于高档次产品的销售；产品大类价格差距大，有利于低档次产品的销售。例如，农场经营三种价格档次的水果礼品套餐：100元，150元，250元。顾客会从三个价格点上，联想到低、中、高三种质量水平。即使三种价格同时提高，顾客可能仍然会按自己偏爱的价格点购买。营销管理的任务就是确立质量差别认知，使价格差别合理化。

（2）选择品定价 许多企业提供主产品的同时，会附带一些可供选择的产品或服务，例如购买植保无人机，可以订购专用检修工具、动力电池、锂电平衡充、喷洒装置等。但是对于选择品的定价，企业必须确定价格中应当包括哪些产品，有哪些产品可作为选择对象。如农家乐餐厅定价，顾客除了饭菜也会购买一些农特产，饭菜定价相对较低，农特产价格较高，食品收入可以弥补食品成本，农特产可带来利润；也可以将农特产价格定得较低，农家乐餐饮定价较高，以吸引热衷于农家乐餐饮体验的消费者。

（3）补充产品定价 补充产品定价又称为连带产品定价（Complementary Product Pricing）。有些产品需要附属或补充品配合才能使用。许多企业喜欢为主产品制定较低价格，给附属品制定较高价格。主产品消费对连带产品消费产生乘数效应，主产品定低价扮演引诱品，连带产品定高价充当俘虏品。

（4）分部定价 服务型企业经常收取一笔固定费用，再加上可变的使用费。例如，乡村旅游游乐园一般先收门票费，喂小动物、玩卡丁车要再交费。服务型公司面临着和补充品定价同样的问题，即收多少基本服务费和可变使用费。固定成本较低，可以推动人们购买服务，利润从使用费中获取。

（5）副产品定价 在生产加工肉类产品的过程中，经常产生副产品。如果副产品价值低、处置费用昂贵，就会影响主产品定价，其价格必须能弥补副产品处置费用。如果副产品能够发挥用处，可按其价值定价。副产品如果能带来收入，则有助于企业在应对竞争时制定较低价格。

（6）产品系列定价 也有企业经常打包出售一组产品或服务，如乡村旅游经营者提供的系列活动方案。这就是产品系列定价，也称配套（捆绑）产品定价，目标是以较低的整体价格刺激购买，或促销消费者本来不太可能购买的商品，充分利用整体运营的成本经济性，同时努力提高利润净贡献。

四、园艺产品促销策略

（一）园艺产品促销及促销组合

在开发适销对路的园艺产品、制定有吸引力的价格和确定有效分销渠道的同时，农业企业还必须与客户、中间商、政府和社会公众进行广泛和连续的信息沟通活动。科学地采用一定的促销手段进行促销是农业企业在市场竞争中取得成功的必要保证。

1. 促销的含义

促销（Promotion）指促进产品或服务的销售。促销是通过人员和非人员的方法，沟通园艺产品生产经营者与消费者之间的信息，在产品或服务与消费者需求之间建立联系，刺激消费者的消费欲望和兴趣，引发其产生购买行为的活动。

园艺产品促销，是指农业生产经营者运用各种方式方法，传递产品信息，帮助说服顾客购买本公司或本地产品，或使顾客对该品牌产品产生好感和信任，以激发消费者的购买欲望，从而扩大园艺产品销售的一系列活动。受传统观念影响，许多农民只顾埋头生产，不懂如何拓展市场，导致产品滞销。经过市场的洗礼，农民悟出一条道理：酒香也怕巷子深，好产品更得会"吆喝"。随着网络营销手段的日益丰富，各种园艺产品纷纷被搬上荧屏、载上网站、画上广告牌，一些精明的商家也通过成立广告代理公司为农民提供广告服务，推动园艺产品销售额的大幅提升。促销的实质是实现园艺产品生产经营者与目标顾客之间信息的沟通，从而促进产品的销售。

2. 园艺产品促销的作用

园艺产品促销活动不仅可以直接刺激和诱导顾客购买，而且可以实现产品的生产经营者与消费者之间的信息交流，增进双方的相互了解和建立信赖关系，这就使促销活动显得更为重要。园艺产品促销的作用主要表现在以下4个方面：①传递信息，提供情报。②突出特点，诱导需求。③指导消费，扩大销售。④形成偏爱，稳定销售。

3. 园艺产品促销组合

促销组合（Promotion Mix），又称营销传播（沟通）组合（Marketing Communication Mix），是指企业根据产品特点与营销目标，将各种促销方式——广告、人员推销、营销推广和公共关系进行适当选择与有机结合，更好地达成促销目标。

所谓有机结合，就是各种促销方式的目标一致，运用和发挥各种促销方式的特点，整合各种促销方式，便于资源更集中、目标更明确、投入更少、效益更高地开展促销活动。其道理如同现代战争中的"立体作战"，一场漂亮的促销攻势，一定是整合各种促销方式形成的促销组合。

菲利普·科特勒和凯文·莱恩·凯勒将促销组合提炼为营销传播组合，其主要方式除原有的广告、人员推销、营业推广、公共关系外，还总结营销现实，提出了4种新的促销方式：实践和体验，直销，互动营销，口碑营销。

影响促销组合的因素较多，营销人员制定促销组合的方案，也就是在各个促销工具之间合理分配促销预算问题，主要应考虑以下几个因素。

①促销目标：围绕园艺产品，生产经营者促销活动所要达到的目的，可以分解为一系列的目标，如目标受众（顾客）的认知、信息传递的效果、销售的目标等，促销组合方案的制定需要根据这些目标来进行。在营销的不同阶段，企业希望达到的促销目标可能是不同的，有时是为了扩大顾客对产品的了解，有时是为了保持住市场中的地位，有时是为了扩大产品的销售。促销的目标不同，促销组合的方案也会有差异。因此，促销组合方案的制定，要符合企业的促销目标，根据不同的促销目标，采用不同的促销组合。

②产品因素：产品因素主要考虑产品性质和市场生命周期阶段。产品的性质是指不同性质的产品，购买者和购买目的不相同，对不同性质的产品必须采用不同的促销组合。产品的市场生命周期阶段是指促销目标在产品生命周期的不同阶段是不同的，这决定了在产品生命周期各阶段要选配不同的促销组合，采用不同的促销策略。

③市场条件：市场条件不同，促销组合也有所不同。园艺产品批发市场是我国园艺产品流通的主要渠道和业态。园艺产品市场按城乡区位分布，一般分为产地市场、销售地市场和集散地市场。按园艺产品批发环节关系，分为一级批发市场、二级批发市场和三级批发市场。从市场地理范围大小看，若园艺产品生产经营者促销对象是小规模的产地市场，应以人员推销为主；而对更广泛的销售地市场进行促销，则多采用广告形式。从市场类型看，消费者市场因消费者多而分散，以广告等非人员推销形式为主；而对用户较少、批量购买、成交额较大的生产者市场，则主要采用人员推销形式。此外，竞争激烈的市场条件下，制定促销组合时还应考虑竞争者的促销形式和策略，要有针对性地不断变换自己的促销组合，适应市场竞争发展的需要。

④推式策略或拉式策略：促销策略从总的指导思想上可分为推式策略（Push Strategy）

和拉式策略（Pull Strategy）两类。推式策略，是生产者运用人员推销和营业推广手段将产品推向市场，从生产者推向批发商，从批发商推向零售商，直至最终推向消费者。拉式策略主要是运用广告和公共宣传手段，着重使消费者产生兴趣，刺激消费者对产品的需求，进而拉动消费者向中间商订购产品，然后中间商向园艺产品生产经营者订购产品，以此达到拉动产品销售的目的。促销组合受推式策略或拉式策略影响较大，确定促销组合方案时，主要考虑园艺产品生产经营者现阶段究竟是以拉式策略还是以推式策略为主，以此来明确采用的主要促销方式。

⑤促销预算：园艺产品生产经营者开展促销活动，必然要支付一定的费用。费用是园艺产品生产经营者十分关心的问题，并且园艺产品生产者能够用于促销活动的费用总是有限的。因此，在满足促销目标的前提下，应尽量做到效果好且省费用，提高促销活动的整体效益。

（二）园艺产品广告促销策略

广告作为促销方式或促销手段，具有浓郁的商业性和艺术性。美国市场营销协会曾对广告性质作出定义："广告是由明确的发起者以公开支付费用的做法，以非人员的任何形式，对产品、服务或某项行动的意见和想法的介绍。"

1. 广告在园艺产品促销中的作用

广告在园艺产品促销中具有重要作用，主要体现在以下3个方面。

（1）广告是最快速、最广泛的信息传递媒介。

（2）广告是激发和引导消费的主要手段。

（3）广告是企业树立品牌的重要手段。

2. 广告效果衡量

广告效果的测定，不仅能对以前的广告作出客观的评价，而且对其今后的广告活动起到指导作用。因此，广告的评价活动是广告策略不可或缺的一部分。通常广告的评价活动包括传播效果评价和销售效果评价两部分。

（1）传播效果研究　传播效果研究的主要目的是判断广告是否能有效地传播信息，包括事前和事后测试两种。

①事前测试：在广告进入媒体前一般要进行文案测试，让被测试者观看（或听读）广告后进行评价，通常包括因广告引起的立即购买行为、对广告宣传重点的认知、对广告的好感程度、能否知道广告的全部内容、广告引起的兴趣程度、广告吸引注意的程度、广告所唤起的潜在能力等多个项目的评价。

②事后评价：指广告发布后对广告传播效果的评价。主要采用一些指标进行测定，具体如下。

a. 视听率。指某一时段内收看（收听）某一节目的人数占电视观众（广播听众）总人数的百分比，是一项用来统计广告电视节目拥有观众、听众人数多少的指标。视听率是衡量广告信息传播范围的重要指标。

b. 毛评点。指在广告投放期间，接触到该广告的人次数占传播范围内的总人数的比例，用百分数表示。通常以播出次数乘以各媒体的视听率（或杂志的刊出率等），然后加和。

c. 视听众暴露度。指在某一特定时期内，接触到该广告的人次数的总和。一般以某人口群体中的人数乘以送达给某特定人口群体的毛评点计算，也可以将广告排期表中每一插播广告（或杂志刊出的广告等）所送达的视听众人数累计加和。

d. 到达率。指不同的个人（或家庭）在特定期间内暴露于媒体广告排期表下的人数占总人数的比例，一般以百分数表示。到达率可以运用于所有的媒体，就广播、电视而言，通常到达率用4周为计算期间。

e. 暴露频次。指在一定期间内，个人（或家庭）暴露于广告信息下的平均次数。描述不同类型的人群，在同一广告排期下暴露于每家媒体，但暴露频次有所不同的一种现象。

此外，还包括对广告知名度、理解度的测定。知名度通常以广告接受者对组织名称、广告品牌、商标等的记忆程度为测定内容。理解度通常以广告接受者对广告内容、产品作用、功能等的了解程度作为测定内容。

（2）销售效果研究　在现实的营销过程中，人们可能发现一个具有良好的传播效果的广告，并不一定就能带来好的销售效果。很明显，决定市场销售的因素异常复杂，可能来自广告，也可能来自产品本身、价格或销售渠道。一个好的广告可能迅速提高了某一产品的知名度，增加了公众的偏好，但究竟能提高多少销售量是难以准确回答的问题。一般有两种方法来评价广告的销售效果。

①统计资料分析法：指利用统计资料的计算和对比来评价广告的销售效果。常用的数据包括如下。一是以"广告费用/销售额"来计算广告费用比率，广告费用比率越低，广告效果越好；二是以"销售额增加率/广告费用增加率"来计算广告效果比率，广告效果比率越高，广告宣传效果越好；三是以"广告利润效益法"进行测定，广告利润效益越大，广告宣传效果越好，当其为负值时，广告是亏本的。

②实验设计分析法：用实验设计分析的方法来测量广告对销售的影响，可选择不同地区，在其中某些地区进行比平均广告水平强50%的广告活动，在另一些地区进行比平均广告水平弱50%的广告活动。然后，根据销售纪录，研究平均广告活动对产品销售究竟有多大影响。

（三）园艺产品营业推广策略

营业推广（Sales Promotion，SP），又称销售促进，菲利普·科特勒将其定义为："刺激消费者或中间商迅速或大量购买某一特定产品的促销手段，包括各种短期的促销工具。"从这个定义可以看出，营业推广是短期内为了刺激需求而进行的各种营销活动，这些活动可以刺激消费者和中间商迅速、大量的购买，从而达成产品销售增长目的。

1. 营业推广的含义与特点

（1）营业推广含义　营业推广是指在一个特定的目标市场中，运用各种短期诱因鼓励消费者和中间商购买、经销（代理）园艺产品生产经营者产品或服务的所有营销活动。营业推广一般作为人员推销、公共关系、广告等促销方式的辅助手段，不具有持续性和常规性，适用于特定时期、特定产品的销售与推广。

（2）营业推广分类　营业推广的具体形式非常多，其分类也有多种划分方法。通常按照营业推广的对象，将其分为三大类。

①对消费者的营业推广：这种类型的营业推广最多，也最常见。由于消费者大都是利益敏感型或价格敏感型，所以这种营业推广的效果一般较好，且见效快，因此经常被采用。如园艺产品销售中的赠品推广形式，甘肃一果农为了将积压的苹果销售出去，发挥自己的编织技术，

将玉米皮编织成各种各样的水果篮，然后装上苹果拿到城市出售，卖苹果送苹果篮，他的苹果很快被抢购一空。

②对中间商的营业推广：这种类型的营业推广有很强的针对性，因为中间商以赚取利润为目的，通常进货量较大，可以加快资金的周转。采用针对中间商的营业推广，可以减轻园艺产品生产经营者的资金压力，以便尽快实现经济效益。如通过订货折扣、现金折扣、合作广告等方式激发中间商的经营积极性。

③对营销人员的营业推广：这种类型营业推广的优点在于从销售的根本问题入手，影响深远。它可以与园艺产品生产经营者的经营管理工作紧密结合在一起，起到对推销人员的激励作用。例如，农业龙头企业可以根据推销员的工作业绩给予适当的奖励，给予一定数量的奖金或提供培训学习的机会，也可以根据推销的产品数量给予一定比例的提成。

(3) 营业推广特点　虽然营业推广与广告、人员推销、公共关系同为促销的具体方式，但营业推广有着其鲜明的特点。概括说来，营业推广的主要特点为：①营业推广短期促销效果显著。②营业推广通常与其他促销方式相配合使用。③频繁使用营业推广，可能有损品牌形象。④目标明确且容易衡量。

2. 营业推广具体方式

市场营销发展到今天，营业推广的具体方式层出不穷、多种多样。园艺产品生产经营者及营销管理人员在组织营业推广活动时，可以根据营销环境、目标市场特征、竞争者情况、促销的对象和目标、具体营业推广方式的成本效益等多种因素，确定所采用的营业推广方式。

(1) 对消费者的营业推广方式　对消费者的营业推广方式很多，但往往需要与广告配合，否则很难在营业推广实施的有效时间内让更多消费者获知这一消息，并立即做出反应，从而造成营业推广的效率损失。针对消费者的具体营业推广方式包括：产品陈列与演示，样品赠送，附赠赠品，折价优惠，特价包装，竞赛与抽奖，会员营销，联合促销，交易印花。

(2) 对中间商的营业推广方式　对大多数园艺产品生产经营者来讲，产品的销售主要借助中间商完成，园艺产品生产经营者除了根据市场需求组织生产、加工质量稳定的产品外，还应重视对中间商的营业推广，以促进产品的销售。常见的方式有以下6种：产品展览、展销、订货会议，销售竞赛，价格折扣，赠品，采购支持，津贴补助。

(3) 对销售人员的营业推广方式　对销售人员的激励手段，最有效的莫过于销售提成。广泛的事实证明，销售人员的报酬与其销售实绩挂钩比销售人员只享有固定工资更有激励性，销售人员会更主动、积极地工作，销售实绩会不断体现销售人员的潜力。除了绩效红利、奖金等形式，还包括销售竞赛、培训等。销售竞赛既可以一年评比一次，也可以配合一阶段的促销活动而进行，无论对园艺产品生产经营者还是中间商的推销人员，只要宣传深入、目标明确、评选公平、奖励富有吸引力，都是可行的；对大多数营销人员，提供培训机会有时比提高收入更具有吸引力，这意味着他受到肯定、受到重视且富有发展潜力。在对销售人员进行培训时，应该有计划地设置培训课程、确立培训目标，并将此与销售人员的职位、薪水有机结合，这样才能激发销售人员极大的工作热情，不仅可以由此发现与培养优秀推销员，而且也会给园艺产品生产经营者带来实际业务增长与稳定的客户关系。

五、园艺产品网络营销策略

(一) 园艺产品网络营销的概念

1. 园艺产品网络营销含义与特征

园艺产品网络营销也称为"鼠标+大白菜"式营销,是指利用互联网开展园艺产品营销活动,包括网上园艺产品市场分析、园艺产品价格与供求信息的收集与发布、网上宣传与促销、交易洽谈、付款结算等活动,最终依托园艺产品基地和物流配送系统,促进园艺产品生产经营组织或个人交易活动的实现。园艺产品网络营销的特征体现在以下方面。

(1) 没有时空限制　网络营销不受时间、环境的影响,也不用专门的店面运营。随着移动互联网的发展,消费者有了更加便利的网购园艺产品的条件,可以随时随地进行交易,大大提高了园艺产品销售率。同时,也给园艺产品的营销带来了更多的可能性。

(2) 服务方式的转变　互联网使产品销售与服务更加便利,消费者可以介入园艺产品销售的各个环节,方便经营者及时了解消费者的需求、购物感受等,不断改进自己的产品与服务,让其更加符合消费者的需求,创造更加融洽的客户关系。

(3) 销售环节的有效整合　依托网络的互联共享功能,消费者可以通过网络完成在线咨询、搜索信息、选购、支付、查询物流配送信息、在线售后服务等所有步骤,也便于经营者收集相关客户信息,完善客户关系管理体系。

2. 园艺产品网络营销的作用与职能

(1) 园艺产品网络营销的作用　园艺产品网络营销主要有以下重要作用。

①供需双方直接交易,避开了中间商、节约了交易费用、降低了交易成本,这样既可以提高供方的收入,也可以帮助消费者省钱。

②网络营销使园艺产品的交易跨越空间的限制,一个地方的园艺产品,原来只能在周边区域交易,而通过网络可以很轻易地辐射到全国甚至全世界,只要有需求,就有交易。

③网络营销的成本低,信息传播速度快,可以将各种营销信息通过互联网实现在不同层次、不同地域、不同文化背景等多样性的人群中传播。

④网络营销对园艺产品企业的团队组织能力要求不高,有2~3人甚至2人会上网,就可以做网络营销。网络营销是目前大多数农业企业最优的营销方法。

(2) 园艺产品网络营销的职能　经由网络提供的园艺产品与服务主要在于信息的提供,除将园艺产品特点、品质、价格以及顾客服务内容充分展示外,更重要的是能针对个别需求作一对一的营销服务,具体的职能包括以下方面。

①提供线上售后服务或与消费者双向沟通。

②提供消费者之间、消费者与企业之间的网上共同讨论区。

③利用网络进行线上研发讨论。

④通过网络进行调查,了解消费者对园艺产品特性、品质、包装及式样等的意见,加速产品的研发与改进。

⑤通过网络提供与产品相关的专业知识,进一步为消费者服务,不但可增加园艺产品价值,也可提升企业形象。

⑥开发电子书包、电子杂志、电子资料库、电子游戏等信息化产品,经由网络提供物美价

廉的全球服务。

⑦利用网络征集消费者对产品设计的构想，提供个性化的产品与服务。

3. 园艺产品网络营销渠道类型

（1）自产自销　即由农民、种养大户、家庭农场、农业企业等将自己生产的园艺产品通过网络销售。主要采用 B2C 模式（企业直接面向消费者）、C2C 模式（个人对个人），淘宝村大多属于这种类型，优点是集产销于一体，货源可控、质量可控、价格可控，缺点是品种单一、季节性强、单打独斗。

（2）微商　通过微信朋友圈发布自家的园艺产品信息，包含种植、成长、采摘等信息。把园艺产品的生长情况拍成图片发布到微信里，让用户第一时间了解园艺产品的情况。园艺产品微商重在打造一个人格化的品牌，得到用户的喜欢与认可，实现品牌溢价。

（3）园艺产品协会　地级市以下的园艺产品协会，大多有 1~2 位影响力较高或者营销意识较强的组织者，这种协会型的网络营销主要由这些组织者来主导，其他成员按照组织者的要求提供产品即可。

（4）第三方平台　基于第三方交易平台的 B2B（企业对企业）或 B2C 园艺产品营销模式。即由零售电商或电商企业通过网络为农民、农业企业销售园艺产品。有的采用代销模式，有的建有电商平台。优点是专业性强、选择性强、适应性强，缺点是货源、质量、价格不可控，选择性交易。

（5）自建网站　自建网站的企业一般有较全的产业链和产业结构，最主要的是有较强的组织能力，即企业里有网络营销人才或者老板有较强的网络营销意识。企业自建网站，有 B2B 类型，也有 B2C 类型。

（6）众筹平台　通过众筹平台来卖园艺产品，已经成为新农人常用的渠道。其中，园艺产品众筹可以解决园艺产品的滞销及园艺产品传播等问题。

（二）园艺产品网络营销的方法

1. 自媒体营销

自媒体营销是利用社会化网络平台或其他互联网协作平台和媒体来传播、发布资讯，从而形成的营销、销售、公共关系处理和客户关系服务维护及开拓的一种方式。一般自媒体营销工具包括论坛、短视频、微博、微信、今日头条、百度、搜狐、凤凰、UC、博客、SNS 社区等。

网络营销中的自媒体主要是指具有网络性质的综合站点，其主要特点是网站内容大多由用户自愿提供（UGC），而用户与站点不存在直接的雇用关系。传播的内容量大且形式多样；每时每刻都处在营销状态、与消费者的互动状态，强调内容性与互动技巧；需要对营销过程进行实时监测、分析、总结与管理；需要根据市场与消费者的实时反馈调整营销目标等。

（1）微博营销

①微博营销的特点

a. 微博的内容简短，营销直接走向核心。微博主要体现在简短的内容上，通常最长的微博不会超过 140 字，微博快餐式的阅读，使营销变得更快。

b. 微博的互动优势显而易见，可以产生病毒式营销效果。微博的病毒式营销效果更出色，每次发生热点事件，微博都会被大量转载，传播很快。

c. 微博营销是一种口碑营销、主动营销。微博内容是粉丝感兴趣的，则转载速度会非常快，粉丝每次转载，都是一个较好的口碑营销机会。

②微博营销的优点：宣传费用很低、可信度高、针对性强、增强企业形象、品牌忠诚度得以提升、更有亲和力。

③微博营销技巧：注重价值的传递；注重微博的个性化；使用搜索检索，查看与自己相关的内容；注重信息发布的连续性；增强信息传播互动性；善用大众热门话题；注重粉丝的质量与精准定位。

（2）微信营销

①微信营销的特点：微信提供公众平台、朋友圈、消息推送等功能，用户可以通过"搜索号码""附近的人""扫二维码""查找附近"小程序等添加好友和关注公众平台，同时将内容分享给好友以及将看到的精彩内容分享到微信朋友圈。微信作为集各种功能和服务于一身的超级应用程序，其营销方式和微博有明显的不同。首先，微博更偏向传统广告，而微信是真正的对话交流，距离更近。其次，微博是公开性网络平台，而微信的社交属性让使用者与潜在客户交流无障碍。最后，微博是媒体，而微信在客户关系管理方面具有很大的优势。

微信营销就是结合社群、公众号、朋友圈，塑造个人或产品的品牌价值，让一个陌生人从认识到成交的过程，简而言之就是利用微信平台的各种功能及相互联系来完成产品推广、交易。微信不存在距离的限制，用户注册微信后，可与周围同样注册的"朋友"形成一种联系，用户订阅自己所需的信息，商家通过提供用户需要的信息，推广自己的产品，实现点对点的营销。用微信进行园艺产品品牌和产品的营销，需要提供价值和展现价值，才能实现价值。

②微信营销技巧：建立营销矩阵；分析粉丝属性，做符合用户的内容；善用社群思维，建立圈子；注重内容互动价值；科学设置推送，精准到达用户。

（3）网络直播 园艺产品网络直播能解决信任问题。通过网络直播可以让用户增强产品的信心，还可以快速传播推广。因为网络没有边际，网络直播的方式能很好地推广园艺产品及品牌。尤其是网红直播模式有效带动了园艺产品销售，这里的网红可以是名人明星，也可以是当红网络主播，还可以是卖家自己打造的"村红"。通过网红直播电商平台进行园艺产品营销，要先策划营销活动，并邀请网红参加；需要网红在线直播自己对园艺产品的体验感，园艺产品是什么样的、什么味道的、自己觉得品质如何；在电商平台，如淘宝、京东，同步开展产品销售。

2. 软文营销

软文营销（Soft Marketing），是指通过特定的概念诉求、以摆事实讲道理的方式，引导消费者理解和认同企业的产品或服务，从而实现品牌推广和产品销售的一种营销手段。例如，通过新闻、第三方评论、访谈、采访、口碑等形式，以文字模式和口头传播的方式，向消费者传达产品或服务的信息。

软文营销的本质是企业软性渗透的商业策略在广告形式上的体现，它基于对特定产品的概念诉求与问题分析，对消费者进行针对性的心理引导。软文的基本类型包括新闻报道型、用户体验型、故事讲述型、专访采访型、利用网络事件和民生热点型、总结归纳型等。

在进行软文营销时，需要注意以下技巧：首先，要有明确的目标，清楚地知道营销的目的和期望达到的效果；其次，标题要有吸引力，能够引起消费者的兴趣，同时内容要注重实际，提供有价值的信息；最后，要选择合适的媒介，根据目标受众的特点和需求，选择合适的传播渠道。

软文营销是一种合法、有效的营销方式，它可以帮助企业更好地与消费者沟通，提高品牌知名度和产品销售量。但在实施过程中，必须遵循诚实守信的原则，不得虚假宣传、夸大其词，损害消费者的利益。

3. 病毒性营销

病毒性营销（Viral Marketing），又称病毒式营销，是利用公众的积极性和人际网络，使营销信息像病毒一样快速传播和扩散的一种网络营销方法。它常用于网站推广、品牌推广等方面，通过用户之间的自发传播，让更多的人了解和认识产品或服务，从而达到宣传的目的。

病毒性营销的特点包括：具有吸引力的传播源，能够吸引用户的关注和兴趣；传播速度呈几何倍数增长，能够在短时间内将信息传递给大量的受众；信息更新速度快，能够及时满足用户的需求和兴趣。

在实施病毒性营销时，需要掌握以下技巧：巧妙制作信息源，使其具有吸引力和传播价值；巧妙发布"病原体"，选择合适的传播渠道和时机，将营销信息传递给目标受众；及时监测"病原体"的传播效果，根据反馈信息进行调整和优化。

病毒性营销是一种创新的营销方式，它可以充分利用用户的社交网络和口碑传播，提高营销效果和效率。但在实施过程中，必须遵守法律法规和道德规范，不得传播有害信息、侵犯用户隐私，确保营销活动的合法性和正当性。

4. 短视频营销

（1）短视频营销的含义　自抖音、秒拍、快手等视频网站逐渐走入人们的生活后，短视频营销这一种新的营销形式也逐渐受到广告商的青睐。这些专注于年轻人的短视频社交软件，如今已集聚了大量人群，公司和品牌都看准了它的流量，纷纷入驻平台，短视频的发展及影响范围不断扩大。短视频的爆发，是因为人们对于内容的消费习惯发生着改变。在越来越碎片化的时间下，人们花在纯文字阅读上的时间越来越少。大部分的图文内容，都正在被更直观、更生动的短视频取代。与直播不同的是，短视频的优点在于更短、更快，制作门槛更低。短短15s就可以吸引大量流量和粉丝关注，满足人们对于展示自我的精神需求。由于短视频的使用者有年轻化的趋势，所以必须重视短视频在年轻人当中的使用习惯，做好年轻化的营销战略。

（2）短视频营销的技巧　园艺产品要做短视频营销，首先需要注意产品本身属性是否适合做年轻化的短视频营销方式。其次明确开抖音号做营销的目的，是做品牌认知，还是直接形成电商转化？最后，最关键的是不能只把短视频当作广告。在抖音这样的短视频平台，用户打发休闲娱乐时间是他们最大的目的，没有人愿意在这种时刻去看单纯的广告。因此，以电商转化为目的，往往转化率并不会高，所以企业和产品的短视频要重视内容。15s时间，用户随便刷，内容很容易被跳过。让用户从头看到尾，让用户记住品牌想要传达的内容，不是件容易的事。因此，应从两方面入手："话题+场景"的集群式短视频创作和短视频场景中植入广告。

5. 二维码营销

（1）二维码营销的含义　二维码营销是指通过二维码图案的传播，引导消费者扫描二维码,获取产品资讯、商家推广活动,并刺激消费者进行购买的新型营销方式。由于二维码容量大、存储信息多、扫码方便,符合当下人们的移动互联网思维。因此,二维码不再只是一个简单的产品标识,而是非常多元化的营销工具,二维码营销模式已正式开启。使用在线生成器或专业制作工具可以很容易地制作并导出生成的二维码图片,利用文本编辑软件或图像处理软件可以将二维码图片放在不同的线上线下广告媒体中。现在二维码应用已经无处不在,渗透到餐饮、购物、汽车、IT、传媒、旅游等各行各业,用户只要用手机对印刷在介质媒体上的二维码扫一下,就能通过手机上网获知相关信息,轻松获得电子优惠券、打折信息或电子门票等。企业可以通过二维码向自己的特定目标用户群传递商务信息,真正实现精准营销。

(2)二维码营销的技巧　园艺产品二维码营销应重点关注几个方面:价值、体验、简洁、地点、认同。

6. 社群营销

(1)社群与社群营销的含义　社群是关系连接的产物,而关系要经过媒介才能连接。媒介在进化,关系的连接方式也一直在变。传统的社群形式大多受时空限制,社群的直接沟通也相应受到限制。不同社群之间沟通的媒介,在历史上曾经有书信、电报、广播、呼机、电话、邮件、聊天室、QQ 群、微信群等。社群形态其实一直都存在,但基于连接方式的限制以及地理空间的约束,其发展一直被束缚。随着移动互联网的快速发展,电脑端转移到移动端,受地理空间限制的社群关系开始逐步跨越时空,进入虚拟空间连接的阶段。如微信的出现,使得社群组织开始摆脱这些限制,让社群组织互动更容易、管理更容易,这是社群兴起和火爆的原因。社群是在自媒体兴起时,有共同需求、兴趣、爱好和亚文化特征聚集起来的群体。社群的主要特征是有相同的兴趣爱好、相同的目标,有一个好的关键意见领袖(KOL),有自己的一套运营模式。互联网打破了时间和空间限制,让一群有共同价值观和亚文化的群体,基于信任和共识构建新型社交关系。社群营销就是基于相同或相似的兴趣爱好,通过某种载体聚集人气,通过产品或服务满足群体需求而产生的商业形态,其主要通过连接、沟通等方式实现用户价值。

(2)社群营销的技巧　一个健康又长寿的社群是基于互动才有价值的自生式生态系统,只有既能满足成员的某种价值需求,又能给运营人带来一定回报,才能形成良好循环。因此,园艺产品经营者开展社群营销应关注几个问题。

①需要满足某个主题的优质价值输出。
②有一个活跃的社群领袖。
③设立一套行之有效的管理规则。
④有高质量的线上线下活动策划,能迅速提升社群的"温度",活动能让成员有参与感。
⑤要打造独特又好玩的社群文化。
⑥社群营销的核心魅力在于"裂变"。

此外,对于社群成员人数也要合理控制。著名人类学家罗宾邓巴曾提出 150 定律,即人类智力允许人类拥有稳定社交网络的人数是 150 人。精确深入交往的人数是 20 人,这些由大脑新皮层的应对能力决定,过量的人和信息是低效的传播,会提高获取信息的成本。社群营销应遵循人不在多,活跃就好。

复习思考题

1. 园艺产品市场营销的概念及内涵。
2. 园艺产品市场营销具有哪些职能？
3. 园艺产品市场营销环境的分类方法有哪些？每种分类方法都有哪些环境类型？
4. 园艺产品市场营销环境有哪些？
5. 当前市场上畅销的牛奶西瓜口感香甜可口、瓜脆多汁，但其价格也是普通西瓜的好几倍，消费者所持态度不一。假设你是一个牛奶西瓜的销售商，欲调查牛奶西瓜的市场需求量，你将选用哪些调研方法呢？
6. 在收集一手资料的时候应该注意哪些事项？
7. 为了准确地了解某一主要园艺产品产区的生产和销售情况，请设计一份调查问卷，并针对当时产区面对的困难提出营销对策。
8. 消费者购买行为模式是什么？
9. 影响园艺产品消费者购买行为的因素主要有哪些？
10. 消费者决策过程是什么？
11. 园艺产品消费者市场发展趋势有哪些？

第十章 园艺产品质量与贸易

内容提要

以园艺产品为对象,主要介绍园艺产品的质量要求、质量评价及标准、园艺产品可追溯制度、国内外园艺产品市场特征、园艺产品的贸易环节及贸易方式,并讨论了我国可追溯制度建设现状及相关建议、我国园艺产品出口贸易壁垒原因及对策等。

学习目标

掌握园艺产品质量要求、评价、标准及控制措施,了解园艺产品市场现状及特征,学习园艺产品贸易环节与方式。

重要概念及名词

园艺产品质量、园艺产品可追溯制度、国际贸易、协定贸易、结汇贸易。

第一节 园艺产品质量安全及质量评价

一、园艺产品质量概念

园艺产品质量(Quality),也称产品的品质,是用来区分园艺产品性质、等级、优劣程度以及衡量园艺产品商品价值特性的总称,欧洲质量组织将其定义为产品满足人们需要的各种特征和特性的总和。

园艺产品质量是由产品外观和众多的内在因素构成的复合形状,常常涉及销售质量、食用质量、运输质量、生食质量、营养质量及食品外观等。如切花的质量通常包括观赏寿命、花姿、花朵大小、鲜重、新鲜度、颜色、茎和花梗的支撑力、叶色和质地等。

园艺产品质量可以概括为三个方面,即性状因子、性能因子和嗜好因子。性状因子是指产品的外观和质地。例如，产品的大小、色泽、形状和群体的整齐度、病斑、虫口等外观特性；产品的软硬度、脆度、嫩度、黏稠度、颗粒性、致密性、韧性、弹性、纤维感、渣感、粉质感、油腻感、耐咀嚼性、胶质性和汁液多少等质地特性。性能因子是指与食用或观赏目的有关的特性，包括产品风味、营养价值、芳香气味等。例如，果蔬产品中含有的各种维生素、矿物质以及碳水化合物、蛋白质、氨基酸等。嗜好因子则是指人们的偏好因素，它因消费群体和个人偏好而有所差异。例如俄罗斯等地的人们喜欢吃酸味较浓的水果，而部分亚洲人偏好较甜的水果；我国广州、上海等南方城市居民消费苗类蔬菜、水生蔬菜、多年生蔬菜、野生蔬菜等时令菜、优质高档菜比北方居民多，而北方居民消费大白菜及果菜较多，且人均购买鲜菜量比南方居民多；就同一类菜而言，南方人喜欢吃甘蓝的较多，而北方人消费大白菜的居多。

作为商品而言，并不是质量最好的园艺产品销量最大、盈利最多，购销双方都要根据自身情况考虑质量和价格的比值（Q∶P），以确定最佳销售点或购买点。为此将园艺产品分为最佳质量（Best Quality）和经济质量（Economic Quality）。此外，商业中还有硬质量（Hardness Quality）和软质量（Softness Quality）之分，前者主要指营养和贮藏性，后者指如何满足购买者的心理需求。

二、园艺产品基本质量要求

园艺产品是一类特殊的商品，主要包括果品、蔬菜和花卉产品。果品和蔬菜以食用为主，但也兼顾观赏；花卉产品以观赏为主，但部分花卉也可以食用。这里为了叙述方便，将园艺产品分为食用和观赏两类。根据它们的用途和使用情况不同，对其质量要求分别列述如下。

（一）食用类园艺产品质量要求

1. 安全、卫生质量

食用类园艺产品的安全、卫生质量是食用类园艺产品中不应含有或不能含有超过许可限量的有毒有害物质和微生物等。食用类园艺产品的安全、卫生质量关系到人民身体健康和生命安全，甚至影响到子孙后代，所以食用类园艺产品的安全、卫生质量是衡量食用类园艺产品质量的首要条件。

衡量食用类园艺产品安全、卫生质量从两方面进行。

（1）食用类园艺产品本身是否含有有毒成分　有些天然食用类园艺产品中，本身就存在各种有害（有毒）成分。例如，发了芽的马铃薯的芽眼周围存在着龙葵碱毒素，鲜黄花菜中含有秋水仙碱毒素，菜豆（又称四季豆）中含有植物血球凝聚素，银杏果实中含有氢氰酸，杏仁中含有苦杏仁苷，毒蘑菇中含有肠胃毒素、神经毒素、血液毒素、原浆毒素以及其他未知毒素等。每年各地都有因不了解这些植物中天然的有毒物质，加工不当或误食而引起的中毒事件。

（2）食用类园艺产品受外界有害因素影响而被污染的程度　食用类园艺产品从种植、栽培到收获，从生产、加工、贮存、运输、销售、烹调到食用的各个环节，都有可能受某些有害因素影响而使食用类园艺产品受到污染，降低食用类园艺产品的卫生质量。如由微生物、寄生虫卵和昆虫造成的放射性污染，食用类园艺产品加工过程中造成的污染及滥用食品添加剂造成的污染等。

2. 营养质量

营养质量是指食用类园艺产品中含人体所需要的各种营养素的总和。不同品种的食用类园艺产品组织中含有不同种类和数量的营养要素，可综合概括为碳水化合物、脂类、蛋白质、维生素、矿物质等几大类。这些物质具有维持人体生命活动、劳动能量和保证身体健康的作用。蛋白质是一切生命的基础，碳水化合物是人体热量的主要来源，维生素具有调节和维持人体正常生理代谢的功能等。

现代营养学家认为：衡量食品的营养价值高低不仅看食品中营养素的含量，还看它在人体中的消化率、吸收率与有效性。消化率、吸收率是指食品在人体内被消化、吸收的程度；有效性是指食品中的营养素经人体吸收后，在人体内所产生的有效作用的大小。

3. 感官质量

感官质量是指通过人体的感觉器官能够感受到的品质指标的总和。它主要包括产品的外观、质地、风味等，如大小、形状、颜色、光泽、汁液、硬度（脆度）、缺陷、新鲜度等，是评定食用类园艺产品感官质量好坏的重要指标。因为它们不仅可直接描述与度量有关质量特征，如食品的新鲜度、加工精度、成熟度、品种特点及变质情况等，还直接影响到人体对食物的消化和吸收。根据巴甫洛夫的条件反射原理，只要食品具有赏心悦目的颜色、诱人的香气和可口的滋味，那么人见到或闻到这种食品，甚至只是想到它们，就会产生强烈的食用欲望，这时人体消化器官就能分泌较多的消化液，从而提高人体对食品的消化和吸收。

（二）观赏类园艺产品质量要求

1. 观赏性

广义的花卉的定义为，凡是具有一定观赏价值，达到观花、观叶、观茎、观果的目的，并能美化环境，丰富人们文化生活的草本、木本、藤本植物统称为花卉。用作观赏的园艺产品，既用来观赏，也必须具有一定观赏价值，所以观赏类园艺产品的观赏性是评定观赏类园艺产品质量的关键指标，包括形状、色泽、颜色、整齐度等内容。此处，观赏性是对园艺产品的一种整体审美，主要包括外在美和内在美。外在美是指观赏类园艺产品所呈现的形状、色泽等外观；内在美是指观赏类园艺产品所蕴含的文化内涵，如盆景和插花作品所体现的主题。

2. 安全性、卫生性

安全性、卫生性是指产品在使用时，与人身安全和人体健康相关的各种性质。对于安全性和卫生性，从现代观念来考虑，除了要求产品在使用过程中不造成人体伤害外，还应要求不污染环境、不产生公害等。例如，花卉在使用和装饰时的安全性，是否挥发有毒气体、有无毒素的残留、花粉的污染问题、花粉的过敏问题等。

3. 寿命

这里所说的寿命主要是指观赏寿命。观赏寿命是指观赏类园艺产品可供观赏的时间。例如，切花百合的观赏期比较长，一般能达半个月；昙花的观赏周期比较短，只有 3~4h。观赏寿命可通过一些技术手段进行延长，如在溶液中加入适量糖等保鲜剂可大大延长其观赏寿命。

应该指出，产品质量的各项基本要求，并不是孤立的、静止的、绝对的，而是相对变化的。当对某一种商品提出具体的质量要求时，不仅需要根据不同的用途对其所属的各种自然属性进行分析，而且还必须与社会生产力的发展水平、国民经济的发展水平以及人们的消费水平、不同的消费习惯等相适应。

三、园艺产品质量评价及标准

（一）园艺产品质量评价

园艺产品质量评价因其不同的种类和销售地区有不同的评价内容和评价方法。可将质量评价分为两大部分：食用品质（主要包括新鲜度、成熟度、色泽、芳香性、质地和营养价值等指标）和商品品质（包括食用价值、商品化处理水平、抗病性、贮藏性以及货架期等）。美国对所有商品品质都要求从适应性、耐用性、通用性、式样、吸引力、惬意感、表现身份和价格八个方面进行评价。我国园艺产品质量的评价主要包括营养价值、功能、方便性及安全性等几个方面，其中花卉产品侧重于观赏价值和耐久性。质量评价最终表现为商品的价值（Value），其关系如式（10-1）所示。

$$V=(F+U)/P \tag{10-1}$$

式中　V——价值（Value）；

　　　F——功能（Function）；

　　　U——适用性（Use）；

　　　P——价格（Price）。

任何评价内容都可以量化，邀请有关人员（如专家、消费者、中间商）单独或会议评价。

园艺产品的质量最终取决于消费者的认识，因此对产品质量的要求因人而异。如栽培者不仅关心外观品质，而且注重丰产性、抗病性等；园艺产品零售商、批发商等最关心的则是外观品质、贮藏性等；而消费者则更关心外观、口感、风味、食用性、营养价值及安全性等。尽管如此，作为商品标准化的一部分，园艺产品也需要有统一的质量规格标准，并在标准的指导下进行收购、检验、交换验收、包装贮运、销售服务等商品化过程。

（二）园艺产品质量标准

1947年国际标准化组织（ISO）诞生。1963年由联合国粮食及农业组织（FAO）、世界卫生组织（WHO）和欧洲共同体共同制定了国际食品标准（International Standard for Food）。而直到1988年12月29日，第七届全国人民代表大会常务委员会第五次会议才正式通过了《中华人民共和国标准化法》，明确标准化工作的任务是制定标准、组织实施和对标准的实施进行监督。

园艺产品质量标准（Quality Standard）是对园艺产品质量及其相关因子提出的准则，通过园艺产品标准的制定和执行，能够保证质量达到当前应有的水平，能够刺激生产者改进栽培措施，促进质量和商品率的提高。园艺产品质量标准可以给生产者、收购者和流通渠道中各环节提供贸易语言，是生产和流通中评定园艺产品质量的技术准则和客观依据，有助于生产者和经营管理者在园艺产品上市前做好准备工作和评价。等级标准还可以为优质优价提供依据，能够以同一标准对不同市场上的销售产品进行比较，便于市场信息的交流。当园艺产品质量发生争议时，可依据标准做出裁决，为园艺产品的期货贸易奠定基础。

1. 标准分类

园艺产品的标准种类很多，综合来看，我国现行的果品质量标准数量为200~300项，涵盖国家标准、行业标准、地方标准、团体标准和企业标准。根据商品的内销、外贸要求，可将标准分为国内标准和输入、输出标准。我国现行的标准代号由两个汉字的拼音的第一个字母组成（表10-1），如SB是商业部标准的代号，WS是卫生行业标准的代号，ISO为国际标准的代号。虽然历史上专业标准的代号使用过"ZB"，但在现行标准代号体系中，专业标准的代号已经发生了变化，具体代号因行业而异。因此，不能简单地将"ZB"作为现行专业标准的代号。外经贸标准（WM）在早期的标准化管理体系中确实存在，但随着我国标准化管理体系的不断完善和更新，外经贸标准（WM）已经不再使用。目前，与外经贸相关的标准主要由国家标准化管理委员会（SAC）和商务部（MOFCOM）等机构发布。编号则由顺序号和年代号组成，如GB 10650—89，GB为国家标准，10650为标准编号，89表示1989年发布的。

表10-1　　　　　　　　　　　与园艺产品行业有关的标准代号

类型	国际标准	国家标准	农业行业标准	林业标准	医药标准	地方标准
代号	ISO	GB	NY	LY	YY	DB
类型	轻工标准	商务部标准	卫生行业标准	包装标准	海关标准	园艺行业标准
代号	QB	SB	WS	BB	HS	YB

注：xx/T表示推荐性标准代号，如GB/T表示推荐性国家标准代号。

园艺产品种类繁多且用途各异，因此没有一个固定的统一规格标准。例如，蔬菜由于供食用的部分不同，成熟标准不一致，只能按照各种蔬菜品质的要求制定个别的标准。目前，我国已为大白菜、花椰菜、芹菜、辣椒、黄瓜、番茄、雪里蕻等20余种新鲜蔬菜制定了标准。蔬菜分级通常根据大小、重量、颜色、形状、成熟度、坚实度、清洁度、新鲜度以及病虫感染和机械损伤等进行分级。通常分级的级别有三种，即特级、一级和二级。特级品质最好，具有本品种典型形状和色泽，没有外表及内部的缺点，大小一致，包装排列整齐，容许5%的误差（数目或重量）。一级产品与特级有同样的品质，允许色泽、形状稍有缺点，外表稍有斑点，但这些缺点一般不影响外贸和保存品质。产品在包装中不需要严格排列整齐，允许误差为10%。二级产品允许有某些外部和内部缺点，最好还是新鲜销售，价格低廉且品质不差。这一分级标准我国已参照应用。

2. 质量标准的内容

适用范围，在标准中首先要说明应用于什么园艺产品，以及分类、分级等内容。

技术部分和补充说明，必须规定园艺产品的质量指标及各级商品的具体要求，同时还要规定取样和检验的方法，园艺产品的包装、标志以及保管、运输、交接验收的条件。

标准的内容要简练，语言要准确，最好具有数量概念。不同级别的标准对园艺产品的质量要求是不同的。

四、园艺产品质量保证体系

园艺产品质量管理在我国一直是一个薄弱环节，既影响了园艺产品质量的提高，又制约了出口。园艺产品的出口状况与当前我国农业、种植业的蓬勃发展不相符合，建立园艺产品质量保证体系，全面提高园艺产品质量是我国园艺产业融入世界经济的必然选择。因此，在园艺产品生产与出口管理方面建立和使用质量保证体系有十分重要的意义。

质量保证体系（Quality Assurance System，QAS）指企业以提高和保证产品质量为目标，运用系统方法，依靠必要的组织结构，将各部门、各环节的质量管理活动严密组织起来，控制产品研制、设计制造、销售服务和情报反馈的整个过程中影响产品质量的一切因素而形成的一个有明确任务、职责、权限，相互协调、相互促进的质量管理的有机整体，是为执行质量管理而设置的一个包括机构、责任、程序、过程和资源的组织。

园艺产业中的 QAS 是园艺产业生产体系的保障控制、评价和自我检查，是与质量有关的组织。QAS 的基本要素是：明确目标、计划行动、控制可变因素。其首要作用是实施管理者和最终消费者增强信心。它应该既能保护公司的利益和状态，又能满足消费者的需要和期望。结构好的 QAS，在最优化和与危害、费用、利益相关联的质量方面是有价值的管理资源。设计园艺产业的 QAS，一般包括具有远见的组织结构，以及一系列质量评价工具。

1. 建立园艺产品质量保证体系的必要性

（1）现代社会人们对园艺产品质量的期望值呈逐年上升的趋势　随着人们生活水平的提高，人们对园艺产品质量的期望值在许多国家都呈逐年上升的趋势。收入的增加，生活水平的提高，家庭理财的任意性，使消费者更加关心商品价值，更喜欢高质量的产品。

（2）高质量的产品是增加市场份额的必然要求　高质量的产品使生产者在获得市场份额方面更有优势。在欧洲销售的亚洲国家生产的热带水果，如荔枝和桂圆，它们都有较好的口味和较高的营养价值，但是由于其外观如颜色、大小等常不尽如人意，售价低廉。进口商在选购这些商品时常犹豫不决，导致这类商品在国际市场上的竞争力降低，市场受阻。

（3）影响园艺产品质量的环节很多，有加强质量管理的必要　质量保证体系在很大程度上是围绕质量管理而建立的，关键在于如何采用适当的加工和操作手段，根据目前经验，园艺产品的腐败往往源于田间收获时落后的处理方法和加工过程。采后处理不当、温度的非严格控制、长时间的运输、不适当的包装等，使商品所处的环境恶化，加剧了鲜活园艺产品的腐败。在农业中实行 QAS 可促进新鲜园艺产品出口质量的提高。

（4）提高经济效益的需要。

2. 建立园艺产品质量保证体系的可能性

园艺产品生产大多数易变因子都是可控的。随着生产技术水平的提高，环境条件的可控能力进一步提高，许多易变因子都变成可控因子，增强了生产的控制性。一些不可控因子也是可预测和预防的。由于目前整个园艺产业 QAS 水平较低，因而引入 QAS 可以收到明显的效果。此外，在 QAS 建立过程中也可以借鉴其他行业的经验。

第二节　园艺产品可追溯制度

一、产品可追溯系统概念及建立意义

园艺产品质量安全，关系国计民生、社会稳定，是世界各国普遍关注的重大战略性问题。从 20 世纪 80 年代末开始，随着全球性园艺产品质量安全事件的不断发生，产品追溯系统被应用于园艺产品质量安全控制体系当中。尤其是美国、欧盟成员国等国家，从政府机构到消费者群体，都越来越重视"从农田到餐桌"沿园艺产品供应链的全过程监控，实施园艺产品质量安全追溯制度。欧盟委员会于 2002 年 7 月颁布了 178/2002 号法令，要求从 2004 年起在欧盟范围内销售的所有食品都能够进行跟踪与追溯。美国于 2004 年 5 月要求所有涉及食品运输、配送和进口的企业要建立并保全相关食品流通的全过程记录。中国各地区、各部门在园艺产品安全追溯制度及其系统建设方面已经开展试点示范工作，并取得了一定成绩。建立园艺产品质量的安全可追溯体系，对提高园艺产品质量安全管理水平具有重要意义。

产品可追溯系统（Traceability System）是在产品供应的整个过程中对产品的各种相关信息进行记录存储的质量保障系统，其目的是在出现产品质量问题时，能够快速有效地查询到出问题的原料或加工环节，必要时进行产品召回，实施有针对性的惩罚措施，由此来提高产品质量水平。园艺产品可追溯制度是追踪园艺产品从生产、加工、到进入市场各个阶段（从生产到流通的全过程）的系统，有助于质量控制和在必要时召回产品。

建立产品质量安全可追溯体系可以改善生产经营者和消费者信息不对称的现象，给予消费者知情权。消费者根据自己掌握的相关产品质量安全知识、偏好和园艺产品生产经营者通过可追溯体系提供的园艺产品投入品、原产地、生产过程以及加工流通过程等信息自行决定购买与否。通过园艺产品质量安全可追溯体系，不仅能够极大增强园艺产品加工企业的责任心和园艺产品生产加工销售过程的透明度，而且还可以增加消费者对园艺产品质量安全的信心。建立园艺产品质量安全可追溯体系，一方面可以确保任何有质量安全隐患的被指定目标退出市场，便于对有害园艺产品实行召回制度；另一方面可以给消费者及相关机构提供信息，及时避免混乱扩大。信息的可追溯体系可以实现预测危害的原因与风险的程度，通过管理在生产过程中将风险控制到最低水平，还有利于收集对健康产生长期影响的传染学的数据，促进风险管理方法的发展。

二、产品可追溯制度内容

产品可追溯制度的内容包括记录管理、查询管理、标识管理、责任管理和信用管理五个部分。园艺产品可追溯制度主要有三个基本功能：降低外部成本、明确划分责任和传递质量信号。建立产品追溯制度有利于园艺产品市场监管，降低监管成本，提高监管效率；通过追溯制度对产品质量问题可以方便、快速、明确地划分责任，降低生产者和经营者的机会主义倾向；园艺产品追溯制度可以克服市场中信息不对称问题，把质量信息有效地传达给消费者，进而达到控制产品质量的目的；园艺产品可追溯制度能够使消费者比较充分地了解生产、加工、物流等信息，增加消费者的支付意愿，实现园艺产品的优质优价，促进园艺产品市场的健康可持续发展。因而，构建园艺产品可追溯制度是建立园艺产品质量管理长效机制的基础，也是园艺产品市场健康发展的基础。

根据园艺产品质量安全可追溯制度建设的目的，可追溯体系至少应该包括三个子系统：企业端条码管理系统、终端查询系统和追溯服务信息平台。全球统一标识系统为企业端条码管理系统的实施提供了解决方案，追溯服务信息平台应该由支撑体系、核心内容和公共服务平台三部分组成。

农业生产环节可追溯制度是确保农产品从田间到餐桌全过程透明、可控的重要手段。以新疆的番茄生产为例，中国工业番茄之乡，如新疆昌吉回族自治州，以其优质的番茄种植闻名。在这片土地上，农业生产环节可追溯制度得到了广泛应用，确保了从田间到餐桌的全过程透明、可控。在种植生产过程中，当地企业大面积采用地膜覆盖种植技术，这种技术不仅可以减少水分蒸发，保持土壤湿度，还有助于抑制杂草生长，减少除草剂的使用，有利于环境保护。此外，企业还采用膜下滴灌技术，有效节约用水，同时肥料随灌溉施用到植物根部，提高肥料利用率，降低生产成本。在农药使用方面，企业采取严格的控制措施。一般使用农药时，会聘请专业的农药服务公司执行作业，并将农药用量控制在合理浓度与适用范围内。使用毒性较高的农药时，必须事先在县农业农村局备案。在使用过程中，县农业农村局派人到现场监督并指导农药使用。距收获期 7d 之内禁止使用任何农药，确保农产品安全。在采摘过程中，工人必须穿工作服、戴手套，必要时还要洗手。生产基地必须是清洁的，远离污染源，所有废弃物必须经过处理，不能随意丢弃。所有生产过程，从种子处理、土壤消毒、栽培方式、灌溉、施肥、使用农药到收获采摘都要详细记录。这些记录能够追溯到具体的生产基地、品种、生产时间等信息。企业通过建立完善的信息管理系统，实现了从田间到餐桌的全过程可追溯。每一批次的番茄都有唯一的识别码，消费者可以通过扫描二维码或输入识别码，查询到该产品的种植地点、种植时间、施肥记录、农药使用记录、采摘时间等信息。农业生产环节可追溯制度不仅提高了农产品的安全性，还有助于提升生产效率，减少环境污染。通过严格的管理和技术手段，确保消费者能够放心食用。

对于包装加工环节美国法律要求所有产品供应商（非运输企业）必须建立产品可追溯制度，分为前追溯制度（Identify the Immediate Previous Source，IPS）和后追溯制度（Identify the Immediate Subsequent Recipient，ISP）。IPS 主要记录内容有：企业的名称及其所拥有的信息（国内或国外的），产品名称、产品出产日期，产品商标、产品类型、产品品质特性、产品等级等，以及产品生产者、主要生产过程、产品包装者、生产区域信息、单位包装数量或重量。ISR 主要记录内容有：产品接受者企业名称所拥有的信息（国内或国外的）；描述产品交割的类型，包括产品商标名称、产品品质特性等；产品交割日期；生产者、生产工艺、包装者以及带有产品识别条码信息等；产品单位包装数量（重量）；外包装损坏程度；产品的保存期；产品的保质期，指失去价值或风味发生变化的时间；产品运输企业名称以及与运输企业相关的产品后追溯信息。

GMP（Good Manufacturing Practice）是一种质量管理体系，确保产品在生产过程中符合卫生和质量标准。它涵盖原材料采购、生产过程、设备维护到成品检验的各个环节，确保产品在整个生产过程中保持一致的高质量。HACCP（Hazard Analysis and Critical Control Points）是一种预防性食品安全管理体系，通过识别、评估和控制食品生产过程中的潜在危害，确保食品安全。它强调在生产过程中识别和控制关键控制点，以防止食品安全问题的发生。质量可追溯制度通过记录和追踪产品的生产、加工、运输和销售等各个环节的信息，确保产品在整个供应链中的可追溯性。它帮助企业快速识别和召回问题产品，减少食品安全风险，提高消费者信任度。GMP 提供生产过程中的质量控制标准，而质量可追溯制度确保这些标准在实际操作中的执行和记录。通过 GMP，企业确保产品在生产过程中的质量，而通过质量可追溯制度，企业追踪和验证这些质量控制措施的执行情况。HACCP 通过识别和控制关键控制点预防食品安全问题，而质量可追溯制度记录和追踪这些控制措施的执行情况。通过 HACCP，企业预防食品安全问题，而通过质量可追溯制度，企业快速识别和召回问题产品，减少食品安全风险。

综上所述，GMP 和 HACCP 是质量管理体系，分别关注生产过程中的质量控制和食品安全预防。质量可追溯制度则提供了记录和追踪这些控制措施执行情况的方法，确保产品在整个供应链中的可追溯性。三者相辅相成，共同提升产品质量和食品安全水平。

第三节　园艺产品贸易

一、国际园艺产品贸易环节

贸易，是在一个市场里自愿的货品或服务交换。贸易出现的原因众多，由于劳动力的专门化，个体只会从事一些小范畴的工作，所以他们必须以贸易来获取生活的日用品。最原始的贸易形式是以物易物，即直接交换货品或服务。现代的贸易则普遍以一种媒介作讨价还价，如金钱。金钱及非实体金钱大大简化和促进了贸易。两个贸易者之间的贸易称为双边贸易，多于两个贸易者的则称为多边贸易。两个地区之间的贸易往往是因为一地在生产某产品上有相对优势，如有较佳的技术、较易获取的原材料等。国际贸易（International Trade）是指不同国家（和/或地区）之间的商品和劳务的交换活动，有时称为世界贸易。国际贸易由进口贸易（Import Trade）和出口贸易（Export Trade）两部分组成，故有时也称为进出口贸易。

在进行园艺产品国际贸易时，其程序比国内市场销售复杂得多，其包括的业务环节也很多。因此，必须严格按照国际市场惯例，遵循交易程序，履行交易合同。出口商和进口商在国际贸易市场的营销操作程序不同。对出口商而言，如果产品以到岸价格（CIF）与买方成交，其工作程序则由以下环节组成：向买方报价→与买方订立合约→接收信用证→出口签证→准备货物→接受商品的检验→租船→运货到码头→购买保险→报关装船→通知买方已装船→出口押汇→结汇→办理出口退税。而对于进口商，若以离岸价格（FOB）成交，其工作程序明显有别于出口商：向卖方询价→接受报价（或立合约）→进口签证→准备外汇→申请开信用证→洽谈船位并通知卖方船名及船期→买保险→收到货运单据→货物进港→对进口货物进行检验→进口报关→缴纳关税→提货→销售。在国际贸易市场中，其贸易程度并不是固定不变的，我国园艺产品从事国际市场营销时，可按以下步骤进行。

1. 出口交易准备

包括落实货源和做好备货工作；加强对国外市场与客户的调查研究，选择适销的目标市场和资信好的客户；制定出口商品经营方案或价格方案，以便在对外洽商交易时胸有成竹；制定营销计划和营销策略，开展多种形式的广告宣传和促销活动等。

2. 出口交易磋商

指与外商就商品的品质、规格、数量、包装、价格、支付、运输、交货、保险、索赔等交易进行洽商，最后达成协议的整个过程。一般要经过询盘、报盘、还盘和接受四个环节。

询盘就是由买方向卖方请求报价。但报价表不仅是单纯的价格，它还附有其他条件，一般包括价格、规格、品质、数量、包装、装船、付款方式、样品、目录等要点。

报盘就是卖方向买方报告商品的价格和附带条件。根据发盘人的不同，可将报盘分为买方报盘和卖方报盘，一般惯例是卖方报盘，买方报盘实际称为递盘或递价。根据法律约束力大小，又可将报盘分为实盘和虚盘。实盘是报盘人肯定的意思表达，只要对方在报盘有效期内接受报盘，合同就成立；虚盘则最后还需经报盘人的确定，否则合同不成立。

还盘是指受盘人将报盘人报盘的条件部分或全部加以更改或加以扩张或限制后接受的过程。

3. 签订合同

合同是进出口双方就交易条件达成一致而确立的书面文件，其形式目前主要有两种：销售合同和销售确认书。它们都是按照固定的格式印制出来，把确定条件填入空白处，一经双方确认，合同便生效。其中，销售确认书内容较为简单，仅适合于交易额不大或往来关系较为密切的进出口贸易。

4. 履行出口合同

出口合同一旦签订，就开始执行。其履行程序一般包括：认真备货，按时、按质、按量交付约定的货物；落实信用证，做好催证、审证、改证工作；及时租船订舱，安排运输、保险，并办理出口报关手续；缮制、备妥有关单据，及时向银行交单结汇，收取货款等。

园艺产品的自然属性和社会属性与其他产品（纺织、机械产品等）截然不同，故出口园艺产品的营销人员必须具备丰富的园艺专业知识，全面掌握国际贸易理论和实际应用，学习其他社会知识，提高综合素质和应变能力，在出口园艺产品工作实践中，不断积累经验。

二、园艺产品贸易方式

贸易方式是指国际贸易中普遍采用的各种具有不同特点的交易。如协定贸易、易货贸易、结汇贸易和补偿贸易等。在大多数情况下，商品买卖双方只是一种单纯的买卖合同关系。在合同规定的有效期内，双方都要承担合同规定的权利、责任和义务。当合同执行后，双方不再存在特定的关系，这是一种比较干净利落的贸易方式。但在具体的经济交往过程中，国际贸易一般要受国家关系、商品关系和商品市场的影响，商品的买卖或进出口双方总是希望建立一种比较稳定的、能长期维持双方商业联系的方式，以利商品的销售、销售市场的巩固和开拓。因此，除单纯的商品买卖合同外，还存在其他多种贸易形式。

1. 协定贸易

协定贸易是根据国家政府之间的关系、总的政治原则或根据两国贸易集团之间的商业目的、利益要求而签订的原则协议，是缔约国调整彼此贸易关系的国际法律文件。

协定贸易是缔约国之间在贸易协定范围内进行的交易。通常认为通商条约、通商航海条约等都是贸易条约，常涉及关税、海关手续、船舶航行、双方公民和企业在对方国家所享受的待遇、专利、商标、出版等特种所有权，进口商品的国内关税、铁路运输、转口等问题。协定项下的贸易按规定的内容划分，有双方政府签订的政府间贸易协定和由两国的民间组织或经济团体签订的具有一定约束力的民间贸易协定两种。有时，两国政府间已签订正式的贸易协定，双方的民间贸易组织或团体仍然可以根据政府协定所规定的精神，并在各自政府的支持下，签订民间贸易协定。我国以往对其他社会主义国家出口的柑橘、苹果等就是以这种贸易方式交易的。

2. 易货贸易

易货贸易又称直接贸易，是以货换货，不用外汇支付。进行易货的双方先商妥易货的清算单位，以便进行计价和结算。广泛开展的易货可以不用外汇支付，只要求交换的货物对等，以硬货对硬货、以软货对软货。采用这种办法可以用某一种出口货物去交换另一种进口货物，单价并不相等，只要求以数量达到逐笔平衡；也可以用几种出口货物去交换对方的几种进口货物，软硬商品搭配，组成一笔交易，并保持对等平衡。

直接以货换货的直接易货是一种狭义的易货。直接易货时，买卖双方各以一种对方所需要的或者能够接受的等值货物进行交换，同时成交，同时交货，不使用实际货币支付。有时，为计算金额，也用货币来表示清算单位，作为商品的价值尺度和账面上的结算符号。例如，1997年用柑橘与外商换酒，就是采用这种易货方式。而比较常用的广义的易货方式，就是双方交换的货物，通过货款支付清算，双方都承担购买对方等值商品的义务。双方商品的交换作为一笔交易，体现在一个合同中。

3. 结汇贸易

结汇贸易是非协定项下的贸易。结汇有时也称为单边结汇，就是进口与出口分别成交，都用外汇进行支付，不涉及一笔出口与另一笔进口的平衡问题，也不要求对等，而且都是直接成交，一般不使用包销商或代理商。在对外成交园艺产品中多数是使用结汇贸易。这类贸易的特点是由买卖双方根据各自的需要自由商定商品的品种、规格、数量、价格、交货付款方式，并签订商品的买卖合同。我国园艺产品出口有时也根据商品性能、市场特点或外商的需要，利用包销和代理关系。

在园艺产品具体业务实践中，一般是采用一次订明的"一口价"合同，即价格签订后，不论市场发生什么样的变化，价格都不再变动。但在特殊情况下，如价格变动剧烈、前景捉摸不定或对特殊的地区一次计价有困难时，也采用一些变通的做法，或在成交时不定价，或指定参考价，把实际执行价格留到以后双方约定的时期决定，如交货月份开始的前一个月，由双方按约定时期的国际市场价格水平协商定价。这种作价方式称为"活价"。在港澳地区经销园艺产品，还实行一种"分期作价或分月作价"的方式，在签订暂定价格后再由当地代理商根据当地市场的具体情况重新调整价格，使之适应当地的销售水平。

4. 补偿贸易

补偿贸易方式是20世纪60年代后期出现或开始采用的一种对等贸易方式。即买方以贷款形式购进机器设备、技术知识或专利等，进行建厂或购进生产线。等生产项目投产后，再以其产品或双方商定的其他商品来清偿贷款。补偿贸易所构成的双方当事人之间的关系是买卖关系，买方购进卖方先期提供的机器设备、技术知识或专利，以买方用买卖的形式向卖方供应产品抵付贷款。买方对开发的项目及产品拥有所有权和经营权。

从20世纪80年代后期开始，我国外贸公司就陆续以补偿贸易的方式，从日本先后进口了6台柑橘水洗、打蜡、分级机，并在当年用出口柑橘进行了一次性补偿。用这种贸易方式不仅大大提高了柑橘商品化处理能力和水平，而且引进工作方便，还全面免除了进口关税、降低了投资成本。

5. 加工贸易

加工贸易是一种比较后期的贸易方式。这种方式是先进口原料或辅料、元件、零件等，经加工后再出口，园艺产品比较常见的加工贸易有如下两种。

（1）进料加工　先动用自己的外汇进口原料，经过加工制成成品后再出口，如进口果蜡。进料加工方式属于"以进养出"的一种方式。在正常情况下，原料的价格一定低于制成品的价格，如果进口原料维持并扩大了生产，保证了出口需要，并赚取了加工差额，将劳动力物化为外汇收入，无疑对国家是有利的。

（2）来料加工　这也是"以进养出"的一种方式，是一方接收另一方提供全部或部分原料、辅料、元件或零件，按照另一方要求的质量、规格、款式和商标进行加工、装配成制成品，再交回给另一方。承受加工者一方向另一方收取一定金额的加工费，或者将原料和制成品分别计算，原料价款在成品价格中扣除，产品交由加工委托方包销。我国有十分丰富的劳动力资源，有一定的工业基础，来料加工是增加外汇收入的一个重要途径，而且是有盈无亏的收入，不受国际市场变化的影响。如出口柑橘的纸箱，出口蔬菜、花卉的保鲜剂、营养剂、包装物料等，都以"来料"或"进料"的方式"先进后出、以进养出"。

6. 合资经营

合资经营企业是国际经济技术合作的一种比较固定的高级形式，在工业化发达国家早已存在。我国自改革开放以来，在合资经营方面有了很大的发展，并取得了很大的成就。合资经营有利于学习外国企业的科学经营管理方法，培养优秀的管理人才，引进资金和新技术、新设备，提高产品质量，增强国际市场的竞争力，扩大出口创汇，增加国内劳动就业机会，同时拉动内需，提高国际经济增长点。

以往我国的园艺产业与外商合资经营主要以采后的加工处理为主，如水果、蔬菜的罐头生产线、鲜食的真空包装等。近几年来，又兴起了生态园艺、观光园艺的合资经营，已向产业化的纵深发展。

7. 技术贸易

技术贸易是一种特殊的贸易方式，是把某种专利技术或诀窍的使用权作为一种商品进行买卖。政府间的援助方式进行的技术贸易称为技术转让，通过政府或私人按商业条件进行的技术贸易称为技术贸易。

技术转让是指技术供应方通过各种方式把生产技术、管理技术、销售技术以及有关的权利转让给技术承受方的行为。技术转让包括受有关国家工业产权保护的专利、商标、外形设计等工业产权技术和非属工业产权的技术诀窍，如图纸、设计方案、技术说明书、技术示范、具体指导等。技术诀窍必须保密，不得泄露，专利人要首先同对方签订保密协议，然后再介绍技术，而不像专利那样将内容公布于众。技术诀窍没有固定的保护期限，一旦公开，任何人都可取而用之。

在技术贸易中，专利技术和技术诀窍的买卖是最多的。一种新的生产方式或产品创造的发明人，为了垄断这种新技术，向政府申请专利。政府对其实用性、新颖性、先进性等进行审查，并将其"专利说明书"公布，只要在规定的时间内无异议，便批准为专利，加上专利编号，便成为专利登记人的私有财产。专利说明书中不公开的秘密技术，以及实践中积累的窍门和经验，统称为技术诀窍。专利技术和技术诀窍都是一种财产权。

复习思考题

1. 园艺产品的质量要求有哪些？各有何含义？
2. 质量检验内容主要包括哪些方面？园艺产品质量保证体系有哪些？
3. 园艺产品可追溯制度的内容及我国的建设现状和建议是什么？
4. 我国园艺产品出口存在的问题与开拓国际市场的策略有哪些？
5. 我国园艺产品出口贸易壁垒原因及对策是什么？
6. 园艺产品的贸易方式有哪些？

参考文献

[1] 崔坤．园艺产品营销［M］．北京：中国农业出版社，2006．

[2] 秦文．园艺产品贮藏运销学［M］．北京：科学出版社，2012．

[3] 杜玉宽，杨德兴．水果、蔬菜、花卉气调贮藏及采后技术［M］．北京：中国农业大学出版社，2000．

[4] 秦文．果蔬贮藏加工学［M］．北京：科学出版社，2012．

[5] 高海生，李汉臣．果蔬产地保鲜与病害防治530问［M］．北京：化学工业出版社，2008．

[6] 郭衍银，王相友．园艺产品保鲜与包装［M］．北京：中国环境科学出版社，2004．

[7] 郝利平．园艺产品贮藏加工学［M］．北京：中国农业出版社，2008．

[8] 黄绵佳．热带园艺产品采后生理与技术［M］．北京：中国林业出版社，2007．

[9] 李丁仁，董学礼，李爽．无公害蔬菜栽培与采后处理技术［M］．银川：宁夏人民出版社，2006．

[10] 李富军，张新华．果蔬采后生理与衰老控制［M］．北京：中国环境科学出版社，2004．

[11] 梁峥．蔬菜贮藏保鲜技术［M］．郑州：河南科学技术出版社，1984．

[12] 林学颜．现代细胞与分子生物学［M］．北京：科学出版社，1999．

[13] 刘兴华，陈维信．果品蔬菜贮藏运销学［M］．北京：中国农业出版社，2008．

[14] 罗云波，生吉萍．园艺产品贮藏加工学（贮藏篇）［M］．2版．北京：中国农业大学出版社，2010．

[15] 农业部农民科技教育培训中心等．水果蔬菜花卉贮藏保鲜技术［M］．北京：中国农业出版社，2007．

[16] 潘静娴．园艺产品贮藏加工学［M］．北京：中国农业大学出版社，2007．

[17] 饶景萍．园艺产品贮运学［M］．北京：科学出版社，2009．

[18] 生吉萍，申琳．果蔬安全保鲜新技术［M］．北京：化学工业出版社，2010．

[19] 唐蓉．园艺产品商品化技术［M］．苏州：苏州大学出版社，2009．

[20] 王颉，张子德．果品蔬菜贮藏加工原理与技术［M］．北京：化学工业出版社，2009．

[21] 王进涛，张传来，刘卫东．园艺商品学［M］．北京：中国农业科学技术出版社，2004．

[22] 王文辉，许步前．果品采后处理及贮运保鲜［M］．北京：金盾出版社，2003．

[23] 吴平，陈昆松．植物分子生理学进展［M］．杭州：浙江大学出版社，2000．

[24] 张世德．蔬菜贮藏［M］．济南：山东科学技术出版社，2002．

[25] 张新民．中国有机园艺产品市场发展研究［M］．北京：中国农业出版社，2011．

[26] 张秀玲．果蔬采后生理与贮运学［M］．北京：化学工业出版社，2011．

[27] 张有林．蔬菜贮藏保鲜技术［M］．北京：中国轻工业出版社，2000．

[28] 张子德，马俊莲．果品蔬菜贮藏运输学［M］．北京：中国农业科学技术出版社，2006．

[29] 赵晨霞．园艺产品贮藏与加工［M］．北京：中国农业出版社，2008．

[30] 赵丽芹，张子德．园艺产品贮藏加工学［M］．2版．北京：中国轻工业出版社，2009．

[31] 郑永华．食品贮藏保鲜［M］．北京：中国计量出版社，2006．

[32] 李崇光，赵宪军，周发明．农产品营销学［M］．3版．北京：高等教育出版社，2016．
[33] 汪腾．农产品市场营销［M］．成都：西南交通大学出版社，2011．
[34] 吴健安，聂元昆，郭国庆，等．市场营销学［M］．6版．北京：高等教育出版社，2017．
[35] 杨国，高传光，丁立．农产品市场营销策略［M］．北京：中国农业科学技术出版社，2016．
[36] 赵云．"互联网+"农产品营销［M］．北京：中国农业大学出版社，2016．
[37] 李元杰．市场营销［M］．北京：中国财富出版社，2016．
[38] 石晓华，贾刚民，职明星．农产品市场营销［M］．北京：中国农业科学技术出版社，2014．
[39] 吴健安，钟育赣，胡其辉．市场营销学［M］．5版．北京：清华大学出版社，2013．
[40] 谢少安．现代市场营销学［M］．北京：经济管理出版社，2011．
[41] 张振刚，郭锐．市场营销原理与实务［M］．太原：北岳文艺出版社，2011．
[42] 赵鑫．管理学原理［M］．天津：天津大学出版社，2018．
[43] 高孟立，吴俊杰．市场营销学［M］．西安：西安电子科技大学出版社，2018．
[44] 郭国庆．市场营销学通论［M］．7版．北京：中国人民大学出版社，2017．
[45] 蔡维琼，张亮，祁峰．消费者行为学［M］．长春：吉林大学出版社，2014．
[46] 曹旭平．消费者行为学［M］．2版．北京：清华大学出版社，2017．
[47] 赵慧敏，李晖．消费心理学［M］．天津：天津大学出版社，2013．
[48] 刘磊．管理学原理［M］．北京：电子工业出版社，2012．
[49] 詹跃勇，曹源．食品市场营销［M］．北京：中国科学技术出版社，2013．
[50] 祝海波．市场营销战略与管理［M］．北京：中国经济出版社，2006．
[51] 徐丙臣．市场营销学理论与实践［M］．北京：中国经济出版社，2011．
[52] 包乌兰托亚．农产品营销与品牌建设［M］．北京：中国林业出版社，2020．